企业财务报告编制指南

（2016 版）

财政部资产管理司 编

中国财经出版传媒集团
中国财政经济出版社

图书在版编目（CIP）数据

企业财务报告编制指南：2016版/财政部资产管理司编. —北京：中国财政经济出版社，2016.12

ISBN 978-7-5095-7189-7

Ⅰ.①企… Ⅱ.①财… Ⅲ.①企业管理-会计报表-编制-指南 Ⅳ.①F275.2-62

中国版本图书馆CIP数据核字（2016）第322196号

责任编辑：吕小军　　　　责任校对：徐艳丽
封面设计：郁　佳

中国财政经济出版社出版

URL：http：//www.cfeph.cn

E-mail：cfeph@cfeph.cn

社址：北京市海淀区阜成路甲28号　邮政编码：100142

营销中心电话：88190406　北京财经书店电话：64033436　84041336

北京富生印刷厂印刷　各地新华书店经销

787×1092毫米　16开　41.75印张　1 385 000字

2017年1月第1版　2017年1月北京第1次印刷

定价：65.00元

ISBN 978-7-5095-7189-7/F·5764

（图书出现印装问题，本社负责调换）

编 写 说 明

按照党的十八届三中全会决定全面深化国有企业改革的精神，财政部资产管理司根据国家有关法规制度以及财政部新发布和修订的一系列会计准则等，在广泛征求社会各界意见的基础上，编写完成了《企业财务报告编制指南》（2016版）一书，以期更好地指导中央部门、中央企业和各级财政部门及其所属的十几万户国有及国有控股企业做好2016年度企业财务决算编制工作，并为各级政府部门制定宏观政策、企业加强财务管理以及社会各方面正确研判经济形势等提供指导。

本书共分为五部分。第一部分为财政部关于企业财务报告编制要求。第二部分为涉及企业的有关财务政策。第三部分为涉及企业的有关会计制度。第四部分为涉及企业的有关税收政策。第五部分为有关国家标准。

书中不足之处及相关意见，请及时联系财政部资产管理司，联系电话：010-68552420/68552856，电子邮箱：qyyxc@126.com。

财政部资产管理司

2016年12月

目　　录

第一部分　企业财务报告编制要求

第二部分　涉及企业的有关财务政策

第三部分　涉及企业的有关会计制度

第四部分　涉及企业的有关税收政策

第五部分　有关国家标准

第一部分

企业财务报告编制要求

财政部关于印发2016年度企业财务会计决算报表的通知

2016年11月24日　财资〔2016〕75号

党中央有关部门，国务院有关部委、有关直属机构，全国人大常委会办公厅，全国政协办公厅，高法院，高检院，有关人民团体，各省、自治区、直辖市、计划单列市财政厅（局），新疆生产建设兵团财务局，有关中央管理企业：

为做好2016年度企业财务会计决算工作，更好地发挥企业财务信息在国家宏观经济管理和国有企业改革发展中的基础性作用，根据《中华人民共和国会计法》、《企业财务会计报告条例》、《企业财务通则》、《企业会计准则》等有关法规制度，以及《财政部关于印发〈加强企业财务信息管理暂行规定〉的通知》（财企〔2012〕23号），我部制定了《2016年度企业财务会计决算报表》格式及编制说明。现将有关事项通知如下：

一、适用范围

（一）本报表是企业向财政部门报送年度财务会计决算（以下简称决算）统一格式，适用于境内、境外所有国有及国有控股企业和城镇集体企业（以下简称企业）。

（二）本报表由封面、主表和补充指标表组成，其中封面、主表适用于所有企业（单位）填报；补充指标表中的“境外子企业基本情况表”（财企补01表）由境外子企业分户填报，“汇编范围企业户数情况表”（财企补02表）由直接向财政部报送企业决算报表的一级单位填报，“国有企业办社会机构情况表”（财企补03表）由所有企业（单位）填报，“上市公司国有股情况表”（财企补04表）由国有控股上市（含境内、境外上市）公司填报，“国有企业带息负债情况表”（财企补05表）由所有企业（单位）填报，“中央企业国有资本经营决算支出表”（财企补06表）由收到中央国有资本经营预算资金的中央一级企业填报。

（三）本报表系单户与汇总（合并）统一格式。基本填报单位为具备法人资格、独立核算并能够编制完整会计报表的企业（单位），汇总（合并）单位应将纳入汇总（合并）报表范围的企业实行全级次上报。

二、编报依据

（一）企业要严格按照有关法规制度，以真实的交易事项、完整的账簿记录为依据，在全面清查资产、核实债务和权益、正确结转损益及依法进行年终审计等工作的基础上，编制2016年度企业财务会计决算报表，并认真组织录入、审核、汇总（合并）等工作，确保决算数据的真实和完整。

（二）编报单位应严格按照有关准则制度编制企业年度财务会计报告，企业集团母公司除编制本级报表外，还应编制集团公司的合并财务报表。合并财务报表的编制原则、范围及方法，按照《企业会计准则第33号——合并财务报表》、《企业会计准则——应用指南》等有关规定执行。

（三）境外企业应根据《企业会计准则第19号——外币折算》等相关规定将外币折算为人民币填报，分户填报和录入金额单位为人民币元。

（四）厂办大集体决算由主办国有企业负责上报。中央企业厂办大集体是指中央管理企业及中央部门所属企业批准并资助兴办的集体所有制企业。中央下放企业厂办大集体是指中央下放的煤炭、有色、军工等企业批准并资助兴办的集体所有制企业。地方企业厂办大集体指地方国有企业批准并资助兴办的集体所有制企业。

中央企业兴办的厂办大集体决算工作，由中央部门和中央管理企业负责组织。中央下放企业及地方企业兴办的厂办大集体决算工作，由各地财政部门负责组织。

三、报告内容

中央各部门、各中央管理企业和各省（区、市）财政厅（局），要认真按照有关法规制度以及本通知规定的编制基础、依据、原则和方法，明确组织分工，加强审核，并于2017年4月底全面完成决算各项任务。

（一）中央各部门、各中央管理企业和各省（区、市）财政厅（局），应以正式文件报送汇总（合并）的财务会计决算报表（含纸质材料和电子文档），其中纸质财务会计决算报表以“万元”为金额单位。

（二）各编报单位应结合本年度经济运行情况，进一步加强决算分析工作，按照本通知规定的格式和内容，完成财务情况说明书。

（三）各编报单位应对本年度决算工作采取的措施、取得的成效、存在的问题及今后整改措施进行工作总结。

（四）中央各部门报送内容包括：1. 2016年度汇总的决算报表、财务情况说明书（中央部门和地方使用格式）和工作总结，并按以上顺序加具封面、编排目录和页码、装订成册后加盖本单位印章；2. 汇总和全部单户企业电子数据及财务情况说明书电子文档，本部门工作总结电子文档。

（五）各中央管理企业报送内容包括：1. 2016年度合并的决算报表、会计报表附注、财务情况说明书（企业使用格式）、工作总结、集团母公司财企01－04表，并按以上顺序加具封面、编排目录和页码、装订成册后加盖本单位印章；2. 合并和全部单户企业电子数据，合并及企业集团所属三级及三级以上子企业和三级以下重要子企业的会计报表附注、财务情况说明书电子文档，集团公司工作总结电子文档；3. 中介机构对集团公司合并报表出具的审计报告及管理建议书。中介机构出具保留意见、无法表示意见或否定意见审计报告的企业，须同时提交对审计报告相关内容提出的财务处理、账务调整意见或报表编制的有关情况和意见。

（六）各省（区、市）财政厅（局）报送内容包括：1. 2016年度汇总的决算报表、财务情况说明书（中央部门和地方使用格式）和工作总结，并按以上顺序加具封面、编排目录和页码、装订成册后加盖本单位印章；2. 汇总和全部单户企业电子数据及财务情况说明书电子文档，本省（区、市）工作总结电子文档。

（七）各编报单位应严格按照财政部统一下发的数据处理软件、参数进行决算数据的逐级录入、审核和汇总工作。未经财政部同意，不得自行将汇总和分户数据提供给其他部门和单位。

四、工作要求

（一）中央各部门、各中央管理企业和各省（区、市）财政厅（局），应严格按照本通知规定的决算报表统一格式和要求布置决算工作，不得自行修改变更。

（二）财政部将于2017年5月上旬对全国国有企业财务会计决算报表进行验审，中央各部门、各中央管理企业和各省（区、市）财政厅（局）应携带决算报送资料按时参加集中验审（具体通知另行印发）。财政部将对各单位决算工作进行总结考评并通报。

（三）中央各部门、各中央管理企业和各省（区、市）财政厅（局）在决算工作中遇到问题和情况，请及时与财政部资产管理司联系。

联系方式：电话 010－68552856　68552882

传真 010－68552882

邮箱 qyyxc@126.com

附件：1. 2016年度企业财务会计决算报表

2. 2016年度企业财务会计决算报表编制说明

3. 2016年度企业财务会计决算报表［补充指标表］

4. 2016年度企业财务会计决算报表［补充指标表］编制说明

5. 会计报表附注内容提要

6. 财务情况说明书内容提要

附件 1：

［单位汇总封面］

2016 年度企业财务会计决算报表

汇总单位名称：________________（公章）

单 位 负 责 人：________________（签章）

编 制 日 期：______年______月______日

中华人民共和国财政部印制

［企业分户录入封面］

2016 年度企业财务会计决算报表

企　业　名　称：________________（公章）

单 位 负 责 人：________________（签章）

主管会计工作负责人
（总　会　计　师）：________________（签章）

会计（财务）机构负责人：________________（签章）

填　表　人：________________

通　讯　地　址：________________

邮　政　编　码：□□□□□□

电　话　号　码：□□□□□ □□□□□□□□ □□□□□
（长途区号）　（电话号）　（分机号）

编　报　日　期：______年____月____日

报 表 审 计 机 构：________________

审 计 报 告 签 字 人：________________

中华人民共和国财政部印制

组织机构代码
（各级质量技术监督部门核发）
本企业代码 □□□□□□□□ - □
上一级企业（单位）代码 □□□□□□□□ - □
集团企业（公司）总部代码 □□□□□□□□ - □

隶属关系
（国家标准：行政隶属关系代码—部门标识代码） □□□□□□ - □□□

所在地区
（国家标准：国家和地区代码—行政区划代码） □□□ - □□□□□□

所属行业码
（国家标准：国民经济行业分类与代码—执行会计准则情况代码） □□□□ - □□

经营规模 1. 大型 2. 中型 3. 小型 4. 微型 □

经济类型 10. 国有及国有控股（是否中外合资合作企业 11. 是 12. 否）
20. 厂办大集体（21. 中央厂办大集体 22. 中央下放企业厂办大集体 23. 地方企业厂办大集体） 30. 其他城镇集体 □□

组织形式 10. 公司制企业（11. 国有独资公司 12. 其他有限责任公司 13. 上市股份有限公司 股票代码□□□□□□ 14. 非上市股份有限公司） 20. 非公司制企业（21. 非公司制独资企业 22. 其他非公司制企业） 30. 企业化管理事业单位 40. 其他 □□

工资管理标识码 10. 整体执行工效挂钩 20. 部分执行工效挂钩
30. 不执行工效挂钩（31. 工资总额预算管理 32. 其他） □

社会保险标识码 0. 未参加 1. 参加
基本养老保险□ 失业保险□ 基本医疗保险□ 工伤保险□ 生育保险□
补充养老保险□ 补充医疗保险□ 其他保险□

审计方式 0. 未经审计 1. 社会中介机构审计 2. 内部审计机构审计 □

审计意见类型 1. 标准无保留意见 2. 非标准无保留意见 3. 保留意见
4. 否定意见 5. 无法表示意见 □

设立年份 □□□□

上年组织机构代码 □□□□□□□□□ - □

上报因素 0. 连续上报 1. 新投资设立 2. 竣工移交 3. 新设合并 4. 分立
5. 上年应报未报 6. 划转 7. 收购 9. 其他 □

报表类型码 0. 单户表 1. 集团差额表 2. 金融子企业表 3. 境外子企业表
4. 事业并企业表 5. 基建并企业表 9. 集团合并表 □

补充指标表标识码
01 境外子企业基本情况表　02 汇编范围企业户数情况表
03 国有企业办社会机构情况表　04 上市公司国有股情况表
05 国有企业带息负债情况表　06 中央企业国有资本经营决算支出表 □□

备用码 □□□□□□□□□□

资产负债表

编制单位： 2016 年 12 月 31 日 财企 01 表 金额单位：元

项　　目	行次	期末余额	年初余额	项　　目	行次	期末余额	年初余额
流动资产：	1	—	—	流动负债：	73	—	—
货币资金	2			短期借款	74		
△结算备付金	3			△向中央银行借款	75		
△拆出资金	4			△吸收存款及同业存放	76		
以公允价值计量且其变动计入当期损益的金融资产	5			△拆入资金	77		
衍生金融资产	6			以公允价值计量且其变动计入当期损益的金融负债	78		
应收票据	7			衍生金融负债	79		
应收账款	8			应付票据	80		
预付款项	9			应付账款	81		
△应收保费	10			预收款项	82		
△应收分保账款	11			△卖出回购金融资产款	83		
△应收分保准备金	12			△应付手续费及佣金	84		
应收利息	13			应付职工薪酬	85		
应收股利	14			其中：应付工资	86		
其他应收款	15			应付福利费	87		
△买入返售金融资产	16			#其中：职工奖励及福利基金	88		
存货	17			应交税费	89		
其中：原材料	18			其中：应交税金	90		
库存商品（产成品）	19			应付利息	91		
划分为持有待售的资产	20			应付股利	92		
一年内到期的非流动资产	21			其他应付款	93		
其他流动资产	22			△应付分保账款	94		
流动资产合计	23			△保险合同准备金	95		
非流动资产：	24	—	—	△代理买卖证券款	96		
△发放贷款及垫款	25			△代理承销证券款	97		
可供出售金融资产	26			划分为持有待售的负债	98		
持有至到期投资	27			一年内到期的非流动负债	99		
长期应收款	28			其他流动负债	100		
长期股权投资	29			流动负债合计	101		
投资性房地产	30			非流动负债：	102	—	—
固定资产原价	31			长期借款	103		
减：累计折旧	32			应付债券	104		
固定资产净值	33			长期应付款	105		
减：固定资产减值准备	34			长期应付职工薪酬	106		
固定资产净额	35			专项应付款	107		
在建工程	36			预计负债	108		
工程物资	37			递延收益	109		
固定资产清理	38			递延所得税负债	110		
生产性生物资产	39			其他非流动负债	111		
油气资产	40			其中：特准储备基金	112		
无形资产	41			非流动负债合计	113		
开发支出	42			负 债 合 计	114		
商誉	43			所有者权益（或股东权益）：	115	—	—
长期待摊费用	44			实收资本（股本）	116		
递延所得税资产	45			国有资本	117		
其他非流动资产	46			其中：国有法人资本	118		
其中：特准储备物资	47			集体资本	119		
非流动资产合计	48			民营资本	120		
	49			其中：个人资本	121		
	50			外商资本	122		
	51			#减：已归还投资	123		
	52			实收资本（或股本）净额	124		
	53			其他权益工具	125		
	54			其中：优先股	126		
	55			永续债	127		
	56			资本公积	128		
	57			减：库存股	129		
	58			其他综合收益	130		
	59			其中：外币报表折算差额	131		
	60			专项储备	132		
	61			盈余公积	133		
	62			其中：法定公积金	134		
	63			任意公积金	135		
	64			#储备基金	136		
	65			#企业发展基金	137		
	66			#利润归还投资	138		
	67			△一般风险准备	139		
	68			未分配利润	140		
	69			归属于母公司所有者权益合计	141		
	70			＊少数股东权益	142		
	71			所有者权益合计	143		
资　产　总　计	72			负债和所有者权益总计	144		

注：表中带＊科目为合并会计报表专用；加△楷体项目为金融类企业专用，带#为外商投资企业专用。

利 润 表

财企 02 表

2016 年度

编制单位： 金额单位：元

项　　目	行次	本期金额	上期金额	项　　目	行次	本期金额	上期金额
一、营业总收入	1			加：营业外收入	31		
其中：营业收入	2			其中：非流动资产处置利得	32		
△利息收入	3			非货币性资产交换利得	33		
△已赚保费	4			政府补助	34		
△手续费及佣金收入	5			债务重组利得	35		
二、营业总成本	6			减：营业外支出	36		
其中：营业成本	7			其中：非流动资产处置损失	37		
△利息支出	8			非货币性资产交换损失	38		
△手续费及佣金支出	9			债务重组损失	39		
△退保金	10			**四、利润总额（亏损总额以“－”号填列）**	40		
△赔付支出净额	11			减：所得税费用	41		
△提取保险合同准备金净额	12			**五、净利润（净亏损以“－”号填列）**	42		
△保单红利支出	13			归属于母公司所有者的净利润	43		
△分保费用	14			*少数股东损益	44		
营业税金及附加	15			**六、其他综合收益的税后净额**	45		
销售费用	16			（一）以后不能重分类进损益的其他综合收益	46		
管理费用	17			1. 重新计量设定受益计划净负债或净资产的变动	47		
其中：研究与开发费	18			2. 权益法下在被投资单位不能重分类进损益的其他综合收益中享有的份额	48		
党建工作经费	19			（二）以后将重分类进损益的其他综合收益	49		
财务费用	20			1. 权益法下在被投资单位将重分类进损益的其他综合收益中享有的份额	50		
其中：利息支出	21			2. 可供出售金融资产公允价值变动损益	51		
利息收入	22			3. 持有至到期投资重分类为可供出售金融资产损益	52		
汇兑净损失（净收益以“－”号填列）	23			4. 现金流量套期损益的有效部分	53		
资产减值损失	24			5. 外币财务报表折算差额	54		
其他	25			**七、综合收益总额**	55		
加：公允价值变动收益（损失以“－”号填列）	26			归属于母公司所有者的综合收益总额	56		
投资收益（损失以“－”号填列）	27			*归属于少数股东的综合收益总额	57		
其中：对联营企业和合营企业的投资收益	28			**八、每股收益：**	58	—	—
△汇兑收益（损失以“－”号填列）	29			基本每股收益	59		
三、营业利润（亏损以“－”号填列）	30			稀释每股收益	60		

注：表中带*科目为合并会计报表专用；加△楷体项目为金融类企业专用。

现金流量表

财企 03 表

编制单位： 2016 年度 金额单位：元

项 目	行次	本期金额	上期金额	项 目	行次	本期金额	上期金额
一、经营活动产生的现金流量：	1	–	–	处置固定资产、无形资产和其他长期资产所收回的现金净额	30		
销售商品、提供劳务收到的现金	2			处置子公司及其他营业单位收回的现金净额	31		
△客户存款和同业存放款项净增加额	3			收到其他与投资活动有关的现金	32		
△向中央银行借款净增加额	4			**投资活动现金流入小计**	33		
△向其他金融机构拆入资金净增加额	5			购建固定资产、无形资产和其他长期资产所支付的现金	34		
△收到原保险合同保费取得的现金	6			投资支付的现金	35		
△收到再保险业务现金净额	7			△质押贷款净增加额	36		
△保户储金及投资款净增加额	8			取得子公司及其他营业单位支付的现金净额	37		
△处置以公允价值计量且其变动计入当期损益的金融资产净增加额	9			支付其他与投资活动有关的现金	38		
△收取利息、手续费及佣金的现金	10			**投资活动现金流出小计**	39		
△拆入资金净增加额	11			**投资活动产生的现金流量净额**	40		
△回购业务资金净增加额	12			**三、筹资活动产生的现金流量：**	41	—	—
收到的税费返还	13			吸收投资收到的现金	42		
收到其他与经营活动有关的现金	14			其中：子公司吸收少数股东投资收到的现金	43		
经营活动现金流入小计	15			取得借款所收到的现金	44		
购买商品、接收劳务支付的现金	16			△发行债券收到的现金	45		
△客户贷款及垫款净增加额	17			收到其他与筹资活动有关的现金	46		
△存放中央银行和同业款项净增加额	18			**筹资活动现金流入小计**	47		
△支付原保险合同赔付款项的现金	19			偿还债务所支付的现金	48		
△支付利息、手续费及佣金的现金	20			分配股利、利润或偿付利息所支付的现金	49		
△支付保单红利的现金	21			其中：子公司支付给少数股东的股利、利润	50		
支付给职工以及为职工支付的现金	22			支付其他与筹资活动有关的现金	51		
支付的各项税费	23			**筹资活动现金流出小计**	52		
支付其他与经营活动有关的现金	24			**筹资活动产生的现金流量净额**	53		
经营活动现金流出小计	25			**四、汇率变动对现金及现金等价物的影响**	54		
经营活动产生的现金流量净额	26			**五、现金及现金等价物净增加额**	55		
二、投资活动产生的现金流量：	27	—	—	加：期初现金及现金等价物余额	56		
收回投资收到的现金	28			**六、期末现金及现金等价物余额**	57		
取得投资收益收到的现金	29				58		

注：加△楷体项目为金融类企业专用。

所有者权益变动表

财企 04 表

编制单位：　　　　2016 年度　　　　金额单位：元

项目	行次	本年金额													上年金额												
		归属于母公司所有者权益											少数股东权益	所有者权益合计	归属于母公司所有者权益											少数股东权益	所有者权益合计
		实收资本（或股本）	其他权益工具	资本公积	减：库存股	其他综合收益	专项储备	盈余公积	△一般风险准备	未分配利润	其他	小计			实收资本（或股本）	其他权益工具	资本公积	减：库存股	其他综合收益	专项储备	盈余公积	△一般风险准备	未分配利润	其他	小计		
栏次	—	1	2	3	4	5	6	7	8	9	10	11	12	13	14	15	16	17	18	19	20	21	22	23	24	25	26
一、上年年末余额	1																										
加：会计政策变更	2	—	—	—	—	—	—	—	—	—	—	—	—	—													
前期差错更正	3	—	—	—	—	—	—	—	—	—	—	—	—	—													
其他	4																										
二、本年年初余额	5																										
三、本年增减变动金额（减少以“－”号填列）	6																										
（一）综合收益总额	7	—	—	—	—		—	—	—		—				—	—	—	—		—	—	—		—			
（二）所有者投入和减少资本	8																										
1. 所有者投入普通股	9				—	—	—	—	—	—	—							—	—	—	—	—	—	—			
2. 其他权益工具持有者投入资本	10				—	—	—	—	—	—	—							—	—	—	—	—	—	—			
3. 股份支付计入所有者权益的金额	11				—	—	—	—	—	—	—							—	—	—	—	—	—	—			
4. 其他	12																										
（三）专项储备提取和使用	13																										
1. 提取专项储备	14	—	—	—	—	—		—	—	—	—				—	—	—	—	—		—	—	—	—			
2. 使用专项储备	15	—	—	—	—	—		—	—	—	—				—	—	—	—	—		—	—	—	—			
（四）利润分配	16																										
1. 提取盈余公积	17	—	—	—	—	—	—		—		—		—		—	—	—	—	—	—		—		—		—	
其中：法定公积金	18	—	—	—	—	—	—		—		—		—		—	—	—	—	—	—		—		—		—	
任意公积金	19	—	—	—	—	—	—		—		—		—		—	—	—	—	—	—		—		—		—	
#储备基金	20	—	—	—	—	—	—		—		—		—		—	—	—	—	—	—		—		—		—	
#企业发展基金	21	—	—	—	—	—	—		—		—		—		—	—	—	—	—	—		—		—		—	
#利润归还投资	22	—	—	—	—	—	—		—		—		—		—	—	—	—	—	—		—		—		—	
2. 提取一般风险准备	23	—	—	—	—	—	—	—			—		—		—	—	—	—	—	—	—			—		—	
3. 对所有者（或股东）的分配	24	—	—	—	—	—	—	—	—		—				—	—	—	—	—	—	—	—		—			
4. 其他	25																										
（五）所有者权益内部结转	26																										
1. 资本公积转增资本（或股本）	27				—	—	—	—	—	—	—		—					—	—	—	—	—	—	—		—	
2. 盈余公积转增资本（或股本）	28			—	—	—	—		—	—	—		—				—	—	—	—		—	—	—		—	
3. 盈余公积弥补亏损	29	—	—	—	—	—	—				—		—		—	—	—	—	—	—		—		—		—	
4. 结转重新计量设定受益计划净负债或净资产所产生的变动	30	—	—	—	—		—	—	—		—		—		—	—	—	—		—	—	—		—		—	
5. 其他	31																										
四、本年年末余额	32																										

注：加△楷体项目为金融类企业专用，带#为外商投资企业专用。

国有资产变动情况表

编制单位：　　　　2016 年度　　　　财企 05 表
金额单位：元

项　　目	行次	金　额	项　　目	行次	金　额
一、年初国有资本及权益总额	1		（一）经国家专项批准核销	17	
二、本年国有资本及权益增加	2		（二）无偿划出	18	
（一）国家、国有单位直接或追加投资	3		（三）资产评估减少	19	
（二）无偿划入	4		（四）清产核资减少	20	
（三）资产评估增加	5		（五）产权界定减少	21	
（四）清产核资增加	6		（六）消化以前年度潜亏和挂账而减少	22	
（五）产权界定增加	7		（七）因自然灾害等不可抗拒因素减少	23	
（六）资本（股本）溢价	8		（八）因主辅分离减少	24	
（七）接受捐赠	9		（九）企业按规定上缴利润	25	
（八）债权转股权	10		（十）资本（股本）折价	26	
（九）税收返还	11		（十一）中央和地方政府确定的其他因素	27	
（十）减值准备转回	12		（十二）经营减值	28	
（十一）会计调整	13		**四、年末国有资本及权益总额**	29	
（十二）中央和地方政府确定的其他因素	14		**五、年末其他国有资金**	30	
（十三）经营积累	15		**六、年末合计国有资本总量**	31	
三、本年国有资本及权益减少	16			32	

资产减值准备情况表

财企 06 表

编制单位：　　　　2016 年 12 月 31 日　　　　金额单位：元

项目	行次	年初账面余额	本期增加额				本期减少额					期末账面余额	项目	行次	金额
			本期计提额	合并增加额	其他	合计	资产价值回升转回额	转销	合并减少额	其他	合计				
栏次	0	1	2	3	4	5	6	7	8	9	10	11	**补充资料**	—	12
一、坏账准备	1												**一、政策性挂账**	16	
二、存货跌价准备	2												**二、当年处理以前年度损失和挂账**	17	
三、可供出售金融资产减值准备	3												其中：在当年损益中处理以前年度损失挂账	18	
四、持有至到期投资减值准备	4													19	
五、长期股权投资减值准备	5						—							20	
六、投资性房地产减值准备	6						—							21	
七、固定资产减值准备	7						—							22	
八、工程物资减值准备	8						—							23	
九、在建工程减值准备	9						—							24	
十、生产性生物资产减值准备	10						—							25	
十一、油气资产减值准备	11						—							26	
十二、无形资产减值准备	12						—							27	
十三、商誉减值准备	13						—							28	
十四、其他减值准备	14													29	
合计	15													30	

应上交应弥补款项表

编制单位：　　　　2016 年度　　　　财企 07 表
金额单位：元

项目	行次	金额	项目	行次	金额	项目	行次	金额
一、增值税：	1	—	九、教育费附加（含地方教育费附加）：	25	—	十七、住房公积金：	49	—
本年应交数	2		本年应交数	26		本年应交数	50	
本年已交数	3		本年已交数	27		本年已交数	51	
二、消费税：	4	—	十、石油特别收益金：	28	—	十八、储备粮油差价款：	52	—
本年应交数	5		本年应交数	29		本年应补数	53	
本年已交数	6		本年已交数	30		本年已补数	54	
三、营业税：	7	—	十一、其他税费：	31	—	十九、预算弥补亏损及补贴：	55	—
本年应交数	8		本年应交数	32		本年应补数	56	
本年已交数	9		本年已交数	33		本年已补数	57	
四、资源税：	10	—	十二、基本养老保险：	34	—	二十、国有资本收益（由企业集团本部填列）：	58	—
本年应交数	11		本年应交数	35		本年应交数	59	
本年已交数	12		本年已交数	36		本年已交数	60	
五、城建税：	13	—	十三、基本医疗保险：	37	—	补充资料：	61	—
本年应交数	14		本年应交数	38		一、本年应交税费总额	62	
本年已交数	15		本年已交数	39		二、本年实际上交税费总额	63	
六、烟叶税：	16	—	十四、失业保险：	40	—	三、本年实际支付补充养老保险（含年金）总额	64	
本年应交数	17		本年应交数	41		四、本年实际支付补充医疗保险总额	65	
本年已交数	18		本年已交数	42		五、出口退税情况：	66	—
七、关税：	19	—	十五、工伤保险：	43	—	出口额（美元）	67	
本年已交进口关税	20		本年应交数	44		以前年度欠出口退税	68	
本年已交出口关税	21		本年已交数	45		本年度应收出口退税	69	
八、企业所得税：	22	—	十六、生育保险：	46	—	本年度已收出口退税	70	
本年应交数	23		本年应交数	47		年末欠出口退税	71	
本年已交数	24		本年已交数	48		六、本年实际缴纳境外税费总额	72	

基本情况表

财企 08 表

编制单位： 2016 年 12 月 31 日 金额单位：元

项目	行次	本年数	项目	行次	本年数	项目	行次	本年数
一、企业人数情况（人）：	1	—	（1）核定的工挂企业工资总额基数	41		（四）外商资本	81	
（一）年末从业人员人数	2		（2）工挂企业提取的新增效益工资	42		九、固定资产情况：	82	—
（二）本年平均从业人员人数	3		（四）企业缴纳基本养老保险的工资总额	43		（一）主要类别固定资产情况	83	—
（三）年末职工人数	4		（五）本年支付的离退休人员养老金及福利性补助	44		1. 固定资产原价合计	84	
其中：年末在岗职工人数	5		（六）本年支付的企业负责人薪酬总额	45		其中：土地资产	85	
（四）本年平均职工人数	6		企业负责人人数（人）	46		房屋、建筑物	86	
其中：本年平均在岗职工人数	7		（七）本年支付的职工福利费	47		机器设备	87	
（五）年末劳务派遣人数	8		（八）本年支付的医药费	48		运输工具	88	
（六）本年平均劳务派遣人数	9		其中：离退休人员医药费	49		2. 本年计提的固定资产折旧总额	89	
（七）年末离休人数	10		（九）本年企业支付的职工住房费用	50		其中：房屋、建筑物	90	
（八）年末退休人数	11		其中：本年按月发放的住房补贴	51		机器设备	91	
（九）参加基本养老保险的年末职工人数	12		（十）本年提取的职工教育培训经费	52		运输工具	92	
（十）参加补充养老保险的年末职工人数	13		（十一）本年支付的职工教育培训经费	53		3. 本年计提折旧的固定资产原价	93	
（十一）参加基本医疗保险的年末职工人数	14		四、本年管理费用项下的业务招待费支出	54		（二）本年固定资产投资额	94	
（十二）参加补充医疗保险的年末职工人数	15		五、产值（按现行价格计算）	55	—	1. 购置固定资产	95	
（十三）参加失业保险的年末职工人数	16		（一）工业总产值	56		2. 基建投资	96	
（十四）参加工伤保险的年末职工人数	17		（二）劳动生产总值	57		3. 其他投资	97	
（十五）参加生育保险的年末职工人数	18		六、本年收到的财政性资金	58		十、投资收益	98	
（十六）实行工效挂钩职工人数	19		（一）基本建设性资金	59		其中：长期股权投资	99	
（十七）未实行社会化管理的离退休人员人数	20		（二）生产发展性资金	60		以公允价值计量且其变动计入当期损益的金融资产	100	
（十八）年末党员人数	21		（三）社会保障性资金	61		以公允价值计量且其变动计入当期损益的金融负债	101	
二、企业不在岗职工及劳动关系处理情况：	22	—	（四）其他	62		持有至到期投资	102	
（一）年初不在岗职工人数（人）	23		七、本年科技资金来源及支出情况：	63	—	可供出售金融资产	103	
其中：内退人数（人）	24		（一）本年科技资金来源合计	64		其他收益项目	104	
（二）年末不在岗职工人数（人）	25		其中：政府拨款	65		十一、拥有的自主知识产权专利数量（项）	105	
其中：内退人数（人）	26		企业自筹	66		其中：本年度新增专利数量（项）	106	
（三）本年累计解除劳动关系人数	27		其他	67		十二、本年企业提取的安全生产费用	107	
其中：需支付经济补偿人数	28		（二）本年科技支出合计	68		十三、本年企业支出的安全生产费用	108	
（四）本年累计支付经济补偿金额	29		1. 研究开发费用合计	69		十四、本年企业支付的环境保护及生态恢复支出	109	
其中：财政负担部分	30		其中：研发人员人工支出	70		其中：（一）本年度上交政府统筹的支出	110	
三、工资及福利情况：	31	—	研究开发性固定资产支出	71		（二）本年度企业提取或据实列支的支出	111	
（一）本年应发职工薪酬总额	32		其他研究开发支出	72		十五、本年企业支出的节能减排费用	112	
（二）本年实际发放职工薪酬总额	33		2. 购买新技术、科研设备等支出	73		十六、企业累计向境外投资额	113	
其中：本年实际发放职工工资总额	34		3. 其他科技支出	74		其中：企业本年新增向境外投资额	114	
其中：本年实际发放在岗职工工资总额	35		八、资本构成情况（以汇总口径填列）：	75	—	十七、应付工程款	115	
本年实际发放内退职工工资总额	36		（一）国有资本	76		十八、预留工程质量保证金	116	
本年支付的劳务派遣金额	37		其中：国有法人资本	77		十九、本年对外捐赠支出总额	117	
（三）企业提取的工资总额	38		（二）集体资本	78		二十、社会贡献总额	118	
1. 非工挂企业工资总额	39		（三）民营资本	79			119	
2. 工挂企业工资总额	40		其中：个人资本	80			120	

附件 2：

2016 年度企业财务会计决算报表编制说明

财政部依据《中华人民共和国会计法》、《企业财务会计报告条例》、《企业财务通则》、《企业会计准则》及相关财务会计制度规定制订本套企业财务会计决算报表。

一、填报范围

本套报表适用于境内、境外具有法人资格、独立核算、并能够编制完整会计报表的所有国有及国有控股的企业和实行企业化管理的事业单位、城镇集体企业填报。具体指各类国有企业（单位），以及供销合作社、二轻集体企业、劳动就业服务企业、民政福利企业、街道企业、校办企业等城镇集体企业、厂办大集体。

（一）国有控股企业是指国家或国有企业（单位）作为出资人之一，国有投资份额（包括国家资本和国有法人资本）占被投资企业实收资本 50% 以上（含 50%），或者虽未拥有多数股权，但对被投资企业拥有实际控制力的企业。具体包括：

1. 国有间接控制的企业，指通过子公司间接拥有其过半数以上国有权益性资本的企业。

2. 国有直接与间接控制的企业，指母公司虽然只拥有其半数以下的权益性资本，但通过与子公司合计拥有其过半数以上国有权益性资本。

3. 多方国有单位投资的、具有实际控制权的企业，控制权指能够决定一个企业的财务和经营政策，并能据以从企业的经营活动中获取利益的权力。

（二）境外企业是指以下三类企业（单位）：

1. 在中华人民共和国境外和香港、澳门特别行政区设立的国有境外企业集团（以下简称境外企业集团）及所属子公司（或二级企业），包括香港招商局集团有限公司、香港中旅（集团）有限公司、华润（集团）有限公司、澳门南光集团有限公司和地方的有关境外企业集团。

2. 在中华人民共和国境外和香港、澳门特别行政区投资设立企业或办事机构的境内国有及国有控股的投资单位（以下简称境内投资单位）。

3. 境内投资单位直接投资控股的境外企业。

（三）企业化管理的事业单位是指执行《企业财务通则》和相关企业会计制度，实行企业化管理的报社、出版社等国有事业单位。

（四）厂办大集体是指 20 世纪七八十年代，为安置回城知识青年和国有企业职工子女就业，一些国有企业批准并资助兴办的劳动服务公司或其他形式工商登记注册的集体所有制企业。

二、报表组成

本套报表包括：

（一）报表封面

（二）主表：资产负债表（财企 01 表）、利润表（财企 02 表）、现金流量表（财企 03 表）和所有者权益变动表（财企 04 表）、国有资本变动情况表（财企 05 表）、资产减值准备情况表（财企 06 表）、应上交应弥补款项表（财企 07 表）、基本情况表（财企 08 表）。

（三）补充指标表：境外子企业基本情况表（财企补 01 表）、汇编范围企业户数情况表（财企补 02

表)、国有企业办社会机构情况表（财企补03表）、上市公司国有股情况表（财企补04表）、国有企业带息负债情况表（财企补05表）、中央企业国有资本经营决算支出表（财企补06表）。

三、分户报表封面

（一）封面左边

1. 企业名称：指在工商行政管理部门登记注册的企业全称。

2. 单位负责人：指在工商行政管理部门登记的法定代表人。凡企业正在更换法定代表人，但尚未办理变更登记手续的，由实际负责人签字盖章。

3. 主管会计工作负责人（总会计师）：指按照国家规定担任总会计师职务的企业领导人。尚未设置总会计师职务及总会计师未分管财务决算工作的企业，由实际分管财务决算工作的企业负责人签字盖章。

4. 会计（财务）机构负责人：指企业内部承担财务会计职能的专职机构的部门负责人。

5. 填表人：指具体负责编制报表的工作人员。

6. 编报日期：指财务决算报表通过企业经理办公会或董事会，或类似决策机构审核签发的日期。

7. 报表审计机构：指对企业年度财务决算报表实施审计并发表审计意见的会计师事务所名称或企业内部审计机构名称。

8. 审计报告签字人：指在企业年度财务决算报表审计报告上签字的注册会计师或内部审计机构负责人。

（二）封面右边

1. 组织机构代码：指各级质检部门核发的企业（单位）法人代码证书规定的9位代码。尚未取得同一代码的企业（单位），应主动与当地质检部门联系办理核发手续。

根据《国务院办公厅关于加快推进“五证合一”、“一照一码”登记制度改革的通知》（国办发〔2016〕53号），2016年10月1日起正式实施“五证合一”、“一照一码”登记制度：企业原证照有效期满、申请变更登记或者申请换发营业执照的，一律改为使用统一社会信用代码（18位）。有上述情况的企业（单位）填写统一社会信用代码的第9－17位。

本代码由本企业代码、上一级企业（单位）代码、集团企业（公司）总部代码三部分组成，具体填报方法如下：

（1）非集团型企业只需填列“本企业代码”，“上一级企业（单位）代码”和“集团企业（公司）总部代码”不填。

（2）集团型企业需区别以下情况填列：

①集团公司总部（一级）在填报集团企业合并报表时，“本企业代码”和“集团企业（公司）总部代码”均按集团公司代码填列，“上一级企业（单位）代码”不填。

②当本企业为集团公司二级企业时，按要求填列“本企业代码”、“上一级企业（单位）代码”和“集团企业（公司）总部代码”。其中“上一级企业（单位）代码”与“集团企业（公司）总部代码”相同。集团公司本部填列的方法同集团公司二级企业的填列方法，差额表比照集团本部填列。

③当本企业为集团三级企业时，应按实际情况填列“本企业代码”、“上一级企业（单位）代码”及“集团企业（公司）总部代码”。集团公司二级企业本部视同集团公司三级企业填列，差额表比照二级企业本部填列。

④当本企业为集团三级以下企业时，比照三级企业填列。

2. 隶属关系：本代码由“行政隶属关系代码”和“部门标识代码”两部分组成。具体填报方法如下：

（1）中央企业（不论级次和所在地区）：“行政隶属关系代码”均填零，“部门标识代码”根据国家标准《中央党政机关、人民团体及其他机构名称代码》（GB/T4657—2009）编制。

（2）地方企业：

①“行政隶属关系代码”根据国家标准《中华人民共和国行政区划代码》（GB/T2260—2007）编制。具体编制方法：

A. 省级企业以行政区划代码的前两位数字后加四个零表示。如：山东省省属企业一律填列“370000”；

B. 地市级企业以行政区划代码的前四位数字后加两个零表示。如：山东省济南市市属企业一律填列"370100"；

C. 县级（市辖区）企业以行政区划代码的本身六位数表示。如：山东省济南市长清区区级企业一律填列"370113"。

②"部门标识代码"根据企业财务或产权归口管理的部门、机构或企业集团，比照国家标准《中央党政机关、人民团体及其他机构名称代码》（GB/T4657—2009）填报。如：隶属各省"交通厅（局）"管理的企业，填报"交通部"代码"348"。无行政主管部门的企业，填行业对口部门（协会）的代码。机构设置与中央对口的各地方部门均应按国家标准填列。

3. 所在地区：根据国家标准《世界各国和地区名称代码》（GB/T2659—2000）和国家标准《中华人民共和国行政区划代码》（GB/T2260—2007）选择填列。

4. 所属行业码：本代码由"国民经济行业分类与代码"和"执行会计准则情况代码"两部分组成。

（1）"国民经济行业分类与代码"依据国家标准《国民经济行业分类》（GB/T4754—2011），结合企业主要从事的社会经济活动性质，按"小类"划分填列。

（2）"执行会计准则情况代码"根据企业目前所执行的《企业会计准则》、《企业会计制度》等会计核算制度的实际情况填列。具体代码为：

企业会计准则——00，企业会计制度——13，小企业会计准则——14，其他——99。

5. 经营规模：按照工信部、国家统计局、国家发改委和财政部联合发布的《关于印发中小企业划型标准规定的通知》（工信部联企业〔2011〕300 号）、国家统计局《关于印发统计上大中小微型企业划分办法的通知》（国统字〔2011〕75 号）规定的分类标准填列，具体分为：1 大型，2 中型，3 小型，4 微型。

6. 经济类型：按照所有制形式划分的企业类型。厂办大集体是指 20 世纪七八十年代，为安置回城知识青年和国有企业职工子女就业，一些国有企业批准并资助兴办了一批劳动服务公司或其他形式工商登记注册的集体所有制企业。厂办大集体主要依附于主办国有企业从事生产经营活动，向主办国有企业提供配套产品或劳务服务。其中：

中央企业厂办大集体是指各类中央企业（含国务院有关部门所属企业）批准并资助兴办的集体所有制企业。

中央下放企业厂办大集体是指中央下放的煤炭、有色、军工等企业批准并资助兴办的集体所有制企业。

地方企业厂办大集体指地方国有企业批准并资助兴办的集体所有制企业。

7. 组织形式：根据企业在工商行政管理部门注册登记的类型及有关性质填列。具体包括：10 公司制企业（11 国有独资公司，12 其他有限责任公司，13 上市股份有限公司，14 非上市股份有限公司），20 非公司制企业（21 非公司制独资企业，22 其他非公司制企业），30 企业化管理事业单位，40 其他。国有独资的有限责任公司选"公司制企业"中的"国有独资公司"，一人有限等有限责任公司选"其他有限责任公司"填列。

上市股份有限公司还应填报其股票代码，为 6 位数字。如果企业已发行 A 股股票并有其他类别股票上市（如 B 股、H 股、N 股等）则填报 A 股股票代码；如果只发行了 B 股股票，则填报 B 股股票代码；如果只在境外发行股票，则该代码填"000000"。

8. 工资管理标识码：整体执行工效挂钩工资办法的企业填"10"；部分执行工效挂钩工资办法的企业填"20"；部分执行工效挂钩工资办法针对合并主体而言，如果其合并报表范围内所属企业既有执行工效挂钩工资办法的企业，又有不执行工效挂钩工资办法的企业，则其合并报表封面工效挂钩标识码填"20"；不执行工效挂钩工资办法的企业填"30"，其中：实行工资总额预算管理的企业填"31"，除此以外的其他情况填"32"。

9. 社会保险标识码：按照基本养老保险、失业保险、基本医疗保险、工伤保险、生育保险、补充养老保险、补充医疗保险、其他保险等参加情况分别填列，未参加填"0"，参加填"1"。其他保险是指除上述七项保险以外的其他社会保险。

10. 审计方式：指企业年度财务决算报表具体审计方式，包括：0 未经审计，1 社会中介机构审计，2 内部审计机构审计。

11. 审计意见类型：指注册会计师或内部审计机构对企业年度财务决算报表出具的审计报告意见类型，具体包括：1 标准无保留意见，2 非标准无保留意见，3 保留意见，4 否定意见，5 无法表示意见。非标准无保留意见是指带强调事项段和其他事项段的无保留意见。

12. 设立年份：指企业（单位）工商注册登记或批准成立的具体年份。

13. 上年组织机构代码：由本企业上一年度填报本套报表时，录入的“组织机构代码——本企业代码”和上年“报表类型码”共 10 位码组成。如为新报单位，此代码不填。

14. 上报因素：反映企业连续上报情况，或以前年度未填报企业财务决算报表、从本年度起纳入企业财务决算报表填报范围的新报原因。具体标识含义如下：

（1）0 连续上报：指上年度填报企业财务决算报表的企业（单位）。

（2）1 新投资设立：指本年新投资注册设立并正式营业的企业（不含竣工移交、新设合并、分立）。

（3）2 竣工移交：指建设项目竣工后从基本建设单位转为生产经营的企业。

（4）3 新设合并：指两个或两个以上企业（单位）合并成一个新企业（单位），原企业（单位）均不再具有法人资格。

（5）4 分立：指经批准由企业分立而成立的新企业（单位）。

（6）5 上年应报未报：指上年漏报或因客观原因未填报本报表，从本年度起按规定单独报送的企业（单位）。

（7）6 划转：指因管理体制改革、组织形式调整和资产重组等原因引起的整建制划入而新增且上年未作单户填报企业财务决算报表的企业（单位）。

（8）7 收购：指因购入而新增的上年未作单户填报本报表的企业（单位）。

（9）9 其他：指上述各项原因中未包括的上报原因。

15. 报表类型码：指企业根据实际情况选择的报表类型码，具体包括：

0 单户表，1 集团差额表，2 金融子企业表，3 境外子企业表，4 事业并企业表，5 基建并企业表，9 集团合并表。

16. 补充指标表标识码：具体内容包括：01 境外子企业基本情况表，02 汇编范围企业户数情况表，03 国有企业办社会机构情况表，04 上市公司国有股情况表，05 国有企业带息负债情况表，06 中央企业国有资本经营决算支出表。

17. 备用码：根据实际需要可自行规定填报内容。

四、资产负债表［财企 01 表］

（一）编制方法

1. 表内“期末余额”指标以企业年终财务决算有关指标填列。

2. 表内“年初余额”指标根据企业上年度财务决算中资产负债表的“期末余额”结合本年度调整数填列。

3. 表内“结算备付金”、“拆出资金”、“应收保费”、“应收分保账款”、“应收分保准备金”、“买入返售金融资产”、“发放贷款及垫款”、“向中央银行借款”、“吸收存款及同业存放”、“拆入资金”、“卖出回购金融资产款”、“应付手续费及佣金”、“应付分保账款”、“保险合同准备金”、“代理买卖证券款”、“代理承销证券款”、“一般风险准备”等指标仅由金融企业填列。

4. 表内“职工奖励及福利基金”、“已归还投资”、“储备基金”、“企业发展基金”、“利润归还投资”等指标由集团公司控股的外商投资企业填列。

5. 表内“少数股东权益”由集团型企业在编制“合并财务报表”时填列。

6. 企业应依据本编制说明要求填列表中各项指标，编制说明中未作解释的内容以企业目前所执行的会计核算制度为依据。

（二）表内有关指标解释

1. △结算备付金：反映企业为证券交易的资金清算与交收而存入指定清算代理机构的款项，应根据“结算备付金”科目的期末余额填列。仅由金融企业填报。

2. △拆出资金：反映企业拆借给境内、境外其他金融机构的款项，应根据“拆出资金”科目的期末余额，减去“贷款损失准备”科目所属相关明细科目期末余额后的金额分析计算填列。仅由金融企业填报。

3. 以公允价值计量且其变动计入当期损益的金融资产：反映企业持有的以公允价值计量，且其变动计入当期损益的以交易为目的的债券投资、股票投资、基金投资、权证投资等金融资产，应根据“公允价值计量且其变动计入当期损益的金融资产”科目的期末余额填列。

4. 衍生金融资产：反映企业衍生工具形成资产的期末余额。

5. 应收账款：企业应根据“应收账款”科目所属各明细科目的期末借方余额合计减去“坏账准备”科目中有关坏账准备期末余额后的净额填列。

6. △应收保费：反映按照原保险合同约定应向投保人收取的保费，应根据期末余额减去“坏账准备”科目中有关坏账准备期末余额后的净额填列。仅由金融企业填报。

7. △应收分保账款：反映企业从事再保险业务应收取的款项，应根据期末余额减去“坏账准备”科目中有关坏账准备期末余额后的净额填列。仅由金融企业填报。

8. △应收分保准备金：反映再保险分出人从事再保险业务确认的应收分保未到期责任准备金，以及应向再保险接受人摊回的保险责任准备金，应根据期末余额减去“坏账准备”科目中有关坏账准备期末余额后的净额填列。仅由金融企业填报。

9. 应收利息：反映企业交易性金融资产、持有至到期投资、可供出售金融资产、发放贷款、存放中央银行款项、拆出资金、买入返售金融资产等应收取的利息，应根据科目的期末余额，减去“坏账准备”科目中有关坏账准备期末余额后的净额填列。

10. 应收股利：反映企业尚未收回的被投资单位已宣告未发放的现金股利或利润，应根据科目的期末余额，减去“坏账准备”科目中有关坏账准备期末余额后的净额填列。

11. 其他应收款：反映企业的其他应收款情况，应根据“其他应收款”科目所属各明细科目的期末借方余额合计，减去相应“坏账准备”科目期末余额后的净额填列。

12. △买入返售金融资产：反映按照返售协议约定先买入再按固定价格返售的票据、证券、贷款等金融资产所融出资金，应根据“买入返售金融资产”科目的期末余额减去“坏账准备”科目所属相关明细科目的期末余额填列。仅由金融企业填报。

13. 存货：企业应根据存货相关科目的期末余额合计，减去“存货跌价准备”或“商品削价准备”、“代销商品款”科目的期末余额后的净额填列。

14. 划分为持有待售的资产：反映企业资产负债表日划分为持有待售的非流动资产及划分为持有待售的处置组中的资产的期末余额。

15. 一年内到期的非流动资产：反映企业将于一年内到期的非流动资产项目金额，本项目应根据有关科目的期末余额填列。

16. 其他流动资产：反映企业除货币资金、交易性金融资产、应收票据、应收账款、存货等流动资产以外的其他流动资产。

17. △发放贷款及垫款：反映企业发放的贷款和贴现资产扣减贷款损失准备期末余额后的金额，应根据“贷款”、“贴现资产”等科目的期末借方余额合计，减去“贷款损失准备”科目所属明细科目期末余额后的净额分析计算填列。仅由金融企业填报。

18. 可供出售金融资产：反映企业持有的以公允价值计量的可供出售的股票投资、债券投资等金融资产，应根据“可供出售金融资产”科目的期末余额，减去“可供出售金融资产减值准备”科目期末余额后的净额填列。

19. 持有至到期投资：反映企业持有至到期日投资的摊余成本，即到期日固定，回收金额固定或可确定，且企业有明确意图和能力持有至到期的非衍生金融资产的摊余成本，应根据“持有至到期投资”科目的期末余额，减去“持有至到期投资减值准备”科目余额后的净额填列。

20. 长期应收款：企业应根据“长期应收款”科目的期末余额，减去相应的“未实现融资收益”科目和“坏账准备”科目所属相关科目期末余额后的净额填列。

21. 长期股权投资：企业应根据“长期股权投资”科目账面余额，减去相应“长期股权投资减值准备”科目期末余额后的净额填列。

22. 投资性房地产：反映企业持有的投资性房地产。采用成本模式计量投资性房地产的，应根据“投资性房地产”科目的期末余额，减去“投资性房地产累计折旧（摊销）”和“投资性房地产减值准备”科目期末余额后的净额填列；采用公允价值模式计量投资性房地产的，应根据“投资性房地产”科目的期末余额填列。

23. 固定资产净额：反映企业持有固定资产的账面余额扣减累计折旧、减值准备后的账面价值。

24. 在建工程：反映企业尚未达到预定可使用状态的在建工程的成本扣减减值准备后的账面价值，应根据“在建工程”科目的期末余额，减去“在建工程减值准备”科目期末余额后的净额填列。

25. 固定资产清理：反映企业因出售、毁损、报废等原因转入清理但尚未清理完毕的固定资产净值，以及固定资产清理过程中所发生的清理费用和变价收入等各项金额的差额。

26. 生产性生物资产：反映企业持有的为产出农产品、提供劳务或出租等目的而持有的生物资产，应根据“生产性生物资产”科目的期末余额，减去“生产性生物资产累计折旧”和“生产性生物资产减值准备”科目期末余额后的净额填列。

27. 油气资产：反映企业持有的矿区权益和油气井及相关设施的原价减去累计折耗和累计减值准备后的净额，应根据“油气资产”科目期末余额，减去“累计折耗”科目期末余额和相应减值准备后的净额填列。

28. 无形资产：反映企业持有无形资产的账面价值，包括专利权、非专利技术、商标权、著作权、土地使用权等，应根据“无形资产”科目的期末余额，减去相应的“无形资产减值准备”、“累计摊销”科目期末余额后的净额填列。

29. 开发支出：反映企业开发无形资产过程中能够资本化形成无形资产成本的支出部分，应根据“研发支出”科目中所属的“资本化支出”明细科目期末余额填列。

30. 商誉：反映企业合并中形成商誉的价值，应根据“商誉”科目期末余额，减去相应减值准备后的净额填列。

31. 长期待摊费用：反映企业已经发生但应由本期和以后各期负担的分摊期限在一年以上的各项费用，应根据“长期待摊费用”科目的期末余额减去将于一年内（含一年）摊销的数额后的金额填列。

32. 递延所得税资产：反映企业确认的可抵扣暂时性差异产生的递延所得税资产，应根据“递延所得税资产”科目期末余额填列。

33. 其他非流动资产：反映企业除以上资产以外的其他长期资产。其中，特准储备物资主要反映企业按照国家和上级规定储备的用于防汛、战备等特定用途的物资年末结存成本，应单独列示。如该项目价值较大的，应在会计报表附注中披露其内容和金额。

34. △向中央银行借款：反映企业向中国人民银行借入的款项，应根据“向中央银行借款”科目的期末余额填列。仅由金融企业填报。

35. △吸收存款及同业存放：反映企业吸收的各种存款和境内、境外金融机构的存款，应根据“同业存放”、“吸收存款”等科目的期末余额填列。仅由金融企业填报。

36. △拆入资金：反映企业从境内、境外金融机构拆入的款项，应根据“拆入资金”科目的期末余额填列。仅由金融企业填报。

37. 以公允价值计量且其变动计入当期损益的金融负债：反映企业承担的以公允价值计量且其变动计入当期损益的以交易为目的所持有的金融负债，应根据“以公允价值计量且其变动计入当期损益的金融负债”科目期末余额填列。

38. 衍生金融负债：反映企业衍生工具形成负债的期末余额。

39. △卖出回购金融资产款：反映企业按照回购协议先卖出再按固定价格买入的票据、证券、贷款等金融资产所融入的资金，应根据“卖出回购金融资产款”科目的期末余额填列。仅由金融企业填报。

40. △应付手续费及佣金：反映企业从事再保险业务应向再保险分出人或再保险接受人支付但尚未支付的款项，应根据相关科目的期末余额填列。仅由金融企业填报。

41. 应付职工薪酬：反映企业根据有关规定应付给职工的工资、职工福利、社会保险费、住房公积金、工会经费、职工教育经费、非货币性福利、辞退福利等各种薪酬，应根据“应付职工薪酬”科目的期末余额填列。其中：应付工资和应付福利费应单独列示。外商投资企业按规定从净利润中提取的职工奖励及福利基金，应在“应付福利费”项下单独列示。

42. 应交税费：反映企业按照税法规定计算应缴纳的各种税费，包括增值税、消费税、营业税、所得税、资源税、土地增值税、城市维护建设税、房产税、土地使用税、车船使用税、教育费附加、矿产资源补偿费等，应根据“应交税费”科目的期末贷方余额填列。如期末为借方余额，应以“－”号填列。其中：应交税金应单独列示。

43. 应付利息：企业根据“应付利息”科目的期末余额填列。

44. 应付股利：反映企业根据股东大会或类似机构审议批准的利润分配方案应付未付的现金股利或利润，应根据“应付股利”科目期末余额填列。

45. 其他应付款：反映企业应付、暂收的款项，应根据“其他应付款”期末贷方余额填列。

46. △应付分保账款：反映从事再保险业务应付未付的款项，应根据“应付分保账款”科目期末贷方余额填列。仅由金融企业填报。

47. △保险合同准备金：反映企业提取的保险合同准备金，应根据“未到期责任准备金”、“未决赔款准备金”科目期末贷方余额填列。仅由金融企业填报。

48. △代理买卖证券款：反映企业接受客户委托，代理客户买卖股票、债券和基金等有价证券而收到的款项，应根据“代理买卖证券款”科目的期末贷方余额填列。仅由金融企业填报。

49. △代理承销证券款：反映企业接受委托，采用承购包销方式或代销方式承销证券所形成的、应付证券发行人的承销资金，应根据“代理承销证券款"科目的期末贷方余额填列。仅由金融企业填报。

50. 划分为持有待售的负债：反映企业资产负债表日划分为持有待售的处置组中的负债的期末余额。

51. 其他流动负债：反映未包括在短期借款、交易性金融负债、应付票据、应付账款及预收账款、应付职工薪酬、应交税费、应付利息、应付股利、其他应付款、一年内到期的非流动负债项目内的流动负债，含短期融资券。

52. 长期应付款：企业应根据“长期应付款”科目余额，减去“未确认融资费用”科目期末余额后的净额填列。

53. 长期应付职工薪酬：反映企业辞退福利中将于资产负债表日起 12 个月之后支付的部分、离职后福利中设定收益计划净负债、其他长期职工福利中符合设定收益计划条件的净负债。

54. 专项应付款：企业应根据“专项应付款”科目的期末余额填列。

55. 预计负债：反映企业各项预计的负债，包括对外提供担保、商业承兑票据贴现、未决诉讼、产品质量保证、重组义务、亏损合同等，应根据“预计负债”科目期末余额填列。

56. 递延收益：反映企业应在以后期间计入当期损益的政府补助及其他。

57. 递延所得税负债：反映企业确认的应纳税暂时性差异产生的递延所得税负债，应根据“递延所得税负债”科目期末余额填列。

58. 特准储备基金：反映国家拨给企业的特准储备基金的余额。

59. 实收资本（股本）：反映企业各投资者实际投入的资本（或股本）总额。其中：中外合作经营企业“实收资本净额”按“实收资本”扣除“已归还投资”后的金额填列。

（1）国有资本：指有权代表国家投资的政府部门或机构、直属事业单位及具有独立法人地位的国有企业（单位）或国有独资公司对企业投资形成的资本金。

国有法人资本：指具有独立法人地位的国有企业（单位）或国有独资公司对企业投资形成的资本金。

（2）集体资本：指由本企业职工等自然人集体投资或各种机构对企业进行扶持形成的集体性质的资本金，以及具有独立法人地位的集体企业对企业投资形成的资本金。

（3）民营资本：指除国有资本、集体资本、外商资本以外的其他资本。

个人资本：指自然人实际投入企业的资本金。

（4）外商资本：指外国和我国香港、澳门及台湾地区投资者实际投入企业的资本金。

60. #已归还投资：反映中外合作经营企业按合同规定在合作期间归还投资者的投资。本项目应根据“已归还投资”科目的期末借方余额填列。非中外合作经营企业不填。

61. 其他权益工具：反映企业发行的除普通股以外分类为权益工具的金融工具的账面价值。

62. 库存股：反映企业持有尚未转让或注销的本企业股份金额，应根据“库存股”科目期末余额分析填列。

63. 其他综合收益：反映企业未在当期损益中确认的各项利得和损失，应根据“其他综合收益”科目期末余额分析填列。其中：外币报表折算差额应单独列示。

64. 专项储备：反映高危行业企业按照国家规定提取的安全生产费、维简费等专项储备的期末余额。

65. 盈余公积：反映企业盈余公积的期末余额。本项目应根据“盈余公积”科目的期末余额填列。其中，“法定盈余公积”反映企业按照规定的比例从净利润中提取的盈余公积；“任意盈余公积”反映企业经股东大会或类似机构批准按照规定的比例从净利润中提取的盈余公积；“储备基金”反映外商投资企业按照法律、行政法规规定从净利润中提取的、经批准用于弥补亏损和增加资本的储备基金；“企业发展基金”反映外商投资企业按照法律、行政法规规定从净利润中提取的、用于企业生产发展和经批准用于增加资本的企业发展基金；“利润归还投资”反映中外合作经营企业按照规定在合作期间以利润归还投资者的投资。

66. △一般风险准备：反映企业按规定从净利润中提取的一般风险准备。仅由金融企业填报。

67. 外币报表折算差额：反映企业将外币表示的资产负债表折算成记账本位币表示的资产负债表时，由于报表项目采用不同的折算汇率所产生的差额。

68. 未分配利润：反映尚未分配的利润，未弥补的亏损，在本项目内以“－”号填列。

69. ＊少数股东权益：反映除母公司以外的其他投资者在子公司中拥有的权益数额。

（三）未执行《企业会计准则》企业主要指标对照表

2015 年报表项目	行次	未执行新准则项目	2015 年报表项目	行次	未执行新准则项目
流动资产：	1		流动负债：	73	
货币资金	2	货币资金	短期借款	74	短期借款
△结算备付金	3		△向中央银行借款	75	
△拆出资金	4		△吸收存款及同业存放	76	
以公允价值计量且其变动计入当期损益的金融资产	5	短期投资	△拆入资金	77	
衍生金融资产	6		以公允价值计量且其变动计入当期损益的金融负债	78	
应收票据	7	应收票据	衍生金融负债	79	
应收账款	8	应收账款	应付票据	80	应付票据
预付款项	9	预付账款	应付账款	81	应付账款
△应收保费	10		预收账款	82	预收账款、预提费用中属于预收性质的内容
△应收分保账款	11		△卖出回购金融资产款	83	
△应收分保准备金	12		△应付手续费及佣金	84	
应收利息	13	应收利息	应付职工薪酬	85	
应收股利	14	应收股利	其中：应付工资	86	应付工资
其他应收款	15	其他应收款	应付福利费	87	应付福利费
△买入返售金融资产	16		其中：职工奖励及福利基金	88	
存货	17	存货	应交税费	89	应交税金、其他应交款等
其中：原材料	18	原材料	其中：应交税金	90	应交税金
库存商品（产成品）	19	库存商品（产成品）	应付利息	91	应付利息、预提费用中的借款利息
划分为持有待售的资产	20		应付股利	92	应付股利
一年内到期的非流动资产	21	一年内到期的长期债权投资等	其他应付款	93	其他应付款、预提费用中的其他内容

续表

2015 年报表项目	行次	未执行新准则项目	2015 年报表项目	行次	未执行新准则项目
其他流动资产	22	以上未包括的其他流动资产	△应付分保账款	94	
流动资产合计	23		△保险合同准备金	95	
非流动资产：	24		△代理买卖证券款	96	
△发放贷款及垫款	25		△代理承销证券款	97	
可供出售金融资产	26	长期债权投资	划分为持有待售的负债	98	
持有至到期投资	27	长期债权投资	一年内到期的非流动负债	99	一年内到期的长期负债
长期应收款	28	长期应收款	其他流动负债	100	应付权证、其他流动负债
长期股权投资	29	长期股权投资、股权分置流通权	流动负债合计	101	
投资性房地产	30		非流动负债：	102	
固定资产原价	31	固定资产原价	长期借款	103	长期借款
减：累计折旧	32	累计折旧	应付债券	104	应付债券
固定资产净值	33	固定资产净值	长期应付款	105	长期应付款
减：固定资产减值准备	34	固定资产减值准备	长期应付职工薪酬	106	
固定资产净额	35	固定资产净额	专项应付款	107	专项应付款
在建工程	36	在建工程	预计负债	108	预计负债
工程物资	37	工程物资	递延收益	109	
固定资产清理	38	固定资产清理	递延所得税负债	110	递延税款贷项
生产性生物资产	39		其他非流动负债	111	其他非流动负债
油气资产	40		其中：特准储备基金	112	特准储备基金
无形资产	41	无形资产	非流动负债合计	113	
开发支出	42		负 债 合 计	114	
商誉	43	商誉、合并价差	所有者权益（或股东权益）：	115	
长期待摊费用	44	长期待摊费用（递延资产）	实收资本（股本）	116	实收资本（股本）
递延所得税资产	45	递延税款借项	国有资本	117	国家资本及国有法人资本
其他非流动资产	46	其他长期资产	其中：国有法人资本	118	国有法人资本
其中：特准储备物资	47	特准储备物资	集体资本	119	集体资本及集体法人资本
非流动资产合计	48		民营资本	120	
	49		其中：个人资本	121	个人资本
	50		外商资本	122	外商资本
	51		#减：已归还投资	123	
	52		实收资本（或股本）净额	124	
	53		其他权益工具	125	
	54		其中：优先股	126	
	55		永续债	127	
	56		资本公积	128	资本公积
	57		减：库存股	129	库存股
	58		其他综合收益	130	
	59		其中：外币报表折算差额	131	外币报表折算差额
	60		专项储备	132	
	61		盈余公积	133	盈余公积
	62		其中：法定公积金	134	
	63		任意公积金	135	
	64		#储备基金	136	
	65		#企业发展基金	137	
	66		#利润归还投资	138	
	67		△一般风险准备	139	一般风险准备
	68		未分配利润	140	未分配利润 、未确认的投资损失、未处理资产损失
.	69		归属于母公司所有者权益合计	141	
	70		* 少数股东权益	142	
	71		所有者权益合计	143	
资 产 总 计	72		负债和所有者权益总计	144	

（四）执行《企业会计准则》金融企业报表项目对照表

行次	金融企业报表项目	企业财务会计决算报表项目
1	现金及存放中央银行款项	货币资金
2	存放同业款项	货币资金
3	货币资金	货币资金
4	结算备付金	△结算备付金
5	衍生金融资产	衍生金融资产
6	交易性金融资产	以公允价值计量且其变动计入当期损益的金融资产
7	应收利息	应收利息
8	应收保费	△应收保费
9	应收分保账款	△应收分保账款
10	应收代位追偿款	其他应收款
11	其他资产（属于流动资产的部分）	其他流动资产
12	拆出资金	△拆出资金
13	买入返售金融资产	△买入返售金融资产
14	贵金属	其他流动资产
15	应收分保未到期责任准备金	△应收分保准备金
16	应收分保未决赔款准备金	△应收分保准备金
17	保户质押贷款（期限在一年以内的部分）	一年内到期的非流动资产
18	发放贷款及垫款（期限在一年以内的部分）	一年内到期的非流动资产
19	可供出售金融资产	可供出售金融资产
20	持有至到期投资	持有至到期投资
21	长期股权投资	长期股权投资
22	投资性房地产	投资性房地产
23	固定资产	固定资产净额
24	无形资产	无形资产
25	递延所得税资产	递延所得税资产
26	其他资产（属于非流动资产的部分）	其他非流动资产
27	发放贷款及垫款（期限在一年以上的部分）	△发放贷款及垫款
28	保户质押贷款（期限在一年以上的部分）	其他非流动资产
29	存出资本保证金	其他非流动资产
30	独立账户资产	其他非流动资产
31	定期存款	其他非流动资产
32	应收分保寿险责任准备金	其他非流动资产
33	应收分保长期健康险责任准备金	其他非流动资产
34	向中央银行借款	△向中央银行借款
35	短期借款	短期借款
36	交易性金融负债	以公允价值计量且其变动计入当期损益的金融负债

续表

行次	金融企业报表项目	企业财务会计决算报表项目
37	衍生金融负债	衍生金融负债
38	应付赔付款	应付账款
39	应付手续费及佣金	应付手续费及佣金
40	应付分保账款	应付分保账款
41	预收保费	预收账款
42	应付职工薪酬	应付职工薪酬
43	应交税费	应交税费
44	应付利息	应付利息
45	应付保单红利	应付利息
46	其他负债（偿还期限在一年以内的部分）	一年内到期的非流动负债
47	同业及其他金融机构存放款项	△吸收存款及同业存放
48	吸收存款	△吸收存款及同业存放
49	拆入资金	△拆入资金
50	卖出回购金融资产款	△卖出回购金融资产款
51	保户储金及投资款	其他流动负债
52	未到期责任准备金	△保险合同准备金
53	未决赔款准备金	△保险合同准备金
54	代理买卖证券款	△代理买卖证券款
55	代理承销证券款	△代理承销证券款
56	长期借款	长期借款
57	应付债券	应付债券
58	预计负债	预计负债
59	递延所得税负债	递延所得税负债
60	其他负债（偿还期限在一年以上的部分）	其他非流动负债
61	独立账户负债	其他非流动负债
62	寿险责任准备金	其他非流动负债
63	长期健康险责任准备金	其他非流动负债
64	实收资本	实收资本
65	库存股	库存股
66	资本公积	资本公积
67	盈余公积	盈余公积
68	一般风险准备	△一般风险准备
69	未分配利润	未分配利润

（五）表内公式

17 行≥（18+19）行（合理性）；23 行=（2+3+…+17+20+21+22）行；33 行=（31-32）行；35 行=（33-34）行；46 行≥47 行；48 行=（25+26+…+30+35+36+…+46）行；72 行=（23+48）行；85 行≥（86+87）行；87 行≥88 行；89 行≥90 行（合理性）；101 行=（74+75+…+85+89+91+92+…

+100）行；111 行≥112 行；113 行 =（103 + 104 + … + 111）行；114 行 =（101 + 113）行；116 行 =（117 + 119 + 120 + 122）行；若封面组织形式为 11 或 21，且封面“报表类型码”为 0 或 2 或 3 或 4 或 5，则 116 行 = 117 行；117 行≥118 行；120 行≥121 行；124 行 =（116 − 123）行；125 行≥（126 + 127）行；130 行≥ 131 行（合理性）；133 行≥（134 + 135 + 136 + 137 + 138）行；141 行 =（124 + 125 + 128 − 129 + 130 + 132 + 133 + 139 + 140）行；143 行 =（141 + 142）行；144 行 =（114 + 143）行；144 行 = 72 行；若封面“上报因素”为 0 或 5 或 6 或 7 或 9，则 72 行年初金额 > 0（合理性）；若封面“报表类型码”为 0 或 2 或 3 或 4 或 5，则 142 行 = 0（合理性）；若“报表类型码”为 0 或 3 或 4 或 5，则 3 行 = 0、4 行 = 0、10 行 = 0、11 行 = 0、12 行 = 0、16 行 = 0、25 行 = 0、75 行 = 0、76 行 = 0、77 行 = 0、83 行 = 0、84 行 = 0、94 行 = 0、95 行 = 0、96 行 = 0、97 行 = 0、139 行 = 0（合理性）。

五、利润表［财企 02 表］

（一）编制方法

1. 本表反映企业在一年或一个会计期间内的经营成果。企业应根据损益类账户及其有关明细账户的上年累计实际发生数和本年累计实际发生数分析填列。如果上年度利润表与本年度该表的项目名称和内容不相一致，应按本年度口径调整后填列。

2. 表内“△利息收入”、“△已赚保费”、“△手续费及佣金收入”、“△利息支出”、“△手续费及佣金支出”、“△退保金”、“△赔付支出净额”、“△提取保险合同准备金净额”、“△保单红利支出”、“△分保费用”、“△汇兑收益”为金融企业专用，其他企业不填。

3. 表内“少数股东损益”和“归属于少数股东的综合收益总额”仅由编制合并财务报表的集团企业填报。

4. 企业应依据本编制说明要求和相关项目填列表中各项指标，编制说明中未作解释的内容以目前企业所执行的会计核算制度为依据。

（二）表内有关指标解释

1. 营业总收入：包括营业收入、△利息收入、△已赚保费和△手续费及佣金收入四部分内容。

2. 营业收入：反映企业经营主要业务和其他业务所确认的收入总额，应根据“主营业务收入”和“其他业务收入”科目的发生额分析填列。

3. △利息收入：反映企业经营贷款业务等确认的利息收入，应根据“利息收入”科目的发生额分析填列。仅由金融企业填报。

4. △已赚保费：反映“保险业务收入”项目金额减去“分出保费”、“提取未到期责任准备金”项目金额后的余额。仅由金融企业填报。

5. △手续费及佣金收入：反映企业确认的包括办理结算业务等在内的手续费、佣金收入，应根据“手续费及佣金收入”等科目的发生额分析填列。仅由金融企业填报。

6. 营业总成本：包括营业成本、△利息支出、△手续费及佣金支出、△退保金、△赔付支出净额、△提取保险合同准备金净额、△保单红利支出、△分保费用、营业税金及附加、销售费用、管理费用、财务费用、资产减值损失和其他共十四部分内容。

7. 营业成本：反映企业经营主要业务和其他业务所确认的成本总额，应根据“主营业务成本”和“其他业务成本（支出）”科目的发生额分析填列。

8. △利息支出：反映企业经营存款业务等确认的利息支出，应根据“利息支出”的发生额分析填列。仅由金融企业填报。

9. △手续费及佣金支出：反映企业确认的包括办理结算业务等在内发生的手续费、佣金支出，应根据“手续费及佣金支出”等科目的发生额分析填列。仅由金融企业填报。

10. △退保金：反映企业寿险原保险合同提前解除时按照约定退还投保人的保单现金价值，应根据“退保金”科目的发生额分析填列。仅由金融企业填报。

11. △赔付支出净额：反映企业支付的原保险合同赔付款项和再保险合同赔付款项。仅由金融企业填报。

12. △提取保险合同准备金净额：反映企业提取的保险责任准备金，包括未决赔款准备金、寿险责任准备金、长期健康险责任准备金，应根据“提取保险责任准备金”科目的发生额分析填列。仅由金融企业填报。

13. △保单红利支出：反映企业按原保险合同约定支付给投保人的红利。仅由金融企业填报。

14. △分保费用：反映企业从事再保险业务支付的分保费用，依据“分保费用”扣减“摊回分保费用”的净额填列。仅由金融企业填报。

15. 营业税金及附加：反映企业经营主要业务和其他业务所负担的消费税、营业税、城市维护建设税、资源税、土地增值税、教育费附加等，应根据“营业税金及附加”科目的发生额填列。

16. 销售费用：反映企业在销售过程中发生的包装费、广告费等相关费用，以及专设销售机构的职工薪酬、业务费等经营费用，应根据“销售费用”科目的发生额分析填列。

17. 党建工作经费：反映企业专门用于本单位党建工作发生的费用。

18. 财务费用：反映企业为筹集生产经营所需资金等发生的费用，其中：利息支出、利息收入、汇兑净损失项目需单独列示，均以正数填列，若汇兑净损失项目为汇兑净收益，以“－”号填列。其中，利息支出反映企业本年发生的不符合资本化条件而计入当期损益的票据贴现利息、应付票据利息、交易性金融负债利息、金融机构长短期借款利息、应付债券利息等其他带息负债利息。

19. 资产减值损失：反映企业计提资产减值准备所形成的各项减值损失，应根据“资产减值损失”科目发生额分析填列。由执行新会计准则企业填列。

20. 其他：反映石油石化企业勘探费用。

21. 公允价值变动收益：反映企业应当计入当期损益的资产或负债公允价值变动收益，应根据“公允价值变动损益”科目发生额分析填列，如为净损失以“－”号填列。由执行新会计准则企业填列。

22. 投资收益：反映企业以各种方式对外投资所取得的收益，应根据“投资收益”科目的发生额分析填列。如为投资损失以“－”号填列。其中，“对联营企业和合营企业的投资收益”单独列示。

23. △汇兑收益：反映企业外币货币性项目因汇率变动形成的净收益，应根据“汇兑损益”科目的发生额分析填列。如为净损失以“－”号列示。仅由金融企业填列。

24. 营业外收入：反映企业发生的与生产经营业务无直接关系，但构成本年利润总额的利得，应根据“营业外收入”科目的发生额分析填列，包括非流动资产处置利得、非货币性资产交换利得、债务重组利得、政府补助、盘盈利得、捐赠利得等。企业确认处置非流动资产利得、非货币性资产交换利得、债务重组利得，比照“固定资产清理”、“无形资产”、“原材料”、“库存商品”、“应付账款”等科目的相关规定进行处理。

25. 政府补助：反映企业从政府无偿取得货币性资产或非货币性资产，但不包括政府作为企业所有者投入的资本。未执行新企业会计准则的企业根据“补贴收入”科目填报。

26. 营业外支出：反映企业发生的与生产经营活动无直接关系，但应从本年实现的利润总额中扣除的损失，应根据“营业外支出”科目的发生额分析填列，包括非流动资产处置损失、非货币性资产交换损失、债务重组损失、公益性捐赠支出、非常损失、盘亏损失等。企业确认处置非流动资产损失、非货币性资产交换损失、债务重组损失，比照“固定资产清理”、“无形资产”、“原材料”、“库存商品”、“应付账款”等科目的相关规定进行处理。

27. 所得税费用：反映企业应从当期利润总额中扣除的所得税费用，包括当期所得税和递延所得税两个部分。

28. 净利润：包括归属于母公司所有者的净利润和少数股东损益两部分内容。

29. 其他综合收益的税后净额：反映企业根据企业会计准则规定未在当期损益中确认的各项利得和损失扣除所得税影响后的净额，主要包括以下项目：

（1）以后会计期间不能重分类进损益的其他综合收益项目，主要包括：重新计量设定受益计划净负债或净资产导致的变动、按照权益法核算的在被投资单位以后会计期间不能重分类进损益的其他综合收益中所享有的份额等；

（2）以后会计期间在满足规定条件时将重分类进损益的其他综合收益项目，主要包括：按照权益法核算的被投资单位可重分类进损益的其他综合收益变动中所享有的份额、可供出售金融资产的公允价值变动形成的利得或损失、持有至到期投资重分类为可供出售金融资产形成的利得和损失、现金流量套期工具产生的利得或损失中属于有效套期的部分、外币财务报表折算差额，以及自用房地产或作为存货的房地产转换为以公允价值模式计量的投资性房地产在转换当日的公允价值大于原账面价值部分等。

30. 综合收益总额：反映企业在某一期间除与所有者以其所有者身份进行的交易之外的其他交易或事项所引起所有者权益变动。综合收益总额项目反映净利润和其他综合收益扣除所得税影响后的净额相加后的合计金额。

31. 每股收益：反映普通股股东每持有一股所能享有的企业利润或承担的亏损，包括基本每股收益和稀释每股收益。仅由普通股或潜在普通股已公开交易的企业，以及正处于公开发行普通股或潜在普通股过程中的企业填列。

基本每股收益：反映股份有限公司仅考虑当期实际发行在外的普通股股份计算的每股收益，按照归属于普通股股东的当期净利润，除以当期实际发行在外普通股的加权平均数计算确定。

稀释每股收益：反映股份有限公司以基本每股收益为基础，假设企业所有发行在外的稀释性潜在普通股均已转换为普通股，从而分别调整归属于普通股股东的当期净利润以及发行在外普通股的加权平均数而计算的每股收益。

（三）未执行《企业会计准则》企业主要指标对照表

2015 年报表项目	行次	未执行新准则项目	2015 年报表项目	行次	未执行新准则项目
一、营业总收入	1		其中：非流动资产处置利得	31	处置固定资产净收益
其中：营业收入	2		非货币性资产交换利得	32	非货币性交易收益
△利息收入	3		政府补助	33	
△已赚保费	4		债务重组利得	34	
△手续费及佣金收入	5		减：营业外支出	35	营业外支出
二、营业总成本	6		其中：非流动资产处置损失	36	处置固定资产净损失
其中：营业成本	7		非货币性资产交换损失	37	非货币性交易损失
△利息支出	8		债务重组损失	38	
△手续费及佣金支出	9		四、利润总额（亏损总额以“－”号填列）	39	利润总额
△退保金	10		减：所得税费用	40	所得税费用
△赔付支出净额	11		五、净利润（净亏损以“－”号填列）	41	净利润、未确认的投资损失
△提取保险合同准备金净额	12		归属于母公司所有者的净利润	42	归属于母公司所有者的净利润
△保单红利支出	13		*少数股东损益	43	少数股东损益
△分保费用	14		六、其他综合收益的税后净额	44	
营业税金及附加	15	主营业务税金及附加	（一）以后不能重分类进损益的其他综合收益	45	
销售费用	16	销售费用	1. 重新计量设定受益计划净负债或净资产的变动	46	
管理费用	17	管理费用	2. 权益法下在被投资单位不能重分类进损益的其他综合收益中享有的份额	47	
其中：研究与开发费	18	研究与开发费	（二）以后将重分类进损益的其他综合收益	48	
财务费用	19	财务费用	1. 权益法下在被投资单位将重分类进损益的其他综合收益中享有的份额	49	
其中：利息支出	20	利息支出	2. 可供出售金融资产公允价值变动损益	50	
利息收入	21	利息收入	3. 持有至到期投资重分类为可供出售金融资产损益	51	
汇兑净损失	22	汇兑净损失	4. 现金流量套期损益的有效部分	52	
资产减值损失	23		5. 外币财务报表折算差额	53	
其他	24		七、综合收益总额	54	
加：公允价值变动收益（损失以“－”号填列）	25		归属于母公司所有者的综合收益总额	55	
投资收益（损失以“－”号填列）	26	投资收益、期货收益	*归属于少数股东的综合收益总额	56	
其中：对联营企业和合营企业的投资收益	27		八、每股收益：	57	
△汇兑收益（损失以“－”号填列）	28		基本每股收益	58	
三、营业利润（亏损以“－”号填列）	29	营业利润	稀释每股收益	59	
加：营业外收入	30	营业外收入、补贴收入		60	

（四）执行《企业会计准则》金融企业报表项目对照表

行次	金融企业报表项目	企业财务会计决算报表项目
1	利息收入	△利息收入
2	手续费及佣金收入	△手续费及佣金收入
3	已赚保费	△已赚保费
4	利息支出	△利息支出
5	手续费及佣金支出	△手续费及佣金支出
6	退保金	△退保金
7	赔付支出减“摊回赔付支出”	△赔付支出净额
8	保单红利支出	△保单红利支出
9	分保费用减“摊回分保费用”	△分保费用
10	提取保险合同准备金净额	△提取保险合同准备金净额
11	营业税金及附加	营业税金及附加
12	业务及管理费	销售费用
13	汇兑收益	△汇兑收益
14	资产减值损失	资产减值损失
15	公允价值变动收益	公允价值变动收益
18	投资收益	投资收益
19	对联营企业和合营企业的投资收益	对联营企业和合营企业的投资收益
20	营业外收入	营业外收入
21	营业外支出	营业外支出
22	每股收益	每股收益
23	基本每股收益	基本每股收益
24	稀释每股收益	稀释每股收益

（五）表内公式

1行=(2+3+4+5）行；6行=(7+8+…+17+20+24+25）行；17行≥(18+19）行；20行≥(21-22+23）行（合理性）；27行≥28行（合理性）；30行=(1-6+26+27+29）行；31行≥(32+33+34+35）行；36行≥(37+38+39）行；40行=(30+31-36）行；42行=(40-41）行；42行=(43+44）行；如果组织形式为13，则59行与60行不为0（合理性）；55行=(42+45）行；55行=(56+57）行；若封面“报表类型码”为0或2或3或4或5，44行=0、57行=0（合理性）；若“报表类型码”为0或3或4或5，则3行=0、4行=0、5行=0、8行=0、9行=0、10行=0、11行=0、12行=0、13行=0、14行=0、29行=0（合理性）。

六、现金流量表［财企03表］

（一）编制方法

1. 本表反映企业在一年或一个会计期间内有关现金和现金等价物的流入和流出的情况。企业采用直接法报告经营活动的现金流量时，有关现金流量的信息可以从会计记录中直接获得，也可以在利润表营业收入、营业成本等数据的基础上，通过调整存货和经营性应收应付项目的变动，以及固定资产折旧、无形资产摊销等项目后获得。

2. 企业应根据本编制说明要求填列表中各项指标，编制说明中未作解释的内容以目前企业所执行的会计核算制度为依据。

（二）表内有关指标解释

1. 销售商品、提供劳务收到的现金：反映企业销售商品、提供劳务实际收到的现金（含销售收入和应向购买者收取的增值税额），包括本期销售商品、提供劳务收到的现金，以及前期销售和前期提供劳务本期收到的现金和本期预收的账款，减去本期退回本期销售的商品和前期销售本期退回的商品支付的现金。企业销售材料和代购代销业务收到的现金也在本项目反映。本项目可根据“现金”、“银行存款”、“应收账款”、“应收票据”、“预收账款”、“主营业务收入”、“其他业务收入”等科目的记录分析填列。

2. △客户存款和同业存放款项净增加额：反映财务公司和商业银行本期客户存款和同业存放款项的净增加额。仅由金融企业填报。

3. △向中央银行借款净增加额：反映财务公司和商业银行本期向中央银行借入款项的净增加额。仅由金融企业填报。

4. △向其他金融机构拆入资金净增加额：反映商业银行和财务公司本期从境内外金融机构拆入款项的净增加额。仅由金融企业填报。

5. △收到原保险合同保费取得的现金：反映保险公司本期收到的原保险合同保费取得的现金净额。包括本期收到的原保险合同收入、本期收到的前期应收原保险合同保费、本期预售的原保险合同保费和本期代其他企业收取的原保险合同保费，扣除本期保险合同提前结束以现金支付的退保费。仅由金融企业填报。

6. △收到再保险业务现金净额：反映保险公司本期从事再保险业务实际收支的现金净额。仅由金融企业填报。

7. △保户储金及投资款净增加额：反映保险公司向投保人收取的以储金利息作为保费收入的储金，以及以投资收益作为保费收入的投资保障性保险业务的投资本金，减去保险公司向投保人返还的储金和投资本金后的净额。仅由金融企业填报。

8. △处置以公允价值计量且其变动计入当期损益的金融资产净增加额：反映金融企业本期自行买卖以公允价值计量且其变动计入当期损益的金融资产所取得的现金净增加额。仅由金融企业填报。

9. △收取利息、手续费及佣金的现金：反映金融企业本期收到的利息、手续费及佣金。仅由金融企业填报。

10. △拆入资金净增加额：反映金融企业本期从境内外金融机构拆入款项所取得的现金，减去拆借给境内外金融机构所支付的现金后的净额。仅由金融企业填报。

11. △回购业务资金净增加额：反映金融企业本期按回购协议卖出票据、证券、贷款等金融资产所融入的现金，减去按返售协议约定先买入再按固定价格返售给卖出方的票据、证券、贷款等金融资产所融出的现金后的现金增加额。仅由金融企业填报。

12. 收到的税费返还：反映企业收到返还的各种税费，如收到的增值税、消费税、营业税、所得税、教育费附加返还等。本项目可根据“现金”、“银行存款”、“营业税金及附加”、“营业外收入”、“补贴收入”、“其他应收款”、“应收补贴款”等科目的记录分析填列。

13. 收到其他与经营活动有关的现金：反映企业除上述各项目外，收到的其他与经营活动有关的现金，如罚款收入、流动资产损失中由个人赔偿的现金收入等。其他现金流入如价值较大的，应在报表附注中披露。本项目可根据“现金”、“银行存款”、“营业外收入”等科目的记录分析填列。

14. 购买商品、接受劳务支付的现金：反映企业购买材料、商品、接受劳务实际支付的现金，包括本期购入材料、商品、接受劳务支付的现金（包括增值税进项税额），以及本期支付前期购入商品、接受劳务的未付款项和本期预付款项。本期发生的购货退回收到的现金应从本项目中扣除。本项目可根据“现金”、“银行存款”、“应付账款”、“应付票据”、“预付账款”、“主营业务成本”、“其他业务支出”等科目的记录分析填列。

15. △客户贷款及垫款净增加额：反映财务公司和商业银行本期发放的各种客户贷款，以及办理商业票据贴现、转贴现融出及融入资金等业务的款项的净增加额。仅由金融企业填报。

16. △存放中央银行和同业款项净增加额：反映财务公司和商业银行本期存放于中央银行以及境内外金

融机构款项的净增加额，仅由金融企业填报。

17. △支付原保险合同赔付款项的现金：反映保险公司本期实际支付原保险合同赔付的现金。仅由金融企业填报。

18. △支付利息、手续费及佣金的现金：反映金融企业本期支付的利息、手续费及佣金。仅由金融企业填报。

19. △支付保单红利的现金：反映保险公司本期支付保单红利所支付的现金。仅由金融企业填报。

20. 支付给职工以及为职工支付的现金：反映企业实际支付给职工，以及为职工支付的现金，包括本期实际支付给职工的工资、奖金、各种津贴和补贴、为职工代扣代缴的个人所得税等，以及为职工支付的其他费用。不包括支付的离退休人员的各项费用和支付给在建工程人员的工资等。企业为职工支付的养老、失业等社会保险基金、补充养老保险、住房公积金、支付给职工的住房困难补助，以及企业支付给职工或为职工支付的其他福利费等，应按职工的工作性质和服务对象，分别在本项目和“购建固定资产、无形资产和其他长期资产所支付的现金”项目反映。本项目可根据“应付工资”、“现金”、“银行存款”等科目的记录分析填列。企业支付给离退休人员的费用，在“支付的其他与经营活动有关的现金”项目中反映。

21. 支付的各项税费：反映企业按规定支付的各种税费，包括本期发生并支付的税费，以及本期支付以前各期发生的税费和预交的税金。本项目可根据“应交税金”、“现金”、“银行存款”等科目的记录分析填列，不包括企业代扣代缴的个人所得税。

22. 支付其他与经营活动有关的现金：反映企业除上述各项目外，支付的其他与经营活动有关的现金，如罚款支出、支付的差旅费、业务招待费现金支出、支付的保险费、支付的工会经费及签发银行承兑汇票、保函时缴纳的保证金等。

23. 收回投资收到的现金：本项目反映企业出售、转让或到期收回除现金等价物以外的交易性金融资产、持有至到期投资、可供出售金融资产、长期股权投资等而收到的现金。不包括债权性投资收回的利息、收回的非现金资产，以及处置子公司及其他营业单位收到的现金净额。本项目可根据“交易性金融资产”、“持有至到期投资”、“可供出售金融资产”、“长期股权投资”、“现金”、“银行存款”等科目的记录分析填列。

24. 取得投资收益收到的现金：反映企业因权益性投资和债权性投资而取得的现金股利、利息，以及从子公司、联营企业和合营企业分回利润收到的现金。不包括股票股利。包括在现金等价物范围内的债券性投资，其利息收入在本项目中反映。本项目可根据“应收股利”、“应收利息”、“现金”、“银行存款”、“投资收益”等科目的记录分析填列。

25. 处置固定资产、无形资产和其他长期资产收回的现金净额：反映企业处置固定资产、无形资产和其他长期资产所取得的现金，减去为处置这些资产而支付的有关费用后的净额。由于自然灾害所造成的固定资产等长期资产损失而收到的保险赔偿收入，也在本项目反映。如处置固定资产、无形资产和其他长期资产所收回的现金净额为负数，则应作为投资活动产生的现金流量，在“支付的其他与投资活动有关的现金”项目中反映。本项目可根据“固定资产清理”、“现金”、“银行存款”等科目的记录分析填列。

26. 处置子公司及其他营业单位收到的现金净额：反映企业处置子公司及其他营业单位所取得的现金减去子公司或其他营业单位持有的现金和现金等价物以及相关处置费用后的净额。本项目可以根据有关科目的记录分析填列。

27. 收到其他与投资活动有关的现金：反映企业除上述各项外，收到的其他与投资活动有关的现金流入。本项目可根据有关科目的记录分析填列。

28. 购建固定资产、无形资产和其他长期资产支付的现金：反映企业购买、建造固定资产，取得无形资产和其他长期资产所支付的现金。包括购买机器设备所支付的现金及增值税款、建造工程支付的现金、支付在建工程人员的工资等现金支出，不包括为购建固定资产、无形资产和其他长期资产而发生的借款利息资本化的部分，以及融资租入固定资产所支付的租赁费。为购建固定资产、无形资产和其他长期资产而发生的借款利息资本化部分，在“分配股利、利润或偿付利息支付的现金”项目中反映；融资租入固定资产所支付的租赁费，在“支付其他与筹资活动有关的现金”项目中反映。本项目可根据“固定资产”、“在建工程”、

“无形资产”、“现金”、“银行存款” 等科目的记录分析填列。

29. 投资支付的现金：反映企业进行权益性投资和债权性投资所支付的现金，包括企业取得的除现金等价物以外的以公允价值计量且其变动计入当期损益的金融资产、持有至到期投资、可供出售金融资产而支付的现金，以及支付的佣金、手续费等交易费用。本项目可根据“以公允价值计量且其变动计入当期损益的金融资产”、“持有至到期投资”、“可供出售金融资产”、“投资性房地产”、“长期股权投资”、“现金”、“银行存款” 等科目的记录分析填列。

30. △质押贷款净增加额：反映保险公司本期发放保户质押贷款的现金净额。仅由金融企业填报。

31. 取得子公司及其他营业单位支付的现金净额：反映企业取得子公司及其他营业单位购买出价中以现金支付的部分，减去子公司或其他营业单位持有的现金和现金等价物后的净额，可根据有关科目的记录分析填列。

32. 支付其他与投资活动有关的现金：反映企业除上述各项目外，支付的其他与投资活动有关的现金。本项目可根据有关科目的记录分析填列。

33. 吸收投资收到的现金：反映企业以发行股票等方式筹集资金实际收到款项净额（发行收入减去支付的佣金等发行费用后的净额）。以发行股票等方式筹集资金而由企业直接支付的审计、咨询等费用不在本项目反映，在“支付的其他与筹资活动有关的现金” 项目反映，不在本项目内减去。本项目可根据“实收资本（或股本）”、“现金”、“银行存款” 等科目的记录分析填列。

34. 子公司吸收少数股东投资收到的现金：反映子公司以发行股票等方式筹集来自少数股东资金实际收到的款项净额。

35. 取得借款收到的现金：本项目反映企业举借各种短期、长期借款而收到的现金，以及发行债券实际收到的款项净额（发行收入减去直接支付的佣金等发行费用后的净额）。本项目可以根据“短期借款”、“长期借款”、“交易性金融负债”、“应付债券”、“现金”、“银行存款” 等科目的记录分析填列。

36. △发行债券收到的现金：反映商业银行发行债券收到的现金净额。仅由金融企业填报。

37. 收到其他与筹资活动有关的现金：反映企业除上述各项目外，收到的其他与筹资活动有关的现金，如接受现金捐赠等。

38. 偿还债务支付的现金：反映企业偿还债务本金而支付的现金，包括偿还金融企业的借款本金、偿还债券本金等。本项目可根据“短期借款”、“长期借款”、“现金”、“银行存款” 等科目的记录分析填列。

39. 分配股利、利润或偿付利息支付的现金：反映企业实际支付的现金股利、以现金支付给其他投资单位的利润以及支付的借款利息、债券利息等。本项目可根据“应付股利”、“应付利息”、“财务费用”、“长期借款”、“现金”、“银行存款” 等科目的记录分析填列。

40. 子公司支付给少数股东的股利、利润：反映子公司实际支付给少数股东的现金股利、利润等。

41. 支付其他与筹资活动有关的现金：反映企业除上述各项外，支付的其他与筹资活动有关的现金，如捐赠现金支出、融资租入固定资产支付的租赁费、发生筹资费用所支付的现金、融资租赁所支付的现金、减少注册资本所支付的现金等。企业以分期付款方式购建的固定资产，在本项目中反映。

42. 汇率变动对现金及现金等价物的影响：反映企业外币现金流量折算为人民币时，所采用的现金流量发生日的即期汇率折算为人民币金额与“现金及现金等价物净增加额” 中外币现金净增加额按资产负债表日的即期汇率折算的人民币金额之间的差额。

43. 现金及现金等价物净增加额：现金是指企业库存现金以及可以随时用于支付的存款。不能随时用于支付的存款不属于现金。例如，不能随时支取的定期存款等不应作为现金；提前通知金融机构便可支取的定期存款则应包括在现金范围内。现金等价物是指企业持有的期限短、流动性强、易于转换为已知金额现金、价值变动风险很小的投资，其中“期限短” 一般是指从购买日起 3 个月内到期。

（三）表内公式

15 行 =（2 + 3 + … + 14）行；25 行 =（16 + 17 + … + 24）行；26 行 =（15 − 25）行；33 行 =（28 + 29 + … + 32）行；39 行 =（34 + 35 + … + 38）行；40 行 =（33 − 39）行；42 行≥43 行；47 行 =（42 + 44 + 45 + 46）行；49 行≥50 行；52 行 =（48 + 49 + 51）行；53 行 =（47 − 52）行；55 行 =（26 + 40 + 53 + 54）行；57

行 =（55 +56）行；56 行本期金额 =57 行上期金额；若“报表类型码”为 0 或 3 或 4 或 5，则 3 行 =0、4 行 =0、5 行 =0、6 行 =0、7 行 =0、8 行 =0、9 行 =0、10 行 =0、11 行 =0、12 行 =0、17 行 =0、18 行 =0、19 行 =0、20 行 =0、21 行 =0、36 行 =0、45 行 =0。

七、所有者权益变动表［财企 04 表］

（一）基本内容

本表反映企业所有者权益的各组成部分本年和上年年初调整及本年和上年增减变动的情况，不仅包括所有者权益总量的增减变动，还包括所有者权益增减变动的重要结构性信息。“少数股东权益”栏目用于反映合并报表中少数股东权益变动的情况。

（二）编制方法

本表各项目应根据“实收资本（或股本）”、“其他权益工具”、“资本公积”、“库存股”、“其他综合收益”、“专项储备”、“盈余公积”、“利润分配”等科目本年和上年的年初余额、年末余额、当年发生额等分析填列。编制合并财务报表的企业，应按照合并报表口径填报本表中的有关项目。

（三）表内有关指标解释

1. 上年年末余额：1 行 14—26 栏反映企业上上年资产负债表中的年末所有者权益金额。1 行 1—13 栏与 32 行 14—26 栏一致。

2. 会计政策变更和前期差错更正：仅填列表中 14—26 栏，反映企业本年及上年会计政策变更和会计差错更正等对上上年及以前年度所有者权益的累积影响金额。

（1）会计政策变更：反映企业采用追溯调整法处理的会计政策变更的累积影响金额。

（2）前期差错更正：反映企业采用追溯重述法处理的会计差错更正的累积影响金额。

3. 本年年初余额：5 行 14—26 栏反映企业在上上年年末所有者权益金额的基础上，考虑本年及上年会计政策变更和前期差错更正等对上上年及以前年度所有者权益的累积影响调整后的上年年初所有者权益金额。5 行 1—13 栏反映企业考虑本年会计政策变更及前期差错更正等对以前年度的影响调整后得出的本年初所有者权益金额。

4. 本年年末余额：32 行 14—26 栏反映企业考虑本年会计政策变更及前期差错更正等对以前年度的影响调整后得出的上年年末所有者权益金额。32 行 1—13 栏反映企业本年年末所有者权益金额。

5. 本年增减变动金额：

（1）净利润：反映企业当年实现的净利润（或净亏损）金额，对应列在“未分配利润”栏。

（2）其他综合收益：反映企业根据企业会计准则规定未在损益中确认而直接计入所有者权益的各项利得和损失扣除所得税影响后的净额。

（3）综合收益总额：反映企业当年的综合收益总额，应根据当年利润表中“其他综合收益的税后净额”和“净利润”项目填列。

（4）所有者投入和减少资本：反映企业当年所有者投入的资本和减少的资本，其中：

①所有者投入普通股：反映企业接受普通股投资者投入形成的实收资本（或股本）和资本公积，应根据“实收资本”、“资本公积”等科目发生额分析填列。

②其他权益工具持有者投入资本：反映企业接受其他权益工具持有者投入形成的实收资本（或股本）和资本公积，应根据“实收资本”、“资本公积”等科目发生额分析填列。

③股份支付计入所有者权益的金额：反映企业处于等待期中的权益结算的股份支付当年计入资本公积的金额，应根据“资本公积”科目所属的“其他资本公积”二级科目的发生额分析填列。

（5）专项储备提取和使用：反映企业当年专项储备的提取和使用情况。

①提取专项储备：反映企业当年依照国家有关规定提取的安全费用以及具有类似性质的各项费用，对应列在“专项储备”栏。

②使用专项储备：反映企业当年按规定使用安全生产储备用于购建安全防护设备或与安全生产相关的费用性支出情况，对应列在“专项储备”栏。

（6）利润分配：反映企业当年按照规定提取的盈余公积金额和对所有者（或股东）分配的利润（或股利）金额，对应列在“盈余公积”和“未分配利润”栏。其中：

①提取盈余公积：反映企业按照规定提取的盈余公积、储备基金、企业发展基金项目、中外合作经营在合作期间归还投资者的投资等项目。

②对所有者（或股东）的分配：反映企业对所有者（或股东）分配的利润（或股利）金额。

（7）所有者权益内部结转：反映不影响当年所有者权益总额的所有者权益各组成部分之间当年的增减变动。其中：

①资本公积转增资本（或股本）：反映企业以资本公积转增资本或股本的金额。

②盈余公积转增资本（或股本）：反映企业以盈余公积转增资本或股本的金额。

③盈余公积弥补亏损：反映企业以盈余公积弥补亏损的金额。

④结转重新计量设定受益计划净负债或净资产所产生的变动：按年计算的设定收益计划增减变动结转所有者权益的数额。

（四）表内公式

1. 行次：1行本年金额＝32行上年金额；5行本年金额＝(1＋4）行本年金额；5行上年金额＝(1＋2＋3＋4）行；6行＝(7＋8＋13＋16＋26）行；8行＝(9＋10＋11＋12）行；13行＝(14＋15）行；16行＝(17＋23＋24＋25）行；17行≥(18＋19＋20＋21＋22）行；26行＝(27＋28＋29＋30＋31）行；32行＝(5＋6）行。

2. 栏间：11栏＝(1＋2＋3－4＋5＋6＋7＋8＋9＋10）栏；13栏＝(11＋12）栏；24栏＝(14＋15＋16－17＋18＋19＋20＋21＋22＋23）栏；26栏＝(24＋25）栏。

3. （17－22、26－31）行（11、24）栏＝0（合理性）。

（五）表间公式

1. 5行第1栏＝财企01表124行年初余额；5行第2栏＝财企01表125行年初余额；5行第3栏＝财企01表128行年初余额；5行第4栏＝财企01表129行年初余额；5行第5栏＝财企01表130行年初余额；5行第6栏＝财企01表132行年初余额；5行第7栏＝财企01表133行年初余额；5行第8栏＝财企01表139行年初余额；5行第9栏＝财企01表140行年初余额；5行第11栏＝财企01表141行年初余额；5行第12栏＝财企01表142行年初余额；5行第13栏＝财企01表143行年初余额。

2. 32行第1栏＝财企01表124行期末余额；32行第2栏＝财企01表125行期末余额；32行第3栏＝财企01表128行期末余额；32行第4栏＝财企01表129行期末余额；32行第5栏＝财企01表130行期末余额；32行第6栏＝财企01表132行期末余额；32行第7栏＝财企01表133行期末余额；32行第8栏＝财企01表139行期末余额；32行第9栏＝财企01表140行期末余额；32行第11栏＝财企01表141行期末余额；32行第12栏＝财企01表142行期末余额；32行第13栏＝财企01表143行期末余额。

八、国有资本变动情况表［财企05表］

（一）基本内容

本表反映企业占用国有资本总量以及由于各种原因影响国有资本及权益增减变动的情况。

（二）编制方法

本表应根据企业本年财企02表等相关科目数据分析填列。编制合并财务报表的企业，应按照合并报表口径填报本表中的有关项目。

（三）表内有关指标解释

1. 国有资本及权益总额：指企业所有者权益中，国有实收资本及其享有的权益额。属于合资、合作、股份制等多元投资主体性质的企业，国有资本享有的权益年初、年末余额按以下公式计算填列：

（资本公积＋盈余公积＋未分配利润＋其他综合收益＋专项储备＋一般风险准备－国有独享部分）×（国有实收资本/实收资本）＋国有独享部分

国家独享部分包括国家专项拨款、各项基金转入、土地估价入账、税收返还或专项减免、国家拨付流动资本等政策因素形成的国家独享权益数额。

2. 年初国有资本及权益总额：反映企业根据国家财务会计制度有关规定，对上年年末国有资本及权益总额追溯调整后形成的本年年初国有资本及权益总额。

3. 国家、国有单位直接或追加投资：反映有权代表国家投资的部门或机构本年投资设立企业或对原企业追加投入所增加的国家资本；国有企、事业单位本年投资设立企业或对原企业增加投入所增加的国有法人资本。

4. 无偿划入、无偿划出：分别反映企业当年按国家有关规定将其他企业（单位）的国有资产全部或部分划入、划出本企业（单位）而造成国有资本及其权益增加、减少的数额。按规定已经进行追溯调整的不在本项目反映。

5. 资产评估增加、减少：分别反映企业当年因改制、上市等原因按国家规定进行资产评估而造成国有资本及权益增加、减少的数额。

6. 清产核资增加、减少：分别反映企业按规定程序进行清产核资后，经国有资产监管（财政）部门批复而当年增加、减少国有资本及权益的数额。按规定已经进行追溯调整的不在本项目反映。

7. 产权界定增加、减少：分别反映企业因产权界定增加、减少国有资本及权益的数额。

8. 资本（股票）溢价：反映由于资本（股票）溢价而影响国有资本及权益增减变动的数额。

9. 接受捐赠：反映企业当年接受其他企业、单位和个人捐赠的资产而增加的国有资本及权益。

10. 债权转股权：反映企业按国家规定，将银行债权转为金融资产管理公司投资而增加的国有资本及权益。

11. 税收返还：反映企业按国家有关规定，收到返还的所得税、增值税等而直接增加的国有资本及权益。企业享受行业性的税收返回政策，不在本项目中反映。

12. 减值准备转回：反映企业经营期间因资产价值回升等原因转回已计提减值准备影响当期损益而增加的国有资本及权益。

13. 会计调整：反映企业经营期间因会计政策和会计估计发生重大变更、前期差错调整以及其他会计调整事项影响当期损益而增加的国有资本及权益。涉及减值准备会计政策与估计变更以及差错调整事项影响当期损益而增加的国有资本及权益在“减值准备转回”项目中反映。

14. 经营积累、经营减值：反映企业当期生产经营实现的净利润（或亏损）扣除因客观原因影响当期损益而增加（或减少）国有资本及权益的数额，应根据财企 02 表分析填列。企业当期无法支付的应付款项、未确认的投资损失、外币报表折算差额作为企业当期经营因素，而不确认为国有资产管理部门国有资本保值增值客观因素。

15. 消化以前年度潜亏和挂账而减少：反映企业当年消化的按照有关规定统一组织清产核资基准日以前（中央企业为 2003 年底以前）发生的潜亏挂账而造成国有权益减少的数额，不包括非国有权益减少部分。该项目须经中介机构逐户、分明细项审计确认，并在审计报告中加以详细披露或作专项审计说明。

16. 因自然灾害等不可抗拒因素减少：反映企业因自然灾害等不可抗拒因素而发生的国有资本及权益减少。不可抗拒因素指不能预见、不能避免并不能克服的客观情况，一般情况下指地震、台风、火灾、水灾、雷击等自然灾害。

17. 因主辅分离减少：反映企业按照《关于国有大中型企业主辅分离辅业改制分流安置富余人员的实施办法》（国经贸企改〔2002〕859 号）开展主辅分离、辅业改制工作，本年度减少的国有资本及权益数额。

18. 企业按规定上缴利润：反映企业按照有关政策、制度规定分配给投资者红利而减少的国有资本及权益。

19. 资本（股票）折价：反映企业以全部或主要资产折价发行股票或配股而减少的国有资本及权益。

20. 中央和地方政府确定的其他因素：反映经中央和地方政府确定、未在上述客观因素中反映的增加或减少国有资本及权益的金额。增加额和减少额应在表中分别填列。其中企业负担义务教育支出、股权分置改革引起的权益变动等也在此项列示。

21. 年末其他国有资金：反映年末不列入企业所有者权益，但由企业管理、使用的具有权益性质的国家所有的资金，如保险保障基金、特准储备基金、股份制改造剥离权益、国家专用拨款等。

22. 年末合计国有资本总量：反映企业国有资本及权益和其他国有资金的年末合计数。

（四）表内公式

2 行 =（3 + 4 + … + 15）行；16 行 =（17 + 18 + … + 28）行；若封面“报表类型码”不为 1，则 2 行至 28 行各项指标应为≥0；29 行 =（1 + 2 − 16）行；31 行 =（29 + 30）行。

（五）表间公式

10% ≥（年初国有资本及权益总额/年初归属于母公司所有者权益合计）−（年初国有资本/年初实收资本（股本））≥ −10%；10% ≥（年末国有资本及权益总额/年末归属于母公司所有者权益合计）−（年末国有资本/年末实收资本（股本））≥ −10%。

九、资产减值准备情况表［财企 06 表］

（一）基本内容

本表反映企业各项资产减值准备的年初账面余额、本期增减变动和期末账面余额，以及政策性挂账和当年处理以前年度损失和挂账等情况。

（二）编制方法

1. 本表各项目应根据各项资产减值准备明细科目分析填列。

2. 编制合并财务报表的企业，应按照合并报表口径填报本表中的有关项目。

（三）表内有关指标解释

1. 坏账准备：反映企业应收款项的坏账准备。按账龄计提坏账准备当期应冲减的金额在“本期计提额”中以负数形式反映。

2. 存货跌价准备：反映企业按照成本高于可变现净值的差额计提的存货跌价准备。执行新准则企业适用《企业会计准则第 1 号——存货》。

3. 可供出售金融资产减值准备：反映企业在期末对各项可供出售的金融资产进行全面检查，有客观证据表明该金融资产发生减值的，所计提的减值准备。执行新准则企业适用《企业会计准则第 22 号——金融工具确认和计量》。未执行新准则企业将短期投资及长期债权投资划分至可供出售金融资产所对应的减值准备填列至该行。

4. 持有至到期投资减值准备：反映企业计提的持有至到期投资减值准备。未执行新准则企业将短期投资及长期债权投资划分至可供出售金融资产所对应的减值准备填列至该行。

5. 长期股权投资减值准备：反映企业按照可收回金额低于账面价值的差额计提的长期股权投资减值准备。

6. 投资性房地产减值准备：采用公允价值模式计量的投资性房地产的减值，适用《企业会计准则第 3 号——投资性房地产》的规定。

7. 固定资产减值准备：反映企业按照可收回金额低于账面价值的差额提取的固定资产减值准备。

8. 工程物资减值准备、在建工程减值准备：根据《企业会计准则第 15 号——建造合同》等规定计提的资产减值准备。

9. 生产性生物资产减值准备：反映企业遵循《企业会计准则第 5 号——生物资产》和《企业会计准则第 8 号——资产减值》准则，根据生产性生物资产的可收回金额低于账面价值的差额提取的资产减值准备。

10. 油气资产减值准备：反映企业遵循《企业会计准则第 27 号——石油天然气开采》和《企业会计准则第 8 号——资产减值》等准则，按照可收回金额低于账面价值的差额提取的油气资产减值损失。

11. 无形资产减值准备：反映企业按照可收回金额低于账面价值的差额计提的无形资产减值准备。

12. 商誉减值准备：反映企业遵循《企业会计准则第 20 号——企业合并》和《企业会计准则第 8 号——资产减值》等准则，根据购买方企业合并成本大于合并中取得的被购买方可辨认资产公允价值的部分作为商誉确认，于每一个会计年度进行测试，商誉发生减值的，计入商誉减值准备。

13. 其他减值准备：反映企业其他减值准备。未执行企业会计准则的企业核算的短期投资减值准备及长期债权投资减值准备扣除划分至可供出售金融资产减值准备及持有至到期投资减值准备后的余额填列至该行反映。

14. 合并增加额、合并减少额：反映企业（集团）因合并范围变化而增加或减少的减值准备金额。执行新会计准则的企业，因同一控制下企业合并增加的子公司，应调整合并期初数，不在本项目下反映。

15. 资产价值回升转回额：反映企业在以前会计期间计提的减值准备，在本期期末因资产价值回升而转回的金额。

16 转销额：反映企业在以前会计期间计提的减值准备，在本期因资产处置、核销等因素，转销的减值准备金额。

17. 在当年损益中处理以前年度损失挂账：反映企业按财务会计制度规定当年消化处理2000年（企业会计制度颁布时间）以前发生且未处理的各类损失，包括无法收回的应收款项、积压存货、应提未提和应摊未摊费用，以及历史遗留问题挂账等。该项目须经中介机构逐户、分明细项审计确认，并在审计报告中加以详细披露或作专项审计说明。

（四）表内公式

1. 行次：15行=(1+2+…+14）行。

2. 栏间：11栏=(1+5-10）栏，5栏=(2+3+4）栏，10栏=(6+7+8+9）栏。

（五）表间公式

7行1栏年初余额、11栏期末余额=财企01表34行年初余额、期末余额。15行10栏本期减少额合计≥财企05表12行减值准备转回金额。若财企05表12行不为0，则15行6栏不为0。

十、应上交应弥补款项表［财企07表］

本表反映企业各项税金、保险等款项的负担和上交情况。本表除第75行外只反映由企业承担和上交的中国境内的部分，不包括企业代扣代缴的应由个人承担部分。

（一）编制方法

本表应根据企业当年基础会计资料及其他有关资料填列。企业填报时应注意与财政、税务等部门批准、认可的有关数据衔接一致。

（二）表内有关指标解释

1. 石油特别收益金：反映根据《财政部关于印发〈石油特别收益金征收管理办法〉的通知》（财企〔2006〕72号）规定，由在中华人民共和国陆地领域和所辖海域独立开采并销售原油的企业缴纳的石油特别收益金。

2. 其他税费：反映除表中所列各项税费外，企业应交纳的城镇土地使用税、土地增值税、契税、印花税、土地使用税、房产税、车船税等所有其他各项税费的交纳情况。地方教育费附加应填列在“教育费附加”项目中，不在本项目反映。进口增值税应填列在“增值税”项目中，不在本项目反映。

3. 基本养老保险、基本医疗保险、失业保险、工伤保险、生育保险、住房公积金：指企业按国家规定缴纳的五险一金情况，只反映由企业承担的部分。

4. 国有资本收益：反映根据财政部门有关国有资本收益收缴管理办法等规定，本年应交和本年已交各级财政的国有资本收益。本项目仅由企业集团本部填列，不包含国有及国有控股企业对其企业投资者的红利。

5. 本年应交税费总额：反映企业本年应交的增值税、消费税、营业税、资源税、城建税、农牧业税、关税、企业所得税、教育费附加、石油特别收益金及其他税费的合计总额。

6. 本年实际上交税费总额：反映企业本年实际上交的增值税、消费税、营业税、资源税、城建税、农牧业税、关税、企业所得税、教育费附加、石油特别收益金及其他税费的合计总额。

7. 本年实际支付补充养老保险（含年金）总额：反映企业本年按照《财政部关于企业为职工购买保险有关财务处理问题的通知》（财企〔2003〕61号)、《企业财务通则》（财政部令第41号)、《财政部关于企业新旧财务制度衔接有关问题的通知》（财企〔2008〕34号）的有关规定实际支付的补充养老保险金额，只反映由企业承担的部分。

8. 本年实际支付补充医疗保险总额：反映企业本年按照《财政部关于企业为职工购买保险有关财务处理问题的通知》（财企〔2003〕61号）、《企业财务通则》（财政部令第41号）的有关规定实际支付的补充医疗保险金额，只反映由企业承担的部分。

9. 出口退税情况：由外贸公司或有出口经营权的企业填列，包括未设置“应收出口退税”科目核算的工业生产企业、外商投资企业、委托代理出口企业、外轮供应企业等按要求填列相关指标。

（1）出口额（美元）：反映本年度企业出口产品（商品）收入额（含自营出口和代理出口）按加权平均汇率折算为美元的金额，本项目填列数应与海关报关数保持一致。

（2）以前年度欠出口退税：反映企业以前年度应退未退的出口退税，按上年末“应收出口退税”借方余额填列。

（3）本年度应收出口退税：企业按“应收出口退税”科目本期借方发生额合计填列。

（4）本年度已收出口退税：反映企业本期实际已收到的出口退税额，按“应收出口退税”本期贷方发生额合计填列。

10. 本年实际缴纳境外税费总额：反映企业在境外缴纳的税费总额。

（三）表内公式

62行＝(2＋5＋8＋11＋14＋17＋20＋21＋23＋26＋29＋32）行；63行＝(3＋6＋9＋12＋15＋18＋20＋21＋24＋27＋30＋33）行；71行＝(68＋69－70）行。

十一、基本情况表［财企08表］

本表主要反映企业的职工、工资及福利、本年支付的职工培训费用、产值、本年收到的财政性资金、本年科技资金来源及支出、固定资产投资等情况。

（一）编制方法

本表应根据企业本年基础会计资料及其他相关资料分析填列。本表涉及职工人数情况填列的，应按照人员与工资相匹配、“人随工资走”原则填列。

（二）表内有关指标解释

1. 企业人数情况（人）：

（1）年末从业人员人数：反映年末在本企业实际从事生产经营活动的全部人员。包括：在岗的职工（合同制职工）、临时工及其他聘用、留用的人员，以及与法人单位签订劳务派遣合同的人员。

（2）本年平均从业人员人数：反映企业本年12个月从业人员人数的算术平均值。

（3）年末职工人数：反映企业年末人事关系或工资关系在本单位的固定职工及劳动合同制职工，不包括离休、退休人员等，但包含内退下岗人员。企业“年末在岗职工人数”单独列示。

（4）本年平均职工人数：反映企业本年12个月职工人数的算术平均值。企业“本年平均在岗职工人数”单独列示。

（5）年末劳务派遣人数：反映年末企业已履行劳务派遣合同实际提供就业人员（该类就业人员的劳动合同由劳务承包单位与其签订，并由承包单位负责发放工资、办理社会保险等事宜）的人数。

（6）本年平均劳务派遣人数：反映企业本年已履行劳务派遣合同全年实际提供就业人次（1人工作1天为1个就业人次）除以年制度工作日数（250天）计算填列

（7）年末离休人数：反映企业年末已办理离休手续的职工人数。

（8）年末退休人数：反映企业年末已办理退休手续的职工人数。

（9）实行工效挂钩职工人数：反映企业享受工效挂钩工资的职工人数。

（10）未实行社会化管理的离退休人员人数：根据中办、国办转发的《关于积极推进企业退休人员社会化管理服务工作的意见》（中办发〔2003〕16号），企业退休人员社会化管理服务是指职工办理退休手续后，采取管理服务工作与原企业分离，养老金实行社会化发放，人员移交城市街道和社区实行属地管理，由社区服务组织提供相应管理服务。不符合上述要求的离退休人员应纳入此项统计。

（11）年末党员人数：反映企业年末已加入中国共产党的职工人数。

2. 企业不在岗职工及劳动关系处理情况：

（1）年初不在岗职工人数（人）：反映年初档案关系在本企业或与企业签订劳动合同关系尚未到期的人员实际不在岗人数。其中，“内退人数（人）”单独列示，反映不在岗职工中的内退人数。

（2）年末不在岗职工人数（人）：反映年末档案关系在本企业或与企业签订劳动合同关系尚未到期的人员实际不在岗人数。其中，“内退人数（人）”单独列示，反映不在岗职工中的内退人数。

（3）本年累计解除劳动关系人数：反映企业当年与职工解除劳动关系人数。其中：“需支付经济补偿人数”单独列示，反映按照《中华人民共和国劳动合同法》、《违反和解除劳动合同的经济补偿办法》（劳部发〔1994〕481号）等规定需支付经济补偿的人数。

（4）本年累计支付经济补偿金额：反映企业按规定与职工解除劳动关系所支付经济补偿金额，其中财政负担部分单列。

3. 工资及福利情况：

（1）本年应发职工薪酬总额：反映企业本年实际承担的为接受职工提供的服务或解除劳动关系而给予的各种形式的报酬或补偿，根据“应付职工薪酬”科目及其他相关科目的本年发生额分析填列。

（2）本年实际发放职工薪酬总额：反映企业本年度实际发放的为接受职工提供的服务或解除劳动关系而给予的各种形式的报酬或补偿。其中“全年实际发放职工工资总额”、“全年实际发放在岗职工工资总额”、“全年实际发放内退职工工资总额”、“全年支付的劳务派遣金额”单独填列。

（3）本年支付的劳务派遣金额：反映企业为将有关工作（如服务性工作）以劳务形式整体外包给其他单位或个人签订的劳务派遣合同中本年实际履行的合同金额。

（4）企业缴纳基本养老保险的工资总额：反映企业当年用以计算缴纳基本养老保险金额的工资基数。

（5）离退休人员养老金及福利性补助：反映企业本年度实际发放的离退休人员养老金及各项补助，不包括离退休人员通过社会保险经办机构领取的基本养老金以及企业支付给离退休人员的医药费。

（6）企业负责人薪酬总额：按照企业负责人本年实际收到的薪酬总额填列。企业负责人薪酬主要由基本年薪、绩效年薪、本年兑现的中长期激励收益组成，按照本年实际发放数填报。本年实际发放数应包括本年的基本年薪、上年度绩效年薪本期兑现部分、本年兑现的上一任期绩效年薪延期兑现部分。基本年薪是指企业负责人年度基本收入，绩效年薪是指与企业负责人本年经营业绩考核结果相联系的收入，本年兑现的中长期激励收益是指根据经薪酬审核部门批准的股权激励计划，负责人行权或兑现取得的收益。未实行年薪制的企业，负责人薪酬主要由工资、奖金、津贴、补贴组成。负责人本年取得的其他货币收入，一并填报。

（7）企业负责人人数：按照企业本年的负责人人数填列。企业负责人是指企业的董事长、党委书记（党组书记）、总经理（总裁）、监事长以及其他企业领导班子成员（包括副董事长、党委副书记、副总经理、总会计师、总经济师、执行董事等）。本项目不包括在企业兼职不兼酬的企业负责人人数。合并报表按汇总口径填列。

（8）本年支付的职工福利费：反映企业本年度实际支付的职工福利费总额，含离退休统筹外费用。

（9）本年支付的医药费：反映企业本年实际支付的除职工基本医疗保险费以外的其他各类人员的医药费。其中“离退休人员医药费”单独列示。

（10）本年企业承担的职工住房费用：反映企业本年在职工住房方面的费用情况。包括企业本年承担的职工住房公积金、发放的购房补贴、住房补贴以及由企业承担的取暖、房屋修缮等费用。

（11）本年提取的职工教育培训经费：反映企业在本年度按规定比例提取的专项用于职工教育和培训的费用。

（12）本年支付的职工教育培训经费：反映企业在本年度对本单位职工教育和培训方面实际发生的全部支出。

4. 产值（按现行价格计算）：

（1）工业总产值：按报告期内实际销售价格计算的工业产品总量。仅由工业企业填列。

（2）劳动生产总值：指各种生产活动所创造的新增价值，是企业总产出与中间投入之差。增加值为劳动者报酬、生产税净额、固定资产折旧和营业盈余四个部分之和。各部分与会计指标的基本对应关系如下：

劳动者报酬：指劳动者为企业提供服务获得的全部报酬。主要包括本年在成本费用中列支的工资（薪金）所得、职工福利费、社会保险费、公益金以及其他各种费用中含有和列支的个人报酬部分。

固定资产折旧：指企业本年提取的固定资产折旧。

生产税净额：指国家对企业生产、销售产品和从事生产经营活动所征收的各种税金、附加和规费扣除生产补贴后的净额。各种税费主要有：本年应交的增值税、主营业务（产品销售）税金及附加以及在管理费用中列支的税费等。扣除内容主要有：国家财政对企业的政策性亏损补贴、价格补贴和外贸企业的出口退税等生产补贴。

营业盈余：指企业本年的营业利润加补贴，主要包括：企业营业利润、补贴收入等。

5. 本年收到的财政性资金：反映企业本年收到的各项财政性资金，按性质划分，主要包括基本建设性资金、生产发展性资金、社会保障性资金和其他资金。企业收到的财政部门以外的其他部门、机构转拨的财政性质资金也应当在本项目中反映。

基本建设性资金：反映企业收到的按规定用于基本建设的各项财政资金，包括基建有偿使用支出、基建拨款支出、国家资本金、基建贷款贴息支出、国债专项基建拨款和其他基建支出等。

生产发展性资金：反映企业收到的由国家预算拨款用于企业挖潜、革新和改造方面的资金（包括经济战备动员费）和反映新产品试制费、中间试验费、重要科学研究补助费等科学技术三项费用以及支持企业各项事业发展的专项资金，如宣传文化发展专项资金、国家电影事业发展专项资金等。

社会保障性资金：反映企业收到的用于下岗补助、救济等社会保障性支出的财政资金。

其他：反映企业收到的其他政策性补贴、税收返还等其他财政性资金。

6. 本年科技资金来源与支出情况：

（1）本年科技资金来源合计按来源分为政府拨款、企业自筹和其他。

①政府拨款：反映政府有关部门本年对本企业拨款到账的资金总额。

②企业自筹：反映本企业用于科技的自有资金、借入资金总额。

（2）本年科技支出合计：反映企业开展科学研究与试验发展、科学研究与试验发展成果应用、科技教育与培训及相关科技服务等全部科技活动的支出情况。

①本年研究开发费用：反映企业在产品、技术、材料、工艺、标准的研究、开发过程中发生的各项费用，包括：研发活动直接消耗的材料、燃料和动力费用；企业在职研发人员的工资、奖金、津贴、补贴、社会保险费、住房公积金等人工费用以及外聘兼职研发人员的劳务费；用于研发活动的仪器、设备、房屋等固定资产的租赁、运行维护、维修等费用；用于中间试验和产品试制的模具、工艺装备开发及制造费，设备调整及检验费，样品、样机及一般测试手段购置费，试制产品的检验费等；研发成果的论证、评审、验收、评估以及知识产权的申请费、注册费、代理费等费用；通过外包、合作研发等方式，委托其他单位、个人或者与之合作进行研发而支付的费用；与研发活动直接相关的其他费用，包括技术图书资料费，资料翻译费，会议费，差旅费，办公费，外事费，研发人员培训费，培养费，专家咨询费，高新科技研发保险费用等。本年研究开发费用不包含用于企业研发活动的固定资产的折旧和无形资产的摊销。执行新《企业会计准则》的企业，本年研究开发费用应当等于“研发支出”科目本年归集核算的借方发生额扣除固定资产折旧和无形资产摊销；以前年度由“研发支出”或“开发支出”转出形成的无形资产，其本年摊销费用不计入本年的“研发支出”科目。

研发人员人工支出：反映企业在职研发人员的工资、奖金、津贴、补贴、社会保险费、住房公积金等人工费用以及外聘兼职研发人员的劳务费。

研究开发性固定资产支出：反映用于研发活动的仪器、设备、房屋等固定资产的租赁、运行维护、维修等费用，不含折旧。

②购买新技术、科研设备等支出：反映企业本年购置用于研发活动的软件、专利权、非专利技术等无形资产和仪器、设备、房屋等固定资产的实际支出。

③其他科技支出：反映企业除本年研究开发费用及购买新技术、科研设备等支出之外的其他各项科技支

出，如知识产权维护费、诉讼费、代理费、“打假”、非研发人员的科技教育与培训等费用支出。

7. 资本构成情况：本类指标参照资产负债表相关解释按照汇总口径填列。

8. 固定资产情况：反映企业固定资产的使用、分类、原值、折旧情况，本年计提的固定资产折旧总额和本年计提折旧的平均固定资产原价以及本年固定资产投资等情况。

（1）土地资产：按1995年全国第五次清产核资后土地估价入账的金额填列。

（2）本年固定资产投资额：反映企业本年度新增固定资产投资总额，不包括企业以非货币交易换入和债务重组等方式取得的固定资产。本项目应根据“固定资产”、“在建工程”、“工程物资”等科目的借方发生额分析填列。

9. 投资收益：反映企业确认的投资收益或投资损失。指企业长期股权投资、以公允价值计量且其变动计入当期损益的金融资产或金融负债、持有至到期投资、可供出售金融资产等在持有期间取得的投资收益；以及长期股权投资、以公允价值计量且其变动计入当期损益的金融资产或金融负债、持有至到期投资、可供出售金融资产等在处置时实现的损益。项目填报按照相关科目的会计规定分析填列。未执行新准则的企业按照投资持有和处置的性质分析填列。

10. 拥有的自主知识产权专利数量（项）：反映企业在科技创新过程中所产生的独立研制开发的他人不能提出权利要求的专利，以专利的项数填列。其中，本年度新增专利数量（项）单独列示。

11. 本年企业支付的环境保护及生态恢复支出：反映企业履行保护环境义务及生态恢复所发生的支出，具体包括：生产过程直接降低环境负荷的成本、生产过程间接降低环境负荷的成本、销售及回收过程降低环境负荷的成本、企业环保系统的研究开发成本、企业配合社会地域的环保支援成本、由于企业活动而造成对土壤污染、自然破坏的修复成本及公害诉讼赔偿金、罚金等方面的支出。其中，本年度上交政府统筹的支出，反映企业按规定上缴的可持续发展基金、提取的生态环境治理保证金以及其他直接列支的环境治理与生态恢复支出；本年度企业提取或据实列支的支出，反映已提取但实际未完全支出的，以提取统计。

12. 本年企业支出的节能减排费用：反映企业用于节约能源，减少废水、废气、废渣等排放的全部支出。

13. 企业累计向境外投资额：反映企业期末累计向境外的投资金额，但应剔除返还境内投资部分。其中，企业本年新增向境外投资额单独列示。

14. 应付工程款：反映企业基建项目按国家有关规定及合同、协议应付未付建筑施工企业的工程价款。

15. 预留工程质量保证金：反映企业基建项目预留建筑施工企业的工程质量金。此项目按基建项目合同协议在工程价款清算时预留，缺陷责任期内（一般为一年）如有返修，费用从质量保证金内扣除；缺陷责任期满应进行清算，即剩余的质量保证金应支付给建筑企业；缺陷责任期满，仍未予以支付的预留工程质量保证金转列为应付工程款。

16. 本年对外捐赠支出总额：反映本年发生的救济性、公益性及其他社会公共福利事业等捐赠支出总额。

17. 社会贡献总额：反映企业工资、劳保退休统筹及其他社会福利支出、利息支出、实际上交税费、企业对外捐赠和净利润等。各部分与会计指标的基本对应关系如下：

工资、劳保退休统筹及其他社会福利支出：反映企业本年度实际发放的从业人员人工成本支出总额及离退休人员养老金、医药费等各项补助。

利息支出：反映企业本年全部利息支出金额，含利息费用化和资本化金额。

实际上交税费：反映企业本年实际上交的增值税、消费税、营业税、有关销售税金及附加、所得税及有关费用等。

对外捐赠：反映本年发生的救济性、公益性及其他社会公共福利事业等捐赠支出总额。

（三）表内公式

4行≥5行；4行=(5+25)行；6行≥7行；23行≥24行；25行≥26行；27行≥28行；29行≥30行；32行≥33行（合理性）；33行≥(34+37)行；34行≥(35+36)行；37行与9行应一致；38行≥(39+40)行；40行≥(41+42)行；45行、46行必填；48行≥49行；50行≥51行；58行=(59+60+61+62)行；64行=(65+66+67)行；68行=(69+73+74)行；69行=(70+71+72)行；84行≥(85+86+87+

88）行；89 行≥(90 + 91 + 92）行；94 行 = (95 + 96 + 97）行；98 行 = (99 + … + 104）行；105 行≥106 行；109 行≥(110 + 111）行；113 行≥114 行。

（四）表间公式

57 行 = 财企 08 表（33 + 89）行 + 财企 02 表（30 + 34 - 26 - 27）行本期金额 + 财企 07 表（62 - 23 - 53 - 56 - 69）行（合理性）

118 行 = 财企 08 表（33 + 117）行 + 财企补 05 表 28 行 8 栏 + 财企 02 表 42 行本期金额 + 财企 07 表 63 行（合理性）

若财企 07 表 35 行 >0，则 12 行 >0；若财企 07 表 64 行 >0，则 13 行 >0；若财企 07 表 38 行 >0，则 14 行 >0；若财企 07 表 65 行 >0，则 15 行 >0；若财企 07 表 41 行 >0，则 16 行 >0；若财企 07 表 44 行 >0，则 17 行 >0；若财企 07 表 47 行 >0，则 18 行 >0；84 行 = 财企 01 表 31 行期末金额；98 行 = 财企 02 表 27 行本期金额；若 12 行 >0，则财企 07 表 35 行 >0；若 13 行 >0，则财企 07 表 64 行 >0；若 14 行 >0，则财企 07 表 38 行 >0；若 15 行 >0，则财企 07 表 65 行 >0；若 16 行 >0，则财企 07 表 41 行 >0；若 17 行 >0，则财企 07 表 44 行 >0；若 18 行 >0，则财企 07 表 47 行 >0。

十二、关于报表金额单位

本套报表分户填报金额单位为“元”（保留两位小数），汇总上报时由计算机转换成“万元”单位。

附件 3：

2016 年度企业财务会计决算报表

［补充指标表］

中华人民共和国财政部印制

境外子企业基本情况表

2016 年 12 月 31 日

编制单位：

财企补 01 表
金额单位：元

序号	境外子企业名称	洲别	驻在地		资产总额	所有者权益	营业总收入	营业成本	期间费用	利润总额	净利润	驻在地所得税税率（%）（按实际执行税率）	本年实际上交驻在地税金总额	年末职工人数（人）		职工全年实发工资	
			国家	城市/地区											其中：中方		其中：中方
	栏次	1	2	3	4	5	6	7	8	9	10	11	12	13	14	15	16
	合计	—	—	—													
1	……																
2	……																
3	……																
	……																

注：1. 本表由境外子企业分户填报；
2. 驻在地国家通过枚举选择，城市直接填写。

汇编范围企业户数情况表

2016 年度

财企补 02 表
单位：户

项　　目	行次	户数	项　　目	行次	户数
企业户数（户）	1	—	上年户数	24	
（一）集团全部企业户数	2		连续上报小计	25	
总部及二级子企业户数	3		本年增加合计	26	
三级子企业户数	4		1. 新投资设立小计	27	
四级子企业户数	5		2. 竣工移交小计	28	
五级及五级以下子企业户数	6		3. 新设合并小计	29	
（二）集团所属上市公司户数	7		4. 分立小计	30	
其中：境内上市公司户数	8		5. 上年应报未报小计	31	
（三）集团所属金融子企业户数	9		6. 划转小计	32	
其中：财务公司户数	10		7. 收购小计	33	
证券类公司户数	11		8. 其他小计	34	
保险类公司户数	12		本年减少合计	35	
信托公司户数	13		1. 改制小计	36	
（四）集团纳入决算合并范围企业户数	14		2. 撤销关闭小计	37	
总部及二级子企业户数	15		3. 破产小计	38	
三级子企业户数	16		4. 出售（拍卖）小计	39	
四级子企业户数	17		5. 合并小计	40	
五级及五级以下子企业户数	18		6. 隶属关系改变小计	41	
（五）集团总部所属非法人单位户数	19		7. 报表类型改变小计	42	
	20		8. 歇业小计	43	
	21		9. 其他小计	44	
	22		本年户数	45	
	23		净增减户数	46	

注：本表由一级企业（单位）填报。

国有企业办社会机构情况表

2016 年度

财企补03 表

编制单位：　　　　单位：户、人、元

项　　目	行次	本年数	项　　目	行次	本年数
一、国有企业办社会机构数量情况（户）	1		消防机构收入	26	
教育机构数量	2		其中：企业经费补助额	27	
医疗机构数量	3		社区管理机构收入	28	
市政机构数量	4		其中：企业经费补助额	29	
消防机构数量	5		离退休人员管理机构收入	30	
社区管理机构数量	6		其中：企业经费补助额	31	
离退休人员管理机构数量	7		供水供电供热供气及物业管理机构收入	32	
供水供电供热供气及物业管理机构数量	8		其中：企业经费补助额	33	
其他机构数量	9		其他机构收入	34	
二、国有企业办社会机构年末在职职工人数情况（人）	10		其中：企业经费补助额	35	
教育机构年末在职职工人数	11		**四、国有企业办社会机构支出情况**	36	
医疗机构年末在职职工人数	12		教育机构支出	37	
市政机构年末在职职工人数	13		医疗机构支出	38	
消防机构年末在职职工人数	14		市政机构支出	39	
社区管理机构年末在职职工人数	15		消防机构支出	40	
离退休人员管理机构年末在职职工人数	16		社区管理机构支出	41	
供水供电供热供气及物业管理机构年末在职职工人数	17		离退休人员管理机构支出	42	
其他机构年末在职职工人数	18		供水供电供热供气及物业管理机构支出	43	
三、国有企业办社会机构收入情况	19		其他机构支出	44	
教育机构收入	20		**五、国有企业职工家属区“三供一业”情况（户）**	45	
其中：企业经费补助额	21		供电户数	46	
医疗机构收入	22		供水户数	47	
其中：企业经费补助额	23		供热户数	48	
市政机构收入	24		供气户数	49	
其中：企业经费补助额	25		物业管理户数	50	

财企补 04 表

上市公司国有股情况表

2016 年度

编制单位：

股票代码	所属行业	总股本（百万股）	每股净资产（2016 年 12 月 31 日）		股票收盘价格（2016 年 12 月 31 日）		国有股股东单位名称	国有股股东隶属中央（或地方）企业集团	持股数量（万股）	持股比例（%）
			数额	币种	金额	币种				
							1.			
							2.			
							3.			
							4.			
							5.			
							6.			
							7.			
							8.			
							9.			
							10.			
							合计	—		
							1.			
							2.			
							3.			
							4.			
							5.			
							6.			
							7.			
							8.			
							9.			
							10.			
							合计	—		

注：1. 本表由国有控股上市公司（含境内、境外上市）填报，如为集团在合并表中填列；
2. 同一公司在境内、境外同时上市，需分项填列；
3. 国有股股东隶属中央（或地方）企业集团应填列至财政一级预算单位；
4. 上市公司如有两个或以上国有股股东，需分项填列前十大国有股股东持股情况，“合计”项为上市公司所有国有股股东合计持股情况。

财企补05表

国有企业带息负债情况表

2016年12月31日

编制单位：　　　　　　　　　　　　　　　　　　　　　金额单位：元

项目	行次	本金				本年应计利息	逾期尚未偿还的借款本金	年末应付利息	项目	行次	本年金额	上年金额
		年初余额	本年增加	本年减少	年末余额							
栏次	—	1	2	3	4	5	6	7	栏次	—	8	9
一、带息流动负债合计	1		—	—					**补充资料：**	26	—	—
（一）短期借款	2		—	—					**一、利息支出情况：**	27	—	—
其中：银行借款	3		—	—					利息支出总额	28		
非银行金融机构借款	4		—	—					其中：利息资本化金额	29		
（二）一年内到期的非流动负债	5		—	—					**二、带息负债融资成本率（%）**	30		
其中：一年内到期的长期借款	6		—	—					**三、永续债、优先股发行情况：**	31	—	—
一年内到期的应付债券	7		—	—					（一）已发行永续债	32		
一年内到期的融资租赁款	8		—	—					其中：计入负债的永续债	33		
（三）以公允价值计量且其变动计入当期损益的金融负债	9		—	—					（二）已发行优先股	34		
（四）其他带息流动负债	10		—	—					其中：计入负债的优先股	35		
其中：短期融资券（含超短期融资券）	11		—	—					**四、境外发债情况：（由集团总部填列）**	36	—	—
其他短期债券	12		—	—					（一）境外发行外币债券总额（以人民币填列）	37		
二、带息非流动负债合计	13								其中：美元债（以美元填列）	38		
（一）长期借款	14								欧元债（以欧元填列）	39		
其中：银行借款	15								港元债（以港元填列）	40		
非银行金融机构借款	16								（二）境外发行人民币债券总额	41		
（二）应付债券	17								**五、偿债能力分析指标（自动计算）**	42	—	—
其中：中期票据	18								（一）长期偿债能力	43	—	—
企业债券	19								1. 资产负债率（%）	44		
公司债券	20								2. 带息负债比率（%）	45		
（三）其他带息非流动负债	21								3. 已获利息倍数	46		
其中：融资租赁款	22								（二）短期偿债能力	47	—	—
	23								1. 流动比率（%）	48		
	24								2. 速动比率（%）	49		
带息负债合计	25								3. 现金流动负债比率（%）	50		

中央企业国有资本经营决算支出表

2016 年度

编制单位：

财企补 06 表

单位：元

项目	行次	财政拨款金额				实际支出金额				结余金额			
		合计	资本性支出	费用性支出	其他支出	合计	资本性支出	费用性支出	其他支出	合计	资本性支出	费用性支出	其他支出
栏次	—	1	2	3	4	5	6	7	8	9	10	11	12
一、解决历史遗留问题及改革成本支出	1												
（一）厂办大集体改革支出	2												
（二）“三供一业”移交补助支出	3												
（三）国有企业棚户区改造支出	4												
（四）国有企业改革成本支出	5												
（五）离休干部医药费补助支出	6												
二、国有企业资本金注入	7												
（一）国有经济结构调整支出	8												
（二）公益性设施投资支出	9												
（三）前瞻性战略性产业发展支出	10												
（四）支持科技进步支出	11												
（五）保障国家经济安全支出	12												
（六）对外投资合作支出	13												
三、国有企业政策性补贴	14												
四、其他国有资本经营预算支出	15												
总计	16												

附件4：

2016年度企业财务会计决算报表［补充指标表］编制说明

一、境外子企业基本情况表（财企补01表）

（一）填报范围

本表由境外子企业分户填报。

（二）主要指标的填报方法

1. 驻在地所得税率：应按照境外企业实际执行的税率填列。采用比例税率的企业，按实际比例税率填列；采用累进税率的企业，按平均所得税率填列。集团合并报表可不填列。

2. 本年实际上交驻在地税金总额：指境外企业本年度实际上交驻在地的各类税金之和，集团合并报表汇总填列所有境外子企业向境外国家或地区上交的税金之和。

3. 职工全年实发工资：反映境外企业全年实际发放的职工（含外方）工资情况，其中中方职工全年实发工资单独列示。

4. 年末职工：反映境外企业年末职工（含外方）人数情况，其中中方年末职工人数单独列示。

（三）表内公式

4栏≥5栏；13栏≥14栏；15栏≥16栏。

二、国有企业办社会机构情况表（财企补03表）

（一）填报范围

本表填报范围为2016年度汇总会计报表所涉及的所有法人企业。对于二级分公司等非法人企业，也应分单位进行统计，纳入本表统计范围。

（二）主要指标填报方法

1. 国有企业办社会机构数量情况（个）：指由集团本级及所属各级子公司投资设立、管理或发放补贴补助的与企业生产经营没有直接关系的社会公益及生活后勤服务单位机构。办社会机构以所服务的法人企业为单位统计，可以独立或不独立核算，对非独立核算的单位，应对收入、支出、净利润、总资产、净资产等指标尽可能准确区分，办社会机构之间有隶属关系或产权关系的，如小学既有服务于母公司的本校，也有服务于子公司的分校，应分别统计。以当年年末数为准。其中：

（1）教育机构指实施普通教育的学校，包括幼儿园、小学、中学、大学、职业学校、技工学校等，不包括服务于本企业的培训中心。

（2）医疗机构指企业所办医院、妇幼保健院、卫生院、疗养院、门诊部、卫生所（医务院、保健站、卫生室）、急救中心等。

（3）市政机构指负责管理维护厂区外道路、桥梁、公园等市政设施的机构。

（4）社区管理机构指为社区提供卫生、文化、环境、治安等社会性福利服务的专门机构，类似于街道办或居委会。

（5）离退休人员管理机构指专门为离退休人员提供服务的管理机构，服务对象全部或大部分为本企业离退休人员。主要面向社会群众提供服务的，归入社区管理机构统计。对于以企业部门形式存在的离退休管理机构，纳入本表统计范围。

（6）供电、供水、供热、供气及物业管理机构。供电、供水、供热、供气机构指为企业职工家属区提供供电、供水、供热、供气管理服务的机构；物业管理机构指为房屋及配套设施设备、场地等进行维修、养护、管理的机构，包括商业物业和小区物业管理。物业管理机构应向业主收费，如果全部运行费用均由企业承担的，归入社区管理机构统计。

（7）其他机构指除以上机构外与企业生产经营没有直接关系的社会公益及生活后勤服务单位机构，如浴室、食堂。

2. 在职职工人数情况（人）：指与机构以劳动合同等形式建立劳动关系的正式职工，不包括外聘人员。

3. 收入情况（元）：指当年全部收入，包括收费、捐赠、财政拨款、企业经费补助等各种渠道的收入。其中，企业经费补助额包括企业提供的现金补贴、减免费用、主办企业垫支费用等。

4. 支出情况（元）：指当年全部支出，包括人员费用支出、办公费用支出、项目费用支出等各类支出。

5. 职工家属区“三供一业”情况（户）：指企业自办的供电、供水、供热、供气、物业管理机构分别服务的职工户数。

6. 其他问题的说明：如果企业设立的某机构同时承担多项职能，按承担的最主要职能填列到相关机构，不分别填列。

三、上市公司国有股情况表（财企补 04 表）

（一）填报范围

本表填报范围为国有控股上市公司（含境内、境外上市）。

（二）填报方法

1. 本表由国有控股上市公司（含境内、境外上市）填报，如为集团在合并表中填列；

2. 同一公司在境内、境外同时上市，需分项填列；

3. 国有股股东隶属中央（或地方）企业集团应填列至财政一级预算单位；

4. 上市公司如有两个或以上国有股股东，需分项填列前十大国有股股东持股情况，“合计”项为上市公司所有国有股股东合计持股情况。

四、国有企业带息负债情况表（财企补 05 表）

本表主要反映企业（包括金融企业）各项带息负债本金、利息、逾期本金以及累计欠息情况。补充资料反映企业的带息负债成本情况、永续债和优先股发行情况以及境外发债情况。

（一）填报范围

本表填报范围为 2016 年度汇总会计报表所涉及的所有法人企业。企业集团内部企业之间的往来借款应在合并报表时抵消。

（二）填报方法

企业应根据资产负债表中的“短期借款”、“以公允价值计量且变动计入当期损益的金融负债”、“一年内到期的非流动负债”、“其他流动负债”、“长期借款”、“应付债券”、“长期应付款”、“其他非流动负债”等科目分析填列，识别出其中带息负债的金额。企业持有的外币带息负债，应按照外币折人民币的金额填列，外币折人民币时应以 12 月 31 日中国人民银行公布的人民币与相应币种汇率的中间价折算。编制说明中未作解释的内容以企业目前所执行的会计核算制度为依据。

（三）指标解释

1. 本年应计利息：反映相关带息负债本年度应计提的利息。

2. 逾期尚未偿还的借款本金：反映企业期末尚未偿还的带息负债逾期本金。

3. 年末应付利息：反映本年累计应付未付的相关带息负债的利息。

4. 短期融资券：反映企业在银行间债券市场发行和交易的在一年期限内还本付息的有价证券。

5. 超短期融资券：反映企业在银行间债券市场发行的，期限在270天以内的短期融资券。

6. 应付债券：反映剩余期限一年以上的各类债券，包含归类为金融负债的永续债、优先股。

7. 中期票据、企业债券、公司债券：分别反映剩余期限一年以上的各类债券。

8. 融资租赁款：反映企业通过融资租赁的方式对外筹资的情况。本金根据“长期应付款”与“未确认筹资费用”的差异填列。

9. 利息支出总额：反映企业当年全部利息支出金额，包括利息费用化和资本化金额，包括计入负债的永续债利息、优先股股利。

10. 利息资本化金额：反映企业本年度符合资本化确认条件并计入相关资产成本的全部借款利息。

11. 带息负债融资成本率：反映企业当年带息负债平均资本成本，由利息支出总额除以平均带息负债余额（按月平均）计算。

12. 已发行永续债、优先股：反映企业期末发行在外永续债、优先股本金（股本总额），归类为金融负债的永续债、优先股需单独列示。

13. 境外发行外币债券总额：反映企业集团所属境内外子企业本年度累计发行外币债券的本金总额，以人民币填列。各项明细按各项债券的实际币种填列。

14. 境外发行人民币债券总额：反映企业集团所属境内外子企业本年度累计在境外发行人民币债券的本金总额。

（四）表内公式

1. 行次：1行=（2+5+9+10）行；2行≥（3+4）行；5行≥（6+7+8）行；13行=（14+17+21）行；14行≥（15+16）行；17行≥（18+19+20）行；21行≥22行；25行=（1+13）行；28行≥29行；32行≥33行；34行≥35行。

2. 栏间：4栏=（1+2-3）栏。

（五）表间公式

（28-29）行=财企02表21行。

五、中央企业国有资本经营决算支出表（财企补06表）

本表主要反映按政府收支分类科目划分的中央企业2016年中央国有资本经营决算情况。

（一）填报范围

本表的填报范围为2016年收到中央国有资本经营预算资金的中央一级企业，具体由中央企业集团本部填报。

（二）填报方法

本表根据财政部下达的2016年中央国有资本经营预算拨款文件中有关数据填列。

（三）指标解释

1. 厂办大集体改革支出：反映用国有资本经营预算收入安排的支持厂办大集体与主办国有企业分离，安置厂办大集体职工等方面的支出。

2. “三供一业”移交补助支出：反映用国有资本经营预算收入安排的支持国有企业职工家属区供水、供电、供热和物业管理分离移交方面的支出。

3. 国有企业棚户区改造支出：反映用国有资本经营预算收入安排的支持中央企业特别是独立工矿区、三线地区和资源枯竭型城市企业棚户区改造方面的支出。

4. 国有企业改革成本支出：反映用国有资本经营预算收入安排的用于国有企业改革中职工安置等方面的支出。

5. 离休干部医药费补助支出：反映用国有资本经营预算收入安排的用于困难中央企业离休干部医药费补助方面的支出。

6. 国有经济结构调整支出：反映用国有资本经营预算收入安排的支持国有企业战略性重组、产业结构调整、推动国有资本投向重点行业和关键领域等方面的支出。

7. 公益性设施投资支出：反映用国有资本经营预算收入安排的公益性企业公共服务设施的投资支出，包括油气管道支出、交通运输设施支出、通信设施支出、市政服务设施支出等。

8. 前瞻性战略性产业发展支出：反映用国有资本经营预算收入安排的支持前瞻性战略性产业发展的支出。

9. 支持科技进步支出：反映用国有资本经营预算收入安排的用于科学技术方面的支出，包括科技创新及科技成果转化等方面支出。

10. 保障国家经济安全支出：反映用国有资本经营预算收入安排的用于提升国家竞争力和综合国力等涉及国家战略安全方面的支出，包括能源资源安全、信息安全、粮食安全等方面。

11. 对外投资合作支出：反映用国有资本经营预算收入安排的支持境外投资、对外承包工程等对外投资合作业务的支出。

12. 国有企业政策性补贴：反映用国有资本经营预算收入安排的用于国有企业政策性补助方面的支出。

13. 其他国有资本经营预算支出：反映用国有资本经营预算收入安排的其他国有资本经营预算支出。

（四）表内公式

1. 行次：1 行 =（2 +3 +4 +5 +6）行；7 行 =（8 +9 +10 +11 +12 +13）行；16 行 =（1 +7 +14 +15）行。

2. 栏次：1 栏 =（2 +3 +4）栏；5 栏 =（6 +7 +8）栏；9 栏 =（10 +11 +12）栏；10 栏 =（2 –6）栏；11 栏 =（3 –7）栏；12 栏 =（4 –8）栏。

附件 5：

会计报表附注内容提要

企业应当按照规定披露附注信息。其中：中央管理企业集团除按规定向财政部上报企业年度财务会计决算报表、财务状况说明书等内容外，还应上报企业合并财务会计决算报表附注。附注主要包括下列内容：

一、企业的基本情况

（一）企业历史沿革、注册地、组织形式和总部地址。

（二）企业的业务性质和主要经营活动。包括：所处行业、所提供的主要产品或服务、客户的性质、销售策略、监管环境的性质等。

（三）母公司以及集团最终母公司的名称。

（四）财务报告的批准报出者和财务报告批准报出日。

（五）营业期限有限的企业，还应当披露有关其营业期限的信息。

二、财务报表的编制基础

三、遵循企业会计准则的声明

编制的财务报表是否符合企业会计准则的要求，真实、完整地反映了企业的财务状况、经营成果和现金流量等有关信息。

四、重要会计政策和会计估计

重要会计政策的说明，包括财务报表项目的计量基础和在运用会计政策过程中所做的重要判断等。重要会计估计的说明，包括可能导致下一个会计期间内资产、负债账面价值重大调整的会计估计的确定依据等。

企业应当披露采用的重要会计政策和会计估计，并结合企业的具体实际披露其重要会计政策的确定依据和财务报表项目的计量基础，及其会计估计所采用的关键假设和不确定因素。

五、会计政策和会计估计变更以及差错更正的说明

企业应当按照《企业会计准则第28号——会计政策、会计估计变更和差错更正》的规定，披露会计政策和会计估计变更以及差错更正的情况，内容包括：

（一）与会计政策变更有关的下列信息

1. 会计政策变更的性质、内容和原因。
2. 当期和各个列报前期财务报表中受影响的项目名称和调整金额。
3. 无法进行追溯调整的，说明该事实和原因以及开始应用变更后的会计政策的时点、具体应用情况。

（二）与会计估计变更有关的下列信息

1. 会计估计变更的内容和原因。
2. 会计估计变更对当期和未来期间的影响数。
3. 会计估计变更的影响数不能确定的，披露这一事实和原因。

（三）与前期重大差错更正有关的下列信息

1. 前期重大差错的性质。
2. 各个列报前期财务报表中受影响的项目名称和更正金额。
3. 无法进行追溯重述的，说明该事实和原因以及对前期重大差错开始进行更正的时点、具体更正情况。

六、税项

说明企业适用的主要税种及税率，以及具体的纳税情况，涉及税收优惠的，还需说明优惠税负情况及相关批文。

七、企业合并及合并财务报表

（一）本年纳入合并报表范围的子企业基本情况

企业应当按下列格式披露纳入报表合并范围的全部子企业主要情况；大型企业集团合并报表范围可以披露到二级子企业，集团所属重要子企业不分级次全部披露：

序号	企业名称	级次	企业类型	注册地	业务性质	注册资本	持股比例	享有的表决权	投资额	取得方式

注：企业类型：1. 境内非金融子企业，2. 境内金融子企业，3. 境外子企业，4. 事业单位，5. 基建单位

取得方式：1. 投资设立，2. 同一控制下的企业合并，3. 非同一控制下的企业合并，4. 其他

（二）母公司拥有被投资单位表决权不足半数但能对被投资单位形成控制的原因

序号	企业名称	持股比例	享有的表决权	注册资本	投资额	级次	纳入合并范围原因

（三）母公司直接或通过其他子公司间接拥有被投资单位半数以上的表决权但未能对其形成控制的原因

序号	企业名称	持股比例	享有的表决权	注册资本	投资额	级次	未纳入合并范围原因

（四）子公司所采用的会计政策与母公司不一致的，母公司编制合并财务报表的处理方法

说明境外子企业、金融子企业、基建单位和事业单位纳入合并范围的情况及合并方法。

子公司的特殊会计政策。对纳入合并报表范围内子公司与母公司会计政策不一致且未进行调整的，应说明子公司采用的特殊会计政策、未调整的原因及其对合并财务报表的影响。

（五）子公司与母公司会计期间不一致的，母公司编制合并财务报表的处理方法

（六）本年不再纳入合并范围的原子公司。说明原子公司的名称、注册地、业务性质、母公司的持股比例和表决权比例，本年不再成为子公司的原因

原子公司在处置日和上一会计期间资产负债表日资产、负债和所有者权益的金额以及本年年初至处置日的收入、费用和利润的金额。

（七）本年新纳入合并范围的主体

说明本年新纳入合并范围子公司、特殊目的主体、通过受托经营或承租等方式形成控制权的经营实体名称及其年末净资产、本年净利润。

（八）本年发生的同一控制下企业合并情况

说明合并日的确定依据、支付的对价及被合并方的账面净资产，并披露被合并方自合并当年年初至合并日的收入、净利润、现金流量等情况

公司名称	合并日	账面净资产	交易对价	实际控制人	本年初至合并日的相关情况			
					收入	净利润	现金净增加额	经营活动现金流量净额

（九）本年发生的非同一控制下企业合并情况

企业发生非同一控制下购买、出售股权而增加或减少子公司的，说明购买日或出售日的确定方法、合并日相关交易公允价值的确定方法、商誉的金额及其计算方法。

公司名称	合并日	账面净资产	可辨认净资产公允价值		交易对价	商誉	
			金额	确定方法		金额	确定方法

（十）本年发生的反向购买

企业以发行股份购买资产等方式构成反向购买的，应说明判断构成反向购买的依据、企业合并成本的确定方法、合并中确认的商誉或计入当期的损益的计算方法。

购买方（借壳方）	判断构成反向购买的依据	合并成本的确定方法	合并中确认的商誉或计入当期的损益的计算方法

（十一）本年发生的吸收合并

应分别同一控制下和非同一控制下的吸收合并，披露并入的主要资产、负债项目及其金额。

吸收合并的类型	并入的主要资产		并入的主要负债	
同一控制下吸收合并	项目	金额	项目	金额
非同一控制下吸收合并	项目	金额	项目	金额

（十二）子公司向母公司转移资金的能力受到严格限制的情况

（十三）作为子公司纳入合并范围的特殊目的主体或通过受托经营或承租等方式形成控制权的经营实体的业务性质、业务活动等

名称	与公司主要业务往来	在合并报表内确认的主要资产、负债年末余额

八、合并财务报表重要项目的说明

企业对报表重要项目的说明，应当按照资产负债表、利润表、现金流量表、所有者权益变动表及其项目列示的顺序，采用文字和数字描述相结合的方式披露报表重要项目的说明。报表重要项目的明细金额合计，应当与报表项目金额相衔接。

（除另有注明外，所有金额均以人民币元为货币单位）

（一）以公允价值计量且其变动计入当期损益的金融资产

项目	年末公允价值	年初公允价值
1. 交易性债券投资		
2. 交易性权益工具投资		
3. 指定为以公允价值计量且其变动计入当期损益的金融资产		
4. 其他		
合计		

注：说明有限售条件或变现方面有其他重大限制的交易性金融资产项目及其金额。

（二）应收票据

种类	年末余额	年初余额
银行承兑汇票		
商业承兑汇票		
合计		

注：说明已贴现的商业承兑汇票。

（三）应收账款

种类	年末数				年初数			
	账面余额		坏账准备		账面余额		坏账准备	
	金额	比例（%）	金额	比例（%）	金额	比例（%）	金额	比例（%）
单项金额重大并单项计提坏账准备的应收账款								
按组合计提坏账准备的应收账款								
组合1								
组合2								
……								
组合小计								
单项金额虽不重大但单项计提坏账准备的应收账款								
合计		—		—		—		—

注：账面余额中的比例按年末该类应收账款除以应收账款合计数计算，坏账准备比例按该类应收账款年末已计提坏账准备除以年末该类应收账款金额计算。

1. 按组合计提坏账准备的应收账款。

（1）组合中，按账龄分析法计提坏账准备的应收账款：

账龄	年末数			年初数		
	账面余额		坏账准备	账面余额		坏账准备
	金额	比例（%）		金额	比例（%）	
1年以内						
1至2年						
2至3年						
3年以上						
合计		—			—	

注：账龄划分根据企业具体情况确定。

（2）组合中，采用余额百分比法计提坏账准备的应收账款：

组合名称	年末数			年初数		
	账面余额		坏账准备	账面余额		坏账准备
	金额	比例（%）		金额	比例（%）	
组合1						
组合2						
……						
合计		—			—	

注：填写具体组合名称。

（3）组合中，采用其他方法计提坏账准备的应收账款：

组合名称	年末数		年初数	
	账面余额	坏账准备	账面余额	坏账准备
组合 1				
组合 2				
……				
合计				

注：填写具体组合名称。

2. 单项计提坏账准备的应收账款。

（1）年末单项金额重大并单项计提坏账准备的应收账款：

债务人名称	年末余额	坏账准备	计提比例	计提理由
合计			—	—

（2）年末单项金额虽不重大但单项计提坏账准备的应收账款：

债务人名称	年末余额	坏账准备	计提比例	计提理由
合计			—	—

3. 本年转回或收回情况。

债务人名称	转回或收回原因	确定原坏账准备的依据	转回或收回前累计已计提坏账准备金额	转回或收回金额
合计				—

注：本表列报本报告期前已全额计提坏账准备，或计提减值准备的比例较大，但在本年又全额收回或转回，或在本年收回或转回比例较大的应收账款。对本年通过重组等方式收回的金额重大的应收账款，则应逐笔列报，金额不重大的，可汇总列报。

4. 本报告期实际核销的应收账款情况。

债务人名称	应收账款性质	核销金额	核销原因	是否因关联交易产生
合计	—		—	—

（四）预付款项

1. 预付款项按账龄列示。

账龄	年末数		年初数	
	金额	比例（%）	金额	比例（%）
1年以内				
1至2年				
2至3年				
3年以上				
合计		—		—

2. 账龄超过一年的大额预付款项情况：

债权单位	债务单位	年末账面余额	账龄	未结算的原因
			—	—
小 计				

（五）其他应收款

其他应收款参照应收账款披露。

（六）存货

1. 存货分类。

项目	年末数			年初数		
	账面余额	跌价准备	账面价值	账面余额	跌价准备	账面价值
原材料						
自制半成品及在产品						
库存商品（产成品）						
周转材料（包装物、低值易耗品等）						
消耗性生物资产						
工程施工（已完工未结算款）						
其他						
合计						

注：其他项中应说明房地产企业土地储备的情况，包括土地储备的面积、本年增加及土地储备年末余额。

年末消耗性生物资产情况

项目	年初账面余额	本年增加额	本年减少额	年末账面余额
一、种植业				
其中：1.				
……				
二、畜牧养殖业				
其中：1.				
……				

续表

项目	年初账面余额	本年增加额	本年减少额	年末账面余额
三、林业				
其中：1.				
……				
四、水产业				
其中：1.				
……				
合计				

注：说明消耗性生物资产的年末实物数量。

2. 存货年末余额中含有借款费用资本化金额的，应予以披露。

（七）其他流动资产

项目	年末余额	年初余额
1.		
……		
合计		

（八）可供出售金融资产

项目	年末公允价值	年初公允价值
1. 可供出售债券		
2. 可供出售权益工具		
3. 其他		
合计		

注：本期将持有至到期投资重分类为可供出售金融资产的，本期重分类的金额______元，该金额占重分类前持有至到期投资总额的比例____%。

（九）持有至到期投资

项目	年末余额	年初余额
1.		
……		
合计		

（十）长期应收款

项目	年末余额	年初余额
融资租赁		
其中：未实现融资收益		
分期收款销售商品		
分期收款提供劳务		
其他		
合计		

（十一）长期股权投资

1. 长期股权投资分类。

项目	年初余额	本年增加	本年减少	年末余额
对子公司投资				
对合营企业投资				
对联营企业投资				
对其他企业投资				
小计				
减：长期股权投资减值准备				
合计				

2. 长期股权投资明细（披露期末余额最大的前10项）。

被投资单位	核算方法	投资成本	年初余额	增减变动	年末余额	在被投资单位持股比例（%）	减值准备	本年计提减值准备	本年现金红利
合计	—					—			
其中：1.									
2.									
	—								

注：若对被投资单位持股比例与其在被投资单位表决权比例不一致，应说明原因。

3. 对合营企业投资和联营企业投资。

被投资单位名称	本企业持股比例（%）	年末资产总额	年末负债总额	年末净资产总额	本年营业收入总额	本年净利润
一、合营企业						
其中：						
二、联营企业						
其中：						

注：（1）合营企业、联营企业的重要会计政策、会计估计与公司的会计政策、会计估计存在重大差异的说明。

（2）若对被投资单位持股比例与其在被投资单位表决权比例不一致，应说明原因。

（3）若在权益法核算时未按照被投资单位账面净利润与投资股权比例确认投资收益，应当说明原因以及影响金额（如股权比例与享有或承担的权益不一致、投资企业与合营单位会计政策和会计估计存在重大差异、取得联营企业时其可辨认净资产与账面价值存在差异等）。

4. 向投资企业转移资金的能力受到限制的有关情况。

向投资企业转移资金能力受到限制的长期股权投资项目	受限制的原因	当期累计未确认的投资损失金额

（十二）投资性房地产

1. 按成本计量的投资性房地产。

项目	年初余额	本年增加	本年减少	年末余额
一、账面原值合计				
其中：1. 房屋、建筑物				
2. 土地使用权				
二、累计折旧和累计摊销合计				
其中：1. 房屋、建筑物				
2. 土地使用权				
三、投资性房地产账面净值合计				
其中：1. 房屋、建筑物				
2. 土地使用权				
四、投资性房地产减值准备累计金额合计				
其中：1. 房屋、建筑物				
2. 土地使用权				
五、投资性房地产账面价值合计				
其中：1. 房屋、建筑物				
2. 土地使用权				

注：本年折旧和摊销额______。投资性房地产本年减值准备计提额______。

2. 按公允价值计量的投资性房地产。

项目	年初公允价值	本年增加			本年减少		年末公允价值
		购置	自用房地产或存货转入	公允价值变动损益	处置	转为自用房地产	
一、成本合计							
其中：1. 房屋、建筑物							
2. 土地使用权							
3. 其他							
二、公允价值变动合计							
其中：1. 房屋、建筑物							
2. 土地使用权							
3. 其他							
三、投资性房地产账面价值合计		—	—	—	—	—	
其中：1. 房屋、建筑物		—	—	—	—	—	
2. 土地使用权		—	—	—	—	—	
3. 其他		—	—	—	—	—	

注：(1) 披露投资性房地产公允价值的确定依据。

(2) 说明报告期内改变计量模式的投资性房地产转换的原因及其影响。

（十三）固定资产

1. 固定资产分类。

项目	年初余额	本年增加	本年减少	年末余额
一、账面原值合计：				
其中：土地资产				
房屋及建筑物				
机器设备				
运输工具				
电子设备				
办公设备				
酒店业家具				
其他				
二、累计折旧合计：				
其中：土地资产				
房屋及建筑物				
机器设备				
运输工具				
电子设备				
办公设备				
酒店业家具				
其他				
三、固定资产账面净值合计		—	—	
其中：土地资产		—	—	
房屋及建筑物		—	—	
机器设备		—	—	
运输工具		—	—	
电子设备		—	—	
办公设备		—	—	
酒店业家具		—	—	
其他		—	—	
四、减值准备合计				
其中：土地资产				
房屋及建筑物				
机器设备				
运输工具				
电子设备				
办公设备				
酒店业家具				

续表

项目	年初余额	本年增加	本年减少	年末余额
其他				
五、固定资产账面价值合计		—	—	
其中：土地资产		—	—	
房屋及建筑物		—	—	
机器设备		—	—	
运输工具		—	—	
电子设备		—	—	
办公设备		—	—	
酒店业家具		—	—	
其他		—	—	

注：说明年末已提足折旧仍继续使用的固定资产原值。

2. 年末持有待售的固定资产情况。

项目	账面价值	公允价值	预计处置费用	预计处置时间

（十四）生产性生物资产和公益性生物资产

1. 以成本计量。

项目	年初账面价值	本年增加额	本年减少额	年末账面价值
一、种植业				
其中：1.				
……				
二、畜牧养殖业				
其中：1.				
……				
三、林业				
其中：1.				
……				
四、水产业				
其中：1.				
……				
合计				

注：(1) 说明各类生物资产的年末实物数量，如有天然起源的生物资产，还应披露该资产的类别、取得方式和数量等。

(2) 说明各类生产性生物资产的预计使用寿命、预计净残值、折旧方法、累计折旧和减值准备累计金额。

2. 以公允价值计量。

项目	年初公允价值	本年增加额	本年减少额	年末公允价值
一、种植业				
其中：1.				
……				
二、畜牧养殖业				
其中：1.				
……				
三、林业				
其中：1.				
……				
四、水产业				
其中：1.				
……				
合计				

3. 说明生产性生物资产相关的风险情况与管理措施。

（十五）油气资产

1. 当期在国内和国外发生的取得矿区权益、油气勘探和油气开发各项支出的总额。

2. 油气资产分类。

项目	年初余额	本年增加额	本年减少额	年末余额
一、原价合计				
其中：1. 探明矿区权益				
2. 未探明矿区权益				
3. 井及相关设施				
二、累计折耗合计				
其中：1. 探明矿区权益				
2. 井及相关设施				
三、油气资产减值准备累计金额合计				
其中：1. 探明矿区权益				
2. 未探明矿区权益				
3. 井及相关设施				
四、油气资产账面价值合计		—	—	
其中：1. 探明矿区权益		—	—	
2. 未探明矿区权益		—	—	
3. 井及相关设施		—	—	

（十六）无形资产

1. 无形资产分类

项目	年初余额	本年增加额	本年减少额	年末余额
一、原价合计				
其中：软件				
土地使用权				
专利权				
非专利技术				
商标权				
著作权				
特许权				
……				
二、累计摊销额合计				
其中：软件				
土地使用权				
专利权				
非专利技术				
商标权				
著作权				
特许权				
……				
三、无形资产减值准备金额合计				
其中：软件				
土地使用权				
专利权				
非专利技术				
商标权				
著作权				
特许权				
……				
四、账面价值合计		—	—	
其中：软件		—	—	
土地使用权		—	—	
专利权		—	—	
非专利技术		—	—	
商标权		—	—	
著作权		—	—	
特许权		—	—	
……		—	—	

注：本年摊销额____________。

2. 计入当期损益和确认为无形资产的研究开发支出金额。

项目	年初数	本年增加	本年减少		年末数
			计入当期损益	确认为无形资产	
合计					

（十七）商誉

被投资单位名称或形成商誉的事项	形成来源	初始金额	年初余额	本年增加	本年减少	年末余额	年末减值准备
合计							

注：说明商誉的减值测试方法和减值准备计提方法，详细说明减值原因、减值金额确认依据。

（十八）长期待摊费用

项目	年初余额	本年增加额	本年摊销额	其他减少额	年末余额	其他减少的原因
合计						

（十九）递延所得税资产和递延所得税负债

递延所得税资产和递延所得税负债不以抵销后的净额列示的，按1披露；若递延所得税资产和递延所得税负债以抵销后的净额列示的，按2披露。

1. 递延所得税资产和递延所得税负债不以抵销后的净额列示。

（1）已确认递延所得税资产和递延所得税负债。

项目	年末余额		年初余额	
	递延所得税资产	可抵扣暂时性差异	递延所得税资产	可抵扣暂时性差异
一、递延所得税资产				
资产减值准备				
开办费				
可抵扣亏损				
……				
合计				
二、递延所得税负债				
交易性金融工具、衍生金融工具的估值				
计入资本公积的可供出售金融资产公允价值变动				
……				
合计				

（2）未确认递延所得税资产明细

项目	年末余额	年初余额
可抵扣暂时性差异		
可抵扣亏损		
合计		

（3）未确认递延所得税资产的可抵扣亏损将于以下年度到期

年份	年末余额	年初余额	备注
2xxx			
2xxx			
2xxx			
合计			

注：无法在资产负债表日确定全部可抵扣亏损情况的，可只填写能确定部分的金额及其到期年度，并在备注栏予以说明。

2. 递延所得税资产和递延所得税负债以抵销后的净额列示。

（1）互抵后的递延所得税资产或负债及对应的互抵后可抵扣或应纳税暂时性差异

项目	报告年末互抵后的递延所得税资产或负债	报告年末互抵后的可抵扣或应纳税暂时性差异	报告年初互抵后的递延所得税资产或负债	报告年初互抵后的可抵扣或应纳税暂时性差异
递延所得税资产				
递延所得税负债				

（2）递延所得税资产和递延所得税负债互抵明细

项目	本年互抵金额

（二十）其他非流动资产

项目	年末余额	年初余额
合计		

（二十一）所有权受到限制的资产

所有权受到限制的资产类别	年初账面价值	本年增加额	本年减少额	年末账面价值
一、用于担保的资产				
其中：1.				
……				
二、其他原因造成所有权受到限制的资产				
其中：1.				
……				
合　计				

注：资产所有权受到限制的原因应详细说明。

（二十二）短期借款

（1）短期借款分类：

项目	年末余额	年初余额
质押借款		
抵押借款		
保证借款		
信用借款		
合计		

（2）已到期未偿还的短期借款情况：

贷款单位	贷款金额	贷款利率	贷款资金用途	逾期时间（天）	未按期偿还原因	预计还款期
合计		—		—	—	—

（二十三）交易性金融负债

项目	年末公允价值	年初公允价值
一、发行的交易性债券		
二、指定为以公允价值计量且其变动计入当期损益的金融负债		
三、衍生金融负债		
四、其他		
合计		

（二十四）应付职工薪酬

项目	年初余额	本年增加额	本年减少额	年末余额
一、工资、奖金、津贴和补贴				
二、职工福利费				
三、社会保险费				
其中：1. 基本医疗保险费				
2. 补充医疗保险费				
3. 基本养老保险费				
4. 年金缴费（补充养老保险）				
5. 失业保险费				
6. 工伤保险费				
7. 生育保险费				
四、住房公积金				
五、工会经费和职工教育经费				
六、非货币性福利				
七、辞退福利及内退补偿				
其中：1. 因解除劳动关系给予的补偿				
2. 预计内退人员支出				
八、其他				
其中：以现金结算的股份支付				
合计				

注：(1）企业应说明企业本年为职工提供的各项非货币性福利形式、金额及其计算依据。

(2）企业应说明辞退福利（具体包括解除劳动关系补偿义务、内退职工内退期间补偿义务等内容）是否折现，以及折现率的确定方法。

（二十五）其他流动负债

项目	年末余额	年初余额
合计		

（二十六）长期借款

1. 长期借款分类：

项目	年末余额	年初余额
质押借款		
抵押借款		
保证借款		
信用借款		
合计		

2. 已到期未偿还的长期借款情况：

贷款单位	贷款金额	贷款利率	贷款资金用途	逾期时间（月）	未按期偿还原因	预计还款期
合计		—		—	—	—

（二十七）应付债券

债券名称	面值	发行日期	债券期限	发行金额	年初应付利息	本年应计利息	本年已付利息	年末应付利息	年末余额

注：企业需说明可转换公司债券的转股条件、转股时间等情况。

（二十八）长期应付款

长期应付款年末余额最大的前5项：

项目	年初余额	年末余额
合计		
其中：1.		
2.		
……		
5.		

（二十九）预计负债

说明因存在担保、商业承兑票据贴现、未决诉讼、产品质量保证、亏损合同、重组义务等事项确认为预计负债的年初、年末余额及增减变动情况。

项目	年初余额	本年增加	本年减少	年末余额
弃置费用				
对外提供担保				
商业承兑票据贴现				
未决诉讼				
产品质量保证				
重组义务				
辞退福利				
待执行的亏损合同				
其他				
合计				—

（三十）其他非流动负债

项目/类别	年初余额	本年增加	本年减少	年末余额	备注
合计					—

递延收益

项目/类别	年末余额	本年增加	本年减少	年初余额	本年返还的原因
合计					

注：企业还应当在附注中披露与政府补助有关的下列信息：

1. 政府补助的种类及金额。
2. 计入当期损益的政府补助金额。
3. 本期返还的政府补助金额及原因。

（三十一）实收资本

投资者名称	年初余额		本年增加	本年减少	年末余额	
	投资金额	所占比例（%）			投资金额	所占比例（%）
合计						
……						

注：如果报告期内有增减变动行为的，应披露执行验资的会计师事务所名称和验资报告文号。

（三十二）营业收入、营业成本

项目	本年发生额		上年发生额	
	收入	成本	收入	成本
1. 主营业务小计				
2. 其他业务小计				
合计				

此外，还应分项披露建造合同当期确认收入金额最大的前10项：

合同项目		总金额	累计已发生成本	累计已确认毛利（亏损以"－"号表示）	已办理结算的价款金额
固定造价合同	1				
	……				
	合计				
成本加成合同	1				
	……				
	合计				

如果企业建造合同发生预计损失，企业应当披露建造合同当期预计损失的原因和金额：

建造项目	预计损失金额	预计损失原因	备注

（三十三）资产减值损失

项目	本年发生额	上年发生额
一、坏账损失		
二、存货跌价损失		
三、可供出售金融资产减值损失		
四、持有至到期投资减值损失		
五、长期股权投资减值损失		
六、投资性房地产减值损失		
七、固定资产减值损失		
八、工程物资减值损失		
九、在建工程减值损失		
十、生产性生物资产减值损失		
十一、油气资产减值损失		
十二、无形资产减值损失		
十三、商誉减值损失		
十四、其他		
合计		

（三十四）公允价值变动收益

产生公允价值变动收益的来源	本年发生额	上年发生额
以公允价值计量且其变动计入当期损益的金融资产		
衍生金融资产		
以公允价值计量且其变动计入当期损益的金融负债		
按公允价值计量的投资性房地产		
其他		
……		
合计		

（三十五）投资收益

1. 投资收益明细情况的披露格式如下：

产生投资收益的来源	本年发生额	上年发生额
成本法核算的长期股权投资收益		
权益法核算的长期股权投资收益		
处置长期股权投资产生的投资收益		
持有以公允价值计量且其变动计入当期损益的金融资产期间取得的投资收益		
持有至到期投资期间取得的投资收益		
持有可供出售金融资产等期间取得的投资收益		
处置以公允价值计量且其变动计入当期损益的金融资产取得的投资收益		
处置持有至到期投资取得的投资收益		
处置可供出售金融资产取得的投资收益		
其他		
合计		

2. 按照权益法核算的长期股权投资，直接以被投资单位的账面净损益计算确认投资损益的事实及原因。

3. 投资收益的说明，若投资收益汇回有重大限制的，应予以说明；若不存在此类重大限制，也应做出说明。

（三十六）营业外收入

项目	本年发生额	上年发生额
非流动资产处置利得合计		
其中：固定资产处置利得		
无形资产处置利得		
债务重组利得		
非货币性资产交换利得		
接受捐赠		
政府补助		
其他		
合计		

政府补助明细：

项目	本年发生额	上年发生额	说明
合计			—

（三十七）营业外支出

项目	本年发生额	上年发生额
非流动资产处置损失合计		
其中：固定资产处置损失		
无形资产处置损失		
债务重组损失		
非货币性资产交换损失		
对外捐赠		
其他		
合计		

（三十八）所得税费用

项目	本年发生额	上年发生额
按税法及相关规定计算的当期所得税		
递延所得税调整		
其他		
合计		

（三十九）每股收益（仅限于上市公司和证监会已经明确复函企业同意发行股票的拟上市公司披露）

1. 基本每股收益和稀释每股收益分子、分母的计算过程。

2. 列报期间不具有稀释性但以后期间很可能具有稀释性的潜在普通股。

3. 在资产负债表日至财务报告批准报出日之间，企业发行在外普通股或潜在普通股股数发生重大变化的情况，如股份发行、股份回购、潜在普通股发行、潜在普通股转换或行权等。

（四十）企业可以按照费用的性质分类披露利润表。

（四十一）其他综合收益

项目	本年发生额	上年发生额
1. 可供出售金融资产产生的利得（损失）金额		
减：可供出售金融资产产生的所得税影响		
前期计入其他综合收益当期转入损益的净额		
小计		
2. 按照权益法核算的在被投资单位其他综合收益中所享有的份额		
减：按照权益法核算的在被投资单位其他综合收益中所享有的份额产生的所得税影响		
前期计入其他综合收益当期转入损益的净额		
小计		
3. 现金流量套期工具产生的利得（或损失）金额		
减：现金流量套期工具产生的所得税影响		
前期计入其他综合收益当期转入损益的净额		
转为被套期项目初始确认金额的调整额		

续表

项目	本年发生额	上年发生额
小计		
4. 外币财务报表折算差额		
减：处置境外经营当期转入损益的净额		
小计		
5. 其他		
减：由其他计入其他综合收益产生的所得税影响		
前期其他计入其他综合收益当期转入损益的净额		
小计		
合计		

（四十二）非货币性资产交换

1. 换入资产、换出资产的类别。

2. 换入资产成本的确定方式。

3. 换入资产、换出资产的公允价值及换出资产的账面价值。

（四十三）股份支付

1. 股份支付总体情况

公司本年授予的各项权益工具总额	
公司本年行权的各项权益工具总额	
公司本年失效的各项权益工具总额	
公司年末发行在外的股份期权行权价格的范围和合同剩余期限	
公司年末其他权益工具行权价格的范围和合同剩余期限	

2. 以权益结算的股份支付情况

授予日权益工具公允价值的确定方法	
对可行权权益工具数量的最佳估计的确定方法	
本年估计与上期估计有重大差异的原因	
资本公积中以权益结算的股份支付的累计金额	
以权益结算的股份支付确认的费用总额	

注：本年估计与上期估计有重大差异的原因如没有，请填写“无”。

3. 以现金结算的股份支付情况

公司承担的、以股份或其他权益工具为基础计算确定的负债的公允价值确定方法	
负债中因以现金结算的股份支付产生的累计负债金额	
以现金结算的股份支付而确认的费用总额	

4. 以股份支付服务情况

以股份支付换取的职工服务总额	
以股份支付换取的其他服务总额	

5. 股份支付的修改、终止情况

（四十四）债务重组

1. 债务人披露情况：

债务重组方式	债务重组利得金额	股本增加金额	或有应付金额
以低于债务账面价值的现金清偿债务		—	
以非现金资产清偿债务		—	
债务转为资本			
修改其他债务条件		—	
混合重组方式			

转让的非现金资产的公允价值、由债务转成的股份的公允价值和修改其他债务条件后债务的公允价值的确定方法及依据。

项目	公允价值金额	确定方法及依据
非现金资产		
债务转成的股份		
修改其他条件后的债务		

2. 债权人披露情况：

债务重组方式	债务重组损失金额	长期股权投资增加金额	占债务人股权的比例	或有应收金额
低于债权账面价值的现金收回债权		—	—	
以非现金资产收回债权		—	—	
债权转为股权				
修改其他债务条件		—	—	
混合重组方式				

受让的非现金资产的公允价值、由债权转成的股份的公允价值和修改其他债务条件后债权的公允价值的确定方法及依据。

项目	公允价值金额	确定方法及依据
非现金资产		
债权转成的投资		
修改其他条件后的债权		

（四十五）借款费用

1. 当期资本化的借款费用金额。

2. 当期用于计算确定借款费用资本化金额的资本化率。

（四十六）外币折算

1. 计入当期损益的汇兑差额。

2. 处置境外经营对外币财务报表折算差额的影响。

（四十七）租赁

1. 融资租赁出租人应当说明未实现融资收益的余额，并披露与融资租赁有关的下列信息：

剩余租赁期	最低租赁收款额
1年以内（含1年）	
1年以上2年以内（含2年）	
2年以上3年以内（含3年）	
3年以上	
合计	

2. 经营租赁出租人各类租出资产的披露格式如下：

经营租赁租出资产类别	年末账面价值	年初账面价值
1. 机器设备		
2. 运输工具		
……		
合计		

3. 融资租赁承租人应当说明未确认融资费用的余额，并披露与融资租赁有关的下列信息：

（1）各类租入固定资产的年初和年末原价、累计折旧额、减值准备累计金额。

（2）以后年度将支付的最低租赁付款额的披露格式如下：

剩余租赁期	最低租赁付款额
1年以内（含1年）	
1年以上2年以内（含2年）	
2年以上3年以内（含3年）	
3年以上	
合计	

4. 对于重大的经营租赁，经营租赁承租人应当披露下列信息：

剩余租赁期	最低租赁付款额
1年以内（含1年）	
1年以上2年以内（含2年）	
2年以上3年以内（含3年）	
3年以上	
合计	

5. 披露各售后租回交易以及售后租回合同中的重要条款。

（四十八）终止经营

项目	本年发生额	上年发生额
一、终止经营收入		
减：终止经营费用		
二、终止经营利润总额		
减：终止经营所得税费用		
三、终止经营净利润		

（四十九）分部报告

项目	××业务		××业务		……	其他		抵销		合计	
	本年	上年	本年	上年		本年	上年	本年	上年	本年	上年
一、营业收入											
其中：对外交易收入											
分部间交易收入											
二、对联营和合营企业的投资收益											
三、资产减值损失											
四、折旧费和摊销费											
五、利润总额											
六、所得税费用											
七、净利润											
八、资产总额											
九、负债总额											
十、其他重要的非现金项目											
折旧费和摊销费以外的其他非现金费用											
对联营企业和合营企业的长期股权投资											
长期股权投资以外的其他非流动资产增加额											

除已经作为报告分部信息组成部分的披露内容外，企业还应当披露下列信息：

1. 每一产品和劳务或每一类似产品和劳务的对外交易收入；

2. 企业取得的来自于本国的对外交易收入总额，以及企业从其他国家或地区取得的对外交易收入总额；

3. 企业取得的位于本国的非流动资产（不包括金融资产、独立账户资产、递延所得税资产）总额，以及企业位于其他国家或地区的非流动资产（不包括金融资产、独立账户资产、递延所得税资产）总额；

4. 企业对主要客户的依赖程度。

（五十）合并现金流量表

1. 企业应当采用间接法在现金流量表附注中披露将净利润调节为经营活动现金流量的信息。格式如下：

补充资料	本年金额	上年金额
1. 将净利润调节为经营活动现金流量：		
净利润		
加：资产减值准备		
固定资产折旧、油气资产折耗、生产性生物资产折旧		
无形资产摊销		
长期待摊费用摊销		
处置固定资产、无形资产和其他长期资产的损失（收益以“－”号填列）		
固定资产报废损失（收益以“－”号填列）		
公允价值变动损失（收益以“－”号填列）		
财务费用（收益以“－”号填列）		
投资损失（收益以“－”号填列）		

续表

补充资料	本年金额	上年金额
递延所得税资产减少（增加以“－”号填列）		
递延所得税负债增加（减少以“－”号填列）		
存货的减少（增加以“－”号填列）		
经营性应收项目的减少（增加以“－”号填列）		
经营性应付项目的增加（减少以“－”号填列）		
其他		
经营活动产生的现金流量净额		
2. 不涉及现金收支的重大投资和筹资活动：		
债务转为资本		
一年内到期的可转换公司债券		
融资租入固定资产		
3. 现金及现金等价物净变动情况：		
现金的年末余额		
减：现金的年初余额		
加：现金等价物的年末余额		
减：现金等价物的年初余额		
现金及现金等价物净增加额		

2. 按下列格式披露当期取得或处置子公司及其他营业单位有关信息：

项目	金额
一、取得子公司及其他营业单位的有关信息：	
1. 取得子公司及其他营业单位的价格	
2. 取得子公司及其他营业单位支付的现金和现金等价物	
减：子公司及其他营业单位持有的现金和现金等价物	
3. 取得子公司及其他营业单位支付的现金净额	
4. 取得子公司的净资产	
流动资产	
非流动资产	
流动负债	
非流动负债	
二、处置子公司及其他营业单位的有关信息：	
1. 处置子公司及其他营业单位的价格	
2. 处置子公司及其他营业单位收到的现金和现金等价物	
减：子公司及其他营业单位持有的现金和现金等价物	
3. 处置子公司及其他营业单位收到的现金净额	
4. 处置子公司的净资产	
流动资产	
非流动资产	
流动负债	
非流动负债	

3. 披露现金和现金等价物的有关信息

项目	本年余额	上年金额
一、现金		
其中：库存现金		
可随时用于支付的银行存款		
可随时用于支付的其他货币资金		
可用于支付的存放中央银行款项		
存放同业款项		
拆放同业款项		
二、现金等价物		
其中：三个月内到期的债券投资		
三、年末现金及现金等价物余额		
其中：母公司或集团内子公司使用受限制的现金及现金等价物		

企业还应当在附注中披露以下信息：

（一）费用按照性质分类的利润表补充资料，可将费用分为耗用的原材料、职工薪酬费用、折旧费用、摊销费用等。格式如下：

费用按照性质分类的补充资料

项目	本期金额	上期金额
耗用的原材料		
产成品及在产品存货变动		
职工薪酬费用		
折旧费和摊销费用		
非流动资产减值损失		
支付的租金		
财务费用		
其他费用		
……		
合计		

（二）关于其他综合收益各项目的信息，包括：1. 其他综合收益各项目及其所得税影响；2. 其他综合收益各项目原计入其他综合收益、当期转出计入当期损益的金额；3. 其他综合收益各项目的期初和期末余额及其调节情况。格式如下：

其他综合收益各项目及其所得税影响和转入损益情况

项目	本期发生额			上期发生额		
	税前金额	所得税	税后金额	税前金额	所得税	税后金额
一、以后不能重分类进损益的其他综合收益						
1. 重新计量设定受益计划净负债或净资产的变动						

续表

项目	本期发生额			上期发生额		
	税前金额	所得税	税后金额	税前金额	所得税	税后金额
2. 权益法下在被投资单位不能重分类的进损益的其他综合收益中享有的份额						
……						
二、以后将重分类进损益的其他综合收益						
1. 权益法下在被投资单位以后将重分类进损益的其他综合收益中享有的份额						
减：前期计入其他综合收益当期转入损益						
小计						
2. 可供出售金融资产公允价值变动损益						
减：前期计入其他综合收益当期转入损益						
小计						
3. 持有至到期投资重分类为可供出售金融资产损益						
减：前期计入其他综合收益当期转入损益						
小计						
4. 现金流量套期损益的有效部分						
减：前期计入其他综合收益当期转入损益						
转为被套期项目初始确认金额的调整额						
小计						
5. 外币财务报表折算差额						
减：前期计入其他综合收益当期转入损益						
小计						
……						
三、其他综合收益合计						

其他综合收益各项目的调节情况

项目	重新计量设定受益计划净负债或净资产的变动	权益法下在被投资单位不能重分类进损益的其他综合收益中享有的份额	权益法下在被投资单位以后将重分类进损益的其他综合收益中享有的份额	可供出售金融资产公允价值变动损益	持有至到期投资重分类为可供出售金融资产损益	现金流量套期损益的有效部分	外币财务报表折算差额	…	其他综合收益合计
一、上年年初余额									
二、上年增减变动金额（减少以“－”号填列）									
三、本年年初余额									
四、本年增减变动金额（减少以“－”号填列）									
五、本年年末余额									

九、或有事项

企业应当在附注中披露与或有事项有关的下列信息：

（一）或有负债（不包括极小可能导致经济利益流出企业的或有负债）。

1. 或有负债的种类及其形成原因，包括已贴现商业承兑汇票、未决诉讼、未决仲裁、对外提供担保等形成的或有负债。

2. 经济利益流出不确定性的说明。

3. 或有负债预计产生的财务影响，以及获得补偿的可能性；无法预计的，应当说明原因。

（二）企业通常不应当披露或有资产。但或有资产很可能会给企业带来经济利益的，应当披露其形成的原因、预计产生的财务影响等。

（三）若公司没有需要在财务报表附注中说明的或有事项，也应予以说明。

十、资产负债表日后事项

（一）每项重要的资产负债表日后非调整事项的性质、内容，及其对财务状况和经营成果的影响。无法做出估计的，应当说明原因。

（二）资产负债表日后，企业利润分配方案中拟分配的以及经审议批准宣告发放的股利或利润。

十一、关联方关系及其交易

（一）本企业的母公司有关信息披露格式如下

母公司名称	注册地	业务性质	注册资本	母公司对本企业的持股比例（%）	母公司对本企业的表决权比例（%）

母公司不是本企业最终控制方的，说明最终控制方名称。

母公司和最终控制方均不对外提供财务报表的，说明母公司之上与其最相近的对外提供财务报表的母公司名称。

（二）本企业的子企业有关信息披露格式如下（其中：大型企业集团合并报表范围可以披露到二级子企业，但所属重要子企业不分级次全部披露）

子企业名称	注册地	业务性质	注册资本	持股比例	表决权比例
1.					
……					

（三）本企业的合营企业、联营企业有关信息详见长期股权投资

（四）本企业与关联方发生交易的，分别说明各关联方关系的性质、交易类型及交易要素。交易要素至少应当包括：

1. 交易的金额。

2. 未结算项目的金额、条款和条件，以及有关提供或取得担保的信息。

3. 未结算应收项目的坏账准备金额。

4. 定价政策。

（五）关联方交易应分别关联方以及交易类型，披露关联交易定价方式及决策程序、关联交易金额占同类交易金额的比例等情况。

（六）披露应收、应付关联方款项情况。

十二、有助于财务报表使用者评价企业管理资本的目标、政策及程序的信息

企业应当基于可获得的信息充分披露如下内容：

（一）企业资本管理的目标、政策及程序的定性信息，包括：1. 对企业资本管理的说明；2. 受制于外部强制性资本要求的企业，应当披露这些要求的性质以及企业如何也将这些要求纳入其资本管理之中；3. 企业如何实现其资本管理的目标。

（二）资本结构的定量数据摘要，包括资本与所有者权益之间的调节关系等。

（三）自前一会计期间开始上述 1 和 2 中的所有变动。

（四）企业当期是否遵循了其受制的外部强制性资本要求；以及当企业未遵循外部强制性资本要求时，其未遵循的后果。

十三、母公司会计报表的主要项目附注

对已编制合并财务报表的企业，在财务报表附注会计报表附注中，除对合并报表项目注释外，还应当对母公司报表的主要项目注释。按照以下要求披露：

（一）母公司报表主要项目包括应收账款、其他应收款、长期股权投资、营业收入和营业成本、投资收益、现金流量表补充资料等项目，应参照上述相应项目的要求加以注释；

（二）本年发生反向购买的，母公司报表附注应披露以公允价值入账的资产、负债及其公允价值、确定公允价值方法、公允价值计算过程、原账面价值。因反向购买形成长期股权投资的，应披露长期股权投资成本及其确定方法、计算过程。

十四、按照有关财务会计制度应披露的其他内容

十五、财务报表的批准

说明年度财务报表经公司董事会（总经理办公会）或类似机构批准的情况。

附件 6－1：

财务情况说明书内容提要
（企业使用格式）

财务情况说明书是年度财务会计决算报告的重要组成部分。各企业应依据《企业财务会计报告条例》（国务院令第 287 号）等有关规定，以财务指标和相关统计指标为主要依据，对本年度资产质量、财务状况、经营成果等情况进行分析说明，客观反映企业运营特点及发展趋势。财务情况说明书主要包括以下内容：

一、企业基本情况

企业资产、负债、所有者权益总额、结构和年度变化情况及原因分析；企业户数变化情况，包括合并范围子企业户数、金融子企业、境外子企业与所属上市公司户数，未纳入合并范围户数及原因，企业低效及无效资产清理情况；企业职工人数及人工成本、薪酬水平等基本情况。

二、生产经营情况分析

（一）企业主营业务范围及经营规模、行业分布等情况分析。

（二）按主要业务板块分析本年度生产经营情况，包括主要产品的产量、业务营业量、销售量（出口额、进口额）的增减变化和原因分析，各主要业务板块收入及毛利占企业集团总收入的比重，所处行业中的地位及发展趋势；宏观经济政策产生的影响。

（三）其他业务收支增减变化及原因分析。

（四）生产经营中面临的困难与挑战。

三、企业经济效益分析

（一）企业盈利情况分析，包括盈利结构，各业务板块效益贡献，效益增减变化的主要原因。

（二）成本费用变动的主要因素，包括原材料费用、能源费用、工资性支出、借款利率调整对效益的影响。

（三）税赋调整对效益的影响，包括有关税种和税率调整、享受税收优惠政策退税返还等。

（四）会计政策、会计估计变更的原因及其对效益的影响。

（五）本年度房地产开发、高风险业务投资及损益情况，包括：委托理财、股票投资、基金投资、金融衍生业务，分析对企业效益及财务风险的影响程度。

（六）亏损企业户数、亏损面、亏损额及原因。

（七）企业净资产收益率、总资产报酬率等盈利能力相关指标的年度间对比分析和行业对标。

四、现金流情况分析

（一）经营、投资、筹资活动产生的现金流入和流出情况。

（二）与上年度现金流量情况进行比较分析，包括现金流规模和结构，流入的主要来源（经营、投资或筹资），流出的主要用途（投资、筹资），分析盈余现金保障倍数、现金流动负债比率、资产现金回收率等指标并与行业对标。

（三）对企业本年度现金流产生重大影响的事项说明。

五、所有者权益变动情况分析

（一）会计处理追溯调整影响年初所有者权益（或股东权益）的变动情况及原因。

（二）所有者权益（或股东权益）本年初与上年末因其他原因变动情况及原因。

（三）所有者权益（或股东权益）本年度内经营因素增减情况及原因。

六、重大事项说明

对企业利润分配、资产重组、债务重组、兼并收购、改制上市、重大投融资、重大资产处置、股权（产权）转让及资产损失情况等重大事项进行详细说明和分析。

七、风险及内控管理情况

（一）风险治理和内控管理的组织架构及相关职能部门运转情况。

（二）风险和内控管理制度及实施情况。

八、问题整改情况

企业对有关方面的检查、审计等监管工作中发现问题的整改落实情况及拟采取的主要措施。

九、有关工作建议

对改进财务会计决算工作的有关工作建议。

附件 6 – 2:

财务情况说明书内容提要
（中央部门和地方使用格式）

财务情况说明书是年度财务决算报告的重要组成部分，各中央部门、各地方应依据《企业财务会计报告条例》（国务院令第287号）等有关规定，以财务指标和相关统计指标为主要依据，对本年度所属企业的资产质量、财务状况、经营成果等情况进行分析说明，客观反映本部门、本地区企业运营特点及发展趋势。财务情况说明书主要包括以下内容：

一、基本情况

说明本部门（地区）所属企业户数、结构及增减变化情况，企业职工人数及人工成本、薪酬水平，会计准则执行情况等。

二、财务状况分析

分析本部门（地区）所属企业汇总资产总额、负债总额、所有者权益总额、国有资产总量及增减变化及影响因素、行业分布情况及资产和负债的结构分析，国有资本保值增值情况及增减变化、影响因素，所属企业资产运营效率、债务风险等情况。

三、经营成果分析

分析本部门（地区）所属企业汇总营业总收入、成本费用总额、实现净利润的增减变化及影响因素，所属企业盈亏状况、盈利结构、盈利质量及盈利能力，重点行业企业占比及对本部门（地区）经济发展的影响等。

四、重大事项说明

对本部门（地区）所属企业重大资产重组、债务重组、兼并收购、改制上市、重大投融资、重大资产处置、股权（产权）转让及资产损失情况等重大事项进行详细说明和分析。

五、面临的困难与挑战

分析说明本部门（地区）所属企业日常生产经营中普遍面临的主要困难与挑战、财务管理中存在的主要问题等。

六、有关工作建议

对改进财务会计决算工作的有关工作建议。

财政部关于做好2017年企业经济效益月度快报工作的通知

2016年11月29日　财资〔2016〕76号

党中央有关部门，国务院有关部委、有关直属机构，全国人大常委会办公厅，全国政协办公厅，高法院，高检院，有关人民团体，各省、自治区、直辖市、计划单列市财政厅（局），新疆生产建设兵团财务局，有关中央管理企业：

为做好2017年国有及国有控股企业（以下简称国有企业）经济效益月度快报（以下简称月报）工作，更好地服务于国家宏观经济管理，根据《企业财务会计报告条例》、《财政部关于印发〈加强企业财务信息管理暂行规定〉的通知》（财企〔2012〕23号）等法规制度，财政部制定了2017年国有企业月报格式及填报要求。现将有关事项通知如下：

一、编制范围

2017年国有企业月报包括报表封面、企业经济效益主要指标表、企业资产负债主要指标表、企业生产经营重点指标表。

（一）国有企业月报编制范围涵盖全部国有企业。各国有企业应当按照要求认真填报，国有企业母公司下属单户企业的行业分类，按照单户企业的实际所属行业填报。

（二）各中央部门、中央管理企业和地方财政部门（以下简称报送单位）的月报统计范围和口径应与企业财务会计决算一致，不得随意变更。除破产、关闭、歇业等特殊原因外，编报月报的企业户数不得随意改变。财务关系新列入的企业要及时纳入编报范围。

（三）企业月报编报数量发生变动时，特别是因破产、关闭、重组等重大事项导致快报报送口径发生变动时，报送单位应及时向财政部说明情况并提供相关材料。

（四）各级财政部门月报数据应剔除所在地的中央企业及其分支机构的数据；有计划单列市的省级财政部门应剔除计划单列市的相关数据。

二、上报内容

（一）各中央部门除编制当月汇总数据外，应同时编制所属财政部代表国务院履行出资人职责的中央文化企业分户数据（一级企业合并数据）；教育部、农业部、新闻出版广电总局、贸促会、工业和信息化部、卫生计生委、国资委、国家体育总局、国家民航局、高检院、民政部、司法部、财政部、环境保护部、水利部、文化部、国家林业局、国家旅游局、国家机关事务管理局、国家海洋局、国家文物局、商务部、中直机关事务管理局、共青团中央、中国文联等25个中央部门除编制当月汇总数据外，还应同时编制所属已纳入中央国有资本经营预算实施范围的企业分户数据（一级企业合并数据）。

（二）各省级财政部门应认真填报《2017年企业经济效益月度快报指标数据核对表》（附件5），经确认后与月报一并报送。

（三）各报送单位应及时、准确报送企业月报汇总及分户数据；同时，要加强企业经济运行动态监测和分析，每月报送企业经济运行分析报告，反映企业运行中出现的新情况、新问题。

三、编制要求

（一）及时报送月报数据。各报送单位应做好月报数据的核对工作，确保企业月报数据的全面、准确，并于次月10日前报送财政部资产管理司。

（二）切实保护企业商业秘密。按照“谁产生信息，谁确定密级”的原则，由报送主体确定所报送企业的信息是否涉密。凡企业认定或按国家有关规定认定为涉密的信息，应采取单机版方式报送。

（三）加强组织领导。各报送单位依照财务和产权关系分别做好组织实施工作，要明确单位内部牵头部门和人员分工，安排专人负责报送月报，同时要健全考核机制，提高企业月报报送速度和质量。

（四）核报基础信息。请各报送单位于2016年12月底前将《2017年企业经济效益月度快报负责人和经办人通讯表》（附件6）报送财政部资产管理司。各省级财政部门应对《地方国有及国有控股企业重点监测名单》（附件7）进行核实，根据实际情况调整名单并报财政部资产管理司。

（五）财政部将对各报送单位报送月报数据的全面性、及时性和准确性，以及报送动态信息和分析报告等工作进行核查。

联系电话：010－68552856　68552882

附件：1. 2017年企业经济效益月度快报

2. 2017年企业经济效益月度快报编制说明

3. 2017年企业经济效益月度快报代码编制规定

4. 2017年企业财务信息网络报送系统操作指南

5. 2017年企业经济效益月度快报指标数据核对表

6. 2017年企业经济效益月度快报负责人和经办人通讯表

7. 地方国有及国有控股企业重点监测名单

附件 1：

［单位汇总封面］

2017 年企业经济效益月度快报

汇 总 单 位 名 称：＿＿＿＿＿＿＿＿＿＿＿＿＿＿（公章）

主管会计工作负责人：＿＿＿＿＿＿＿＿＿＿＿＿＿＿（签章）

填　　表　　人：＿＿＿＿＿＿＿＿＿＿＿＿＿＿（签章）

联　系　电　话：办公：＿＿＿＿＿＿＿　手机：＿＿＿＿＿＿＿

编 制 日 期：　　2017 年＿＿＿月＿＿＿日

中华人民共和国财政部印制

［企业分户录入封面］

2017 年企业经济效益月度快报

企业名称：________________（公章）

法定代表人：________________（签章）

企业所在地地址：________________

填表人：________________

邮政编码：□□□□□□

联系电话：办公：________ 手机：________

编制日期：2017 年____月____日

中华人民共和国财政部印制

企业（单位）统一代码：

本企业代码 □□□□□□□□□□□□□□□□□－□

上一级企业（单位）代码 □□□□□□□□□－□

集团企业（公司）总部代码 □□□□□□□□□－□

企业行政隶属关系

中央 10　省 20　市、地区 40　县 50

街道 61　镇 62　乡 63

□□

组织形式

1 独资公司　2 非公司制独资企业　3 上市股份有限公司

4 非上市股份有限公司　5 有限责任公司　6 股份合作制企业

7 合资或合营企业　8 企业化管理事业单位　9 其他

□

所属行业

□□

企业规模

1 大型企业　2 中型企业　3 小型企业　4 微型企业

□

企业正式开业时间

□□□□□□

企业新报原因

0 连续上报　1 新投资设立　2 竣工移交　3 新设合并

4 分立　5 上年应报未报　6 报表类别改变　7 划转

8 收购　9 其他

□

自定义码

□□□□□□□□□

企业经济效益主要指标表

编制单位：　　　　　　　　　　　　　　　　　　　　　　　　　　表一

单位：万元

项　　目	行号	本月数	本年累计	上年同期
一、利润表指标				
营业总收入	1			
其中：营业收入	2			
营业总成本	3			
其中：营业成本	4			
税金及附加	5			
销售费用	6			
管理费用	7			
其中：研究与开发费	8			
财务费用	9			
其中：利息支出	10			
汇兑净损失（净收益以“－”号填列）	11			
资产减值损失	12			
加：公允价值变动收益（损失以“－”号填列）	13			
投资收益（损失以“－”号填列）	14			
△汇兑收益（损失以“－”号填列）	15			
营业利润（亏损以“－”号填列）	16			
加：营业外收入	17			
其中：政府补助	18			
减：营业外支出	19			
利润总额（亏损总额以“－”号填列）	20			
减：所得税费用	21			
净利润（净亏损以“－”号填列）	22			
归属于母公司所有者的净利润	23			
二、税收指标				
应交税费	24			
其中：应交增值税	25			
应交消费税	26			
应交所得税	27			
已交税费	28			
其中：已交增值税	29			
已交消费税	30			
已交所得税	31			

注：加△项目为金融类企业专用。

企业资产负债主要指标表

表二

编制单位： 单位：万元

项　目	行号	本年累计	上年同期
一、资产负债表指标			
资产总计	1		
其中：流动资产合计	2		
其中：货币资金	3		
应收账款	4		
存货	5		
其中：原材料	6		
库存商品（产成品）	7		
非流动资产合计	8		
其中：长期股权投资	9		
固定资产净额	10		
无形资产	11		
负债合计	12		
其中：流动负债合计	13		
其中：短期借款	14		
应付账款	15		
一年内到期的非流动负债	16		
非流动负债合计	17		
其中：长期借款	18		
应付债券	19		
所有者权益合计	20		
其中：实收资本（股本）	21		
其中：国有资本	22		
资本公积	23		
盈余公积	24		
未分配利润	25		
归属于母公司所有者权益合计	26		

企业生产经营重点指标表

表三

编制单位：　　单位：万元

项　目	行号	本月数	本年累计	上年同期
一、生产运营情况指标（相关企业填报）				
01. 工业企业（石油、石化、钢铁、煤炭、电力、汽车等）				
（1）原油产量（万吨）	1			
其中：境内	2			
境外	3			
（2）进口原油（万吨）	4			
（3）成品油产量（万吨）	5			
其中：汽油产量（万吨）	6			
柴油产量（万吨）	7			
（4）天然气产量（万立方米）	8			
其中：境内	9			
境外	10			
（5）粗钢产量（万吨）	11			
（6）钢材销量（万吨）	12			
（7）原煤产量（万吨）	13			
（8）商品煤销量（万吨）	14			
（9）发电量（万千瓦时）	15			
（10）售电量（万千瓦时）	16			
（11）汽车产量（万辆）	17			
（12）汽车销量（万辆）	18			
02. 交通、民航企业				
（1）客运量（万人次）	19			
（2）货运量（万吨）	20			
03. 电信企业				
（1）完成电信业务总量（亿元）	21			
（2）互联网用户（万户）	22			

附件2：

2017年企业经济效益月度快报编制说明

2017年企业经济效益月度快报包括封面、企业经济效益主要指标表、资产负债主要指标表、生产经营重点指标表。现将有关指标填报说明如下：

一、填报范围

本报表适用于具有法人资格、独立核算、并能够编制完整会计报表的各类企业以及实行企业化管理的事业单位。

二、封面说明

包括单位汇总封面和企业分户录入封面两部分。其中：单位汇总封面为各中央部门、中央企业和地方财政部门汇总上报财务快报时使用；企业分户录入封面为各级企业填报快报和录入计算机时使用，编制方法详见《2017年企业经济效益月度快报代码编制规定》（附件3）。

三、企业财务指标表编报说明

本套报表包括经济效益指标、资产负债指标、生产经营指标等三类指标。具体说明如下：

（一）经济效益主要指标表编报说明

该类指标根据企业利润表相关科目填列。

1. 营业总收入：指企业在从事销售商品，提供劳务和让渡资产使用权等日常业务过程中所形成的经济利益的总流入。

2. 营业收入：反映企业经营主要业务和其他业务所确认的收入总额，应根据“主营业务收入”和“其他业务收入”科目发生额分析填列。

3. 营业总成本：指企业销售商品、提供劳务等经营过程中所形成的总成本。

4. 营业成本：反映企业经营主要业务和其他业务所确认的成本总额，应根据“主营业务成本”和“其他业务成本”科目的发生额分析填列。

5. 税金及附加：反映企业经营主要业务和其他业务所负担的消费税、城市维护建设税、资源税、土地增值税、教育费附加等，同时包括原列在管理费用下的“印花税、房产税、土地使用税、车船使用税”。

6. 销售费用：反映企业在销售商品过程中发生的包装费、广告费等费用和为销售本企业商品而专设的职工薪酬、业务费等经营费用。应根据“销售费用”科目的发生额分析填列。

7. 管理费用：反映企业为组织和管理生产经营所发生的费用。

8. 财务费用：反映企业为筹集生产经营所需资金等发生的费用。

9. 利息支出：反映企业本年发生的不符合资本化条件而计入当期损益的票据贴现利息、应付票据利息、交易性金融负债利息、金融机构长短期借款利息、应付债券利息等其他带息负债利息。

10. 汇兑净损失：反映企业在发生外币交易、兑换业务和期末账户调整及外币报表换算时，由于采用不同货币，或同一货币不同比价的汇率核算时产生的、按记账本位币折算的差额。以正数填列，若汇兑净损失项目为汇兑净收益，以“－”号填列。

11. 资产减值损失：反映企业计提资产减值准备所形成的各项减值损失，应根据“资产减值损失”科目发生额分析填列。仅由执行新会计准则企业填列。

12. 公允价值变动收益：反映企业应当计入当期损益的资产或负债公允价值变动收益，应根据“公允价值变动损益”科目发生额分析填列，如为净损失以“－”号填列。仅由执行新会计准则企业填列。

13. 投资收益：反映企业以各种方式对外投资所取得的收益。应根据“投资收益”科目的发生额分析填列。如为投资损失以“－”号填列。

14. △汇兑收益：反映企业外币货币性项目因汇率变动形成的净收益，应根据“汇兑损益”科目的发生额分析填列。如为净损失以“－”号列示。仅由金融企业填列。

15. 营业利润：指企业从事生产经营活动（包括销售商品和提供劳务等活动）所实现的利润。营业利润＝营业总收入－营业总成本＋公允价值变动收益＋投资收益＋△汇兑收益。

16. 营业外收入：反映企业发生的与生产经营业务无直接关系，但构成本年利润总额的利得，应根据“营业外收入”科目的发生额分析填列，包括非流动资产处置利得、非货币性资产交换利得、债务重组利得、政府补助、盘盈利得、捐赠利得等。企业确认处置非流动资产利得、非货币性资产交换利得、债务重组利得，比照“固定资产清理”、“无形资产”、“原材料”、“库存商品”、“应付账款”等科目的相关规定进行处理。

17. 政府补助：反映企业从政府无偿取得的货币性资产或非货币性资产，但不包括政府作为企业所有者投入的资本。未执行新企业会计准则的企业根据“补贴收入”科目填报。

18. 营业外支出：反映企业发生的与生产经营活动无直接关系，但应从本年实现的利润总额中扣除的损失，应根据“营业外支出”科目的发生额分析填列，包括非流动资产处置损失、非货币性资产交换损失、债务重组损失、公益性捐赠支出、非常损失、盘亏损失等。企业确认处置非流动资产损失、非货币性资产交换损失、债务重组损失，比照“固定资产清理”、“无形资产”、“原材料”、“库存商品”、“应付账款”等科目的相关规定进行处理。

19. 利润总额：指企业在生产经营过程中各项收入扣除各种耗费后的盈余，反映企业在报告期内实现的盈亏总额。利润总额＝营业利润＋营业外收入－营业外支出。

20. 净利润：包括归属于母公司所有者的净利润和少数股东损益两部分内容。净利润＝利润总额－所得税费用。

21. 归属于母公司所有者的净利润：反映企业合并净利润中，归属于母公司所有者的净利润。

22. 应交税费：反映企业按照税法规定计算应缴纳的各种税费，包括增值税、消费税、营业税、所得税、资源税、土地增值税、城市维护建设税、房产税、土地使用税、车船使用税、教育费附加、矿产资源补偿费等，应根据“应交税费”科目的期末贷方余额填列。如期末为借方余额，应以“－”号填列。

23. 应交增值税：指一般纳税人和小规模纳税人销售货物或者提供加工、修理修配劳务应交纳的增值税，等于销项税额与进项税额之间的差额。如果一般纳税人企业进项税大于销项税额，致使应交税金出现负数时，该项一律填零，不填负数。

24. 应交消费税：反映企业应交的消费税，包含从量计征和从价计征的应交消费税。

25. 应交所得税：反映企业应交的所得税，应交所得税等于企业的应纳税所得额与所得税税率的乘积。

26. 已交税费：反映企业本年已经缴纳税费的总和。

27. 已交增值税：反映企业本年已经缴纳的增值税。

28. 已交消费税：反映企业本年已经缴纳的消费税。

29. 已交所得税：反映企业本年已经缴纳的所得税。

注：以上指标中，“上年同期”指上年年初到上年同期的累计数。“所有者权益合计”、“净利润”指标，应按财政部规定的合并会计报表的合并方法编制填列。

（二）资产负债主要指标表编报说明

该类指标根据企业资产负债表及相关科目填列。

1. 资产总计：指企业拥有或控制的全部资产。资产总计 = 流动资产合计 + 非流动资产合计。

2. 流动资产合计：指企业在一年内或超过一年的一个营业周期内变现或运用的资产。

3. 应收账款：企业应根据“应收账款”科目所属各明细科目的期末借方余额合计减去“坏账准备”科目中有关坏账准备期末余额后的净额填列。

4. 存货：企业应根据存货相关科目的期末余额合计，减去“存货跌价准备”或“商品削价准备”、“代销商品款”科目的期末余额后的净额填列。

5. 库存商品（产成品）：指企业库存的各种外购商品、企业经过加工制造达到规格技术条件验收合格的产品。

6. 非流动资产合计：指企业流动资产以外的资产。

7. 长期股权投资：企业应根据“长期股权投资”科目账面余额，减去相应“长期股权投资减值准备”科目期末余额后的净额填列。

8. 固定资产净额：指企业持有固定资产的账面余额扣减累计折旧、减值准备后的账面价值。

9. 无形资产：反映企业持有无形资产的账面价值，包括专利权、非专利技术、商标权、著作权、土地使用权等，应根据“无形资产”科目的期末余额，减去相应的“无形资产减值准备”、“累计摊销”科目期末余额后的净额填列。

10. 负债合计：指企业承担的能以货币计量，将以资产或劳务偿付的债务。

11. 流动负债合计：指企业在一年内或者超过一年的一个营业周期内需要偿还的债务合计。

12. 应付账款：指企业因购买材料、商品和接受劳务供应等经营活动应支付的款项。

13. 一年内到期的非流动负债：反映企业各种流动负债在一年之内到期的金额，包括一年内到期的长期借款、长期应付款和应付债券。

14. 非流动负债合计：指企业偿还期在一年以上或者超过一年的一个营业周期以上的负债。

15. 长期借款：指企业向银行或其他金融机构借入的期限在一年以上（不含一年）的各项借款。

16. 所有者权益合计：指企业投资人对企业净资产的所有权。

17. 实收资本（股本）：反映企业各投资者实际投入的资本（或股本）总额。其中：中外合作经营企业“实收资本净额”按“实收资本”扣除“已归还投资”后的金额填列。

18. 国有资本：指有权代表国家投资的政府部门或机构、直属事业单位及具有独立法人地位的国有企业（单位）或国有独资公司对企业投资形成的资本金。

19. 盈余公积：反映企业盈余公积的期末余额。本项目应根据“盈余公积”科目的期末余额填列。

20. 未分配利润：反映尚未分配的利润，未弥补的亏损，在本项目内以“ - ”号填列。

21. 归属于母公司所有者权益合计：指在合并报表中归属于母公司的所有者权益部分。

（三）生产经营重点指标表编报说明

生产运营情况指标（部分企业填报）：该类指标按企业有关统计资料填列。

四、其他

（一）本报表应按照国家有关财务会计制度如实填报，不得虚报、瞒报和擅自更改财务数据。

（二）应认真核实填报数据的准确性和报表所填数据勾稽关系是否正确，软件参数中已设置多种审核公式，可根据软件提示对数据准确性进行核实。

（三）除有特殊要求外，报表填报的金额单位统一规定为万元。

附件3：

2017年企业经济效益月度快报代码编制规定

一、企业名称

企业名称以本企业在工商行政管理局登记注册的汉字名称为准，并应与企业公章所使用名称一致。企业名称在填写时一般不应超过18个汉字，最多占36位，企业名称汉字偏长的可适当缩减。

二、法定代表人

指在工商行政管理部门登记的法人代表。企业正在更换法人代表，尚未办理登记手续的，以实际负责人为准。法定代表人在填写时一般不超过4个汉字，最多占8位。

三、企业所在地地址

共32位。应填写经邮政部门认可的单位地址，从地区（市）、县（市、区）开始填，具体到乡（镇）、村、街名称和门牌号，不填省（自治区、直辖市）。门牌号用阿拉伯数字表示，每个数字占一格，一般不填写通讯信箱号。

四、企业所在地邮政编码

共6位，填写企业所在地通信用邮政编码。

五、企业财务部门电话号码

填写企业财务部门的最新有效电话号码（包括办公电话和手机号码）。

六、企业（单位）统一代码

（一）本企业代码

共15位，分为两个部分。前六位为第一部分，由企业所在地行政区划代码组成，根据国家技术监督局发布的行政区划代码（GB/T2260—2007）编制；后9位为第二部分，由企业统一标识代码组成。统一标识代码是根据中华人民共和国国家标准《全国组织机构代码编制规则》（GB11714—1997），由政府标准化主管部门给每个企业颁布的在全国范围内唯一的、始终不变的法定代码。这一代码在全国的银行、税务、计划、统计、财政、物资、公安等部门强制使用。

企业统一标识代码由8位无属性的数字和一位校验码组成，在填写时要按照技术监督部门颁布的《法人单位代码证书》上的代码填写；尚未领到国家统一代码的企业，可按各级统计部门赋予临时代码填写。

企业标识代码与国家税务部门颁发的企业纳税登记号相同，可从企业税纳登记证上查取。

（二）上一级企业（单位）代码

共9位，即本企业上一级企业的企业统一标识代码。非集团性企业不需填列。

（三）集团企业（公司）总部代码

共9位，即本企业隶属的集团企业总部的企业统一标识代码。非集团性企业不需填列。

七、行政隶属关系

共2位。行政隶属关系分为：

1. 中央：包括全国人大常委会、中共中央、国务院直属机构和办事机构、各部委及直属机构等。
2. 省：包括自治区、直辖市直属的行政管理单位。
3. 市、地区：包括自治州、盟、省辖市和直辖市辖区直属行政管理单位。
4. 县：包括地、州、盟辖市、省辖市辖区、自治县、自治旗、县级市直属的行政管理单位。
5. 街道：指经国务院批准设置的建制市的市区街道办事处等机构管理的单位。
6. 镇：指经省、自治区、直辖市人民政府批准设置的建制镇政府所管辖的行政管理机构单位。
7. 乡：指乡一级人民政府及直属行政管理单位。

企业行政隶属关系代码按国家标准《单位隶属关系代码》（GB/T12404—1997）填写。具体规定如下：

中央	10	县	50	乡	63
省	20	街道	61		
市、地区	40	镇	62		

八、组织形式

共1位，按照以下类型编制：

1 独资公司
2 非公司制独资企业
3 上市股份有限公司
4 非上市股份有限公司
5 有限责任公司
6 股份合作制企业
7 合资或合营企业
8 企业化管理事业单位
9 其他

九、所属行业

共2位，根据企业实际从事的社会经济活动性质，按照以下类型编制：

01 煤炭工业
02 石油工业
03 其他冶金工业
04 有色金属工业
05 建材工业
06 化学工业
07 轻 工 业
08 烟草工业
09 纺织工业
10 石化工业
11 医药工业
12 机械工业（不含汽车）
13 汽车工业
14 军工业
15 电子工业
16 电力工业
18 钢铁工业
19 其他工业
20 施工、房地产
21 工业供销
22 城市公用
23 医药商业
24 烟草商业
25 勘察设计
31 商贸
32 餐饮
33 金融
35 外经
36 旅游
37 服务业

41　物资
51　供销合作社
61　粮食
71　铁道
72　交通
73　民航
74　邮政
75　电信
76　农口
77　文化及相关产业
99　其他企业

十、企业规模

按照工信部、国家统计局、国家发改委和财政部联合发布的《关于印发中小企业划型标准规定的通知》（工信部联企业〔2011〕300号）、国家统计局《关于印发统计上大中小微型企业划分办法的通知》（国统字〔2011〕75号）规定的分类标准填列，企业规模划分为4种：

1　大型企业
2　中型企业
3　小型企业
4　微型企业

十一、企业正式开业时间

共6位，填企业正式开业（投产）时间，填到月份，6位要填满。如2015年6月开业，应填写“201506”。

十二、企业新报原因

指企业以前年度未填报企业类汇总会计报表，但从本年度起纳入企业类会计报表填报范围的新报报表原因。具体标识含义如下：

0　连续上报：指上年度填报报表的企业（单位）。

1　新投资设立：指本年新投资注册设立并正式营业的企业（不含竣工移交、新设合并、分立）。

2　竣工移交：指建设项目竣工后从基本建设单位转为生产经营的企业。

3　新设合并：指两个或两个以上企业（单位）合并成一个新企业（单位），原企业（单位）均不再具有法人资格。

4　分立：指经批准由企业分立而成立的新企业（单位）。

5　上年应报未报：指上年漏报或因客观原因未填报本报表，从本年度起按规定单独报送的企业（单位）。

6　报表类别改变：指上年填报其他类别报表，本年由于企业（单位）性质发生变化而填报企业报表的企业或单位（不含竣工移交）。

7　划转：指因管理体制改革、组织形式调整和资产重组等原因引起的整建制划入而新增企业（单位），并且上年未作单户填报企业报表的企业（单位）。

8　收购：指企业因收购而并入的整建制新增企业（单位）。

9　其他：指上述各项原因中未包括的新报原因。

十三、自定义码

共8位，各单位可根据工作需要自行定义。

附件4：

2017年企业财务信息网络报送系统操作指南

目　　录

序　　言

系统采用“浏览器/服务器”模式（B/S模式），用户只需要一台能够接入互联网络的电脑，通过浏览器访问系统网站，输入用户名、密码和验证码，就可以在网页上完成各种功能操作。系统采用先进的加密传输方式和完善的权限管理，保证用户的数据安全。

系统使用环境

为了使系统正常运行，请确认您的操作环境与以下要求一致：

- 操作系统：支持 Windows2000/2003/Xp/Win7 操作系统，其他操作系统请用户依照单位的实际情况使用。
- 浏览器：系统要求使用 Microsoft Internet Explorer（以下简称 IE）浏览器，版本在6.0以上，推荐使用 IE7.0 版本。系统不支持 FireFox、Opera、Safari、Chrome 等非 IE 内核的浏览器访问系统。
- 网络条件：用户必须能够与财政部服务器正确建立通信，并且在处理业务的过程中，与服务器的通信状态良好。

1 填报流程

1.1 系统使用范围

一级中央管理企业、中央部门、地方财政厅（局）。

1.2 流程描述

效益月报报送流程如下：

用户登录系统，登录后按照当年企业效益月报要求，逐项填录报表，填报完成后进行数据审核与检查，检查无误后上报数据。分户企业数据、月报分析材料等作为附件上传到报表封面的对应单元格中（对部分地方财政用户，还要上传地方监控企业分户数据附件）。

1.3 登录系统

启动浏览器（如 IE 浏览器），在地址栏中输入：http：//qyxx. mof. gov. cn/netrep，即打开系统登录并系统主界面（见图 1. 3 – 1）。

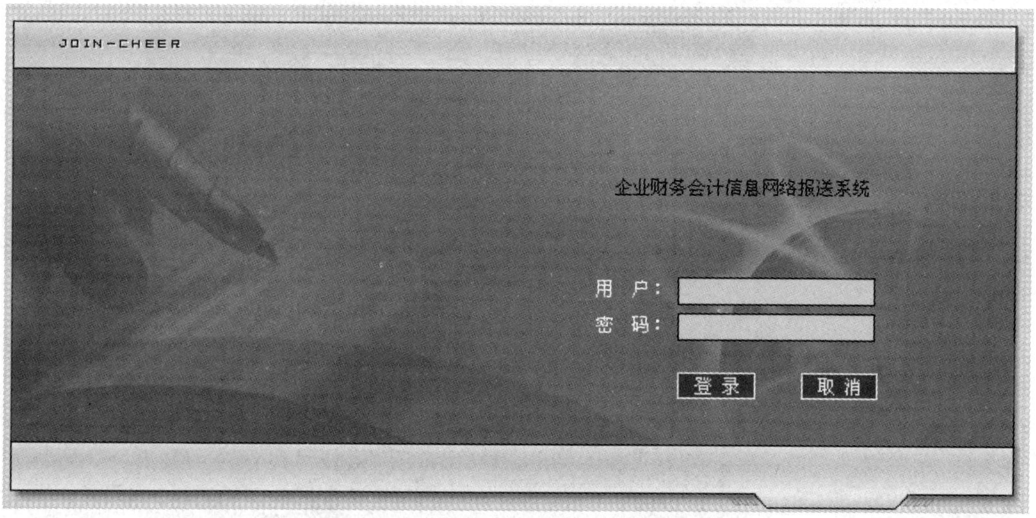

图 1. 3 – 1 系统登录界面

在登录界面输入用户名、密码，单击【登录】即可登录系统。

登录系统后，点击页面右上角的

按钮，在弹出对话框中，依次输入【原密码】、【新密码】和【确认密码】，即可修改密码。

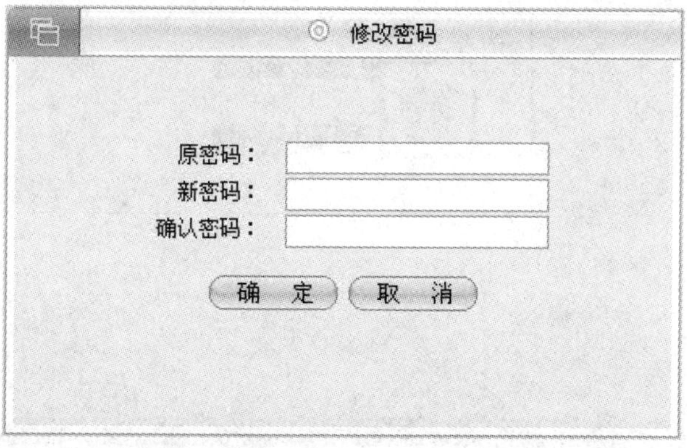

点击页面右上角的【注销】按钮，即可退出系统，返回登录界面。

登录后首先看到的是系统首页。首页用于发布和展示各类信息，包括财政部或财政厅发布的通知、新闻，与系统相关的填报说明及操作手册，以及主要统计数据的展示等。点击某一条目，即可查看此条目的详细信息。如图 1.3－2

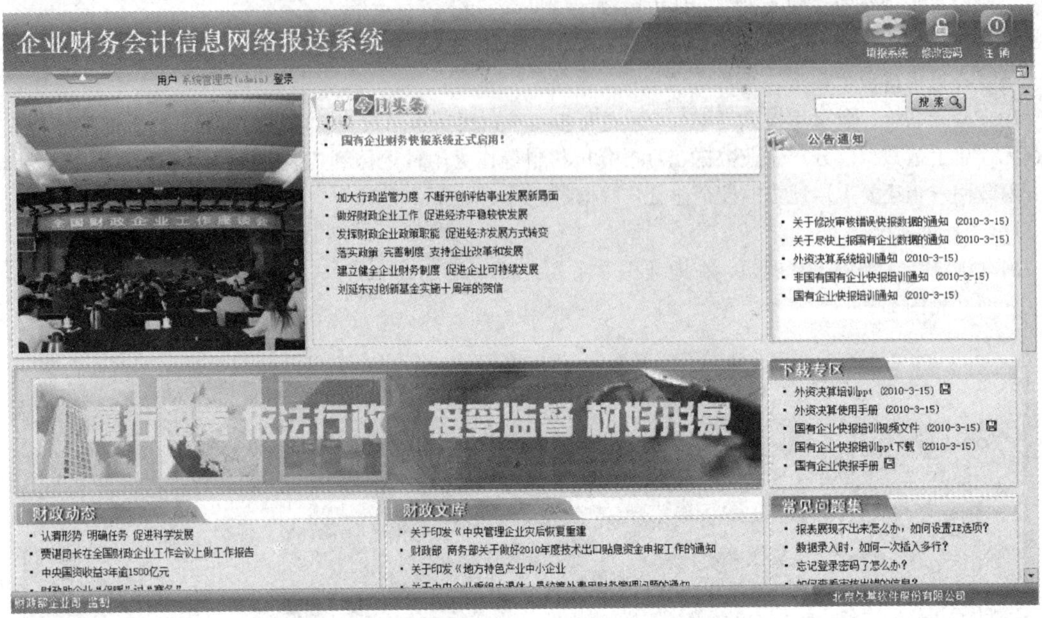

图 1.3－2　系统首页

1.4　填写快报数据

登录进入系统后，点击页面上方的【数据管理】，进入到快报填报功能模块（见图 1.4－1）。

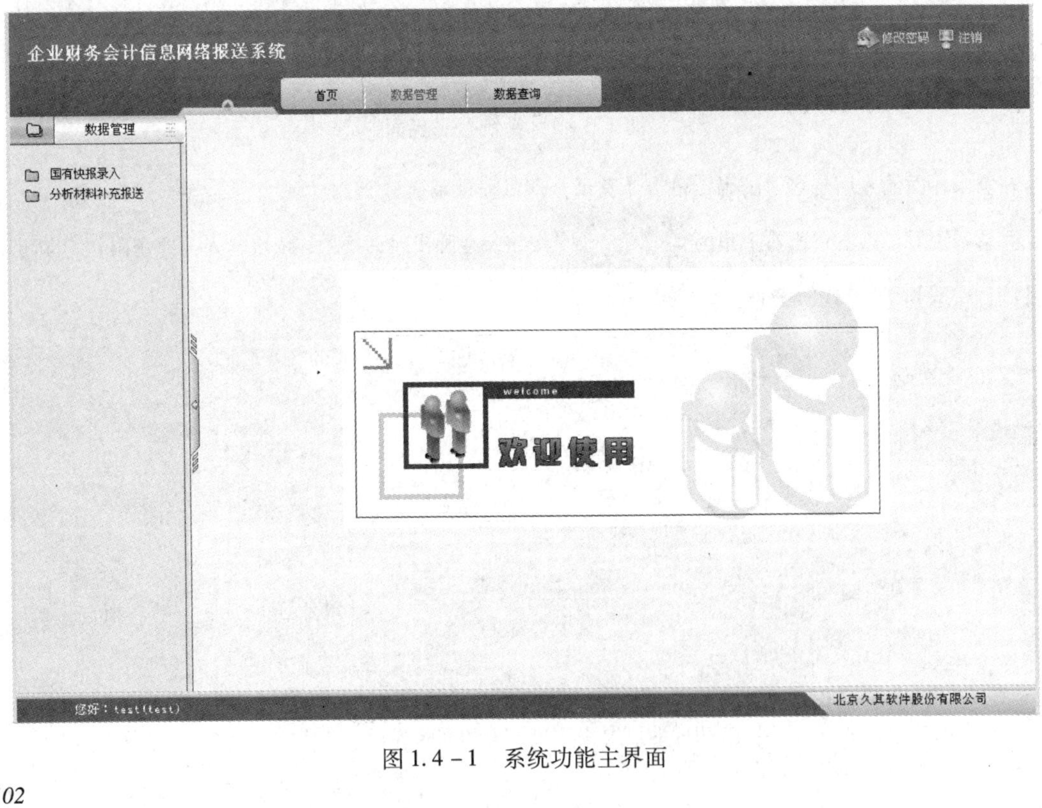

图 1.4－1　系统功能主界面

选择左侧的【国有快报录入】，选择时期，即可进入到国有效益月报填报界面。用户可以在此界面中填录、保存、运算、审核、上报当月快报（见图1.4－2）。

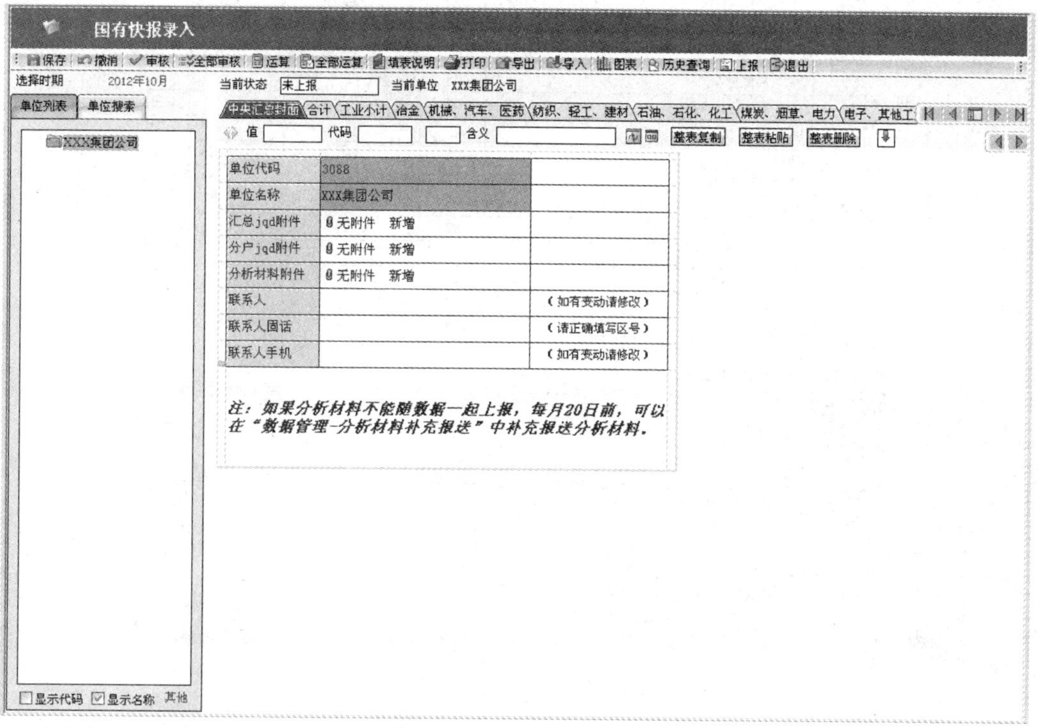

图1.4－2　效益月报填报界面

每张报表填录完成后，点击页面左上角的【保存】按钮，保存数据。数据填写完成后，须及时保存，以免意外情况造成的数据丢失。“汇总jqd附件”、“分户jqd附件”、“地方监控企业jqd附件”用来上传单机版快报软件导出的jqd格式的文件，点击单元格中的【新增】后弹出附件上传框，在其中选择文件上传即可。“分析材料附件”用于上传企业的月报分析材料，通常是word、excel或pdf文档，上传方法同上。

除了手工逐项填写，还可以采用Excel导入的形式将数据导入到系统。系统可以直接导入久其报表4.0导出的汇总表Excel文件，在久其报表4.0的报表界面直接右键导出Excel文件，然后修改Excel文件中表页签名称为“企业汇总快报”，即可导入到系统中来。除了修改表页签，请不要对导出的Excel文件做任何修改，否则可能导致导入失败。

注意：

1. 联系人变动要及时填写、修改，方便联系；

2. 修改的是Excel工作表的名称，即如图所示位置的页签名称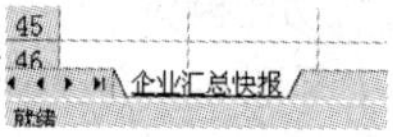

，而非Excel文件的名称；

3. 系统提供的Excel文件导入功能，只能针对扩展名为“.xls”的Excel 2003格式文件进行导入，如果是“.xlsx”等其他新的文件格式，另存为“Excel97－2003工作簿”文件，即可正常在网报系统中导入。

1.5　运算

报表填写完成后，点击页面上方的【运算】按钮，则表内的【运算单元格】根据系统内置的逻辑关系进行运算，生成数据。点击【全部运算】按钮，可以一次对全部报表进行运算，生成相关的数据。一般情况下用户进行报表保存时会自动进行数据运算，并不需要用户特意去点击【运算】按钮。

1.6　审核

点击页面上方【审核】按钮，可以对当前报表进行审核。审核是用系统内置的逻辑关系对所填录的数据进行判别，未通过审核的数据关系，将在页面下方列出，错误的数据项以红色显示（见图1.6－1）。

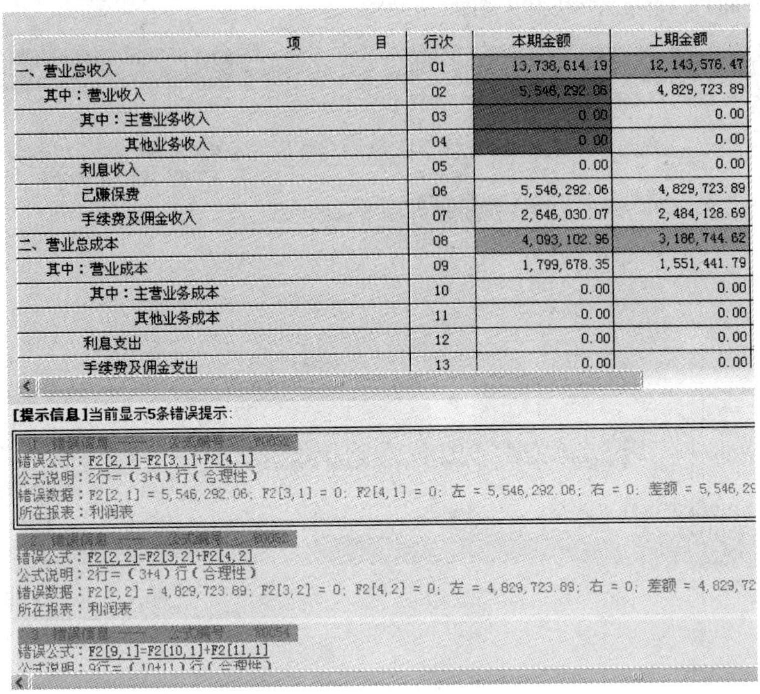

图1.6－1　审核公式报错

通过页面下方的提示信息，可以看到错误的原因。其中，【公式说明】一行以文字形式描述错误的具体情况，可供参考。错误的数据直接在单元格中进行修改，修改完成后保存数据、审核数据，直至表内数据全部通过审核。【全部审核】按钮，可以一次对该单位的所有表格进行全部审核。

1.7　上报数据

审核通过后，单击页面上方的【上报】按钮，即可执行上报程序。如果报表数据未通过审核，则系统不允许上报。上报后的单位其单位状态为【已上报】，上报的单位在单位列表中以蓝色标记，上报后的数据不允许自行修改。如上报后确实需要对数据进行修改，请联系财政部相关工作人员，由财政部工作人员执行【退回】后，方可修改数据。

2　常见问题

2.1　报表无法展示

点击“数据管理”功能模块，再点击“国有快报录入”，却无法打开数据填报页面。一般是因为IE浏览器阻止了弹出窗口，导致“国有快报录入”窗口无法正常弹出引起的。此时注意IE上的提示，选择“不阻止当前网站”后，重新点击“国有快报录入”即可（不同的IE版本可能提示不同，但含义类似，选择不阻止当前弹出窗口即可）。

2.2　数据无法上报

数据无法上报，系统提示“有审核错误，无法上报”。此种情况，一般是因为数据填报错误引起的，请仔细检查审核错误说明，按照错误说明的提示进行修改。如果并不是数据填报错误，而是正常的企业经营状况，请联系财政部工作人员，说明情况后做特别处理。

2.3　Excel文件无法导入

Excel文件无法导入，或者导入后对应报表中看不到数据。这种情况一般是Excel工作表名称没有填写正确，或者Excel文件格式不正确造成的。请按照1.4中对应的说明进行设置和检查。

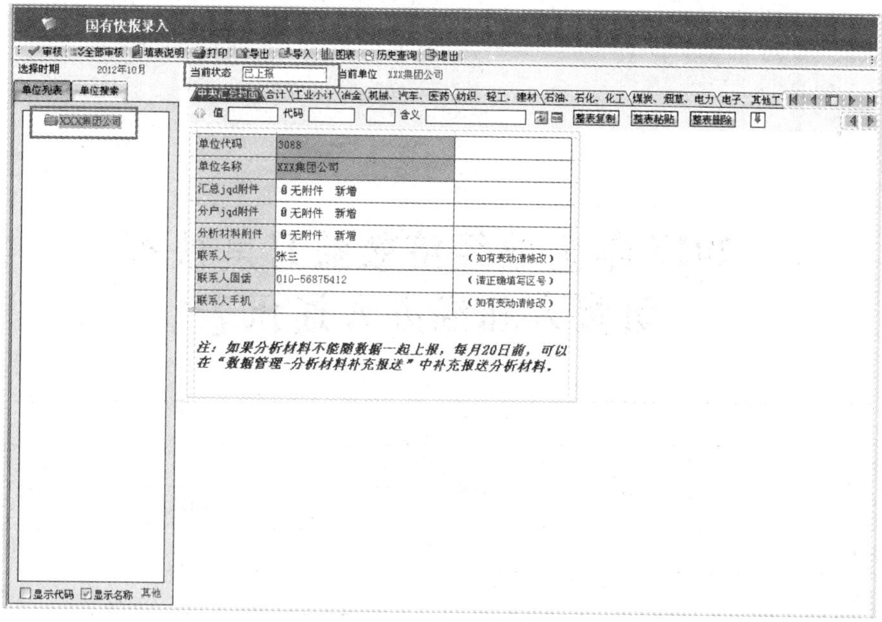

图 1.7－1　上报数据

附件 5：

2017 年企业经济效益月度快报指标数据核对表

月份：　　月

编制单位：

金额单位：亿元、%

序号	指标	本年累计	同比增长率%	环比增长率%	上年填报数	差异率%
1	营业总收入					
2	营业总成本					
3	其中：三项费用合计					
4	利润总额（亏损总额以“－”号填列）					
5	净利润（净亏损以“－”号填列）					
6	归属于母公司所有者的净利润					
7	应交税费					
8	已交税费					
9	资产总计			—		
10	所有者权益合计			—		
11	其中：实收资本（股本）			—	—	—

主管处处长签字：

指标解释：

同比增长率%：本月报送的“本年累计”比“上年同期”的增长率；

环比增长率%：本月报送的“本月数”比上月报送的“本月数”的增长率；

上年填报数：上年同期报送的“本年累计”数；

差异率%：本月报送的“本年累计”比上年同期报送的“本年累计”的差异率。

附件6：

2017年企业经济效益月度快报负责人和经办人通讯表

单位名称：					
项目	姓名	职务	电话		电子信箱
			单位电话	手机	
月报工作经办人					
月报工作负责人					
单位分管此项工作负责人					

注：1. “月报工作经办人”指月报工作具体编报人员；

2. “月报工作负责人”指相关处室负责人；

3. “单位分管此项工作负责人”指中央企业（部门）财务部门负责人或地方财政厅（局）分管相关工作的厅（局）领导。

附件7：

地方国有及国有控股企业重点监测名单

省份	企业名称
北京（1户）	北京汽车工业控股有限责任公司
天津（1户）	渤海钢铁集团有限公司
河北（5户）	河北冀中能源集团有限责任公司
	河北开滦（集团）有限责任公司
	河北省磁县六合工业有限公司
	河北省磁县申家庄煤矿
	河北钢铁集团有限公司
山西（14户）	晋能有限责任公司
	山西焦煤集团有限责任公司

续表

省份	企业名称
山西（14户）	山西大同煤矿集团有限责任公司
	山西晋城无烟煤矿业集团有限责任公司
	山西潞安矿业（集团）有限责任公司
	山西阳泉煤业（集团）有限责任公司
	山西煤炭进出口集团有限公司
	山西兰花煤炭实业集团有限公司
	山西襄垣晋平煤业有限公司
	山西离柳焦煤集团有限公司
	山西省阳泉荫营煤矿
	山西大同鹊山精煤有限责任公司
	山西太原东山煤矿有限责任公司
	太原钢铁（集团）有限公司
内蒙古（1户）	包头钢铁（集团）有限责任公司
辽宁（6户）	辽宁铁法煤业（集团）有限责任公司
	辽宁沈阳煤业（集团）有限责任公司
	辽宁阜新矿业（集团）有限责任公司
	本溪钢铁（集团）有限责任公司
	抚顺矿业集团有限责任公司
	凌源钢铁集团有限责任公司
大连（1户）	东北特殊钢集团有限责任公司
吉林（3户）	吉林辽源矿业（集团）有限责任公司
	吉林通化矿业（集团）有限责任公司
	通化钢铁集团股份有限公司
黑龙江（1户）	黑龙江龙煤矿业控股集团有限责任公司
上海（1户）	上海汽车集团股份有限公司
江苏（1户）	江苏徐州矿务集团有限公司
浙江（1户）	杭州钢铁集团公司
安徽（5户）	安徽淮南矿业（集团）有限责任公司
	安徽淮北矿业（集团）有限责任公司
	安徽省皖北煤电集团有限责任公司
	马鞍山钢铁股份有限公司
	奇瑞汽车股份有限公司
福建（2户）	福建能源集团有限责任公司
	福建省三钢（集团）有限责任公司
江西（2户）	江西省煤炭集团公司
	新余钢铁有限责任公司

续表

省份	企 业 名 称
山东（10户）	山东兖矿集团有限公司
	山东能源集团有限公司
	山东泰丰矿业集团有限公司
	山东济宁矿业集团有限公司
	山东省丰源煤电股份有限公司
	山东裕隆矿业集团有限公司
	山东宏河矿业集团有限公司
	山东王晁煤电集团有限公司
	山东省岱庄生建煤矿
	山东钢铁集团有限公司
青岛（1户）	青岛钢铁控股集团有限责任公司
河南（8户）	河南煤业化工集团有限责任公司
	中国平煤神马能源化工集团有限责任公司
	河南神火集团有限公司
	河南郑州煤炭工业（集团）有限责任公司
	河南义马煤业集团股份有限公司
	河南郑州煤矿机械集团股份有限公司
	河南平顶山煤矿机械有限责任公司
	安阳钢铁集团有限责任公司
湖南（1户）	湖南省煤业集团有限公司
广东（1户）	广州汽车集团股份有限公司
广西（1户）	广西柳州钢铁（集团）公司
四川（1户）	四川省煤炭产业集团有限责任公司
重庆（2户）	重庆市能源投资集团公司
	重庆钢铁（集团）有限责任公司
贵州（2户）	贵州盘江投资控股集团有限公司
	贵州水城矿业（集团）有限责任公司
云南（2户）	云南东源煤业集团有限公司
	云南省小龙潭矿务局
陕西（3户）	陕西煤业化工集团有限责任公司
	陕西榆林市榆神煤炭有限责任公司
	陕西延长石油（集团）有限责任公司
甘肃（4户）	甘肃华亭煤业集团有限责任公司
	甘肃靖远煤业集团有限责任公司
	甘肃窑街煤电集团有限公司
	酒泉钢铁（集团）有限责任公司
青海（1户）	西宁特殊钢集团有限责任公司

注：此表请地方财政部门核实调整后报财政部资产管理司。

财政部关于印发《加强企业财务信息管理暂行规定》的通知

2012 年 2 月 17 日　财企〔2012〕23 号

党中央有关部门，国务院有关部委、有关直属机构，全国人大常委会办公厅，全国政协办公厅，高法院，高检院，有关人民团体，各省、自治区、直辖市、计划单列市财政厅（局），新疆生产建设兵团财务局，有关中央管理企业：

为规范和加强财政部门对企业财务信息的收集汇总和利用，确保企业财务信息的真实、及时、完整，充分发挥企业财务信息在国家宏观经济管理和企业改革发展中的重要作用，依据《中华人民共和国预算法》、《中华人民共和国会计法》、《企业财务会计报告条例》等法律法规，我们制定了《加强企业财务信息管理暂行规定》。现予印发，请遵照执行。

附件：加强企业财务信息管理暂行规定

附件：

加强企业财务信息管理暂行规定

第一章　总　　则

第一条　为进一步规范和加强新时期企业财务信息管理，充分发挥企业财务信息在宏观经济管理和企业改革发展中的重要作用，根据《中华人民共和国预算法》、《中华人民共和国会计法》、《企业财务会计报告条例》等法律法规，制定本规定。

第二条　本规定所称企业财务信息管理，是指各级财政部门组织、收集、监测、分析和报告各类企业财务信息的行为。

第三条　企业财务信息管理工作由财政部统一组织，各中央部门、中央企业、省级财政部门（以下统称企业财务信息管理单位）负责本系统、本地区企业财务信息管理工作。

第四条　企业财务信息主要包括以下内容：

（一）国有企业经济效益月度快报；

（二）国有企业年度财务会计决算报告；

（三）集体企业年度财务会计决算报告；

（四）外商投资企业年度财务会计决算报告；

（五）财政管理需要掌握的其他企业财务信息。

第二章　企业财务信息收集汇总

第五条　财政部每年度对企业财务信息管理工作进行统一布置。企业财务信息管理单位应当按照统一要求，组织和落实本系统、本地区企业财务信息管理工作。

（一）企业遵照国家相关法律法规和财政部相关文件要求，按照隶属关系或属地原则向上级单位或同级财政部门报送企业财务信息。地市、县级财政部门对本地区企业财务信息进行收集、汇总，并就信息的规范性和完整性审核后报省级财政部门。

（二）企业财务信息管理单位对本系统、本地区企业财务信息进行收集、汇总，并就信息的规范性和完整性审核后报财政部。

（三）财政部对企业财务信息管理单位报送的企业财务信息进行复审、汇总后形成全国企业财务信息。

第六条　国有企业经济效益月度快报反映国有及国有控股企业（企业集团为纳入合并报表范围的企业，下同）月度主要财务指标和主要生产经营情况。由企业财务信息管理单位组织所属企业对月度快报逐级汇总上报，于次月10日前报送财政部。

第七条　国有企业年度财务会计决算报告反映国有企业及国有控股企业年度财务状况和经营成果。由企业财务信息管理单位组织所属企业对决算报告逐级汇总上报，于次年4月30日前报送财政部。

集体企业年度财务会计决算报告反映集体所有制企业年度财务状况和经营成果。由地市、县级财政部门按企业注册地进行收集、汇总，并就信息的规范性和完整性审核，报送省级财政部门审核、汇总后，于次年4月30日前报送财政部。

外商投资企业年度财务会计决算报告反映外商投资企业年度财务状况和经营成果。由地市、县级财政部门根据外商投资企业相关法律法规以及国家有关部委有关外商投资企业联合年检的规定，按企业注册地进行收集、汇总，并就信息的规范性和完整性审核，报送省级财政部门审核、汇总后，于次年按规定的时间报送财政部。

第八条　企业财务信息管理单位在年度决算工作中，应当加强决算质量的审核，同时关注企业收到和使用财政性资金及其带动社会资本的有关情况。

企业收到的财政性资金应当纳入企业预算管理，实现资金统一管控，提高财政性资金使用的整体效益。企业收到资本性财政性资金，列作国有实收资本或股本，企业股东（大）会或董事会、经理办公会等决策机构应当出具同意注（增）资的书面材料。企业一个会计年度内多次收到资本性财政性资金的，可暂作资本公积，但应在次年履行法定程序转增国有实收资本或股本；发生增资扩股、改制上市等事项，应当及时转增。

企业集团母公司将资本性财政性资金拨付所属全资或控股法人企业使用的，应当作为股权投资。母公司所属控股法人企业暂无增资扩股计划的，列作委托贷款，与母公司签订协议，约定在发生增资扩股、改制上市等事项时，依法将委托贷款转为母公司的股权投资。

企业收到费用性财政性资金，列作收益，符合《财政部　国家税务总局关于专项用途财政性资金企业所得税处理问题的通知》（财税〔2011〕70号）规定不征税条件的，可作为不征税收入。企业按规定将费用性财政性资金拨付所属全资或控股法人企业使用，中间拨付环节企业均作为往来款项。

第九条　企业财务信息管理单位应当确定纳入企业财务信息汇总范围的各类企业法人户数和重点企业名单，建立逐级审核责任制，确保所收集和汇总的企业财务信息的规范性和完整性。

企业对其所报送的财务信息的真实性、完整性负责。

第十条　地市、县级财政部门应当按企业注册地收集汇总各类企业财务信息，根据财政部、省级财政部门和本地区财政管理工作需要分别形成国有企业财务信息、集体企业财务信息、外商投资企业财务信息，中小企业财务信息、重点税源企业财务信息等。

第十一条 企业财务信息管理单位应当加强企业经济运行的动态监测，及时组织、收集、整理企业行业生产经营状况、问题以及宏观经济政策实施效果等，以“企业信息专报”形式报送财政部。

企业信息专报即有即报，做到反应迅速、情况真实、简明扼要。

第十二条 企业财务信息管理单位应当建立与财政部“企业财务会计信息网络报送系统”对接的网络报送系统，逐步实现各类企业信息网络化报送，确保企业财务信息收集、整理的便捷和高效。

各级财政部门应当对企业加快实现财务管理信息化予以指导和重视。

第三章 企业财务信息分析利用

第十三条 企业财务信息管理单位应当对汇总的国有企业经济效益月度快报、国有企业年度财务会计决算、集体企业年度财务会计决算、外商投资企业年度财务会计决算、企业信息专报等信息进行整理，运用科学方法，采取多种形式，深入开展分析工作，形成分析报告，及时报送财政部，并可根据实际情况以适当方式向社会公布。

第十四条 财政部对收集汇总的企业财务信息进行审核、分析，编制全国国有企业经济效益月度快报、国有企业年度财务会计决算报告、外商投资企业年度财务会计决算报告、企业信息专报等，及时上报国务院，并以适当方式向社会公布。

第十五条 各级财政部门应当充分利用企业财务信息建立企业信息库，实现企业财务信息与财政管理工作的有机结合，为国有资本经营预算管理、企业使用财政性资金的绩效评价等工作提供基础性数据。

第十六条 各级财政部门应当以国有企业年度财务会计决算报告等财务信息为依据，审核确定上交国有资本收益数额，确保国有资本收益按时足额上缴。企业转让国有产权形成的转让收入，应当作为国有资本收益。

第十七条 各级财政部门应当建立企业使用财政性资金绩效评价制度。利用企业信息库对各类企业经济运行状况进行全过程动态监测和评价；通过政府购买服务方式引入资产评估等中介机构，开展绩效评价工作，形成绩效评价报告。监测和评价结果、绩效评价报告应当作为制定有关财政政策、安排使用财政性资金的依据。

第十八条 财政部及企业财务信息管理单位对企业报送的各类信息建立存储、保管、查阅制度。按照“谁产生信息，谁确定密级”的原则，由企业根据自身情况确定信息报送方式，接收单位严格按国家有关保密工作规定进行管理。

未经企业同意，财政部及企业财务信息管理单位不得对外公布单户企业信息。

第四章 企业财务信息工作表彰奖励

第十九条 财政部每年对企业财务信息管理单位报送信息的及时性、规范性和完整性进行总结评审，并予以公布。主要包括：企业经济运行信息工作、国有企业年度财务会计决算工作（含集体企业年度财务会计决算工作，下同）、外商投资企业年度财务会计决算工作等。

企业经济运行信息工作包括：国有企业经济效益月度快报工作、企业信息专报工作、全年经济运行分析报告工作等。

第二十条 国有企业经济效益月度快报、国有企业年度财务会计决算、外商投资企业年度财务会计决算的考核按照及时性、规范性和完整性分项设定分值，确定总结评审结果。

第二十一条 企业信息专报、全年经济运行分析报告、地方财政部门建立分级收集各类企业财务信息制度及执行情况的总结评审，采取加分制，计入企业经济运行信息工作总结评审结果。

第二十二条 财政部对企业财务信息管理单位和在企业财务及信息工作中做出突出贡献的先进工作者予以表彰奖励。

第二十三条 财政部依据《企业财会信息资料统计补助经费管理办法》（财企〔2007〕58 号）对地方财政部门开展企业财务信息管理工作所需经费予以适当补助，中央财政补助资金由地方财政部门按规定用于企业财务信息管理工作。

第五章　附　　则

第二十四条　企业财务信息管理单位可参照本规定，结合实际情况，制定本系统、本地区企业财务信息管理实施办法。

第二十五条　本规定自发布之日起实施。

第二部分

涉及企业的有关财务政策

财政部关于印发《中央国有资本经营预算企业离休干部医药费补助资金管理办法》的通知

2016 年 9 月 29 日　财资〔2016〕44 号

有关中央部门（机构），中国烟草总公司、中国铁路总公司、中国邮政集团公司：

为加强和规范中央国有资本经营预算企业离休干部医药费补助资金管理，根据《财政部关于印发〈中央国有资本经营预算管理暂行办法〉的通知》（财预〔2016〕6 号）要求，我们对 2011 年印发的《中央国有资本经营预算企业离休干部医药费补助资金管理办法》（财企〔2011〕206 号）进行了修订。现将修订后的管理办法印发给你们，请遵照执行。

附件：中央国有资本经营预算企业离休干部医药费补助资金管理办法

附件：

中央国有资本经营预算企业离休干部医药费补助资金管理办法

第一条　为加强中央国有资本经营预算企业离休干部医药费补助资金的管理，根据《国务院关于试行国有资本经营预算的意见》（国发〔2007〕26 号）、《财政部关于印发〈中央国有资本经营预算管理暂行办法〉的通知》（财预〔2016〕6 号）及预算管理的有关规定制定本办法。

第二条　本办法所称中央国有资本经营预算企业离休干部医药费补助资金（以下简称离休干部医药费补助资金），是根据《关于进一步落实中央企业离休干部医药费保障机制的意见》（组通字〔2008〕46 号），由中央国有资本经营预算安排的用于支持困难中央企业离休干部参加所在地统筹及报销医药费的补助资金。

第三条　申请离休干部医药费补助资金的企业应当同时具备以下条件：

（一）纳入国有资本经营预算实施范围的中央企业及所属全资、控股企业；

（二）具备独立企业法人资格，并按有关规定参加所在地离休干部医药费单独统筹或实行离休干部医药费实报实销；

（三）前两年连续亏损（以净利润为准）。

第四条　对符合条件的中央企业，中央财政按离休干部每年人均医药费 1.77 万元标准给予补助。今后将根据离休干部医药费开支情况，适时调整人均补助标准。

第五条　中央部门（机构）负责组织所属（监管）企业做好离休干部医药费补助资金的申报工作。中央企业应当向其主管中央部门（机构）报送以下材料：

（一）中央企业离休干部医药费补助资金申请报告；

（二）中央企业离休干部医药费补助资金申请表（见附 1）；

（三）中央企业离休干部基本情况表，包括所在企业名称、姓名、性别、出生年月、参加工作年月，离休前职务等（见附 2，以截至申报当年 6 月 30 日情况为准）；

（四）申请前两个年度企业审计报告及所附利润表复印件。

第六条 中央部门（机构）对申报材料进行审核汇总，2016 年将审核意见（含附 3 及电子数据光盘）于 10 月底前、以后年度将审核意见纳入本部门中央国有资本经营预算建议草案报送至财政部。

中国烟草总公司、中国铁路总公司、中国邮政集团公司按上述时间要求直接向财政部报送本办法第五条规定的相关材料。

第七条 财政部根据中央部门（机构）的审核意见核定补助金额，并拨付离休干部医药费补助资金。

第八条 中央部门（机构）应当督促指导中央企业对离休干部医药费补助资金实行专账管理，专款专用，不得挤占和挪用，确保资金用于离休干部参加所在地单独统筹及医药费报销。补助资金当年有结余的可结转下一年度继续使用。

第九条 财政部适时对离休干部医药费补助资金使用情况进行监督检查。对违反本办法规定虚报冒领或截留挪用离休干部医药费补助资金的行为，依据《财政违法行为处罚处分条例》（国务院令第 427 号）予以处理、处罚。

第十条 本办法自印发之日起实施。《财政部关于印发〈中央国有资本经营预算企业离休干部医药费补助资金管理办法〉的通知》（财企〔2011〕206 号）同时废止。

附 1：______年中央企业离休干部医药费补助资金申请表

附 2：______年中央企业离休干部基本情况表

附 3：______年中央企业离休干部医药费补助资金审核意见表

附 1：

______年中央企业离休干部医药费补助资金申请表

中央企业集团（母公司）：　　　　编制人员：　　　　联系电话：　　　　金额单位：万元、人

企业基本情况						____年参加所在地医药费单独统筹情况		____年企业医药费报销情况		____年申请财政补助金额
企业名称	企业级次	所在省（自治区、直辖市）	企业亏损总额（以净利润为准）		离休干部人数	参加统筹人数	缴纳统筹资金	未参加统筹人数	企业报销金额	
			年	年						
(1)	(2)	(3)	(4)	(5)	(6)	(7)	(8)	(9)	(10)	(11)
合计	****	****	****	****						

说明：1. 此表由中央企业集团（母公司）根据所属企业申报情况审核后汇总填写。

2. 依据各企业单户财务会计报表填写本表有关数据（不含下属企业数据）。

3. “企业名称” 填写企业全称。

4. “企业级次”：按照企业本部（总公司）为一级，子公司为二级填写，以此类推。

5. “离休干部人数”：以申报当年 6 月 30 日数据为准。

6. （11）=（6）×1.77 万元/人。

附 2：

________年中央企业离休干部基本情况表

中央企业集团（母公司）：　　　　　　　　　　　　　　　　　　　　填表日期：　年　月　日

序号	所在企业名称	姓名	性别	出生年月	参加工作年月	离休前职务	备注
1							
2							
3							
4							
5							
6							
7							
8							
9							
10							
11							
12							
13							
14							
15							
16							
17							
18							
19							
20							

说明：以申报当年 6 月 30 日数据为准。

附 3：

________年中央企业离休干部医药费补助资金审核意见表

中央部门（机构）（盖章）：

单位：万元、人

单位名称	企业申报人数	核定人数	核定补助金额
总计			
XXX 集团公司			
企业 1			
企业 2			
企业 3			
YYY 集团公司			
企业 1			
企业 2			
企业 3			

说明：1. “人数”以申报当年 6 月 30 日数据为准。

2. “核定补助金额”等于“核定人数 ×1.77 万元/人”（请四舍五入取整）。

财政部　国资委关于印发《中央企业职工家属区“三供一业”分离移交中央财政补助资金管理办法》的通知

2016 年 8 月 25 日　财资〔2016〕38 号

各中央管理企业：

为推动中央企业职工家属区“三供一业”分离移交，规范和加强资金管理，根据《国务院关于印发加快剥离国有企业办社会职能和解决历史遗留问题工作方案的通知》（国发〔2016〕19 号）、《国务院办公厅转发国务院国资委、财政部关于国有企业职工家属区“三供一业”分离移交工作指导意见的通知》（国办发〔2016〕45 号）和《财政部关于印发〈中央国有资本经营预算管理暂行办法〉的通知》（财预〔2016〕6 号）等有关文件，我们制定了《中央企业职工家属区“三供一业”分离移交中央财政补助资金管理办法》。现予以印发，请遵照执行。

附件：中央企业职工家属区“三供一业”分离移交中央财政补助资金管理办法

附件：

中央企业职工家属区“三供一业”分离移交中央财政补助资金管理办法

第一章　总　　则

第一条　为规范和加强中央企业职工家属区“三供一业”分离移交中央财政补助资金（以下简称补助资金）管理，根据《国务院关于印发加快剥离国有企业办社会职能和解决历史遗留问题工作方案的通知》（国发〔2016〕19 号）、《国务院办公厅转发国务院国资委、财政部关于国有企业职工家属区“三供一业”分离移交工作指导意见的通知》（国办发〔2016〕45 号）和《财政部关于印发〈中央国有资本经营预算管理暂行办法〉的通知》（财预〔2016〕6 号）等有关规定，制定本办法。

第二条　中央财政通过国有资本经营预算安排补助资金，用于支持中央企业职工家属区“三供一业”分离移交工作，对“三供一业”相关设备设施进行必要的维修改造，基本实现分户设表、按户收费，交由专业化企业或机构实行社会化管理，中央企业不再承担相关费用的目标。

第三条　本办法所称中央企业是指国资委履行出资人职责的国有及国有控股企业（含原政策性破产企业），包括中央企业集团公司（以下简称集团公司）及其所属企业。

本办法所称“三供一业”是指分离移交前中央企业实际承担的职工家属区供水、供电、供热（供气）

和物业管理项目。

第四条 补助资金分配遵循“分项核定、比例补助、年度预拨、据实清算”的原则。

第五条 财政部负责补助资金年度预算编制，资金分配、拨付和清算，对补助资金使用情况进行监督检查。

国资委负责组织指导集团公司按要求做好“三供一业”分离移交工作并按时完成工作目标，审核集团公司汇总上报的补助资金申请，编制“三供一业”分离移交预算，督促集团公司合理使用补助资金，并对“三供一业”分离移交完成情况及补助资金使用情况进行监督检查。

集团公司负责制定本集团“三供一业”分离移交总体工作方案及年度工作计划，组织协调所属企业开展“三供一业”分离移交工作，审核汇总上报本集团补助资金申报材料，并对申报材料的真实性负责，加强补助资金内部控制管理，接受财政部、国资委对补助资金使用情况的监督检查。

第二章 补助范围和比例

第六条 补助范围是中央企业在2016年1月1日以后实施分离移交的“三供一业”。中央企业在2012年1月1日至2015年12月31日实施分离移交的“三供一业”参照本办法执行。

第七条 中央财政对“三供一业”分离移交费用予以补助，分离移交费用包括相关设施维修维护费用，基建和改造工程项目的可研费用、设计费用、旧设备设施拆除费用、施工费用、监理费等。“三供一业”维修改造标准和改造费用标准不得高于所在地市级以上人民政府出台的相关政策规定。

第八条 中央财政对中央企业“三供一业”分离移交费用补助50%，对原政策性破产中央企业“三供一业”分离移交费用补助100%。

第三章 补助资金申请、预拨和清算

第九条 中央企业已签署“三供一业”分离移交（维修改造）协议或者框架协议的，可以申请预拨补助资金。维修改造和分离移交完成后，中央企业应当及时申请清算补助资金。

签署框架协议的中央企业，应加快工作进度，尽快签署分离移交（维修改造）协议。

第十条 集团公司所属企业应当向集团公司报送补助资金预拨申请文件。集团公司审核汇总形成本集团补助资金预拨申请文件，2016年8月底前报送至国资委、财政部，以后年度每年于2月底前报送至国资委、财政部。

第十一条 补助资金预拨申请文件主要包括“三供一业”分离移交总体工作方案、年度工作计划，拟（已）分离移交项目基本情况、分离移交费用预算金额、申请补助金额，以前年度补助资金使用情况、工作进展情况等内容，同时包括以下材料：

（一）相关协议、分离移交费用预算金额说明及相关依据文件等材料。

（二）相关企业属于原政策性破产企业范围的证明材料。

（三）补助资金预拨申请表（见附表1）。

第十二条 中央企业“三供一业”分离移交完成后，集团公司随同补助资金预拨申请文件一并报送补助资金清算申请文件。补助资金清算申请文件主要包括“三供一业”分离移交年度工作计划完成情况、分离移交费用支出情况、中央财政补助资金使用情况等内容，同时包括以下材料：

（一）移交协议、具有相应资质的中介机构出具的项目（竣工决算）审计报告、分离移交费用清单、资金支付凭证等材料。

（二）补助资金清算申请表（见附表2）。

第十三条 国资委对集团公司报送的补助资金预拨和清算申请文件进行审核，2016年9月15日前将审核意见报送财政部，以后年度每年于3月20日前将审核意见报送财政部，并同时报送预拨资金审核汇总表（见附表3）、清算资金审核汇总表（见附表4）、资金拨付审核意见表（见附表5）。

第十四条 财政部对国资委的审核意见复核后，核定中央财政应补助金额，并按照以下标准预拨和清算：

（一）对签署分离移交（维修改造）协议的，按应补助金额的全额预拨。

（二）对签署分离移交（维修改造）框架协议的，按不超过应补助金额的90%预拨。

（三）对完成分离移交的“三供一业”项目据实清算。

第十五条 财政部按照年度预算安排和财政国库管理制度有关规定，将补助资金拨付至集团公司。

第十六条 集团公司提交补助资金清算申请文件的最后截止时间为2020年2月底前，逾期未提交的，财政部将会同国资委进行清算审核。

第四章 监督检查

第十七条 中央企业应当严格按照国家有关法律法规、财务规章和本办法的规定，规范使用和管理补助资金。

第十八条 财政部、国资委适时对补助资金使用情况进行监督检查。

第十九条 对虚报冒领、挤占、挪用、违规使用补助资金等行为，依照《预算法》、《财政违法行为处罚处分条例》等有关规定处理。

第五章 附 则

第二十条 中央财政拨付的补助资金作为费用性支出。

“三供一业”分离移交涉及资产无偿划转和移交的，应当按照《财政部关于企业分离办社会职能有关财务管理问题的通知》（财企〔2005〕62号）的规定，做好审核批准、报备、资产清查、财务清理、审计评估、产权变更及登记等工作。

第二十一条 本办法由财政部和国资委负责解释。

第二十二条 本办法自印发之日起实施。

附表：1. ______年补助资金预拨申请表

2. ______年补助资金清算申请表

3. ______年预拨资金审核汇总表

4. ______年清算资金审核汇总表

5. ______年资金拨付审核意见表

附表 1：

______年补助资金预拨申请表

集团公司名称（盖章）：

单位：万元

序号	项目承担单位	是否为原政策性破产企业	所在省（区、市）	所在城市	项目名称	项目类型	协议类型	预算金额	中央财政已补助金额	此次申请补助金额
合计										

注：

项目承担单位：指具体负责分离移交“三供一业”的企业。

是否为原政策性破产企业：请填是或否。

所在省（区、市）：指项目承担单位所在的省、自治区、直辖市。

所在城市：指项目承担单位所在的地市级城市。

项目名称：指分离移交的“三供一业”所在的职工家属区。

项目类型：请选择供水、供电、供热、供气或物业管理。

协议类型：请选择分离移交（维修改造）协议或框架协议。

预算金额：请填写相关协议明确的预算金额。

附表 2：

________年补助资金清算申请表

集团公司名称（盖章）：

单位：万元

序号	项目承担单位	是否为原政策性破产企业	所在省（区、市）	所在城市	项目名称	项目类型	审计金额	中央财政应补助金额	中央财政已补助金额	申请中央财政补发金额	结余金额
合计											

注：

项目承担单位：指具体负责分离移交“三供一业”的企业。

是否为原政策性破产企业：请填是或否。

所在省（区、市）：指项目承担单位所在的省、自治区、直辖市。

所在城市：指项目承担单位所在的地市级城市。

项目名称：指分离移交的“三供一业”所在的职工家属区。

项目类型：请选择供水、供电、供热、供气或物业管理。

审计金额：指审计报告认定的分离移交费用金额。

附表 3：

________年预拨资金审核汇总表

填报单位：　　　　　　　　　　　　　　　　　　　　　　　　　　　　单位：万元

序号	集团公司名称	项目承担单位	是否为原政策性破产企业	所在省（区、市）	所在城市	项目名称	项目类型	协议类型	预算金额	中央财政已补助金额	核定补助金额
合计											

注：

项目承担单位：指具体负责分离移交“三供一业”的企业。

是否为原政策性破产企业：请填是或否。

所在省（区、市）：指项目承担单位所在的省、自治区、直辖市。

所在城市：指项目承担单位所在的地市级城市。

项目名称：指分离移交的“三供一业”所在的职工家属区。

项目类型：请选择供水、供电、供热、供气或物业管理。

协议类型：请选择分离移交（维修改造）协议或框架协议。

预算金额：请填写相关协议明确的预算金额。

附表 4：

________年清算资金审核汇总表

填报单位：　　　　　　　　　　　　　　　　　　　　单位：万元

序号	集团公司名称	项目承担单位	是否为原政策性破产企业	所在省（区、市）	所在城市	项目名称	项目类型	分离移交户数	审计金额	中央财政应补助金额	中央财政已补助金额	核定中央财政应补发金额	核定结余金额
合计													

注：

项目承担单位：指具体负责分离移交“三供一业”的企业。

是否为原政策性破产企业：请填是或否。

所在省（区、市）：指项目承担单位所在的省、自治区、直辖市。

所在城市：指项目承担单位所在的地市级城市。

项目名称：指分离移交的“三供一业”所在的职工家属区。

项目类型：请选择供水、供电、供热、供气或物业管理。

分离移交户数：指实际完成分离移交的“三供一业”户数。

审计金额：指审计报告认定的分离移交费用金额。

附表 5：

______年资金拨付审核意见表

填报单位：

单位：万元

序号	集团公司名称	项目承担单位	是否为原政策性破产企业	所在省（区、市）	所在城市	项目名称	项目类型	预拨	清算	中央财政应补助金额	中央财政已补助金额	核定中央财政补助金额	核定收回金额
								预算金额	审计金额				
合计													

注：

项目承担单位：指具体负责分离移交“三供一业”的企业。

是否为原政策性破产企业：请填是或否。

所在省（区、市）：指项目承担单位所在的省、自治区、直辖市。

所在城市：指项目承担单位所在的地市级城市。

项目名称：指分离移交的“三供一业”所在的职工家属区。

项目类型：请选择供水、供电、供热、供气或物业管理。

预算金额：请填写相关协议明确的预算金额。

审计金额：指审计报告认定的分离移交费用金额。

财政部关于印发《铁路、烟草、邮政以及其他中央部门管理企业职工家属区“三供一业”分离移交中央财政补助资金管理办法》的通知

2016年8月8日　财资〔2016〕35号

有关中央部门，有关中央企业：

为推动中央部门管理企业职工家属区“三供一业”分离移交，规范和加强资金管理，根据《国务院关于印发加快剥离国有企业办社会职能和解决历史遗留问题工作方案的通知》（国发〔2016〕19号）、《国务院办公厅转发国务院国资委、财政部关于国有企业职工家属区“三供一业”分离移交工作指导意见的通知》（国办发〔2016〕45号）和《财政部关于印发〈中央国有资本经营预算管理暂行办法〉的通知》（财预〔2016〕6号）等有关文件，我们制定了《铁路、烟草、邮政以及其他中央部门管理企业职工家属区“三供一业”分离移交中央财政补助资金管理办法》。现予以印发，请遵照执行。

附件：铁路、烟草、邮政以及其他中央部门管理企业职工家属区“三供一业”分离移交中央财政补助资金管理办法

附件：

铁路、烟草、邮政以及其他中央部门管理企业职工家属区“三供一业”分离移交中央财政补助资金管理办法

第一章　总　　则

第一条　为规范和加强中央部门管理企业职工家属区“三供一业”分离移交中央财政补助资金（以下简称补助资金）管理，根据《国务院关于印发加快剥离国有企业办社会职能和解决历史遗留问题工作方案的通知》（国发〔2016〕19号）、《国务院办公厅转发国务院国资委、财政部关于国有企业职工家属区“三供一业”分离移交工作指导意见的通知》（国办发〔2016〕45号）和《财政部关于印发〈中央国有资本经营预算管理暂行办法〉的通知》（财预〔2016〕6号）等有关规定，制定本办法。

第二条　中央财政通过国有资本经营预算安排补助资金，用于支持中央部门管理企业职工家属区“三供一业”分离移交工作，对“三供一业”相关设备设施进行必要的维修改造，基本实现分户设表、按户收费，交由专业化企业或机构实行社会化管理，中央部门管理企业不再承担相关费用的目标。

第三条　本办法所称中央部门管理企业是指中国铁路总公司、中国烟草总公司、中国邮政集团公司及其

所属企业，以及除国资委监管企业外其他中央部门所属（监管）企业，具体范围包括原政策性破产企业。

本办法所称“三供一业”是指分离移交前中央部门管理企业实际承担的职工家属区供水、供电、供热（供气）和物业管理项目。

第四条 补助资金分配遵循“分项核定、比例补助、年度预拨、据实清算”的原则。

第五条 财政部负责补助资金年度预算编制，资金分配、拨付和清算，对补助资金使用情况进行监督检查。

中央部门负责指导所属（监管）企业按要求做好“三供一业”分离移交工作并按时完成工作目标，审核所属（监管）企业上报的补助资金申请，编制“三供一业”分离移交预算，督促所属（监管）企业合理使用补助资金，并对“三供一业”分离移交完成情况及补助资金使用情况进行监督检查。

中国铁路总公司、中国烟草总公司、中国邮政集团公司负责制定本公司“三供一业”分离移交总体工作方案及年度工作计划，组织协调所属企业开展“三供一业”分离移交工作，审核汇总上报本公司补助资金申请材料，并对申请材料的真实性负责，加强补助资金内部控制管理，接受财政部对补助资金使用情况的监督检查。

第二章 补助范围和比例

第六条 补助范围是中央部门管理企业在2016年1月1日以后实施分离移交的“三供一业”。中央部门管理企业在2015年1月1日至2015年12月31日之间，为贯彻落实《中共中央 国务院关于深化国有企业改革的指导意见》有关要求实施分离移交的“三供一业”参照本办法执行。

第七条 中央财政对“三供一业”分离移交费用予以补助，分离移交费用包括相关设施维修维护费用，基建和改造工程项目的可研费用、设计费用、旧设备设施拆除费用、施工费用、监理费等。“三供一业”维修改造标准和改造费用标准不得高于所在地市级以上人民政府出台的相关政策规定。

第八条 中央财政对中央部门管理企业“三供一业”分离移交费用补助50%，对原政策性破产中央部门管理企业“三供一业”分离移交费用补助100%。

第三章 补助资金申请、预拨和清算

第九条 中央部门管理企业已签署“三供一业”分离移交（维修改造）协议或者框架协议的，可以申请预拨补助资金。维修改造和分离移交完成后，中央部门管理企业应当及时申请清算补助资金。

签署框架协议的中央部门管理企业，应加快工作进度，尽快签署分离移交（维修改造）协议。

第十条 中央部门所属（监管）企业2016年应当于8月底前向中央部门报送补助资金预拨申请文件，以后年度每年于2月底前报送补助资金预拨申请文件。

中国铁路总公司、中国烟草总公司、中国邮政集团公司审核汇总所属企业补助资金预拨申请文件后，形成本公司补助资金预拨申请文件，按上述时间直接报送至财政部。

第十一条 补助资金预拨申请文件主要包括“三供一业”分离移交总体工作方案、年度工作计划，拟（已）分离移交项目基本情况、分离移交费用预算金额、申请补助金额、工作进展情况等内容，同时包括以下材料：

（一）相关协议、分离移交费用预算金额说明及相关依据文件等材料。

（二）相关企业属于原政策性破产企业范围的证明材料。

（三）补助资金预拨申请表（见附表1）。

第十二条 中央部门管理企业“三供一业”分离移交完成后，随同补助资金预拨申请文件一并报送补助资金清算申请文件。补助资金清算申请文件主要包括“三供一业”分离移交年度工作计划完成情况、分离移交费用支出情况、中央财政补助资金使用情况等内容，同时包括以下材料：

（一）移交协议、具有相应资质的中介机构出具的项目（竣工决算）审计报告、分离移交费用清单、资金支付凭证等材料。

（二）补助资金清算申请表（见附表2）。

第十三条 中央部门对所属（监管）企业报送的补助资金预拨和清算申请文件进行审核，2016 年 9 月 15 日前将审核意见报送财政部，以后年度每年于 3 月 20 日前将审核意见报送财政部，并同时报送预拨资金审核汇总表（见附表 3）、清算资金审核汇总表（见附表 4）、资金拨付审核意见表（见附表 5）。

第十四条 财政部对中央部门的审核意见进行复核，对中国铁路总公司、中国烟草总公司、中国邮政集团公司报送的补助资金预拨和清算申请文件进行审核，分别核定中央财政应补助金额，并按照以下标准预拨和清算：

（一）对签署分离移交（维修改造）协议的，按应补助金额的全额预拨。

（二）对签署分离移交（维修改造）框架协议的，按不超过应补助金额的 90% 预拨。

（三）对完成分离移交的“三供一业”项目据实清算。

第十五条 财政部按照年度预算安排和财政国库管理制度有关规定，将补助资金拨付至中央部门管理企业。

第十六条 中央部门管理企业提交补助资金清算申请文件的最后截止时间为 2020 年 2 月底前，逾期未提交的，财政部将单独或会同中央部门进行清算审核。

第四章 监督检查

第十七条 中央部门管理企业应当严格按照国家有关法律法规、财务规章和本办法的规定，规范使用和管理补助资金。

第十八条 财政部适时单独或会同中央部门对补助资金使用情况进行监督检查。

第十九条 对虚报冒领、挤占、挪用、违规使用补助资金等行为，依照《预算法》、《财政违法行为处罚处分条例》等有关规定处理。

第五章 附 则

第二十条 中央财政拨付的补助资金作为费用性支出。

“三供一业”分离移交涉及资产无偿划转和移交的，应当按照《财政部关于企业分离办社会职能有关财务管理问题的通知》（财企〔2005〕62 号）的规定，做好审核批准、报备、资产清查、财务清理、审计评估、产权变更及登记等工作。

第二十一条 本办法自印发之日起实施。

附表：1. ______年补助资金预拨申请表

2. ______年补助资金清算申请表

3. ______年预拨资金审核汇总表

4. ______年清算资金审核汇总表

5. ______年资金拨付审核意见表

附表 1：

________年补助资金预拨申请表

填报单位（盖章）：

单位：万元

序号	项目承担单位	是否为原政策性破产企业	所在省（区、市）	所在城市	项目名称	项目类型	协议类型	预算金额	此次申请补助金额
合计									

注：

项目承担单位：指具体负责分离移交“三供一业”的企业。

是否为原政策性破产企业：请填是或否。

所在省（区、市）：指项目承担单位所在的省、自治区、直辖市。

所在城市：指项目承担单位所在的地市级城市。

项目名称：指分离移交的“三供一业”所在的职工家属区。

项目类型：请选择供水、供电、供热、供气或物业管理。

协议类型：请选择分离移交（维修改造）协议或框架协议。

预算金额：请填写相关协议明确的预算金额。

附表 2：

________年补助资金清算申请表

单位：万元

填报单位（盖章）：

序号	项目承担单位	是否为原政策性破产企业	所在省（区、市）	所在城市	项目名称	项目类型	审计金额	中央财政应补助金额	中央财政已补助金额	申请中央财政补发金额	结余金额
合计											

注：

项目承担单位：指具体负责分离移交“三供一业”的企业。

是否为原政策性破产企业：请填是或否。

所在省（区、市）：指项目承担单位所在的省、自治区、直辖市。

所在城市：指项目承担单位所在的地市级城市。

项目名称：指分离移交的“三供一业”所在的职工家属区。

项目类型：请选择供水、供电、供热、供气或物业管理。

审计金额：指审计报告认定的分离移交费用金额。

附表 3：

________年预拨资金审核汇总表

填报单位：

单位：万元

序号	企业名称	项目承担单位	是否为原政策性破产企业	所在省（区、市）	所在城市	项目名称	项目类型	协议类型	预算金额	核定补助金额
合计										

注：

项目承担单位：指具体负责分离移交“三供一业”的企业。

是否为原政策性破产企业：请填是或否。

所在省（区、市）：指项目承担单位所在的省、自治区、直辖市。

所在城市：指项目承担单位所在的地市级城市。

项目名称：指分离移交的“三供一业”所在的职工家属区。

项目类型：请选择供水、供电、供热、供气或物业管理。

协议类型：请选择分离移交（维修改造）协议或框架协议。

预算金额：请填写相关协议明确的预算金额。

附表 4：

________年清算资金审核汇总表

填报单位：　　　　　　　　　　　　　　　　　　　　　　　　单位：万元

序号	企业名称	项目承担单位	是否为原政策性破产企业	所在省（区、市）	所在城市	项目名称	项目类型	分离移交户数	审计金额	中央财政应补助金额	中央财政已补助金额	核定中央财政应补发金额	核定结余金额
合计													

注：
项目承担单位：指具体负责分离移交“三供一业”的企业。
是否为原政策性破产企业：请填是或否。
所在省（区、市）：指项目承担单位所在的省、自治区、直辖市。
所在城市：指项目承担单位所在的地市级城市。
项目名称：指分离移交的“三供一业”所在的职工家属区。
项目类型：请选择供水、供电、供热、供气或物业管理。
分离移交户数：指实际完成分离移交的“三供一业”户数。
审计金额：指审计报告认定的分离移交费用金额。

附表 5：

________年资金拨付审核意见表

填报单位：

单位：万元

序号	企业名称	项目承担单位	是否为原政策性破产企业	所在省（区、市）	所在城市	项目名称	项目类型	预拨	清算	中央财政应补助金额	中央财政已补助金额	核定中央财政补助金额	核定收回金额
								预算金额	审计金额				
合计													

注：

项目承担单位：指具体负责分离移交“三供一业”的企业。

是否为原政策性破产企业：请填是或否。

所在省（区、市）：指项目承担单位所在的省、自治区、直辖市。

所在城市：指项目承担单位所在的地市级城市。

项目名称：指分离移交的“三供一业”所在的职工家属区。

项目类型：请选择供水、供电、供热、供气或物业管理。

预算金额：请填写相关协议明确的预算金额。

审计金额：指审计报告认定的分离移交费用金额。

财政部关于印发《中央企业国有资本收益收取管理办法》的通知

2016 年 7 月 15 日　财资〔2016〕32 号

有关中央部门（机构），财政部驻各省、自治区、直辖市、计划单列市监察专员办事处：

经国务院批准，我们对《中央企业国有资本收益收取管理暂行办法》（财企〔2007〕309 号）进行了修订。现将修订后的《中央企业国有资本收益收取管理办法》印发给你们，请遵照执行。

附件：中央企业国有资本收益收取管理办法

附件：

中央企业国有资本收益收取管理办法

第一章　总　　则

第一条　为规范中央企业国有资本收益收取管理，根据《中华人民共和国预算法》、《中华人民共和国公司法》、《中华人民共和国企业国有资产法》及《国务院关于改革和完善国有资产管理体制的若干意见》（国发〔2015〕63 号）等规定，制定本办法。

第二条　纳入中央国有资本经营预算实施范围的中央企业（即一级企业，不含金融企业，下同）国有资本收益的申报、审核、上交，适用本办法。

第三条　本办法所称国有资本收益，是指国家以所有者身份依法取得的国有资本投资收益，具体包括：

（一）应交利润，即国有独资企业按规定应当上交国家的利润；

（二）国有股股利、股息，即国有控股、参股企业国有股权（股份）获得的股利、股息收入；

（三）国有产权转让收入，即转让国有产权、股权（股份）获得的收入；

（四）企业清算收入，即国有独资企业清算收入（扣除清算费用），国有控股、参股企业国有股权（股份）分享的公司清算收入（扣除清算费用）；

（五）其他国有资本收益。

第四条　中央企业国有资本收益应当按照国库集中收缴的有关规定直接上交中央财政，纳入中央本级国有资本经营预算收入管理。

第五条　财政部驻中央企业所在省（自治区、直辖市、计划单列市）财政监察专员办事处（以下简称驻地财政专员办）负责收缴中央企业国有资本收益。中央部门（机构）负责组织所属（或监管）中央企业上交国有资本收益。

第六条 为加快预算执行进度，财政部可以预收部分中央企业国有资本收益。

第二章 中央企业国有资本收益的申报

第七条 财政部根据国有资本经营预算收支政策和中长期国有资本收支规划，印发年度中央企业国有资本收益申报通知。

第八条 中央部门（机构）根据财政部通知要求，组织所属（或监管）中央企业申报国有资本收益。

第九条 中央企业根据财政部通知要求，向中央部门（机构）和驻地财政专员办申报国有资本收益，并如实填写中央企业国有资本收益申报表（详见附1－4）。中国烟草总公司、中国邮政集团公司、中国铁路总公司直接向财政部和财政部驻北京市财政监察专员办事处（以下简称北京财政专员办）申报国有资本收益。具体申报要求如下：

（一）应交利润，每年5月31日前，由中央企业按照净利润和规定的上交比例一次申报，并附送经依法审计的年度合并财务会计报告；

（二）国有股股利、股息，在股东会或者股东大会（没有设立股东会或者股东大会的为董事会，下同）表决日起30个工作日内，由中央企业据实申报，并附送经依法审计的年度合并财务会计报告和股东会或股东大会决议通过的利润分配方案；

（三）国有产权转让收入，在签订产权转让合同之日起30个工作日内，由中央企业据实申报，并附送产权转让合同和经核准或备案的资产评估报告；

（四）企业清算收入，在清算组或者管理人编制剩余财产分配方案之日起30个工作日内，由清算组或者管理人据实申报，并附送经依法审计的清算报告，涉及资产评估项目应附送经核准或备案的资产评估报告；

（五）其他国有资本收益，在收益确定之日起30个工作日内，由有关单位申报，并附送有关经济事项发生和金额确认的资料。

第十条 国有独资企业拥有全资公司或者控股子公司、子企业的，应当由集团公司根据国有独资企业经依法审计的年度合并财务会计报告反映的归属于母公司所有者的净利润为基础申报。

企业计算当年应交利润时，可从净利润中扣除以前年度未弥补亏损和提取的法定公积金。

第十一条 财政部会同中央部门（机构），提出国有独资企业应交利润的上交比例建议，报国务院批准后执行。

第十二条 国有独资企业调整以前年度损益的，应相应补交或抵减应交利润。

第十三条 国有控股、参股企业应当依法分配年度净利润。当年不予分配的，应当说明不分配的理由和依据，并出具股东会或者股东大会的决议。

第三章 中央企业国有资本收益的审核

第十四条 中央企业国有资本收益区别以下情况核定：

（一）应交利润，根据中央企业经依法审计的年度合并财务会计报告反映的归属于母公司所有者的净利润和规定的上交比例计算核定；

（二）国有股股利、股息，根据国有控股、参股企业利润分配方案中确定的国有股获得的股利、股息全额核定；

（三）国有产权转让收入，根据企业产权转让协议和资产评估报告等资料计算的转让净收入（扣除转让费用）全额核定；

（四）企业清算收入，根据清算组或者管理人提交的企业清算报告计算的清算净收入（扣除清算费用）全额核定；

（五）其他国有资本收益，根据有关经济行为的财务会计资料核定。

第十五条 事业单位所属国有控股、参股企业的国有股股利、股息，根据国有控股、参股企业当年可供国有投资者分配利润和规定的上交比例计算核定。如企业利润分配方案确定的实际分配国有股股利、股息低于计算核定金额的，则按实际分配的国有股股利、股息核定。

第十六条 中央部门（机构）应当在收到所属（或监管）中央企业上报的国有资本收益申报表及相关材料之日起15个工作日内提出初审意见，报送财政部复核。

第十七条 驻地财政专员办应当在收到中央企业上报的国有资本收益申报表及相关资料之日起15个工作日内提出审核意见，报送财政部。

第十八条 财政部向中央部门（机构）提出复核意见；中央部门（机构）根据财政部复核意见向所属（或监管）中央企业下达国有资本收益上交通知。

财政部根据北京财政专员办审核意见，向中国烟草总公司、中国邮政集团公司、中国铁路总公司下达国有资本收益上交通知。

第十九条 财政部向驻地财政专员办下达国有资本收益收缴通知；驻地财政专员办根据财政部下达的收缴通知向中央企业开具《非税收入一般缴款书》。

第二十条 中央企业由于国家政策进行重大调整，或者遭受重大自然灾害等不可抗力因素造成巨大损失，要求减免上交国有资本收益的，中央企业应当通过中央部门（机构）向财政部提出申请，由财政部报国务院批准。

第四章 中央企业国有资本收益的上交

第二十一条 中央企业应在收到中央部门（机构）国有资本收益上交通知和驻地财政专员办开具的《非税收入一般缴款书》之日起15个工作日内，上交国有资本收益。

第二十二条 中央企业当年应交利润应当在申报日起4个月内交清，其中：应交利润在10亿元以下（含10亿元）的，须一次交清；应交利润在10亿元以上、50亿元以下（含50亿元）的，可分两次交清；应交利润在50亿元以上的，可分三次交清。

第二十三条 中央企业上交的国有资本收益，使用政府收支分类科目中的“10306 国有资本经营收入”下相关目级科目。

第五章 监督检查

第二十四条 财政部和中央部门（机构）对中央企业国有资本收益申报、审核、上交进行监督。

第二十五条 对隐瞒、挪用、拖欠、不交或少交以及违规审核国有资本收益的行为，依照《中华人民共和国预算法》、《财政违法行为处罚处分条例》的相关规定进行处理处罚。

第六章 附 则

第二十六条 本法由财政部负责解释。

第二十七条 本办法自印发之日起施行。《财政部 国资委关于印发〈中央企业国有资本收益收取管理暂行办法〉的通知》（财企〔2007〕309号）同时废止。

附：

1：中央企业国有资本收益（应交利润）申报表；

2：中央企业国有资本收益（国有股股利、股息）申报表；

3：中央企业国有资本收益（国有产权转让收入）申报表；

4：中央企业国有资本收益（企业清算收入）申报表。

附表1：

中央企业国有资本收益（应交利润）申报表

年度

申报单位基本情况	
企业名称	
注册地址	
组织形式 （国有独资企业或国有独资公司）	
所处行业	
注册资本	
开户银行	
银行账号	
财务经理	
联系电话	

应交国有资本收益申报情况（单位：万元）

	项目	中央企业申报数	中央部门（机构）审核数	驻地财政专员办审核数	财政部复核数
1	合并净利润				
2	减：少数股东损益				
3	归属于母公司所有者的净利润				
4	减：弥补以前年度亏损				
5	减：提取法定公积金				
6	上交利润基数				
7	上交利润比例				
8	本期应交利润				
9	加：以前年度欠交利润				
10	加：以前年度损益调整补交利润（抵减利润以“－”号填列）				
11	减：本期已交利润				
12	减：本期免交利润				
13	应交（退）利润余额				

附送资料	
与企业年度合并财务报表有关的资料。	
声明	本公司对以上情况及申报资料的真实性承担法律责任。 法人代表（签章）：　　（公章）

总会计师：　　　　经办人：

附表2：

中央企业国有资本收益（国有股股利、股息）申报表

年度

申报单位基本情况	
企业名称	
注册地址	
组织形式 （有限责任公司或股份有限企业）	
是否为事业单位所属企业	
所处行业	
注册资本	
其中：国有股权（股份）	
开户银行	
银行账号	
财务经理	
联系电话	

应交国有资本收益申报情况（单位：万元）

项目		中央企业申报数	中央部门（机构）审核数	驻地财政专员办审核数	财政部复核数
一、测算国有股股利、股息（事业单位所属企业填报）					
1	合并净利润				
2	减：少数股东损益				
3	归属于母公司所有者净利润				
4	加：年初未分配利润（以前年度亏损以“-”号填列）				
5	减：提取法定公积金				
6	当年可供投资者分配利润				
7	国有股权（股份）所占比例				
8	当年可供国有投资者分配利润				
9	上交利润比例				
10	测算应交国有股股利、股息				
二、实际分配国有股股利、股息					
11	向投资者分配的利润				
12	国有股权（股份）所占比例				
13	实际分配国有股股利、股息				
三、应交国有股股利、股息					
14	本期应交国有股股利、股息				
15	加：以前年度欠交的国有股股利、股息				
16	减：本期已交的国有股股利、股息				
17	应交（退）国有股股利、股息				

附送资料

1. 股东会（股东大会）决议
2. 其他资料

声明	本公司按照《公司法》和公司章程的规定进行利润分配，申报资料真实、合法，国有股东公平分享股息、股利及其合法权益。 法人代表（签章）： （公章）

总会计师： 经办人：

附表3：

中央企业国有资本收益（国有产权转让收入）申报表

年度

申报单位基本情况	
名称	
性质	
联系人	
联系电话	

企业国有产权及其交易情况			
企业名称		组织形式 （国有独资企业或国有控股参股企业）	
注册地址		所处行业	
注册资本		其中：国有股权（股份）	
账面资产总额		其中：固定资产	
国有净资产		资产评估值	
法人代表		联系电话	
交易机构名称		交易机构地址	
结算银行		结算账户	
财务经理		联系电话	
转让标的		占国有净资产比重	
转让底价		实际成交价	
合同签订日		交易结算日	
价款结算方式		价款结算时间	

受让方有关情况			
名称		性质	
注册地（或住所）		资产总额	
法定代表人		联系电话	

应交国有资本收益申报情况（单位：万元）

	项目	中央企业申报数	中央部门（机构）审核数	驻地财政专员办审核数	财政部复核数
1	实际转让收入				
2	减：转让费用				
3	转让净收入				

附送资料

1. 国务院批准文件或国有资产监管机构审批文件；
2. 资产评估报告；
3. 交易结算单据复印件；
4. 转让费用清单及发票；
5. 产权转让合同；
6. 其他资料。

声明	该企业按照规定程序进行交易，申报材料真实、合法，国有股东权益没有受到损害。 申报单位负责人（签章）： （公章） 年 月 日

申报单位主管部门负责人： 经办人：

附表 4：

中央企业国有资本收益（企业清算收入）申报表

年度

申报单位（清算人或管理人）基本情况			
批准成立单位		成立时间	
开户银行		银行账号	
财务负责人		联系电话	

企业清算基本情况			
企业名称		注册地址	
所处行业		组织形式 （国有独资企业或国有控股参股企业）	
注册资本		其中：国有股权（股份）	
原法人代表		原财务负责人	
账面资产总额		其中：固定资产	
账面负债总额		账面净资产	
审计机构		法人代表	
资产评估机构		法人代表	
清算终结日（或法院裁定清算程序终结日）			

应交企业清算收入申报情况（单位：万元）

项目	中央企业申报数	中央部门（机构）审核数	驻地财政专员办审核数	财政部复核数
清算财产变价总收入				
减：清算费用				
减：共益债务				
剩余清算收入				
减：拖欠职工的劳动债权				
减：缴纳的欠交税款				
减：清偿普通债务				
清算净收入				
国有股权（股份）所占比例				
应交企业清算收入				

附列资料

1. 股东大会关于实施清算的决议或有关部门批准的文件；
2. 清算人或管理人组织成立的文件；
3. 清算审计报告；
4. 企业清算报告；
5. 其他资料。

声明	该企业按照国家规定实施清算，申报材料真实、合法，股东合法权益没有受到损害。 清算人或管理人代表（签章）：　　　　（代公章） 年　月　日

经办人：

财政部关于印发《中央下放企业职工家属区“三供一业”分离移交中央财政补助资金管理办法》的通知

2016 年 6 月 23 日　财资〔2016〕31 号

各省、自治区、直辖市、计划单列市财政厅（局），新疆生产建设兵团财务局，财政部驻各省、自治区、直辖市、计划单列市财政监察专员办事处：

“三供一业”是计划经济时期延续下来、由国有企业承办的供水、供电、供热（气）和物业管理等社会职能。长期以来，国有企业职工家属区“三供一业”等办社会职能负担沉重，已成为国有企业深化改革、持续健康发展的较大障碍。根据《国务院关于印发加快剥离国有企业办社会职能和解决历史遗留问题工作方案的通知》（国发〔2016〕19 号）和《国务院办公厅转发国务院国资委、财政部关于国有企业职工家属区“三供一业”分离移交工作指导意见的通知》（国办发〔2016〕45 号），中央财政对中央下放企业职工家属区“三供一业”分离移交给予适当补助。为规范中央财政补助资金管理，财政部制定了《中央下放企业职工家属区“三供一业”分离移交中央财政补助资金管理办法》，现印发给你们，请遵照执行。

附件：中央下放企业职工家属区“三供一业”分离移交中央财政补助资金管理办法

附件：

中央下放企业职工家属区“三供一业”分离移交中央财政补助资金管理办法

第一章　总　　则

第一条　为规范和加强中央下放企业职工家属区“三供一业”分离移交中央财政补助资金（以下简称“补助资金”）管理，根据《中华人民共和国预算法》、《国务院关于印发加快剥离国有企业办社会职能和解决历史遗留问题工作方案的通知》（国发〔2016〕19 号）和《国务院办公厅关于转发国务院国资委、财政部关于国有企业职工家属区“三供一业”分离移交工作指导意见的通知》（国办发〔2016〕45 号）等有关规定，制定本办法。

第二条　中央财政通过预算安排补助资金，用于支持中央下放企业职工家属区“三供一业”分离移交工作，对“三供一业”相关设备设施进行必要的维修改造，基本实现分户设表、按户收费，交由专业化的企业或其他机构实行市场化、社会化管理和服务，中央下放企业不再承担“三供一业”费用的目标。

第三条　本办法所称中央下放企业，是指 1998 年 1 月 1 日以后中央下放地方的煤炭、有色金属、军工等企业，包括中央下放政策性破产企业和中央下放其他企业。

本办法所称“三供一业”是指分离移交前中央下放企业实际承担的职工家属区供水、供电、供热（气）和物业管理项目。

第四条 补助资金分配遵循“分项核定、因素测算、分年预拨、据实清算”的原则。

第五条 财政部负责补助资金年度预算编制，依照本办法分配及下达资金和清算审核，对补助资金使用情况进行监督检查，配合相关部门指导监督各地加快推进中央下放企业职工家属区“三供一业”分离移交工作。

财政部驻各地财政监察专员办事处（以下简称“专员办”）负责按照财政部要求对补助资金使用情况进行监督管理，对清算申请报告进行审核，提出补助资金清算建议。

各省（区、市）财政厅（局）负责编制本地区“三供一业”补助资金预算，加强补助资金管理，配合相关部门组织实施“三供一业”分离移交工作，对补助资金使用情况进行监督检查。

第二章 补助范围和标准

第六条 补助范围包括：

（一）中央下放政策性破产企业在2016年1月1日以前已实现分离移交（以下简称“先期移交”）的“三供一业”，以及此后实施分离移交的“三供一业”。

（二）中央下放其他企业在2016年1月1日以后实施分离移交的“三供一业”。

中央下放其他企业在2015年1月1日至2015年12月31日之间，为贯彻落实《中共中央 国务院关于深化国有企业改革的指导意见》有关要求实施分离移交的“三供一业”，比照本办法执行。

第七条 补助资金按照“三供一业”分项目户均改造费用补助标准、改造居民户数、补助比例和财力补助调节系数等因素测算。补助资金计算公式如下：

某地区中央下放企业应分配补助资金总额＝∑（“三供一业”分项目户均改造费用补助标准×改造居民户数×补助比例×财力补助调节系数）。

（一）分项目户均改造费用补助标准分别为：供水0.58万元、供电0.92万元、供热（气）0.95万元、物业管理0.75万元。

（二）中央下放政策性破产企业改造居民户数按照实施政策性破产政策时核定的职工人数（含离退休人员）历史数据折算，中央下放其他企业改造居民户数按照实际情况核定。

（三）中央财政对中央下放政策性破产企业补助比例为100%，中央下放其他企业补助比例为50%。

（四）中央下放政策性破产企业财力补助调节系数为1，中央下放其他企业财力补助调节系数按同期地方财政困难程度系数折算。

第三章 补助资金申请、预拨和清算

第八条 根据中央下放企业职工家属区“三供一业”分离移交工作进度，各省（区、市）财政厅（局）应于2016年7月底前向财政部报送当年补助资金申请文件，以后年度每年在4月底前报送当年补助资金申请文件。

补助资金申请文件主要包括“三供一业”分离移交工作总体方案、本年工作计划和资金安排，从2017年开始还应报送以前年度补助资金的使用情况和相关工作进展情况等内容，同时报送以下数据及资料：

（一）先期移交的中央下放政策性破产企业名单及涉及的“三供一业”分项项目（附表1）。

（二）列入当年“三供一业”分离移交工作计划的中央下放政策性破产企业名单、“三供一业”分项项目（附表2）。

（三）列入当年“三供一业”分离移交工作计划的中央下放其他企业名单、“三供一业”分项项目、改造居民户数等（附表3）。

（四）相关企业属于中央下放政策性破产企业或中央下放其他企业范围的证明材料。

第九条 各省（区、市）完成“三供一业”分离移交年度工作计划后，可以随同补助资金申请文件一并报送清算申请报告，同时报送以下数据及资料：

（一）年度工作计划完成情况。

（二）已完成分离移交的中央下放政策性破产企业名单及工作完成情况（附表4）。

（三）已完成分离移交的中央下放其他企业名单、工作完成情况、改造居民户数（附表5）。

清算申请报告应同时抄送当地专员办。

第十条 各省（区、市）申请文件是补助资金分配的依据，逾期不报的，中央财政当年不予安排补助资金。

第十一条 中央财政按照年度预算安排和地方申请情况按本办法第七条规定测算确定各省（区、市）年度补助金额，并视“三供一业”分离移交实施进度拨付。

为既保障相关工作顺利启动，又确保政策目标实现，在“三供一业”分离移交工作实施期内，中央财政每年按照当年应补助金额的90%予以预拨，并按规定经清算后拨付剩余补助资金。

第十二条 当地专员办应在收到清算申请报告后30个工作日内完成审核工作，并向财政部上报审核意见，重点核实以下情况：

（一）年度工作计划实施情况。

（二）中央下放政策性破产企业职工家属区“三供一业”分项项目是否实现分离移交。

（三）中央下放其他企业职工家属区“三供一业”分项项目是否实现分离移交、“三供一业”分项项目分离移交改造居民户数。

第十三条 根据专员办审核意见，中央财政以“三供一业”分离移交目标是否实现为标准清算补助资金，对完成分离移交任务的省（区、市）拨付剩余补助资金；对未完成任务的省（区、市），相应扣回预拨的补助资金。其中，对仅完成部分“三供一业”项目分离移交任务的，按照相应标准扣回未完成项目的补助资金。

第十四条 各省（区、市）财政厅（局）提交补助资金清算申请报告的最后截止时间为2020年4月底，逾期未提交的，财政部将组织当地专员办进行清算审核。

第四章 补助资金管理、使用和监督

第十五条 补助资金管理和使用应当严格执行国家有关法律法规、财务规章制度和本办法的规定。

第十六条 各省（区、市）财政部门可以将中央补助资金和地方自筹资金统筹使用，用于支持本省（区、市）国有企业职工家属区“三供一业”分离移交工作。

第十七条 各省（区、市）财政部门可以根据当地国有企业职工家属区“三供一业”分离移交的具体实施方式合理确定补助资金的分配方法和拨付方式。

第十八条 各省（区、市）财政部门收到中央财政补助资金后，应当在30日内按预算级次分解下达给下级财政部门或省属企业。

第十九条 补助资金年度如有结余，可按预算管理办法结转下年继续使用。

第二十条 各省（区、市）财政部门应当会同相关部门建立健全补助资金监管机制，明确职责，加强协作。

第二十一条 财政部对补助资金管理使用情况适时开展监督管理，并委托各地专员办开展补助资金管理使用情况的日常监管。对违反规定的行为，依照《预算法》、《财政违法行为处罚处分条例》等有关规定处理。

第五章 附 则

第二十二条 各省（区、市）财政部门应当根据本办法商相关部门制定本省（区、市）补助资金管理办法，明确资金分配、管理和使用等要求。

第二十三条 独立工矿区、采煤沉陷区等中央下放企业职工家属区整体搬迁涉及“三供一业”分离移交的，按照本办法执行。

第二十四条 本办法自2016年1月1日起施行。

附表：

1. 先期移交中央下放政策性破产企业“三供一业”情况表
2. ______年中央下放政策性破产企业“三供一业”分离移交情况表
3. ______年中央下放其他企业“三供一业”分离移交情况表
4. ______年中央下放政策性破产企业“三供一业”分离移交补助资金清算申请表
5. ______年中央下放其他企业“三供一业”分离移交补助资金清算申请表

附表1：

先期移交中央下放政策性破产企业“三供一业”情况表

填表单位：　　　　（省、区、市）财政厅（局）

企业名称	所属行业	隶属关系划转地方时间	当前主管企业或单位	“三供一业”分离移交项目情况				
				供水	供电	供热	供气	物业

注：1. 企业名称按照执行政策性破产政策的主体企业名称填列；

2. “三供一业”分离移交项目情况一列按照实际情况填写“涉及”或“不涉及”。

附表2：

______年中央下放政策性破产企业 “三供一业”分离移交情况表

填表单位：　　　　（省、区、市）财政厅（局）

企业名称	所属行业	隶属关系划转地方时间	当前主管企业或单位	“三供一业”分离移交项目情况				
				供水	供电	供热	供气	物业

注：1. 企业名称按照执行政策性破产政策的主体企业名称填列；

2. “三供一业”分离移交项目情况一列按照实际情况填写“涉及”或“不涉及”。

附表3：

______年中央下放其他企业“三供一业”分离移交情况表

填表单位：　　　　（省、区、市）财政厅（局）　　　　　　　　　　　　　　　　　　单位：户

企业名称	所属行业	隶属关系划转地方时间	当前主管企业或单位	“三供一业”分离移交改造居民户数				
				供水	供电	供热	供气	物业

附表4：

______年中央下放政策性破产企业“三供一业”分离移交补助资金清算申请表

填表单位：　　　　（省、区、市）财政厅（局）

企业名称	所属行业	隶属关系划转地方时间	当前主管企业或单位	“三供一业”分离移交项目申请情况					“三供一业”分离移交项目清算情况				
				供水	供电	供热	供气	物业	供水	供电	供热	供气	物业

注：1. 企业名称按照执行政策性破产政策的主体企业名称填列。

2. “三供一业”分离移交项目申请情况按照预拨资金申请的情况填写“涉及”或“不涉及”。

3. “三供一业”分离移交项目清算情况按照是否完成分离移交填写“完成”或“未完成”。

附表5：

______年中央下放其他企业“三供一业”分离移交补助资金清算申请表

填表单位：　　（省、区、市）财政厅（局）　　　　单位：户

企业名称	所属行业	隶属关系划转地方时间	当前主管企业或单位	“三供一业”分离移交改造居民户数（申请数）					“三供一业”分离移交改造居民户数（清算数）				
				供水	供电	供热	供气	物业	供水	供电	供热	供气	物业

注：1. “三供一业”分离移交改造居民户数（申请数）按照预拨资金申请时的情况填写。
2. “三供一业”分离移交改造居民户数（清算数）按照实际分离移交情况填写。

财政部关于印发《工业企业结构调整专项奖补资金管理办法》的通知

2016年5月10日　财建〔2016〕253号

各省、自治区、直辖市财政厅（局），财政部驻各省、自治区、直辖市财政监察专员办事处：

按照国务院决策部署，为规范和加强工业企业结构调整专项奖补资金的管理和使用，我部制定了《工业企业结构调整专项奖补资金管理办法》。现予印发，请遵照执行。

附件：工业企业结构调整专项奖补资金管理办法

附件：

工业企业结构调整专项奖补资金管理办法

第一条　为规范工业企业结构调整专项奖补资金的管理和使用，提高资金使用效益，根据《中华人民共和国预算法》、《国务院关于钢铁行业化解过剩产能实现脱困发展的意见》（国发〔2016〕6号）和《国务

院关于煤炭行业化解过剩产能实现脱困发展的意见》（国发〔2016〕7号）等文件要求，制定本办法。

第二条 本办法所称工业企业结构调整专项奖补资金（以下简称专项奖补资金），是指中央财政预算安排用于支持地方政府和中央企业推动钢铁、煤炭等行业化解过剩产能工作的奖补资金。

第三条 专项奖补资金包括支持地方政府的专项奖补资金和支持中央企业的专项奖补资金两部分。中央财政通过专项转移支付将专项奖补资金拨付各省（自治区、直辖市）；通过国有资本经营预算将专项奖补资金拨付各中央企业集团公司。1998年以来下放地方的煤炭企业按照目标任务量占地方任务量的占比和地方奖补资金的拨付比例单独安排，所需资金通过国有资本经营预算专项转移支付安排地方统筹使用。

第四条 专项奖补资金标准按预算总规模与化解过剩产能总目标计算确定，钢铁、煤炭行业专项奖补资金按两行业需安置职工人数等比例确定。拨付地方和中央企业的专项奖补资金分别核定，分开使用，年度资金规模分别按下述公式确定：

1. 地方年度资金规模（不含1998年以来下放的煤炭企业）=

$$\frac{\text{当年全国化解过剩产能任务量（不含中央企业和1998年以来下放的煤炭企业）}}{\text{国务院确定的地方目标任务量（不含中央企业和1998年以来下放的煤炭企业）}}\times\text{国务院确定的地方资金总规模}$$

2. 中央企业年度资金规模 $=\frac{\text{当年中央企业化解过剩产能任务量}}{\text{国务院确定的中央企业目标任务量}}\times\text{国务院确定的中央企业资金总规模}$

3. 1998年以来下放的煤炭企业年度资金规模 =

$$\text{公式1确定的地方年度资金规模}\times\frac{\text{1998年以来下放的煤炭企业当年化解过剩产能任务量}}{\text{当年全国化解过剩产能任务量（不含中央企业和1998年以来下放的煤炭企业）}}$$

第五条 为鼓励地方和中央企业尽早退出产能，按照“早退多奖”的原则，在计算年度化解过剩产能任务量时，2016—2020年分别按照实际产能的110%、100%、90%、80%、70%测算。

专项奖补资金分为基础奖补资金和梯级奖补资金两部分。其中，基础奖补资金占当年资金规模的80%，梯级奖补资金占当年资金规模的20%。

第六条 基础奖补资金按因素法分配，各因素权重和具体内容如下：

（一）化解产能任务量。权重50%，主要考虑该省（自治区、直辖市）和中央企业化解产能目标任务量。

（二）需安置职工人数。权重30%，由两部分组成：一是内退人员数量；二是解除、终止劳动合同人员数量。

（三）困难程度。权重20%，主要考虑地方财政和中央企业困难情况。

第七条 梯级奖补资金和各省（自治区、直辖市）、中央企业超额完成化解过剩产能任务完成情况挂钩。对完成超过目标任务量的省（自治区、直辖市），按该省（自治区、直辖市）、中央企业基础奖补资金的一定系数实行梯级奖补。奖励系数按以下办法确定：

对完成超过目标任务量0—5%（不含，下同）的省（自治区、直辖市）、中央企业，系数为超额完成比例；

对完成超过目标任务量5%—10%的省（自治区、直辖市）、中央企业，系数为超额完成比例的1.25倍；

对完成超过目标任务量10%以上的省（自治区、直辖市）、中央企业，系数为超额完成比例的1.5倍；最高不超过30%。

第八条 按照国务院关于化解过剩产能有关意见要求，发展改革委、工业和信息化部、国家能源局、国家煤矿安监局根据全国化解钢铁、煤炭等行业过剩产能的目标任务和时间要求，综合平衡后确定各省（自治区、直辖市）化解过剩产能总体目标及年度任务（含中央企业，列其中数）。各有关省级人民政府据此制定实施方案并组织实施（中央企业由国务院国资委负责制定实施方案并组织实施），报国务院备案。钢铁煤炭行业化解过剩产能和脱困发展工作部际联席会议与各有关省级人民政府签订目标责任书，国务院国资委与有关中央企业签订目标责任书。

第九条 按照报国务院备案的实施方案和签订的目标责任书确定的总体目标和年度任务，各省（自治区、直辖市）财政厅（局）、国务院国资委于每年5月30日前分别按地方企业、中央企业化解过剩产能任务向财政部提出预拨基础奖补资金申请。财政部审核后按照本办法第六条将基础奖补资金预拨至各省（自治区、直辖市）、中央企业。

第十条 年度结束后，钢铁煤炭行业化解过剩产能和脱困发展工作部际联席会议组织对各省（自治区、直辖市）、国务院国资委实施方案完成情况进行核查，并于次年5月10日前公布核查结果并函告财政部。各省（自治区、直辖市）财政厅（局）、国务院国资委在次年5月30日前分别按公布的地方企业、中央企业化解过剩产能核查结果向财政部提出专项奖补资金清算申请。财政部根据核查结果，对各省（自治区、直辖市）、各中央企业专项奖补资金进行清算：对未完成化解产能任务的，按本办法第六条测算扣回资金；对超额完成化解产能任务的，按本办法第六条和第七条测算拨付余下的资金。

第十一条 专项奖补资金年度安排如有结余，可按预算管理办法结转下年继续使用。

第十二条 省级人民政府对本地区化解过剩产能、处置僵尸企业工作负总责（包括1998年以来下放的煤炭企业），要多渠道筹集并落实好化解过剩产能所需资金，可采用梯级奖补的方式，鼓励企业多退出产能，稳妥做好职工分流安置。其中，对引导主动退出产能的企业给予重点支持。

第十三条 专项奖补资金由地方和中央企业主要用于国有企业职工分流安置工作，也可统筹用于符合条件的非国有企业职工分流安置，具体使用范围由各省（区、市）结合实际确定。专项奖补资金主要用于：

（一）企业为退养职工按规定需缴纳的职工养老和医疗保险费，以及需发放的基本生活费和内部退养工伤职工的工伤保险费；

（二）解除、终止劳动合同按规定需支付的经济补偿金和符合《工伤保险条例》规定的工伤保险待遇；

（三）清偿拖欠职工的工资、社会保险等历史欠费；

（四）弥补行业企业自行管理社会保险收不抵支形成的基金亏空，以及欠付职工的社会保险待遇；

（五）其他符合要求的职工安置工作。

第十四条 专项奖补资金支付按照财政国库管理制度有关规定执行。

第十五条 审计、财政部门应加强对专项奖补资金的审计和监督检查，对违反本办法规定，虚报、冒领、截留、挤占、挪用专项奖补资金的单位和个人，按照《财政违法行为处罚处分条例》（国务院令第427号）等有关规定进行处理。

第十六条 各省（自治区、直辖市）和中央企业应对资金具体使用情况负责，并及时将专项奖补资金分配结果向社会公开，接受社会监督。国务院国资委对中央企业专项奖补资金使用情况进行监督。

第十七条 本办法由财政部会同相关部门按职责分工进行解释。

第十八条 本办法自发布之日起施行。

财政部 科技部 国资委关于印发《国有科技型企业股权和分红激励暂行办法》的通知

2016年2月26日 财资〔2016〕4号

党中央有关部门，国务院各部委、各直属机构，各省、自治区、直辖市、计划单列市财政厅（局）、科技厅（委、局）、国资委，新疆生产建设兵团财务局、科技局、国资委，各中央管理企业：

为进一步激发广大技术和管理人员的积极性和创造性，促进国有科技型企业健康可持续发展，经国务院同意，我们在中关村国家自主创新示范区股权和分红激励试点办法的基础上，制定了《国有科技型企业股权和分红激励暂行办法》。现予印发，请遵照执行。

附件：国有科技型企业股权和分红激励暂行办法

附件：

国有科技型企业股权和分红激励暂行办法

第一章 总 则

第一条 为加快实施创新驱动发展战略，建立国有科技型企业自主创新和科技成果转化的激励分配机制，调动技术和管理人员的积极性和创造性，推动高新技术产业化和科技成果转化，依据《中华人民共和国促进科技成果转化法》、《中华人民共和国公司法》、《中华人民共和国企业国有资产法》等国家法律法规，制定本办法。

第二条 本办法所称国有科技型企业，是指中国境内具有公司法人资格的国有及国有控股未上市科技企业（含全国中小企业股份转让系统挂牌的国有企业），具体包括：

（一）转制院所企业、国家认定的高新技术企业。

（二）高等院校和科研院所投资的科技企业。

（三）国家和省级认定的科技服务机构。

第三条 本办法所称股权激励，是指国有科技型企业以本企业股权为标的，采取股权出售、股权奖励、股权期权等方式，对企业重要技术人员和经营管理人员实施激励的行为。

分红激励，是指国有科技型企业以科技成果转化收益为标的，采取项目收益分红方式；或者以企业经营收益为标的，采取岗位分红方式，对企业重要技术人员和经营管理人员实施激励的行为。

第四条 国有科技型企业实施股权和分红激励应当遵循以下原则：

（一）依法依规，公正透明。严格遵守国家法律法规和本办法的规定，有序开展激励工作，操作过程公开、公平、公正，坚决杜绝利益输送，防止国有资产流失。

（二）因企制宜，多措并举。统筹考虑企业规模、行业特点和发展阶段，采取一种或者多种激励方式，科学制定激励方案。建立合理激励、有序流转、动态调整的机制。

（三）利益共享，风险共担。激励对象按照自愿原则，获得股权和分红激励，应当诚实守信，勤勉尽责，自觉维护企业和全体股东利益，共享改革发展成果，共担市场竞争风险。

（四）落实责任，强化监督。建立健全企业内部监督机制，依法维护企业股东和员工的权益。履行国有资产监管职责单位及同级财政、科技部门要加强监管，依法追责。

第五条 国有科技型企业负责拟订股权和分红激励方案，履行内部审议和决策程序，报经履行出资人职责或国有资产监管职责的部门、机构、企业审核后，对符合条件的激励对象实施激励。

第二章 实施条件

第六条 实施股权和分红激励的国有科技型企业应当产权明晰、发展战略明确、管理规范、内部治理结构健全并有效运转，同时具备以下条件：

（一）企业建立了规范的内部财务管理制度和员工绩效考核评价制度。年度财务会计报告经过中介机构依法审计，且激励方案制定近3年（以下简称近3年）没有因财务、税收等违法违规行为受到行政、刑事处罚。成立不满3年的企业，以实际经营年限计算。

（二）对于本办法第二条中的（一）、（二）类企业，近3年研发费用占当年企业营业收入均在3%以上，激励方案制定的上一年度企业研发人员占职工总数10%以上。成立不满3年的企业，以实际经营年限计算。

（三）对于本办法第二条中的（三）类企业，近3年科技服务性收入不低于当年企业营业收入的60%。

上款所称科技服务性收入是指国有科技服务机构营业收入中属于研究开发及其服务、技术转移服务、检验检测认证服务、创业孵化服务、知识产权服务、科技咨询服务、科技金融服务、科学技术普及服务等收入。

企业成立不满3年的，不得采取股权奖励和岗位分红的激励方式。

第七条 激励对象为与本企业签订劳动合同的重要技术人员和经营管理人员，具体包括：

（一）关键职务科技成果的主要完成人，重大开发项目的负责人，对主导产品或者核心技术、工艺流程做出重大创新或者改进的主要技术人员。

（二）主持企业全面生产经营工作的高级管理人员，负责企业主要产品（服务）生产经营的中、高级经营管理人员。

（三）通过省、部级及以上人才计划引进的重要技术人才和经营管理人才。

企业不得面向全体员工实施股权或者分红激励。

企业监事、独立董事不得参与企业股权或者分红激励。

第三章 股权激励

第八条 企业可以通过以下方式解决激励标的股权来源：

（一）向激励对象增发股份。

（二）向现有股东回购股份。

（三）现有股东依法向激励对象转让其持有的股权。

第九条 企业可以采取股权出售、股权奖励、股权期权等一种或多种方式对激励对象实施股权激励。

大、中型企业不得采取股权期权的激励方式。

企业的划型标准，按照国家统计局《关于印发统计上大中小微型企业划分办法的通知》（国统字〔2011〕75号）等有关规定执行。

第十条 大型企业的股权激励总额不超过企业总股本的5%；中型企业的股权激励总额不超过企业总股本的10%；小、微型企业的股权激励总额不超过企业总股本的30%，且单个激励对象获得的激励股权不得超过企业总股本的3%。

企业不能因实施股权激励而改变国有控股地位。

第十一条 企业实施股权出售，应按不低于资产评估结果的价格，以协议方式将企业股权有偿出售给激励对象。资产评估结果，应当根据国有资产评估的管理规定，报相关部门、机构或者企业核准或者备案。

第十二条 企业实施股权奖励，除满足本办法第六条规定外，近3年税后利润累计形成的净资产增值额应当占近3年年初净资产总额的20%以上，实施激励当年年初未分配利润为正数。

近3年税后利润累计形成的净资产增值额，是指激励方案制定上年末账面净资产相对于近3年首年初账面净资产的增加值，不包括财政及企业股东以各种方式投资或补助形成的净资产和已经向股东分配的利润。

第十三条 企业用于股权奖励的激励额不超过近3年税后利润累计形成的净资产增值额的15%。企业实施股权奖励，必须与股权出售相结合。

股权奖励的激励对象，仅限于在本企业连续工作3年以上的重要技术人员。单个获得股权奖励的激励对象，必须以不低于1∶1的比例购买企业股权，且获得的股权奖励按激励实施时的评估价值折算，累计不超过300万元。

第十四条 企业用于股权奖励的激励额，应当依据经核准或者备案的资产评估结果折合股权，并确定向每个激励对象奖励的股权。

第十五条 企业股权出售或者股权奖励原则上应一次实施到位。

第十六条 小、微型企业采取股权期权方式实施激励的，应当在激励方案中明确规定激励对象的行权价格。

确定行权价格时，应当综合考虑科技成果成熟程度及其转化情况、企业未来至少5年的盈利能力、企业拟授予全部股权数量等因素，且不低于制定股权期权激励方案时经核准或者备案的每股评估价值。

第十七条 企业应当与激励对象约定股权期权授予和行权的业绩考核目标等条件。

业绩考核指标可以选取净资产收益率、主营业务收入增长率、现金营运指数等财务指标，但应当不低于企业近 3 年平均业绩水平及同行业平均业绩水平。成立不满 3 年的企业，以实际经营年限计算。

第十八条 企业应当在激励方案中明确股权期权的授权日、可行权日和行权有效期。

股权期权授权日与获授股权期权首次可行权日之间的间隔不得少于 1 年，股权期权行权的有效期不得超过 5 年。

企业应当规定激励对象在股权期权行权的有效期内分期行权。有效期过后，尚未行权的股权期权自动失效。

第十九条 企业以股权期权方式授予的股权，激励对象分期缴纳相应出资额的，以实际出资额对应的股权参与企业利润分配。

第二十条 企业不得为激励对象购买股权提供贷款以及其他形式的财务资助，包括为激励对象向其他单位或者个人贷款提供担保。企业要坚持同股同权，不得向激励对象承诺年度分红回报或设置托底回购条款。

第二十一条 激励对象可以采用直接或间接方式持有激励股权。采用间接方式的，持股单位不得与企业存在同业竞争关系或发生关联交易。

第二十二条 股权激励的激励对象，自取得股权之日起，5 年内不得转让、捐赠，特殊情形按以下规定处理：

（一）因本人提出离职或者个人原因被解聘、解除劳动合同，取得的股权应当在半年内全部退回企业，其个人出资部分由企业按上一年度审计后净资产计算退还本人。

（二）因公调离本企业的，取得的股权应当在半年内全部退回企业，其个人出资部分由企业按照上一年度审计后净资产计算与实际出资成本孰高的原则返还本人。

在职激励对象不得以任何理由要求企业收回激励股权。

第四章　分红激励

第二十三条 企业实施项目收益分红，应当依据《中华人民共和国促进科技成果转化法》，在职务科技成果完成、转化后，按照企业规定或者与重要技术人员约定的方式、数额和时限执行。企业制定相关规定，应当充分听取本企业技术人员的意见，并在本企业公开相关规定。

企业未规定、也未与重要技术人员约定的，按照下列标准执行：

（一）将该项职务科技成果转让、许可给他人实施的，从该项科技成果转让净收入或者许可净收入中提取不低于 50% 的比例；

（二）利用该项职务科技成果作价投资的，从该项科技成果形成的股份或者出资比例中提取不低于 50% 的比例；

（三）将该项职务科技成果自行实施或者与他人合作实施的，应当在实施转化成功投产后连续 3 至 5 年，每年从实施该项科技成果的营业利润中提取不低于 5% 的比例。

转让、许可净收入为企业取得的科技成果转让、许可收入扣除相关税费和企业为该项科技成果投入的全部研发费用及维护、维权费用后的金额。企业将同一项科技成果使用权向多个单位或者个人转让、许可的，转让、许可收入应当合并计算。

第二十四条 企业实施项目收益分红，应当按照具体项目实施财务管理，并按照国家统一的会计制度进行核算，反映具体项目收益分红情况。

第二十五条 企业实施岗位分红，除满足本办法第六条规定外，近 3 年税后利润累计形成的净资产增值额应当占企业近 3 年年初净资产总额的 10% 以上，且实施激励当年年初未分配利润为正数。

第二十六条 企业年度岗位分红激励总额不高于当年税后利润的 15%。企业应当按照岗位在科技成果产业化中的重要性和贡献，确定不同岗位的分红标准。

第二十七条 激励对象应当在该岗位上连续工作 1 年以上，且原则上每次激励人数不超过企业在岗职工总数的 30%。

激励对象获得的岗位分红所得不高于其薪酬总额的2/3。激励对象自离岗当年起，不再享有原岗位分红权。

第二十八条 岗位分红激励方案有效期原则上不超过3年。激励方案中应当明确年度业绩考核指标，原则上各年度净利润增长率应当高于企业实施岗位分红激励近3年平均增长水平。

企业未达到年度考核要求的，应当终止激励方案的实施，再次实施岗位分红激励需重新申报。

激励对象未达到年度考核要求的，应当按约定的条款扣减、暂缓或停止分红激励。

第二十九条 企业实施分红激励所需支出计入工资总额，但不受当年本单位工资总额限制、不纳入本单位工资总额基数，不作为企业职工教育经费、工会经费、社会保险费、补充养老及补充医疗保险费、住房公积金等的计提依据。

第五章 激励方案的管理

第三十条 企业总经理班子或者董事会（以下统称企业内部决策机构）负责拟订企业股权和分红激励方案（格式参见附件）。

第三十一条 对同一激励对象就同一职务科技成果或者产业化项目，企业只能采取一种激励方式、给予一次激励。对已按照本办法实施股权激励的激励对象，企业在5年内不得再对其实施股权激励。

第三十二条 激励方案涉及的财务数据和资产评估结果，应当经具有相关资质的会计师事务所审计和资产评估机构评估，并按有关规定办理核准或备案手续。

第三十三条 企业内部决策机构拟订激励方案时，应当通过职工代表大会或者其他形式充分听取职工的意见和建议。

第三十四条 企业内部决策机构应当将激励方案及听取职工意见情况，先行报履行出资人职责或国有资产监管职责的部门、机构、企业（以下简称审核单位）批准。

中央企业集团公司相关材料报履行出资人职责的部门或机构批准；中央企业集团公司所属子企业，相关材料报中央企业集团公司批准。履行出资人职责的国有资本投资、运营公司所属子企业，相关材料报国有资本投资、运营公司批准。

中央部门及事业单位所属企业，按国有资产管理权属，相关材料报中央主管部门或机构批准。

地方国有企业相关材料，按现行国有资产管理体制，报同级履行国有资产监管职责的部门或机构批准。

第三十五条 审核单位应当严格审核企业申报的激励方案，必要时要求企业法律事务机构或者外聘律师对激励方案出具法律意见书，对以下事项发表专业意见：

（一）激励方案是否符合有关法律、法规和本办法的规定。

（二）激励方案是否存在明显损害企业及现有股东利益的情形。

（三）激励方案是否充分披露影响激励结果的重大信息。

（四）激励方案可能引发的法律纠纷等风险，以及应对风险的法律建议。

（五）其他重要事项。

审核单位自受理企业股权和分红激励方案之日起20个工作日内，提出书面审定意见。

第三十六条 审核单位批准企业实施股权和分红激励后，企业内部决策机构应将批准的激励方案提请股东（大）会审议。

在股东（大）会审议激励方案时，国有股东代表应当按照审批单位书面审定意见发表意见。

未设立股东（大）会的企业，按照审批单位批准的方案实施。

第三十七条 除国家另有规定外，企业应当在股东（大）会审议通过激励方案后5个工作日内，将以下材料报送审核单位备案：

（一）经股东（大）会审议通过的激励方案。

（二）相关批准文件、股东（大）会决议。

企业股东应当依法行使股东权利，督促企业内部决策机构严格按照激励方案实施激励。

第三十八条 在激励方案实施期间内，企业应于每年1月底前向审核单位报告上一年度激励方案实施情况：

（一）实施激励涉及的业绩条件、净收益等财务信息。

（二）激励对象在报告期内各自获得的激励情况。

（三）报告期内的股权激励数量及金额，引起的股本变动情况，以及截至报告期末的累计额。

（四）报告期内的分红激励金额，以及截至报告期末的累计额。

（五）激励支出的列支渠道和会计核算情况。

（六）其他应报告的事项。

中央主管部门、机构和中央企业集团公司，应当对所属企业年度股权和分红激励实施情况进行总结，包括实施股权和分红激励企业户数、激励方式、激励人数、激励落实情况、存在的突出问题以及有关政策建议等，并于3月底前将上一年度实施情况的总结报告报送财政部、科技部。

地方省级财政部门、科技部门，负责对本省地方国有企业年度股权和分红激励实施情况进行总结，并于3月底前将上一年度实施情况的总结报告报送财政部、科技部。

第三十九条 企业实施股权或者分红激励，应当按照《企业财务通则》（财政部令第41号）和国家统一会计制度的规定，规范财务管理和会计核算。

第四十条 企业实施激励导致注册资本规模、股权结构或者组织形式变动的，应当按照有关规定，根据相关批准文件、股东（大）会决议等，及时办理国有资产产权登记和工商变更登记手续。

第四十一条 因出现特殊情形需要调整激励方案的，企业应当重新履行内部审议和外部审核的程序。

因出现特殊情形需要终止实施激励的，企业内部决策机构应当向审核单位报告并向股东（大）会说明情况。

第四十二条 企业实施激励过程中，应当接受审核单位及财政、科技部门监督。对违反有关法律法规及本办法规定、损害国有资产合法权益的情形，审核单位应当责令企业中止方案实施，并追究相关人员的法律责任。

第六章 附 则

第四十三条 企业不符合本办法规定激励条件而向管理者转让国有产权的，应当通过产权交易市场公开进行，并按照国家关于产权交易监督管理的有关规定执行。

第四十四条 尚未实施公司制改革的全民所有制企业可参照本办法，实施项目收益分红和岗位分红激励政策。

第四十五条 本办法由财政部、科技部负责解释。各地方、部门可根据本办法制定具体实施细则。

第四十六条 本办法自2016年3月1日起施行。企业依据《财政部 科技部关于印发〈中关村国家自主创新示范区企业股权和分红激励实施办法〉的通知》（财企〔2010〕8号）、《财政部 科技部关于〈中关村国家自主创新示范区企业股权和分红激励实施办法〉的补充通知》（财企〔2011〕1号）制定并正在实施的激励方案，可继续执行，实施期满，新的激励方案统一按本办法执行。

附件：“企业股权和分红激励方案”提纲（略）

财政部关于印发《中央国有资本经营预算管理暂行办法》的通知

2016年1月15日　财预〔2016〕6号

国务院有关部委、有关直属机构，有关中央企业和中央金融企业：

根据党的十八届三中全会提出的完善国有资本经营预算制度的要求，为加强和规范中央国有资本经营预算管理，优化国有资本配置，经国务院批准，现将《中央国有资本经营预算管理暂行办法》印发给你们，请遵照执行。对中央金融企业国有资本经营预算管理有具体规定的，按有关规定执行。

附件：中央国有资本经营预算管理暂行办法

附件：

中央国有资本经营预算管理暂行办法

第一章　总　　则

第一条　为加强和规范中央国有资本经营预算管理，优化国有资本配置，根据《中华人民共和国预算法》、《中华人民共和国企业国有资产法》等法律和行政法规，制定本办法。

第二条　本办法适用于中央国有资本经营预算的编制、执行、决算、监督检查等预算管理活动。

第三条　中央国有资本经营预算保持完整独立，并与一般公共预算相衔接，应当按照收支平衡的原则编制，以收定支，不列赤字。

第四条　中央国有资本经营预算由预算收入和预算支出组成。

第五条　中央国有资本经营预算应当按照国家宏观经济政策及中期财政规划要求，实行滚动编制。

第六条　本办法适用对象包括纳入中央国有资本经营预算实施范围的中央部门及其监管（所属）的中央企业，以及直接向财政部报送国有资本经营预算的中央企业。直接向财政部报送国有资本经营预算的中央企业包括中国烟草总公司、中国铁路总公司、中国邮政集团公司，国务院及其授权机构代表国家履行出资人职责的国有独资、国有控股、国有参股金融企业（含中国投资有限责任公司）等。

第七条　经法定程序批准的中央国有资本经营预算、决算应当根据有关规定及时向社会公开，涉及国家秘密的除外。

第二章　预算收支范围

第八条　中央国有资本经营预算收入是中央部门及中央企业上交，并纳入国有资本经营预算管理的国有资本收益，主要包括：

（一）国有独资企业按照规定应当上交国家的利润；

（二）国有控股、参股企业国有股权（股份）获得的股利、股息收入；

（三）国有产权（含国有股份）转让收入；

（四）国有独资企业清算收入（扣除清算费用），国有控股、参股企业国有股权（股份）分享的公司清算收入（扣除清算费用）；

（五）其他国有资本经营收入。

第九条 中央国有资本经营预算支出应当服务于国家战略目标，除调入一般公共预算和补充全国社会保障基金外，主要用于以下用途：

（一）解决国有企业历史遗留问题及相关改革成本支出；

（二）关系国家安全、国民经济命脉的重要行业和关键领域国家资本注入，包括重点提供公共服务、发展重要前瞻性战略性产业、保护生态环境、支持科技进步、保障国家安全，保持国家对金融业控制力，推进国有经济布局和结构战略性调整，解决国有企业发展中的体制性、机制性问题；

（三）国有企业政策性补贴。

中央国有资本经营预算支出方向和重点，应当根据国家宏观经济政策需要以及不同时期国有企业改革发展任务适时进行调整。

第三章 预算编制和批复

第十条 中央国有资本经营预算按年度编制，并按照国家宏观政策及《国务院关于实行中期财政规划管理的意见》（国发〔2015〕3号）等要求，编制中期中央国有资本经营预算收支规划。

编制年度中央国有资本经营预算草案的依据：

（一）《中华人民共和国预算法》及其实施条例；

（二）国务院关于国有资本经营预算的要求，国家宏观调控政策；

（三）国有资本布局规划，国家确定的中央国有资本经营预算支持的重点和方向；

（四）中期中央国有资本经营预算收支规划；

（五）财政部关于年度预算的安排；

（六）中央部门、中央企业有关绩效评价结果；

（七）存量资产和结余资金情况。

第十一条 中央国有资本经营预算收入由财政部根据中央企业年度盈利等情况和中央企业国有资本收益收取政策进行测算编制。

第十二条 中央国有资本经营预算支出按照下列程序进行编制：

（一）财政部按照国务院编制预算的统一要求，根据中央国有资本经营预算支出政策，布置编报年度中央国有资本经营预算；

（二）中央部门根据财政部的编报要求，向监管（所属）中央企业布置编报年度中央企业国有资本经营预算；

（三）中央部门监管（所属）中央企业根据有关编报要求，编制本企业年度国有资本经营预算支出计划建议报中央部门，并抄报财政部；

（四）中央部门对监管（所属）中央企业报送的年度国有资本经营预算支出计划建议进行初审后，编制本部门国有资本经营预算支出建议草案报财政部；

（五）直接向财政部报送国有资本经营预算的中央企业编制本企业国有资本经营预算支出建议草案报财政部；

（六）财政部根据当年预算收入规模、中央部门及中央企业报送的国有资本经营预算支出建议草案，进行统筹平衡后，编制中央国有资本经营预算草案。

第十三条 中央国有资本经营预算草案应当报国务院审定后，报送全国人民代表大会审查。

第十四条 中央国有资本经营预算经全国人民代表大会批准后，财政部应当在20日内向有关中央部门和直接向财政部报送国有资本经营预算的中央企业批复预算。

第十五条 中央国有资本经营预算支出，按其功能分类应当编制到项。

第四章 预算执行

第十六条 中央国有资本经营预算收入由财政部驻各地财政监察专员办事处负责具体收缴，中央部门负责组织监管（所属）中央企业上交。中央企业按规定应上交的国有资本收益，应当及时、足额上交中央财政。任何部门和单位不得擅自减免中央国有资本经营预算收入。

第十七条 中央国有资本经营预算支出应当按照经批复的预算执行，未经批准不得擅自调剂。

第十八条 中央国有资本经营预算资金的收付按照财政国库集中收付制度有关规定执行。

第十九条 中央国有资本经营预算结余资金应当在下一年度预算编制中统筹考虑。

第五章 决　　算

第二十条 财政部按照编制决算的统一要求，部署编制本年度中央国有资本经营决算草案工作，制发中央国有资本经营决算报表格式和编制说明。

第二十一条 中央部门根据其监管（所属）中央企业编制的国有资本经营支出决算，编制本部门中央国有资本经营决算草案报财政部。直接向财政部报送国有资本经营预算的中央企业编制本企业国有资本经营决算草案报财政部。

第二十二条 财政部根据当年国有资本经营预算执行情况和各中央部门、中央企业上报的决算草案，编制中央国有资本经营决算草案。

第二十三条 中央国有资本经营决算草案，经国务院审计部门审计后，报国务院审定，由国务院提请全国人民代表大会常务委员会审查。

第二十四条 中央国有资本经营决算草案经全国人民代表大会常务委员会批准后，财政部应当在20日内向有关中央部门和直接向财政部报送国有资本经营预算的中央企业批复决算。

第六章 绩效管理与监督检查

第二十五条 财政部应当对中央部门、中央企业的国有资本经营预算执行情况进行动态监控和监督检查。

第二十六条 中央国有资本经营预算应当实施绩效管理，科学设立绩效目标，积极开展绩效评价，切实加强评价结果应用，不断提升预算资金使用绩效。

第二十七条 财政、审计等部门依法对中央国有资本经营预算进行审计、监督和检查。

第二十八条 对中央国有资本经营预算管理中的违法行为，依照《中华人民共和国预算法》、《财政违法行为处罚处分条例》等法律法规予以处理。

第七章 附　　则

第二十九条 财政部根据本办法制定和完善相关配套政策。

第三十条 本办法由财政部负责解释。

第三十一条 本办法自印发之日起施行。

财政部关于厂办大集体改革中央财政专项补助资金管理问题的补充通知

2015 年 11 月 24 日　财资〔2015〕65 号

各省、自治区、直辖市、计划单列市财政厅（局），新疆生产建设兵团财务局、财政部驻各省、自治区、直辖市、计划单列市财政监察专员办事处：

根据《国务院办公厅关于在全国范围内开展厂办大集体改革工作的指导意见》（国办发〔2011〕18 号），中央财政对地方厂办大集体改革给予专项补助。为继续推进厂办大集体改革，经国务院批准，现就地方厂办大集体改革工作中有关中央财政专项补助资金的管理问题补充通知如下：

一、为支持地方人民政府推动厂办大集体改革工作，中央财政对地方厂办大集体改革工作继续给予补助和奖励。补助比例按国办发〔2011〕18 号文件规定不变，奖励比例统一确定为 30%。

二、厂办大集体中央财政专项补助资金仍按照“先预拨、后清算”的原则进行。预拨资金按中央财政应承担补助和奖励金额的 100% 的比例拨付。厂办大集体改革完成后，财政部依据各地上报的专项资金清算报告和所在地财政监察专员办事处的审核意见，据实清算专项补助资金。

三、中央财政补助清算资金按照地方厂办大集体改革方案规定的改革基准时点的在职职工人数、平均工龄、平均工资或当地企业最低工资标准等因素计算确定。

四、地方人民政府应结合本地区实际，将自筹资金和中央财政补助资金统筹用于支持厂办大集体企业接续职工各项社会保险关系、解除职工劳动关系经济补偿等厂办大集体改革相关支出，具体范围由各地根据实际情况合理确定。

五、财政监察专员办事处按属地原则，对专项资金清算报告进行审核，审核重点包括：企业性质，地方政府制定的厂办大集体改革方案规定的改革时点，改革时点的在职集体职工人数、职工工龄和上年工资水平，企业资产变现情况，在职职工劳动关系的处理情况，中央财政补助资金的使用方向等。

六、《财政部关于厂办大集体改革中央财政专项补助资金管理问题的通知》（财企〔2011〕114 号）继续有效，其中与本通知不一致的，以本通知为准。

财政部关于扩大中央国有资本经营预算实施范围有关事项的通知

2015 年 9 月 25 日　财资〔2015〕48 号

最高人民检察院、民政部、司法部、财政部、环境保护部、水利部、农业部、文化部、卫生计生委、国家新闻出版广电总局、国家林业局、国家旅游局、国家机关事务管理局、国家海洋局、中国民用航空局、国家文物局、国家食品药品监督管理总局、国家中医药管理局、中共中央直属机关事务管理局、共青团中央、中国文学艺术界联合会，中国铁路总公司：

经国务院批准，从2016年起，继续扩大中央国有资本经营预算实施范围。现将有关事项通知如下：

一、从2016年起，将中国铁路总公司以及最高人民检察院、民政部、司法部、财政部、环境保护部、水利部、农业部、文化部、卫生和计划生育委员会、国家新闻出版广电总局、国家林业局、国家旅游局、国家机关事务管理局、国家海洋局、中国民用航空局、国家文物局、国家食品药品监督管理总局、国家中医药管理局、中共中央直属机关事务管理局、共青团中央、中国文学艺术界联合会所属企业，纳入中央国有资本经营预算实施范围（企业名单详见附件）。

二、新纳入实施范围的国有独资企业作为第四类，按税后利润10%收缴国有资本收益。

三、请你单位根据《财政部　国资委关于印发〈中央企业国有资本收益收取管理暂行办法〉的通知》（财企〔2007〕309号）、《财政部关于印发〈中央国有资本经营预算编报办法〉的通知》（财企〔2011〕318号）和《财政部关于编报2016年中央国有资本经营预算的通知》（财预〔2015〕141号），组织相关企业做好中央企业国有资本收益申报上交和中央国有资本经营预算编报工作。

附件：纳入中央国有资本经营预算实施范围企业名单

附件：

纳入中央国有资本经营预算实施范围企业名单

1. 中国铁路总公司

最高人民检察院所属企业

1. 北京正义网络传媒有限公司
2. 北京中检嘉视网络科技有限公司

民政部所属企业

1. 中国社会报社
2. 华龄出版社体
3. 中国老年杂志社
4. 中国老年报社
5. 乡镇论坛杂志社

司法部所属企业

1. 法制日报社

财政部所属企业

1. 北京德宝会议服务有限公司

环境保护部所属企业

1. 中绿实业有限公司
2. 中国环境出版有限责任公司
3. 廊坊环保国际履约投资有限公司
4. 中环联（北京）环境保护有限公司

水利部所属企业

1. 汉江水利水电（集团）有限责任公司
2. 三门峡黄河明珠（集团）有限公司
3. 中水淮河规划设计研究有限公司
4. 华北水利水电工程集团有限公司
5. 珠江水利水电开发有限公司
6. 松辽水利水电开发有限责任公司
7. 黄河水利水电开发总公司
8. 新华水利控股集团公司

农业部所属企业

1. 农业教育声像出版社
2. 哈尔滨动物生物制品国家工程研究中心有限公司
3. 武汉中油科技新产业有限公司

文化部所属企业

1. 《中国摄影家》杂志社
2. 北京北图文化发展中心
3. 北京国话剧场
4. 北京国图书店有限责任公司
5. 北京梅兰芳大剧院
6. 北京美术观察杂志社
7. 北京中芭演出有限公司
8. 国话影视文化传媒（北京）有限公司
9. 文艺研究杂志社
10. 北京国话先锋剧场

国家卫生和计划生育委员会所属企业

1. 齐鲁医疗投资管理有限公司
2. 中国人口报社
3. 上海中山医疗科技发展公司
4. 上海汾阳视听医学技术有限公司

国家新闻出版广电总局所属企业

1. 中国新闻出版传媒集团有限公司

国家林业局所属企业

1. 大兴安岭林业集团公司

国家旅游局所属企业

1. 秦皇岛市北戴河金山宾馆
2. 国家旅游局招待所

国家机关事务管理局所属企业

1. 北京德宝饭店

国家海洋局所属企业

1. 北京国海广告有限公司
2. 北京先驱高技术开发公司

中国民用航空局所属企业

1. 中国民航华北局北戴河培训中心
2. 上海民航华茂宾馆
3. 广州芙蓉物业管理有限公司
4. 新疆航空酒店有限责任公司
5. 西安西北民航大厦有限责任公司
6. 北京国际航空俱乐部有限公司
7. 辽宁东北民航生活服务中心哈尔滨机场宾馆
8. 四川民航大厦宾馆有限公司

国家文物局所属企业

1. 文物出版社印刷厂
2. 中国文物报社

国家食品药品监督管理总局所属企业

1. 中国医药报社

国家中医药管理局所属企业

1. 中国中医药报社

中共中央直属机关事务管理局所属企业

1. 中安网脉（北京）技术股份有限公司
2. 北京电子科技学院印刷厂

共青团中央所属企业

1. 中国青旅集团公司
2. 中国青年实业发展总公司
3. 中青高新技术产业发展中心

中国文学艺术界联合会所属企业

1. 北京电影家俱乐部
2.《缤纷》杂志社
3.《中国书法》杂志社
4.《当代电视》杂志社
5.《民间文学》杂志社

财政部关于取消豁免国有创业投资机构和国有创业投资引导基金国有股转持义务审批事项后有关管理工作的通知

2015 年 8 月 11 日　财资〔2015〕39 号

国务院有关部委，有关直属机构，各省、自治区、直辖市、计划单列市财政厅（局）、国资委（局），中国证券登记结算有限责任公司，有关国有创业投资机构、国有创业投资引导基金：

为提高国有资本从事创业投资的积极性，鼓励和引导国有创业投资机构（以下简称创投机构）和国有创业投资引导基金（以下简称引导基金）加大对中早期项目的投资，符合条件的创业机构和引导基金经审核批准后，可豁免国有股转持义务。根据《国务院关于取消和调整一批行政审批项目等事项的决定》（国发〔2015〕11 号）要求，对豁免创投机构和引导基金国有股转持义务事项不再进行审批。为加强后续监管，确保该政策顺利实施，并避免对国有股转持政策造成不利影响，现就有关事项通知如下：

一、资质条件

（一）豁免国有股转持义务的创投机构资质要求

1. 经营范围符合《创业投资企业管理暂行办法》（发展改革委等 10 部门令第 39 号，以下简称 39 号令）

或《私募投资基金监督管理暂行办法》（证监会令第105号，以下简称105号令）规定，且工商登记名称中注有“创业投资”字样。在2005年11月15日前完成工商登记的，可保留原有工商登记名称，但经营范围须符合39号令或105号令规定。

2. 遵照39号令规定条件和程序完成备案，且最近一年必须通过备案管理部门年度检查（申请豁免转持义务当年新备案的创投机构除外），投资运作符合39号令有关规定；或者遵照105号令规定条件和程序完成备案，且通过中国证券投资基金业协会有关资格审查，投资运作符合105号令有关规定。

（二）豁免国有股转持义务的引导基金应当按照《关于创业投资引导基金规范设立与运作的指导意见》（国办发〔2008〕116号）规定，规范设立并运作。

（三）本通知所称未上市中小企业应当同时符合下列条件：

1. 经企业所在地县级以上劳动和社会保障部门或社会保险基金管理单位核定，职工人数不超过500人；

2. 根据会计师事务所审计的年度合并会计报表，年销售（营业总收入）不超过2亿元，资产总额不超过2亿元。

（四）创投机构或引导基金投资于未上市中小企业，其投资时点以创投机构或引导基金投资后，被投资企业取得工商行政管理部门核发的法人营业执照或工商核准变更登记通知书的日期为准。同一创投机构或引导基金对未上市中小企业进行多轮投资的，第一次投资为初始投资，其后续投资均按初始投资的时点进行确认。被投资企业规模按照创投机构或引导基金初始投资时点之上一年度末的相关指标进行认定。

二、办理程序

（一）创投机构或引导基金在被投资企业股东大会审议通过首次公开发行股票并上市议案后，根据本通知资质条件要求，自行确定是否符合豁免国有股转持义务条件。

（二）自行确定符合豁免国有股转持义务条件的创投机构或引导基金，应登录中国投资协会股权和创业投资专业委员会官网（www. vcpe. org. cn）或中国证券投资基金业协会官网（www. amac. org. cn）“信息公示”栏目，下载并如实填报《豁免国有创业投资机构或国有创业投资引导基金国有股转持义务有关信息公示表》（以下简称《信息公示表》，见附件1）。

创投机构或引导基金应将填写完成的《信息公示表》连同创投机构营业执照、备案管理部门同意创投机构备案文件及近一年年检结果的通知或中国证券投资基金业协会出具的资格审查无异议函、创投机构或引导基金初始投资时点之上一年度末被投资企业职工人数证明、省级以上国有资产管理部门出具的被投资企业国有股权管理批复文件等资料的扫描件，一并及时在中国投资协会股权和创业投资专业委员会官网或中国证券投资基金业协会官网“信息公示”栏目向社会进行公示，公示期不少于20个工作日，接受社会监督。

中国投资协会股权和创业投资专业委员会联系电话：010－63909874，传真：010－63907882；中国证券投资基金业协会联系电话：010－66578200，传真：010－66578256。

（三）在中国投资协会股权和创业投资专业委员会官网或中国证券投资基金业协会官网公示的同时，创投机构或引导基金应同时登录财政部官网（www. mof. gov. cn）“资产管理司”频道“国有资本管理”专题栏目，下载《豁免国有创业投资机构或国有创业投资引导基金国有股转持义务公示情况表》（以下简称《公示情况表》，见附件2），填写完成后发送至财政部资产管理司“czbzcgls@126. com”邮箱，并可致电（010－68552423）核实查收情况。

（四）公示期间社会公众如有异议，可实名向财政部资产管理司反映（电话：010－68552423，传真：010－68552424）。财政部将及时通知该创投机构或引导基金，同时组织国资委、证监会和社保基金会等部门开展核查工作。经核查确认符合豁免国有股转持义务条件的，财政部将在《公示情况表》“公示结果”栏标注“公示有异议，经核查符合条件”字样；经核查确认不符合豁免国有股转持义务条件的，将标注“公示有异议，经核查不符合条件”字样。

公示期满社会公众无异议的，财政部将在《公示情况表》“公示结果”栏标注“公示无异议”字样。

（五）财政部在公示期满或核查确认后，将在财政部官网“资产管理司”频道“国有资本管理”专题栏目中公布公示结果。创投机构或引导基金应及时登录相关网页查看公示结果，并可下载打印标注“公示无异议”或“公示有异议，经核查符合条件”字样的页面，作为被投资企业向证券监管部门提交公开发行并上市申请的附件。证券监管部门可登录财政部官网“资产管理司”频道“国有资本管理”专题栏目查询创投机构或引导基金豁免国有股转持义务公示结果的真实性。

三、国有股回拨

2014年12月3日至本通知下发日，创投机构或引导基金已按《境内证券市场转持部分国有股充实全国社会保障基金实施办法》（财企〔2009〕94号）实施国有股转持，经财政部会同社保基金会审核符合豁免转持政策的，实行回拨处理。回拨的国有股权包括：（1）由该创投机构或引导基金转持至社保基金会的国有股；（2）社保基金会持股期内因上市公司利润分配或资本公积转增等原因，由该部分国有股派生的相关权益，包括送股、转增股本及现金分红等。

创投机构、引导基金或其国有出资人已按财企〔2009〕94号文件规定以现金替代方式履行国有股转持义务，经财政部会同社保基金会审核符合豁免转持政策的，实行回拨处理。回拨资金额按照创投机构、引导基金或其国有出资人缴入中央金库的资金额确定。

创投机构和引导基金应于2015年9月30日前向财政部提出回拨申请，逾期将不予受理。

四、监督管理

（一）对“公示无异议”的创投机构和引导基金，财政部将组织有关单位开展定期和不定期抽查。

（二）财政部建立“黑名单”制度，将经核查或抽查发现不符合国有股转持义务豁免条件，且存在弄虚作假、虚假公示等恶意行为的创投机构和引导基金，列入“黑名单”，定期予以公告，并及时提交创投机构监管部门依照相关规定处理。

五、本通知自发布之日起执行。《财政部关于豁免国有创业投资机构和国有创业投资引导基金国有股转持义务有关问题的通知》（财企〔2010〕278号）和《财政部关于豁免国有创业投资机构和国有创业投资引导基金国有股转持义务有关审核问题的通知》（财企〔2011〕14号）同时废止。

附件1：豁免国有创业投资机构或国有创业投资引导基金国有股转持义务有关信息公示表

附件2：豁免国有创业投资机构或国有创业投资引导基金国有股转持义务公示情况表

附件1：

豁免国有创业投资机构或国有创业投资引导基金国有股转持义务有关信息公示表

国有创业投资机构或国有创业投资引导基金基本情况			
单位名称	成立年月	注册资本或募资规模（万元）	国有股持股比例（%）

国有创业投资机构或国有创业投资引导基金资质情况		
创业投资机构备案管理部门名称	同意创业投资机构备案的文件名称、文号及出具时间	近一年度通过备案部门年检或本次通过中国证券投资基金业协会资格审查的文件名称、文号及出具时间

所投资未上市中小企业有关情况

续表

<table>
<tr><td>单位名称</td><td>完成股份制改造时间</td><td>股东大会通过股票发行议案时间</td><td colspan="3">拟首次公开发行股数（万股）</td></tr>
<tr><td></td><td></td><td></td><td colspan="3"></td></tr>
<tr><td colspan="6">国有创业投资机构或国有创业投资引导基金对未上市中小企业的投资情况</td></tr>
<tr><td>初始投资并完成工商变更年月</td><td colspan="2">初始投资额（万元）及持股比例（%）</td><td colspan="3">累计投资额（万元）及持股比例（%）</td></tr>
<tr><td></td><td colspan="2"></td><td colspan="3"></td></tr>
<tr><td>初始投资上一年度末职工人数（人）</td><td colspan="2">初始投资上一年度末营业总收入（万元）</td><td colspan="3">初始投资上一年度末资产总额（万元）</td></tr>
<tr><td></td><td colspan="2"></td><td colspan="3"></td></tr>
<tr><td colspan="3">国有资产管理部门出具的企业国有股权管理批复文件名称、文号及时间</td><td>国有股东名称</td><td>持股数（万股）</td><td>持股比例（%）</td></tr>
<tr><td colspan="3" rowspan="3"></td><td>1.</td><td></td><td></td></tr>
<tr><td>2.</td><td></td><td></td></tr>
<tr><td>……</td><td></td><td></td></tr>
<tr><td colspan="3">国有创业投资机构或国有创业投资引导基金拟豁免国有股转持股数</td><td colspan="3">万股</td></tr>
<tr><td>需注明的其他信息</td><td colspan="5"></td></tr>
</table>

注：1. “资质情况”依据《创业投资企业管理暂行办法》（发展改革委等10部门令第39号）或《私募投资基金监督管理暂行办法》（证监会令第105号）规定备案，且工商登记名称中注有“创业投资”字样。在2005年11月15日完成工商登记的，可保留原有工商登记名称。经营范围须符合39号令或105号令规定。

2. “初始投资上一年度末职工人数”以被投资企业所在地县级以上劳动和社会保障部门或社会保险基金管理单位出具的创投机构初始投资时点之上一年度末被投资企业核定职工人数为准。

3. “营业总收入”、“资产总额”依据会计师事务所出具的创投机构初始投资时点之上一年度末被投资企业年度审计报告填列。

4. “国有股东名称”应依据省级以上国有资产管理部门出具的被投资企业国有股权管理批复文件逐一填列。

5. 国有创业投资机构或国有创业投资引导基金对填报信息的真实性、合法性、有效性和完整性负责。

6. 社会公众对上述公示信息有异议，可在公示期（20个工作日内）直接向财政部资产管理司反映。联系电话：010－68552423。

附件2：

豁免国有创业投资机构或国有创业投资引导基金国有股转持义务公示情况表

国有创业投资机构和国有创业投资引导基金名称	
联系人	
联系电话（办公电话及手机）	
被投资未上市中小企业名称	
拟发行股份数量（万股）	
拟豁免国有股转持数量（万股）	
公示时间	
公示结果	

注：“公示结果”栏由财政部资产管理司填列。

财政部关于印发《中小企业发展专项资金管理暂行办法》的通知

2015年7月17日　财建〔2015〕458号

各省、自治区、直辖市、计划单列市财政厅（局），新疆生产建设兵团财务局：

为促进中小企业特别是小型微型企业健康发展，规范和加强中小企业发展专项资金的管理和使用，财政部制定了《中小企业发展专项资金管理暂行办法》。现印发给你们，请遵照执行。

附件：中小企业发展专项资金管理暂行办法

附件：

中小企业发展专项资金管理暂行办法

第一条 为了规范中小企业发展专项资金的管理和使用，提高资金使用效益，根据《中华人民共和国预算法》、《中华人民共和国中小企业促进法》、《中华人民共和国民族区域自治法》等，制定本办法。

第二条 本办法所称中小企业发展专项资金（以下简称专项资金），是指中央财政预算安排用于优化中小企业发展环境、引导地方扶持中小企业发展及民族贸易、少数民族特需商品定点生产企业发展的资金。

第三条 专项资金旨在引领带动地方积极探索政府扶持中小企业的有效途径，支持改善中小企业发展环境，加大对薄弱环节的投入，突破制约中小企业发展的短板与瓶颈，建立扶持中小企业发展的长效机制，有效促进形成“大众创业、万众创新”的良好局面。

第四条 专项资金的管理应当遵循公开透明、公平公正、突出重点、加强监督的原则，实行专款专用，专项管理，确保资金使用规范、安全和高效。

第五条 财政部会同工业和信息化部、科技部、商务部、国家工商行政管理总局、国家民委等部门确定专项资金支持重点。财政部负责专项资金的预算管理和资金拨付，并对专项资金的管理情况和实施效果等开展预算监管和绩效管理。

第六条 专项资金支持范围包括：

（一）小微企业创业创新基地城市示范。

（二）中小企业参加重点展会、完善中小企业公共服务体系、中小企业创新活动、融资担保及国内贸易信用保险等。

（三）民族贸易和少数民族特需商品定点生产企业发展。

（四）其他促进中小企业发展的工作。

第七条 财政部会同相关部门根据国家促进中小企业发展的决策部署适时适当调整专项资金支持的重点

领域，并通过发布工作指南等组织实施。

第八条 对本办法第六条第一项工作，省级财政部门会同同级相关部门向财政部等部门申报。申报城市应按照工作指南要求编制实施方案，财政部会同工业和信息化部、科技部、商务部、国家工商行政管理总局等部门按照工作指南明确的程序组织竞争性评审，确定示范城市。

财政部负责确定示范期内对示范城市的资金支持总额，并根据资金需求、预算安排进度要求、管理绩效等因素分年拨付。工业和信息化部、科技部、商务部、国家工商行政管理总局等部门按照各自职责指导小微企业创业创新基地城市示范工作。

第九条 对本办法第六条第二项工作，省级财政、工信、科技、商务、工商行政管理等部门应引导小微企业创业创新基地示范城市加大对重点工作的支持，推动示范城市积极开展先行先试，发挥好示范带动作用；具备条件的工作由财政部分别会同工业和信息化部、科技部、商务部、国家工商行政管理总局等部门专项组织实施，不断扩大中小企业受益范围，切实提高各专项工作的针对性和有效性。

第十条 对本办法第六条第三项工作，国家民委综合考虑有关省份民族贸易企业网点和民族特需商品生产布局、供需平衡、上年度预算执行及绩效评价等情况，提出年度专项资金分配建议，财政部按照预算管理规定审核后切块下达到有关省份。

民族贸易企业和少数民族特需商品定点生产企业有关省份包括内蒙古、广西、西藏、宁夏、新疆等5个民族自治区；贵州、云南、青海等3个多民族省；吉林、湖北、湖南、四川、甘肃等5个辖有民族自治州的省。

第十一条 专项资金补助对象按照政府机构、事业单位和企业等分类，专项资金补助根据支持内容的不同，可以采取无偿资助、投资补助、政府购买服务等方式。

第十二条 专项资金支付按照财政国库管理制度有关规定执行。

第十三条 财政部会同相关部门建立定期评价和退出机制，根据实际工作需要组织开展绩效评价，并加强绩效评价结果的应用。

第十四条 财政部会同相关部门加强预算监管，对监管发现的问题及时督促整改，对违反本办法规定，截留、挤占、挪用专项资金的行为，依照《财政违法行为处罚处分条例》规定处理。

第十五条 地方财政部门应会同同级相关部门制定专项资金管理实施细则，并及时将专项资金分配结果向社会公开。

第十六条 本办法自发布之日起施行。财政部、工业和信息化部、科技部、商务部《关于印发〈中小企业发展专项资金管理暂行办法〉的通知》（财企〔2014〕38号），财政部、国家民委《关于印发〈民族贸易企业网点建设和民族特需商品定点生产企业技术改造专项资金管理办法〉的通知》（财建〔2014〕234号）同时废止。

财政部关于不再规定冶金矿山维持简单再生产费用标准的通知

2015年4月27日　财资〔2015〕8号

各省、自治区、直辖市、计划单列市财政厅（局）、有关企业：

为更好地发挥冶金矿山企业的市场主体作用，财政部不再规定冶金矿山企业维持简单再生产费用标准，冶金矿山企业可根据生产经营情况自主确定是否提取维简费及提取的标准。

本通知自印发之日起施行，《财政部关于提高冶金矿山维持简单再生产费用标准的通知》（财企〔2004〕324号）同时废止。

财政部关于进一步提高中央企业国有资本收益收取比例的通知

2014年4月17日　财企〔2014〕59号

国资委、教育部、农业部、工业和信息化部、卫生计生委、新闻出版广电总局、体育总局、文资办、民航局、贸促会、中国烟草总公司、中国邮政集团公司等有关中央国有资本经营预算单位：

为贯彻落实党的十八届三中全会及《国务院批转发展改革委等部门关于深化收入分配制度改革若干意见的通知》（国发〔2013〕6号）关于提高国有资本收益收取比例，更多用于保障和改善民生的精神，经研究，决定从2014年起，适当提高中央企业国有资本收益收取比例。现将有关事项通知如下：

一、国有独资企业应交利润收取比例在现有基础上提高5个百分点，即：第一类企业为25%；第二类企业为20%；第三类企业为15%；第四类企业为10%；第五类企业免交当年应交利润（企业分类名单详见附件）。符合小型微型企业规定标准的国有独资企业，应交利润不足10万元的，比照第五类企业，免交当年应交利润。

二、国有控股、参股企业国有股股利、股息，国有产权转让收入，企业清算收入和其他国有资本收益，仍按照有关经济行为的财务会计资料执行。

三、事业单位出资企业国有资本收益收取政策，按照《财政部关于中央级事业单位所属国有企业国有资本收益收取有关问题的通知》（财企〔2013〕191号）执行，收益收取比例提高至10%。

四、请各预算单位组织所属企业做好国有资本收益申报上交工作，确保国有资本收益的及时足额入库。

附件：中央企业应交利润收取比例分类表

附件：

中央企业应交利润收取比例分类表

第一类 1 中国烟草总公司

第二类

2 中国石油天然气集团公司
3 中国石油化工集团公司
4 中国海洋石油总公司
5 国家电网公司
6 中国长江三峡集团公司
7 中国电力投资集团公司
8 中国华能集团公司
9 中国国电集团公司
10 中国华电集团公司
11 中国大唐集团公司
12 神华集团有限责任公司
13 中国中煤能源集团公司
14 中国移动通信集团公司
15 中国电信集团公司

第三类

16 中国铝业公司
17 中国有色矿业集团有限公司
18 中国黄金集团公司
19 宝钢集团有限公司
20 鞍钢集团公司
21 武汉钢铁（集团）公司
22 中国化工集团公司
23 中国远洋运输（集团）总公司
24 中国海运（集团）总公司
25 中国外运长航集团有限公司
26 中国航空集团公司
27 中国南方航空集团公司
28 中国东方航空集团公司
29 中国民航信息集团公司
30 中国电子信息产业集团有限公司
31 中国华录集团有限公司
32 中国普天信息产业集团公司
33 中国第一汽车集团公司
34 东风汽车公司
35 中国东方电气集团有限公司
36 哈尔滨电气集团公司
37 中国西电集团公司
38 中国第一重型机械集团公司
39 中国南车集团公司
40 中国北方机车车辆工业集团公司
41 中国铁路通信信号集团公司
42 新兴际华集团有限公司
43 国家开发投资公司
44 中国国新控股有限责任公司
45 中国节能环保集团公司
46 华侨城集团公司
47 中国国旅集团有限公司

续表

48 中国国际工程咨询公司
49 中国恒天集团有限公司
50 中国盐业总公司
51 中国中纺集团公司
52 中国航空油料集团公司
53 中国航空器材集团公司
54 中国工艺（集团）公司
55 中国轻工集团公司
56 中国机械工业集团有限公司
57 中国通用技术（集团）控股有限责任公司
58 中国中化集团公司
59 中粮集团有限公司
60 中国五矿集团公司
61 中国保利集团公司
62 中国铁路物资总公司
63 珠海振戎公司
64 中国诚通控股集团有限公司
65 中国中钢集团公司
66 中国中丝集团公司
67 中国华孚贸易发展集团公司
68 中国医药集团总公司
69 中国中材集团有限公司
70 中国建筑材料集团有限公司
71 中国化学工程集团公司
72 中国交通建设集团有限公司
73 中国建筑工程总公司
74 中国铁路工程总公司
75 中国铁道建筑总公司
76 中国冶金科工集团有限公司
77 中国电力建设集团有限公司
78 中国能源建设集团有限公司
79 华润（集团）有限公司
80 南光（集团）有限公司
81 中国港中旅集团公司
82 招商局集团有限公司
83 中国国际技术智力合作公司
84 中国农业发展集团总公司
85 中国林业集团公司

第四类

86 中国核工业集团公司
87 中国核工业建设集团公司
88 中国航天科技集团公司
89 中国航天科工集团公司
90 中国航空工业集团公司
91 中国船舶工业集团公司
92 中国船舶重工集团公司
93 中国兵器工业集团公司
94 中国兵器装备集团公司
95 中国电子科技集团公司
96 中国煤炭科工集团有限公司
97 机械科学研究总院
98 中国钢研科技集团公司
99 北京有色金属研究总院
100 北京矿冶研究总院
101 中国建筑科学研究院
102 电信科学技术研究院
103 中国建筑设计研究院
104 武汉邮电科学研究院
105 中国汽车技术研究中心
106 中国冶金地质总局
107 中国煤炭地质总局
108 中国邮政集团公司
109 中国电影集团公司
110 黑龙江北大荒农垦集团公司
111 广东省农垦集团公司

续表

112	教育部所属企业	116	国资委所属企业
113	贸促会所属企业	117	体育总局所属企业
114	工业和信息化部所属企业	118	首都机场集团公司
115	卫生计生委所属企业	119	文资办履行出资人职责的中央文化企业
第五类			
120	中国储备粮管理总公司	121	中国储备棉管理总公司

财政部　商务部
关于印发《外经贸发展专项资金管理办法》的通知

2014 年 4 月 9 日　财企〔2014〕36 号

中央有关部门（机构），各省、自治区、直辖市、计划单列市财政厅（局）、商务主管部门，新疆生产建设兵团财务局、商务局：

为加强和规范外经贸发展专项资金管理，完善外经贸促进政策，构建开放型经济新体制，培育国际经济合作竞争新优势，财政部、商务部在清理和整合外经贸相关资金政策的基础上，对 2010 年印发的《外经贸发展专项资金管理办法》（财企〔2010〕114 号）及有关具体管理办法（以下简称原办法）进行了修改完善，制定了新的《外经贸发展专项资金管理办法》，现印发你们，请遵照执行。

为确保工作平稳衔接，对本办法施行前已按原办法向财政部、商务部上报资金申请且尚未完成相关审核及资金拨付的，可按原办法在 2014 年 6 月 30 日前完成相关工作；对本办法施行前我部已按原办法下达资金，但尚未拨付至具体项目承担单位的，可按原办法规定在 2014 年 12 月 31 日前完成相关工作。

附件：外经贸发展专项资金管理办法

附件：

外经贸发展专项资金管理办法

第一章　总　　则

第一条　为了加强和规范外经贸发展专项资金管理，完善外经贸促进政策，构建开放型经济新体制，培育国际经济合作竞争新优势，根据《中华人民共和国预算法》等有关规定，制定本办法。

第二条　本办法所称外经贸发展专项资金，是指中央财政安排的用于优化对外贸易结构、促进对外投资合作、改善外经贸公共服务等的专项资金。

第三条　外经贸发展专项资金的使用和管理应当遵循突出重点、科学论证、公平公正、规范有效的原则，并符合以下要求：

（一）落实国家对外开放和宏观经济政策，有利于稳定和拓展外需，促进对外贸易平衡发展。

（二）履行中国在国际贸易投资协定中的义务，有利于建立互利共赢的国际经济合作机制。

（三）坚持贸易政策与产业政策协调，有利于推动转变外贸发展方式，促进开放型经济转型升级。

（四）发挥市场主体作用，促进扩大对外投资合作，有利于国际国内资源要素有序流动、优化配置。

第四条　外经贸发展专项资金由财政部、商务部共同管理，财政部和商务部分别履行下列管理职责：

（一）财政部会同商务部制定外经贸发展专项资金管理制度；商务部会同财政部制定具体业务管理制度。

（二）商务部根据外经贸事业发展需要，建立有关重点项目库，提出外经贸发展专项资金的支持重点和年度预算建议；财政部负责审核资金支持重点，编制年度外经贸发展专项资金预算。

（三）商务部会同财政部组织项目申报和评审，提出资金支持方案，对项目实施情况进行评价和监督，并建立信息管理系统，为项目库建设、项目申报、信息反馈、监督管理、绩效评价等工作提供技术手段；财政部负责审核资金支持方案并拨付资金，会同商务部对资金的使用情况进行监督检查和绩效评价。

第五条　中央有关部门（机构），各省、自治区、直辖市、计划单列市及新疆生产建设兵团财政部门（以下简称省级财政部门）和同级商务主管部门（以下简称省级商务部门）负责组织本部门（机构）或本地区所属企业、单位外经贸发展专项资金的项目库建设、项目申报、审核、资金拨付、监督及绩效评价等工作。

第二章　资金使用方向及分配方式

第六条　外经贸发展专项资金主要用于以下方向：

（一）支持欠发达地区等外经贸发展薄弱领域提高国际化经营能力，促进外经贸协调发展。

（二）促进优化贸易结构，发展服务贸易和技术贸易，培育以技术、品牌、质量和服务等为核心的国际竞争新优势。

（三）引导有序开展境外投资、对外承包工程、对外劳务合作、境外经济贸易合作区建设等对外投资合作业务。

（四）鼓励扩大先进设备和技术、关键零部件、国内紧缺的资源性产品进口。

（五）完善贸易投资合作促进、公共商务信息等服务体系，促进优化贸易投资合作环境。

（六）其他有利于促进我国外经贸发展事项。

第七条　对于本办法第六条所规定子项，分别采取以下方式分配资金：

（一）本办法第六条（一）所规定使用方向，采取因素法分配资金。

（二）本办法第六条（二）所规定使用方向，其中：承接国际服务外包、技术出口等处于探索阶段的使用方向，采取项目法和因素法（地方改善有关公共服务）相结合方式分配资金；其他使用方向采取因素法分配资金。

（三）本办法第六条（三）所规定使用方向，其中：境外经济贸易合作区建设等处于探索阶段的使用方向，采取项目法分配资金；中央企业和单位开展的境外投资、对外承包工程、对外劳务合作业务，采取项目法分配资金；其他使用方向采取因素法分配资金。

（四）本办法第六条（四）所规定使用方向，采取项目法分配资金。

（五）本办法第六条（五）、（六）所规定使用方向，对中央企业和单位承担事项及处于探索阶段的使用方向，采取项目法分配资金；其他使用方向采取因素法分配资金。

第八条 因素法分配资金主要依据当年预算规模、各地区均衡性因素、相关工作开展情况、项目库、以前年度资金使用情况、欠发达地区倾斜因素等，结合年度工作重点确定相关因素权重，进行测算及安排资金。

第九条 项目法分配资金主要采取贷款贴息、保费补助、资本投入、事后奖补、先预拨后清算等方式，对通过合规性审核的开展相关业务的企业、单位，或通过竞争性谈判、招标等开展约定业务的受托单位、合作单位等予以支持。

第三章 资金申请、审核及下达

第十条 财政部、商务部根据本办法规定，结合年度外经贸工作重点、项目库及预算安排等，制定印发有关外经贸发展专项资金年度工作文件，明确年度资金支持重点、方向及有关具体要求。

第十一条 申请外经贸发展专项资金的企业、单位应当符合以下基本条件：

（一）在中华人民共和国境内依法登记注册，具有独立法人资格，其中按本办法第六条（三）所规定的使用方向在境外开展业务的，还应当已在项目所在国（地区）依法注册或办理合法手续，项目合同或合作协议已生效。

（二）按照有关规定已取得开展相关业务资格或已进行核准或备案。

（三）按照本办法第六条规定使用方向，已开展相关业务。

（四）近五年来无严重违法违规行为，未拖欠应缴还的财政性资金。

（五）按国家有关规定报送统计资料。

（六）其他按规定应满足的条件。

第十二条 符合规定条件的各类企业、单位，均可按规定程序通过中央有关部门（机构）或省级商务部门和省级财政部门提出申请。其中，中央企业、单位由集团公司汇总后提出申请。申请时应当提供本办法第十一条中规定条件的合法证明材料。

第十三条 采取项目法分配的资金按以下程序审核和下达：

（一）中央有关部门（机构）或省级商务部门和省级财政部门将所属企业、单位报送的申请材料按照年度工作文件明确的时间汇总上报商务部、财政部，商务部会同财政部可委托中介机构进行评审。

（二）商务部会同财政部对审核合格项目，通过互联网等媒介向社会进行公示（依照国家保密法律法规不适合公开的事项除外），并提出资金支持方案。财政部根据财政国库管理制度对经公示无异议项目审核拨付资金。

（三）对由专项转移支付资金上划中央本级执行的资金，应当符合部门预算管理工作规程有关规定，并按照中央部门预算编制的时间要求，分解细化到具体企业、单位和具体项目，直接上划列入中央本级当年预算。

（四）中央有关部门（机构）和省级财政部门收到资金（或拨款文件）后，应当在30个工作日内将资金拨付至实施企业、单位。

第十四条 采取因素法分配的资金按以下程序下达：

（一）由商务部会同财政部提出资金分配方案。财政部审核后根据财政国库管理制度将资金拨付至省级财政部门。

（二）省级财政部门、省级商务部门根据本办法及年度工作文件规定，结合本地实际组织开展所属企业、单位项目申报、审核、公示及资金拨付等工作。

第十五条 省级财政部门不得采取因素法将外经贸发展专项资金分配至下级财政部门。

第十六条 对由专项转移支付资金上划中央本级执行的资金，除特殊规定事项外不能用于中央部门自身工作经费。

第四章 监督管理

第十七条 中央有关部门（机构），省级财政部门和省级商务部门按照财政部和商务部的要求，对本单位、本地区外经贸发展专项资金的使用情况进行总结和绩效评价，形成总结报告，于每年3月底前将上年度总结报告，包括资金到位情况、支持项目明细、资金使用效果、存在问题及政策建议等，上报财政部、商务部。

第十八条 财政部、商务部对各中央有关部门（机构）、各地区外经贸发展专项资金管理使用情况进行不定期监督检查，并对实施效果开展绩效评价。

第十九条 获得外经贸发展专项资金支持的企业、单位收到资金后，应当按照国家有关财务、会计制度的规定进行账务处理，严格按照规定使用资金，并自觉接受财政、商务、审计等部门的监督检查。

第二十条 相关企业、单位应当按照国家档案管理有关规定妥善保管申请和审核材料，以备核查。

第二十一条 对违反规定使用、骗取外经贸发展专项资金的行为，依照《财政违法行为处罚处分条例》等国家有关规定进行处理。

第五章 附 则

第二十二条 本办法由财政部会同商务部负责解释。

第二十三条 省级财政部门会同省级商务主管部门应当依据本办法规定并结合本地实际制订实施细则，报财政部、商务部备案。

第二十四条 本办法自印发之日起施行。《财政部商务部关于印发〈外经贸发展专项资金管理办法〉的通知》（财企〔2010〕114号）、《财政部商务部关于印发〈外经贸区域协调发展促进资金管理暂行办法〉的通知》（财企〔2008〕118号）、《商务部财政部关于印发〈境外经济贸易合作区发展资金管理暂行办法〉的通知》（商财发〔2008〕211号）、《财政部商务部关于印发〈中小企业国际市场开拓资金管理办法〉的通知》（财企〔2010〕87号）、《财政部商务部关于印发〈进口贴息资金管理办法〉的通知》（财企〔2012〕142号）及《财政部商务部关于印发〈对外投资合作专项资金管理办法〉的通知》（财企〔2013〕124号），同时废止。

财政部关于中央级事业单位所属国有企业国有资本收益收取有关问题的通知

2013年7月30日 财企〔2013〕191号

教育部、农业部、工业和信息化部、卫生计生委、国资委、新闻出版广电总局、体育总局、文资办、民航局、贸促会等有关中央国有资本经营预算单位：

为规范中央企业国有资本收益管理，根据《中央企业国有资本收益收取管理暂行办法》（财企〔2007〕309号）规定，现将中央级事业单位所属国有企业国有资本收益收取政策有关事项通知如下：

一、国有资本收益是国家以所有者身份依法取得的国有资本投资收益，中央级事业单位所属国有企业应当向国家上交国有资本收益，包括应交利润、国有股股利股息、国有产权转让收入和企业清算收入等。

二、中央级事业单位所属国有企业国有资本收益按以下标准收取：

（一）应交利润，按国有独资企业当年可供投资者分配利润的5%收取。企业计算当年可供投资者分配利润，可扣除以前年度未弥补亏损和提取的法定公积金。

（二）国有股股利股息，实际发生时，按国有控股、参股企业当年可供投资者分配利润的5%收取，如实际分配的国有股股利股息低于按当年可供投资者分配利润的5%，则按实际分配的国有股股利股息收取。

（三）国有产权转让收入，按企业产权转让协议和资产评估报告等资料核定的转让净收入（扣除转让费用）全额收取。

（四）企业清算收入，按清算组或者管理人提交的企业清算报告核定的清算净收入（扣除清算费用）全额收取。

三、请各预算单位组织所属企业做好国有资本收益申报上交工作，确保国有资本收益的及时足额入库。

财政部关于做好中央文化企业国有资本经营预算支出管理工作的通知

2012年7月23日　财文资〔2012〕9号

财政部代表国务院履行出资人职责的中央文化企业：

为规范中央文化企业国有资本经营预算（以下简称资本预算）管理，明确支持重点，依据现行资本预算管理制度和文化产业发展相关政策，特发布本通知。

一、指导思想

中央文化企业资本预算支出管理以邓小平理论和“三个代表”重要思想为指导，坚持科学发展观，贯彻十七届六中全会精神和国家文化改革发展规划纲要，发挥国有资本杠杆作用，支持中央文化企业做大做强，促进文化产业全面振兴，推动社会主义文化大发展、大繁荣。

二、适用范围和管理原则

本通知适用于财政部代表国务院履行出资人职责的已纳入中央资本预算实施范围的中央文化企业。资本预算支出管理工作遵循以下原则：

（一）扶优扶强。资本预算支出要集中资源，培育一批有竞争力、控制力和影响力的骨干文化企业及企业集团。

（二）突出重点。资本预算项目按轻重缓急排序，结合当年财力，优先支持中央和国务院确定的重大项目，以及符合本通知重点支持方向的项目。

（三）注重效益。资本预算项目坚持社会效益放在首位，实现社会效益与经济效益相统一。

三、资本预算支出重点

（一）支持中央文化企业兼并重组。主要支持中央文化企业作为兼并主体，通过出资购买、控股等方式取得被兼并企业所有权、控股权，或通过合并成立新企业。鼓励拥有多家出版社的部门（单位），结合行政管理体制改革，整合出版资源组建出版集团公司。鼓励业务相近、资源相通的出版社，按照优势互补、自愿组合的原则，组建出版集团公司。对于企业为取得被兼并企业的直接支出采取资本性支出方式支持。

（二）推进文化科技和内容创新。主要支持中央文化企业进行具有典型示范效应的数字出版、网络传播平台、移动多媒体等项目建设，进行具有经济效益和社会效益前景的文化原创产品生产，以及进行拥有自主知识产权，有利于推动本企业产业结构调整或升级的关键技术研发。对于项目建设、产品生产采取资本性支出方式支持；对于技术研发，采取费用性支出方式支持。

（三）推动文化“走出去”。支持具有竞争优势、品牌优势和经营管理能力的中央文化企业与国外有实力的文化机构进行项目合作，建设文化产品国际营销网络，对外投资兴办文化企业。对于企业对外投资、项目建设采取资本性支出方式支持。

四、资本预算编制与审批

按照现行资本预算管理制度要求，财政部（文资办）指导中央文化企业做好以下相关工作：

（一）编报布置。每年6月下旬，财政部（文资办）根据编报年度中央资本预算建议草案相关通知要求，向中央文化企业下达资本预算支出项目计划编制通知，组织编报下一年度资本预算支出项目计划。

（二）项目申报。每年7月下旬，中央文化企业根据通知要求，按企业级次逐级编报资本预算支出项目计划，确保各项数据准确、真实和完整，经汇总后报送财政部（文资办），并抄送财政部（企业司）。

（三）项目审核。每年9月下旬，财政部（文资办）根据财政部（企业司）确定的年度中央文化企业资本预算编制数，按统筹兼顾与重点保障相结合的原则审核中央文化企业资本预算支出项目，对于重大项目，可以组织专家或者委托中介机构进行评审。审核完成后，编制资本预算建议草案，报送财政部（企业司）。

（四）预算批复。财政部（文资办）根据财政部（企业司）批复的中央文化企业资本预算，批复中央文化企业。

五、资本预算执行与决算

（一）中央文化企业收到资本预算资金后，纳入本企业预算管理，按相关财务管理规定处理。每季度向财政部（文资办）报送资本预算执行情况，及时推进项目实施，确保资本预算支出进度。

（二）对于确需做出调整的资本预算，中央文化企业于预算执行年度7月底前向财政部（文资办）提交预算调整申请，财政部（文资办）审核后，报财政部（企业司）。审核通过的调整事项，财政部（文资办）批复中央文化企业。

（三）财政部（文资办）根据各项资本预算管理制度，对企业申报的预算项目，建立项目库实行滚动管理。中央文化企业在资本预算项目完成后，及时向财政部（文资办）提交项目结项报告，财政部（文资办）审核后，报财政部（企业司）。

（四）每年3月底前，中央文化企业编制上一年度国有资本经营决算报告，全面说明本企业资本预算项目实施情况、资金使用情况以及项目管理相关措施，报财政部（文资办）。财政部（文资办）编制中央文化企业资本决算草案，报财政部（企业司）。

六、资本预算项目绩效考评与资金监督检查

（一）财政部（文资办）负责指导中央文化企业开展绩效考评工作。绩效考评结果作为下一年度安排资本预算的重要参考。

（二）中央文化企业应严格按照国家相关规定使用资本预算资金，对资金实行专款专用，不得截留、滞留、挤占和挪用。财政部对企业资金使用情况进行监督、检查。

（三）中央文化企业违规使用资本预算资金的，按照《财政违法行为处罚处分条例》（国务院令第427号）等相关规定处理。

财政部关于重新修订印发《文化产业发展专项资金管理暂行办法》的通知

2012年4月28日　财文资〔2012〕4号

党中央有关部门，国务院各部委、各直属机构，各省、自治区、直辖市、计划单列市财政厅（局），新疆生产建设兵团财务局：

为进一步规范和加强文化产业发展专项资金管理，提高资金使用效益，结合近几年文化产业发展的实际情况，我部对原专项资金管理暂行办法进行了修订。现将修订后的《文化产业发展专项资金管理暂行办法》印发给你们，请遵照执行。执行中如遇问题，请及时反馈。

附件：文化产业发展专项资金管理暂行办法

附件：

文化产业发展专项资金管理暂行办法

第一章　总　　则

第一条　为进一步规范和加强文化产业发展专项资金（以下简称“专项资金”）管理，提高资金使用效益，根据《中华人民共和国预算法》和有关法律法规，制定本办法。

第二条　专项资金由中央财政安排，专项用于提高文化产业整体实力，促进经济发展方式转变和结构战略性调整，推动文化产业跨越式发展。

第三条　专项资金的管理和使用应当体现国家文化发展战略和规划，符合国家宏观经济政策、文化产业政策、区域发展政策及公共财政基本要求，坚持公开、公正、公平的原则，确保专项资金的规范、安全和高效使用。

第四条　财政部负责专项资金预算管理、资金分配和拨付，对资金使用情况进行监督检查。

第二章　支持方向与方式

第五条　专项资金的支持方向：

（一）推进文化体制改革。对中央级经营性文化事业单位改革过程中有关费用予以补助，并对其重点文化产业项目予以支持。

（二）培育骨干文化企业。对中央确定组建的大型文化企业集团公司重点发展项目予以支持，对文化企业跨地区、跨行业、跨所有制联合兼并重组和股改等经济活动予以支持。

（三）构建现代文化产业体系。对国家文化改革发展规划所确定的重点工程和项目、国家级文化产业园区和示范基地建设、文化内容创意生产、人才培养等予以支持，并向中西部地区、特色文化产业和新兴文化业态倾斜。

（四）促进金融资本和文化资源对接。对文化企业利用银行、非银行金融机构等渠道融资发展予以支持；对文化企业上市融资、发行企业债等活动予以支持。

（五）推进文化科技创新和文化传播体系建设。对文化企业开展高新技术研发与应用、技术装备升级改造、数字化建设、传播渠道建设、公共技术服务平台建设等予以支持。

（六）推动文化企业"走出去"。对文化企业扩大出口、开拓国际市场、境外投资等予以支持。

（七）财政部确定的其他文化产业发展领域。

第六条 专项资金支持项目分为重大项目和一般项目，支持方式包括：

（一）项目补助。对符合支持条件的重点发展项目所需资金给予补助。

（二）贷款贴息。对符合支持条件的申报单位通过银行贷款实施重点发展项目所实际发生的利息给予补贴。

（三）保费补贴。对符合支持条件的申报单位通过保险公司实施重点发展项目所实际发生的保费给予补贴。

（四）绩效奖励。对符合支持条件的申报单位按照规定标准给予奖励。

（五）财政部确定的其他方式。

第三章 重大项目

第七条 本办法所称重大项目，是指财政部按照国家文化改革发展规划要求，组织实施的文化产业重点工程和项目。

第八条 财政部根据专项资金支持方向和文化产业发展需要印发年度专项资金重大项目申报通知，符合条件的申请人可按要求进行申报。

第九条 重大项目申请人应当是符合申报通知要求的部门或企事业单位。

第十条 重大项目申请人应按要求提交项目申请书及其他相关材料。申请书包括以下内容：申请人基本情况、项目背景材料、项目目标及主要内容、项目执行进度安排、申请资金额及预算安排、地方财政资金支持情况和其他相关内容。

第十一条 重大项目申请人应按以下程序进行申报：

（一）中央各部门、资产财务关系在财政部单列的中央企业，直接向财政部申报；

（二）中央各部门归口管理的申报单位，由主管部门报财政部；

（三）地方申报单位，由各省、自治区、直辖市、计划单列市财政部门报财政部。

第十二条 财政部负责对重大项目的组织、立项、评审等工作，并根据评审结果研究确定具体支持项目和金额。

第十三条 财政部负责对重大项目的实施情况进行监督检查和追踪问效。

第四章 一般项目

第十四条 本办法所称一般项目，是指申请人按照本办法所确定的支持方向自行申报的文化产业项目。

第十五条 财政部根据专项资金支持方向和文化产业发展需要印发年度专项资金一般项目申报通知，符合条件的申请人可按要求进行申报。

第十六条 一般项目申请人为在中国境内设立的企业，以及从事文化产业相关工作的部门或事业单位。

第十七条 一般项目申请人除需按要求提交资质证明和专项资金申请文件外，还应提供下列材料：

（一）申请项目补助的，需提供项目可行性研究报告以及相关合同等复印件。

（二）申请贷款贴息的，需提供银行贷款合同、贷款承诺书、付息凭证等复印件。

（三）申请保费补贴的，需提供保险合同、保险费发票等复印件。

（四）申请绩效奖励的，需提供相关证明、合同、原始凭证等复印件。

（五）财政部要求提供的其他资料。

第十八条 一般项目申请人应按以下程序进行申报：

（一）中央各部门、资产财务关系在财政部单列的中央企业，直接向财政部申报；

（二）中央各部门归口管理的申报单位，由主管部门报财政部；

（三）地方申报单位向地方财政部门申报，由各省、自治区、直辖市、计划单列市财政部门汇总后报财政部；

（四）企业集团下属单位，通过企业集团统一进行申报。

第十九条 中央各部门负责组织本部门及归口管理单位的一般项目申报工作。各省、自治区、直辖市、计划单列市财政部门负责组织本地区一般项目申报工作。

第二十条 中央各部门和各省、自治区、直辖市、计划单列市财政部门要建立规范的项目审核机制，重点是审核申请人是否具备申请资格；申报程序是否符合要求；申请项目数量是否超出有关限制条件；有关申报文件材料是否真实有效等。

第二十一条 中央各部门和各省、自治区、直辖市、计划单列市财政部门在对申报项目初步审核、遴选的基础上，按规定向财政部汇总报送本部门或本地区申报项目。

第二十二条 财政部组织成立专项资金专家评审委员会，负责审核有关申请材料，重点是项目是否符合国家文化产业政策；项目可行性、实施计划及准备情况；项目投资概算、自筹资金情况、地方财政投入情况等，在此基础上提出扶持项目预算安排建议。

第二十三条 财政部根据专项资金专家评审委员会建议，结合预算管理要求及专项资金规模研究确定具体支持项目和金额。

第五章 资金使用

第二十四条 财政部确定资金分配方案后，按照预算和国库管理规定，及时下达并拨付资金。

第二十五条 专项资金预算一经批复，应严格执行。资金使用单位应按规定报告资金使用情况。

第二十六条 资金使用单位应当按照“专款专用、单独核算、注重绩效”的原则，及时制定内部管理办法，建立健全内部控制制度，加强对专项资金的管理。

第二十七条 财政部建立重点文化产业项目库，对获得补助资金的项目实施跟踪管理。

第二十八条 专项资金结转和结余按照财政部门有关规定执行。

第六章 监督管理

第二十九条 中央各部门和各省、自治区、直辖市、计划单列市财政部门应当建立专项资金监督检查制度，督促资金使用单位及时报告资金使用情况，并于每年 3 月 31 日前将有关材料汇总后报财政部备案。资产财务关系在财政部单列的中央企业，按上述要求直接报财政部备案。

第三十条 资金使用单位应遵守国家财政、财务规章制度和财经纪律，自觉接受财政、审计等部门的监督检查。

第三十一条 财政部驻各地财政监察专员办事处，对专项资金的拨付使用情况及项目实施情况进行监督检查。

第三十二条 财政部对专项资金使用情况进行跟踪检查，根据需要组织或委托有关机构对项目开展绩效评价，检查和评价结果作为以后年度安排资金的重要依据。

第三十三条 项目申请人存在下列情况之一的，不予支持：

（一）申报项目存在重大法律纠纷的；

（二）未按规定报告以往年度专项资金使用情况的；

（三）受补助项目经绩效评价不合格未按要求整改的；

（四）因违法行为被执法部门处罚未满 2 年的；

（五）违反本办法规定，正在接受有关部门调查的。

第三十四条 任何单位和个人不得滞留、截留、挤占、挪用专项资金。对以虚报、冒领等手段骗取专项资金的，一经查实，财政部将收回专项资金，并按《财政违法行为处罚处分条例》（国务院令第 427 号）的相关规定进行处理。

第七章　附　　则

第三十五条　本办法由财政部负责解释。

第三十六条　本办法自发布之日起施行，《财政部关于印发〈文化产业发展专项资金管理暂行办法〉的通知》（财教〔2010〕81号）同时废止。

财政部关于扩大中央国有资本经营预算实施范围有关事项的通知

2012年1月13日　财企〔2012〕3号

工业和信息化部、卫生部、国资委、体育总局、民航局，中央文化企业国有资产监督管理领导小组办公室：

经国务院批准，从2012年起，继续扩大中央国有资本经营预算实施范围。现将有关事项通知如下：

一、从2012年起，将工信部、体育总局所属企业，中央文化企业国有资产监督管理领导小组办公室履行出资人职责的中央文化企业，卫生部、国资委所属部分企业，民航局直属首都机场集团公司，纳入中央国有资本经营预算实施范围（企业名单详见附件）。新纳入实施范围的国有独资企业按照中央国有资本收益收取政策第三类企业归类，上交利润比例为税后净利润的5%。

二、纳入预算实施范围的符合小型微型企业规定标准的国有独资企业，应交利润不足10万元的，比照第四类政策性企业，免交当年应交利润。

三、中央企业国有资本收益收取和中央国有资本经营预算编报等工作，依照《国务院关于试行国有资本经营预算的意见》（国发〔2007〕26号）、《中央企业国有资本收益收取管理暂行办法》（财企〔2007〕309号）和《中央国有资本经营预算编报办法》（财企〔2011〕318号）有关规定执行。

财政部关于印发《中央国有资本经营预算编报办法》的通知

2011年10月13日　财企〔2011〕318号

国务院有关部委、有关直属机构，各中央管理企业：

为适应中央国有资本经营预算实施范围不断扩大的要求，进一步规范中央国有资本经营预算编报工作，我们对《中央国有资本经营预算编报试行办法》进行了修订。现将修订后的《中央国有资本经营预算编报办法》印发给你们，请遵照执行。

附件：中央国有资本经营预算编报办法

附件：

中央国有资本经营预算编报办法

第一条 为规范中央国有资本经营预算编报工作，根据《国务院关于试行国有资本经营预算的意见》（国发〔2007〕26号）等规定，制定本办法。

第二条 财政部为国有资本经营预算的主管部门，负责编制中央国有资本经营预算草案；各中央国有资本经营预算单位，包括国资委以及其他纳入中央国有资本经营预算实施范围的中央部门和单位（以下简称“中央预算单位”），负责编制本单位所监管中央企业（以下简称“中央企业”）国有资本经营预算建议草案。

第三条 中央国有资本经营预算由预算收入和预算支出组成。预算收入根据中央财政当年取得的企业国有资本收益以及上年结转收入编制；预算支出根据预算收入规模编制，不列赤字。

第四条 中央国有资本经营预算收入反映当年企业国有资本收益预计入库数额及上年结转收入，包括以下项目内容：

（一）利润收入，即国有独资企业按规定上交国家的税后利润；

（二）股利、股息收入，即国有控股、参股企业国有股权（股份）享有的股利和股息；

（三）产权转让收入，即国有独资企业产权转让收入和国有控股、参股企业国有股权（股份）转让收入以及国有股减持收入；

（四）清算收入，即扣除清算费用后国有独资企业清算收入和国有控股、参股企业国有股权（股份）享有的清算收入；

（五）其他国有资本经营收入；

（六）上年结转收入。

第五条 中央国有资本经营预算收入由财政部组织中央预算单位根据中央企业年度盈利情况和国有资本收益收取办法进行测算。

第六条 中央国有资本经营预算支出主要用于：根据产业发展规划、国有经济布局和结构调整、国有企业发展要求以及国家战略、安全需要的支出，弥补国有企业改革成本方面的支出和其他支出。中央国有资本经营预算支出要加强与公共预算的有机衔接。

第七条 中央国有资本经营预算支出分为资本性支出、费用性支出和其他支出。

（一）资本性支出，即向新设企业注入国有资本金，向现有企业增加资本性投入，向公司制企业认购股权、股份等方面的资本性支出；

（二）费用性支出，即弥补企业改革成本等方面的费用性支出；

（三）其他支出。

第八条 中央预算单位根据所监管中央企业提出的中央国有资本经营预算支出项目计划编制本单位国有资本经营预算建议草案。

第九条 中央企业编制国有资本经营预算支出项目计划包括以下内容：

（一）编制报告

1. 项目名称及主要内容；

2. 项目承担企业基本情况；

3. 项目实施的主要目的和目标；

4. 资本性支出项目包括项目立项的依据，项目可行性分析，项目投资方案与资金筹措方案，项目实施进度与年度计划安排，项目经济效益和社会效益的分析等；

5. 费用性支出项目包括立项的必要性，项目具体的支出范围，项目资金测算依据和标准等；

6. 项目绩效考核及其有关责任的落实；

7. 项目承担企业提供的其他相关材料。

（二）中央企业国有资本经营预算表

1. 中央企业国有资本经营预算支出表（财资企预 01 表），反映企业国有资本经营预算支出安排的相关内容；

2. 中央企业国有资本经营预算支出明细表（财资企预 02 表），反映企业国有资本经营预算支出明细情况；

3. 中央企业国有资本经营预算支出项目表（财资企预 03 表），反映企业国有资本经营预算支出项目安排的明细内容。

第十条 中央企业将国有资本经营预算支出项目计划报相关中央预算单位，同时抄报财政部。中央预算单位审核汇总后编制本单位所监管企业国有资本经营预算建议草案。

第十一条 中央预算单位编制的国有资本经营预算建议草案包括以下内容：

（一）编制报告

1. 企业的基本情况（包括企业户数、经营状况、行业分布和企业国有资本经营状况等）；

2. 预算编制的组织及企业编报情况；

3. 年度预算支出规模及分类；

4. 预算年度国有资本经营预算支出所要达到的政策目标；

5. 预算支出项目的说明及依据。

（二）中央预算单位国有资本经营预算表

1. 中央预算单位国有资本经营预算支出表（财资预 01 表），反映企业国有资本经营预算支出汇总情况；

2. 中央预算单位国有资本经营预算支出明细表（财资预 02 表），反映企业国有资本经营预算支出明细情况；

3. 中央预算单位国有资本经营预算支出项目表（财资预 03 表），反映企业国有资本经营预算支出项目安排的相关内容。

（三）中央企业编报的国有资本经营预算支出项目计划。

第十二条 中央预算单位将本单位国有资本经营预算建议草案报财政部。财政部根据预算收入和中央预算单位上报的国有资本经营预算建议草案，统筹安排、综合平衡后，编制中央国有资本经营预算草案。

第十三条 财政部编制的中央国有资本经营预算草案包括以下内容：

（一）编制说明

1. 预算编制的指导思想和重点；

2. 预算编制范围；

3. 预算编制情况说明（包括收支预算总体情况，收入、支出预算具体编制说明）；

4. 其他说明事项。

（二）中央国有资本经营预算表

1. 中央国有资本经营预算收支总表（财资预总 01 表），反映中央国有资本经营预算收支汇总情况；

2. 中央国有资本经营预算收入表（财资预总 02 表），反映中央国有资本经营预算收入情况；

3. 中央国有资本经营预算支出表（财资预总 03 表），反映中央国有资本经营预算支出汇总情况；

4. 中央国有资本经营预算支出明细表（财资预总 04 表），反映中央预算单位所监管企业国有资本经营预算支出情况；

5. 中央国有资本经营预算支出项目表（财资预总05表），反映中央国有资本经营预算支出项目安排的相关内容。

第十四条 财政部对中央预算单位报送的国有资本经营预算建议草案中的支出项目，纳入财政部国有资本经营预算项目库，按轻重缓急排序，实行滚动管理。

第十五条 财政部于每年6月起，开始编制下一年度中央国有资本经营预算草案，同时向中央预算单位下发编报年度中央国有资本经营预算建议草案和中央企业支出项目计划的通知。

第十六条 中央企业于每年8月底以前，将编报的国有资本经营预算支出项目计划报中央预算单位，并抄报财政部。

第十七条 中央预算单位于每年9月底以前，将所编制的国有资本经营预算建议草案报财政部。

第十八条 财政部于每年12月底以前，将中央国有资本经营预算草案报国务院审批。经国务院批准后，中央国有资本经营预算草案随同中央政府公共预算（草案）报全国人大常委会预算工作委员会和全国人大财政经济委员会审核，提交全国人民代表大会审议。

第十九条 中央国有资本经营预算草案经全国人民代表大会批准后，财政部在30个工作日内批复各中央预算单位；中央预算单位自财政部批复本单位预算之日起15个工作日内，批复所监管企业，同时抄报财政部备案。

第二十条 各中央预算单位的国有资本经营预算支出，必须按照财政部批复的预算支出科目、项目和数额执行，因国家政策发生变化或重大自然灾害等不可预见因素，在预算执行中确需作出调整的，必须报经财政部批准。

第二十一条 中央国有资本经营预算按财政年度编制，自公历1月1日至12月31日。

第二十二条 本办法由财政部负责解释。原《财政部关于印发〈中央国有资本经营预算编报试行办法〉的通知》（财企〔2007〕304号）相应废止。

第二十三条 本办法自发布之日起施行。

附表：

1. ××××年中央国有资本经营预算表
2. ××××年中央预算单位国有资本经营预算表
3. ××××年中央企业国有资本经营预算表

附表 1：

××××年中央国有资本经营预算表

编制单位：　　财政部

编制日期：　　年　　月　　日

中央国有资本经营预算收支总表

财资预总01表

填报单位：　　　　　　　　　　　　　　　　　　　　　　　金额单位：万元

收　　入		支　　出	
项　目	预算数	项　目	预算数
一、利润收入		一、教育	
二、股利、股息收入		二、科学技术	
三、产权转让收入		三、文化体育与传媒	
四、清算收入		四、社会保障和就业	
五、其他国有资本经营收入		五、节能环保	
……		六、城乡社区事务	
		七、农林水事务	
		八、交通运输	
		九、资源勘探电力信息等事务	
		十、商业服务业等事务	
		……	
本年收入合计		本年支出合计	
上年结转		结转下年	
收 入 总 计		支 出 总 计	

中央国有资本经营预算收入表

财资预总 02 表

金额单位：万元

填报单位：

科目编码	科目名称/企业	××××年执行数	××××年预算数	××年为××年的%
	一、利润收入			
	烟草企业利润收入			
	石油石化企业利润收入			
	电力企业利润收入			
	电信企业利润收入			
	煤炭企业利润收入			
	有色冶金采掘企业利润收入			
	钢铁企业利润收入			
	化工企业利润收入			
	运输企业利润收入			
	电子企业利润收入			
	机械企业利润收入			
	投资服务企业利润收入			
	纺织轻工企业利润收入			
	贸易企业利润收入			
	建筑施工企业利润收入			
	房地产企业利润收入			
	建材企业利润收入			
	……			
	其他国有资本经营预算企业利润收入			
	二、股利、股息收入			
	国有控股公司股利、股息收入			
	国有参股公司股利、股息收入			
	其他国有资本经营预算企业股利、股息收入			
	三、产权转让收入			
	其他国有股减持收入			
	国有股权、股份转让收入			
	国有独资企业产权转让收入			
	金融类企业国有股减持收入			
	其他国有资本经营预算企业产权转让收入			
	四、清算收入			
	国有股权、股份清算收入			
	国有独资企业清算收入			
	其他国有资本经营预算企业清算收入			
	五、其他国有资本经营预算收入			
	……			
	合　　计			

中央国有资本经营预算支出表

财资预总 03 表

填报单位： 金额单位：万元

科目编码	科目名称（功能）	××××年执行数				××××年预算数				××年为××年的%
		小计	资本性支出	费用性支出	其他支出	小计	资本性支出	费用性支出	其他支出	
	一、教育									
	……									
	二、科学技术									
	……									
	三、文化体育与传媒									
	……									
	四、社会保障和就业									
	……									
	五、节能环保									
	……									
	六、城乡社区事务									
	……									
	七、农林水事务									
	……									
	八、交通运输									
	……									
	九、资源勘探电力信息等事务									
	……									
	十、商业服务业等事务									
	……									
	合　　计									

中央国有资本经营预算支出明细表

财资预总04表

填报单位：　　　　金额单位：万元

中央预算单位/企业名称	合　计	资本性支出	费用性支出	其他支出
合　计				

中央国有资本经营预算支出项目表

财资预总 05 表

填报单位：　　　　　　　　　　　　　　　　　　　　　　　　　　　　　　金额单位：万元

项目名称	项目编码	项目排序号	起始年	终止年	承担项目企业	总支出		截至上年底累计安排支出		本年安排支出	
						金额	其中：财政安排支出	金额	其中：财政安排支出	金额	其中：财政安排支出
一、资本性支出											
（一）新设企业注入国有资本											
1. ××××											
2. ××××											
……											
（二）补充企业国有资本											
1. ××××											
2. ××××											
……											
（三）认购股权、股份											
1. ××××											
2. ××××											
……											
（四）其他资本性支出											
1. ××××											
2. ××××											
……											
二、费用性支出											
（一）××××											
（二）××××											
（三）××××											
……											
三、其他支出											
（一）××××											
（二）××××											
（三）××××											
……											
合　计											

附表 2：

××××年中央预算单位国有资本经营预算表

编制单位：　　（中央预算单位）

单位编码：

编制日期：　　年　　月　　日

单位负责人签章：　　国有资本经营预算主管司（局）负责人签章：　　制表人签章：

中央预算单位国有资本经营预算支出表

填报单位：

财资预01表

金额单位：万元

科目编码	科目名称（功能）	合　计	资本性支出	费用性支出	其他支出
	一、教育				
	……				
	二、科学技术				
	……				
	三、文化体育与传媒				
	……				
	四、社会保障和就业				
	……				
	五、节能环保				
	……				
	六、城乡社区事务				
	……				
	七、农林水事务				
	……				
	八、交通运输				
	……				
	九、资源勘探电力信息等事务				
	……				
	十、商业服务业等事务				
	……				
	合　计				

中央预算单位国有资本经营预算支出明细表

财资预02表

金额单位：万元

填报单位：

企业名称（一级企业）	合　计	资本性支出	费用性支出	其他支出
合　计				

中央预算单位国有资本经营预算支出项目表

财资预 03 表

填报单位：　　　　　　　　金额单位：万元

项目名称	项目编码	项目排序号	起始年	终止年	承担项目企业	总支出		截至上年底累计安排支出		本年安排支出	
						金额	其中：财政安排支出	金额	其中：财政安排支出	金额	其中：财政安排支出
一、资本性支出											
（一）新设企业注入国有资本											
1. ××××											
2. ××××											
……											
（二）补充企业国有资本											
1. ××××											
2. ××××											
……											
（三）认购股权、股份											
1. ××××											
2. ××××											
……											
（四）其他资本性支出											
1. ××××											
2. ××××											
……											
二、费用性支出											
（一）××××											
（二）××××											
（三）××××											
……											
三、其他支出											
（一）××××											
（二）××××											
（三）××××											
……											
合　计											

附表3：

××××年中央企业国有资本经营预算表

编　　制　　单　　位：（中央企业）

单　　位　　编　　码：

支出功能分类科目编码：

编　　制　　日　　期：　　年　　月　　日

单位负责人签章：　　　　财务负责人签章：　　　　制表人签章：

中央企业国有资本经营预算支出表

财资企预01表

填报单位：　　　　　　　　　　　　　　　　　　　　　　　　　　　　金额单位：万元

项目名称	总支出		本年安排支出	
	金　额	其中：财政安排支出	金　额	其中：财政安排支出
一、资本性支出				
（一）新设企业注入国有资本				
（二）补充企业国有资本				
（三）认购股权、股份				
（四）其他资本性支出				
二、费用性支出				
三、其他支出				
合　　计				

中央企业国有资本经营预算支出明细表

财资企预02表

金额单位：万元

填报单位：

企业名称（承担项目企业）	合　计	资本性支出	费用性支出	其他支出
一、××××公司				
……				
合　计				

中央企业国有资本经营预算支出项目表

填报单位：

财资企预 03 表

金额单位：万元

项目名称	项目编码	项目排序号	起始年	终止年	承担项目企业	总支出		截至上年底累计安排支出		本年安排支出	
						金额	其中：财政安排支出	金额	其中：财政安排支出	金额	其中：财政安排支出
一、资本性支出											
（一）新设企业注入国有资本											
1. ××××											
2. ××××											
……											
（二）补充企业国有资本											
1. ××××											
2. ××××											
……											
（三）认购股权、股份											
1. ××××											
2. ××××											
……											
（四）其他资本性支出											
1. ××××											
2. ××××											
……											
二、费用性支出											
（一）××××											
（二）××××											
（三）××××											
……											
三、其他支出											
（一）××××											
（二）××××											
（三）××××											
……											
合　计											

财政部关于中央企业厂办大集体改革中央财政专项补助资金管理问题的通知

2011年8月22日　财企〔2011〕231号

国务院有关部门，各中央管理企业，财政部驻各省、自治区、直辖市、计划单列市财政监察专员办事处：

为切实做好厂办大集体改革工作，根据《国务院办公厅关于在全国范围内开展厂办大集体改革工作的指导意见》（国办发〔2011〕18号，以下简称《指导意见》）的有关规定，现就中央管理企业兴办的厂办大集体改革工作中有关中央财政专项补助资金（以下简称专项资金）的管理问题通知如下：

一、按照《指导意见》的要求经批准实施厂办大集体改革工作的各类中央管理企业（含国资委监管企业、国务院有关部门所属企业，以下统称中央企业）适用本通知。

二、中央企业兴办的厂办大集体，依据《指导意见》进行改革时，在按规定对有关资产和债权债务处理后，净资产仍不足以支付解除在职集体职工劳动关系经济补偿金的，差额部分所需资金由中央企业和中央财政给予专项补助。其中：对改革前一年度生产经营情况正常且有盈利的厂办大集体，中央财政补助30%；对改革前一年度已停产或经营亏损的厂办大集体，中央财政补助50%。

三、中央企业厂办大集体改革工作完成后，专项资金申请文件由集团公司或主管部门报送财政部。申请文件一式两份，具体包括以下内容：

（一）纳入改革范围的厂办大集体基本情况，包括厂办大集体户数、在职集体职工人数和退休人员数、企业资产负债状况、企业经营效益情况等；

（二）厂办大集体改革的具体实施情况，包括改革方式、资产处置情况、在职职工安置情况、在职职工和离退休人员养老保险问题的解决情况等；

（三）厂办大集体改革支付的总成本及各项支出；

（四）厂办大集体改革需支付的经济补偿金数额、中央财政应拨付的专项资金数额；

（五）厂办大集体专项资金申请表、已妥善安置的在岗集体职工情况明细表、离岗集体职工情况明细表（见附件1—3）及数据软盘。

四、财政部委托驻各省（自治区、直辖市、计划单列市）财政监察专员办事处对专项资金申请文件进行审核。同时，厂办大集体应提供在职职工档案原件或复印件备查。

五、财政监察专员办事处对有关中央企业的专项资金申请文件出具审核意见，并编制审核结果汇总表（见附件4）。审核重点包括：企业性质，改革上一年度效益状况、在职集体职工人数、职工工龄和上年工资水平，企业资产变现情况，在职职工劳动关系的处理情况，职工基本养老保险问题的解决情况等。

六、财政监察专员办事处应当于接受委托后的45个工作日内完成审核工作。审核意见报送财政部，同时抄送中央企业集团公司或相关主管部门。

七、财政部依据专项资金申请文件和财政监察专员办事处的审核意见，核定并拨付补助资金。

八、财政部将对专项资金进行重点审计。对虚报冒领财政资金等行为，按照《财政违法行为处罚处分条例》（国务院令第427号）等有关规定予以处罚。

九、本通知自印发之日起执行。《财政部关于中央企业厂办大集体改革试点中央财政补助资金管理问题的通知》（财企〔2007〕166号）同时废止。

附件：1. ××年中央企业厂办大集体改革中央财政专项补助资金申请表（表一）（略）

2. ××年已妥善安置的在岗职工情况明细表（表二）（略）

3. ××年已妥善安置的离岗职工情况明细表（表三）（略）

4. 中央企业厂办大集体改革情况审核结果汇总表（表四）（略）

5. 编报说明（略）

财政部关于厂办大集体改革中央财政专项补助资金管理问题的通知

2011年5月27日 财企〔2011〕114号

各省、自治区、直辖市、计划单列市财政厅（局），新疆生产建设兵团财务局，财政部驻各省、自治区、直辖市、计划单列市财政监察专员办事处：

为切实做好厂办大集体改革工作，根据《国务院办公厅关于在全国范围内开展厂办大集体改革工作的指导意见》（国办发〔2011〕18号，以下简称《指导意见》）的有关规定，现就地方国有企业及中央下放地方管理的煤炭、有色、军工等企业兴办的厂办大集体改革工作中有关中央财政专项补助资金的管理问题通知如下：

一、厂办大集体中央财政专项补助资金（以下简称专项资金）是指地方国有企业和中央下放地方管理的煤炭、有色、军工等企业兴办的厂办大集体，按照《指导意见》的精神进行改革时，在按规定对有关资产和债权债务处理后，净资产仍不足以支付解除在职职工劳动关系经济补偿金的，差额部分所需资金由中央财政按比例补助的资金。

二、专项资金按照“先预拨、后清算”的原则进行。

三、预拨专项资金由各有关省、自治区、直辖市、计划单列市省级财政部门提出申请。申请需提交以下材料：（一）专项资金申请文件。主要内容包括：相关城市拟实施改革的厂办大集体户数、资产负债情况和生产经营状况、职工（含在职职工和离退休人员）基本情况、按当地企业最低工资标准匡算的经济补偿金总额及中央财政应补助金额等。（二）专项资金申请表（见附件1）。（三）省级人民政府关于批准有关城市实施厂办大集体改革的批复文件。（四）相关城市的厂办大集体改革实施方案。

四、财政部对申报材料审核同意后，按中央财政应承担补助金额的70%的比例预拨专项资金。预拨资金的下达暂不考虑奖励因素。

五、厂办大集体改革工作完成后，由各省、自治区、直辖市、计划单列市财政部门上报专项资金清算报告。

六、专项资金的清算可选择以下两种方式：一是以城市为清算主体，城市厂办大集体改革工作整体完成后，一次性清算；二是根据有关城市的厂办大集体改革工作进度，分年度清算。

七、专项资金清算报告应包括以下内容：（一）相关城市已完成改革工作的厂办大集体基本情况，包括厂办大集体户数、在职集体职工和退休人员数、企业资产负债状况及经营效益情况等；（二）厂办大集体改革的具体实施情况，包括改革方式、资产处置情况、在职职工安置情况、在职职工和离退休人员养老保险问题的解决情况等；（三）厂办大集体改革需支付的经济补偿金数额、中央财政应拨付的专项资金数额；（四）厂办大集体专项资金清算表、已妥善安置的在岗集体职工情况明细表、离岗集体职工情况明细表（见附件2至附件4）及数据软盘。

八、专项资金清算报告一式两份，分别报送财政部和财政部驻所在地财政监察专员办事处。同时，厂办大集体应提供在职职工档案原件或复印件备查。

九、财政监察专员办事处按属地原则，对专项资金清算报告出具审核意见，并编制审核结果汇总表（见附件5）。审核重点包括：企业性质，改革工作完成时间，在职集体职工人数、职工工龄和上年工资水平，企业资产变现情况，在职职工劳动关系的处理情况，中央财政补助资金的使用方向等。

十、财政监察专员办事处应当于收到清算报告的45个工作日内出具审核意见及审核结果汇总表。审核意见报送财政部，同时抄送所在地省级财政部门。

十一、财政部依据各地上报的专项资金清算报告和财政监察专员办事处的审核意见，据实清算并拨付专项资金。

十二、专项资金实行专账管理，与地方筹集的相应资金一并统筹用于安置厂办大集体职工。

十三、财政部将对专项资金的使用管理情况进行不定期或重点监督检查。对虚报冒领、挤占挪用的，按照《财政违法行为处罚处分条例》（国务院令第427号）的规定予以处罚。

十四、本办法自下发之日起执行。《财政部关于东北地区厂办大集体改革试点中央财政补助资金管理问题的通知》（财企〔2007〕3号）同时废止。

附件（略）：1. ××年××省（区、市）厂办大集体改革中央财政专项补助资金申请表（表一）

2. ××省（区、市）厂办大集体改革中央财政专项补助资金清算表（表二）

3. ××年××市已妥善安置的在岗职工情况明细表（表三）

4. ××年××市已妥善安置的离岗职工情况明细表（表四）

5. ××省（区、市）厂办大集体改革情况审核结果汇总表（表五）

6. 编报说明

国务院办公厅关于在全国范围内开展厂办大集体改革工作的指导意见

2011年4月18日　国办发〔2011〕18号

各省、自治区、直辖市人民政府，国务院各部委、各直属机构：

20世纪七八十年代，一些国有企业资助兴办的向主办企业提供配套产品或劳务服务的厂办大集体，对发展经济和安置回城知识青年、职工子女就业发挥了重要作用。但随着国有企业改革的不断深化和社会主义市场经济的发展，这些企业产权不清、机制不活、人员富余、市场竞争力弱等问题日益突出，大量企业停产、职工失业。为积极稳妥解决厂办大集体问题，促进社会和谐稳定，国务院2005年批准在东北地区选择部分城市和中央企业进行厂办大集体改革试点，目前试点工作已取得初步成效，试点政策逐步完善，具备了在全国范围内推广的条件。经国务院同意，现就在全国范围内实施厂办大集体改革提出如下指导意见：

一、总体目标和基本原则

（一）总体目标。从2011年开始用3—5年的时间，通过制度创新、体制创新和机制创新，使厂办大集体与主办国有企业彻底分离，成为产权清晰、面向市场、自负盈亏的独立法人实体和市场主体；职工得到妥善安置，职工合法权益得到切实维护。

（二）基本原则。坚持从实际出发，着力化解主要矛盾，解决重点问题；坚持分类指导，通过多种途径安置职工，处理好劳动关系和社会保险关系；坚持统筹兼顾各方面的承受能力，由厂办大集体、主办国有企业、地方财政和中央财政共同分担改革成本。

二、改革方式

（三）对能够重组改制的厂办大集体，可按照公司法和原国家经贸委等八部委《关于国有大中型企业主辅分离辅业改制分流安置富余人员的实施办法》（国经贸企改〔2002〕859号）等有关法律法规和政策规定，通过合资、合作、出售等多种方式，改制为产权清晰、面向市场、自负盈亏的独立法人实体。

（四）对不具备重组改制条件或亏损严重、资不抵债、不能清偿到期债务的厂办大集体，可实施关闭或依法破产。

三、有关资产和债权债务处理

（五）厂办大集体长期使用的主办国有企业的固定资产，可无偿划拨给厂办大集体，可以用于安置职工。对厂办大集体改制过程中发生的资产置换以及土地、房产、车辆过户等各项税费，可按现行有关规定给予减免。

（六）厂办大集体使用的主办国有企业的行政划拨土地，经所在地县级以上人民政府批准，可将土地使用权与主办国有企业分割后确定给厂办大集体以划拨方式使用。不符合划拨用地目录条件的，应依法办理土地有偿使用手续。土地出让收益可用于安置职工。

（七）厂办大集体与主办国有企业之间在规定的时间内发生的债权、债务可进行轧差处理。轧差后主办国有企业欠厂办大集体的债务，由主办国有企业予以偿还；轧差后厂办大集体欠主办国有企业的债务，在厂办大集体净资产不足以安置职工时，由主办国有企业予以豁免，并按规定程序报批后冲减国有权益。

（八）厂办大集体拖欠职工的工资等债务，要按照实事求是的原则依法认定，制订债务清偿计划，通过资产变现等方式积极筹集资金偿还。拖欠的金融债务，要明确债权债务关系，落实清偿责任，不得以改制为名逃废债务。

四、职工安置和劳动关系处理

（九）厂办大集体改制、关闭或破产的，应依法妥善处理与在职集体职工的劳动关系。与在职集体职工解除劳动关系的，应依法支付经济补偿。

（十）对在主办国有企业工作10年以上、已经与主办国有企业形成事实劳动关系的厂办大集体在职集体职工，主办国有企业要与其进行协商，依法与其签订劳动合同，或按照厂办大集体在职集体职工的安置政策予以安置。

（十一）对在厂办大集体工作或服务的主办国有企业职工，已与厂办大集体签订劳动合同的，可按照厂办大集体在职集体职工安置政策予以安置；未与厂办大集体签订劳动合同的，由主办国有企业妥善安置。

（十二）对距法定退休年龄不足5年（含5年）或工龄已满30年、再就业有困难的厂办大集体在职集体职工，可实行企业内部退养，发放基本生活费，并按规定继续为其缴纳社会保险费，达到退休年龄时正式办理退休手续。具体办法由地方人民政府、主办国有企业和厂办大集体协商确定。

（十三）对再就业有困难且接近内部退养年龄的厂办大集体在职集体职工，在解除劳动关系时，经企业与职工协商一致，可以签订社会保险缴费协议，由企业为职工缴纳基本养老保险费和职工基本医疗保险费，代替支付经济补偿金或生活补助费。缴费方式、缴费期限及具体人员范围等由当地人民政府确定。

（十四）厂办大集体可用净资产支付解除在职集体职工劳动关系的经济补偿金。净资产如有剩余，剩余部分作为主办国有企业持有改制企业的股权，也可向改制企业的员工或外部投资者转让，转让收益归主办国有企业所有。

（十五）厂办大集体净资产不足以支付解除在职集体职工劳动关系经济补偿金的，差额部分所需资金由主办国有企业、地方财政和中央财政共同承担。其中，对地方国有企业兴办的厂办大集体，中央财政补助50%；对中央下放地方的煤炭、有色、军工等企业兴办的厂办大集体，中央财政补助100%；对中央企业兴办的厂办大集体，中央财政将根据企业效益等具体情况确定补助比例，原则上不超过50%。中央财政补助资金可统筹用于安置厂办大集体职工。

（十六）对厂办大集体改革进度快、实施效果好的城市，中央财政将按照"奖补结合"的原则，提高对地方国有企业兴办的厂办大集体的补助比例。在2011年底前完成改革的，中央财政补助80%；2012年底前完成改革的，中央财政补助70%；2013年底前完成改革的，中央财政补助60%；2014年及以后完成改革的不予奖励。

五、社会保障政策

（十七）厂办大集体职工与企业解除劳动关系后，就业扶持政策按国家有关规定执行，并按规定接续各项社会保险关系，符合条件的，享受相应的社会保险待遇。

（十八）厂办大集体与职工解除劳动关系前，欠缴的各项社会保险费用，应足额补缴。个人欠缴部分由个人补齐；企业欠缴部分，经有关部门认定后，可制定补缴计划，分期补缴，但企业缴费划入职工个人账户部分和职工个人缴费部分应一次性补齐。关闭、破产的厂办大集体确实无法通过资产变现补缴的基本养老保险欠费，除企业缴费中应划入职工养老保险个人账户部分外，可按有关规定报经批准后核销。

（十九）对未参加基本养老保险的厂办大集体在职集体职工和退休人员，各地要根据实际情况，采取切实措施，按照自愿原则，纳入基本养老保险范围，并根据未参保人员的负担能力和年龄情况合理确定缴费标准。

（二十）厂办大集体的困难职工，凡符合城市居民最低生活保障条件的，应按规定纳入最低生活保障范围，切实做到应保尽保。

六、工作要求

（二十一）实施厂办大集体改革的城市和中央企业要制订切实可行的改革方案和维护社会稳定的措施。中央企业厂办大集体改革方案的制订，应与所在地人民政府充分协商，妥善衔接，慎重决策。地方国有企业厂办大集体改革方案由相关省（区、市）人民政府审批，报财政部、国资委、人力资源社会保障部备案；中央企业厂办大集体改革方案由国资委、人力资源社会保障部联合审批，报财政部备案。

（二十二）厂办大集体改革必须严格执行国家有关规定，认真履行企业改革的各项工作程序，做细做实企业性质界定、职工身份确认、资产清查、审计评估等各项工作。要通畅各种职工诉求表达渠道，充分听取职工和工会意见，不断完善企业改革方案。企业资产、负债等主要财务指标的财务审计、资产评估结果，要向广大职工公开，接受职工民主监督。要严格审批制度，凡未按程序批准或决定的，一律不得实施改革。

（二十三）厂办大集体改革工作涉及面广，情况复杂，工作难度大，各有关地区、部门和中央企业要高度重视，加强组织领导，成立由有关负责同志牵头的改革工作领导小组，明确职责分工，周密安排，积极配合，在确保稳定的前提下，积极稳妥地完成改革工作。

财政部 科技部关于《中关村国家自主创新示范区企业股权和分红激励实施办法》的补充通知

2011 年 1 月 10 日 财企〔2011〕1 号

党中央有关部门，国务院有关部委、直属机构，各省、自治区、直辖市、计划单列市财政厅（局）、科技厅（委、局），新疆生产建设兵团财务局、科技局，各中央管理企业：

为进一步明确中央级事业单位全资与控股企业（以下简称企业）股权和分红激励方案的审批主体及程序，积极稳妥推进审批工作，现就《中关村国家自主创新示范区企业股权和分红激励实施办法》（财企〔2010〕8 号，以下简称《实施办法》）有关事项补充通知如下：

一、根据《实施办法》第三十一条第三款，教育部（财务司、科技发展中心）、工业和信息化部（财务司）、中科院（计划财务局）等主管部门、机构（以下简称主管部门），按照资产管理权属，负责对企业股权和分红激励方案进行审批。

二、企业股权和分红激励方案申报前，应当由中央级事业单位审核通过。

三、主管部门自受理企业股权和分红激励方案之日起 20 个工作日内，提出书面审定意见，符合条件的形成审批文件，正式行文批复。

四、主管部门应当结合本部门实际，研究制定具体管理程序和工作流程，并对外公布。

五、本通知自印发之日起执行。

财政部关于完善中央国有资本经营预算有关事项的通知

2010 年 12 月 23 日 财企〔2010〕392 号

国资委、教育部、文化部、农业部、广电总局、贸促会，中国烟草总公司、中国邮政集团公司、中国出版集团公司、中国对外文化集团公司：

扩大中央国有资本经营预算实施范围和适当提高中央企业国有资本收益收取比例方案，已经国务院批准。现将有关事项通知如下：

一、扩大中央国有资本经营预算实施范围

从 2011 年起，将教育部、中国国际贸易促进委员会所属企业，国家广播电影电视总局直属中国电影集团公司，文化部直属中国东方演艺集团公司、中国文化传媒集团公司、中国动漫集团公司，农业部直属黑龙江北大荒农垦集团公司、广东省农垦集团公司，以及中国出版集团公司和中国对外文化集团公司纳入中央国有资本经营预算实施范围（企业名单详见附件1）。

二、提高中央企业国有资本收益收取比例

从2011年起，适当提高中央企业国有资本收益收取比例。具体收取比例分以下四类执行（企业分类名单详见附件2）：

第一类为企业税后利润的15%；

第二类为企业税后利润的10%；

第三类为企业税后利润的5%；

第四类免交国有资本收益。

三、中央企业国有资本收益收取和中央国有资本经营预算编报等相关工作，依照《国务院关于试行国有资本经营预算的意见》（国发〔2007〕26号），以及《中央企业国有资本收益收取管理暂行办法》（财企〔2007〕309号）和《中央国有资本经营预算编报试行办法》（财企〔2007〕304号）有关规定执行。

四、请你单位根据《财政部关于编报2011年中央国有资本经营预算建议草案的通知》（财企〔2010〕240号）要求，上报你单位2011年中央国有资本经营预算建议草案。

附件1：纳入中央国有资本经营预算实施范围企业名单

附件2：中央企业国有资本收益收取比例分类表

附件1：

纳入中央国有资本经营预算实施范围企业名单

中央管理企业（2户）

1 中国出版集团公司

2 中国对外文化集团公司

教育部所属企业（623户）

西南交通大学

1 西南交通大学出版社

2 成都西南交通大学产业（集团）有限公司

西北农林科技大学

3 西北农林科技大学饲料厂

4 杨凌农科大农业科技发展有限公司

5 西北农林科技大学出版社

6 杨凌农科大农城种业科技中心

7 杨凌农科大资产经营有限公司

8 杨凌农林科大校办产业发展有限公司

西安交通大学

9 西安交大资产经营有限公司

10 西安交大产业（集团）总公司

长安大学

11 长安大学工程设计研究院

12 西安长大公路工程检测中心

13 西安公路交大建设监理公司
14 长安大学书店
15 陕西建筑工程建设监理公司
16 长安大学城市规划设计研究院
17 长安大学环境工程设计研究院
18 长安大学宾馆
19 长安大学实业发展公司育才招待所
20 陕西西建建筑工程总承包公司
21 长安大学西安公路交通汽车综合性能检测站
22 长安大学测绘新技术研究院
23 长安大学雁塔印刷厂
24 长安大学翠华园宾馆
25 长安大学新技术发展有限责任公司
26 长安大学海威环境技术公司
27 长安大学海威机电有限责任公司
28 长安大学海威化学技术公司

陕西师范大学

29 陕西师大资产经营有限责任公司
30 西安教学仪器厂

西南大学

31 西南大学资产经营有限公司
32 重庆西南农大川牧饲料总厂
33 西南师范大学出版社
34 西南师范大学电子音像出版社
35 重庆卓立建筑工程有限公司
36 重庆西南大学桂园宾馆
37 重庆市软件评测中心
38 重庆宏业自动化仪表有限公司
39 西南师范大学印刷厂
40 西南农业大学科技咨询公司
41 西南农业大学实验茶厂

湖南大学

42 湖南大学出版社
43 湖南湖大建设监理有限公司
44 湖南湖大服务开发总公司
45 湖大海捷（湖南）工程技术研究有限公司
46 湖南大学资产经营有限公司

兰州大学

47 兰州大学出版社有限责任公司
48 兰州兰大科技广场
49 甘肃正源建筑工程有限责任公司
50 兰州兰大萃英科技发展中心
51 兰州大学合华技术应用开发中心
52 兰州大学科技园有限责任公司
53 兰州兰大小精灵新技术有限责任公司
54 兰州大学科技开发总公司

西安电子科技大学

55 陕西西安电子科大资产经营有限公司
56 西安电子科技大学计算机运动技术研究中心
57 西安电子科技大学出版社

中南大学

58 中南大学出版社
59 中南大学科技服务中心
60 湖南升华房地产开发有限公司
61 长沙冠华生物化工技术有限公司
62 湖南中大南江建筑安装工程公司
63 长沙中大铁道工程公司
64 中南大学新材料工程中心
65 中南大学资产经营有限公司

重庆大学

66 重庆大学资产经营有限公司

电子科技大学

67 成都成电大学科技园有限公司

西南财经大学

68 四川西财高科技股份有限公司
69 四川西南财大资产经营有限公司
70 西南财经大学出版社

中国地质大学（武汉）

71 武汉中地大资产经营有限公司
72 中国地质大学出版社有限责任公司

四川大学

73 四川大学工程设计研究院

74 华西医科大学仪器厂
75 成都川大科华苑宾馆
76 成都科技大学汽车修理厂
77 华西医科大学印刷厂
78 成都川大商贸服务公司
79 四川川大科技产业集团有限公司
80 四川大学出版社

中南财经政法大学

81 武汉市财经书店
82 武汉财达商贸公司
83 湖北中大工程监理有限责任公司
84 武汉财法商贸公司
85 武汉中南大资产经营有限责任公司

武汉大学

86 武汉大学北京研究院
87 武汉大学出版社有限责任公司
88 武汉弘毅酒店管理有限公司
89 中工武大设计研究有限公司
90 武汉大学资产经营投资管理有限责任公司
91 武汉武大教育发展有限责任公司

武汉理工大学

92 武汉汽车工业大学工厂
93 武汉理工经济发展有限公司
94 武汉东方交达汽车修配有限公司
95 武汉理工大产业集团有限公司
96 武汉理工大学出版社

华中科技大学

97 武汉华中科技大产业集团有限公司

华中农业大学

98 武汉华中农大资产经营有限公司
99 武汉华农大科技园发展有限责任公司
100 武汉华大新技术公司
101 武汉华中农业大学科技产业开发部

厦门大学

102 厦门大学资产经营有限公司

华中师范大学

103 武汉华大博雅教育发展有限公司
104 湖北华中师大书刊发行中心
105 武汉华中师大科技园发展有限公司
106 湖北华大旅行社有限公司
107 武汉数字媒体工程技术有限公司
108 武汉华中师大资产经营管理有限公司
109 华中师范大学出版社有限责任公司

北京化工大学

110 北京朝阳三环旅社
111 北京北化大投资有限公司

北京大学

112 北京北大青鸟软件系统有限公司
113 北大资产经营有限公司
114 北京北大未名生物工程集团有限公司
115 北京北大科技园有限公司
116 北大方正集团有限公司
117 北京北大资源集团有限公司

北京科技大学

118 北京宏洁物业管理有限公司
119 北京科大方兴爆破工程有限公司
120 北京科大华科高新技术有限公司
121 北京科大印刷有限公司
122 北京科技大科教技术服务中心
123 广东北科科技发展有限公司
124 北京科大恒兴高技术有限公司
125 北京科技大学设计研究院有限公司
126 北京科大永兴科技有限公司
127 北京科大科技园有限公司
128 北京科大方兴加油站有限公司

北京交通大学

129 北京交大资产经营有限公司
130 北京交大铁科科技园有限公司
131 北京交大科技发展中心
132 北京交大印刷厂
133 北京交通大学出版社

134 北京交大创新科技中心

华北电力大学

135 北京华电天德资产经营有限公司

136 北京华电天德科技园有限公司

北京中医药大学

137 北京一品恒生中医药开发有限公司

138 北京中大东方医药科技发展有限公司

139 北京康伴医药科技发展有限责任公司

140 北京拓新医药科技发展有限公司

141 北京京港湾宾馆

142 北京赛莱科贸有限公司

143 北京北中资产管理有限公司

北京邮电大学

144 北京北邮启阳科贸公司

145 北京北邮招待所

146 北京国邮建筑物资供应中心

147 北京邮电函授宾馆

148 北京正方兴通信技术有限公司

149 北京北邮科技文化交流中心

150 北京北邮在线网络科技有限责任公司

151 北京北邮国伦科技有限责任公司

152 北京鸿雁电器厂有限公司

153 北京布来得科技有限公司

154 北京邮通科贸有限公司

155 北京北邮资产经营有限公司

156 北京邮电大学出版社

157 北京北邮印刷有限公司

中国农业大学

158 北京中农大地科技发展有限公司

159 北京海淀农大书店

160 北京图信文化发展有限公司

161 北京中农大科技企业孵化器有限公司

162 北京农大新技术开发总公司

中国人民大学

163 人大世纪科技发展有限公司

164 北京时代网格科技发展有限公司

165 中国人民大学出版社印刷厂

166 中国人民大学出版社

中国石油大学（北京）

167 北京石大中油油品销售有限责任公司

168 北京石大翠宫招待所

169 北京石大石工油气化工新技术有限公司

170 北京金时石油测试技术有限公司

171 北京石迎招待所

172 北京中石大新元投资有限公司

173 北京中石大化学制剂有限公司

174 北京石大油软技术有限公司

175 北京油源恒业科技有限公司

北京师范大学

176 北京师大资产经营有限公司

177 北京康良实业总公司

178 北京三利行汽车维修服务有限责任公司

179 北京师大加油站有限公司

180 北京师范大学光电仪器厂

181 北京天韵京师酒店管理有限公司

182 中国教师杂志社

183 北京豪城物业管理公司

184 中基教育信息技术有限责任公司

185 北京师大海威教育科技发展有限公司

186 北京师大励耘教育科技发展有限公司

187 北京京师大房地产开发有限责任公司

188 北京师宏药物研制中心

189 北京师范大学印刷厂

190 北京京师印务有限公司

191 北京师范大学出版社发行部

192 北京师奇装饰装潢服务中心

193 北京文苑科技贸易公司

194 北京师范大学音像出版社

195 北京师大科技园科技发展有限责任公司

北京林业大学

196 北京鹫峰国家森林公园

197 北京北林宾馆

198　北京北林印刷厂
199　北京林大资产经营有限公司
200　北京林大林业科技股份有限公司
201　北京北林地景园林规划设计院有限责任公司
202　北京京林加油站
203　北京林和物业管理有限公司
204　北京北林科技园有限公司
205　《风景园林》杂志社

东北师范大学

206　长春东师学园科技开发中心
207　长春东师三林精细化工开发公司
208　长春东师科教仪器厂
209　东北师范大学出版社激光照排中心
210　英语测试报社
211　长春东北师范大学出版社有限责任公司
212　吉林东北师大资产经营有限公司
213　长春东师留学服务中心

南开大学

214　天津市津为建材经营服务部
215　天津市绿保农用化学科技开发有限公司
216　南开大学印刷厂
217　南开大学出版社
218　南开大学出版社高校图书代办站
219　天津市天骄公关服务中心
220　天津天高国际经济发展公司
221　南开大学玻璃仪器厂
222　南开大学金工仪器厂
223　天津市南大润滑油经营部
224　南开大学汽车修理厂
225　天津市广告策划中心
226　南开大学劳动服务公司鸿鹄综合经营部
227　南开大学精益教育技术装备公司
228　天津市南开大学华兴技术开发综合公司
229　天津南开大学资产经营有限责任公司

大连理工大学

230　大连理工大学产业投资有限公司

东北林业大学

231　东北林业大学经济技术开发总公司
232　哈尔滨东北林业大学资产经营有限公司
233　哈尔滨市东林实业有限公司
234　哈尔滨市东林新型建材有限公司
235　哈尔滨市东林建筑工程公司
236　哈尔滨市东林塑钢门窗制造有限公司
237　东北林业大学工程监理部
238　东北林业大学工程勘察设计院
239　东北林业大学专家公寓
240　东北林业大学机械厂
241　东北林业大学机动车检测站

东北大学

242　东北大学建筑设计院有限公司
243　东北大学出版社
244　东北大学音像出版社
245　东北大学招待所有限公司
246　东北大学设计研究院（有限公司）
247　东软集团有限公司
248　沈阳东创贵金属材料有限公司
249　东北大学商贸有限公司
250　沈阳东大兴科置业有限公司
251　东北大学设备诊断工程中心
252　沈阳东科印印务有限公司
253　东北大学技术转移中心
254　沈阳东创自动化仪器仪表有限公司
255　东北大学机械厂
256　辽宁省轧制工程技术中心
257　沈阳东大材料先进制备技术工程研究中心
258　东北大学实业总公司

吉林大学

259　吉林吉大控股有限公司

天津大学

260　天津市天大赛奇节能技术有限公司
261　天津大学出版社有限责任公司
262　天津市天大北斗科技发展有限公司

263 天津大学土木工程检测中心
264 北洋国家精馏技术工程发展有限公司
265 天津市天大天宗切焊设备有限公司
266 天津市天大科技信息有限公司
267 天津大学城市规划设计研究院
268 天津大学建筑设计研究院
269 天津大学岩土工程设计研究所
270 天津市天大北洋化工设备有限公司
271 天津大学实业发展总公司
272 天津市天大实验技术有限责任公司
273 天津市天大方菱结晶系统工程技术有限公司
274 天津大学水运水利勘察设计研究所
275 天津市并联精密机械有限公司
276 天大科技园有限公司
277 天津市天大天发科技有限公司
278 天津市天大精密科技有限公司
279 天津天大天环科技有限公司
280 天津市天大博大科技有限公司
281 天津大学资产经营有限公司
282 天津市天大建学科技开发有限公司
283 天津市天大现代科技有限公司

中国石油大学（华东）

284 青岛中石大控股有限公司

中国海洋大学

285 青岛海大国际教育交流中心有限公司
286 中国海洋大学建设监理公司
287 青岛海大新星计算机工程中心
288 青岛海大海洋仪器开发有限公司
289 青岛海大印务有限公司
290 青岛海大生物制品有限公司
291 中国海洋大学出版社有限公司
292 青岛海大科技开发中心
293 青岛海大通用海水素厂
294 青岛海大学术交流中心
295 青岛海大工程勘察设计开发院有限公司
296 青岛海大科技咨询开发公司海洋仪器厂
297 青岛海大培训中心有限公司
298 青岛海大科技咨询开发公司生物标本厂
299 青岛海大科技咨询开发公司
300 中国海洋大学环境保护研究中心
301 青岛海洋船务公司
302 青岛海大建设工程检测鉴定中心
303 青岛海大国际旅行社
304 青岛海洋大学接待服务中心
305 青岛中国海洋大学控股有限公司

山东大学

306 山东大学出版社
307 山东医大口腔医疗器材经销部
308 山东华茂实业发展总公司
309 济南方兴工贸公司
310 山东山大后勤服务公司
311 山东杏林实业发展总公司
312 山东大学机械厂
313 山东山大产业集团有限公司

南京农业大学

314 南京农业大学微生物实验工厂
315 南京农业大学教学仪器修理厂
316 江苏环宇科教器材公司
317 江苏晶灵植物基因工程技术研究中心
318 南京农业大学种子公司
319 江苏南农芳华园艺中心
320 南京农业大学印刷厂
321 南京农业大学技术服务公司
322 南京农业大学成人教育学院招待所
323 南京农业大学资产经营有限公司

河海大学

324 河海大学设计院
325 河海大学印刷厂
326 江苏河海工程技术总公司
327 南京河海大学出版社有限公司
328 江苏河海大学资产经营有限公司
329 江苏河海汽车出租服务公司

南京大学

330　南大科技园股份有限公司
331　南京南大药业有限责任公司
332　南京大学地海高科技开发研究中心
333　南京大学城市规划设计研究院
334　南京大学仪器厂
335　南京大学建筑规划设计研究院
336　南京大学恒通电子仪器厂
337　南京大学恒通科技开发公司
338　南京南大智能交通技术开发研究中心
339　南京大学科技实业（集团）公司
340　南京大学出版社
341　南京大学电子音像出版社
342　江苏兰达工程监理有限公司
343　南京大学生活服务中心
344　江苏南大海外教育服务中心
345　南京大学印刷厂

东南大学

346　江苏东南大学资产经营有限公司
347　南京北极测绘研究院
348　南京东大测振仪器厂
349　东南大学城市规划设计研究院
350　南京东大科技实业（集团）总公司
351　江苏华宁交通工程咨询监理公司
352　南京东南大学科技服务中心
353　东南大学建筑设计研究院

中国药科大学

354　中国药科大学制药有限公司
355　中国药科大学保健品厂
356　江苏药大医药有限公司
357　中国药科大学科技实业（集团）总公司
358　江苏省中国药科大学控股有限责任公司
359　中国药科大学神农生物技术公司
360　中国药科大学印刷厂

浙江大学

361　浙江大学圆正控股集团有限公司
362　浙江大学建筑设计研究院
363　浙江大学出版社有限公司

中国矿业大学

364　徐州中国矿业大学建筑设计咨询研究院有限公司
365　中国矿业大学出版社有限责任公司
366　徐州中国矿业大学教学设备厂
367　徐州中国矿业大学资产经营有限公司

合肥工业大学

368　合肥工业大学资产经营有限公司
369　合肥工大复合材料高新技术开发有限公司
370　合肥工大建设监理有限责任公司
371　合肥工业大学建筑安装工程公司
372　合肥工业大学锦怡园宾馆
373　合肥工业大学建筑设计研究院
374　合肥工业大学岩土工程勘察设计研究院
375　合肥共达印刷厂

江南大学

376　无锡江南大学资产管理经营有限公司

北京外国语大学

377　北京壹加佳教育咨询有限公司
378　北京外语音像出版社有限公司
379　北京外国语大学印刷厂
380　北京青苹果文化发展有限公司
381　北京银盘电子技术有限公司
382　北京外研书店
383　北京北外宾馆
384　外语教学与研究出版社有限责任公司

北京语言大学

385　北京语言大学出版社有限公司
386　北京北语留学服务中心

中央财经大学

387　北京中财大印刷厂

388　北京财鑫宾馆
389　北京中财实业总公司

中央音乐学院

390　北京乐艺中音文化艺术有限责任公司

中央戏剧学院

391　北京拾贝书店

中国矿业大学（北京）

392　中矿大资产管理（北京）有限公司
393　北京东方瀚科技发展有限公司
394　北京矿大文化交流中心
395　北京矿大能源安全科技有限公司

中国地质大学（北京）

396　北京天成印务有限责任公司
397　北京京迪广珠宝有限责任公司
398　北京中地大工程勘察设计研究院有限责任公司
399　北京地大地质科技公司
400　北京捷奥斯图书有限责任公司
401　北京中地大投资管理有限责任公司

中国政法大学

402　北京明法阁文化交流有限公司

对外经济贸易大学

403　北京茂达科技贸易公司
404　对外经济贸易大学出版社

中国传媒大学

405　北京北广映画数码科技有限公司
406　北京北广在线远程教育技术有限公司
407　北京佳音广播电视发展有限公司
408　北京中传资产管理有限公司

清华大学

409　北京清华城市规划设计研究院
410　清华大学建筑设计研究院
411　北京华控通力科技有限公司
412　北京卓尔教育投资有限公司
413　清华控股有限公司

复旦大学

414　上海复旦大学后勤设施技术服务公司
415　上海复旦华富科技有限公司
416　上海医大物业管理有限公司
417　上海华医贸易服务公司
418　上海复旦后勤服务发展有限公司
419　上海复旦天欣科教仪器有限公司
420　上海复旦旦华科技有限公司
421　上海复旦企业发展有限公司
422　上海复旦回天聚合物工程研发中心有限公司
423　上海复旦高技术公司
424　上海复旦创业投资有限公司
425　上海复旦金融与期货研究所
426　上海复旦科教器材服务公司
427　上海复贤劳动综合服务公司
428　上海复旦爆破建设工程有限公司
429　上海新光华科技服务有限公司
430　上海复旦管理咨询有限公司
431　上海复旦资产经营有限公司
432　上海复旦天翼计算机有限公司
433　复旦大学出版社有限公司
434　上海医大仪器有限公司
435　上海华建医药科技公司
436　上海复旦枫林科技园有限公司

同济大学

437　上海同济资产经营有限公司

上海交通大学

438　上海教德综合服务部
439　上海交大企业管理中心
440　上海申农科技发展有限责任公司
441　上海交大饮食服务有限公司
442　上海交大产业投资管理（集团）有限公司
443　上海贝奥科技开发公司
444　上海教涛综合服务部

华东理工大学

445 上海华理远大技术有限公司
446 上海华泰科技贸易有限公司
447 上海华理化工科技发展有限公司
448 上海伊特工程技术有限公司
449 上海捷成系统工程部
450 上海伯瑞生物技术发展有限公司
451 上海华友科贸实业有限公司
452 上海华理安全装备有限公司
453 上海瑞邦生物材料有限公司
454 上海浩思海洋生物科技有限公司
455 上海华化副食品经营部
456 上海华平园林工程公司
457 华东理工大学服务公司
458 上海敏光化学科技有限公司
459 上海华凯科技贸易公司
460 上海华理置业有限公司
461 上海华商企业发展智力服务公司
462 上海华顺科学器材经营公司
463 华东理工大学科技服务部
464 上海华化生物制品厂
465 上海市徐汇区华化余力生活服务部
466 上海顺风自控新技术开发公司
467 上海华理资产经营有限公司
468 华东理工大学工程设计研究院有限公司
469 上海多佳水处理科技有限公司
470 上海华化摩擦材料有限公司
471 上海华明高技术（集团）有限公司
472 上海华力索菲科技有限公司
473 上海华东理工科技园有限公司
474 上海国佳生化工程技术研究中心有限公司
475 上海华天生物科技有限公司
476 上海华东理工安全工程咨询有限公司
477 上海四达石油化工科技有限公司
478 上海维达实业公司
479 上海华卫装潢公司
480 华东理工大学出版社有限公司
481 上海化立教育信息咨询有限公司
482 华东理工大学华昌聚合物有限公司
483 上海现代中医药技术发展有限公司
484 上海博商经济技术有限公司
485 上海海湾科技园发展有限公司
486 上海琛懋中医药工程技术有限公司
487 上海华理生物医药有限公司
488 上海华理化学专用品有限公司
489 华东理工大学催化剂厂
490 上海华方建筑装饰工程公司
491 上海合达碳素材料有限公司
492 青海盐湖镁业有限公司
493 上海宝利纳材料科技有限公司
494 上海华理能源生物技术有限公司

东华大学

495 东华大学出版社
496 上海东华海欣纺织科技有限公司
497 上海东华健利纺织科技有限公司
498 上海东学信息技术有限公司
499 上海汉达染整技术有限公司
500 上海东华镜月资产经营有限公司
501 上海喜天游大酒店有限公司
502 上海新欣产业用纺织品开发公司
503 上海东大后勤服务有限公司
504 上海方大物业管理有限公司
505 上海东大招待所有限公司
506 上海东华凯悦纺织科技发展有限公司

华东师范大学

507 上海育师商社
508 上海华师大城市规划设计事务所
509 华东师范大学工程勘察部

510 华东师范大学四达外语服务公司
511 华东师范大学华振体育科技咨询公司
512 上地《地理教学》杂志社
513 华东师范大学水处理实业公司
514 上海《全球教育展望》杂志社
515 上海《心理科学》杂志社
516 上海《大众心理学》杂志社
517 上海华师证券与资产管理研究所
518 上海《中小学英语教学与研究》杂志社
519 上海历史教学问题杂志社
520 上海华师学生服务社
521 上海华立贸易公司
522 上海《俄罗斯研究》杂志社
523 《中文自学指导》杂志社读者服务部
524 上海《中文自修》杂志社
525 上海《生物学教学》杂志社
526 华东师大房屋经营管理所
527 上海华师车辆修理厂
528 华东师范大学《化学教学》服务部
529 华东师范大学华夏综合商场
530 上海华东师大教育技术发展公司
531 上海学特教育文化服务有限公司
532 上海华大房地产开发公司
533 上海教育学院印刷厂
534 华东师范大学环境艺术装饰工程公司
535 上海市普陀区华新经营服务部
536 上海第二教育学院印刷厂
537 华东师范大学科教仪器厂
538 上海华大投资有限公司
539 上海华东师大资产经营有限公司
540 华东师范大学印刷厂
541 华东师大星辰教育科技服务公司
542 华东师范大学出版社有限公司

上海外国语大学

543 上海上外印务中心
544 上海外语教育出版社有限公司
545 上海上外经营服务公司
546 上海上外国际文化交流中心
547 上海上外（集团）公司
548 上海上外健身中心
549 上海上外迎宾馆
550 上海上外翻译总公司
551 上海市青少年外语活动中心
552 上海上外国际教育交流信息中心
553 上海上外资产经营管理有限公司
554 上海上外美食林
555 上海天峰实业公司
556 上海上外旅游公司
557 上海外语音像出版社

上海财经大学

558 上海财大产业投资管理有限公司
559 上海财经大学出版社有限公司

中山大学

560 广州市中大物业管理有限公司
561 中山大学北校区服务公司
562 广州市中大发展集团有限公司
563 中山大学劳动服务公司
564 中山大学康乐餐厅
565 中山大学西苑宾馆
566 广州市中大康运贸易有限公司
567 中山大学综合服务公司
568 中山大学高建校用家具厂
569 广州中山大学纯净水厂
570 广州中大建筑设计研究院
571 广州中大建设监理有限公司
572 中山大学紫荆园
573 广州中大控股有限公司
574 广州中大逸仙环境工程有限公司

华南理工大学

575 广东华南理工大学造纸与污染控制国家工程中心

576 广州华图信息中心

577 广东华欧焊接工程研究中心

578 华南理工大学资产经营有限公司

全国高校学生信息咨询与就业指导中心

579 学信咨询服务有限公司

580 北京中育职通咨询服务有限公司

语文书店

581 语文书店

教育部机关服务中心

582 北京华教佳园物业管理有限责任公司

教育部教学仪器研究所

583 北京科明园技术有限公司

584 北京市中联教仪设备开发公司

国家教育行政学院

585 北京大学教育书刊音像中心

教育部考试中心

586 北京奈亚信息技术有限公司

587 北京梅迪亚图书资料供应中心

教育部科技发展中心

588 《中国高校科技与产业化》杂志社

中国教育报刊社

589 北京迎凯讯实业开发公司

590 北京中教社传媒广告中心

591 北京春雨教育书店

592 北京中教社文化传播中心

中央广播电视大学

593 中央广播电视大学出版社

594 中央广播电视大学音像出版社

595 电大在线远程教育技术有限公司

中央教育科学研究所

596 教育科学出版社

597 中央教育科学研究所音像出版社

598 北京市国育教育科技发展中心

教育部教育管理信息中心

599 《中国教育信息化》杂志社

600 北京华夏育人书刊中心

601 北京育树信息技术有限责任公司

602 北京博汇英才教育咨询有限责任公司

603 北京网盟信息技术发展有限公司

国家汉办

604 汉考国际测试技术服务（北京）中心有限公司

605 北京华图汉语文化服务中心

606 五洲汉风教育科技（北京）有限公司

607 五洲汉风网络科技（北京）有限公司

中央电化教育馆

608 电化教育电子音像出版社有限责任公司

609 北京电教招待所

中国教育电视台

610 北京佳易广告公司

611 北京国视人力资源管理有限公司

612 北京中线传媒有限公司

教育部留学服务中心

613 北京嘉华世达国际教育交流有限公司

614 北京吟虹国际教育咨询有限公司

人民教育出版社

615 北京人教希望网络信息技术有限公司

616 人民教育出版社印刷厂

617 北京人教物业管理有限责任公司

618 中国教育图书进出口公司

619 人民教育电子音像出版社

620 北京市人教科发工贸公司

621 人教教材中心

622 北京人教智培书社

国家留学基金管理委员会

623 东方国际教育交流中心

文化部所属企业（3户）

1 中国东方演艺集团公司

2 中国文化传媒集团公司

3 中国动漫集团公司

农业部所属企业（2户）

1 黑龙江北大荒农垦集团公司

2 广东省农垦集团公司

国家广播电影电视总局所属企业（1户）

1 中国电影集团公司

中国国际贸易促进委员会所属企业（21户）

1 环球商务国际旅行社

2 中国国际经济技术合作咨询公司

3 北京中展投资发展有限公司

4 北京国展国际展览中心有限责任公司

5 中国国际展览中心集团公司

6 中国专利代理（香港）有限公司

7 中国技术投资贸易（香港）有限公司

机关服务中心

8 中贸置业有限公司

9 北京宝隆服务公司

10 中国国际贸易促进委员会招待所

11 北京精美印刷厂

12 精美彩色印刷有限公司

13 北京赛奥企业家俱乐部

宣传出版中心

14 北京环贸编译服务有限责任公司

15 北京环球精美广告有限责任公司

16 建义利联合有限公司

17 华美商务信息有限公司

法律事务部

18 中贸服务有限公司

19 北京中律辉商务咨询有限公司

20 香港德里有限公司

离退休干部办公室

21 北京怡乐贸易商社

附件2：

中央企业国有资本收益收取比例分类表

第一类

1 中国烟草总公司

2 中国石油天然气集团公司

3 中国石油化工集团公司

4 中国海洋石油总公司

5 国家电网公司

6 中国长江三峡集团公司

7 中国电力投资集团公司

8 中国华能集团公司

9 中国国电集团公司

10 中国华电集团公司

11 中国大唐集团公司

12 神华集团有限责任公司

13 中国中煤能源集团公司

14 中国移动通信集团公司

15 中国电信集团公司

第二类

16 中国铝业公司
17 中国有色矿业集团有限公司
18 中国黄金集团公司
19 宝钢集团有限公司
20 鞍钢集团公司
21 武汉钢铁（集团）公司
22 中国化工集团公司
23 中国乐凯胶片集团公司
24 中国远洋运输（集团）总公司
25 中国海运（集团）总公司
26 中国外运长航集团公司
27 中国航空集团公司
28 中国南方航空集团公司
29 中国东方航空集团公司
30 中国民航信息集团公司
31 中国电子信息产业集团公司
32 彩虹集团公司
33 中国华录集团有限公司
34 中国普天信息产业集团公司
35 中国第一汽车集团公司
36 东风汽车公司
37 中国东方电气集团有限公司
38 哈尔滨电气集团公司
39 中国西电集团公司
40 中国第一重型机械集团公司
41 中国第二重型机械集团公司
42 中国南车集团公司
43 中国北方机车车辆工业集团公司
44 中国铁路通信信号集团公司
45 新兴铸管集团有限公司
46 国家开发投资公司
47 中国节能投资公司
48 中国高新投资集团公司
49 华侨城集团公司
50 中国国旅集团有限公司
51 中国国际工程咨询公司
52 中国水电工程顾问集团公司
53 中国电力工程顾问集团公司
54 中国恒天集团公司
55 中国盐业总公司
56 中国印刷集团公司
57 中国中纺集团公司
58 中国航空油料集团公司
59 中国航空器材集团公司
60 中国工艺（集团）公司
61 中国轻工集团公司
62 中国机械工业集团有限公司
63 中国通用技术（集团）控股有限责任公司
64 中国中化集团公司
65 中粮集团有限公司
66 中国五矿集团公司
67 中国保利集团公司
68 中国铁路物资总公司
69 珠海振戎公司
70 中国诚通控股集团有限公司
71 中国华星集团公司
72 中商企业集团公司
73 中国中钢集团公司
74 中国丝绸进出口总公司
75 中国华孚贸易发展集团公司
76 中国医药集团公司
77 中国中材集团公司
78 中国建筑材料集团有限公司
79 中国化学工程集团公司
80 中国交通建设集团有限公司
81 中国建筑工程总公司
82 中国铁路工程总公司
83 中国冶金科工集团有限公司
84 中国水利水电建设集团公司
85 中国铁道建筑总公司

86	中国葛洲坝集团公司
87	华润（集团）有限公司
88	南光（集团）有限公司
89	中国港中旅集团公司
90	招商局集团有限公司
91	中国国际技术智力合作公司
92	中国农业发展集团总公司
93	中国林业集团公司

第三类

94	中国核工业集团公司
95	中国核工业建设集团公司
96	中国航天科技集团公司
97	中国航天科工集团公司
98	中国航空工业集团公司
99	中国船舶工业集团公司
100	中国船舶重工集团公司
101	中国兵器工业集团公司
102	中国兵器装备集团公司
103	中国电子科技集团公司
104	中国煤炭科工集团有限公司
105	机械科学研究总院
106	中国钢研科技集团公司
107	北京有色金属研究总院
108	北京矿冶研究总院
109	中国建筑科学研究院
110	电信科学技术研究院
111	中国建筑设计研究院
112	武汉邮电科学研究院
113	中国汽车技术研究中心
114	中国冶金地质总局
115	中国煤炭地质总局
116	中国邮政集团公司
117	中国出版集团公司
118	中国对外文化集团公司
119	中国东方演艺集团公司
120	中国文化传媒集团公司
121	中国动漫集团公司
122	中国电影集团公司
123	黑龙江北大荒农垦集团公司
124	广东省农垦集团公司
125	教育部所属企业
126	中国国际贸易促进委员会所属企业

第四类

127	中国储备粮管理总公司
128	中国储备棉管理总公司

财政部　科技部关于印发《中关村国家自主创新示范区企业股权和分红激励实施办法》的通知

2010 年 2 月 1 日　财企〔2010〕8 号

党中央有关部门，国务院有关部委、直属机构，各省、自治区、直辖市、计划单列市财政厅（局）、科技厅（委、局），新疆生产建设兵团财务局、科技局，各中央管理企业：

在中关村国家自主创新示范区实施企业股权和分红激励政策，对于探索企业分配制度改革，建立有利于自主创新和科技成果转化的中长期激励分配机制，充分发挥技术、管理等要素的作用，推动高新技术产业化，具有重要意义。根据《国务院关于同意支持中关村科技园区建设国家自主创新示范区的批复》（国函

〔2009〕28 号)，我们制定了《中关村国家自主创新示范区企业股权和分红激励实施办法》，现印发给你们，请遵照执行。执行中有何问题，请及时向财政部、科技部反映。

在中关村国家自主创新示范区实施企业股权和分红激励政策，有关部门应当根据“统筹兼顾、因企制宜、稳步推进、规范实施”的原则，按照国家统一办法执行，既要营造科技创新的政策环境，激发技术人员和经营管理人员开展自主创新和实施科技成果转化的积极性，又要依法维护国有资产权益，保障企业职工的合法权益，促进企业可持续健康发展。在实施步骤、方式、范围上，不搞“一刀切”，不能急于求成，不能形成新的“大锅饭”分配体制。各级财政、科技部门要加强对企业股权和分红激励政策实施的监督，注意总结经验。

各省、自治区、直辖市及计划单列市建设的国家级自主创新示范区，报经国务院批准实行企业股权和分红激励政策的，按照《中关村国家自主创新示范区企业股权和分红激励实施办法》执行。

附件：中关村国家自主创新示范区企业股权和分红激励实施办法

附件：

中关村国家自主创新示范区
企业股权和分红激励实施办法

第一章 总　　则

第一条　为建立有利于企业自主创新和科技成果转化的激励分配机制，调动技术和管理人员的积极性和创造性，推动高新技术产业化和科技成果转化，依据《促进科技成果转化法》、《公司法》、《企业国有资产法》及国务院有关规定，制定本办法。

第二条　本办法适用于中关村国家自主创新示范区内的以下企业：

(一) 国有及国有控股的院所转制企业、高新技术企业。

(二) 示范区内的高等院校和科研院所以科技成果作价入股的企业。

(三) 其他科技创新企业。

第三条　股权激励，是指企业以本企业股权为标的，采取以下方式对激励对象实施激励的行为：

(一) 股权奖励，即企业无偿授予激励对象一定份额的股权或一定数量的股份。

(二) 股权出售，即企业按不低于股权评估价值的价格，以协议方式将企业股权（包括股份，下同）有偿出售给激励对象。

(三) 股票期权，即企业授予激励对象在未来一定期限内以预先确定的行权价格购买本企业一定数量股份的权利。

分红激励，是指企业以科技成果实施产业化、对外转让、合作转化、作价入股形成的净收益为标的，采取项目收益分成方式对激励对象实施激励的行为。

第四条　激励对象应当是重要的技术人员和企业经营管理人员，包括以下人员：

(一) 对企业科技成果研发和产业化做出突出贡献的技术人员，包括企业内关键职务科技成果的主要完成人、重大开发项目的负责人、对主导产品或者核心技术、工艺流程做出重大创新或者改进的主要技术人员，高等院校和科研院所研究开发和向企业转移转化科技成果的主要技术人员。

(二) 对企业发展做出突出贡献的经营管理人员，包括主持企业全面生产经营工作的高级管理人员，负责企业主要产品（服务）生产经营合计占主营业务收入（或者主营业务利润）50%以上的中、高级经营管理人员。

企业不得面向全体员工实施股权或者分红激励。

企业监事、独立董事、企业控股股东单位的经营管理人员不得参与企业股权或者分红激励。

第五条 实施股权和分红激励的企业，应当符合以下要求：

（一）企业发展战略明确，专业特色明显，市场定位清晰。

（二）产权明晰，内部治理结构健全并有效运转。

（三）具有企业发展所需的关键技术、自主知识产权和持续创新能力。

（四）近3年研发费用占企业销售收入2%以上，且研发人员占职工总数10%以上。

（五）建立了规范的内部财务管理制度和员工绩效考核评价制度。

（六）企业财务会计报告经过中介机构依法审计，且近3年没有因财务、税收违法违规行为受到行政、刑事处罚。

第六条 企业实施股权和分红激励，应当符合法律、行政法规和本办法的规定，有利于企业的持续发展，不得损害国家和企业股东的利益，并接受本级财政、科技部门的监督。

激励对象应当诚实守信，勤勉尽责，维护企业和全体股东的利益。

激励对象违反有关法律法规及本办法规定，损害企业合法权益的，应当对企业损失予以一定的赔偿，并追究相应法律责任。

第七条 企业实施股权或者分红激励，应当按照《企业财务通则》和国家统一会计制度的规定，规范财务管理和会计核算。

第二章 股权奖励和股权出售

第八条 企业以股权奖励和股权出售方式实施激励的，除满足本办法第五条规定外，企业近3年税后利润形成的净资产增值额应当占企业近3年年初净资产总额的20%以上，且实施激励当年年初未分配利润没有赤字。

近3年税后利润形成的净资产增值额，是指激励方案获批日上年末账面净资产相对于近3年年初账面净资产的增加值，不包括财政补助直接形成的净资产和已经向股东分配的利润。

第九条 股权奖励和股权出售的激励对象，除满足本办法第四条规定条件外，应当在本企业连续工作3年以上。

股权奖励的激励对象，仅限于技术人员。

企业引进的“千人计划”、“中科院百人计划”、“北京海外高层次人才聚集工程”、“中关村高端领军人才聚集工程”人才，教育部授聘的长江学者，以及高等院校和科研院所研究开发和向企业转移转化科技成果的主要技术人员，其参与企业股权激励不受本条第一款规定的工作年限限制。

第十条 企业用于股权奖励和股权出售的激励总额，不得超过近3年税后利润形成的净资产增值额的35%。其中，激励总额用于股权奖励的部分不得超过50%。

企业用于股权奖励和股权出售的激励总额，应当依据资产评估结果折合股权，并确定向每个激励对象奖励或者出售的股权。其中涉及国有资产的，评估结果应当经代表本级人民政府履行出资人职责的机构、部门（以下统称“履行出资人职责的机构”）核准或者备案。

第十一条 企业用于股权奖励和股权出售的激励总额一般在3—5年内统筹安排使用，并应当在激励方案中与激励对象约定分期实施的业绩考核目标等条件。

第三章 股票期权

第十二条 企业以股票期权方式实施激励的，应当在激励方案中明确规定激励对象的行权价格。

确定行权价格时，应当综合考虑科技成果成熟程度及其转化情况、企业未来至少5年的盈利能力、企业拟授予全部股权数量等因素，且不得低于经履行出资人职责的机构核准或者备案的每股评估价。

第十三条 企业应当与激励对象约定股票期权授予和行权的业绩考核目标等条件。

业绩考核指标可以选取净资产收益率、主营业务收入增长率、现金营运指数等财务指标，但应当不低于企业近3年平均业绩水平及同行业平均业绩水平。

第十四条 企业应当在激励方案中明确股票期权的授权日、可行权日和行权的有效期。

股票期权授权日与获授股票期权首次可行权日之间的间隔不得少于 1 年。

股票期权行权的有效期不得超过 5 年。

第十五条 企业应当规定激励对象在股票期权行权的有效期内分期行权。

股票期权行权的有效期过后，激励对象已获授但尚未行权的股票期权自动失效。

第四章 股权管理

第十六条 企业可以通过以下方式解决标的股权来源：

（一）向激励对象增发股份。

（二）向现有股东回购股份。

（三）现有股东依法向激励对象转让其持有的股权。

第十七条 企业不得为激励对象购买股权提供贷款以及其他形式的财务资助，包括为激励对象向其他单位或者个人贷款提供担保。

第十八条 激励对象自取得股权之日起 5 年内不得转让、捐赠其股权。

激励对象获得股权激励后 5 年内本人提出离职，或者因个人原因被解聘、解除劳动合同，取得的股权全部退回企业，其个人出资部分由企业按审计后净资产计算退还本人；以股票期权方式实施股权激励的，未行权部分自动失效。

第十九条 企业实施股权激励的标的股权，一般应当由激励对象直接持股。

激励对象通过其他方式间接持股的，直接持股单位不得与企业存在同业竞争关系或者发生关联交易。

第二十条 企业以股权出售或者股票期权方式授予的股权，激励对象在按期足额缴纳相应出资额（股款）前，不得参与企业利润分配。

第二十一条 大型企业用于股权激励的股权总额，不得超过企业实收资本（股本）的 10%。

大型企业的划分标准，按照国家统计局印发的《统计上大中小型企业划分办法（暂行）》（国统字〔2003〕17 号）等有关规定执行。

第五章 分红激励

第二十二条 企业可以根据以下不同情形，选择不同方式实施分红激励：

（一）由本企业自行投资实施科技成果产业化的，自产业化项目开始盈利的年度起，在 3 至 5 年内，每年从当年投资项目净收益中，提取不低于 5% 但不高于 30% 用于激励。

投资项目净收益为该项目营业收入扣除相应的营业成本和项目应合理分摊的管理费用、销售费用、财务费用及税费后的金额。

（二）向本企业以外的单位或者个人转让科技成果所有权、使用权（含许可使用）的，从转让净收益中，提取不低于 20% 但不高于 50% 用于一次性激励。

转让净收益为企业取得的科技成果转让收入扣除相关税费和企业为该项科技成果投入的全部研发费用及维护、维权费用后的金额。企业将同一项科技成果使用权向多个单位或者个人转让的，转让收入应当合并计算。

（三）以科技成果作为合作条件与其他单位或者个人共同实施转化的，自合作项目开始盈利的年度起，在 3—5 年内，每年从当年合作净收益中，提取不低于 5% 但不高于 30% 用于激励。

合作净收益为企业取得的合作收入扣除相关税费和无形资产摊销费用后的金额。

（四）以科技成果作价入股其他企业的，自入股企业开始分配利润的年度起，在 3—5 年内，每年从当年投资收益中，提取不低于 5% 但不高于 30% 用于激励。

投资收益为企业以科技成果作价入股后，从被投资企业分配的利润扣除相关税费后的金额。

第二十三条 企业实施分红激励，应当按照科技成果投资、对外转让、合作、作价入股的具体项目实施财务管理，进行专户核算。

第二十四条 大中型企业实施重大科技成果产业化，可以探索实施岗位分红激励制度，按照岗位在科技成果产业化中的重要性和贡献，分别确定不同岗位的分红标准。

企业实施岗位分红激励的，除满足本办法第五条规定外，企业近3年税后利润形成的净资产增值额应当占企业近3年年初净资产总额的10%以上，实施当年年初未分配利润没有赤字，且激励对象应当在该岗位上连续工作1年以上。

企业年度岗位分红激励总额不得高于当年税后利润的15%，激励对象个人岗位分红所得不得高于其薪酬总水平（含岗位分红）的40%。

第二十五条 企业实施分红激励所需支出计入工资总额，但不纳入工资总额基数，不作为企业职工教育经费、工会经费、社会保险费、补充养老及补充医疗保险费、住房公积金等的计提依据。

第二十六条 企业对分红激励设定实施条件的，应当在激励方案中与激励对象约定相应条件以及业绩考核办法，并约定分红收益的扣减或者暂缓、停止分红激励的情形及具体办法。

实施岗位分红激励制度的大中型企业，对离开激励岗位的激励对象，即予停止分红激励。

第六章 激励方案的拟订和审批

第二十七条 企业实施股权和分红激励，应当拟订激励方案。激励方案由企业总经理办公会或者董事会（以下统称企业内部管理机构）负责拟订。

第二十八条 激励方案包括但不限于以下内容：

（一）企业发展战略、近3年业务发展和财务状况、股权结构等基本情况。

（二）激励方案拟订和实施的管理机构及其成员。

（三）企业符合本办法规定实施激励条件的情况说明。

（四）激励对象的确定依据、具体名单及其职位和主要贡献。

（五）激励方式的选择及考虑因素。

（六）实施股权激励的，说明所需股权来源、数量及其占企业实收资本（股本）总额的比例，与激励对象约定的业绩条件，拟分次实施的，说明每次拟授予股权的来源、数量及其占比。

（七）实施股权激励的，说明股权出售价格或者股票期权行权价格的确定依据。

（八）实施分红激励的，说明具体激励水平及考虑因素。

（九）每个激励对象预计可获得的股权数量、激励金额。

（十）企业与激励对象各自的权利、义务。

（十一）企业未来三年技术创新规划，包括企业技术创新目标，以及为实现技术创新目标在体制机制、创新人才、创新投入、创新能力、创新管理等方面将采取的措施。

（十二）激励对象通过其他方式间接持股的，说明必要性、直接持股单位的基本情况，必要时应当出具直接持股单位与企业不存在同业竞争关系或者不发生关联交易的书面承诺。

（十三）发生企业控制权变更、合并、分立，激励对象职务变更、离职、被解聘、被解除劳动合同、死亡等特殊情形时的调整性规定。

（十四）激励方案的审批、变更、终止程序。

（十五）其他重要事项。

第二十九条 激励方案涉及的财务数据和资产评估价值，应当分别经国有产权主要持有单位同意的具有资质的会计师事务所审计和资产评估机构评估，并按有关规定办理备案手续。

第三十条 企业内部管理机构拟订激励方案时，应当以职工代表大会或者其他形式充分听取职工的意见和建议。

第三十一条 企业内部管理机构应当将激励方案及听取职工意见情况先行报经履行出资人职责的机构批准。

由国有资产监督管理委员会代表本级人民政府履行出资人职责的企业，相关材料报本级国有资产监督管理委员会批准。

由其他部门、机构代表本级人民政府履行出资人职责的企业，相关材料暂报其主管的部门、机构批准。

第三十二条 履行出资人职责的机构应当严格审核企业申报的激励方案。对于损害国有股东权益或者不利于企业可持续发展的激励方案，应当要求企业进行修改。

第三十三条 履行出资人职责的机构可以要求企业法律事务机构或者外聘律师对激励方案出具法律意见书，对以下事项发表专业意见。

（一）激励方案是否符合有关法律、行政法规和本办法的规定。

（二）激励方案是否存在明显损害企业及现有股东利益。

（三）激励方案对影响激励结果的重大信息，是否充分披露。

（四）激励可能引发的法律纠纷等风险，以及应对风险的法律建议。

（五）其他重要事项。

第三十四条 履行出资人职责的机构批准企业实施股权激励后，企业内部管理机构应当将批准的激励方案提请股东（大）会审议。

在股东（大）会审议激励方案时，国有股东代表应当按照批准文件发表意见。

第三十五条 企业可以在本办法规定范围内选择一种或者多种激励方式，但是对同一激励对象不得就同一职务科技成果或者产业化项目进行重复激励。

对已按照本办法实施股权激励的激励对象，企业在5年内不得再对其实施股权激励。

第七章 激励方案管理

第三十六条 除国家另有规定外，企业应当在激励方案股东（大）会审议通过后5个工作日内，将以下材料报送本级财政、科技部门：

（一）经股东（大）会审议通过的激励方案。

（二）相关批准文件、股东（大）会决议。

（三）审计报告、资产评估报告、法律意见书。

第三十七条 企业股东应当依法行使股东权利，督促企业内部管理机构严格按照激励方案实施激励。

第三十八条 企业应当在经审计的年度财务会计报告中披露以下情况：

（一）实施激励涉及的业绩条件、净收益等财务信息。

（二）激励对象在报告期内各自获得的激励情况。

（三）报告期内的股权激励数量及金额，引起的股本变动情况，以及截至报告期末的累计额。

（四）报告期内的分红激励金额，以及截至报告期末的累计额。

（五）激励支出的列支渠道和会计核算方法。

（六）股东要求披露的其他情况。

第三十九条 企业实施激励导致注册资本规模、股权结构或者组织形式变动的，应当按照有关规定，根据相关批准文件、股东（大）会决议等，及时办理国有资产产权登记和工商变更登记手续。

第四十条 因出现特殊情形需要调整激励方案的，企业内部管理机构应当重新履行内部审议和外部审批的程序。

因出现特殊情形需要终止实施激励的，企业内部管理机构应当向股东（大）会说明情况。

第八章 附 则

第四十一条 对职工个人合法拥有、企业发展需要的知识产权，企业可以按照财政部、国家发展改革委、科技部、原劳动保障部《关于企业实行自主创新激励分配制度的若干意见》（财企〔2006〕383号）第三条的规定实施技术折股。

第四十二条 高等院校和科研院所经批准以科技成果向企业作价入股，可以按科技成果评估作价金额的20%以上但不高于30%的比例折算为股权奖励给有关技术人员，企业应当从高等院校和科研院所作价入股的股权中划出相应份额予以兑现。

第四十三条 企业以科技成果作价入股，没有按照本办法第二十二条规定实施分红激励的，作价入股经过3个会计年度以后，被投资企业符合本办法规定条件的，可以按照本办法的规定，以被投资企业股权为标的，对重要的技术人员实施股权激励。但是企业应当与被投资企业保持人、财、物方面的独立性，不得以关联交易等手段向被投资企业转移利益。

第四十四条 企业不符合本办法规定激励条件而向管理者转让国有产权的，应当通过产权交易市场公开进行，并按照《企业国有产权转让管理暂行办法》（国资委、财政部令第3号）和国资委、财政部印发的《企业国有产权向管理层转让暂行规定》（国资发产权〔2005〕78号）执行。

第四十五条 财政、科技部门对企业股权或者分红激励方案及其实施情况进行监督，发现违反法律、行政法规和本办法规定的，应当责令改正。

第四十六条 本办法中"以上"均含本数。

第四十七条 上市公司股权激励另有规定的，从其规定。

第四十八条 本办法自印发之日起施行。

国务院关于试行国有资本经营预算的意见

2007年9月8日　国发〔2007〕26号

各省、自治区、直辖市人民政府，国务院各部委、各直属机构：

国有资本经营预算，是国家以所有者身份依法取得国有资本收益，并对所得收益进行分配而发生的各项收支预算，是政府预算的重要组成部分。建立国有资本经营预算制度，对增强政府的宏观调控能力，完善国有企业收入分配制度，推进国有经济布局和结构的战略性调整，集中解决国有企业发展中的体制性、机制性问题，具有重要意义。国务院决定试行国有资本经营预算，现提出以下意见：

一、试行国有资本经营预算的指导思想和原则

（一）试行国有资本经营预算，要以邓小平理论和"三个代表"重要思想为指导，坚持科学发展观，通过对国有资本收益的合理分配及使用，增强政府的宏观调控能力，完善国有企业收入分配制度，促进国有资本的合理配置，推动国有企业的改革和发展。

（二）试行国有资本经营预算，应坚持以下原则：

统筹兼顾，适度集中。统筹兼顾企业自身积累、自身发展和国有经济结构调整及国民经济宏观调控的需要，适度集中国有资本收益，合理确定预算收支规模。

相对独立，相互衔接。既保持国有资本经营预算的完整性和相对独立性，又保持与政府公共预算（指一般预算）的相互衔接。分级编制，逐步实施。国有资本经营预算实行分级管理、分级编制，根据条件逐步实施。

二、国有资本经营预算的收支范围

（三）国有资本经营预算的收入是指各级人民政府及其部门、机构履行出资人职责的企业（即一级企业，下同）上交的国有资本收益，主要包括：

1. 国有独资企业按规定上交国家的利润。
2. 国有控股、参股企业国有股权（股份）获得的股利、股息。
3. 企业国有产权（含国有股份）转让收入。
4. 国有独资企业清算收入（扣除清算费用），以及国有控股、参股企业国有股权（股份）分享的公司清算收入（扣除清算费用）。
5. 其他收入。

（四）国有资本经营预算的支出主要包括：

1. 资本性支出。根据产业发展规划、国有经济布局和结构调整、国有企业发展要求，以及国家战略、安全等需要，安排的资本性支出。

2. 费用性支出。用于弥补国有企业改革成本等方面的费用性支出。

3. 其他支出。

具体支出范围依据国家宏观经济政策以及不同时期国有企业改革和发展的任务，统筹安排确定。必要时，可部分用于社会保障等项支出。

（五）国家依法收取企业国有资本收益，具体办法由财政部门会同国有资产监管机构等有关部门制订，报本级人民政府批准后施行。

三、国有资本经营预算的编制和审批

（六）国有资本经营预算单独编制，预算支出按照当年预算收入规模安排，不列赤字。

（七）各级财政部门为国有资本经营预算的主管部门。各级国有资产监管机构以及其他有国有企业监管职能的部门和单位，为国有资本经营预算单位（以下统称预算单位）。

（八）试行期间，各级财政部门商国资监管、发展改革等部门编制国有资本经营预算草案，报经本级人民政府批准后下达各预算单位。各预算单位具体下达所监管（或所属）企业的预算，抄送同级财政部门备案。

四、国有资本经营预算的执行

（九）国有资本经营预算收入由财政部门、国有资产监管机构收取、组织上交。企业按规定应上交的国有资本收益，应及时、足额直接上交财政。

（十）国有资本经营预算资金支出，由企业在经批准的预算范围内提出申请，报经财政部门审核后，按照财政国库管理制度的有关规定，直接拨付使用单位。使用单位应当按照规定用途使用、管理预算资金，并依法接受监督。

（十一）国有资本经营预算执行中如需调整，须按规定程序报批。年度预算确定后，企业改变财务隶属关系引起预算级次和关系变化的，应当同时办理预算划转。

（十二）年度终了后，财政部门应当编制国有资本经营决算草案报本级人民政府批准。

五、国有资本经营预算的职责分工

（十三）财政部门的主要职责是：负责制（修）订国有资本经营预算的各项管理制度、预算编制办法和预算收支科目；编制国有资本经营预算草案；编制国有资本经营预算收支月报，报告国有资本经营预算执行情况；汇总编报国有资本经营决算；会同有关部门制订企业国有资本收益收取办法；收取企业国有资本收益。财政部负责审核和汇总编制全国国有资本经营预、决算草案。

（十四）各预算单位的主要职责是：负责研究制订本单位国有经济布局和结构调整的政策措施，参与制订国有资本经营预算有关管理制度；提出本单位年度国有资本经营预算建议草案；组织和监督本单位国有资本经营预算的执行；编报本单位年度国有资本经营决算草案；负责组织所监管（或所属）企业上交国有资本收益。

六、试行国有资本经营预算的组织实施

（十五）中央本级国有资本经营预算从2008年开始实施，2008年收取实施范围内企业2007年实现的国有资本收益。2007年进行国有资本经营预算试点，收取部分企业2006年实现的国有资本收益。各地区国有资本经营预算的试行时间、范围、步骤，由各省、自治区、直辖市和计划单列市人民政府决定。

（十六）建立国有资本经营预算制度，是完善社会主义市场经济体制的一项重大制度建设，涉及面广，政策性强。各地区、各部门要充分认识建立国有资本经营预算制度的重要意义，高度重视，加强领导，精心组织，积极稳妥地做好此项工作。财政部要会同国资委等有关部门抓紧制订有关配套制度和办法。各预算单位和有关企业要认真执行国有资本经营预算的各项制度和办法。有关部门、单位和企业要加强沟通，积极配合，确保试行工作的顺利进行。

第三部分

涉及企业的有关会计制度

财政部关于印发《企业破产清算有关会计处理规定》的通知

2016年12月20日　财会〔2016〕23号

国务院有关部委，有关中央管理企业，各省、自治区、直辖市、计划单列市财政厅（局），新疆生产建设兵团财务局，财政部驻各省、自治区、直辖市、计划单列市财政监察专员办事处：

为进一步规范企业破产清算的会计处理，根据《中华人民共和国会计法》和《中华人民共和国企业破产法》，我部制订了《企业破产清算有关会计处理规定》，现予印发，请遵照执行。

附件：企业破产清算有关会计处理规定

附件：

企业破产清算有关会计处理规定

第一章　总　　则

第一条　为规范企业破产清算的会计处理，向人民法院和债权人会议等提供企业破产清算期间的相关财务信息，根据《中华人民共和国会计法》、《中华人民共和国企业破产法》（以下简称破产法）及其相关规定，制定本规定。

第二条　本规定适用于经法院宣告破产处于破产清算期间的企业法人（以下简称破产企业）。

第二章　编制基础和计量属性

第三条　破产企业会计确认、计量和报告以非持续经营为前提。

第四条　企业经法院宣告破产的，应当按照法院或债权人会议要求的时点（包括破产宣告日、债权人会议确定的编报日、破产终结申请日等，以下简称破产报表日）编制清算财务报表，并由破产管理人签章。

第五条　破产企业在破产清算期间的资产应当以破产资产清算净值计量。本规定所称的资产，是指破产法规定的债务人（破产企业）财产。

破产资产清算净值，是指在破产清算的特定环境下和规定时限内，最可能的变现价值扣除相关的处置税费后的净额。最可能的变现价值应当为公开拍卖的变现价值，但是债权人会议另有决议或国家规定不能拍卖或限制转让的资产除外；债权人会议另有决议的，最可能的变现价值应当为其决议的处置方式下的变现价值；按照国家规定不能拍卖或限制转让的，应当将按照国家规定的方式处理后的所得作为变现价值。

第六条 破产企业在破产清算期间的负债应当以破产债务清偿价值计量。

破产债务清偿价值，是指在不考虑破产企业的实际清偿能力和折现等因素的情况下，破产企业按照相关法律规定或合同约定应当偿付的金额。

第三章 确认和计量

第七条 破产企业被法院宣告破产的，应当按照破产资产清算净值对破产宣告日的资产进行初始确认计量；按照破产债务清偿价值对破产宣告日的负债进行初始确认计量；相关差额直接计入清算净值。

第八条 破产企业在破产清算期间的资产，应当按照破产资产清算净值进行后续计量，负债按照破产债务清偿价值进行后续计量。破产企业应当按照破产报表日的破产资产清算净值和破产债务清偿价值，对资产和负债的账面价值分别进行调整，差额计入清算损益。

第九条 破产清算期间发生资产处置的，破产企业应当终止确认相关被处置资产，并将处置所得金额与被处置资产的账面价值的差额扣除直接相关的处置费用后，计入清算损益。

破产清算期间发生债务清偿的，破产企业应当按照偿付金额，终止确认相应部分的负债。在偿付义务完全解除时，破产企业应当终止确认该负债的剩余账面价值，同时确认清算损益。

第十条 破产清算期间发生各项费用、取得各项收益应当直接计入清算损益。

第十一条 在破产清算期间，破产企业按照税法规定需缴纳企业所得税的，应当计算所得税费用，并将其计入清算损益。所得税费用应当仅反映破产企业当期应交的所得税。

第十二条 破产企业因盘盈、追回等方式在破产清算期间取得的资产，应当按照取得时的破产资产清算净值进行初始确认计量，初始确认计量的账面价值与取得该资产的成本之间存在差额的，该差额应当计入清算损益。

第十三条 破产企业在破产清算期间新承担的债务，应当按照破产债务清偿价值进行初始确认计量，并计入清算损益。

第四章 清算财务报表的列报

第十四条 破产企业应当按照本规定编制清算财务报表，向法院、债权人会议等报表使用者反映破产企业在破产清算过程中的财务状况、清算损益、现金流量变动和债务偿付状况。

第十五条 破产企业的财务报表包括清算资产负债表、清算损益表、清算现金流量表、债务清偿表及相关附注。

法院宣告企业破产的，破产企业应当以破产宣告日为破产报表日编制清算资产负债表及相关附注。

法院或债权人会议等要求提供清算财务报表的，破产企业应当根据其要求提供清算财务报表的时点确定破产报表日，编制清算资产负债表、清算损益表、清算现金流量表、债务清偿表及相关附注。

向法院申请裁定破产终结的，破产企业应当编制清算损益表、债务清偿表及相关附注。

第十六条 清算资产负债表反映破产企业在破产报表日资产的破产资产清算净值，以及负债的破产债务清偿价值。

资产项目和负债项目的差额在清算资产负债表中作为清算净值列示。

第十七条 清算损益表反映破产企业在破产清算期间发生的各项收益、费用。清算损益表至少应当单独列示反映下列信息的项目：资产处置净收益（损失）、债务清偿净收益（损失）、破产资产和负债净值变动净收益（损失）、破产费用、共益债务支出、所得税费用等。

第十八条 清算现金流量表反映破产企业在破产清算期间货币资金余额的变动情况。清算现金流量表应当采用直接法编制，至少应当单独列示反映下列信息的项目：处置资产收到的现金净额、清偿债务支付的现金、支付破产费用的现金、支付共益债务支出的现金、支付所得税的现金等。

第十九条 债务清偿表反映破产企业在破产清算期间发生的债务清偿情况。债务清偿表应当根据破产法规定的债务清偿顺序，按照各项债务的明细单独列示。债务清偿表中列示的各项债务至少应当反映其确认金额、清偿比例、实际需清偿金额、已清偿金额、尚未清偿金额等信息。

第二十条 破产企业应当在清算财务报表附注中披露下列信息：
（一）破产资产明细信息；
（二）破产管理人依法追回的账外资产明细信息；
（三）破产管理人依法取回的质物和留置物的明细信息；
（四）未经法院确认的债务的明细信息；
（五）应付职工薪酬的明细信息；
（六）期末货币资金余额中已经提存用于向特定债权人分配或向国家缴纳税款的金额；
（七）资产处置损益的明细信息，包括资产性质、处置收入、处置费用及处置净收益；
（八）破产费用的明细信息，包括费用性质、金额等；
（九）共益债务支出的明细信息，包括具体项目、金额等。

第五章 附 则

第二十一条 在本规定施行之后经法院宣告破产的企业，应当按照本规定进行会计处理。

第二十二条 本规定自发布之日起施行。《国有企业试行破产有关会计处理问题暂行规定》（财会字〔1997〕28号）同时废止。

附：1. 会计科目使用说明及账务处理
　　2. 破产企业清算财务报表及其附注

附1：

会计科目使用说明及账务处理

一、科目设置

破产企业的会计档案等财务资料经法院裁定由破产管理人接管的，应当在企业被法院宣告破产后，可以比照原有资产、负债类会计科目，根据实际情况设置相关科目，并增设相关负债类、清算净值类和清算损益类等会计科目。破产企业还可以根据实际需要，在一级科目下自行设置明细科目。

（一）负债类科目设置。

1. “应付破产费用”科目，本科目核算破产企业在破产清算期间发生的破产法规定的各类破产费用。

2. “应付共益债务”科目，本科目核算破产企业在破产清算期间发生的破产法规定的各类共益债务。

共益债务，是指在人民法院受理破产申请后，为全体债权人的共同利益而管理、变卖和分配破产财产而负担的债务，主要包括因管理人或者债务人（破产企业，下同）请求对方当事人履行双方均未履行完毕的合同所产生的债务、债务人财产受无因管理所产生的债务、因债务人不当得利所产生的债务、为债务人继续营业而应当支付的劳动报酬和社会保险费用以及由此产生的其他债务、管理人或者相关人员执行职务致人损害所产生的债务以及债务人财产致人损害所产生的债务。

（二）清算净值类科目设置。

“清算净值”科目，本科目核算破产企业在破产报表日结转的清算净损益科目余额。破产企业资产与负债的差额，也在本科目核算。

（三）清算损益类科目设置。

1. “资产处置净损益”科目，本科目核算破产企业在破产清算期间处置破产资产产生的、扣除相关处置费用后的净损益。

2. “债务清偿净损益”科目，本科目核算破产企业在破产清算期间清偿债务产生的净损益。

3. “破产资产和负债净值变动净损益”科目，本科目核算破产企业在破产清算期间按照破产资产清算净值调整资产账面价值，以及按照破产债务清偿价值调整负债账面价值产生的净损益。

4. “其他收益”科目，本科目核算除资产处置、债务清偿以外，在破产清算期间发生的其他收益。

5. “破产费用”科目，本科目核算破产企业破产清算期间发生的破产法规定的各项破产费用，主要包括破产案件的诉讼费用，管理、变价和分配债务人资产的费用，管理人执行职务的费用、报酬和聘用工作人员的费用。本科目应按发生的费用项目设置明细账。

6. “共益债务支出”科目，本科目核算破产企业破产清算期间发生的破产法规定的共益债务相关的各项支出。

7. “其他费用”科目，本科目核算破产企业破产清算期间发生的除破产费用和共益债务支出之外的各项其他费用。

8. “所得税费用”科目，本科目核算破产企业破产清算期间发生的企业所得税费用。

9. “清算净损益”科目，本科目核算破产企业破产清算期间结转的上述各类清算损益科目余额。

破产企业可根据具体情况增设、减少或合并某些会计科目。

二、账务处理

（一）破产宣告日余额结转。

法院宣告企业破产时，应当根据破产企业移交的科目余额表，将部分会计科目的相关余额转入以下新科目，并编制新的科目余额表。

1. 原“应付账款”、“其他应付款”等科目中属于破产法所规定的破产费用的余额，转入“应付破产费用”科目。

2. 原“应付账款”、“其他应付款”等科目中属于破产法所规定的共益债务的余额，转入“应付共益债务”科目。

3. 原“商誉”、“长期待摊费用”、“递延所得税资产”、“递延所得税负债”、“递延收益”、“股本”、“资本公积”、“盈余公积”、“其他综合收益”、“未分配利润”等科目的余额，转入“清算净值”科目。

（二）破产宣告日余额调整。

1. 关于各类资产。破产企业应当对拥有的各类资产（包括原账面价值为零的已提足折旧的固定资产、已摊销完毕的无形资产等）登记造册，估计其破产资产清算净值，按照其破产资产清算净值对各资产科目余额进行调整，并相应调整“清算净值”科目。

2. 关于各类负债。破产企业应当对各类负债进行核查，按照第六条规定对各负债科目余额进行调整，并相应调整“清算净值”科目。

（三）处置破产资产。

1. 破产企业收回应收票据、应收款项类债权、应收款项类投资，按照收回的款项，借记“现金”、“银行存款”等科目，按照应收款项类债权或应收款项类投资的账面价值，贷记相关资产科目，按其差额，借记或贷记“资产处置净损益”科目。

2. 破产企业出售各类投资，按照收到的款项，借记“现金”、“银行存款”等科目，按照相关投资的账面价值，贷记相关资产科目，按其差额，借记或贷记“资产处置净损益”科目。

3. 破产企业出售存货、投资性房地产、固定资产及在建工程等实物资产，按照收到的款项，借记“现金”、“银行存款”等科目，按照实物资产的账面价值，贷记相关资产科目，按应当缴纳的税费贷记“应交税费”科目，按上述各科目发生额的差额，借记或贷记“资产处置净损益”科目。

4. 破产企业出售无形资产，按照收到的款项，借记“现金”、“银行存款”等科目，按照无形资产的账面价值，贷记“无形资产”科目，按应当缴纳的税费贷记“应交税费”科目，按上述各科目发生额的差额，借记或贷记“资产处置净损益”科目。

5. 破产企业的划拨土地使用权被国家收回，国家给予一定补偿的，按照收到的补偿金额，借记“现金”、“银行存款”等科目，贷记“其他收益”科目。

6. 破产企业处置破产资产发生的各类评估、变价、拍卖等费用，按照发生的金额，借记“破产费用”科目，贷记“现金”、“银行存款”、“应付破产费用”等科目。

（四）清偿债务。

1. 破产企业清偿破产费用和共益债务，按照相关已确认负债的账面价值，借记“应付破产费用”、“应付共益债务”等科目，按照实际支付的金额，贷记“现金”、“银行存款”等科目，按其差额，借记或贷记“破产费用”、“共益债务支出”科目。

2. 破产企业按照经批准的职工安置方案，支付的所欠职工的工资和医疗、伤残补助、抚恤费用，应当划入职工个人账户的基本养老保险、基本医疗保险费用和其他社会保险费用，以及法律、行政法规规定应当支付给职工的补偿金，按照相关账面价值借记“应付职工薪酬”等科目，按照实际支付的金额，贷记“现金”、“银行存款”等科目，按其差额，借记或贷记“债务清偿净损益”科目。

3. 破产企业支付所欠税款，按照相关账面价值，借记“应交税费”等科目，按照实际支付的金额，贷记“现金”、“银行存款”等科目，按其差额，借记或贷记“债务清偿净损益”科目。

4. 破产企业清偿破产债务，按照实际支付的金额，借记相关债务科目，贷记“现金”、“银行存款”等科目。

破产企业以非货币性资产清偿债务的，按照清偿的价值借记相关负债科目，按照非货币性资产的账面价值，贷记相关资产科目，按其差额，借记或贷记“债务清偿净损益”科目。

债权人依法行使抵销权的，按照经法院确认的抵销金额，借记相关负债科目，贷记相关资产科目，按其差额，借记或贷记“债务清偿净损益”科目。

（五）其他账务处理。

1. 在破产清算期间通过清查、盘点等方式取得的未入账资产，应当按照取得日的破产资产清算净值，借记相关资产科目，贷记“其他收益”科目。

2. 在破产清算期间通过债权人申报发现的未入账债务，应当按照破产债务清偿价值确定计量金额，借记“其他费用”科目，贷记相关负债科目。

3. 在编制破产清算期间的财务报表时，应当对所有资产项目按其于破产报表日的破产资产清算净值重新计量，借记或贷记相关资产科目，贷记或借记“破产资产和负债净值变动净损益”科目；应当对所有负债项目按照破产债务清偿价值重新计量，借记或贷记相关负债科目，贷记或借记“破产资产和负债净值变动净损益”科目。

4. 破产企业在破产清算期间，作为买入方继续履行尚未履行完毕的合同的，按照收到的资产的破产资产清算净值，借记相关资产科目，按照相应的增值税进项税额，借记“应交税费”科目，按照应支付或已支付的款项，贷记“现金”、“银行存款”、“应付共益债务”或“预付款项”等科目，按照上述各科目的差额，借记“其他费用”或贷记“其他收益”科目；企业作为卖出方继续履行尚未履行完毕的合同的，按照应收或已收的金额，借记“现金”、“银行存款”、“应收账款”等科目，按照转让的资产账面价值，贷记相关资产科目，按照应缴纳相关税费，贷记“应交税费”科目，按照上述各科目的差额，借记“其他费用”科目或贷记“其他收益”科目。

5. 破产企业发生破产法第四章相关事实，破产管理人依法追回相关破产资产的，按照追回资产的破产资产清算净值，借记相关资产科目，贷记“其他收益”科目。

6. 破产企业收到的利息、股利、租金等孳息，借记“现金”、“银行存款”等科目，贷记“其他收益”科目。

7. 破产企业在破产清算终结日，剩余破产债务不再清偿的，按照其账面价值，借记相关负债科目，贷记“其他收益”科目。

8. 在编制破产清算期间的财务报表时，有已实现的应纳税所得额的，考虑可以抵扣的金额后，应当据此提存应交所得税，借记“所得税费用”科目、贷记“应交税费”科目。

9. 在编制破产清算期间的财务报表时，应当将“资产处置净损益”、“债务清偿净损益”、“破产资产和负债净值变动净损益”、“其他收益”、“破产费用”、“共益债务支出”、“其他费用”、“所得税费用”科目结转至“清算净损益”科目，并将“清算净损益”科目余额转入“清算净值”科目。

附 2：

破产企业清算财务报表及其附注

一、清算资产负债表及其附注

清算资产负债表

会清 01 表

编制单位：　　　　＿＿年＿＿月＿＿日　　　　单位：元

资产	行次	期末数	负债及清算净值	行次	期末数
货币资金			负债：		
应收票据			借款		
应收账款			应付票据		
其他应收款			应付账款		
预付款项			预收款项		
存货			其他应付款		
金融资产投资			应付债券		
长期股权投资			应付破产费用		
投资性房地产			应付共益债务		
固定资产			应付职工薪酬		
在建工程			应交税费		
无形资产			……		
……					
资产总计			负债合计		
			清算净值：		
			清算净值		
			负债及清算净值总计		

本表反映破产企业在破产报表日关于资产、负债、清算净值及其相互关系的信息。

本表列示的项目不区分流动和非流动，其中，“应收账款”或“其他应收款”项目，应分别根据“应收账款”或“其他应收款”的科目余额填列，同时，“长期应收款”科目余额也在上述两项目中分析填列；“借款”项目，应根据“短期借款”和“长期借款”科目余额合计数填列；“应付账款”或“其他应付款”

项目，应分别根据“应付账款”、“其他应付款”的科目余额填列，同时，“长期应付款”科目余额也在该项目中分析填列；“金融资产投资”项目，应根据“以公允价值计量且其变动计入当期损益的金融资产”、“持有至到期投资”和“可供出售金融资产”的科目余额合计数填列。

本表的“清算净值”项目反映破产企业于破产报表日的清算净值。本项目应根据“清算净值”科目余额填列。

破产企业应当在破产资产负债表附注中，区分是否用作担保，分别披露破产资产明细信息。

破产企业应当在破产资产负债表附注中，披露依法追回的账外资产、取回的质物和留置物等明细信息，如追回或取回有关资产的时间、有关资产的名称、破产资产清算净值等。

破产企业应当在破产资产负债表附注中，分别披露经法院确认以及未经法院确认的债务的明细信息，如债务项目名称以及有关金额等。

破产企业应当在破产资产负债表附注中，披露应付职工薪酬的明细信息，如所欠职工的工资和医疗、伤残补助、抚恤费用，所欠的应当划入职工个人账户的基本养老保险、基本医疗保险费用，以及法律、行政法规规定应当支付给职工的补偿金。

二、清算损益表及其附注

清算损益表

会清 02 表

编制单位：　　　　____年____月____日至____年____月____日　　　　单位：元

项　　目	行次	本期数	累计数
一、清算收益（清算损失以“－”号表示）			
（一）资产处置净收益（净损失以“－”号表示）			
（二）债务清偿净收益（净损失以“－”号表示）			
（三）破产资产和负债净值变动净收益（净损失以“－”号表示）			
（四）其他收益			
小　计			
二、清算费用			
（一）破产费用（以“－”号表示）			
（二）共益债务支出（以“－”号表示）			
（三）其他费用（以“－”号表示）			
（四）所得税费用（以“－”号表示）			
小　计			
三、清算净收益（清算净损失以“－”号表示）			

本表反映破产企业在清算期间发生的各项收益、费用。本期数反映破产企业从上一破产报表日至本破产报表日期间有关项目的发生额，累计数反映破产企业从被法院宣告破产之日至本破产报表日期间有关项目的发生额。

“资产处置净收益”项目，根据“资产处置净损益”科目的发生额填列，如为净损失以“－”号表示。

“债务清偿净收益”项目，根据“债务清偿净损益”科目的发生额填列，如为净损失以“－”号表示。

“破产资产和负债净值变动净收益”项目，根据“破产资产和负债净值变动净损益”科目的发生额填列，如为净损失以“－”号表示。

“清算净收益”项目，根据“清算净损益”科目的发生额填列，如为清算净损失以“－”号表示。“清算净收益”项目金额应当为“清算收益”与“清算费用”之和。

破产企业应当在清算损益表附注中，披露资产处置损益的明细信息，包括资产性质、处置收入、处置费用及处置净收益。

破产企业应当在清算损益表附注中，披露破产费用的明细信息，包括费用性质、金额等。破产企业应当在清算损益表附注中，披露共益债务支出的明细信息，包括具体项目、金额等。

三、清算现金流量表及其附注

清算现金流量表

会清03表

编制单位：　　　____年____月____日至____年____月____日　　　单位：元

	行次	本期数	累计数
一、期初货币资金余额			
二、清算现金流入			
（一）处置资产收到的现金净额			
（二）收到的其他现金			
清算现金流入小计			
三、清算现金流出			
（一）清偿债务支付的现金			
（二）支付破产费用的现金			
（三）支付共益债务的现金			
（四）支付所得税费用的现金			
（五）支付的其他现金			
清算现金流出小计			
四、期末货币资金余额			

清算现金流量表反映破产企业在破产清算期间货币资金余额的变动情况，本表应当根据货币资金科目的变动额分析填列。本期数反映破产企业从上一破产报表日至本破产报表日期间有关项目的发生额，累计数反映破产企业从被法院宣告破产之日至本破产报表日期间有关项目的发生额。

破产企业应当在清算现金流量表附注中，披露期末货币资金余额中已经提存用于向特定债权人分配或向国家缴纳税款的金额。

四、债务清偿表

债务清偿表

会清04表

编制单位：　　　____年____月____日　　　单位：元

债务项目	行次	期末数	经法院确认债务的金额	清偿比例	实际需清偿金额	已清偿金额	尚未清偿金额
		①	②	③	④=②×③	⑤	⑥=④-⑤
有担保的债务：							
××银行				×			
××企业				×			
……				×			
小计				×			

续表

债务项目	行次	期末数	经法院确认债务的金额	清偿比例	实际需清偿金额	已清偿金额	尚未清偿金额
普通债务：							
第一顺序：劳动债务							
其中：应付职工薪酬							
……							
……							
第二顺序：国家税款债务							
其中：应交税费							
……							
……							
第三顺序：普通债务							
其中：借款							
——××银行							
——××企业							
应付债务工具							
——××银行							
——××企业							
应付票据							
应付款项							
——××银行							
——××企业							
小计				×			
合计				×			

本表反映破产企业债务清偿情况。

本表应按有担保的债务和普通债务分类设项。

期末数为负债按照破产债务清偿价值确定的金额。

经法院确认的债务金额为经债权人申报并由法院确认的金额；未经确认的债务，无需填写该金额。

清偿比例为根据破产法的规定，当破产资产不足以清偿同一顺序的清偿要求时，按比例进行分配时所采用的比例。

财政部关于印发《增值税会计处理规定》的通知

2016 年 12 月 3 日　财会〔2016〕22 号

国务院有关部委，有关中央管理企业，各省、自治区、直辖市、计划单列市财政厅（局），新疆生产建设兵团财务局，财政部驻各省、自治区、直辖市、计划单列市财政监察专员办事处：

为进一步规范增值税会计处理，促进《关于全面推开营业税改征增值税试点的通知》（财税〔2016〕36 号）的贯彻落实，我们制定了《增值税会计处理规定》，现印发给你们，请遵照执行。

附件：增值税会计处理规定

附件：

增值税会计处理规定

根据《中华人民共和国增值税暂行条例》和《关于全面推开营业税改征增值税试点的通知》（财税〔2016〕36 号）等有关规定，现对增值税有关会计处理规定如下：

一、会计科目及专栏设置

增值税一般纳税人应当在“应交税费”科目下设置“应交增值税”、“未交增值税”、“预交增值税”、“待抵扣进项税额”、“待认证进项税额”、“待转销项税额”、“增值税留抵税额”、“简易计税”、“转让金融商品应交增值税”、“代扣代交增值税”等明细科目。

（一）增值税一般纳税人应在“应交增值税”明细账内设置“进项税额”、“销项税额抵减”、“已交税金”、“转出未交增值税”、“减免税款”、“出口抵减内销产品应纳税额”、“销项税额”、“出口退税”、“进项税额转出”、“转出多交增值税”等专栏。其中：

1. “进项税额”专栏，记录一般纳税人购进货物、加工修理修配劳务、服务、无形资产或不动产而支付或负担的、准予从当期销项税额中抵扣的增值税额；

2. “销项税额抵减”专栏，记录一般纳税人按照现行增值税制度规定因扣减销售额而减少的销项税额；

3. “已交税金”专栏，记录一般纳税人当月已缴纳的应交增值税额；

4. “转出未交增值税”和“转出多交增值税”专栏，分别记录一般纳税人月度终了转出当月应交未交或多交的增值税额；

5. “减免税款”专栏，记录一般纳税人按现行增值税制度规定准予减免的增值税额；

6. “出口抵减内销产品应纳税额”专栏，记录实行“免、抵、退”办法的一般纳税人按规定计算的出口货物的进项税抵减内销产品的应纳税额；

7. “销项税额”专栏，记录一般纳税人销售货物、加工修理修配劳务、服务、无形资产或不动产应收取的增值税额；

8. “出口退税”专栏，记录一般纳税人出口货物、加工修理修配劳务、服务、无形资产按规定退回的增值税额；

9. “进项税额转出”专栏，记录一般纳税人购进货物、加工修理修配劳务、服务、无形资产或不动产等发生非正常损失以及其他原因而不应从销项税额中抵扣、按规定转出的进项税额。

（二）“未交增值税”明细科目，核算一般纳税人月度终了从“应交增值税”或“预交增值税”明细科目转入当月应交未交、多交或预缴的增值税额，以及当月交纳以前期间未交的增值税额。

（三）“预交增值税”明细科目，核算一般纳税人转让不动产、提供不动产经营租赁服务、提供建筑服务、采用预收款方式销售自行开发的房地产项目等，以及其他按现行增值税制度规定应预缴的增值税额。

（四）“待抵扣进项税额”明细科目，核算一般纳税人已取得增值税扣税凭证并经税务机关认证，按照现行增值税制度规定准予以后期间从销项税额中抵扣的进项税额。包括：一般纳税人自2016年5月1日后取得并按固定资产核算的不动产或者2016年5月1日后取得的不动产在建工程，按现行增值税制度规定准予以后期间从销项税额中抵扣的进项税额；实行纳税辅导期管理的一般纳税人取得的尚未交叉稽核比对的增值税扣税凭证上注明或计算的进项税额。

（五）“待认证进项税额”明细科目，核算一般纳税人由于未经税务机关认证而不得从当期销项税额中抵扣的进项税额。包括：一般纳税人已取得增值税扣税凭证、按照现行增值税制度规定准予从销项税额中抵扣，但尚未经税务机关认证的进项税额；一般纳税人已申请稽核但尚未取得稽核相符结果的海关缴款书进项税额。

（六）“待转销项税额”明细科目，核算一般纳税人销售货物、加工修理修配劳务、服务、无形资产或不动产，已确认相关收入（或利得）但尚未发生增值税纳税义务而需于以后期间确认为销项税额的增值税额。

（七）“增值税留抵税额”明细科目，核算兼有销售服务、无形资产或者不动产的原增值税一般纳税人，截止到纳入营改增试点之日前的增值税期末留抵税额按照现行增值税制度规定不得从销售服务、无形资产或不动产的销项税额中抵扣的增值税留抵税额。

（八）“简易计税”明细科目，核算一般纳税人采用简易计税方法发生的增值税计提、扣减、预缴、缴纳等业务。

（九）“转让金融商品应交增值税”明细科目，核算增值税纳税人转让金融商品发生的增值税额。

（十）“代扣代交增值税”明细科目，核算纳税人购进在境内未设经营机构的境外单位或个人在境内的应税行为代扣代缴的增值税。

小规模纳税人只需在“应交税费”科目下设置“应交增值税”明细科目，不需要设置上述专栏及除“转让金融商品应交增值税”、“代扣代交增值税”外的明细科目。

二、账务处理

（一）取得资产或接受劳务等业务的账务处理。

1. 采购等业务进项税额允许抵扣的账务处理。一般纳税人购进货物、加工修理修配劳务、服务、无形资产或不动产，按应计入相关成本费用或资产的金额，借记“在途物资”或“原材料”、“库存商品”、“生产成本”、“无形资产”、“固定资产”、“管理费用”等科目，按当月已认证的可抵扣增值税额，借记“应交税费——应交增值税（进项税额）”科目，按当月未认证的可抵扣增值税额，借记“应交税费——待认证进项税额”科目，按应付或实际支付的金额，贷记“应付账款”、“应付票据”、“银行存款”等科目。发生退货的，如原增值税专用发票已做认证，应根据税务机关开具的红字增值税专用发票做相反的会计分录；如原增值税专用发票未做认证，应将发票退回并做相反的会计分录。

2. 采购等业务进项税额不得抵扣的账务处理。一般纳税人购进货物、加工修理修配劳务、服务、无形资产或不动产，用于简易计税方法计税项目、免征增值税项目、集体福利或个人消费等，其进项税额按照现行增值税制度规定不得从销项税额中抵扣的，取得增值税专用发票时，应借记相关成本费用或资产科目，借记“应交税费——待认证进项税额”科目，贷记“银行存款”、“应付账款”等科目，经税务机关认证后，应借记相关成本费用或资产科目，贷记“应交税费——应交增值税（进项税额转出）”科目。

3. 购进不动产或不动产在建工程按规定进项税额分年抵扣的账务处理。一般纳税人自 2016 年 5 月 1 日后取得并按固定资产核算的不动产或者 2016 年 5 月 1 日后取得的不动产在建工程，其进项税额按现行增值税制度规定自取得之日起分 2 年从销项税额中抵扣的，应当按取得成本，借记“固定资产”、“在建工程”等科目，按当期可抵扣的增值税额，借记“应交税费——应交增值税（进项税额）”科目，按以后期间可抵扣的增值税额，借记“应交税费——待抵扣进项税额”科目，按应付或实际支付的金额，贷记“应付账款”、“应付票据”、“银行存款”等科目。尚未抵扣的进项税额待以后期间允许抵扣时，按允许抵扣的金额，借记“应交税费——应交增值税（进项税额）”科目，贷记“应交税费——待抵扣进项税额”科目。

4. 货物等已验收入库但尚未取得增值税扣税凭证的账务处理。一般纳税人购进的货物等已到达并验收入库，但尚未收到增值税扣税凭证并未付款的，应在月末按货物清单或相关合同协议上的价格暂估入账，不需要将增值税的进项税额暂估入账。下月初，用红字冲销原暂估入账金额，待取得相关增值税扣税凭证并经认证后，按应计入相关成本费用或资产的金额，借记“原材料”、“库存商品”、“固定资产”、“无形资产”等科目，按可抵扣的增值税额，借记“应交税费——应交增值税（进项税额）”科目，按应付金额，贷记“应付账款”等科目。

5. 小规模纳税人采购等业务的账务处理。小规模纳税人购买物资、服务、无形资产或不动产，取得增值税专用发票上注明的增值税应计入相关成本费用或资产，不通过“应交税费——应交增值税”科目核算。

6. 购买方作为扣缴义务人的账务处理。按照现行增值税制度规定，境外单位或个人在境内发生应税行为，在境内未设有经营机构的，以购买方为增值税扣缴义务人。境内一般纳税人购进服务、无形资产或不动产，按应计入相关成本费用或资产的金额，借记“生产成本”、“无形资产”、“固定资产”、“管理费用”等科目，按可抵扣的增值税额，借记“应交税费——进项税额”科目（小规模纳税人应借记相关成本费用或资产科目），按应付或实际支付的金额，贷记“应付账款”等科目，按应代扣代缴的增值税额，贷记“应交税费——代扣代交增值税”科目。实际缴纳代扣代缴增值税时，按代扣代缴的增值税额，借记“应交税费——代扣代交增值税”科目，贷记“银行存款”科目。

（二）销售等业务的账务处理。

1. 销售业务的账务处理。企业销售货物、加工修理修配劳务、服务、无形资产或不动产，应当按应收或已收的金额，借记“应收账款”、“应收票据”、“银行存款”等科目，按取得的收入金额，贷记“主营业务收入”、“其他业务收入”、“固定资产清理”、“工程结算”等科目，按现行增值税制度规定计算的销项税额（或采用简易计税方法计算的应纳增值税额），贷记“应交税费——应交增值税（销项税额）”或“应交税费——简易计税”科目（小规模纳税人应贷记“应交税费——应交增值税”科目）。发生销售退回的，应根据按规定开具的红字增值税专用发票做相反的会计分录。

按照国家统一的会计制度确认收入或利得的时点早于按照增值税制度确认增值税纳税义务发生时点的，应将相关销项税额计入“应交税费——待转销项税额”科目，待实际发生纳税义务时再转入“应交税费——应交增值税（销项税额）”或“应交税费——简易计税”科目。

按照增值税制度确认增值税纳税义务发生时点早于按照国家统一的会计制度确认收入或利得的时点的，应将应纳增值税额，借记“应收账款”科目，贷记“应交税费——应交增值税（销项税额）”或“应交税费——简易计税”科目，按照国家统一的会计制度确认收入或利得时，应按扣除增值税销项税额后的金额确认收入。

2. 视同销售的账务处理。企业发生税法上视同销售的行为，应当按照企业会计准则制度相关规定进行相应的会计处理，并按照现行增值税制度规定计算的销项税额（或采用简易计税方法计算的应纳增值税额），借记“应付职工薪酬”、“利润分配”等科目，贷记“应交税费——应交增值税（销项税额）”或“应交税费——简易计税”科目（小规模纳税人应计入“应交税费——应交增值税”科目）。

3. 全面试行营业税改征增值税前已确认收入，此后产生增值税纳税义务的账务处理。企业营业税改征增值税前已确认收入，但因未产生营业税纳税义务而未计提营业税的，在达到增值税纳税义务时点时，企业应在确认应交增值税销项税额的同时冲减当期收入；已经计提营业税且未缴纳的，在达到增值税纳税义务时点时，应借记“应交税费——应交营业税”、“应交税费——应交城市维护建设税”、“应交税费——应交教育费附加”等科目，贷记“主营业务收入”科目，并根据调整后的收入计算确定计入“应交税费——待转销项税额”科目的金额，同时冲减收入。

全面试行营业税改征增值税后，“营业税金及附加”科目名称调整为“税金及附加”科目，该科目核算企业经营活动发生的消费税、城市维护建设税、资源税、教育费附加及房产税、土地使用税、车船使用税、印花税等相关税费；利润表中的“营业税金及附加”项目调整为“税金及附加”项目。

（三）差额征税的账务处理。

1. 企业发生相关成本费用允许扣减销售额的账务处理。按现行增值税制度规定企业发生相关成本费用允许扣减销售额的，发生成本费用时，按应付或实际支付的金额，借记“主营业务成本”、“存货”、“工程施工”等科目，贷记“应付账款”、“应付票据”、“银行存款”等科目。待取得合规增值税扣税凭证且纳税义务发生时，按照允许抵扣的税额，借记“应交税费——应交增值税（销项税额抵减）”或“应交税费——简易计税”科目（小规模纳税人应借记“应交税费——应交增值税”科目），贷记“主营业务成本”、“存货”、“工程施工”等科目。

2. 金融商品转让按规定以盈亏相抵后的余额作为销售额的账务处理。金融商品实际转让月末，如产生转让收益，则按应纳税额借记“投资收益”等科目，贷记“应交税费——转让金融商品应交增值税”科目；如产生转让损失，则按可结转下月抵扣税额，借记“应交税费——转让金融商品应交增值税”科目，贷记“投资收益”等科目。交纳增值税时，应借记“应交税费——转让金融商品应交增值税”科目，贷记“银行存款”科目。年末，本科目如有借方余额，则借记“投资收益”等科目，贷记“应交税费——转让金融商品应交增值税”科目。

（四）出口退税的账务处理。

为核算纳税人出口货物应收取的出口退税款，设置“应收出口退税款”科目，该科目借方反映销售出口货物按规定向税务机关申报应退回的增值税、消费税等，贷方反映实际收到的出口货物应退回的增值税、消费税等。期末借方余额，反映尚未收到的应退税额。

1. 未实行“免、抵、退”办法的一般纳税人出口货物按规定退税的，按规定计算的应收出口退税额，借记“应收出口退税款”科目，贷记“应交税费——应交增值税（出口退税）”科目，收到出口退税时，借记“银行存款”科目，贷记“应收出口退税款”科目；退税额低于购进时取得的增值税专用发票上的增值税额的差额，借记“主营业务成本”科目，贷记“应交税费——应交增值税（进项税额转出）”科目。

2. 实行“免、抵、退”办法的一般纳税人出口货物，在货物出口销售后结转产品销售成本时，按规定计算的退税额低于购进时取得的增值税专用发票上的增值税额的差额，借记“主营业务成本”科目，贷记“应交税费——应交增值税（进项税额转出）”科目；按规定计算的当期出口货物的进项税抵减内销产品的应纳税额，借记“应交税费——应交增值税（出口抵减内销产品应纳税额）”科目，贷记“应交税费——应交增值税（出口退税）”科目。在规定期限内，内销产品的应纳税额不足以抵减出口货物的进项税额，不足部分按有关税法规定给予退税的，应在实际收到退税款时，借记“银行存款”科目，贷记“应交税费——应交增值税（出口退税）”科目。

（五）进项税额抵扣情况发生改变的账务处理。

因发生非正常损失或改变用途等，原已计入进项税额、待抵扣进项税额或待认证进项税额，但按现行增值税制度规定不得从销项税额中抵扣的，借记“待处理财产损溢”、“应付职工薪酬”、“固定资产”、“无形资产”等科目，贷记“应交税费——应交增值税（进项税额转出）”、“应交税费——待抵扣进项税额”或“应交税费——待认证进项税额”科目；原不得抵扣且未抵扣进项税额的固定资产、无形资产等，因改变用途等用于允许抵扣进项税额的应税项目的，应按允许抵扣的进项税额，借记“应交税费——应交增值税（进项税额）”科目，贷记“固定资产”、“无形资产”等科目。固定资产、无形资产等经上述调整后，应按调整后的账面价值在剩余尚可使用寿命内计提折旧或摊销。

一般纳税人购进时已全额计提进项税额的货物或服务等转用于不动产在建工程的，对于结转以后期间的进项税额，应借记“应交税费——待抵扣进项税额”科目，贷记“应交税费——应交增值税（进项税额转出）”科目。

（六）月末转出多交增值税和未交增值税的账务处理。

月度终了，企业应当将当月应交未交或多交的增值税自“应交增值税”明细科目转入“未交增值税”明细科目。对于当月应交未交的增值税，借记“应交税费——应交增值税（转出未交增值税）”科目，贷记“应交税费——未交增值税”科目；对于当月多交的增值税，借记“应交税费——未交增值税”科目，贷记“应交税费——应交增值税（转出多交增值税）”科目。

（七）交纳增值税的账务处理。

1. 交纳当月应交增值税的账务处理。企业交纳当月应交的增值税，借记“应交税费——应交增值税（已交税金）”科目（小规模纳税人应借记“应交税费——应交增值税”科目），贷记“银行存款”科目。

2. 交纳以前期间未交增值税的账务处理。企业交纳以前期间未交的增值税，借记“应交税费——未交增值税”科目，贷记“银行存款”科目。

3. 预缴增值税的账务处理。企业预缴增值税时，借记“应交税费——预交增值税”科目，贷记“银行存款”科目。月末，企业应将“预交增值税”明细科目余额转入“未交增值税”明细科目，借记“应交税费——未交增值税”科目，贷记“应交税费——预交增值税”科目。房地产开发企业等在预缴增值税后，应直至纳税义务发生时方可从“应交税费——预交增值税”科目结转至“应交税费——未交增值税”科目。

4. 减免增值税的账务处理。对于当期直接减免的增值税，借记“应交税金——应交增值税（减免税款）”科目，贷记损益类相关科目。

（八）增值税期末留抵税额的账务处理。

纳入营改增试点当月月初，原增值税一般纳税人应按不得从销售服务、无形资产或不动产的销项税额中抵扣的增值税留抵税额，借记“应交税费——增值税留抵税额”科目，贷记“应交税费——应交增值税（进项税额转出）”科目。待以后期间允许抵扣时，按允许抵扣的金额，借记“应交税费——应交增值税（进项税额）”科目，贷记“应交税费——增值税留抵税额”科目。

（九）增值税税控系统专用设备和技术维护费用抵减增值税额的账务处理。

按现行增值税制度规定，企业初次购买增值税税控系统专用设备支付的费用以及缴纳的技术维护费允许在增值税应纳税额中全额抵减的，按规定抵减的增值税应纳税额，借记“应交税费——应交增值税（减免税款）”科目（小规模纳税人应借记“应交税费——应交增值税”科目），贷记“管理费用”等科目。

（十）关于小微企业免征增值税的会计处理规定。

小微企业在取得销售收入时，应当按照税法的规定计算应交增值税，并确认为应交税费，在达到增值税制度规定的免征增值税条件时，将有关应交增值税转入当期损益。

三、财务报表相关项目列示

“应交税费”科目下的“应交增值税”、“未交增值税”、“待抵扣进项税额”、“待认证进项税额”、“增值税留抵税额”等明细科目期末借方余额应根据情况，在资产负债表中的“其他流动资产”或“其他非流动资产”项目列示；“应交税费——待转销项税额”等科目期末贷方余额应根据情况，在资产负债表中的“其他流动负债”或“其他非流动负债”项目列示；“应交税费”科目下的“未交增值税”、“简易计税”、“转让金融商品应交增值税”、“代扣代交增值税”等科目期末贷方余额应在资产负债表中的“应交税费”项目列示。

四、附则

本规定自发布之日起施行，国家统一的会计制度中相关规定与本规定不一致的，应按本规定执行。2016年5月1日至本规定施行之间发生的交易由于本规定而影响资产、负债等金额的，应按本规定调整。《营业税改征增值税试点有关企业会计处理规定》（财会〔2012〕13号）及《关于小微企业免征增值税和营业税的会计处理规定》（财会〔2013〕24号）等原有关增值税会计处理的规定同时废止。

财政部关于印发《企业产品成本核算制度——煤炭行业》的通知

2016年9月30日　财会〔2016〕21号

国务院有关部委，有关中央管理企业，各省、自治区、直辖市、计划单列市财政厅（局），新疆生产建设兵团财务局，财政部驻各省、自治区、直辖市、计划单列市财政监察专员办事处：

为了深入贯彻落实《国务院关于煤炭行业化解过剩产能实现脱困发展的意见》（国发〔2016〕7号），促进煤炭企业加强成本管理，提高经济效益，根据《中华人民共和国会计法》、企业会计准则、《企业产品成本核算制度（试行）》等有关规定，我部制定了《企业产品成本核算制度——煤炭行业》，现予印发，自2017年1月1日起在大中型煤炭企业范围内施行，其他煤炭企业参照执行。

执行中有何问题，请及时反馈我部。

附件：企业产品成本核算制度——煤炭行业

附件：

企业产品成本核算制度——煤炭行业

目　录

第一章　总　则

一、为了规范煤炭行业产品成本核算，促进煤炭企业加强成本管理，提高经济效益，根据《中华人民共和国会计法》、企业会计准则和《企业产品成本核算制度（试行）》等有关规定，制定本制度。

二、本制度适用于大中型煤炭企业，其他煤炭企业参照本制度执行。

本制度所称的煤炭企业，是指主要从事煤炭开采或洗选加工的企业。

三、本制度所称的煤炭产品，是指煤炭企业生产经营活动中形成的原煤、洗选煤等。

四、煤炭产品成本核算的基本步骤包括：

（一）合理确定成本核算对象。

（二）根据实际管理需要，设置成本中心。

（三）以成本中心为基础，归集成本费用。

（四）对成本中心成本费用进行分配和结转，计算产品成本。

五、煤炭企业根据产品生产特点，通常设置“生产成本”等会计科目，按照成本费用要素进行明细核算。

六、煤炭企业应当设置或指定专门机构负责产品成本核算的组织和管理，根据本制度规定，确定产品成本核算流程和方法。

第二章　产品成本核算对象

煤炭企业产品成本核算应当以煤炭产品为核算对象，具体包括原煤、洗选煤等。

一、原煤，是指开采出的毛煤经过简单选矸（矸石直径50mm以上）后的煤炭，以及经过筛选分类后的筛选煤等。

毛煤，是指从地上或地下采掘出来的、未经任何加工处理的煤炭。

二、洗选煤，是指经过破碎、水洗、风洗等物理化学工艺，去灰去矸后的煤炭产品，包括精煤、中煤、煤泥等，不包括煤矸石。

精煤，是指经过分选获得的高质量煤炭产品。

中煤，是指在分选过程中获得的中间质量煤炭产品。

煤泥，是指在分选后获得的低质量煤炭产品。

煤矸石，是指在开采煤炭过程和洗选煤炭过程中排放出来的，在成煤过程中与煤伴生的一种含碳量较低、比煤坚硬的黑灰色岩石。其中，对外销售或自用的洗矸石作为洗选煤过程中的副产品。

第三章　产品成本核算项目和范围

一、产品成本项目

煤炭企业产品成本项目主要包括：

（一）直接材料，是指为生产产品直接投入的原料及主要材料、辅助材料。

原料及主要材料，是指为生产洗选煤产品投入的构成产品实体的物料。

辅助材料，是指为生产产品投入的不能构成产品实体，但有助于产品形成的物料。

（二）燃料和动力，是指生产过程中耗用的、成本归属对象明确、一次性耗费受益的各种燃料，以及电、风、水、气等动力。

（三）直接人工，是指直接从事产品生产人员的各种形式的报酬及各项附加费用。

（四）制造费用，是指以成本中心为基础，为组织和管理生产所发生的各项间接费用，主要包括车间管理人员的人工费、折旧费、折耗及摊销、安全生产费、维护及修理费、运输费、财产保险费、外委业务费、低值易耗品摊销、租赁费、机物料消耗、试验检验费、劳动保护费、排污费、信息系统维护费等。

二、产品成本费用要素

煤炭企业产品成本费用要素主要包括：

（一）原料及主要材料费，是指为生产洗选煤产品投入的入洗原煤等的成本。

（二）辅助材料费，是指为生产产品投入的辅助材料的成本。辅助材料费主要包括投入的木材、支护用品、火工产品、大型材料、配件、专用工具、自用煤、劳保用品、建工材料、油脂及乳化液、其他材料等成本。

（三）燃料和动力费，是指为生产产品耗用的、成本归属对象明确的各种燃料费用，以及电、风、水、气等动力费用。

（四）人工费，是指为生产产品向职工提供的各种形式的报酬及各项附加费用。人工费主要包括职工工资、奖金、津贴补贴、社会保险费、住房公积金、补充养老保险（含年金）和补充医疗费用、职工福利费、工会经费、职工教育经费、按规定支付的商业人身险及其他劳动保险费、劳务费等。

（五）折旧费，是指为生产产品使用的生产装置、厂房、附属机器设备等计提的折旧。

（六）折耗及摊销，是指予以资本化的矿区权益成本、煤炭勘探成本、煤炭开发成本和弃置义务成本等分摊至煤炭产品成本的折耗，以及其他长期资产的摊销。

（七）安全生产费，是指根据国家有关规定，按照一定标准提取并在生产成本中列支，专门用于完善和改进企业或者项目安全生产条件的费用。

（八）维护及修理费，是指为维持产品生产的正常运行，保证设施设备原有的生产能力，对设施设备进行维护、修理所发生的费用。维护及修理费主要包括材料费、修理工时费、备品备件费等。

（九）运输费，是指为生产产品提供运输服务发生的费用。

（十）财产保险费，是指为组织产品生产，向社会保险机构或其他机构投保的各项财产所支付的保险费用。

（十一）外委业务费，是指在产品生产过程中，委托外部单位提供服务发生的费用。

（十二）低值易耗品摊销，是指为组织产品生产，耗用的不能作为固定资产的各种用具物品的摊销。

（十三）租赁费，是指为组织产品生产，租入的各种资产，按照合同或协议的约定支付给出租方的租赁费用。

（十四）机物料消耗，是指在产品生产过程中耗用的未作为原材料、辅助材料或低值易耗品管理使用的一般性材料支出。

（十五）试验检验费，是指在产品生产过程中，对材料、产品进行的分析、试验、化验、检验、鉴定等所发生的费用。

（十六）劳动保护费，是指为从事产品生产的职工提供劳动保护、防护等发生的费用。

（十七）排污费，是指为生产产品负担的排污机构处理废气、废水、废渣等所发生的费用。

（十八）信息系统维护费，是指为组织产品生产投入使用的信息系统所发生的运行维护费用。

煤炭企业为生产产品实际发生的，不在上述范围的产品成本费用要素，应当作为其他成本费用要素进行明细核算。

第四章　产品成本归集、分配和结转

煤炭企业一般以成本中心为基础，分别成本项目，对产品成本进行归集、分配和结转，计算产品成本。

一、成本中心的设置

煤炭企业通常按照生产环节设置成本中心，也可以按照井区（或生产车间）、队组等生产管理单元设置成本中心。

二、产品成本的归集

（一）原料及主要材料成本的归集

生产产品使用的原料及主要材料按照实际成本进行核算，采用移动加权平均等方法结转原料及主要材料成本。

（二）辅助材料成本的归集

生产产品使用的辅助材料按照实际成本进行核算，根据生产中实际消耗量或预计可使用寿命计算其成本。

（三）燃料和动力成本的归集

生产产品使用的外购或自产动力按照实际成本进行核算，根据相关数据确认其消耗量并计算其成本。

（四）直接人工成本的归集

直接从事产品生产人员的人工成本，直接计入基本生产成本或辅助生产成本。

（五）制造费用的归集

为组织和管理产品生产而发生的各项间接费用，计入制造费用。

三、产品成本的分配和结转

（一）辅助生产成本的分配和结转

辅助生产成本费用归集后，应根据实际情况采用直接分配法、交互分配法、顺序分配法等将提供的产品和劳务分配到各受益单位。辅助部门之间相互提供产品或劳务的，应采用交互分配法进行分配；互相提供劳务不多的，可以不进行交互分配，采用直接分配法等进行分配。辅助生产成本的分配方法一经确定，不得随意变更。

直接分配法，是指不考虑各辅助生产车间之间相互提供劳务或产品的情况，而是将各种辅助生产费用直接分配给辅助生产以外的各受益单位的一种辅助生产成本分配方法。

交互分配法，是指对辅助生产车间的成本费用先后进行交互分配和直接分配两次分配的一种辅助生产成本分配方法。进行分配时，首先根据各辅助生产车间相互提供的产品或劳务的数量计算交互分配率，在各辅助生产车间之间进行一次交互分配；然后将各辅助生产车间交互分配后的实际费用（即交互分配前的费用加上分配转入的费用，减去交互分配转出的费用），再按提供劳务量在辅助生产车间以外的各受益单位之间进行分配。

顺序分配法，是指按照辅助生产车间受益多少的顺序分配费用，受益少的先分配，受益多的后分配，先分配的辅助生产车间不负担后分配的辅助生产车间的费用的一种辅助生产成本分配方法。

（二）制造费用的分配和结转

成本中心发生的制造费用按照费用要素归集后，月末全部分配转入产品的生产成本。煤炭企业应当根据实际情况，一般采用生产工人工时、机器工时、耗用原材料的数量或成本、产品产量等为基础对制造费用进行分配。制造费用分配方法一经确定，不得随意变更。

（三）产成品成本的分配和结转

根据煤炭企业生产特点，产品成本计算一般采用“品种法”。实际生产成本应当采用价格系数法等在各种煤炭产品品种之间分配。

采用价格系数法时，应当根据市场实际情况，将售价最高的品种折合系数确定为1，按照分品种的售价（不含增值税）计算折合系数，将各种产品的实际产量折合为标准产量。具体计算公式如下：

$$\text{分品种折合系数}=\frac{\text{某品种售价}}{\text{售价最高的品种售价}}$$

$$\text{分品种折合量}=\text{分品种当月实际生产量}\times\text{分品种折合系数}$$

$$\text{折合单位生产成本}=\frac{\text{当月实际生产成本总额}}{\text{分品种折合量总量}}$$

$$\text{分品种当月实际生产成本（结转数）}=\text{分品种折合量}\times\text{折合单位生产成本}$$

$$\text{分品种当月实际单位生产成本}=\frac{\text{分品种当月实际生产成本}}{\text{分品种当月实际生产量}}$$

煤炭企业按照标准成本、计划成本等非实际成本结转产成品成本的，应当在每月末汇总实际成本与非实际成本的差异，按受益原则分配至相应产品成本。

期末，将产成品成本按照产品品种进行结转。

四、特殊项目成本的确认

（一）副产品成本

副产品，是指煤炭企业在同一生产过程中，使用同种原料，在生产主产品的同时附带生产出来的非主要产品，如对外销售或加工利用的洗矸石和煤灰等。一般采用可变现净值、固定价格等方法确定成本，从总产品成本中扣除。

（二）停工损失

停工损失，是指煤炭企业在停工期间发生的各种费用支出。季节性停工、修理期间的正常停工费用，应当计入煤炭产品成本；除上述正常停工费用以外的非正常停工费用，应当直接计入企业当期损益。

附录：

煤炭产品生产流程

一、煤炭开采生产流程

煤炭开采分为露天开采和井工开采两种方式，生产流程包括：煤炭资源勘探；采矿设计；生产准备；工作面开采作业；煤炭运输、提升；经洗选加工、储存、装运成为煤炭产品等主要流程。

（一）煤炭资源勘探，是指采用钻探、物探、调查和试验、分析，以查明地下煤炭资源情况的过程。

（二）采矿设计，是指根据井田的煤炭资源情况和开采条件，对选用露天或井工开采方式进行选择，对开采方案、工艺、采煤方法、运输、通风、供电、供风、供水、排水、安全设施等系统进行设计，并明确生产流程及劳动组织的过程。

（三）生产准备。

1. 开拓、掘进（井工矿）或表土剥离作业线开帮（露天矿）。

（1）开拓、掘进，是指在井工矿开采中，施工井筒、大巷、主要硐室等开拓井巷工程和掘进采区、采煤工作面等系统巷道的生产过程。

（2）表土剥离作业线开帮，是指在露天矿开采中，表土层剥离和采煤面的开帮过程。

2. 采掘设备安装。

3. 建立矿井运输、通风、供电、供风、排水、安全设施等系统工程的生产过程。

（四）采煤工作，是指根据矿井选用的采煤工艺，如长壁式、房柱式、急倾斜柔性支架等，使用机械、炮采、水采等方法在采煤工作面进行煤炭开采的生产过程。

（五）煤矿运输。

1. 煤炭运输，是指将采煤工作面开采的原煤输送到地面储煤场（仓）或选煤厂的过程。

2. 辅助运输，是指矿井材料、设备、工作人员的运输过程。

（六）煤矿通风，是指对煤矿采掘工作面、主要硐室及其他用风地点，采用全压通风、局部通风机供风等方式进行通风系统管理和作业的生产过程。

（七）煤矿供电，是指对煤矿机电设备供电进行的系统管理和作业的生产过程。

（八）煤矿供风，是指对煤矿需要供风的地点和设备进行的系统管理和作业的生产过程。

（九）煤矿供水，是指对煤矿需要用水的地点和设备进行的系统管理和作业的生产过程。

（十）煤矿排水，是指将煤矿涌水排到地面进行的系统管理和作业的生产过程。

（十一）煤矿监测监控，是指对煤矿安全环境和生产进行的各类监测监控系统管理和作业的生产过程。

二、洗选煤生产流程

原煤洗选工艺按用途分炼焦用煤洗选、动力用煤洗选两大类，按洗选介质分干法分选和湿法洗选两大类，一般来说，选煤厂由以下主要工艺组成，原煤准备、原煤分选、产品脱水、煤泥水处理、产品干燥。

（一）原煤准备。

原煤准备主要包括原煤入厂、储存、破碎和筛分。

1. 原煤入厂，是指根据矿井距选煤厂距离的不同由运输皮带、汽车、火车等不同方式将原煤运输进入选煤厂的过程。

2. 原煤储存，是指入厂的原煤由运输皮带、翻车机、矿车等不同方式进入存储仓的过程。

3. 原煤破碎，是指原煤在洗选前经过破碎机破碎至合适的粒度的过程。

4. 原煤筛分，是指破碎后的原煤经过分级筛进行筛选分级，一般以粒度 100mm、50mm、13mm 为分级标准，为之后的原煤分选做准备的过程。

（二）原煤分选。

目前，我国原煤的主要分选方法可分为湿法的重介质、跳汰、浮选以及干法选煤。

1. 重介质选煤，是指在以磁铁矿粉为加重质的重介质悬浮液中利用煤与矸石的不同的密度进行洗选的工艺，适用于分选 300mm ~ 25（13）mm 的块煤。

2. 重介质旋流器选煤，是指在离心力场中的重介质悬浮液中利用煤与矸石的密度差别进行分选的工艺，适用于分选粒度为 50（100）mm—0. 5mm 的难选煤、细粒级、脱除黄铁矿硫的原煤分选。

3. 跳汰选煤，是指利用压缩空气产生的脉动水流在跳汰机的筛板上实现煤与矸石按密度分选的工艺，适用于分选粒度为 100mm—0. 5mm 的原煤。

4. 浮游选煤（简称浮选），是指根据煤与矸石表面不同的物理—化学性质（主要是湿润性）的差异进行分选的工艺，主要用于炼焦煤细颗粒物（0. 5 毫米以下）的分选。

5. 干法选煤，是指采用空气—煤粉（加重质微粒）为介质，用压缩空气和激振力使物料松散，在带床条的床面上实现煤和矸石按密度分选的工艺。

对于动力煤的分选，目前主要有两种方式：一是应用干法选煤，原煤（粒度 100—13mm）由输送皮带送入干法选煤设备产出精煤、中煤和矸石等产品；二是应用浅槽刮板重介质分选机，准备好的块原煤（粒度 100—13mm）由输送皮带送入浅槽刮板重介质分选机产出精煤、中煤和矸石等产品。

对于炼焦煤的分选，目前主要应用重介质旋流器选煤和浮选，原煤（粒度 50mm 以下）进入重介质旋流器，产出精煤、中煤和矸石等产品，产品进入脱介筛脱除介质，精煤、中煤脱除介质后筛上粒度较大的进入产品脱水环节，筛下粒度较小的经磁选机选出介质后进入浮选，产出浮选精煤进入产品脱水环节。

（三）产品脱水。

煤炭产品脱水主要包括湿法洗选后块煤和末煤产品的脱水、浮选精煤脱水、煤泥脱水。

煤炭经过湿法洗选后的产品不可避免的携带大量水分，特别是刚产生的浮选精煤和煤泥，由于粒度较小，水分特别大，必须经过脱水设备脱除携带水分，否则无法使用。通常使用离心脱水机对块煤和末煤进行脱水，加压过滤机对浮选精煤进行脱水，隔膜式压滤机对煤泥进行脱水，脱水后的滤液进入循环水系统进行处理。

（四）煤泥水处理。

浮选后的煤泥水进入浓缩机，沉淀后，清水循环使用，浓缩物进入脱水环节成为煤泥。

（五）产品干燥。

利用热能对产品进行干燥。

财政部关于印发《规范“三去一降一补”有关业务的会计处理规定》的通知

2016年9月22日　财会〔2016〕17号

国务院有关部委，有关中央管理企业，各省、自治区、直辖市、计划单列市财政厅（局），新疆生产建设兵团财务局，财政部驻各省、自治区、直辖市、计划单列市财政监察专员办事处：

为贯彻落实《国务院关于钢铁行业化解过剩产能实现脱困发展的意见》（国发〔2016〕6号）和《国务院关于煤炭行业化解过剩产能实现脱困发展的意见》（国发〔2016〕7号）等文件精神，推动“三去一降一补”工作，根据《中华人民共和国会计法》和国家统一的会计制度相关规定，我部制定了《规范“三去一降一补”有关业务的会计处理规定》，现予印发，请遵照执行。

附件：规范“三去一降一补”有关业务的会计处理规定

附件：

规范“三去一降一补”有关业务的会计处理规定

一、关于国有独资或全资企业之间无偿划拨子公司的会计处理

在“三去一降一补”工作中，有关企业集团出于深化国企改革或去产能、调结构等原因，按照国有资产监管部门（以下简称国资监管部门）有关规定，对所属的子公司的股权进行集团之间的无偿划拨。本规定所称的国有独资或全资企业，包括国有独资公司、非公司制国有独资企业、国有全资企业、事业单位投资设立的一人有限责任公司及其再投资设立的一人有限责任公司。国有独资或全资企业之间按有关规定无偿划拨子公司，导致对被划拨企业的控制权从划出企业转移到划入企业的，应当进行以下会计处理：

（一）划入企业的会计处理

1. 个别财务报表。被划拨企业按照国有产权无偿划拨的有关规定开展审计等，上报国资监管部门作为无偿划拨依据的，划入企业在取得被划拨企业的控制权之日，编制个别财务报表时，应当根据国资监管部门批复的有关金额，借记“长期股权投资”科目，贷记“资本公积（资本溢价）”科目（若批复明确作为资本金投入的，记入“实收资本”科目，下同）。

2. 合并财务报表。划入企业在取得被划拨企业的控制权后编制合并财务报表，一般包括资产负债表、利润表、现金流量表和所有者权益变动表等：

（1）合并资产负债表。划入企业应当以被划拨企业经审计等确定并经国资监管部门批复的资产和负债的账面价值及其在被划拨企业控制权转移之前发生的变动为基础，对被划拨企业的资产负债表进行调整，调整后应享有的被划拨企业资产和负债之间的差额，计入资本公积（资本溢价）。

（2）合并利润表。划入企业编制取得被划拨企业的控制权当期的合并利润表时，应包含被划拨企业自国资监管部门批复的基准日起至控制权转移当期期末发生的净利润。

（3）合并现金流量表。划入企业编制取得被划拨企业的控制权当期的合并现金流量表时，应包含被划拨企业自国资监管部门批复的基准日起至控制权转移当期期末产生的现金流量。

（4）合并所有者权益变动表。划入企业编制当期的合并所有者权益变动表时，应包含被划拨企业自国资监管部门批复的基准日起至控制权转移当期期末的所有者权益变动情况。合并所有者权益变动表可以根据合并资产负债表和合并利润表编制。

（二）划出企业的会计处理

1. 个别财务报表。划出企业在丧失对被划拨企业的控制权之日，编制个别财务报表时，应当按照对被划拨企业的长期股权投资的账面价值，借记“资本公积（资本溢价）”科目（若批复明确冲减资本金的，应借记“实收资本”科目，下同），贷记“长期股权投资（被划拨企业）”科目；资本公积（资本溢价）不足冲减的，依次冲减盈余公积和未分配利润。

2. 合并财务报表。划出企业在丧失对被划拨企业的控制权之日，编制合并财务报表时，不应再将被划拨企业纳入合并财务报表范围，终止确认原在合并财务报表中反映的被划拨企业相关资产、负债、少数股东权益以及其他权益项目，相关差额冲减资本公积（资本溢价），资本公积（资本溢价）不足冲减的，依次冲减盈余公积和未分配利润。同时，划出企业与被划拨企业之间在控制权转移之前发生的未实现内部损益，应转入资本公积（资本溢价），资本公积（资本溢价）不足冲减的，依次冲减盈余公积和未分配利润。

二、关于即将关闭出清的“僵尸企业”的会计处理

（一）即将关闭出清的“僵尸企业”自身的会计处理

根据《国务院关于钢铁行业化解过剩产能实现脱困发展的意见》（国发〔2016〕6号）和《国务院关于煤炭行业化解过剩产能实现脱困发展的意见》（国发〔2016〕7号）等文件规定，地方可以综合运用兼并重组、债务重组和破产清算等方式，加快处置“僵尸企业”，实现市场出清。

企业按照政府推动化解过剩产能的有关规定界定为“僵尸企业”且列入即将关闭出清的“僵尸企业”名单的（以下简称此类“僵尸企业”），应自被列为此类“僵尸企业”的当期期初开始，对资产改按清算价值计量、负债改按预计的结算金额计量，有关差额计入营业外支出（收入）。此类“僵尸企业”不应再对固定资产和无形资产计提折旧或摊销。

此类“僵尸企业”应在附注中披露财务报表的编制基础及其原因、财务报表上有关资产和负债的状况、清理的进展情况、是否会因资产变现以及负债清偿等原因需预计大额的损失或额外负债等重要信息。

此类“僵尸企业”进入破产清算程序且被法院指定的破产管理人接管的，应改按有关破产清算的会计处理规定进行会计处理。

（二）即将关闭出清的“僵尸企业”的母公司的会计处理

此类“僵尸企业”的母公司（以下简称母公司）应当区分个别财务报表和合并财务报表进行会计处理：

1. 母公司在编制个别财务报表时，对该子公司长期股权投资，应当按照资产负债表日的可收回金额与账面价值孰低进行计量，前者低于后者的，其差额计入资产减值损失。

2. 母公司在编制合并财务报表时，应当以该子公司按本条规定编制的财务报表为基础，按与该子公司相同的基础对该子公司的资产、负债进行计量，计量金额与原在合并财务报表中反映的相关资产、负债以及商誉的金额之间的差额，应计入当期损益。母公司因其所属子公司进入破产清算程序且被法院指定的破产管理人接管等，丧失了对该子公司控制权的，不应再将其纳入合并财务报表范围。

3. 母公司应当在合并财务报表附注中披露子公司财务报表的编制基础及其原因、母公司计量基础的有关变化对其当期财务状况、经营成果、现金流量等方面的影响、子公司清理的进展情况、是否会因资产变现以及负债清偿等原因需预计大额的损失或额外负债等重要信息。

（三）即将关闭出清的“僵尸企业”的母公司以外的其他权益性投资方的会计处理

本规定所称的其他权益性投资方，是指对此类“僵尸企业”具有共同控制或能够施加重大影响的投资企业。这些投资企业对该“僵尸企业”的长期股权投资，应当按照可收回金额与账面价值孰低进行计量，前者低于后者的，其差额计入资产减值损失。

三、关于中央企业对工业企业结构调整专项奖补资金的会计处理

根据《财政部关于印发〈工业企业结构调整专项奖补资金管理办法〉的通知》（财建〔2016〕253 号，以下简称 253 号文），中央财政将安排工业企业结构调整专项奖补资金（以下简称专项奖补资金），用于支持地方政府和中央企业推动钢铁、煤炭等行业化解过剩产能。

中央企业在收到预拨的专项奖补资金时，应当暂通过“专项应付款”科目核算，借记“银行存款”等科目，贷记“专项应付款”科目。中央企业按要求开展化解产能相关工作后，按照 253 号文规定的计算标准等，能够合理可靠地确定因完成任务所取得的专项奖补资金金额的，借记“专项应付款”科目，贷记有关损益科目；不能合理可靠地确定因完成任务所取得的专项奖补资金金额的，应当经财政部核查清算后，按照清算的有关金额，借记“专项应付款”科目，贷记有关损益科目；预拨的专项奖补资金小于企业估计应享有的金额的，不足部分的差额借记“其他应收款”；因未能完成有关任务而按规定向财政部缴回资金的，按缴回资金金额，借记“专项应付款”科目，贷记“银行存款”等科目。

四、本规定自发布之日起施行，不要求追溯调整

财政部关于印发《管理会计基本指引》的通知

2016 年 6 月 22 日　财会〔2016〕10 号

党中央有关部门，国务院各部委、各直属机构，全国人大常委会办公厅，全国政协办公厅，高法院，高检院，各省、自治区、直辖市、计划单列市财政厅（局），新疆生产建设兵团财务局，财政部驻各省、自治区、直辖市、计划单列市财政监察专员办事处：

为促进单位（包括企业和行政事业单位）加强管理会计工作，提升内部管理水平，促进经济转型升级，根据《中华人民共和国会计法》、《财政部关于全面推进管理会计体系建设的指导意见》等，我部制定了《管理会计基本指引》，现予印发，请各单位在开展管理会计工作中参照执行。

附件：管理会计基本指引

附件：

管理会计基本指引

第一章　总　　则

第一条　为促进单位（包括企业和行政事业单位，下同）加强管理会计工作，提升内部管理水平，促进经济转型升级，根据《中华人民共和国会计法》、《财政部关于全面推进管理会计体系建设的指导意见》等，制定本指引。

第二条　基本指引在管理会计指引体系中起统领作用，是制定应用指引和建设案例库的基础。管理会计指引体系包括基本指引、应用指引和案例库，用以指导单位管理会计实践。

第三条　管理会计的目标是通过运用管理会计工具方法，参与单位规划、决策、控制、评价活动并为之提供有用信息，推动单位实现战略规划。

第四条　单位应用管理会计，应遵循下列原则：

（一）战略导向原则。管理会计的应用应以战略规划为导向，以持续创造价值为核心，促进单位可持续发展。

（二）融合性原则。管理会计应嵌入单位相关领域、层次、环节，以业务流程为基础，利用管理会计工具方法，将财务和业务等有机融合。

（三）适应性原则。管理会计的应用应与单位应用环境和自身特征相适应。单位自身特征包括单位性质、规模、发展阶段、管理模式、治理水平等。

（四）成本效益原则。管理会计的应用应权衡实施成本和预期效益，合理、有效地推进管理会计应用。

第五条　管理会计应用主体视管理决策主体确定，可以是单位整体，也可以是单位内部的责任中心。

第六条　单位应用管理会计，应包括应用环境、管理会计活动、工具方法、信息与报告等四要素。

第二章　应用环境

第七条　单位应用管理会计，应充分了解和分析其应用环境。管理会计应用环境，是单位应用管理会计的基础，包括内外部环境。

内部环境主要包括与管理会计建设和实施相关的价值创造模式、组织架构、管理模式、资源保障、信息系统等因素。

外部环境主要包括国内外经济、市场、法律、行业等因素。

第八条　单位应准确分析和把握价值创造模式，推动财务与业务等的有机融合。

第九条　单位应根据组织架构特点，建立健全能够满足管理会计活动所需的由财务、业务等相关人员组成的管理会计组织体系。有条件的单位可以设置管理会计机构，组织开展管理会计工作。

第十条　单位应根据管理模式确定责任主体，明确各层级以及各层级内的部门、岗位之间的管理会计责任权限，制定管理会计实施方案，以落实管理会计责任。

第十一条　单位应从人力、财力、物力等方面做好资源保障工作，加强资源整合，提高资源利用效率效果，确保管理会计工作顺利开展。

单位应注重管理会计理念、知识培训，加强管理会计人才培养。

第十二条　单位应将管理会计信息化需求纳入信息系统规划，通过信息系统整合、改造或新建等途径，及时、高效地提供和管理相关信息，推进管理会计实施。

第三章　管理会计活动

第十三条　管理会计活动是单位利用管理会计信息，运用管理会计工具方法，在规划、决策、控制、评价等方面服务于单位管理需要的相关活动。

第十四条　单位应用管理会计，应做好相关信息支持，参与战略规划拟定，从支持其定位、目标设定、实施方案选择等方面，为单位合理制定战略规划提供支撑。

第十五条　单位应用管理会计，应融合财务和业务等活动，及时充分提供和利用相关信息，支持单位各层级根据战略规划做出决策。

第十六条　单位应用管理会计，应设定定量定性标准，强化分析、沟通、协调、反馈等控制机制，支持和引导单位持续高质高效地实施单位战略规划。

第十七条　单位应用管理会计，应合理设计评价体系，基于管理会计信息等，评价单位战略规划实施情况，并以此为基础进行考核，完善激励机制；同时，对管理会计活动进行评估和完善，以持续改进管理会计应用。

第四章　工具方法

第十八条　管理会计工具方法是实现管理会计目标的具体手段。

第十九条　管理会计工具方法是单位应用管理会计时所采用的战略地图、滚动预算管理、作业成本管理、本量利分析、平衡计分卡等模型、技术、流程的统称。管理会计工具方法具有开放性，随着实践发展不断丰富完善。

第二十条　管理会计工具方法主要应用于以下领域：战略管理、预算管理、成本管理、营运管理、投融资管理、绩效管理、风险管理等。

（一）战略管理领域应用的管理会计工具方法包括但不限于战略地图、价值链管理等；

（二）预算管理领域应用的管理会计工具方法包括但不限于全面预算管理、滚动预算管理、作业预算管理、零基预算管理、弹性预算管理等；

（三）成本管理领域应用的管理会计工具方法包括但不限于目标成本管理、标准成本管理、变动成本管理、作业成本管理、生命周期成本管理等；

（四）营运管理领域应用的管理会计工具方法包括但不限于本量利分析、敏感性分析、边际分析、标杆管理等；

（五）投融资管理领域应用的管理会计工具方法包括但不限于贴现现金流法、项目管理、资本成本分析等；

（六）绩效管理领域应用的管理会计工具方法包括但不限于关键指标法、经济增加值、平衡计分卡等；

（七）风险管理领域应用的管理会计工具方法包括但不限于单位风险管理框架、风险矩阵模型等。

第二十一条　单位应用管理会计，应结合自身实际情况，根据管理特点和实践需要选择适用的管理会计工具方法，并加强管理会计工具方法的系统化、集成化应用。

第五章　信息与报告

第二十二条　管理会计信息包括管理会计应用过程中所使用和生成的财务信息和非财务信息。

第二十三条　单位应充分利用内外部各种渠道，通过采集、转换等多种方式，获得相关、可靠的管理会计基础信息。

第二十四条　单位应有效利用现代信息技术，对管理会计基础信息进行加工、整理、分析和传递，以满足管理会计应用需要。

第二十五条　单位生成的管理会计信息应相关、可靠、及时、可理解。

第二十六条　管理会计报告是管理会计活动成果的重要表现形式，旨在为报告使用者提供满足管理需要的信息。管理会计报告按期间可以分为定期报告和不定期报告，按内容可以分为综合性报告和专项报告等类别。

第二十七条 单位可以根据管理需要和管理会计活动性质设定报告期间。一般应以公历期间作为报告期间，也可以根据特定需要设定报告期间。

第六章 附 则

第二十八条 本指引由财政部负责解释。

第二十九条 本指引自印发之日起施行。

财政部 国家档案局关于新旧《会计档案管理办法》有关衔接规定的通知

2016年3月8日 财会〔2016〕3号

党中央有关部门，国务院各部委、各直属机构，军委后勤保障部、武警总部，各省、自治区、直辖市、计划单列市财政厅（局）、档案局，新疆生产建设兵团财务局、档案局，有关中央管理企业：

财政部、国家档案局联合印发的《会计档案管理办法》（财政部 国家档案局令第79号，以下简称新《管理办法》）自2016年1月1日起施行，原《会计档案管理办法》（财会字〔1998〕32号，以下简称原《管理办法》）同时废止。为确保新《管理办法》的有效贯彻实施，实现新旧管理办法平稳过渡，现就有关衔接规定通知如下。

一、关于保管期限的衔接规定

（一）新《管理办法》与原《管理办法》规定的最低保管期限不一致的，按照新《管理办法》的规定执行。

（二）已到原《管理办法》规定的最低保管期限，并已于2015年12月31日前鉴定可以销毁但尚未进行销毁的会计档案，应按照新《管理办法》的规定组织销毁；已到原《管理办法》规定的最低保管期限，并已于2015年12月31日前鉴定予以继续保管的会计档案，应按照新《管理办法》确定继续保管期限（最低继续保管期限等于新《管理办法》规定的最低保管期限减去已保管期限，下同）。

（三）已到原《管理办法》规定的最低保管期限，但2015年12月31日前尚未进行鉴定的会计档案，应按照新《管理办法》的规定进行鉴定，确定销毁或继续保管。确定销毁的，应按照新《管理办法》的规定组织销毁；确定继续保管的，应按照新《管理办法》确定继续保管期限。

（四）未到原《管理办法》规定的最低保管期限的会计档案，应按照新《管理办法》的规定重新划定保管期限。

二、关于电子会计资料归档的衔接规定

（一）单位如在新《管理办法》施行前已利用现代信息技术手段开展会计核算和会计档案管理，其有关工作符合《企业会计信息化工作规范》（财会〔2013〕20号）的要求，所形成的、尚未移交本单位档案机构统一保管的会计资料符合新《管理办法》第八条、第九条规定的电子会计档案归档条件的，可仅以电子形式归档保管。2014 年以前形成的会计资料一律按照原《管理办法》的规定归档保管。

（二）各单位根据新《管理办法》仅以电子形式保存会计档案的，原则上应从一个完整会计年度的年初开始执行，以保证其年度会计档案保管形式的一致性。

财政部关于印发《企业会计准则解释第 8 号》的通知

2015 年 12 月 16 日　财会〔2015〕23 号

国务院有关部委、有关直属机构，各省、自治区、直辖市、计划单列市财政厅（局），新疆生产建设兵团财务局，有关中央管理企业：

为了深入贯彻实施企业会计准则，解决执行中出现的问题，同时，实现企业会计准则持续趋同和等效，我部制定了《企业会计准则解释第 8 号》，现予印发，请遵照执行。

附件：企业会计准则解释第 8 号

附件：

企业会计准则解释第 8 号

一、商业银行及其子公司（以下统称为“商业银行”）应当如何判断是否控制其按照银行业监督管理委员会相关规定发行的理财产品（以下称为“理财产品”）？

答：商业银行应当按照《企业会计准则第 33 号——合并财务报表》（以下简称《合并财务报表准则》）的相关规定，判断是否控制其发行的理财产品。如果商业银行控制该理财产品，应当按照《合并财务报表准则》的规定将该理财产品纳入合并范围。

商业银行在判断是否控制其发行的理财产品时，应当综合考虑其本身直接享有以及通过所有子公司（包括控制的结构化主体）间接享有权利而拥有的权力、可变回报及其联系。分析可变回报时，至少应当关注以下方面：

可变回报通常包括商业银行因向理财产品提供管理服务等获得的决策者薪酬和其他利益：前者包括各种形式的理财产品管理费（含各种形式的固定管理费和业绩报酬等），还可能包括以销售费、托管费以及其他各种服务收费的名义收取的实质上为决策者薪酬的收费；后者包括各种形式的直接投资收益，提供信用增级或支持等而获得的补偿或报酬，因提供信用增级或支持等而可能发生或承担的损失，与理财产品进行其他交易或者持有理财产品其他利益而取得的可变回报，以及销售费、托管费和其他各种名目的服务收费等。其中，提供的信用增级包括担保（例如保证理财产品投资者的本金或收益、为理财产品的债务提供保证等）、信贷承诺等；提供的支持包括财务或其他支持，例如流动性支持、回购承诺、向理财产品提供融资、购买理财产品持有的资产、同理财产品进行衍生交易等。

商业银行在分析享有的可变回报时，不仅应当分析与理财产品相关的法律法规及各项合同安排的实质，还应当分析理财产品成本与收益是否清晰明确，交易定价（含收费）是否符合市场或行业惯例，以及是否存在其他可能导致商业银行最终承担理财产品损失的情况等。商业银行应当慎重考虑其是否在没有合同义务的情况下，对过去发行的具有类似特征的理财产品提供过信用增级或支持的事实或情况，至少包括以下几个方面：

1. 提供该信用增级或支持的触发事件及其原因，以及预期未来发生类似事件的可能性和频率。

2. 商业银行提供该信用增级或支持的原因，以及做出这一决定的内部控制和管理流程；预期未来出现类似触发事件时，是否仍将提供信用增级和支持（此评估应当基于商业银行对于此类事件的应对机制以及内部控制和管理流程，且应当考虑历史经验）。

3. 因提供信用增级或支持而从理财产品获取的对价，包括但不限于该对价是否公允，收取该对价是否存在不确定性以及不确定性的程度。

4. 因提供信用增级或支持而面临损失的风险程度。

如果商业银行按照《合并财务报表准则》判断对所发行的理财产品不构成控制，但在该理财产品的存续期内，商业银行向该理财产品提供了合同义务以外的信用增级或支持，商业银行应当至少考虑上述各项事实和情况，重新评估是否对该理财产品形成控制。经重新评估后认定对理财产品具有控制的，商业银行应当将该理财产品纳入合并范围。同时，对于发行的具有类似特征（如具有类似合同条款、基础资产构成、投资者构成、商业银行参与理财产品而享有可变回报的构成等）的理财产品，商业银行也应当按照一致性原则予以重新评估。

二、商业银行应当如何对其发行的理财产品进行会计处理?

答：商业银行发行的理财产品应当作为独立的会计主体，按照企业会计准则的相关规定进行会计处理。

（一）会计核算

对于理财产品持有或发行的金融工具，在采用《企业会计准则第22号——金融工具确认和计量》（以下简称《金融工具确认计量准则》）、《企业会计准则第37号——金融工具列报》（以下简称《金融工具列报准则》）和《企业会计准则第39号——公允价值计量》（以下简称《公允价值计量准则》）时，应当至少考虑以下内容：

1. 分类

对于理财产品持有的金融资产或金融负债，应当根据持有目的或意图、是否有活跃市场报价、金融工具现金流量特征等，按照《金融工具确认计量准则》有关金融资产或金融负债的分类原则进行恰当分类。

如果理财产品持有的非衍生金融资产由于缺乏流动性而难以在市场上出售（如非标准化债权资产），则通常不能表明该金融资产是为了交易目的而持有的（如为了近期内出售，或者属于进行集中管理的可辨认金融工具组合的一部分，且有客观证据表明近期采用短期获利方式对该组合进行管理），因而不应当分类为以公允价值计量且其变动计入当期损益的金融资产中的交易性金融资产。

如果理财产品持有的权益工具投资在活跃市场中没有报价，且采用估值技术后公允价值也不能可靠计量，则不得将其指定为以公允价值计量且其变动计入当期损益的金融资产。

如果商业银行因为估值流程不完善或不具备估值能力，且未能或难以有效利用第三方估值等原因，无法或难以可靠地评估理财产品持有的金融资产或金融负债的公允价值，则通常不能表明其能以公允价值为基础对理财产品持有的金融资产或金融负债进行管理和评价，因而不得依据《金融工具确认计量准则》，将该金融资产或金融负债指定为以公允价值计量且其变动计入当期损益的金融工具。

理财产品发行的金融工具，应当按照《金融工具列报准则》的相关规定进行分类。

在对理财产品进行会计处理时，应当按照企业会计准则的相关规定规范使用会计科目，不得使用诸如“代理理财投资”等可能引起歧义的科目名称。

2. 计量

对于理财产品持有的金融资产或金融负债，应当按照《金融工具确认计量准则》、《公允价值计量准则》

和其他相关准则进行计量。其中：

（1）公允价值计量

对于以公允价值计量的金融资产或金融负债，应当按照《公允价值计量准则》的相关规定确定其公允价值。通常情况下，金融工具初始确认的成本不符合后续公允价值计量要求，除非有充分的证据或理由表明该成本在计量日仍是对公允价值的恰当估计。

（2）减值

理财产品持有的除以公允价值计量且其变动计入当期损益之外的金融资产，应当按照《金融工具确认计量准则》中有关金融资产减值的规定，评估是否存在减值的客观证据，以及确定减值损失的金额并进行会计核算。

（二）列报

商业银行是编报理财产品财务报表的法定责任人。如果相关法律法规或监管部门要求报送或公开理财产品财务报表，商业银行应当确保其报送或公开的理财产品财务报表符合企业会计准则的要求。

三、商业银行应当在2016年年度及以后期间的财务报告中适用本解释要求。本解释生效前商业银行对理财产品的会计处理与本解释不一致的，应当进行追溯调整，追溯调整不可行的除外。

财政部关于印发《商品期货套期业务会计处理暂行规定》的通知

2015年11月26日　财会〔2015〕18号

国务院有关部委、有关直属机构，各省、自治区、直辖市、计划单列市财政厅（局），新疆生产建设兵团财务局，有关中央管理企业：

为了适应商品期货市场发展需要，规范企业商品期货套期业务的会计处理，使财务报表更好地反映企业商品价格风险管理活动的目标、过程和结果，促进企业利用商品期货进行风险管理，根据《中华人民共和国会计法》和企业会计准则等相关规定，我部制定了《商品期货套期业务会计处理暂行规定》，现予印发，请遵照执行。

执行中有何问题，请及时反馈我部。

附件：商品期货套期业务会计处理暂行规定

附件：

商品期货套期业务会计处理暂行规定

为规范企业商品期货套期业务的会计处理，使财务报表更好地反映企业商品价格风险管理活动的目标、过程和结果，促进企业利用商品期货进行风险管理，根据《中华人民共和国会计法》和企业会计准则等相关规定，制定本规定。

一、适用范围

企业开展商品期货套期业务，可以执行本规定或《企业会计准则第24号——套期保值》。企业执行本规定的，应当遵循本规定所有适用条款，对商品期货套期业务不得继续执行《企业会计准则第24号——套期保值》以及《企业会计准则第37号——金融工具列报》中有关套期保值的相关披露规定。

企业开展商品期货套期业务，满足本规定应用条件的，可以按本规定的套期会计方法进行处理。

二、相关定义

（一）商品期货套期

本规定所称商品期货套期，是指企业为规避现货经营中的商品价格风险，指定商品期货合约为套期工具，使套期工具公允价值或现金流量变动，预期抵销被套期项目全部或部分公允价值或现金流量变动。

（二）套期关系

本规定所称套期关系，是指企业为套期会计处理需要而指定的、被套期项目和套期工具在商品期货套期中的对应关系。

（三）被套期项目公允价值或现金流量变动

本规定所称被套期项目公允价值或现金流量变动，是指在套期关系存续期间被套期项目公允价值或现金流量因被套期商品价格风险而产生的变动。

（四）确定承诺

本规定所称确定承诺，是指在未来特定日期或期间，以特定价格购买或销售特定数量商品现货、具有法律约束力的协议。

（五）预期交易

本规定所称预期交易，是指尚未成为确定承诺但预计发生的商品现货采购或销售。

（六）项目的组成部分

本规定所称项目的组成部分，是指小于某一项目（指一项或一组存货、尚未确认的确定承诺以及很可能发生的预期交易，下同）整体公允价值变动或现金流量变动的部分，包括风险成分和名义金额的组成部分。

本规定所称风险成分，是指项目整体价格风险中特定的一个或多个风险组成部分（例如航空煤油价格中的原油基准价格、铜线价格中的铜基准价格）。

本规定所称名义金额的组成部分，是指项目整体金额或数量的特定部分，可以是项目整体的一定比例部分（例如1000吨铜存货中的20%），也可以是项目整体的某一层级部分（例如某月购入的前100桶原油或某月售出的前100兆瓦小时的电力）。

（七）套期有效性

本规定所称套期有效性，是指套期工具公允价值或现金流量变动与被套期项目公允价值或现金流量变动的抵销程度。套期工具公允价值或现金流量变动大于或小于被套期项目公允价值或现金流量变动的部分为套期无效部分。

（八）风险管理目标

本规定所称风险管理目标，是指企业在某一特定套期关系层面上，确定如何指定套期工具和被套期项目，以及如何运用指定的套期工具对指定为被套期项目的特定风险敞口进行套期。

三、应用条件

企业按本规定对商品期货套期业务进行会计处理，应当反映企业商品价格风险管理活动的影响，并同时具备下列四个要件：

（一）被套期项目

被套期项目可以是一项或一组存货、尚未确认的确定承诺以及很可能发生的预期交易，也可以是上述项目的组成部分。被套期项目应当能够可靠计量。

在将项目的一定风险成分指定为被套期项目时，该风险成分应当可以单独识别，且该项目中由于该风险成分的变动所引起的项目公允价值或现金流量变动能够可靠计量。在识别可被指定为被套期项目的风险成分时，企业应当基于该等风险及相关套期活动所发生的特定市场结构进行评估，并考虑因风险和市场而异的相关事实和情况。同时，企业应当考虑该风险成分是合同明确的风险成分（例如铜线采购合同中的定价公式明确采购价格与铜基准价格挂钩），还是非合同明确的风险成分（例如由于航空煤油的基本原材料为原油，根据对企业的实际情况及市场惯例分析得出，航空煤油依据原油基准价格进行定价）。非合同明确的风险成分可能涉及不构成合同的项目（例如很可能发生的预期交易），或者可能涉及未明确该成分的合同（例如仅包含单一价格，而未列明基于不同基础变量的定价公式的确定承诺）。

当企业出于风险管理目的对一组项目（包括项目的组成部分）进行集中管理、且组合中的每一个单独项目都属于符合条件的被套期项目时，可以将这一组项目指定为被套期项目。一组风险相互抵销的项目形成风险净敞口，一组风险不存在相互抵销的项目形成风险总敞口。当企业将形成风险净敞口的一组项目指定为被套期项目时，应当指定构成该净敞口的所有项目的项目组合整体，而不应当将不明确的净敞口抽象金额指定为被套期项目。

企业将一组项目中的某一层级指定为被套期项目，应当同时满足以下条件：

1. 该层级能够单独识别并能够可靠计量；
2. 风险管理目标是对某一层级进行套期；
3. 用以识别层级的项目组合整体中的所有项目均面临同样的被套期风险；
4. 对于存货或确定承诺的套期，包含被套期层级的整体项目组合可识别并可追踪。

对于尚未确认的确定承诺或很可能发生的预期交易，只有其系与报告企业以外的对手方之间的交易形成的，才可被指定为被套期项目。

对于同一集团内企业间的交易，套期会计仅适用于这些企业的个别财务报表。但是，对于《企业会计准则第 33 号——合并财务报表》定义的投资性主体与其以公允价值计量且其变动计入当期损益的子公司之间的交易，套期会计同时适用于投资性主体的个别财务报表和合并财务报表。

（二）套期工具

套期工具应当是企业实际持有的一项或一组商品期货合约的整体或其一定比例，但企业不得将商品期货合约存续期内的某一时段的公允价值变动指定为套期工具。

在运用商品期货套期会计时，只有与报告企业之外的对手方签订的合同才可被指定为套期工具。

（三）套期有效性

套期关系应当符合下列套期有效性的要求：

1. 被套期项目与套期工具之间应当存在经济关系，使套期工具和被套期项目因被套期风险而产生的公允价值或现金流量预期随着相同基础变量或经济上相关的类似基础变量变动发生方向相反的变动。

在评估套期工具与被套期项目之间是否存在经济关系时，企业可以采用定性或定量的方法。如果套期工具和被套期项目的主要条款（例如名义金额、到期期限和基础变量）均匹配或大致相符，企业可以根据此类主要条款执行定性评估。如果套期工具和被套期项目的主要条款并非基本匹配，企业可能需要进行定量评估（例如采用回归分析方法来评估套期工具与被套期项目是否存在经济关系），但两个变量之间仅仅存在某种统计相关性的事实本身不足以有效证明套期工具与被套期项目之间存在经济关系。

2. 套期关系的套期比率，应当等于被套期项目的实际数量与用于对这些数量的被套期项目进行套期的套期工具的实际数量之比。套期比率不应当反映被套期项目与套期工具所含风险的失衡，这种失衡会产生套期无效（无论确认与否），并可能产生与套期会计目标不一致的会计结果。例如，企业确定拟采用的套期比率是为了避免确认现金流量套期的套期无效部分，或是为了创造更多的被套期项目进行公允价值调整以达到增加使用公允价值会计的目的，可能会造成与套期会计目标不一致的会计结果。

3. 经济关系产生的价值变动中，信用风险的影响不占主导地位。

（四）套期关系的指定

企业应当在套期关系开始时以书面形式对套期关系进行指定，书面文件应当载明下列事项：

1. 风险管理目标以及套期策略；

2. 被套期项目性质及其数量；

3. 套期工具性质及其数量；

4. 被套期风险性质及其认定；

5. 套期类型（公允价值套期或现金流量套期）；

6. 对套期有效性的评估，包括被套期项目与套期工具的经济关系、套期比率、套期无效性来源的分析；

7. 开始指定套期关系的日期。

四、会计处理原则

（一）套期类型

1. 公允价值套期

公允价值套期是指对被套期项目公允价值变动风险进行的套期。

以存货、尚未确认的确定承诺为基础的被套期项目，应当指定在公允价值套期关系中。

2. 现金流量套期

现金流量套期是指对被套期项目现金流量变动风险进行的套期。

以很可能发生的预期交易为基础的被套期项目，应当指定在现金流量套期关系中。

（二）套期期间的处理

1. 公允价值套期

对于公允价值套期，在套期关系存续期间，企业应当将套期工具公允价值变动形成的利得或损失计入当期损益。

被套期项目为存货的，在套期关系存续期间，企业应当将被套期项目公允价值变动计入当期损益，同时调整被套期项目的账面价值。被套期项目为确定承诺的，被套期项目在套期关系指定后累计公允价值变动应当确认为一项资产或负债，并计入各相关期间损益。

2. 现金流量套期

对于现金流量套期，在套期关系存续期间，企业应当将套期工具累计利得或损失中不超过被套期项目累计预计现金流量现值变动的部分作为有效套期部分（以下称为套期储备）计入其他综合收益，超过部分作为无效套期部分计入当期损益。

（三）套期关系终止

发生下列情况之一时，套期关系终止：

1. 因风险管理目标的变化，企业不能再指定既定的套期关系；

2. 套期工具被平仓或到期交割；

3. 被套期项目风险敞口消失；

4. 在按照本规定四（五）的要求考虑再平衡后（如适用），套期关系不再满足本规定有关套期会计的应用条件。

因合约期限或交易活跃度限制，企业需要对同一被套期项目的套期工具在同一品种、不同到期日的商品期货合约中转换的，如该转换与企业书面文件中载明的套期业务风险管理目标相符，则不作为套期关系的终止处理，但企业应当在书面指定文件中说明商品期货合约的选择标准和转换条件，并对每次合约转换的数量、金额、日期保持连续、完整的记录。

套期关系终止后，企业应当停止按本规定四（二）处理，并按本规定四（四）进行后续处理。

终止套期会计可能会影响套期关系的整体或其中一部分，在仅影响其中一部分时，剩余未受影响的部分仍适用套期会计。

套期关系同时满足下列条件的，企业不应当撤销指定并由此终止套期关系：

1. 套期关系仍然满足风险管理目标；

2. 在按照本规定四（五）的要求考虑再平衡后（如适用），套期关系仍然满足本规定其他所有应用条件。

（四）后续处理

1. 公允价值套期

被套期项目为存货的，企业应当在该存货实现销售时，将该被套期项目的账面价值转出并计入销售成本。

被套期项目为采购商品的确定承诺的，企业应当在确认相关存货时，将被套期项目累计公允价值变动形成的资产或负债转出并计入存货初始成本。

被套期项目为销售商品的确定承诺的，企业应当在该销售实现时，将被套期项目累计公允价值变动形成的资产或负债转出并计入销售收入。

2. 现金流量套期

被套期项目为预期商品采购的，企业应当在确认相关存货时，将其套期储备转出并计入存货初始成本。

被套期项目为预期商品销售的，企业应当在该销售实现时，将其套期储备转出并计入销售收入。

如果预期交易随后成为一项确定承诺，且企业将该确定承诺指定为公允价值套期中的被套期项目，企业应当在指定时，将其套期储备转出并计入该确定承诺的初始账面价值。

预期交易预期不再发生时，企业应当将其套期储备重分类至当期损益。

如果现金流量套期储备累计金额是一项损失且企业预计在未来一个或多个会计期间将无法弥补全部或部分损失，则应当立即将预计无法弥补的损失金额重分类计入当期损益。

（五）套期关系评估

企业至少应当在资产负债表日或相关情况发生重大变化将影响套期有效性要求时，对现有的套期关系进行评估，并以书面形式记录评估情况。

1. 评估认为套期关系终止的，企业应当根据本规定四（三）确定终止日并进行会计处理。

2. 评估认为套期比率不再反映被套期项目与套期工具所含风险的平衡，但指定该套期关系的风险管理目标并没有改变的，企业应当调整指定的被套期项目或套期工具的数量，从而维持满足套期有效性要求的套期比率（即“再平衡”）。例如，当套期关系中的套期工具和被套期项目具有不同但是经济上相关的基础变量（如指数、比率或价格）时，套期关系会随着这两个基础变量之间关系的变动而发生变化，如果该变化能通过调整套期比率得以弥补，则套期关系通过再平衡得以延续。符合套期有效性要求的再平衡应当作为套期关系的延续进行处理。

企业应当分析套期无效部分的来源，而不能假定所有抵销程度的变动均会导致套期关系的变化。如果抵销程度的变动围绕套期比率上下波动，但仍然能够适当反映套期工具与被套期项目之间的关系，对套期比率的人为调整并不能减少该波动，并依然会产生套期无效部分，那么无需作出再平衡，而应当将抵销程度的变动确认为套期无效部分。如果抵销程度的变动表明该波动围绕的套期比率不同于当前的套期比率，或存在偏离的趋势，保留当前套期比率将越来越多地产生套期无效部分，则企业可以通过调整套期比率来降低套期无效部分。

对套期比率的调整可能增加或减少指定套期关系中被套期项目或套期工具的数量。如果企业在套期比率调整时增加了指定的被套期项目或套期工具，则增加部分自指定增加之日起作为套期关系的一部分，按本规定四（二）处理；如果企业在套期比率调整时减少了指定的被套期项目或套期工具，则减少部分自指定减少之日起不再作为套期关系的一部分，按本规定四（三）处理。

在对套期关系作出再平衡时，套期关系的套期无效部分应当在调整套期关系之前确定并立即计入当期损益。企业应当更新预期影响套期关系的套期无效部分产生来源的分析，套期关系的书面文件记录也应当作出相应更新。

如果套期关系的风险管理目标发生改变，则再平衡不适用，企业应当终止对该套期关系运用套期会计。

（六）组合套期

1. 总敞口套期

对于被套期项目为风险总敞口的公允价值套期，企业在套期关系存续期间，应当针对被套期项目组合中各组成项目，分别确认公允价值变动，将其计入当期损益并调整被套期项目的账面价值。

对于被套期项目为风险总敞口的现金流量套期，企业在将相关套期储备转出时，应当按系统、合理的方法将转出金额在被套期项目组合中分摊，分别计入被套期项目影响的相应项目。

2. 净敞口套期

对于被套期项目为风险净敞口的公允价值套期，企业在套期关系存续期间，应当针对被套期项目组合中各组成项目，分别确认公允价值变动，将其计入当期损益并调整被套期项目的账面价值。

被套期项目为风险净敞口的，企业应当在被套期项目影响损益时，将被套期项目累计公允价值变动转出并单独反映，而不影响被套期项目组合中各组成项目本身结转损益的项目（如销售收入或销售成本等）。该被套期项目中存在采购商品的确定承诺的，应当在确定承诺形成存货时，将被套期项目累计公允价值变动形成的资产或负债转出并计入存货初始成本。由此形成的存货在结转损益时，应当将存货账面价值中包含的累计公允价值变动转出并单独反映，而不影响存货结转的销售成本。

企业不得将风险净敞口指定为现金流量套期的被套期项目。

五、科目设置

企业按本规定对商品期货套期业务进行处理，应当视情况设置以下会计科目：

（一）“套期工具”科目（共同类科目）

本科目核算套期工具形成的资产或负债。本科目应当按套期工具进行明细核算。

（二）“套期损益”科目

本科目核算公允价值套期下套期工具和被套期项目公允价值变动形成的利得和损失。本科目应当按套期关系进行明细核算。

（三）“被套期项目”科目（共同类科目）

本科目核算公允价值套期下被套期项目及其在套期期间公允价值变动形成的资产或负债。本科目应当按被套期项目进行明细核算。

（四）“净敞口套期损益”科目

本科目核算净敞口套期下被套期项目累计公允价值变动转入当期损益的金额。本科目应当按被套期项目进行明细核算。

（五）在“其他综合收益”科目下设置“套期储备”明细科目

本明细科目核算现金流量套期下套期工具累计公允价值变动中的有效部分。本科目应当按被套期项目进行明细核算。

六、主要账务处理

（一）指定套期关系

企业将存货指定为被套期项目的，应当按存货账面价值，借记“被套期项目”科目，按已计提的存货跌价准备，借记“存货跌价准备”科目，按存货账面余额，贷记“原材料”、“库存商品”等科目。

企业将已持有的商品期货合约指定为套期工具的，应当将其账面价值从“衍生工具”科目转入“套期工具”科目。

（二）套期关系存续期间

1. 公允价值套期

资产负债表日，企业应当按套期工具产生的利得或损失，借记或贷记“套期工具”科目，贷记或借记“套期损益”科目。

资产负债表日，企业应当按被套期项目公允价值变动，借记或贷记“被套期项目”科目，贷记或借记

"套期损益"科目。

2. 现金流量套期

资产负债表日，企业应当按套期工具产生的利得或损失，借记或贷记"套期工具"科目，按套期工具累计产生的利得或损失与被套期项目累计预计现金流量现值的变动两者绝对值中较低者的金额（套期有效部分）与套期储备账面余额的差额，贷记或借记"其他综合收益——套期储备"科目，按其差额，贷记或借记"公允价值变动损益"科目。

（三）套期关系终止

预期交易预期不再发生时，企业应当将"其他综合收益——套期储备"科目中已确认的套期工具利得或损失转入"公允价值变动损益"等科目。

如果预期交易不再很可能发生但预期仍可能发生，企业应当保留"其他综合收益——套期储备"科目中已确认的套期工具利得或损失，直至未来预期交易发生。当未来预期交易发生时，按本规定六（四）处理。

套期关系终止后原被套期的采购商品的确定承诺存续的，企业应当保留"被套期项目"科目中累计公允价值变动额，直至企业在确认相关存货时，将"被套期项目"科目中累计公允价值变动额转入"原材料"等科目。

套期关系终止后原被套期的销售商品的确定承诺存续的，企业应当保留"被套期项目"科目中累计公允价值变动额，直至企业在相关销售实现时，将"被套期项目"科目中累计公允价值变动额转入"主营业务收入"等科目。

原套期工具平仓或到期交割的，企业应当按结算金额，借记或贷记"其他应收款"等科目，贷记或借记"套期工具"科目。

套期关系终止后原套期工具存续的，企业应当将其账面价值从"套期工具"科目转入"衍生工具"科目。

套期关系终止后原被套期的存货存续的，企业应当按被套期存货的账面价值，借记"原材料"、"库存商品"等科目，按套期期间累计存货跌价准备，借记"存货跌价准备"科目，按被套期存货的账面余额，贷记"被套期项目"科目。

（四）后续处理

1. 公允价值套期

被套期项目为存货的，企业应当在该存货实现销售时，将"被套期项目"科目相关账面价值转入"主营业务成本"等科目。

被套期项目为采购商品的确定承诺的，企业应当在确认相关存货时，将"被套期项目"科目中累计公允价值变动额转入"原材料"等科目。

被套期项目为销售商品的确定承诺的，企业应当在该销售实现时，将"被套期项目"科目中累计公允价值变动额转入"主营业务收入"等科目。

被套期项目为风险净敞口的，当被套期项目形成的存货以及作为被套期项目的存货或销售商品的确定承诺结转损益时，企业应当将"被套期项目"科目以及被套期项目形成的"原材料"等科目中累计公允价值变动额转入"净敞口套期损益"科目。

2. 现金流量套期

被套期项目为预期商品采购的，企业应当在确认相关存货时，将"其他综合收益——套期储备"科目中确认的套期工具利得或损失转入"原材料"等科目。

被套期项目为预期商品销售的，企业应当在该销售实现时，将"其他综合收益——套期储备"科目中确认的套期工具利得或损失转入"主营业务收入"等科目。

在预期交易成为确定承诺并被指定为公允价值套期被套期项目时，企业应当将"其他综合收益——套期储备"科目中确认的套期工具利得或损失转入"被套期项目"科目。

七、列示

（一）资产负债表

企业应当将“套期工具”科目所属明细科目期末借方余额合计数在“以公允价值计量且其变动计入当期损益的金融资产”中列示，贷方余额合计数在“以公允价值计量且其变动计入当期损益的金融负债”中列示；企业在资产负债表中设有“衍生金融资产”和“衍生金融负债”项目的，则应当分别在该两项目中列示。

企业应当将“被套期项目”科目中归属于存货的余额减去相关“存货跌价准备”科目余额后的金额在“存货”项目中列示；将归属于确定承诺的“被套期项目”科目所属明细科目期末借方余额合计数在“其他流动资产”或“其他非流动资产”项目中列示，贷方余额合计数在“其他流动负债”或“其他非流动负债”项目中列示。

（二）利润表

企业应当将“套期损益”科目当期发生额在“公允价值变动损益”项目中列示。

企业应当将“其他综合收益——套期储备”科目当期发生额在“以后将重分类进损益的其他综合收益”项目所属的“现金流量套期损益的有效部分”项目中列示。

对构成风险净敞口的一组项目进行套期的，企业应当在利润表中“公允价值变动损益”项目和“投资收益”项目之间增设“净敞口套期损益”项目，以单独反映构成风险净敞口的被套期项目在影响损益时结转的累计公允价值变动额。该项目应当根据“净敞口套期损益”科目当期发生额填列。

八、披露

（一）企业应当披露与商品期货套期业务有关的下列信息：

1. 企业对风险来源、性质的分析。

2. 企业的套期策略以及对风险敞口管理的程度。

3. 企业的风险管理目标及相关分析，包括企业如何确定被套期项目、如何选择套期工具、对被套期项目和套期工具经济关系的分析、如何确定套期比率、对套期无效部分来源的分析等。

当对某一风险成分进行套期时，企业还须披露其确定该风险成分的方法，并说明该风险成分是否为合同明确的；如果不是，应当披露企业确定该非合同明确的风险成分可单独识别并能可靠计量的方法。

4. 企业对运用本规定进行套期会计处理的预期效果的定性分析，包括对本期及未来期间财务状况和经营成果的影响。

（二）企业应当遵照附表1，按被套期项目披露公允价值套期对企业当期损益影响的定量信息。

（三）企业应当遵照附表2，按被套期项目披露现金流量套期对企业当期损益和其他综合收益影响的定量信息。

（四）预期交易预期不再发生的，企业应当披露相关信息。

九、实施与衔接

本规定自2016年1月1日起施行。企业应当采用未来适用法应用本规定。

对于本规定施行之日已经存在的商品期货套期业务且已经按照《企业会计准则第24号——套期保值》进行会计处理的，如在该日按本规定评估并进行适当的再平衡调整（如需）后符合本规定有关套期会计的应用条件，则可视为持续存在的套期关系，自该日起按照本规定进行会计处理；任何再平衡产生的损益，应当计入当期损益，并相应更新相关的套期文件。

附表1：公允价值套期对当期损益的影响

附表2：现金流量套期对当期损益和其他综合收益的影响

附表 1：

公允价值套期对当期损益的影响

被套期项目名称	套期工具品种	本期套期工具利得或损失①	本期被套期项目公允价值变动②	本期套期无效部分（计入当期损益）③ = ① + ②	套期工具累计利得或损失④	被套期项目累计公允价值变动⑤	累计套期无效部分（计入当期损益）⑥ = ④ + ⑤
合计							

注：上表中填列金额如为损失，以负数表示。

附表 2：

现金流量套期对当期损益和其他综合收益的影响

被套期项目名称	套期工具品种	套期工具累计利得或损失①	累计套期有效部分（套期储备）②	套期无效部分			本期转出的套期储备④		累计转出的套期储备⑤	套期储备余额⑥ = ② − ⑤
				本期末累计金额③ = ① − ②	上期末累计金额	本期发生额	转至当期损益	转至资产或负债		
合计										

注：1. 对于前期套期储备已全部转出的套期关系，不需填列本表；对于前期已终止但套期储备尚未全部转出的套期关系，不需填列本表①和“套期无效部分”栏。
2. 上表中填列金额如为损失，以负数表示。

财政部关于印发《企业产品成本核算制度——钢铁行业》的通知

2015 年 11 月 12 日　财会〔2015〕20 号

国务院有关部委，有关中央管理企业，各省、自治区、直辖市、计划单列市财政厅（局），新疆生产建设兵团财务局，财政部驻各省、自治区、直辖市、计划单列市财政监察专员办事处：

为了规范钢铁企业产品成本核算，促进钢铁企业加强成本管理，提高经济效益，根据《中华人民共和国会计法》、企业会计准则、《企业产品成本核算制度（试行）》等有关规定，我部制定了《企业产品成本核算制度——钢铁行业》，现予印发，自 2016 年 1 月 1 日起在大中型钢铁企业范围内施行，其他钢铁企业参照执行。

执行中有何问题，请及时反馈我部。

附件：企业产品成本核算制度——钢铁行业

附件：

企业产品成本核算制度——钢铁行业

目　录

第一章　总　则

一、为了规范钢铁行业产品成本核算，促进钢铁企业加强成本管理，提高经济效益，根据《中华人民共和国会计法》、企业会计准则和《企业产品成本核算制度（试行）》等有关规定，制定本制度。

二、本制度适用于大中型钢铁企业，其他钢铁企业参照本制度执行。

本制度所称的钢铁企业，是指主要从事钢铁冶炼和压延加工的企业，一般包括炼焦、烧结和球团、炼铁、炼钢、轧钢等生产工序，或至少包括炼铁、炼钢和轧钢之一的部分工序。

三、本制度所称的产品，是指钢铁企业生产经营活动中形成的成品钢材，以及其他可作为产品对外出售的半成品。

四、钢铁产品成本核算的基本步骤包括：

（一）合理确定成本核算对象。

（二）根据实际管理需要，设置成本中心。

（三）以成本中心为基础，归集成本费用。

（四）对成本中心成本费用进行分配和结转，计算产品成本。

具备条件的钢铁企业，可以采用基于工序的作业成本法进行核算。

五、钢铁企业根据产品生产特点，通常设置“生产成本”等会计科目，按照成本费用要素进行明细核算。

六、钢铁企业应当设置或指定专门机构负责产品成本核算的组织和管理，根据本制度规定，确定产品成本核算流程和方法。

第二章　产品成本核算对象

钢铁企业产品成本核算应当以生产工序为基础，以相应工序产出的产品为核算对象，通常包括炼焦工序产品、烧结球团工序产品、炼铁工序产品、炼钢工序产品和轧钢工序产品等。

一、炼焦工序产品，主要包括全焦、煤气等。

二、烧结球团工序产品，主要包括烧结矿和球团矿。

三、炼铁工序产品，主要包括炼钢生铁和铸造生铁。

四、炼钢工序产品，主要包括连铸钢坯和模铸钢锭。

五、轧钢工序产品，主要包括各种成品钢材。

六、辅助工序产品，主要包括自制耐火材料、冶金配件和备品备件，燃料和动力，内部运输、化验检验、检修劳务等。

第三章　产品成本核算项目和范围

一、产品成本项目

钢铁企业产品成本项目主要包括：

（一）原料及主要材料，是指为生产产品直接投入的构成产品实体的物料。

（二）辅助材料，是指为生产产品投入的不能构成产品实体，但有助于产品形成的物料。

（三）燃料和动力，是指生产过程中耗费、成本归属对象明确、一次性耗费受益的能源介质。

（四）直接人工，是指直接从事产品生产人员的各种形式的报酬及各项附加费用。

（五）制造费用，是指以成本中心为基础，为组织和管理生产所发生的各项间接费用。

二、产品成本费用要素

（一）原料及主要材料费，是指为生产产品投入的原料及主要材料的成本。原料及主要材料费主要包括投入的铁矿石、铁水、生铁块、废钢、铁合金、钢坯、钢锭、用于再加工的钢材、锌、锡、有机涂料等成本。

（二）辅助材料费，是指为生产产品投入的辅助材料的成本。辅助材料费主要包括投入的皮带、耐火材料、熔剂、电极、轧辊、酸碱类、油脂类、包装材料等成本。

（三）燃料和动力费，是指为生产产品耗用燃料和动力发生的费用。燃料和动力费主要包括耗用的煤炭、焦炭、助燃剂，以及风、水、电、气等费用。

（四）人工费，是指为生产产品向职工提供的各种形式的报酬及各项附加费用。人工费主要包括职工工资及各项津贴、福利费、工会经费、职工教育经费、社会保险费、住房公积金、商业人身险、其他劳动保险及劳务费等。

（五）折旧费，是指为生产产品使用的生产装置、厂房、附属机器设备等计提的折旧。

（六）运输费，是指为生产产品提供运输服务发生的费用。

（七）维护及修理费，是指为维持产品生产的正常运行，保证设施设备原有的生产能力，对设施设备进行维护、修理所发生的费用。维护及修理费主要包括材料费、修理工时费、备品备件费等。

（八）财产保险费，是指为组织产品生产管理，向社会保险机构或其他机构投保的各项财产所支付的保险费用。

（九）办公费，是指为组织产品生产管理，发生的文具费、邮电费、通讯费、印刷费等办公性费用。

（十）差旅费，是指为组织产品生产管理，职工因公出差所发生的住宿费、交通费、出差补助等。

（十一）会议费，是指为组织产品生产管理，召开或参加会议发生的费用。

（十二）外委业务费，是指在产品生产过程中，委托外部单位提供服务发生的费用。

（十三）低值易耗品摊销，是指为组织产品生产管理，耗用的不能作为固定资产的各种用具物品的摊销。

（十四）租赁费，是指为组织产品生产管理，租入的各种资产，按照合同或协议的约定支付给出租方的租赁费用。

（十五）机物料消耗，是指在产品生产过程中耗用的未作为原材料、辅助材料或低值易耗品管理使用的一般性材料支出。

（十六）劳动保护费，是指为生产产品为职工提供劳动保护、防护等发生的费用。

（十七）排污费，是指为生产产品负担的排污机构处理废气、废水、废渣等所发生的费用。

（十八）信息系统维护费，是指为组织产品生产管理，在计算机信息系统建设完成后所发生的运行维护费用。

不能列入以上各项成本费用要素的项目，列入其他费用。

第四章　产品成本归集、分配和结转

钢铁企业一般按照成本中心，分别成本项目，对产品成本进行归集、分配和结转。

一、成本中心的设置

钢铁企业通常按照生产工序设置成本中心，也可以按照车间（部门）等生产管理单元设置成本中心。

二、产品成本的归集

（一）原料及主要材料成本的归集。生产产品使用的原料及主要材料按照实际成本进行核算，采用加权平均等方法结转原料及主要材料成本。

（二）辅助材料成本的归集。生产产品使用的辅助材料按照实际成本进行核算，根据工序实际消耗量或预计可使用寿命计算其成本。

（三）燃料和动力成本的归集。生产产品使用的外购或自产燃料和动力按照实际成本进行核算，根据相关数据确认其消耗量并计算其成本。辅助生产部门提供的自产燃料和动力，在辅助部门之间按照交互分配等方法分配后，按照各燃料和动力产品的实际成本进行核算。

（四）直接人工成本的归集。直接从事产品生产人员的人工成本，直接计入基本（辅助）工序生产成本。

（五）制造费用的归集。为组织和管理产品生产而发生的各项间接费用，计入制造费用。

（六）回收物料、能源冲减成本。生产过程产生的高炉返矿、高炉水渣、转炉钢渣、锭坯切头切尾、轧制氧化铁屑、剪切边角料、报废锭坯材等回收物料，返焦粉、煤气、蒸汽、循环水、余热发电、压差发电等回收能源，应当按照其价值冲减相应成本核算对象的原材料成本、燃料和动力成本等，回收物料、能源的价值应当参照市场价格予以确定；如回收物料、能源无法明确归属至产品的，可按照成本核算对象的实际产量或根据有关技术经济资料分析确定的适当比例对回收物料、能源的价值进行分配后，冲减相应成本核算对象的成本项目。

三、产品成本的分配和结转

（一）制造费用的分配和结转。成本中心发生的制造费用按照费用要素归集后，月末全部分配转入成本核算对象的生产成本。钢铁企业应当根据实际情况，一般采用生产工人工时、机器工时、耗用原材料的数量或成本、产品产量等为基础对制造费用进行分配。制造费用分配方法一经确定，不得随意变更。

（二）辅助生产成本的分配和结转。辅助生产成本费用归集后，按照一定的分配标准将提供的劳务和产品分配到各受益对象。各辅助部门之间相互提供辅助产品或劳务的，按照交互分配等方法进行分配。互相提供劳务不多的，可以不进行交互分配，直接分配给辅助生产部门以外的受益单位。

（三）产成品成本的分配和结转。根据钢铁企业生产工序连续生产、顺序加工的特点，产品成本计算一般采用"逐步结转分步法"。

基本生产工序的产品成本，按照向下游工序的实际运送量和实际成本，分步结转为下游工序在产品、半成品和产品的原料及主要材料。辅助工序的产品和劳务，按照输入使用单位的实际数量和实际成本，结转为使用单位的燃料及动力等成本。基本工序生产成本费用归集后，根据产成品和半成品的产量，计算商品产品总成本和各产品品种单位成本。

钢铁企业按照标准成本、计划成本、模拟市场价等非实际成本结转产成品成本的，应当在每月末汇总实际成本与非实际成本的差异，按受益原则分配至各工序的相应成本项目。

炼焦工序和含有伴生（共生）金属的冶炼工序以联产品为对象进行成本核算。炼焦工序一般采用"系数法"在全焦、煤气和焦油等产品中进行成本分配；含有伴生（共生）金属的冶炼工序一般采用"系数法"在钢铁产品和伴生（共生）金属产品中进行成本分配。"系数法"计算方法如下：

1. 某产品成本积数 = 某产品成本系数 × 产品产量；

2. 某产品总成本 = 某产品成本积数 ÷ 全部产品成本积数之和 × 全部商品产品总成本；

3. 某产品单位成本 = 某产品总成本 ÷ 某产品产量。

联产品系数的确定，一般以产品生产工艺流程、产品结构、产品收率和市场价值为基础，采用经济比值法等确定。联产品系数的确定方法一经确定，不得随意改变。

期末，将产成品成本按照产品品种进行结转。

四、作业成本法下产品成本的归集、分配及结转

采用作业成本法的钢铁企业，应当按照下列规定进行成本核算。

（一）工序系统及作业划分。

钢铁企业工序系统及作业通常可以划分为：

1. 铁前系统。

铁前系统，是指包括炼铁及其上游各主要工序的生产系统，主要包括炼焦、烧结和球团、炼铁。

2. 钢后系统。

钢后系统，是指包括炼钢及其下游各工序的生产系统，主要包括炼钢、浇铸、热轧、冷轧、涂层、镀层、焊管工序等。

炼钢工序划分为粗炼、精炼等作业（如需要，也可将铁水预处理设为作业）；浇铸工序按照工艺划分为连铸或模铸作业；热轧工序划分为加热、热轧、精整、包装等作业；冷轧工序划分为酸洗、冷轧、热处理、涂镀、精整、包装等作业。

3. 辅助生产系统。

辅助生产系统，是指为生产主流程提供辅助产品和劳务的生产单位，主要包括电力、燃气、水、运输、修理等。根据管理需要，辅助生产系统可依据服务内容和性质设置相应的作业。

（二）作业成本的归集、分配及结转步骤。

1. 根据生产过程划分工序系统和作业。

2. 分析各作业设施、组织机构及业务类型与作业过程的关系，确定各作业过程对应的作业单元。

3. 将各作业单元发生的成本费用（不包括上游工序结转到本工序的原材料和辅助材料）归集到对应的作业过程，形成作业成本。

4. 将作业成本直接归集或按照受益原则分配到对应的成本中心。

5. 将各作业过程归集的生产成本在各产品间按照受益原则、采用当量系数法等进行分配。

6. 按照各产品消耗的原材料、辅助材料和分配的作业成本，计算各产品的单位生产成本，并据此结转产成品成本。

（三）辅助作业成本的分配和结转。

钢铁企业应当按照以下原则对辅助作业成本进行分配后计入相应的成本中心和作业过程：

1. 水、电部门发生的费用，形成水、电等辅助产品成本，按照各受益对象接受的用水、电量分别计入相应类型的成本中心和作业过程。

2. 运输部门、车管部门发生的费用，形成相应运输成本，按照各受益对象接受的运输工作量（台班、车次等）分别计入相应类型的成本中心和作业过程。

3. 维修部门、准备部门发生的费用，形成相应服务成本，按照各受益对象接受的服务量分别计入相应类型的成本中心和作业过程。

五、特殊项目成本的确认

（一）副产品成本。副产品，是指钢铁企业在同一生产过程中，使用同种原料，在生产主产品的同时附带生产出来的非主要产品。一般采用可变现净值、固定价格等方法确定成本，从主产品成本中扣除。

（二）停工损失。停工损失，是指钢铁企业在停工期间发生的各种费用支出。季节性停工、修理期间的正常停工费用在钢铁产品成本核算范围内，应当计入钢铁产品成本；非正常停工费用应当计入企业当期损益。

附：钢铁产品生产流程

附：

钢铁产品生产流程

钢铁产品生产过程一般分为长流程和短流程。长流程即高炉转炉流程，是以铁矿石为主要原料，通过人工造块、高炉炼铁、转炉炼钢以及轧钢等工序生产钢材的过程。短流程即电炉流程，是以废钢、生铁、直接还原铁等为原料，通过电炉炼钢、轧钢等工序生产钢材的过程。各工序的中间产品，一般用作下道工序的原料。但有的中间产品，如生铁、钢坯、热轧材等，也可作为成品出售。

一、原料取得和配料

钢铁企业购入铁矿石、焦煤、焦炭、铁合金、废钢等原料，一般经过装卸作业，存入原料库（场）。投入生产之前，有些原料需加工整理，例如，对成分不同的铁矿石进行混匀作业，有的废钢需要分拣、切碎作业等。

二、人工造块

粉状铁矿石不能直接入炉炼铁，须通过烧结或球团等工艺使之成块，以提高其在高炉中的透气性。

（一）烧结工艺，是指在矿粉中掺入煤粉、焦粉及石灰等，混匀后在烧结机上点火燃烧，使矿粉熔结成块，经破碎、筛分，制成烧结矿的生产过程。

（二）球团工艺，是指将矿粉掺入粘结剂造球，送入回转窑或竖窑焙烧，生产出球团矿的生产过程。

三、炼焦

焦炭是高炉炼铁的主要燃料和还原剂。长流程钢铁企业有的通过炼焦自产焦炭炼铁，有的通过外购焦炭炼铁。

炼焦，是指将主焦煤与其他配煤混合装入焦炉，在隔绝空气条件下高温干馏，通过热分解、结焦，产出焦炭、焦炉煤气和粗焦油等的生产过程。焦炉煤气可用作钢铁生产工艺所需能源及发电。焦炉煤气和粗焦油可进一步深加工为其他化工产品。

四、炼铁

炼铁，是指在高温状态下煤炭中的一氧化碳从铁矿石中夺取氧，将铁矿石还原为生铁的生产过程。炼铁主要有高炉法和非高炉法（包括直接还原、熔融还原）两类。

五、炼钢和浇铸

炼钢和浇铸通常设在同一生产区域，其中炼钢是将铁水、废钢等含铁原料和合金元素转化为合格钢水，浇铸则将钢水凝结为固体。炼钢主要有转炉炼钢和电炉炼钢两种工艺；浇铸方式主要为连铸，少量为模铸。

（一）转炉炼钢，是指将铁水、废钢等含铁原料及石灰石等辅助材料装入转炉，通过吹氧等作业去除铁水中多余的碳和其他杂质，加入不同铁合金，生产出不同化学成分的合格钢水的生产过程。

（二）电炉炼钢，是指以电力产生热能熔化废钢等含铁原料，用吹氧去除杂质，加入铁合金，生产出合格钢水的生产过程。有铁水供给条件的电炉炼钢厂，通常加入一定比例的铁水，以降低电力消耗。

（三）钢水精炼，是指对钢水纯净度和化学成分要求较高的钢种，通常需要采用精炼设备，对钢水进行脱气、去除有害杂质和调节化学成分及温度的生产过程。

（四）连铸，是指将合格钢水连续注入连铸机结晶器，使钢水逐渐凝结固化，输出连铸钢坯的生产过程。依截面不同，连铸坯分为板坯、方坯、矩形坯、圆坯等类型，分别用于轧制不同品种的钢材。

（五）模铸，是指将钢水浇入事先制备的铸模，使之凝固成为钢锭的非连续浇铸的生产过程。模铸钢锭一般需经开坯作业，才能用于轧制钢材。

六、热轧

热轧，是指将钢坯经加热炉加热到适当温度，利用轧机上轧辊的压延作用，将钢坯轧制成各种形状钢材的生产过程。

七、冷轧及延伸加工

冷轧及延伸加工，是指将热轧钢材在常温状态下进一步加工，以达到用户所需的状态和性能的生产过程，主要包括冷轧、压制花纹、涂镀层、剪切、焊管、冷弯、拉拔、抛光等。

财政部关于印发《企业会计准则解释第 7 号》的通知

2015 年 11 月 4 日　财会〔2015〕19 号

国务院有关部委、有关直属机构，各省、自治区、直辖市、计划单列市财政厅（局），新疆生产建设兵团财务局，有关中央管理企业：

为了深入贯彻实施企业会计准则，解决执行中出现的问题，同时，实现企业会计准则持续趋同和等效，我部制定了《企业会计准则解释第 7 号》，现予印发，请遵照执行。

附件：

企业会计准则解释第 7 号

一、投资方因其他投资方对其子公司增资而导致本投资方持股比例下降，从而丧失控制权但能实施共同控制或施加重大影响的，投资方应如何进行会计处理？

答：该问题主要涉及《企业会计准则第 2 号——长期股权投资》、《企业会计准则第 33 号——合并财务报表》等准则。

投资方应当区分个别财务报表和合并财务报表进行相关会计处理：

（一）在个别财务报表中，应当对该项长期股权投资从成本法转为权益法核算。首先，按照新的持股比例确认本投资方应享有的原子公司因增资扩股而增加净资产的份额，与应结转持股比例下降部分所对应的长期股权投资原账面价值之间的差额计入当期损益；然后，按照新的持股比例视同自取得投资时即采用权益法核算进行调整。

（二）在合并财务报表中，应当按照《企业会计准则第 33 号——合并财务报表》的有关规定进行会计处理。

二、重新计量设定受益计划净负债或者净资产所产生的变动应计入其他综合收益，后续会计期间应如何进行会计处理？

答：该问题主要涉及《企业会计准则第 9 号——职工薪酬》等准则。

重新计量设定受益计划净负债或者净资产的变动计入其他综合收益，在后续会计期间不允许转回至损益，在原设定受益计划终止时应当在权益范围内将原计入其他综合收益的部分全部结转至未分配利润。计划终止，指该计划已不存在，即本企业已解除该计划所产生的所有未来义务。

三、子公司发行优先股等其他权益工具的，应如何计算母公司合并利润表中的“归属于母公司股东的净利润”？

答：该问题主要涉及《企业会计准则第 33 号——合并财务报表》等准则。

子公司发行累积优先股等其他权益工具的，无论当期是否宣告发放其股利，在计算列报母公司合并利润表中的“归属于母公司股东的净利润”时，应扣除当期归属于除母公司之外的其他权益工具持有者的可累积分配股利，扣除金额应在“少数股东损益”项目中列示。

子公司发行不可累积优先股等其他权益工具的，在计算列报母公司合并利润表中的“归属于母公司股东的净利润”时，应扣除当期宣告发放的归属于除母公司之外的其他权益工具持有者的不可累积分配股利，扣除金额应在“少数股东损益”项目中列示。

本解释发布前企业的合并财务报表未按照上述规定列报的，应当对可比期间的数据进行相应调整。

四、母公司直接控股的全资子公司改为分公司的，该母公司应如何进行会计处理？

答：母公司直接控股的全资子公司改为分公司的（不包括反向购买形成的子公司改为分公司的情况），应按以下规定进行会计处理：

（一）原母公司（即子公司改为分公司后的总公司）应当对原子公司（即子公司改为分公司后的分公司）的相关资产、负债，按照原母公司自购买日所取得的该原子公司各项资产、负债的公允价值（如为同一控制下企业合并取得的原子公司则为合并日账面价值）以及购买日（或合并日）计算的递延所得税负债或递延所得税资产持续计算至改为分公司日的各项资产、负债的账面价值确认。在此基础上，抵销原母公司与原子公司内部交易形成的未实现损益，并调整相关资产、负债，以及相应的递延所得税负债或递延所得税资产。此外，某些特殊项目按如下原则处理：

1. 原为非同一控制下企业合并取得的子公司改为分公司的，原母公司购买原子公司时产生的合并成本小于合并中取得的可辨认净资产公允价值份额的差额，应计入留存收益；原母公司购买原子公司时产生的合并成本大于合并中取得的可辨认净资产公允价值份额的差额，应按照原母公司合并该原子公司的合并财务报表中商誉的账面价值转入原母公司的商誉。原为同一控制下企业合并取得的子公司改为分公司的，原母公司在合并财务报表中确认的最终控制方收购原子公司时形成的商誉，按其在合并财务报表中的账面价值转入原母公司的商誉。

2. 原子公司提取但尚未使用的安全生产费或一般风险准备，分别情况处理：原为非同一控制下企业合并取得的子公司改为分公司的，按照购买日起开始持续计算至改为分公司日的原子公司安全生产费或一般风险准备的账面价值，转入原母公司的专项储备或一般风险准备；原为同一控制下企业合并取得的子公司改为分公司的，按照合并日原子公司安全生产费或一般风险准备账面价值持续计算至改为分公司日的账面价值，转入原母公司的专项储备或一般风险准备。

3. 原为非同一控制下企业合并取得的子公司改为分公司的，应将购买日至改为分公司日原子公司实现的净损益，转入原母公司留存收益；原为同一控制下企业合并取得的子公司改为分公司的，应将合并日至改为分公司日原子公司实现的净损益，转入原母公司留存收益。这里，将原子公司实现的净损益转入原母公司留存收益时，应当按购买日（或合并日）所取得的原子公司各项资产、负债公允价值（或账面价值）为基础计算，并且抵销原母子公司内部交易形成的未实现损益。

原子公司实现的其他综合收益和权益法下核算的其他所有者权益变动等，应参照上述原则计算调整，并相应转入原母公司权益项下其他综合收益和资本公积等项目。

4. 原母公司对该原子公司长期股权投资的账面价值与按上述原则将原子公司的各项资产、负债等转入原母公司后形成的差额，应调整资本公积；资本公积不足冲减的，调整留存收益。

（二）除上述情况外，原子公司改为分公司过程中，由于其他原因产生的各项资产、负债的入账价值与其计税基础不同所产生的暂时性差异，按照《企业会计准则第 18 号——所得税》的有关规定进行会计处理。

（三）其他方式取得的子公司改为分公司的，应比照上述（一）和（二）原则进行会计处理。

五、对于授予限制性股票的股权激励计划，企业应如何进行会计处理？等待期内企业应如何考虑限制性股票对每股收益计算的影响？

答：该问题主要涉及《企业会计准则第 11 号——股份支付》、《企业会计准则第 22 号——金融工具确认和计量》、《企业会计准则第 34 号——每股收益》和《企业会计准则第 37 号——金融工具列报》等准则。

（一）授予限制性股票的会计处理

上市公司实施限制性股票的股权激励安排中，常见做法是上市公司以非公开发行的方式向激励对象授予一定数量的公司股票，并规定锁定期和解锁期，在锁定期和解锁期内，不得上市流通及转让。达到解锁条件，可以解锁；如果全部或部分股票未被解锁而失效或作废，通常由上市公司按照事先约定的价格立即进行回购。

对于此类授予限制性股票的股权激励计划，向职工发行的限制性股票按有关规定履行了注册登记等增资手续的，上市公司应当根据收到职工缴纳的认股款确认股本和资本公积（股本溢价），按照职工缴纳的认股款，借记“银行存款”等科目，按照股本金额，贷记“股本”科目，按照其差额，贷记“资本公积——股本溢价”科目；同时，就回购义务确认负债（作收购库存股处理），按照发行限制性股票的数量以及相应的回购价格计算确定的金额，借记“库存股”科目，贷记“其他应付款——限制性股票回购义务”（包括未满足条件而须立即回购的部分）等科目。

上市公司应当综合考虑限制性股票锁定期和解锁期等相关条款，按照《企业会计准则第 11 号——股份支付》相关规定判断等待期，进行与股份支付相关的会计处理。对于因回购产生的义务确认的负债，应当按照《企业会计准则第 22 号——金融工具确认和计量》相关规定进行会计处理。上市公司未达到限制性股票解锁条件而需回购的股票，按照应支付的金额，借记“其他应付款——限制性股票回购义务”等科目，贷记“银行存款”等科目；同时，按照注销的限制性股票数量相对应的股本金额，借记“股本”科目，按照注销的限制性股票数量相对应的库存股的账面价值，贷记“库存股”科目，按其差额，借记“资本公积——股本溢价”科目。上市公司达到限制性股票解锁条件而无需回购的股票，按照解锁股票相对应的负债的账面价值，借记“其他应付款——限制性股票回购义务”等科目，按照解锁股票相对应的库存股的账面价值，贷记“库存股”科目，如有差额，则借记或贷记“资本公积——股本溢价”科目。

（二）等待期内发放现金股利的会计处理和基本每股收益的计算

上市公司在等待期内发放现金股利的会计处理及基本每股收益的计算，应视其发放的现金股利是否可撤销采取不同的方法：

1. 现金股利可撤销，即一旦未达到解锁条件，被回购限制性股票的持有者将无法获得（或需要退回）其在等待期内应收（或已收）的现金股利。

等待期内，上市公司在核算应分配给限制性股票持有者的现金股利时，应合理估计未来解锁条件的满足情况，该估计与进行股份支付会计处理时在等待期内每个资产负债表日对可行权权益工具数量进行的估计应当保持一致。对于预计未来可解锁限制性股票持有者，上市公司应分配给限制性股票持有者的现金股利应当作为利润分配进行会计处理，借记“利润分配——应付现金股利或利润”科目，贷记“应付股利——限制性股票股利”科目；同时，按分配的现金股利金额，借记“其他应付款——限制性股票回购义务”等科目，贷记“库存股”科目；实际支付时，借记“应付股利——限制性股票股利”科目，贷记“银行存款”等科目。对于预计未来不可解锁限制性股票持有者，上市公司应分配给限制性股票持有者的现金股利应当冲减相关的负债，借记“其他应付款——限制性股票回购义务”等科目，贷记“应付股利——限制性股票股利”科目；实际支付时，借记“应付股利——限制性股票股利”科目，贷记“银行存款”等科目。后续信息表明不可解锁限制性股票的数量与以前估计不同的，应当作为会计估计变更处理，直到解锁日预计不可解锁限制性股票的数量与实际未解锁限制性股票的数量一致。

等待期内计算基本每股收益时，分子应扣除当期分配给预计未来可解锁限制性股票持有者的现金股利；分母不应包含限制性股票的股数。

2. 现金股利不可撤销，即不论是否达到解锁条件，限制性股票持有者仍有权获得（或不得被要求退回）其在等待期内应收（或已收）的现金股利。

等待期内，上市公司在核算应分配给限制性股票持有者的现金股利时，应合理估计未来解锁条件的满足情况，该估计与进行股份支付会计处理时在等待期内每个资产负债表日对可行权权益工具数量进行的估计应当保持一致。对于预计未来可解锁限制性股票持有者，上市公司应分配给限制性股票持有者的现金股利应当作为利润分配进行会计处理，借记“利润分配——应付现金股利或利润”科目，贷记“应付股利——限制性股票股利”科目；实际支付时，借记“应付股利——限制性股票股利”科目，贷记“银行存款”等科目。对于预计未来不可解锁限制性股票持有者，上市公司应分配给限制性股票持有者的现金股利应当计入当期成本费用，借记“管理费用”等科目，贷记“应付股利——应付限制性股票股利”科目；实际支付时，借记“应付股利——限制性股票股利”科目，贷记“银行存款”等科目。后续信息表明不可解锁限制性股票的数量与以前估计不同的，应当作为会计估计变更处理，直到解锁日预计不可解锁限制性股票的数量与实际未解锁限制性股票的数量一致。

等待期内计算基本每股收益时，应当将预计未来可解锁限制性股票作为同普通股一起参加剩余利润分配的其他权益工具处理，分子应扣除归属于预计未来可解锁限制性股票的净利润；分母不应包含限制性股票的股数。

（三）等待期内稀释每股收益的计算

等待期内计算稀释每股收益时，应视解锁条件不同采取不同的方法：

1. 解锁条件仅为服务期限条件的，企业应假设资产负债表日尚未解锁的限制性股票已于当期期初（或晚于期初的授予日）全部解锁，并参照《企业会计准则第 34 号——每股收益》中股份期权的有关规定考虑限制性股票的稀释性。其中，行权价格为限制性股票的发行价格加上资产负债表日尚未取得的职工服务按

《企业会计准则第 11 号——股份支付》有关规定计算确定的公允价值。锁定期内计算稀释每股收益时，分子应加回计算基本每股收益分子时已扣除的当期分配给预计未来可解锁限制性股票持有者的现金股利或归属于预计未来可解锁限制性股票的净利润。

2. 解锁条件包含业绩条件的，企业应假设资产负债表日即为解锁日并据以判断资产负债表日的实际业绩情况是否满足解锁要求的业绩条件。若满足业绩条件的，应当参照上述解锁条件仅为服务期限条件的有关规定计算稀释性每股收益；若不满足业绩条件的，计算稀释性每股收益时不必考虑此限制性股票的影响。

本解释发布前限制性股票未按照上述规定处理的，应当追溯调整，并重新计算各列报期间的每股收益，追溯调整不切实可行的除外。

六、本解释中除特别注明外，其他问题的会计处理规定适用于 2015 年度及以后期间的财务报告。

财政部关于公布若干废止和失效的会计准则制度类规范性文件目录的通知

2015 年 2 月 16 日　财会〔2015〕3 号

各省、自治区、直辖市、计划单列市财政厅（局），新疆生产建设兵团财务局，财政部驻各省、自治区、直辖市、计划单列市财政监察专员办事处：

根据已发布的企业会计准则和小企业会计准则，财政部对从“两则”“两制”（1992 年）至企业会计准则颁布实施之间相关准则制度类会计规范性文件进行了清理。现将全文废止或失效的相关文件明确如下：

1. 财政部关于印发《中华人民共和国外商投资企业会计制度》的通知（财会字〔1992〕33 号）
2. 财政部关于印发《工业企业会计制度》的通知（财会字〔1992〕67 号）
3. 财政部关于印发《旅游、饮食服务企业会计制度》的通知（财会字〔1992〕68 号）
4. 财政部关于印发《商品流通企业会计制度》的通知（财会字〔1992〕69 号）
5. 财政部关于印发《施工企业会计制度》的通知（财会字〔1992〕70 号）
6. 财政部关于印发《房地产开发企业会计制度》的通知（财会字〔1993〕2 号）
7. 财政部关于印发《对外经济合作企业会计制度》的通知（财会字〔1993〕3 号）
8. 财政部关于科技企业执行新的行业会计制度有关问题的通知（财会字〔1993〕22 号）
9. 财政部关于印发《工业企业会计制度若干问题的补充规定》的通知（财会字〔1993〕29 号）
10. 财政部关于印发《商品流通企业有关会计处理补充规定》的通知（财会字〔1993〕35 号）
11. 财政部关于出口应税消费品有关消费税会计处理问题的复函（财会四字〔1994〕4 号）
12. 财政部关于外商投资企业以未分配利润转账增资适用汇率问题的复函（财会一字〔1994〕15 号）
13. 财政部关于消费税会计处理有关问题的复函（财会一字〔1994〕26 号）
14. 财政部关于印发《企业执行现行会计制度有关问题的解答》的通知（财会字〔1994〕31 号）
15. 财政部关于企业提取住房折旧会计处理的复函（财会二字〔1995〕6 号）
16. 财政部关于对外经济合作企业若干会计处理问题的通知（财会字〔1995〕8 号）
17. 财政部关于印发《企业缴纳残疾人就业保障金有关会计处理规定》的通知（财会字〔1995〕10 号）
18. 财政部关于印发《合并会计报表暂行规定》的通知（财会字〔1995〕11 号）
19. 财政部关于旅行社缴纳质量保证金有关会计处理的通知（财会字〔1995〕13 号）

20. 财政部关于民用航空企业代理售票手续费收入有关会计处理问题的复函（财会一字〔1995〕14 号）

21. 财政部关于优势国有企业兼并困难国有工业生产企业后有关银行贷款利息会计处理的通知（财会字〔1995〕19 号）

22. 财政部关于股份有限公司进行资产评估增值处理的复函（财会二字〔1995〕25 号）

23. 财政部关于编报进出口商品销售利润（亏损）表格式及编制说明的通知（财会字〔1995〕30 号）

24. 财政部关于中外合作经营企业归还投资有关会计处理的复函（财会一字〔1995〕36 号）

25. 财政部关于进出口企业向海关报送有关会计报表的补充通知（财会字〔1995〕72 号）

26. 财政部关于合并会计报表合并范围请示的复函（财会二字〔1996〕2 号）

27. 财政部关于印发《汽车运输企业内部单车承包租赁产权转让经营会计核算办法（试行）》的通知（财会字〔1996〕65 号）

28. 财政部关于印发《企业兼并有关会计处理问题暂行规定》的通知（财会字〔1997〕30 号）

29. 财政部关于对契税会计处理办法请示的复函（财会字〔1998〕36 号）

30. 财政部关于物业管理企业执行《房地产开发企业会计制度》有关问题的通知（财会字〔1999〕44 号）

31. 财政部关于《股份有限公司会计制度有关会计处理问题补充规定》问题解答（财会字〔1999〕49 号）

32. 财政部关于印发《企业会计准则——或有事项》的通知（财会字〔2000〕6 号）

33. 财政部关于印发《企业会计准则——无形资产》等 8 项准则的通知（财会〔2001〕7 号）

34. 财政部关于印发《企业会计准则——固定资产》、《企业会计准则——存货》的通知（财会〔2001〕57 号）

35. 财政部关于印发《企业会计准则——资产负债表日后事项》的通知（财会〔2003〕12 号）

36. 财政部关于印发《证券公司执行〈金融企业会计制度〉有关问题衔接规定》的通知（财会〔2003〕17 号）

37. 财政部关于印发《金融企业会计制度——证券公司会计科目和会计报表》的通知（财会〔2003〕32 号）

38. 财政部关于印发《小型工业企业执行〈小企业会计制度〉衔接规定》的通知（财会〔2004〕16 号）

39. 财政部关于印发《信托业务会计核算办法》的通知（财会〔2005〕1 号）

财政部关于印发《企业产品成本核算制度——石油石化行业》的通知

2014 年 12 月 24 日　财会〔2014〕32 号

国务院有关部委，各省、自治区、直辖市、计划单列市财政厅（局），新疆生产建设兵团财务局，财政部驻各省、自治区、直辖市、计划单列市财政监察专员办事处，有关中央管理企业：

为了规范石油石化企业产品成本核算，保证石油石化企业产品成本信息真实、完整，促进石油石化行业可持续发展，根据《中华人民共和国会计法》、企业会计准则、《企业产品成本核算制度（试行）》等有关规定，我部制定了《企业产品成本核算制度——石油石化行业》，现予印发，自 2015 年 1 月 1 日起在大中型石油石化企业范围内施行，其他石油石化企业参照执行。

执行中有何问题，请及时反馈我部。

附件：企业产品成本核算制度——石油石化行业

附件：

企业产品成本核算制度——石油石化行业

目　录

第一章　总　则

一、为了规范石油石化行业产品成本核算，保证石油石化企业产品成本信息真实、完整，提升企业之间成本信息的可比性，促进行业和企业可持续发展，根据《中华人民共和国会计法》、企业会计准则和《企业产品成本核算制度（试行）》等有关规定，制定本制度。

二、本制度适用于大中型石油石化企业，包括石油天然气生产企业和石油炼化生产企业。

其他石油石化企业参照本制度执行。

三、本制度所称的产品，是指石油石化企业在产品生产过程中形成的油气产品和炼化产品。

四、本制度所称的产品成本核算，包括油气产品成本核算和炼化产品成本核算。

五、油气产品成本一般采用作业成本法或按照重点成本类别进行核算。油气产品成本核算的基本步骤包括：

（一）确定油气产品为成本核算对象。

（二）根据实际管理需要，以行政组织架构、油藏经营管理单元或区块为基础设置成本中心。

（三）采用作业成本法核算的，根据油气产品生产过程划分作业类型，识别作业单元，并将各作业单元发生的成本费用要素归集到对应的作业过程，形成作业成本。

按照重点成本类别核算的，根据油气产品生产流程和费用性质划分重点成本类别，按照重点成本类别归集油气生产过程中发生的各项成本费用要素，形成按照重点类别归集的生产成本。

（四）采用作业成本法核算的，根据作业成本与成本核算对象（产品、区块，下同）之间的因果关系，将作业成本按受益原则直接计入或采用当量系数法分配计入成本核算对象。

按照重点成本类别核算的，根据重点类别归集的生产成本与成本核算对象的受益关系，将油气生产成本按照受益原则直接计入或采用当量系数法分配计入油气产品成本。

六、炼化产品成本核算的基本步骤包括：

（一）确定炼油产品或化工产品为成本核算对象，按照成本中心（车间或装置）归集基本生产成本、辅助生产成本。

（二）以产品产量、材料用量或固定资产原值等为基础，将制造费用合理地分摊计入基本生产成本和辅助生产成本。

（三）根据辅助生产部门提供劳务或动力的受益对象，将辅助生产成本采用交互分配等合理方法转入基本生产成本。

（四）将基本生产成本按照受益对象直接计入或采用系数法分配计入炼化产品成本。

七、石油石化行业产品成本核算会计科目设置和使用的基本原则包括：

（一）根据油气产品生产特点，通常设置“油气生产成本”等会计科目，按照成本费用要素进行明细核算。采用作业成本法归集和管理生产成本的，应分析成本动因，设置作业过程，反映油气产品生产成本。

（二）根据炼化产品生产特点，通常设置“基本生产成本”、“辅助生产成本”等会计科目，按照成本费用要素进行明细核算，反映炼化产品生产成本。

八、石油石化企业应当设置专门机构负责产品成本核算的组织和管理，制定统一的产品成本核算制度，确定产品成本核算流程和方法。

第二章　产品成本核算对象

第一节　油气产品成本核算对象

油气产品成本核算以油气产品为核算对象，通常包括原油、天然气、凝析油和液化气等油气产品。

一、原油，是指在采至地面后的正常压力和温度下，未经加工的、已脱气的呈液态或半固体状态的石油。

对于原油的产品成本核算，一般按照密度进行分类。原油按照密度可以划分为轻质原油、中质原油、重质原油（稠油）、超重原油（沥青）等；按照硫含量可以划分为微含硫原油、低硫原油、中含硫原油、高硫原油等；按照含蜡量可以划分为低蜡原油、含蜡原油、高蜡原油等。

二、天然气，是指以气态碳氢化合物为主的各种气体组成的混合物。天然气按其来源不同分为气层气、溶解气等常规天然气和煤层气、页岩气、致密气等非常规天然气。

三、其他主要油气产品，主要包括液化气和凝析油等。

液化气，主要成分是甲烷，含有少量的乙烷、丙烷、氮或天然气中常见的其他组分。

凝析油，是指在地层条件下的气态烃类物质，在采出到地面的过程中，随着温度和压力的降低，从气相中析出的由戊烷和以上重烃组分组成的液态混合物。

第二节　炼化产品成本核算对象

炼化产品成本核算以炼化产品为核算对象，通常包括石油燃料类产品、石油溶剂类产品、化工原料类产品等炼化产品。

一、石油燃料类产品，主要包括原油经常减压蒸馏在一定温度条件下切割，或二次加工调和取得的汽油、煤油、柴油、重油、液化石油气等产品。

二、石油溶剂类产品，主要包括以原油经蒸馏所得的直馏汽油馏分或以催化重整的抽余油为原料，经精制、分馏、切割出一定馏分取得的溶剂油、航空洗涤汽油等。

三、化工原料类产品，主要包括原油经初馏、常压蒸馏在一定温度条件下蒸出的轻馏分，或二次加工而得到的石脑油、轻烃、加氢尾油、直馏柴油等化工原料。

四、润滑油类产品，主要包括润滑油基础油以及加入适当添加剂调制的润滑油，按照其用途主要分为齿轮油、内燃机用油、气轮机用油、液压系统用油四大类。

五、石蜡类产品，主要包括半精炼石蜡、全精炼石蜡、粗石蜡、皂化蜡、食品用石蜡等。

六、石油焦类产品。

七、石油沥青类产品，主要包括以原油经蒸馏等不同工序生产的建筑石油沥青、道路石油沥青、重交道路石油沥青、电缆沥青、橡胶沥青、防腐沥青等。

八、有机化工原料类产品，主要包括以石脑油、加氢裂化尾油、炼厂轻烃、油田液化气、油田轻烃等为原料的乙烯、丙烯、混合碳四、裂解汽油、氢气等裂解产物，及其后续加工生产的甲烷、碳四、乙炔、丁二烯、丁烯、裂解汽油、苯、甲苯、二甲苯、甲基叔丁基醚、丙酮、丁醇、辛醇、苯乙烯等液体化工产品。

九、合成树脂类产品，主要包括以乙烯、丙烯等为原料，在引发剂或催化剂的作用下，发生聚合反应而生成的高压低密度聚乙烯、低压高密度聚乙烯、线性低密度聚乙烯、聚丙烯、聚苯乙烯等高分子聚合物产品。

十、合成纤维原料类产品，主要包括以丙烯、液氨为原料生产的丙烯腈及以苯二甲酸二甲酯、乙二醇、精对苯二甲酸为原料生产的聚酯切片等产品。

十一、合成纤维类产品，主要包括通过对聚酯、丙烯腈、丙烯等合成纤维原料进行深加工，生产相应的高分子聚合物，经纺丝等后加工而制得的纤维，合成纤维根据其化学组成可分为涤纶、腈纶、丙纶、锦纶、氨纶等。

十二、合成橡胶类产品，主要包括以丁二烯、苯乙烯、丙烯腈等为原料，在引发剂所提供的自由基和乳化剂的作用下发生聚合反应生成的丁苯橡胶、顺丁橡胶、丁腈橡胶、乙丙橡胶等产品。

十三、化肥类产品，主要包括以天然气、石脑油、重油、煤、硝酸、硫酸等为原料生产的液氨、尿素、硫酸铵、硝酸铵等产品。

十四、动力类产品，主要包括为保证炼油化工生产需要，由辅助生产装置生产供基本生产装置（部门）消耗或对外销售的新鲜水、循环水、脱盐水、除氧水、软化水、冷凝水、电、蒸汽、氮气、氧气、风等产品。

十五、辅助劳务类产品，主要包括为保证炼油化工生产需要，由辅助生产装置（部门）为基本生产和辅助生产装置提供或对外提供的排污、化验、仓储、运输等辅助劳务。

第三章　产品成本核算项目和范围

第一节　油气产品成本核算要素

油气产品成本主要包括操作成本和折旧折耗及摊销等。操作成本也称作业成本，包括油气生产过程中发生的材料、燃料、动力、人工等各项费用支出。

一般采用作业成本法或按照重点成本类别归集油气产品成本费用要素，油气产品成本费用要素一般按照成本费用性质分类，主要包括：

一、材料费，是指为生产油气产品消耗的井站日常用料、油管、抽油杆、抽油泵、机泵配件及管阀、仪器仪表及各类化学药剂等各种材料的成本。

二、燃料费，是指为生产油气产品耗用的原油、汽油、柴油、天然气、液化气等各种固体、液体、气体燃料。

三、水费，是指为生产油气产品耗用水发生的费用。

四、电费，是指为生产油气产品耗用电发生的费用。

五、人工费，是指为生产油气产品向职工提供的各种形式的报酬及各项附加费用。主要包括职工工资及各项津贴、福利费、工会经费、职工教育经费、社会保险费、住房公积金、商业人身险、其他劳动保险及劳务费等。

六、折旧折耗及摊销，是指根据有关企业会计准则的规定，予以资本化的矿区权益成本、油气勘探成本、油气开发成本和弃置义务成本等分摊至油气产品成本的折耗，及其他固定资产的折旧和长期资产的摊销。

七、运输费，是指为油气产品生产提供运输服务发生的费用。

八、维护及修理费，是指为了维持油气产品生产的正常运行，保证设施设备原有的生产能力，对设施设备进行维护、修理所发生的费用。主要包括井站设施维修、管网维修、设备维修、油气田道路养护、电力设施维护等。

九、外委业务费，是指在油气产品生产过程中，委托外部单位提供服务发生的费用。

十、财产保险费，是指为组织油气产品生产管理，承担的向社会保险机构或其他机构投保的各项财产所支付的保险费用等。

十一、办公费，是指为组织油气产品生产管理，发生的文具费、邮电费、通讯费、印刷费等办公性费用。

十二、差旅费，是指为组织油气产品生产管理，发生的职工因公外出交通费、住宿费、出差补助等费用。

十三、会议费，是指为组织油气产品生产管理，召开或参加会议发生的费用。

十四、低值易耗品摊销，是指为组织油气产品生产管理，耗用的不能作为固定资产的各种用具物品的摊销。

十五、图书资料费，是指为组织油气产品生产管理，购买技术图书、报刊杂志等资料所发生的费用。

十六、租赁费，是指为组织油气产品生产管理，租入的有形和无形资产，按照合同或协议的约定支付给出租方的租赁费用。

十七、取暖费，是指为组织油气产品生产管理，发生的取暖费用。

十八、物业管理费，是指为组织油气产品生产管理，支付的物业管理费用。已出售的住宅物业管理费，不得列支产品成本。

十九、技术服务费，是指在油气产品生产过程中，为取得外部单位技术服务发生的费用。

二十、机物料消耗，是指在油气产品生产过程中耗用的未作为原材料或低值易耗品管理使用的一般性材料支出。

二十一、试验检验费，是指在油气产品生产过程中，对材料、产品进行的分析、试验、化验、检验、容器检定等所发生的费用。

二十二、劳动保护费，是指在油气产品生产过程中，为职工提供的劳动保护、防护等发生的费用。

二十三、信息系统维护费，是指为组织油气产品生产管理，在计算机信息系统建设完成后所发生的运行维护费用。

不能列入以上各成本费用要素项目的，列入其他费用。

第二节　炼化产品成本核算项目和范围

炼化产品成本包括基本生产成本和辅助生产成本。其中，基本生产成本，是指直接将原料生产加工成炼化产品过程中发生的成本；辅助生产成本，是指为生产炼化产品提供动力产品和辅助劳务的生产装置（部门）发生的成本，也包括部分对外销售动力产品或提供劳务过程中发生的成本。基本生产成本和辅助生产成本下设置炼化产品成本项目，归集各成本费用要素。

一、炼化产品成本项目

炼化产品成本项目主要包括：

（一）原料及主要材料，是指经过加工构成炼化产品实体的各种原料及主要材料，主要包括原油、天然气、液化气、轻烃等。

（二）辅助材料，是指炼化产品生产过程中投入的有助于产品形成，但不构成产品实体的材料，主要包括各种催化剂、引发剂、助剂、化工添加剂、包装材料、生产过程中使用的净化材料等。

（三）燃料，是指炼化产品生产过程中直接耗用的各种固体、液体、气体燃料。主要包括天然气、干气、液化气、瓦斯、柴油、重油、煤等。

（四）动力，是指炼化产品生产耗用的各种水、电、汽、风、氮气等。

（五）直接人工，是指炼化产品生产企业直接从事产品（劳务）生产人员的各种形式的报酬及各项附加费用。主要包括职工工资及各项津贴、福利费、工会经费、职工教育经费、社会保险费、住房公积金、商业人身险、其他劳动保险及劳务费等。

（六）制造费用，是指生产炼化产品的基本生产车间（部门）和辅助生产车间（部门）为组织和管理生产所发生的各项间接费用。

二、炼化产品成本费用要素

炼化产品成本费用要素一般按照成本费用性质分类，主要包括：

（一）原料及主要材料费，指为生产炼化产品投入的原料及主要材料的成本。

（二）辅助材料费，指为生产炼化产品投入的辅助材料的成本。

（三）其他直接材料费，是指为生产炼化产品投入的不能列入上述（一）、（二）两个项目的其他直接材料的成本。

（四）燃料费，指为生产炼化产品耗用的燃料发生的费用。

（五）动力费，指为生产炼化产品直接耗用的各种水、电、汽、风、氮气等发生的费用。

（六）人工费，是指为生产炼化产品向职工提供的各种形式的报酬及各项附加费用。主要包括职工工资及各项津贴、福利费、工会经费、职工教育经费、社会保险费、住房公积金、商业人身险、其他劳动保险及劳务费等。

（七）折旧及摊销，是指对炼化产品生产过程中使用的生产装置、厂房、附属机器设备等计提的折旧，以及其他长期资产的摊销。

（八）运输费，是指为生产炼化产品提供运输服务发生的费用。

（九）水费，是指为生产炼化产品间接耗用水发生的费用。

（十）电费，是指为生产炼化产品间接耗用电发生的费用。

（十一）办公费，是指为组织炼化产品生产管理，发生的文具费、邮电费、通讯费、印刷费等办公性费用。

（十二）差旅费，是指为组织炼化产品生产管理，发生的职工因公外出住宿费、交通费、出差补助等费用。

（十三）会议费，是指为组织炼化产品生产管理，召开或参加会议发生的费用。

（十四）低值易耗品摊销，是指为组织炼化产品生产管理，耗用的不能作为固定资产的各种用具物品的摊销。

（十五）图书资料费，是指为组织炼化产品生产管理，购买技术图书、报刊杂志等资料所发生的费用。

（十六）租赁费，是指为组织炼化产品生产管理，租入的有形和无形资产，按照合同或协议的约定支付给出租方的租赁费用。

（十七）财产保险费，是指为组织炼化产品生产管理，承担的向社会保险机构或其他机构投保的各项财产所支付的保险费用等。

（十八）取暖费，是指为组织炼化产品生产管理，发生的取暖费用。

（十九）物业管理费，是指为组织炼化产品生产管理，支付的物业管理费用。已出售的住宅物业管理费，不得列支产品成本。

（二十）机物料消耗，是指在炼化产品生产过程中耗用的未作为原材料或低值易耗品管理使用的一般性材料支出。

（二十一）试验检验费，是指在炼化产品生产过程中，对材料、产品进行的分析、实验、化验、检验、压力容器检定等所发生的费用。

（二十二）劳动保护费，是指在炼化产品生产过程中，为职工提供的劳动保护、防护等发生的费用。

（二十三）排污费，是指为生产炼化产品负担的排污机构处理废气、废水、废渣等所发生的费用。

（二十四）合同能源管理费，是指为开展炼化产品合同能源管理发生的节能支出及其他有关费用。

（二十五）信息系统维护费，是指为组织炼化产品生产管理，在计算机信息系统建设完成后所发生的运行维护费用。

不能列入以上各成本费用要素项目的，列入其他费用。

第四章　产品成本归集、分配和结转

第一节　油气产品成本归集、分配和结转

油气产品生产企业一般按照成本中心并分成本要素，对油气产品成本进行归集，按照受益原则、采用当

量系数法对油气产品成本进行分配、结转。采用作业成本法进行管理、或采用重点成本类别进行核算的油气产品生产企业，可分别增加作业过程维度或重点成本类别，对油气产品成本进行归集、分配和结转。

一、油气产品生产企业成本中心设置

油气产品生产企业可以按照实际管理需要设置成本中心，主要包括以下三种方式：

（一）按照行政组织架构设置成本中心

根据行政组织机构设置成本中心，可以将一个行政单位作为独立的成本中心，如：将厂、矿分别设置为独立的成本中心；也可以将几个较小的组织机构合并为一个成本中心或成本中心组，如：将矿以下的井组、站点等合并为一个成本中心或成本中心组。

（二）按照矿区设置成本中心

以油藏经营管理单元作为一个成本中心或成本中心组进行设置。设置级别原则上应与本企业储量评估、产量统计时的划分单元相对应。

（三）按照区块设置成本中心

区块成本中心作为矿区成本中心的补充细化，可以按照以下原则设置：

1. 一个油（气）藏为一个区块。

2. 若干相邻且地质构造或地层条件相同或相近的油（气）藏为一个区块。

3. 一个独立集输计量系统为一个区块。

4. 一个大的油（气）藏上面分成几个独立集输系统并分别计量的，可以分为几个区块。

5. 采用重大、新型采油技术并工业化推广的区域为一个区块。

二、油气产品成本归集、分配和结转的一般流程

（一）收集各区块原油、天然气、凝析油、液化气等各种产品的生产量、自用量、商品量、销售量、库存量等有关资料。

（二）对各成本中心发生的成本费用进行审核，正确划分油气生产成本和期间费用。

（三）将应当计入产品成本的油气生产成本，区分为直接成本和间接成本，按照受益原则进行分配：

1. 能分清受益对象的，直接计入相应的成本中心；

2. 不能分清受益对象的，按照产量、开井口数或人数等适当的标准进行分配后，计入相应的成本中心。

（四）将各成本中心归集的油气生产成本在原油、天然气、凝析油、液化气等产品间按照受益原则进行分配：

1. 能分清受益产品的，直接计入相应的产品；

2. 不能分清受益产品的，按照当量系数法在各产品间进行分配。即将不同产品的商品量全部折合为油气当量，按照各产品油气当量占总油气当量的比例分配油气生产成本，计入相应的产品。

确定油气当量系数时，通常按照热值将天然气的产量折算为原油产量。原油的吨桶换算系数通常按照密度确定。

（五）根据各产品商品量计算各产品的单位生产成本，并据此将产成品成本结转至“库存商品”科目。

三、作业成本法下油气成本的归集、分配及结转

作业成本法下，油气产品生产企业在按成本中心核算基础上、按照生产活动中发生的各项作业归集和计算作业成本，并根据作业成本与成本核算对象（产品、区块）之间的因果关系，将作业成本追溯到成本核算对象，完成成本计算过程。

（一）作业成本法归集、分配及结转步骤

1. 根据油气生产过程划分作业类型。

2. 识别作业单元。分析各作业设施、组织机构及业务类型与作业过程的关系，确定各作业过程对应的作业单元。

3. 将各作业单元发生的成本费用归集到对应的作业过程。

4. 将作业过程的成本直接归集或按照受益原则分配到对应的成本中心。

5. 将各作业过程归集的油气生产成本在原油、天然气、凝析油、液化气等产品间按照受益原则、采用

当量系数法进行分配。

6. 根据各产品商品量计算各产品的单位生产成本，并据此将产成品成本结转至“库存商品”科目。

（二）作业过程分类及对应作业单元

油气产品生产企业作业过程通常划分如下：

1. 采出作业，是指直接生产单位通过各种生产方式将油气从井底提升到地面，并到达联合站（集气站）的过程，主要包括采油采气单位的采油队、采油井区、采油站、采油井、集气站、配气站、采气井等作业单元。作业成本包括发生的原材料及主要材料、燃料、电费、人工费用、折旧折耗、运输费等。

2. 驱油物注入作业，是指为提高采收率，对地层进行注水（气）或者注入其他物质的过程，主要包括采油采气单位的注水队、注水站、注气站及其他相同类别的作业单元。作业成本包括发生的原材料及主要材料、燃料、电费、人工费用、折旧折耗、运输费等。

3. 稠油热采作业，是指通过向地层注入蒸汽或其他热介质，以获取稠油、高凝油的生产过程中的造汽、注汽和保温过程，主要包括采油单位的热注大队及其他相同类别的作业单元。作业成本包括发生的原材料及主要材料、燃料、电费、人工费用、折旧折耗、运输费等。

4. 油气处理作业，是指通过一定工艺流程使油、气、水分离，并对油气进行提纯净化的过程，主要包括采油单位油气产品集输大队、联合站等油气处理类作业单元。作业成本包括发生的原材料及主要材料、燃料、电费、人工费用、折旧折耗、运输费等。

5. 轻烃回收作业，是指通过冷却、稳定、压缩等工艺方法从原油或天然气中回收凝析油和液化气的过程，主要包括采油采气单位的轻烃回收装置类作业单元。作业成本包括发生的原材料及主要材料、燃料、电费、人工费用、折旧折耗、运输费等。

6. 井下作业，是指为维护油、气、水井正常生产，改造油气层、提高油气产量而对油、气、水井进行修井的过程，主要包括采油采气单位的井下作业等作业单元。作业成本包括发生的各项材料费（油管、抽油杆、电泵、电缆等)、化学药剂费、作业施工单位的劳务费等。

井下作业分为措施作业和维护作业。措施作业，是指以实现增产增注或取得新的地质成果为目的的修井过程；维护作业，是指以维持油气水井正常生产为目的的修井过程。

7. 测井试井作业，是指在油气产品生产过程中取得油气田地下油气水分布动态及井况资料的过程，主要包括采油采气单位测试大队、技术检测中心等作业单元。作业成本包括发生的原材料及主要材料、燃料、电费、人工费用、折旧费、运输费等。

8. 天然气净化作业，是指利用天然气处理装置净化天然气的过程，主要包括采气单位净化厂的机关、净化车间、水热车间、环保车间、电仪车间、化验室等作业单元。作业成本包括发生的材料、燃料、电费、人工费用、折旧费等。

9. 厂矿管理作业，是指厂、矿两级机关组织和管理厂（矿）油气生产的过程，主要包括采油采气单位厂级机关、工艺所、地质所、作业区级机关及巡护队、集输大队机关及附属机构等作业单元。作业成本包括发生的材料、燃料、电费、人工费用、折旧费、青苗赔偿费、运输费等。

10. 其他辅助作业，是指各辅助生产单位为生产及管理提供产品或劳务的过程，主要包括采油采气单位所属的水电、运输、维修、海工、海港管理和车管等作业单元。作业成本包括发生的材料、燃料、电费、人工费用、折旧费等。

（三）其他辅助作业成本的分配和结转

按照以下原则对其他辅助作业成本进行分配后计入相应的成本中心和作业过程：

1. 水、电部门发生的费用，按照各受益对象接受的用电（水）量分别计入相应类型的成本中心和作业过程。

2. 运输部门、车管部门发生的费用，按照各受益对象接受的运输工作量（台班、车次等）分别计入相应类型的成本中心和作业过程。

3. 维修部门、准备部门发生的费用，按照各受益对象接受的维修工作量分别计入相应类型的成本中心和作业过程。

4. 海工部门发生的费用，按照各受益对象接受的服务工作量分别计入相应类型的成本中心和作业过程。

5. 海港管理部门发生的费用，按照各受益对象接受的工作量分别计入相应类型的成本中心和作业过程。

四、重点成本类别核算方法下的归集、分配和结转

（一）按照重点成本类别归集

按照重点成本类别归集成本的，是指按照油气田作业费用中的主要组成部分划分费用类型，并归集相应成本。油气产品成本按照重点成本类别的归集步骤主要包括：

1. 根据企业成本管理要求，设置重点成本类别。

2. 将油气生产作业中发生的各项费用，按照重点成本类别分类归集。

（二）按照重点成本类别分配和结转

油气产品成本按照重点成本类别进行分配和结转的步骤主要包括：

1. 将按重点成本类别归集的生产成本直接归集或按照受益原则分配到对应的成本中心。

2. 将各成本中心归集的油气生产成本在原油、天然气、凝析油、液化气等产品间按照受益原则、采用当量系数法进行分配。

3. 根据各产品商品量计算各产品的单位生产成本，并据此将产成品成本结转至“库存商品”科目。

第二节　炼化产品成本归集、分配和结转

一般按照成本中心、成本项目，对炼化产品成本进行归集、分配和结转。

一、炼化产品成本中心

炼化产品生产企业通常以装置设置成本中心或成本中心组，也可按车间（部门）等生产管理单元设置成本中心或成本中心组。

二、炼化产品成本归集

（一）原料及主要材料成本的归集

炼化生产使用的原料及主要材料按照实际成本进行核算，采用加权平均等方法结转原料成本。根据计划统计部门提供的资料，确认原油及外购原（料）油的进厂量、加工量，采用加权平均等方法核算本期加工的各类原（料）油成本。

（二）辅助材料成本的归集

炼化生产使用的辅助材料按照实际成本核算，按照装置实际消耗量计算辅助材料成本。

对于一次填加，使用期限超过一年的催化剂等材料，按照使用周期逐月平均摊销或按照实际消耗计入辅助材料成本。对于一次装填，使用期限在一年以内的催化剂等材料，按照使用期限分月平均摊销或按照实际消耗计入辅助材料成本。对于金额较小或没有明确使用周期的，直接计入辅助材料成本。

（三）燃料成本的归集

炼化生产使用的外购燃料按照实际成本进行核算，本装置自产自用的燃料按照固定价格或其他合理方式进行核算，其他装置耗用的自用燃料按照实际成本核算，采用加权平均等方法进行结转。

（四）动力成本的归集

炼化生产耗用的水、电、蒸汽、氮气、风等动力，根据统计部门提供的数据，确认消耗量，按照外购或自产动力的实际成本核算。辅助生产部门提供的自产动力，在辅助部门之间交互分配后，按照各动力产品的实际成本进行核算。动力产品，是指炼化产品生产企业辅助生产装置生产、加工（包括转供）的各种水、电、蒸汽、氮气、风等产品。

基本生产装置产生的动力，作为副产品核算，按照可变现净值、标准成本或固定价格从成本中扣除，但本装置产生的动力类副产品不得直接抵扣本装置的动力消耗。

（五）直接人工成本的归集

属于生产车间直接从事产品生产人员的人工成本，直接计入基本（辅助）生产成本。

（六）制造费用的归集

属于基本（辅助）生产部门为组织和管理生产而发生的各项间接费用，计入制造费用。

三、炼化产品成本分配和结转

（一）制造费用的分配和结转

基本（辅助）生产部门发生的制造费用归集后，月末全部分配转入基本（辅助）生产成本。制造费用按照产品产量、直接材料比例、固定资产原值比例等方法进行合理分配。通常与资产有关的制造费用按照固定资产原值比例分配，与人员有关的制造费用按照人工成本比例分配，分配方法一经确定，不能随意变更。

（二）辅助生产成本的分配和结转

辅助生产成本费用归集后，按照一定的分配标准将提供的劳务和产品分配到各受益对象。辅助劳务，是指炼化产品生产企业辅助生产装置（部门）为保证基本生产装置、辅助生产装置生产运行而提供的排污、化验、运输、仓储等劳务。

1. 辅助生产部门对内，即对辅助生产部门提供的劳务和产品，按照实际成本或标准成本进行分配。

2. 辅助生产部门对外，即对基本生产部门、生产管理部门和其他部门等提供的劳务和产品，按照辅助生产部门交互分配后的实际成本进行分配。

如果一个辅助生产部门只提供一种产品或劳务，对外分配率计算如下：

分配率 =（辅助生产部门归集的生产费用 + 本部门耗用的其他辅助部门提供的产品或劳务费用 − 其他辅助部门耗用本部门提供的产品或劳务费用）÷（本部门提供的产品或劳务总量 − 其他辅助部门耗用的产品或劳务数量）

如果一个辅助生产部门提供两种以上产品或劳务，先按照一定的方法，如按照各产品或劳务的系数进行分配，计算出每种产品或劳务的单位成本，然后再分配到受益对象。

（三）产成品的成本分配和结转

根据炼化生产装置连续生产、顺序加工的特点，产品成本计算一般采用“逐步结转分步法”，先计算上游装置产品成本，然后根据下游装置的消耗量按照实际成本逐步结转半成品、产成品成本。自制半成品按照实际成本或固定成本结转。炼油企业也可将整个炼厂做为一个整体，采用综合系数法核算产品成本。

产成品，是指炼化产品生产企业完成炼化生产过程、并已验收合格入库，可供出售的产品；在产品，是指炼化产品生产企业月末尚未完工或虽已完工但由于尚需检验等原因，不具备入库条件的产品；自制半成品，是指炼化产品生产企业在一个生产装置已经加工完毕，待转入下一生产装置继续加工或暂时入库的产品，包括可供出售的自制半成品。

基本生产成本费用归集后，根据计划统计部门提供的盘点资料，确认产成品和半成品的产量，计算商品产品总成本和各品种单位成本。

1. 本期商品产品总成本 = 原料及主要材料成本 + 制造加工费 + 期初半成品成本 − 期末半成品成本 −（自用燃料油、燃料气、生产装置自产蒸汽 + 供其他专业系统自用产品 + 来料加工费用等）

2. 确定各品种产品成本时，对于单一产品装置采用“品种法”，对联产品采用“系数法”。“系数法”计算方法如下：

（1）某产品成本积数 = 某产品成本系数 × 产品产量

（2）某产品总成本 = 某产品成本积数 ÷ 全部产品成本积数和 × 全部商品产品总成本

（3）某产品单位成本 = 某产品总成本 ÷ 某产品产量

联产品系数的确定，一般以产品生产工艺流程、产品结构、产品收率和市场价值为基础，采用经济比值法、产品总成本法、产品比重法等确定。联产品系数的确定方法一经确定，不得随意改变。

期末，将产成品成本分品种结转至“库存商品”科目。

四、特殊项目成本的确认

（一）副产品成本

副产品是伴随主要产品的生产而产生的，一般价值低、数量少。可采用可变现净值、固定价格等方法确定成本，从主产品成本中扣除。基本生产装置产出的燃料及动力，按照副产品核算。

（二）停工损失

停工损失，是指炼化产品生产企业的生产车间在停工期间发生的各种费用支出。

季节性停工、修理期间的正常停工费用在炼化产品成本核算范围内，应当计入炼化产品成本；非正常停工费用应当计入企业当期损益。

（三）厂际（装置）互供

炼化产品生产企业内部各分厂及装置间产品互供，同一板块（同一业务范围）内部互供的，产品互供按照实际成本结转；跨板块（不同业务范围）产品互供的，根据管理需要，可视同内部销售，销售方按照实际成本结转产品成本确认主营业务成本，按照内部结算价格确认主营业务收入，购买方比照外购原料进行核算。内部结算价格原则上应当以市场价格为基础确定。

附件：石油石化行业产品生产流程

附件：

石油石化行业产品生产流程

第一部分　油气产品生产流程

油气产品生产流程包括矿权取得、油气勘探、油气开发、油气生产和区块弃置的全过程。

一、矿权取得

为在一定矿权区域内进行勘探、开发工作，油气产品生产企业需要向国家矿产资源管理部门提交矿权申请，得到批复后取得矿权。

二、油气勘探

为识别勘探区域或探明油气储量，油气产品生产企业需要进行地质调查、地球物理勘探和钻探等油气勘探活动。

三、油气开发

为取得探明矿区中的油气，油气产品生产企业需要进行建造或更新井及相关设施等油气开发活动，油气开发主要包括开发前期评价、开发方案编制和产能建设三个阶段。

四、油气生产

为了取得原油、天然气等产品，油气产品生产企业需要进行将油气从油气藏提取到地表以及在矿区内收集、拉运、处理、现场储存和矿区管理等油气生产活动。油气生产主要包括采出系统、集输系统、注配系统和配套系统四个部分。

五、油气资产弃置

根据国家及油气田所在地有关环境法律法规要求或与利益相关方达成的协议，油气产品生产企业在矿区废弃时承担弃置义务。

第二部分　炼化产品生产流程

炼化产品生产流程包括炼油产品生产流程和化工产品生产流程。

一、炼油产品生产流程

炼油产品生产，是指将原油通过物理分离或化学转化的方法，生产出汽油、煤油、柴油、重油和润滑油等产品的过程。炼油产品生产主要包括一次加工、二次加工等过程。

（一）一次加工

一次加工主要包括原油预处理和常减压蒸馏过程。

原油预处理，是指将原油脱盐脱水的过程。

常减压蒸馏，是指利用预处理后的原油各组分沸点不同，通过蒸馏装置分离出一次加工产品的过程。一次加工产品主要包括石脑油、轻柴油、蜡油和渣油等。

（二）二次加工

二次加工主要包括催化裂化、催化重整、加氢裂化、延迟焦化、渣油加氢、润滑油和加氢精制等过程。

1. 催化裂化，是指在催化剂存在下进行裂化反应的过程。

2. 催化重整，是指在催化剂作用下对汽油分子结构进行重新排列获得芳烃组分的过程。

3. 加氢裂化，是指在高温高压下，临氢和催化剂条件下，使重质原料发生加氢、裂化和异构化反应，转化为轻质油的过程。

4. 延迟焦化，是指以渣油为原料，通过深度热裂化和缩合反应，将高残炭的渣油转化为轻质油，得到气体、汽油、柴油、轻蜡油和焦炭的过程。

5. 渣油加氢，是指重质渣油经过加氢处理后，脱除含硫、含氮化合物及金属杂质的过程。

6. 润滑油基础油生产，是指以减压塔二线、三线、四线馏分为原料，脱除渣油中的胶质和沥青质，并经过进一步精制形成润滑油基础油的过程。

二、化工产品生产流程

化工产品生产，是指利用石油中的烃类在高温下不稳定、易分解的特性，使烃类发生断链或聚合、脱氢或加氢、氧化或还原等系列反应，将碳、氢和其他元素分子重新组合生产产品的过程。化工产品生产主要包括原料处理、化学反应和产品精制等过程。

（一）原料处理，是指通过净化、提浓、混合、乳化或粉碎等方法进行预处理后，使原料符合进行化学反应所要求的状态和规格的过程。

（二）化学反应，是指经过预处理的原料，在一定的温度、压力等条件下进行反应，达到所要求的反应转化率和收率的过程。

（三）产品精制，是指将化学反应得到的产物进行分离精制，除去副产物或杂质，以获得符合要求的产品的过程。

财政部关于印发修订《企业会计准则第37号——金融工具列报》的通知

2014年6月20日　财会〔2014〕23号

国务院有关部委、有关直属机构，各省、自治区、直辖市、计划单列市财政厅（局），新疆生产建设兵团财务局，财政部驻各省、自治区、直辖市、计划单列市财政监察专员办事处，有关中央管理企业：

为了适应社会主义市场经济发展需要，提高企业财务报表列报质量和会计信息透明度，根据《企业会计准则——基本准则》，我部对《企业会计准则第37号——金融工具列报》进行了修订，现予印发，执行企业会计准则的企业应当在2014年度及以后期间的财务报告中按照本准则要求对金融工具进行列报。我部于2006年2月25日发布的《财政部关于印发〈企业会计准则第1号——存货〉等38项具体准则的通知》（财会〔2006〕3号）中的《企业会计准则第37号——金融工具列报》同时废止。

执行中有何问题，请及时反馈我部。

附件：企业会计准则第37号——金融工具列报

附件：

企业会计准则第37号——金融工具列报

第一章 总 则

第一条 为了规范金融工具的列报，根据《企业会计准则——基本准则》，制定本准则。

金融工具列报，包括金融工具列示和金融工具披露。

第二条 金融工具信息的列报，应当有助于财务报表使用者了解发行方对发行的金融工具如何进行分类、计量和列示，并就金融工具对企业财务状况和经营成果影响的重要程度、金融工具使企业在报告期间和期末所面临的风险的性质和程度，以及企业如何管理这些风险作出合理评价。

第三条 除下列特殊情况外，本准则适用于所有企业各种类型的金融工具：

（一）企业按照《企业会计准则第2号——长期股权投资》、《企业会计准则第33号——合并财务报表》和《企业会计准则第40号——合营安排》规定核算的对子公司、合营安排和联营企业的投资的披露，适用《企业会计准则第41号——在其他主体中权益的披露》。但以下情况除外：

1. 与在子公司、合营安排或联营企业中的权益相联系的衍生工具，适用本准则。

2. 符合《企业会计准则第33号——合并财务报表》有关投资性主体定义的企业，其根据该准则规定对子公司以公允价值计量且其变动计入当期损益的投资，适用本准则。

3. 根据《企业会计准则第2号——长期股权投资》准则的规定，按照《企业会计准则第22号——金融工具确认和计量》核算的对联营企业或合营企业的投资，适用本准则。

（二）《企业会计准则第11号——股份支付》规范的股份支付安排中的金融工具以及其他合同和义务，适用《企业会计准则第11号——股份支付》。但股份支付安排中涉及应当适用本准则第四条相关的交易和事项以及企业发行、回购、出售或注销库存股，适用本准则。

（三）债务重组，适用《企业会计准则第12号——债务重组》。但债务重组中涉及金融资产转移披露的，适用本准则。

（四）符合原保险合同或再保险合同定义的保险合同，适用《企业会计准则第25号——原保险合同》或《企业会计准则第26号——再保险合同》（以下简称相关保险合同准则）。

《企业会计准则第22号——金融工具确认和计量》要求从保险合同中分拆后单独核算的嵌入衍生工具，适用本准则。企业选择按照《企业会计准则第22号——金融工具确认和计量》核算的财务担保合同，适用本准则。

（五）因具有相机分红特征而适用相关保险合同准则的金融工具，不适用本准则中关于金融负债和权益工具区分的规定。嵌入此类金融工具的衍生工具，适用本准则。但嵌入衍生工具本身是一项保险合同的，适用相关保险合同准则。

（六）职工薪酬计划形成的企业的权利和义务，适用《企业会计准则第9号——职工薪酬》。

第四条 本准则适用于能够以现金或其他金融工具净额结算，或通过交换金融工具结算的买入或卖出非金融项目的合同。但企业按照预定的购买、销售或使用要求签订并持有，旨在收取或交付非金融项目的合同，应当适用其他相关会计准则。

第五条 本准则第六章至第八章的规定除适用于企业已按照《企业会计准则第22号——金融工具确认和计量》确认的金融工具外，还适用于未确认的金融工具，例如某些贷款承诺。

第六条 本准则规定的交易或事项涉及所得税的，应当按照《企业会计准则第18号——所得税》进行处理。

第二章 金融负债和权益工具的区分

第七条 企业应当根据所发行金融工具的合同条款及其所反映的经济实质而非仅以法律形式，结合金融资产、金融负债和权益工具的定义，在初始确认时将该金融工具或其组成部分分类为金融资产、金融负债或权益工具。

第八条 金融负债，是指企业符合下列条件之一的负债：

（一）向其他方交付现金或其他金融资产的合同义务。

（二）在潜在不利条件下，与其他方交换金融资产或金融负债的合同义务。

（三）将来须用或可用企业自身权益工具进行结算的非衍生工具合同，且企业根据该合同将交付可变数量的自身权益工具。

（四）将来须用或可用企业自身权益工具进行结算的衍生工具合同，但以固定数量的自身权益工具交换固定金额的现金或其他金融资产的衍生工具合同除外。企业对全部现有同类别非衍生自身权益工具的持有方同比例发行配股权、期权或认股权证，使之有权按比例以固定金额的任何货币换取固定数量的该企业自身权益工具的，该类配股权、期权或认股权证应当分类为权益工具。其中，企业自身权益工具不包括应按照本准则第三章分类为权益工具的金融工具，也不包括本身就要求在未来收取或交付企业自身权益工具的合同。

第九条 权益工具，是指能证明拥有某个企业在扣除所有负债后的资产中的剩余权益的合同。在同时满足下列条件的情况下，企业应当将发行的金融工具分类为权益工具：

（一）该金融工具应当不包括交付现金或其他金融资产给其他方，或在潜在不利条件下与其他方交换金融资产或金融负债的合同义务；

（二）将来须用或可用企业自身权益工具结算该金融工具。如为非衍生工具，该金融工具应当不包括交付可变数量的自身权益工具进行结算的合同义务；如为衍生工具，企业只能通过以固定数量的自身权益工具交换固定金额的现金或其他金融资产结算该金融工具。企业自身权益工具不包括应按照本准则第三章分类为权益工具的金融工具，也不包括本身就要求在未来收取或交付企业自身权益工具的合同。

第十条 金融负债与权益工具的区分：

（一）如果企业不能无条件地避免以交付现金或其他金融资产来履行一项合同义务，则该合同义务符合金融负债的定义。有些金融工具虽然没有明确地包含交付现金或其他金融资产义务的条款和条件，但有可能通过其他条款和条件间接地形成合同义务。

（二）如果一项金融工具须用或可用企业自身权益工具进行结算，需要考虑用于结算该工具的企业自身权益工具，是作为现金或其他金融资产的替代品，还是为了使该工具持有方享有在发行方扣除所有负债后的资产中的剩余权益。如果是前者，该工具是发行方的金融负债；如果是后者，该工具是发行方的权益工具。在某些情况下，一项金融工具合同规定企业须用或可用自身权益工具结算该金融工具，其中合同权利或合同义务的金额等于可获取或需交付的自身权益工具的数量乘以其结算时的公允价值，则无论该合同权利或合同义务的金额是固定的，还是完全或部分地基于除企业自身权益工具的市场价格以外变量（例如利率、某种商品的价格或某项金融工具的价格）的变动而变动，该合同应当分类为金融负债。

第十一条 除根据本准则第三章分类为权益工具的金融工具外，如果一项合同使发行方承担了以现金或其他金融资产回购自身权益工具的义务，即使发行方的回购义务取决于合同对手方是否行使回售权，发行方应当在初始确认时将该义务确认为一项金融负债，其金额等于回购所需支付金额的现值（如远期回购价格的现值、期权行权价格的现值或其他回售金额的现值）。如果最终发行方无需以现金或其他金融资产回购自身权益工具，应当在合同到期时将该项金融负债按照账面价值重分类为权益工具。

第十二条 对于附有或有结算条款的金融工具，发行方不能无条件地避免交付现金、其他金融资产或以其他导致该工具成为金融负债的方式进行结算的，应当分类为金融负债。但是，满足下列条件之一的，发行方应当将其分类为权益工具：

（一）要求以现金、其他金融资产或以其他导致该工具成为金融负债的方式进行结算的或有结算条款几乎不具有可能性，即相关情形极端罕见、显著异常或几乎不可能发生。

（二）只有在发行方清算时，才需以现金、其他金融资产或以其他导致该工具成为金融负债的方式进行结算。

（三）按照本准则第三章分类为权益工具的可回售工具。

附有或有结算条款的金融工具，指是否通过交付现金或其他金融资产进行结算，或者是否以其他导致该金融工具成为金融负债的方式进行结算，需要由发行方和持有方均不能控制的未来不确定事项（如股价指数、消费价格指数变动，利率或税法变动，发行方未来收入、净收益或债务权益比率等）的发生或不发生（或发行方和持有方均不能控制的未来不确定事项的结果）来确定的金融工具。

第十三条 对于存在结算选择权的衍生工具（例如，合同规定发行方或持有方能选择以现金净额或以发行股份交换现金等方式进行结算的衍生工具），发行方应当将其确认为金融资产或金融负债，但所有可供选择的结算方式均表明该衍生工具应当确认为权益工具的除外。

第十四条 企业应对发行的非衍生工具进行评估，以确定所发行的工具是否为复合金融工具。企业所发行的非衍生工具可能同时包含金融负债成分和权益工具成分。对于复合金融工具，发行方应于初始确认时将各组成部分分别分类为金融负债、金融资产或权益工具。

企业发行的一项非衍生工具同时包含金融负债成分和权益工具成分的，应于初始计量时先确定金融负债成分的公允价值（包括其中可能包含的非权益性嵌入衍生工具的公允价值），再从复合金融工具公允价值中扣除负债成分的公允价值，作为权益工具成分的价值。

第十五条 在合并财务报表中对金融工具（或其组成部分）进行分类时，企业应当考虑集团成员和金融工具的持有方之间达成的所有条款和条件。如果集团作为一个整体由于该工具承担了交付现金、其他金融资产或以其他导致该工具成为金融负债的方式进行结算的义务，则该工具应当分类为金融负债。

第三章　特殊金融工具的区分

第十六条 符合金融负债定义，但同时具有下列特征的可回售工具，应当分类为权益工具：

（一）赋予持有方在企业清算时按比例份额获得该企业净资产的权利。企业净资产，是指扣除所有优先于该工具对企业资产要求权之后的剩余资产。按比例份额是指清算时将企业的净资产分拆为金额相等的单位，并且将单位金额乘以持有方所持有的单位数量；

（二）该工具所属的类别次于其他所有工具类别，即该工具在归属于该类别前无须转换为另一种工具，且在清算时对企业资产没有优先于其他工具的要求权；

（三）该类别的所有工具具有相同的特征（例如它们必须都具有可回售特征，并且用于计算回购或赎回价格的公式或其他方法都相同）；

（四）除了发行方应当以现金或其他金融资产回购或赎回该工具的合同义务外，该工具不满足本准则规定的金融负债定义中的任何其他特征；

（五）该工具在存续期内的预计现金流量总额，应当实质上基于该工具存续期内企业的损益、已确认净资产的变动、已确认和未确认净资产的公允价值变动（不包括该工具的任何影响）。

可回售工具，是指根据合同约定，持有方有权将该工具回售给发行方以获取现金或其他金融资产的权利，或者在未来某一不确定事项发生或者持有方死亡或退休时，自动回售给发行方的金融工具。

第十七条 符合金融负债定义，但同时具有下列特征的发行方仅在清算时才有义务向另一方按比例交付其净资产的金融工具，应当分类为权益工具：

（一）赋予持有方在企业清算时按比例份额获得该企业净资产的权利；

（二）该工具所属的类别次于其他所有工具类别；

（三）在次于其他所有类别的工具类别中，发行方对该类别中所有工具都应当在清算时承担按比例份额交付其净资产的同等合同义务。

产生上述合同义务的清算确定将会发生并且不受发行方的控制（如发行方本身是有限寿命主体），或者发生与否取决于该工具的持有方。

第十八条 分类为权益工具的可回售工具，或发行方仅在清算时才有义务向另一方按比例交付其净资产的金融工具，除应当具有第十六条或第十七条所述特征外，其发行方应当没有同时具备下列特征的其他金融工具或合同：

（一）现金流量总额实质上基于企业的损益、已确认净资产的变动、已确认和未确认净资产的公允价值变动（不包括该工具或合同的任何影响）；

（二）实质上限制或固定了本准则第十六条或第十七条所述工具持有方所获得的剩余回报。

在运用上述条件时，对于发行方与本准则第十六条或第十七条所述工具持有方签订的非金融合同，如果其条款和条件与发行方和其他方之间可能订立的同等合同类似，不应考虑该非金融合同的影响。但如果不能做出此判断，则不得将该工具分类为权益工具。

第十九条 按照本章规定分类为权益工具的金融工具，自不再具有第十六条或第十七条所述特征，或发行方不再满足第十八条规定条件之日起，发行方应当将其重分类为金融负债，以重分类日该工具的公允价值计量，重分类日权益工具的账面价值和金融负债的公允价值之间的差额确认为权益。

按照本章规定分类为金融负债的金融工具，自具有第十六条或第十七条所述特征，且发行方满足第十八条规定条件之日起，发行方应当将其重分类为权益工具，以重分类日金融负债的账面价值计量。

第二十条 企业发行的满足本章规定分类为权益工具的金融工具，在其母公司的合并财务报表中对应的少数股东权益部分，应当分类为金融负债。

第四章 收益和库存股

第二十一条 金融工具或其组成部分属于金融负债的，相关利息、股利（或股息）、利得或损失，以及赎回或再融资产生的利得或损失等，应当计入当期损益。

第二十二条 金融工具或其组成部分属于权益工具的，其发行（含再融资）、回购、出售或注销时，发行方应当作为权益的变动处理。发行方不应当确认权益工具的公允价值变动。

发行方对权益工具持有方的分配应作利润分配处理，发放的股票股利不影响所有者权益总额。

第二十三条 与权益性交易相关的交易费用应当从权益中扣减。交易费用，是指可直接归属于购买、发行或处置金融工具的增量费用。增量费用，是指企业不购买、发行或处置金融工具就不会发生的费用。

企业发行或取得自身权益工具时发生的交易费用（例如登记费，承销费，法律、会计、评估及其他专业服务费用，印刷成本和印花税等），可直接归属于权益性交易的，应当从权益中扣减。终止的未完成权益性交易所发生的交易费用应当计入当期损益。

第二十四条 发行复合金融工具发生的交易费用，应当在金融负债成分和权益工具成分之间按照各自占总发行价款的比例进行分摊。与多项交易相关的共同交易费用，应当在合理的基础上，采用与其他类似交易一致的方法，在各项交易间进行分摊。

第二十五条 分类为金融负债的金融工具支付的股利，在利润表中应当确认为费用，与其他负债的利息费用合并列示，并在财务报表附注中单独披露。

作为权益扣减项的交易费用，应当在财务报表附注中单独披露。

第二十六条 回购自身权益工具（库存股）支付的对价和交易费用，应当减少所有者权益，不得确认金融资产。库存股可由企业自身购回和持有，也可由集团合并范围内的其他成员购回和持有。

第二十七条 企业应当按照《企业会计准则第 30 号——财务报表列报》在资产负债表中单独列示所持有的库存股金额。

企业从关联方回购自身权益工具，还应当按照《企业会计准则第 36 号——关联方披露》的相关规定进行披露。

第五章 金融资产和金融负债的抵销

第二十八条 金融资产和金融负债应当在资产负债表内分别列示，不得相互抵销。但同时满足下列条件的，应当以相互抵销后的净额在资产负债表内列示：

（一）企业具有抵销已确认金额的法定权利，且该种法定权利是当前可执行的；

（二）企业计划以净额结算，或同时变现该金融资产和清偿该金融负债。

不满足终止确认条件的金融资产转移，转出方不得将已转移的金融资产和相关负债进行抵销。

第二十九条 抵销权是债务人根据合同或其他协议，以应收债权人的金额全部或部分抵销应付债权人的金额的法定权利。在某些情况下，如果债务人、债权人和第三方三者之间签署的协议明确表示债务人拥有该抵销权，并且不违反相关法律或法规，债务人可能拥有以应收第三方的金额抵销应付债权人的金额的法定权利。

第三十条 抵销权应当不取决于未来事项，而且在企业和所有交易对手方的正常经营过程中，或在出现违约、无力偿债或破产等各种情形下，企业均可执行该法定权利。

在确定抵销权是否可执行时，企业应当充分考虑相关法律和法规要求以及合同约定等各方面因素。

第三十一条 当前可执行的抵销权不构成互相抵销的充分条件，企业既不打算行使抵销权（即净额结算），又无计划同时结算金融资产和金融负债的，该金融资产和金融负债不得抵销。

在没有法定权利的情况下，一方或双方即使有意向以净额为基础进行结算或同时结算相关金融资产和金融负债的，该金融资产和金融负债也不得抵销。

第三十二条 企业同时结算金融资产和金融负债的，如果该结算方式相当于净额结算，则满足本准则第二十八条（二）以净额结算的标准。这种结算方式必须在同一结算过程或周期内处理了相关应收和应付款项，最终消除或几乎消除了信用风险和流动性风险。如果某结算方式同时具备如下特征，可视为满足净额结算标准：

（一）符合抵销条件的金融资产和金融负债在同一时点提交处理；

（二）金融资产和金融负债一经提交处理，各方即承诺履行结算义务；

（三）金融资产和金融负债一经提交处理，除非处理失败，这些资产和负债产生的现金流量不可能发生变动；

（四）以证券作为担保物的金融资产和金融负债，通过证券结算系统或其他类似机制进行结算（例如券款对付），即如果证券交付失败，则以证券作为抵押的应收款项或应付款项的处理也将失败，反之亦然；

（五）若发生本条（四）所述的失败交易，将重新进入处理程序，直至结算完成；

（六）由同一结算机构执行；

（七）有足够的日间信用额度，并且能够确保该日间信用额度一经申请提取即可履行，以支持各方能够在结算日进行支付处理。

第三十三条 在下列情况下，通常认为不满足本准则第二十八条所列条件，不得抵销相关金融资产和金融负债：

（一）使用多项不同金融工具来仿效单项金融工具的特征，即“合成工具”。例如，利用浮动利率长期债券与收取浮动利息且支付固定利息的利率互换，合成一项固定利率长期负债。

（二）金融资产和金融负债虽然具有相同的主要风险敞口（例如远期合同或其他衍生工具组合中的资产和负债），但涉及不同的交易对手方。

（三）无追索权金融负债与作为其担保品的金融资产或其他资产。

（四）债务人为解除某项负债而将一定的金融资产进行托管（例如偿债基金或类似安排），但债权人尚未接受以这些资产清偿负债。

（五）因某些导致损失的事项而产生的义务预计可以通过保险合同向第三方索赔而得以补偿。

第三十四条 企业与同一交易对手方进行多项金融工具交易时，可能与对手方签订“总互抵协议”。只有满足本准则第二十八条所列条件时，总互抵协议下的相关金融资产和金融负债才能抵销。

总互抵协议，是指协议所涵盖的所有金融工具中的任何一项合同在发生违约或终止时，就协议所涵盖的所有金融工具按单一净额进行结算。

第三十五条 企业应当区分金融资产和金融负债的抵销与终止确认。抵销金融资产和金融负债并在资产负债表中以净额列示，不应当产生利得或损失；终止确认是从资产负债表列示的项目中移除相关金融资产或金融负债，有可能产生利得或损失。

第六章　金融工具对财务状况和经营成果影响的列报

第一节　一般性规定

第三十六条　企业在对金融工具各项目进行列报时，应当根据金融工具的特点及相关信息的性质对金融工具进行归类，并充分披露与金融工具相关的信息，使得财务报表附注中的披露与财务报表列示的各项目相互对应。

第三十七条　在确定金融工具的列报类型时，企业至少应当将本准则范围内的金融工具区分为以摊余成本计量和以公允价值计量的类型。

第三十八条　企业应当根据自身实际情况，按照本准则要求，合理确定列报金融工具的详细程度，既不应列报大量过于详细的信息从而掩盖了真正重要的信息，也不得列报过于汇总的信息从而难以区分各项交易或相关风险之间的重要差异。

第三十九条　企业应当披露编制财务报表时对金融工具所采用的重要会计政策、计量基础和与理解财务报表相关的其他会计政策等信息，主要包括：

（一）对于指定为以公允价值计量且其变动计入当期损益的金融资产或金融负债，应当披露下列信息：

1. 指定的金融资产或金融负债的性质；

2. 初始确认时对上述金融资产或金融负债做出指定的标准；

3. 如何满足运用指定的标准。对于以消除或显著减少会计错配为目的的指定，企业应当披露该指定所针对的确认或计量不一致的描述性说明。对于以更好地反映组合的管理实质为目的的指定，企业应当披露该指定符合企业正式书面文件载明的风险管理或投资策略的描述性说明。对于整体指定为以公允价值计量且其变动计入当期损益的混合工具，企业应当披露运用指定标准的描述性说明。

（二）指定金融资产为可供出售金融资产的标准。

（三）金融资产常规购买和出售的会计政策。

（四）核销减值准备并减记金融资产账面价值的原则。

（五）如何确定每类金融工具的利得或损失。

（六）存在客观证据表明金融资产已发生减值的适用标准。

（七）为避免金融资产逾期或减值而重新议定条款的金融资产所适用的会计政策。

第二节　资产负债表中的列示及相关披露

第四十条　企业应当在资产负债表或相关附注中列报下列金融资产或金融负债的账面价值：

（一）以公允价值计量且其变动计入当期损益的金融资产，并分别反映交易性金融资产和在初始确认时指定为以公允价值计量且其变动计入当期损益的金融资产；

（二）持有至到期投资；

（三）贷款和应收款项；

（四）可供出售金融资产；

（五）以公允价值计量且其变动计入当期损益的金融负债，并分别反映交易性金融负债和在初始确认时指定为以公允价值计量且其变动计入当期损益的金融负债；

（六）其他金融负债。

第四十一条　企业将单项或一组贷款或应收款项指定为以公允价值计量且其变动计入当期损益的金融资产的，应当披露下列信息：

（一）资产负债表日该贷款或应收款项使企业面临的最大信用风险敞口。信用风险，是指金融工具的一方不履行义务，造成另一方发生财务损失的风险。

（二）相关信用衍生工具或类似工具使得该最大信用风险敞口降低的金额。

（三）该贷款或应收款项因信用风险变动引起的公允价值本期变动额和累计变动额。这些变动额，是该贷款或应收款项公允价值变动扣除由于市场风险因素的变化导致公允价值变动后的部分；或是企业以能够更真实地反映信用风险变动导致该贷款或应收款项公允价值变动的其他方法确定的金额。市场风险因素的变化包括，可观察的利率、商品价格、汇率以及价格指数、利率指数、汇率指数等指数的变动。

（四）相关信用衍生工具或类似工具的公允价值本期变动额和自该贷款或应收款项被指定以来的公允价值累计变动额。

第四十二条 企业将一项金融负债指定为以公允价值计量且其变动计入当期损益的金融负债的，应当披露下列信息：

（一）该金融负债因信用风险变动引起的公允价值本期变动额和累计变动额。这些变动额，是该金融负债公允价值变动扣除由于市场风险因素的变化导致公允价值变动后的部分；或是企业以能够更真实地反映信用风险变动导致该金融负债公允价值变动的其他方法确定的金额。对于包含投资连结特征的合同，市场风险因素的变化包括相关内部或外部投资组合业绩的变动。

（二）该金融负债的账面价值与按合同约定到期应支付债权人金额之间的差额。

第四十三条 企业应当披露本准则第四十一条（三）和第四十二条（一）中金额的确定方法。如果企业认为披露的信息未能真实反映相关金融工具公允价值变动中由信用风险引起的部分，则应当披露企业做出此结论的原因及其他需要考虑的因素。

第四十四条 企业将金融资产进行重分类，改变了该金融资产后续计量基础的，应当披露该金融资产重分类前后的公允价值或账面价值和重分类的原因。

第四十五条 对于所有可执行的总互抵协议或类似协议下的已确认金融工具，以及符合本准则第二十八条抵销条件的已确认金融工具，企业应当在报告期末以表格形式分别按金融资产和金融负债披露下列定量信息：

（一）已确认金融资产和金融负债的总额。

（二）按本准则规定抵销的金额。

（三）在资产负债表中列示的净额。

（四）可执行的总互抵协议或类似协议确定的，未包含在本条（二）中的金额，包括：

1. 不满足本准则抵销条件的已确认金融工具的金额；

2. 与财务担保物（包括现金担保）相关的金额，以在资产负债表中列示的净额扣除本条（四）第 1 项后的余额为限。

（五）资产负债表中列示的净额扣除本条（四）后的余额。

企业应当披露本条（四）所述协议中抵销权的条款及其性质等信息，以及不同计量基础的金融工具适用本条时产生的计量差异。

第四十六条 按照本准则第三章分类为权益工具的可回售工具，企业应当披露以下信息：

（一）可回售工具的汇总定量信息。

（二）对于按持有方要求承担的回购或赎回义务，企业的管理目标、政策和程序及其变化。

（三）回购或赎回可回售工具的预期现金流出金额以及确定方法。

第四十七条 企业将本准则第三章规定的特殊金融工具在金融负债和权益工具之间重分类的，应当分别披露重分类前后的公允价值或账面价值，以及重分类的时间和原因。

第四十八条 企业应当披露作为负债或或有负债担保物的金融资产的账面价值，以及与该项担保有关的条款和条件。其中，对于已转移金融资产的担保物，转入方有权出售或再抵押的，转出方应当在资产负债表中单独列示该金融资产。

第四十九条 企业取得的担保物，在担保物所有人未违约时可出售或再抵押的，应当披露其公允价值、已出售或再抵押担保物的公允价值，以及承担的返还义务和使用担保物的条款和条件。

第五十条 企业应当设置专门的备抵账户，记录每类金融资产因信用损失发生的减值，并披露减值准备的期初余额，本期计提、转回、转销、核销及其他变动的金额和期末余额等信息。

第五十一条 对于企业发行的包含金融负债和权益工具成分的复合金融工具，嵌入了价值相互关联的多项衍生工具（如可赎回的可转换债务工具）的，应当披露相关特征。

第五十二条 除短期应付款项之外的金融负债，企业应当披露下列信息：

（一）本期发生拖欠的金融负债的本金、利息、偿债基金、赎回条款的详细情况。

（二）发生拖欠的金融负债的期末账面价值。

（三）在财务报告批准对外报出前，就拖欠事项已采取的补救措施、对债务条款的重新议定等情况。

企业本期发生了拖欠以外的其他违约情况，且债权人有权在发生违约时要求企业提前偿还的，企业应当按上述要求披露。如果在期末前相关违约情况已得到补救或已重新议定债务条款，则无需披露。

第三节 利润表中的列示及相关披露

第五十三条 企业应当披露与金融工具有关的下列收入、费用、利得或损失：

（一）当期各类金融资产和金融负债所产生的利得或损失。其中，指定为以公允价值计量且其变动计入当期损益的金融资产和金融负债以及交易性金融资产和金融负债的利得或损失应当分别披露。对于可供出售金融资产，应当分别披露当期在其他综合收益中确认的以及当期从权益转入损益的利得或损失。

（二）除以公允价值计量且其变动计入当期损益的金融资产或金融负债外，按实际利率法计算的金融资产或金融负债产生的利息收入或利息费用总额，以及直接计入当期损益但在确定实际利率时未包括的手续费收入或支出。

（三）企业通过信托和其他托管活动代他人持有资产或进行投资而形成的，直接计入当期损益的手续费收入或支出。

（四）已发生减值的金融资产产生的利息收入。

（五）每类金融资产本期发生的减值损失。

第四节 套期保值相关披露

第五十四条 企业应当披露与每类套期有关的下列信息：

（一）每类套期的描述。

（二）对套期工具的描述及其期末公允价值。

（三）被套期风险的性质。

第五十五条 企业应当披露与现金流量套期有关的下列信息：

（一）现金流量预期发生期间及其预期影响损益的期间。

（二）对于前期运用套期会计方法但预期不再发生的交易的描述。

（三）本期在其他综合收益中确认的金额。

（四）本期从所有者权益中转出至利润表各项目的金额。

（五）本期预期交易形成的非金融资产或非金融负债在初始确认时从所有者权益转入的金额。

第五十六条 企业应当单独披露下列关于套期会计的信息：

（一）在公允价值套期中，套期工具本期形成的利得或损失，以及被套期项目因被套期风险形成的利得或损失。

（二）在现金流量套期中，本期套期无效部分形成的利得或损失。

（三）在境外经营净投资套期中，本期套期无效部分形成的利得或损失。

第五节 公允价值披露

第五十七条 除了本准则第五十九条规定情况外，企业应当披露每一类金融资产和金融负债的公允价值，并与账面价值进行比较。对于在资产负债表中相互抵销的金融资产和金融负债，其公允价值应当以抵销后的金额披露。

第五十八条 金融资产或金融负债初始确认的公允价值与交易价格存在差异时，如果其公允价值并非基于相同资产或负债在活跃市场中的报价，也非基于仅使用可观察市场数据的估值技术，企业在初始确认金融资产或金融负债时不应确认利得或损失。在此情况下，企业应当按金融资产或金融负债的类型披露下列信息：

（一）企业在损益中确认交易价格与初始确认的公允价值之间差额时所采用的会计政策，以反映市场参与者对资产或负债进行定价时所考虑的因素（包括时间因素）的变动。

（二）该项差异期初和期末尚未在损益中确认的金额和本期变动额。

（三）企业如何认定交易价格并非公允价值的最佳证据，以及确定公允价值的证据。

第五十九条 企业可以不披露下列金融资产或金融负债的公允价值信息：

（一）账面价值与公允价值差异很小的金融资产或金融负债（如短期应收账款或应付账款）。

（二）活跃市场中没有报价且其公允价值无法可靠计量的权益工具投资以及与该工具挂钩的衍生工具。

（三）包含相机分红特征且其公允价值无法可靠计量的合同。

第六十条 在第五十九条（二）、（三）所述的情况下，企业应当披露下列信息：

（一）对金融工具的描述及其账面价值，以及因公允价值无法可靠计量而未披露其公允价值的事实和说明。

（二）金融工具的相关市场信息。

（三）企业是否有意图及如何处置这些金融工具。

（四）已终止确认金融工具的事实，以及终止确认时的账面价值和形成的利得或损失。

第七章 与金融工具相关的风险披露

第一节 定性和定量信息

第六十一条 企业应当披露与各类金融工具风险相关的定性和定量信息，以便财务报表使用者评估报告期末金融工具产生的风险的性质和程度，更好地评价企业所面临的风险敞口。相关风险包括信用风险、流动性风险、市场风险等。

第六十二条 对金融工具产生的各类风险，企业应当披露下列定性信息：

（一）风险敞口及其形成原因，以及在本期发生的变化。

（二）风险管理目标、政策和程序以及计量风险的方法及其在本期发生的变化。

第六十三条 对金融工具产生的各类风险，企业应当按类别披露下列定量信息：

（一）期末风险敞口的汇总数据。该数据应当以向内部关键管理人员提供的相关信息为基础。企业运用多种方法管理风险的，披露的信息应当以最相关和可靠的方法为基础。

（二）按照第六十四条至第七十四条披露的信息。

（三）期末风险集中度信息，包括管理层确定风险集中度的说明和参考因素（包括交易对手方、地理区域、货币种类、市场类型等），以及各风险集中度相关的风险敞口金额。

上述期末定量信息不能代表企业本期风险敞口情况的，应当进一步提供相关信息。

第二节 信用风险披露

第六十四条 企业应当披露与每类金融工具信用风险有关的下列信息：

（一）在不考虑可利用的担保物或其他信用增级的情况下，企业在资产负债表日的最大信用风险敞口。金融工具的账面价值能代表最大信用风险敞口的，无需提供此项披露。

（二）可利用担保物或其他信用增级的信息及其对最大信用风险敞口的财务影响。

（三）未逾期且未减值的金融资产的信用质量信息。

金融资产在资产负债表日的最大信用风险敞口，通常是账面余额减去减值损失的金额（已减去根据本准则规定已抵销的金额）。

第六十五条 企业应当按类披露在资产负债表日已逾期或已减值的金融资产的下列信息：

（一）已逾期未减值的金融资产的账龄分析。

（二）已发生单项减值的金融资产的分析，包括判断该金融资产发生减值所考虑的因素。

第六十六条 企业本期通过取得担保物或其他信用增级所确认的金融资产或非金融资产，应当披露下列信息：

（一）所确认资产的性质和账面价值。

（二）对于不易变现的资产，应当披露处置或拟将其用于日常经营的政策等。

第三节　流动性风险披露

第六十七条　企业应当披露金融负债按剩余到期期限进行的到期期限分析，以及管理这些金融负债流动性风险的方法：

（一）对于非衍生金融负债（包括财务担保合同），到期期限分析应当基于合同剩余到期期限。对于包含嵌入衍生工具的混合金融工具，应当将其整体视为非衍生金融负债进行披露。

（二）对于衍生金融负债，如果合同到期期限是理解现金流量时间分布的关键因素，到期期限分析应当基于合同剩余到期期限。

当企业将所持有的金融资产作为流动性风险管理的一部分，且披露金融资产的到期期限分析使财务报表使用者能够恰当地评估企业流动性风险的性质和范围时，企业应当披露金融资产的到期期限分析。

流动性风险，是指企业在履行以交付现金或其他金融资产的方式结算的义务时发生资金短缺的风险。

第六十八条　企业在披露到期期限分析时，应当运用职业判断确定适当的时间段。列入各时间段内按照第六十七条所披露的金额，应当是未经折现的合同现金流量。

企业可以但不限于按下列时间段进行到期期限分析：

（一）一个月以内（含本数，下同）；

（二）一个月至三个月以内；

（三）三个月至一年以内；

（四）一年至五年以内；

（五）五年以上。

第六十九条　债权人可以选择收回债权时间的，债务人应当将相应的金融负债列入债权人可以要求收回债权的最早时间段内。

债务人应付债务金额不固定的，应当根据资产负债表日的情况确定到期期限分析所披露的金额。如分期付款的，债务人应当把每期将支付的款项列入相应的最早时间段内。

财务担保合同形成的金融负债，担保人应当将最大担保金额列入相关方可以要求支付的最早时间段内。

第七十条　企业应当披露流动性风险敞口汇总定量信息的确定方法。此类汇总定量信息中的现金（或另一项金融资产）流出符合以下条件之一的，应当说明相关事实，并提供有助于评价该风险程度的额外定量信息：

（一）该现金的流出可能显著早于汇总定量信息中所列示的时间。

（二）该现金的流出可能与汇总定量信息中所列示的金额存在重大差异。

如果以上信息已包括在本准则第六十七条规定的到期期限分析中，则无需披露上述额外定量信息。

第四节　市场风险披露

第七十一条　金融工具的市场风险，是指金融工具的公允价值或未来现金流量因市场价格变动而发生波动的风险，包括汇率风险、利率风险和其他价格风险。

汇率风险，是指金融工具的公允价值或未来现金流量因外汇汇率变动而发生波动的风险。汇率风险可源于以记账本位币之外的外币进行计价的金融工具。

利率风险，是指金融工具的公允价值或未来现金流量因市场利率变动而发生波动的风险。利率风险可源于已确认的计息金融工具和未确认的金融工具（如某些贷款承诺）。

其他价格风险，是指汇率风险和利率风险以外的市场价格变动而发生波动的风险，无论这些变动是由于与单项金融工具或其发行方有关的因素而引起的，还是由于与市场内交易的所有类似金融工具有关的因素而引起的。其他价格风险可源于商品价格或权益工具价格等的变化。

第七十二条　在对市场风险进行敏感性分析时，应当以整个企业为基础，披露下列信息：

（一）资产负债表日所面临的各类市场风险的敏感性分析。该项披露应当反映资产负债表日相关风险变量发生合理、可能的变动时，将对企业损益和所有者权益产生的影响。

对具有重大汇率风险敞口的每一种货币，应当分币种进行敏感性分析。

（二）本期敏感性分析所使用的方法和假设，以及本期发生的变化和原因。

第七十三条 企业采用风险价值法或类似方法进行敏感性分析能够反映金融风险变量之间（如利率和汇率之间等）的关联性，且企业已采用该种方法管理金融风险的，可不按照第七十二条的规定进行披露，但应当披露下列信息：

（一）用于该种敏感性分析的方法、选用的主要参数和假设。

（二）所用方法的目的，以及该方法提供的信息在反映相关资产和负债公允价值方面的局限性。

第七十四条 按照第七十二条或第七十三条对敏感性分析的披露不能反映金融工具市场风险的（例如，期末的风险敞口不能反映当期的风险状况），企业应当披露这一事实及其原因。

第八章 金融资产转移的披露

第七十五条 企业应当就资产负债表日存在的所有未终止确认的已转移金融资产，以及对已转移金融资产的继续涉入，按本准则要求单独披露。

本章所述的金融资产转移，是指下列两种情形：

（一）将收取金融资产现金流量的合同权利转移给另一方。

（二）将金融资产整体或部分转移给另一方，但保留收取金融资产现金流量的合同权利，并承担将收取的现金流量支付给一个或多个收款方的合同义务。

第七十六条 企业对于金融资产转移所披露的信息，应当有助于财务报表使用者了解未整体终止确认的已转移金融资产与相关负债之间的关系，评价企业继续涉入已终止确认金融资产的性质和相关风险。

企业按照本准则第七十八条和第七十九条所披露信息不能满足本条前款要求的，应当披露其他补充信息。

第七十七条 本章所述的继续涉入，是指企业保留了已转移金融资产中内在的合同权利或义务，或者取得了与已转移金融资产相关的新合同权利或义务。转出方与转入方签订的转让协议或与第三方单独签订的与转让相关的协议，都有可能形成对已转移金融资产的继续涉入。如果企业对已转移金融资产的未来业绩不享有任何利益，也不承担与已转移金融资产相关的任何未来支付义务，则不形成继续涉入。以下情形不形成继续涉入：

（一）与转移的真实性以及合理、诚信和公平交易等原则有关的常规声明和保证，这些声明和保证可能因法律行为导致转移无效。

（二）以公允价值回购已转移金融资产的远期、期权和其他合同。

（三）使企业保留了获取金融资产现金流量的合同权利但承担了将这些现金流量支付给一个或多个收款方的合同义务的安排，且这类安排满足《企业会计准则第23号——金融资产转移》第四条（二）中三个条件。

第七十八条 对于已转移但未整体终止确认的金融资产，应当按照类别披露下列信息：

（一）已转移金融资产的性质；

（二）仍保留的与所有权有关的风险和报酬的性质；

（三）已转移金融资产与相关负债之间关系的性质，包括因转移引起的对企业使用已转移金融资产的限制；

（四）在转移金融资产形成的相关负债的交易对手方仅对已转移金融资产有追索权的情况下，应当以表格形式披露所转移金融资产和相关负债的公允价值以及净头寸，即已转移金融资产和相关负债公允价值之间的差额；

（五）继续确认已转移金融资产整体的，披露已转移金融资产和相关负债的账面价值；

（六）按继续涉入程度确认所转移金融资产的，披露转移前该金融资产整体的账面价值、按继续涉入程度确认的资产和相关负债的账面价值。

第七十九条 对于已整体终止确认但转出方继续涉入已转移金融资产的，应当至少按照类别披露下列信息：

（一）因继续涉入确认的资产和负债的账面价值和公允价值，以及在资产负债表中对应的项目；

（二）因继续涉入导致企业发生损失的最大风险敞口及确定方法；

（三）应当或可能回购已终止确认的金融资产需要支付的未折现现金流量（如期权协议中的行权价格）或其他应向转入方支付的款项，以及对这些现金流量或款项的到期期限分析。如果到期期限可能为一个区间，应当以企业必须或可能支付的最早日期为依据归入相应的时间段。到期期限分析应当分别反映企业应当支付的现金流量（如远期合同）、企业可能支付的现金流量（如签出看跌期权）以及企业可选择支付的现金流量（如购入看涨期权）。在现金流量不固定的情形下，上述金额应当基于每个资产负债表日的情况披露；

（四）对本条（一）至（三）定量信息的解释性说明，包括对已转移金融资产、继续涉入的性质和目的，以及企业所面临风险的描述等。其中，对企业所面临风险的描述包括以下各项：

1. 对继续涉入已终止确认金融资产的风险进行管理的方法。

2. 企业是否应先于其他方承担有关损失，以及先于本企业承担损失的其他方应承担损失的顺序及金额。

3. 向已转移金融资产提供财务支持或回购该金融资产的义务的触发条件。

（五）金融资产转移日确认的利得或损失，以及因继续涉入已终止确认金融资产当期和累计确认的收益或费用（如衍生工具的公允价值变动）。

（六）终止确认产生的收款总额在本期分布不均衡的（例如大部分转移金额在临近报告期末发生），应当披露本期最大转移活动发生的时间段、该段期间所确认的金额（如相关利得或损失）和收款总额。

企业在披露本条所规定的信息时，应当按照其继续涉入面临的风险敞口类型分类汇总披露。例如，可按金融工具类别（如担保或看涨期权）或转让类型（如应收账款保理、证券化和融券）分类汇总披露。企业对某项终止确认的金融资产存在多种继续涉入方式的，可按其中一类汇总披露。

第八十条　企业按照第七十七条确定是否继续涉入已转移金融资产时，应当以自身财务报告为基础进行考虑。

第九章　衔接规定

第八十一条　对于本准则施行之前存在的金融工具，其会计处理与本准则规定不一致的，应当按照《企业会计准则第28号——会计政策、会计估计变更和差错更正》的规定采用追溯调整法进行处理。追溯调整不切实可行的，则应当采用未来适用法。

在对外提供比较期间的财务报表时，对于因会计政策变更产生的累积影响数，应当调整比较财务报表最早期间的期初留存收益，涉及财务报表其他相关项目的数字也应当一并调整。

第十章　附　　则

第八十二条　企业应当在2014年年度及以后期间的财务报告中按照本准则要求对金融工具进行列报。

财政部关于印发《企业会计准则第41号——在其他主体中权益的披露》的通知

2014年3月14日　财会〔2014〕16号

国务院有关部委、有关直属机构，各省、自治区、直辖市、计划单列市财政厅（局），新疆生产建设兵团财务局，财政部驻各省、自治区、直辖市、计划单列市财政监察专员办事处，有关中央管理企业：

为了适应社会主义市场经济发展需要，规范企业在其他主体中权益的披露，提高会计信息质量，根据

《企业会计准则——基本准则》，我部制定了《企业会计准则第 41 号——在其他主体中权益的披露》，现予印发，自 2014 年 7 月 1 日起在所有执行企业会计准则的企业范围内施行，鼓励在境外上市的企业提前执行。

执行中有何问题，请及时反馈我部。

附件：企业会计准则第 41 号——在其他主体中权益的披露

附件：

企业会计准则第 41 号——在其他主体中权益的披露

第一章 总 则

第一条 为了规范在其他主体中权益的披露，根据《企业会计准则——基本准则》，制定本准则。

第二条 企业披露的在其他主体中权益的信息，应当有助于财务报表使用者评估企业在其他主体中权益的性质和相关风险，以及该权益对企业财务状况、经营成果和现金流量的影响。

第三条 本准则所指的在其他主体中的权益，是指通过合同或其他形式能够使企业参与其他主体的相关活动并因此享有可变回报的权益。参与方式包括持有其他主体的股权、债权，或向其他主体提供资金、流动性支持、信用增级和担保等。企业通过这些参与方式实现对其他主体的控制、共同控制或重大影响。其他主体包括企业的子公司、合营安排（包括共同经营和合营企业）、联营企业以及未纳入合并财务报表范围的结构化主体等。

结构化主体，是指在确定其控制方时没有将表决权或类似权利作为决定因素而设计的主体。

第四条 本准则适用于企业在子公司、合营安排、联营企业和未纳入合并财务报表范围的结构化主体中权益的披露。

企业同时提供合并财务报表和母公司个别财务报表的，应当在合并财务报表附注中披露本准则要求的信息，不需要在母公司个别财务报表附注中重复披露相关信息。

第五条 下列各项的披露适用其他相关会计准则：

（一）离职后福利计划或其他长期职工福利计划，适用《企业会计准则第 9 号——职工薪酬》。

（二）企业在其参与的但不享有共同控制的合营安排中的权益，适用《企业会计准则第 37 号——金融工具列报》。但是，企业对该合营安排具有重大影响或该合营安排是结构化主体的，适用本准则。

（三）企业持有的由《企业会计准则第 22 号——金融工具确认和计量》规范的在其他主体中的权益，适用《企业会计准则第 37 号——金融工具列报》。但是，企业在未纳入合并财务报表范围的结构化主体中的权益，以及根据其他相关会计准则以公允价值计量且其变动计入当期损益的在联营企业或合营企业中的权益，适用本准则。

第二章 重大判断和假设的披露

第六条 企业应当披露对其他主体实施控制、共同控制或重大影响的重大判断和假设，以及这些判断和假设变更的情况，包括但不限于下列各项：

（一）企业持有其他主体半数或以下的表决权但仍控制该主体的判断和假设，或者持有其他主体半数以上的表决权但并不控制该主体的判断和假设。

（二）企业持有其他主体 20% 以下的表决权但对该主体具有重大影响的判断和假设，或者持有其他主体 20% 或以上的表决权但对该主体不具有重大影响的判断和假设。

（三）企业通过单独主体达成合营安排的，确定该合营安排是共同经营还是合营企业的判断和假设。

（四）确定企业是代理人还是委托人的判断和假设。

第七条 企业应当披露按照《企业会计准则第 33 号——合并财务报表》被确定为投资性主体的重大判断和假设，以及虽然不符合《企业会计准则第 33 号——合并财务报表》有关投资性主体的一项或多项特征但仍被确定为投资性主体的原因。企业（母公司）由非投资性主体转变为投资性主体的，应当披露该变化及其原因，并披露该变化对财务报表的影响，包括对变化当日不再纳入合并财务报表范围子公司的投资的公允价值、按照公允价值重新计量产生的利得或损失以及相应的列报项目。企业（母公司）由投资性主体转变为非投资性主体的，应当披露该变化及其原因。

第三章 在子公司中权益的披露

第八条 企业应当在合并财务报表附注中披露企业集团的构成，包括子公司的名称、主要经营地及注册地、业务性质、企业的持股比例（或类似权益比例，下同）等。

子公司少数股东持有的权益对企业集团重要的，企业还应当在合并财务报表附注中披露下列信息：

（一）子公司少数股东的持股比例。子公司少数股东的持股比例不同于其持有的表决权比例的，企业还应当披露该表决权比例。

（二）当期归属于子公司少数股东的损益以及向少数股东支付的股利。

（三）子公司在当期期末累计的少数股东权益余额。

（四）子公司的主要财务信息。

第九条 使用企业集团资产和清偿企业集团债务存在重大限制的，企业应当在合并财务报表附注中披露下列信息：

（一）该限制的内容，包括对母公司或其子公司与企业集团内其他主体相互转移现金或其他资产的限制，以及对企业集团内主体之间发放股利或进行利润分配、发放或收回贷款或垫款等的限制。

（二）子公司少数股东享有保护性权利、并且该保护性权利对企业使用企业集团资产或清偿企业集团负债的能力存在重大限制的，该限制的性质和程度。

（三）该限制涉及的资产和负债在合并财务报表中的金额。

第十条 企业存在纳入合并财务报表范围的结构化主体的，应当在合并财务报表附注中披露下列信息：

（一）合同约定企业或其子公司向该结构化主体提供财务支持的，应当披露提供财务支持的合同条款，包括可能导致企业承担损失的事项或情况。

（二）在没有合同约定的情况下，企业或其子公司当期向该结构化主体提供了财务支持或其他支持，应当披露所提供支持的类型、金额及原因，包括帮助该结构化主体获得财务支持的情况。其中，企业或其子公司当期对以前未纳入合并财务报表范围的结构化主体提供了财务支持或其他支持并且该支持导致企业控制了该结构化主体的，还应当披露决定提供支持的相关因素。

（三）企业存在向该结构化主体提供财务支持或其他支持的意图的，应当披露该意图，包括帮助该结构化主体获得财务支持的意图。

第十一条 企业在其子公司所有者权益份额发生变化且该变化未导致企业丧失对子公司控制权的，应当在合并财务报表附注中披露该变化对本企业所有者权益的影响。

企业丧失对子公司控制权的，应当在合并财务报表附注中披露按照《企业会计准则第 33 号——合并财务报表》计算的下列信息：

（一）由于丧失控制权而产生的利得或损失以及相应的列报项目。

（二）剩余股权在丧失控制权日按照公允价值重新计量而产生的利得或损失。

第十二条 企业是投资性主体且存在未纳入合并财务报表范围的子公司、并对该子公司权益按照公允价值计量且其变动计入当期损益的，应当在财务报表附注中对该情况予以说明。同时，对于未纳入合并财务报表范围的子公司，企业应当披露下列信息：

（一）子公司的名称、主要经营地及注册地。

（二）企业对子公司的持股比例。持股比例不同于企业持有的表决权比例的，企业还应当披露该表决权比例。企业的子公司也是投资性主体且该子公司存在未纳入合并财务报表范围的下属子公司的，企业应当按照上述要求披露该下属子公司的相关信息。

第十三条 企业是投资性主体的，对其在未纳入合并财务报表范围的子公司中的权益，应当披露与该权益相关的风险信息：

（一）该未纳入合并财务报表范围的子公司以发放现金股利、归还贷款或垫款等形式向企业转移资金的能力存在重大限制的，企业应当披露该限制的性质和程度。

（二）企业存在向未纳入合并财务报表范围的子公司提供财务支持或其他支持的承诺或意图的，企业应当披露该承诺或意图，包括帮助该子公司获得财务支持的承诺或意图。

在没有合同约定的情况下，企业或其子公司当期向未纳入合并财务报表范围的子公司提供财务支持或其他支持的，企业应当披露提供支持的类型、金额及原因。

（三）合同约定企业或其未纳入合并财务报表范围的子公司向未纳入合并财务报表范围、但受企业控制的结构化主体提供财务支持的，企业应当披露相关合同条款，以及可能导致企业承担损失的事项或情况。在没有合同约定的情况下，企业或其未纳入合并财务报表范围的子公司当期向原先不受企业控制且未纳入合并财务报表范围的结构化主体提供财务支持或其他支持，并且所提供的支持导致企业控制该结构化主体的，企业应当披露决定提供上述支持的相关因素。

第四章　在合营安排或联营企业中权益的披露

第十四条 存在重要的合营安排或联营企业的，企业应当披露下列信息：

（一）合营安排或联营企业的名称、主要经营地及注册地。

（二）企业与合营安排或联营企业的关系的性质，包括合营安排或联营企业活动的性质，以及合营安排或联营企业对企业活动是否具有战略性等。

（三）企业的持股比例。持股比例不同于企业持有的表决权比例的，企业还应当披露该表决权比例。

第十五条 对于重要的合营企业或联营企业，企业除了应当按照本准则第十四条披露相关信息外，还应当披露对合营企业或联营企业投资的会计处理方法，从合营企业或联营企业收到的股利，以及合营企业或联营企业在其自身财务报表中的主要财务信息。

企业对上述合营企业或联营企业投资采用权益法进行会计处理的，上述主要财务信息应当是按照权益法对合营企业或联营企业相关财务信息调整后的金额；同时，企业应当披露将上述主要财务信息按照权益法调整至企业对合营企业或联营企业投资账面价值的调节过程。企业对上述合营企业或联营企业投资采用权益法进行会计处理但该投资存在公开报价的，还应当披露其公允价值。

第十六条 企业在单个合营企业或联营企业中的权益不重要的，应当分别就合营企业和联营企业两类披露下列信息：

（一）按照权益法进行会计处理的对合营企业或联营企业投资的账面价值合计数。

（二）对合营企业或联营企业的净利润、终止经营的净利润、其他综合收益、综合收益等项目，企业按照其持股比例计算的金额的合计数。

第十七条 合营企业或联营企业以发放现金股利、归还贷款或垫款等形式向企业转移资金的能力存在重大限制的，企业应当披露该限制的性质和程度。

第十八条 企业对合营企业或联营企业投资采用权益法进行会计处理，被投资方发生超额亏损且投资方不再确认其应分担合营企业或联营企业损失份额的，应当披露未确认的合营企业或联营企业损失份额，包括当期份额和累积份额。

第十九条 企业应当单独披露与其对合营企业投资相关的未确认承诺，以及与其对合营企业或联营企业投资相关的或有负债。

第二十条 企业是投资性主体的，不需要披露本准则第十五条和第十六条规定的信息。

第五章　在未纳入合并财务报表范围的结构化主体中权益的披露

第二十一条　对于未纳入合并财务报表范围的结构化主体，企业应当披露下列信息：

（一）未纳入合并财务报表范围的结构化主体的性质、目的、规模、活动及融资方式。

（二）在财务报表中确认的与企业在未纳入合并财务报表范围的结构化主体中权益相关的资产和负债的账面价值及其在资产负债表中的列报项目。

（三）在未纳入合并财务报表范围的结构化主体中权益的最大损失敞口及其确定方法。企业不能量化最大损失敞口的，应当披露这一事实及其原因。

（四）在财务报表中确认的与企业在未纳入合并财务报表范围的结构化主体中权益相关的资产和负债的账面价值与其最大损失敞口的比较。企业发起设立未纳入合并财务报表范围的结构化主体，但资产负债表日在该结构化主体中没有权益的，企业不需要披露上述（二）至（四）项要求的信息，但应当披露企业作为该结构化主体发起人的认定依据，并分类披露企业当期从该结构化主体获得的收益、收益类型，以及转移至该结构化主体的所有资产在转移时的账面价值。

第二十二条　企业应当披露其向未纳入合并财务报表范围的结构化主体提供财务支持或其他支持的意图，包括帮助该结构化主体获得财务支持的意图。在没有合同约定的情况下，企业当期向结构化主体（包括企业前期或当期持有权益的结构化主体）提供财务支持或其他支持的，还应当披露提供支持的类型、金额及原因，包括帮助该结构化主体获得财务支持的情况。

第二十三条　企业是投资性主体的，对受其控制但未纳入合并财务报表范围的结构化主体，应当按照本准则第十二条和第十三条的规定进行披露，不需要按照本章规定进行披露。

第六章　衔接规定

第二十四条　企业比较财务报表中披露的本准则施行日之前的信息与本准则要求不一致的，应当按照本准则的规定进行调整，但有关未纳入合并财务报表范围的结构化主体的披露要求除外。

第七章　附　　则

第二十五条　本准则自 2014 年 7 月 1 日起施行。

财政部关于印发《金融负债与权益工具的区分及相关会计处理规定》的通知

2014 年 3 月 17 日　财会〔2014〕13 号

国务院有关部委、有关直属机构，各省、自治区、直辖市、计划单列市财政厅（局），新疆生产建设兵团财务局，有关中央管理企业，有关金融机构：

为贯彻落实《国务院关于开展优先股试点的指导意见》（国发〔2013〕46 号）等有关要求，规范优先股、永续债等金融工具的会计处理，根据《中华人民共和国会计法》和企业会计准则等相关规定，我部制定了《金融负债与权益工具的区分及相关会计处理规定》，现予印发。

相关企业应当严格按照企业会计准则相关具体准则和本规定，对发行和持有的优先股、永续债等金融工具进行会计处理。随着金融改革的深入和金融创新的发展，未来可能有更多形式的金融工具出现，其会计处理应当适用相关企业会计准则和本规定。

执行中有何问题，请及时反馈我部。

附件：金融负债与权益工具的区分及相关会计处理规定

附件：

金融负债与权益工具的区分及相关会计处理规定

为进一步规范优先股、永续债等金融工具的会计处理，根据《中华人民共和国会计法》、《企业会计准则第22号——金融工具确认和计量》（以下简称金融工具确认和计量准则）和《企业会计准则第37号——金融工具列报》（以下对上述两项会计准则合称金融工具准则）以及其他企业会计准则等，规定如下：

一、本规定的适用范围

本规定适用于经相关监管部门批准，企业发行的优先股、永续债（例如长期限含权中期票据）、认股权、可转换公司债券等金融工具的会计处理。

二、金融负债与权益工具的区分

企业应当按照金融工具准则的规定，根据所发行金融工具的合同条款及其所反映的经济实质而非仅以法律形式，结合金融资产、金融负债和权益工具的定义，在初始确认时将该金融工具或其组成部分分类为金融资产、金融负债或权益工具：

（一）金融负债

金融负债，是指企业符合下列条件之一的负债：

1. 向其他方交付现金或其他金融资产的合同义务；

2. 在潜在不利条件下，与其他方交换金融资产或金融负债的合同义务；

3. 将来须用或可用企业自身权益工具进行结算的非衍生工具合同，且企业根据该合同将交付可变数量的自身权益工具；

4. 将来须用或可用企业自身权益工具进行结算的衍生工具合同，但以固定数量的自身权益工具交换固定金额的现金或其他金融资产的衍生工具合同除外。

（二）权益工具

权益工具，是指能证明拥有某个企业在扣除所有负债后的资产中剩余权益的合同。同时满足下列条件的，发行方应当将发行的金融工具分类为权益工具：

1. 该金融工具不包括交付现金或其他金融资产给其他方，或在潜在不利条件下与其他方交换金融资产或金融负债的合同义务；

2. 将来须用或可用企业自身权益工具结算该金融工具的，如该金融工具为非衍生工具，不包括交付可变数量的自身权益工具进行结算的合同义务；如为衍生工具，企业只能通过以固定数量的自身权益工具交换固定金额的现金或其他金融资产结算该金融工具。

（三）金融负债和权益工具的区分

1. 通过交付现金、其他金融资产或交换金融资产或金融负债结算。

如果企业不能无条件地避免以交付现金或其他金融资产来履行一项合同义务，则该合同义务符合金融负债的定义。有些金融工具虽然没有明确地包含交付现金或其他金融资产义务的条款和条件，但有可能通过其他条款和条件间接地形成合同义务。

如果发行的金融工具将以现金或其他金融资产结算，那么该工具导致企业承担了交付现金或其他金融资产的义务。如果该工具要求企业在潜在不利条件下通过交换金融资产或金融负债结算（例如，该工具包含发行方签出的以现金或其他金融资产结算的期权），该工具同样导致企业承担了合同义务。在这种情况下，发行方对于发行的金融工具应当归类为金融负债。

2. 通过自身权益工具结算。

如果发行的金融工具须用或可用企业自身权益工具结算，需要考虑用于结算该工具的企业自身权益工具，是作为现金或其他金融资产的替代品，还是为了使该工具持有人享有在发行方扣除所有负债后的资产中的剩余权益。如果是前者，该工具是发行方的金融负债；如果是后者，该工具是发行方的权益工具。

3. 对于将来须用或可用企业自身权益工具结算的金融工具的分类，应当区分衍生工具还是非衍生工具。

对于非衍生工具，如果发行方未来没有义务交付可变数量的自身权益工具进行结算，则该非衍生工具是权益工具；否则，该非衍生工具是金融负债。

对于衍生工具，如果发行方只能通过以固定数量的自身权益工具交换固定金额的现金或其他金融资产进行结算，则该衍生工具是权益工具；如果发行方以固定数量自身权益工具交换可变金额现金或其他金融资产，或以可变数量自身权益工具交换固定金额现金或其他金融资产，或在转换价格不固定的情况下以可变数量自身权益工具交换可变金额现金或其他金融资产，则该衍生工具应当确认为金融负债或金融资产。

（四）或有结算条款和结算选择权

1. 或有结算条款。

或有结算条款，指是否通过交付现金或其他金融资产进行结算，或者是否以其他导致该金融工具成为金融负债的方式结算，需要由发行方和持有方均不能控制的未来不确定事项（如股价指数、消费价格指数变动，利率或税法变动，发行方未来收入、净收益或债务权益比率等）的发生或不发生（或发行方和持有方均不能控制的未来不确定事项的结果）来确定的条款。除下列情况外，对于附或有结算条款的金融工具，发行方应将其归类为金融负债：

（1）要求以现金、其他金融资产或以其他导致该工具成为金融负债的方式进行结算的或有结算条款几乎不具有可能性，即相关情形极端罕见、显著异常或几乎不可能发生。

（2）只有在发行方清算时，才需以现金、其他金融资产或以其他导致该工具成为金融负债的方式进行结算。

（3）按照本规定分类为权益工具的可回售工具。

2. 结算选择权。

对于存在结算选择权的衍生工具（例如，合同规定发行方或持有方能选择以现金净额或以发行股份交换现金等方式进行结算的衍生工具），发行方应当将其确认为金融资产或金融负债。如果合同条款中所有可能的结算方式均表明该衍生工具应当确认为权益工具的，则应当确认为权益工具。

（五）可回售工具或仅在清算时才有义务按比例交付净资产的工具

1. 可回售工具。

如果发行方发行的金融工具合同条款中约定，持有方有权将该工具回售给发行方以获取现金或其他金融资产，或者在未来某一不确定事项发生或者持有方死亡或退休时，自动回售给发行方的，则为可回售工具。在这种情况下，符合金融负债定义但同时具有下列特征的可回售金融工具，应当分类为权益工具：

（1）赋予持有方在企业清算时按比例份额获得该企业净资产的权利。企业净资产，是指扣除所有优先于该工具对企业资产要求权之后的剩余资产。按比例份额是指清算时将企业的净资产分拆为金额相等的单位，并且将单位金额乘以持有方所持有的单位数量。

（2）该工具所属的类别次于其他所有工具类别。该工具在归属于该类别前无须转换为另一种工具，且在清算时对企业资产没有优先于其他工具的要求权。

（3）该类别的所有工具具有相同的特征（例如它们必须都具有可回售特征，并且用于计算回购或赎回价格的公式或其他方法都相同)。

(4) 除了发行方应当以现金或其他金融资产回购或赎回该工具的合同义务外，该工具不满足金融负债定义中的任何其他特征。

(5) 该工具在存续期内的预计现金流量总额，应当实质上基于该工具存续期内企业的损益、已确认净资产的变动、已确认和未确认净资产的公允价值变动（不包括该工具的任何影响）。

2. 仅在清算时才有义务按比例交付净资产的工具。

某些金融工具的发行合同约定，发行方仅在清算时才有义务向另一方按比例交付其净资产，这种清算确定将会发生并且不受发行方的控制，或者发生与否取决于该工具的持有方。对于发行方仅在清算时才有义务向另一方按比例交付其净资产的金融工具，符合金融负债定义但同时具有下列特征的，应当分类为权益工具：

(1) 赋予持有方在企业清算时按比例份额获得该企业净资产的权利。

(2) 该工具所属的类别次于其他所有工具类别。该工具在归属于该类别前无须转换为另一种工具，且在清算时对企业资产没有优先于其他工具的要求权。

(3) 在次于其他所有类别的工具类别中，发行方对该类别中所有工具都应当在清算时承担按比例份额交付其净资产的同等合同义务。

3. 对发行方发行在外的其他金融工具的要求。

分类为权益的可回售工具，或发行方仅在清算时才有义务向另一方按比例交付其净资产的金融工具，除应具备上述特征外，其发行方应当没有同时具备下列特征的其他金融工具或合同：

(1) 现金流量总额实质上基于企业的损益、已确认净资产的变动、已确认和未确认净资产的公允价值变动（不包括该工具或合同的任何影响）。

(2) 实质上限制或固定了可回售工具或仅在清算时才有义务按比例交付净资产的工具的持有方所获得的剩余回报。

在运用上述条件时，对于发行方与上述可回售或仅在清算时才有义务向另一方按比例交付其净资产的工具持有方签订的非金融合同，如果其条款和条件与发行方和其他方之间可能订立的同等合同类似，不应考虑该非金融合同的影响。但是，如果不能做出此判断，则不得将该工具分类为权益工具。

(六) 金融负债和权益工具区分原则的运用

1. 根据金融负债和权益工具区分的原则，金融工具发行条款中的一些约定将影响发行方是否承担交付现金、其他金融资产或在潜在不利条件下交换金融资产或金融负债的义务。例如，发行条款规定强制付息，将导致发行方承担交付现金的义务，则该义务构成发行方的一项金融负债。

如果发行的金融工具合同条款中包含在一定条件下转换成发行方普通股的约定（例如可转换优先股中的转换条款），该条款将影响发行方是否没有交付可变数量自身权益工具的义务或者是否以固定数量的自身权益工具交换固定金额的现金或其他金融资产。

因此，企业发行各种金融工具，应当按照该金融工具的合同条款及所反映的经济实质而非仅以法律形式，运用金融负债和权益工具区分的原则，正确地确定该金融工具或其组成部分的会计分类，不得依据监管规定或工具名称进行会计处理。

2. 在合并财务报表中对金融工具（或其组成部分）进行分类时，企业应当考虑集团成员和金融工具的持有方之间达成的所有条款和条件。如果集团作为一个整体由于该工具而承担交付现金、其他金融资产或以其他导致该工具成为金融负债的方式进行结算的义务，则该工具应当分类为金融负债。

企业发行的可回售工具或仅在清算时才有义务按比例交付净资产的工具，如果满足本规定要求在其财务报表中分类为权益工具的，在其母公司的合并财务报表中对应的少数股东权益部分，应当分类为金融负债。

三、复合金融工具

企业应当对发行的非衍生金融工具进行评估，以确定所发行的工具是否为复合金融工具。企业所发行的非衍生金融工具可能同时包含金融负债成分和权益工具成分。

企业发行的非衍生金融工具同时包含金融负债成分和权益工具成分的，应于初始计量时先确定金融负债成分的公允价值（包括其中可能包含的非权益性嵌入衍生工具的公允价值），再从复合金融工具公允价值中扣除负债成分的公允价值，作为权益工具成分的价值。

四、重分类

由于发行的金融工具原合同条款约定的条件或事项随着时间的推移或经济环境的改变而发生变化，可能导致已发行金融工具重分类。

发行方原分类为权益工具的金融工具，自不再被分类为权益工具之日起，发行方应当将其重分类为金融负债，以重分类日该工具的公允价值计量，重分类日权益工具的账面价值和金融负债的公允价值之间的差额确认为权益。

发行方原分类为金融负债的金融工具，自不再被分类为金融负债之日起，发行方应当将其重分类为权益工具，以重分类日金融负债的账面价值计量。

五、投资方购入金融工具的分类

金融工具投资方（持有人）考虑持有的金融工具或其组成部分是权益工具还是债务工具投资时，应当遵循金融工具确认和计量准则和本规定的相关要求，通常应当与发行方对金融工具的权益或负债属性的分类保持一致。例如，对于发行方归类为权益工具的非衍生金融工具，投资方通常应当将其归类为权益工具投资。

六、主要会计处理

企业应当按照金融工具准则和本规定的相关要求，对发行的金融工具进行相关会计处理。

（一）金融工具会计处理的基本原则

企业发行的金融工具应当按照金融工具准则和本规定进行初始确认和计量；其后，于每个资产负债表日计提利息或分派股利，按照相关具体企业会计准则进行处理。即企业应当以所发行金融工具的分类为基础，确定该工具利息支出或股利分配等的会计处理。对于归类为权益工具的金融工具，无论其名称中是否包含“债”，其利息支出或股利分配都应当作为发行企业的利润分配，其回购、注销等作为权益的变动处理；对于归类为金融负债的金融工具，无论其名称中是否包含“股”，其利息支出或股利分配原则上按照借款费用进行处理，其回购或赎回产生的利得或损失等计入当期损益。

发行方发行金融工具，其发生的手续费、佣金等交易费用，如分类为债务工具且以摊余成本计量的，应当计入所发行工具的初始计量金额；如分类为权益工具的，应当从权益中扣除。

（二）科目设置

金融工具发行方应当设置下列会计科目，对发行的金融工具进行会计核算：

1. 发行方对于归类为金融负债的金融工具在“应付债券”科目核算。“应付债券”科目应当按照发行的金融工具种类进行明细核算，并在各类工具中按“面值”、“利息调整”、“应计利息”设置明细账，进行明细核算（发行方发行的符合流动负债特征并归类为流动负债的金融工具，以相关流动性质的负债类科目进行核算，本规定在账务处理部分均以“应付债券”科目为例）。

对于需要拆分且形成衍生金融负债或衍生金融资产的，应将拆分的衍生金融负债或衍生金融资产按照其公允价值在“衍生工具”科目核算。对于发行的且嵌入了非紧密相关的衍生金融资产或衍生金融负债的金融工具，如果发行方选择将其整体指定为以公允价值计量且其变动计入当期损益的，则应将发行的金融工具的整体在“交易性金融负债”等科目核算。

2. 在所有者权益类科目中增设“4401 其他权益工具”科目，核算企业发行的除普通股以外的归类为权益工具的各种金融工具。本科目应按发行金融工具的种类等进行明细核算。

（三）主要账务处理

1. 发行方的账务处理。

（1）发行方发行的金融工具归类为债务工具并以摊余成本计量的，应按实际收到的金额，借记“银行存款”或“存放中央银行款项”等科目，按债务工具的面值，贷记“应付债券——优先股、永续债等（面值）”科目，按其差额，贷记或借记“应付债券——优先股、永续债等（利息调整）”科目。

在该工具存续期间，计提利息并对账面的利息调整进行调整等的会计处理，按照金融工具确认和计量准则中有关金融负债按摊余成本后续计量的规定进行会计处理。

（2）发行方发行的金融工具归类为权益工具的，应按实际收到的金额，借记“银行存款”或“存放中央银行款项”等科目，贷记“其他权益工具——优先股、永续债等”科目。

分类为权益工具的金融工具，在存续期间分派股利（含分类为权益工具的工具所产生的利息，下同）的，作为利润分配处理。发行方应根据经批准的股利分配方案，按应分配给金融工具持有者的股利金额，借记“利润分配——应付优先股股利、应付永续债利息等”科目，贷记“应付股利——优先股股利、永续债利息等”科目。

（3）发行方发行的金融工具为复合金融工具的，应按实际收到的金额，借记“银行存款”或“存放中央银行款项”等科目，按金融工具的面值，贷记“应付债券——优先股、永续债（面值）等”科目，按负债成分的公允价值与金融工具面值之间的差额，借记或贷记“应付债券——优先股、永续债等（利息调整）”科目，按实际收到的金额扣除负债成分的公允价值后的金额，贷记“其他权益工具——优先股、永续债等”科目。

发行复合金融工具发生的交易费用，应当在负债成分和权益成分之间按照各自占总发行价款的比例进行分摊。与多项交易相关的共同交易费用，应当在合理的基础上，采用与其他类似交易一致的方法，在各项交易之间进行分摊。

（4）发行的金融工具本身是衍生金融负债或衍生金融资产或者内嵌了衍生金融负债或衍生金融资产的，按照金融工具确认和计量准则中有关衍生工具的规定进行处理。

（5）由于发行的金融工具原合同条款约定的条件或事项随着时间的推移或经济环境的改变而发生变化，导致原归类为权益工具的金融工具重分类为金融负债的，应当于重分类日，按该工具的账面价值，借记“其他权益工具——优先股、永续债等”科目，按该工具的面值，贷记“应付债券——优先股、永续债等（面值）”科目，按该工具的公允价值与面值之间的差额，借记或贷记“应付债券——优先股、永续债等（利息调整）”科目，按该工具的公允价值与账面价值的差额，贷记或借记“资本公积——资本溢价（或股本溢价）”科目，如资本公积不够冲减的，依次冲减盈余公积和未分配利润。发行方以重分类日计算的实际利率作为应付债券后续计量利息调整等的基础。

因发行的金融工具原合同条款约定的条件或事项随着时间的推移或经济环境的改变而发生变化，导致原归类为金融负债的金融工具重分类为权益工具的，应于重分类日，按金融负债的面值，借记“应付债券——优先股、永续债等（面值）”科目，按利息调整余额，借记或贷记“应付债券——优先股、永续债等（利息调整）”科目，按金融负债的账面价值，贷记“其他权益工具——优先股、永续债等”科目。

（6）发行方按合同条款约定赎回所发行的除普通股以外的分类为权益工具的金融工具，按赎回价格，借记“库存股——其他权益工具”科目，贷记“银行存款”或“存放中央银行款项”等科目；注销所购回的金融工具，按该工具对应的其他权益工具的账面价值，借记“其他权益工具”科目，按该工具的赎回价格，贷记“库存股——其他权益工具”科目，按其差额，借记或贷记“资本公积——资本溢价（或股本溢价）”科目，如资本公积不够冲减的，依次冲减盈余公积和未分配利润。

发行方按合同条款约定赎回所发行的分类为金融负债的金融工具，按该工具赎回日的账面价值，借记“应付债券”等科目，按赎回价格，贷记“银行存款”或“存放中央银行款项”等科目，按其差额，借记或贷记“财务费用”科目。

（7）发行方按合同条款约定将发行的除普通股以外的金融工具转换为普通股的，按该工具对应的金融负债或其他权益工具的账面价值，借记“应付债券”、“其他权益工具”等科目，按普通股的面值，贷记“实收资本（或股本）”科目，按其差额，贷记“资本公积——资本溢价（或股本溢价）”科目（如转股时金融工具的账面价值不足转换为1股普通股而以现金或其他金融资产支付的，还需按支付的现金或其他金融资产的金额，贷记“银行存款”或“存放中央银行款项”等科目）。

2. 投资方的账务处理。

投资方购买发行方发行的金融工具，应当按照金融工具确认和计量准则及本规定进行分类和计量。

如果投资方因持有发行方发行的金融工具而对发行方拥有控制、共同控制或重大影响的，按照《企业会计准则第 2 号——长期股权投资》和《企业会计准则第 20 号——企业合并》进行确认和计量；投资方需编制合并财务报表的，按照《企业会计准则第 33 号——合并财务报表》的规定编制合并财务报表。

（四）财务报表中的列示和披露

1. 发行方列示和披露。

（1）企业应当在资产负债表“实收资本”项目和“资本公积”项目之间增设“其他权益工具”项目，反映企业发行的除普通股以外分类为权益工具的金融工具的账面价值，并在“其他权益工具”项目下增设“其中：优先股”和“永续债”两个项目，分别反映企业发行的分类为权益工具的优先股和永续债的账面价值。在“应付债券”项目下增设“其中：优先股”和“永续债”两个项目，分别反映企业发行的分类为金融负债的优先股和永续债的账面价值。如属流动负债的，应当比照上述原则在流动负债类相关项目列报。

（2）企业应当在所有者权益变动表“实收资本”栏和“资本公积”栏之间增设“其他权益工具”栏，并在该栏中增设“优先股”、“永续债”和“其他”三小栏。将“（三）所有者投入和减少资本”项目中的“所有者投入资本”项目改为“1. 所有者投入的普通股”，并在该项目下增设“2. 其他权益工具持有者投入资本”项目，以下顺序号依次类推。“（四）利润分配”项目中“对所有者（或股东）的分配”项目包含对其他权益工具持有者的股利分配。

（3）企业应当在财务报表附注中增加单独附注项目，披露发行在外的所有归类为权益工具或金融负债的优先股、永续债等金融工具的详细情况，包括发行时间、数量、金额、到期或日续期情况、转股条件、转换情况、会计分类以及股利或利息支付等信息。披露格式如下：

××. 发行的优先股、永续债等金融工具的披露

××－1. 期末发行在外的优先股、永续债等金融工具情况表

发行在外的金融工具	发行时间	会计分类	股利率或利息率	发行价格	数量	金额	到期日或续期情况	转股条件	转换情况
工具 1									
工具 2									
工具 3									
……									
合计		×	×	×	×	×	×	×	

说明：①“会计分类”栏应填写“金融负债”、“权益工具”或“复合金融工具”等，对于整体指定以公允价值计量且其变动计入当期损益的金融负债，在“会计分类”栏中只需注明“整体指定”即可。

②“转股条件”栏应当披露合同中是否包含强制转股、自愿转股等条款。

③“金额”栏以发行价格乘以发行数量填列。

××－2. 条款披露

（1）工具 1 的主要条款说明：

包括本金是否可赎回，企业是否有权自主决定股利或利息支付政策，是否可转换为普通股以及发行合同关于转股价格或数量的约定等其他影响该类工具会计分类的重要特征。

（2）工具 2 的主要条款说明：

如果企业受特定监管规则约束，还需披露该金融工具是否被相关监管部门认定为合格的监管资本以及对本企业监管资本水平的影响。

××-3. 发行在外的优先股、永续债等金融工具变动情况表

发行在外的金融工具	年初		本期增加		本期减少		期末	
	数量	账面价值	数量	账面价值	数量	账面价值	数量	账面价值
工具1								
工具2								
工具3								
……								
合计	×		×		×		×	

××-4. 发行方应披露股利（或利息）的设定机制。如果发行方发行的分类为权益工具的金融工具为累积的，即发行方当期未分配的股利或利息可累积至以后期间分配的，应当在财务报表附注中披露累积未分配的股利；如果发行方发行的其他权益工具为可参与剩余利润分配的，即可与普通股股东一起参加剩余利润分配的，应当披露可参与分配的事实及分配的方法等信息。

××-5. 发行方应当披露如下归属于权益工具持有者的相关信息。披露格式如下：

项　目	年初数/本期数	期末数/上期数
1. 归属于母公司所有者的权益（股东权益）		
（1）归属于母公司普通股持有者的权益		
（2）归属于母公司其他权益持有者的权益		
其中：净利润		
综合收益总额		
当期已分配股利		
累积未分配股利		
2. 归属于少数股东的权益		
（1）归属于普通股少数股东的权益		
（2）归属于少数股东其他权益工具持有者的权益		

2. 投资方列示和披露

持有优先股、永续债等金融工具的投资方，应在“可供出售金融资产”等相关财务报表附注中，披露优先股、永续债等金融工具的会计分类、账面价值等相关信息。

七、对每股收益计算的影响

企业应当按照《企业会计准则第34号——每股收益》的规定计算每股收益。企业存在发行在外的除普通股以外的金融工具的，在计算每股收益时，应当按照以下原则处理：

（一）基本每股收益的计算

在计算基本每股收益时，基本每股收益中的分子，即归属于普通股股东的净利润不应包含其他权益工具的股利或利息，其中，对于发行的不可累积优先股等其他权益工具应扣除当期宣告发放的股利，对于发行的累积优先股等其他权益工具，无论当期是否宣告发放股利，均应予以扣除。

基本每股收益计算中的分母，为发行在外普通股的加权平均股数。

对于同普通股股东一起参加剩余利润分配的其他权益工具，在计算普通股每股收益时，归属于普通股股东的净利润不应包含根据可参加机制计算的应归属于其他权益工具持有者的净利润。

（二）稀释每股收益的计算

企业发行的金融工具中包含转股条款的，即存在潜在稀释性的，在计算稀释每股收益时考虑的因素与企业发行可转换公司债券、认股权证相同。

八、衔接规定

本规定自发布之日起施行。

本规定发布前企业对金融工具的处理与本规定不一致的，应当采用追溯调整法，如追溯调整不切实可行的，则采用未来适用法。

财政部关于印发修订《企业会计准则第2号——长期股权投资》的通知

2014年3月13日　财会〔2014〕14号

国务院有关部委、有关直属机构，各省、自治区、直辖市、计划单列市财政厅（局），新疆生产建设兵团财务局，财政部驻各省、自治区、直辖市、计划单列市财政监察专员办事处，有关中央管理企业：

为了适应社会主义市场经济发展需要，提高企业财务报表质量和会计信息透明度，根据《企业会计准则——基本准则》，我部对《企业会计准则第2号——长期股权投资》进行了修订，现予印发，自2014年7月1日起在所有执行企业会计准则的企业范围内施行，鼓励在境外上市的企业提前执行。我部于2006年2月15日发布的《〈企业会计准则第1号——存货〉等38项具体准则》（财会〔2006〕3号）中的《企业会计准则第2号——长期股权投资》同时废止。

执行中有何问题，请及时反馈我部。

附件：企业会计准则第2号——长期股权投资

附件：

企业会计准则第2号——长期股权投资

第一章　总　　则

第一条　为了规范长期股权投资的确认、计量，根据《企业会计准则——基本准则》，制定本准则。

第二条　本准则所称长期股权投资，是指投资方对被投资单位实施控制、重大影响的权益性投资，以及对其合营企业的权益性投资。

在确定能否对被投资单位实施控制时，投资方应当按照《企业会计准则第33号——合并财务报表》的有关规定进行判断。投资方能够对被投资单位实施控制的，被投资单位为其子公司。投资方属于《企业会计准则第33号——合并财务报表》规定的投资性主体且子公司不纳入合并财务报表的情况除外。

重大影响，是指投资方对被投资单位的财务和经营政策有参与决策的权力，但并不能够控制或者与其他方一起共同控制这些政策的制定。在确定能否对被投资单位施加重大影响时，应当考虑投资方和其他方持有的被投资单位当期可转换公司债券、当期可执行认股权证等潜在表决权因素。投资方能够对被投资单位施加重大影响的，被投资单位为其联营企业。

在确定被投资单位是否为合营企业时，应当按照《企业会计准则第 40 号——合营安排》的有关规定进行判断。

第三条 下列各项适用其他相关会计准则：

（一）外币长期股权投资的折算，适用《企业会计准则第 19 号——外币折算》。

（二）风险投资机构、共同基金以及类似主体持有的、在初始确认时按照《企业会计准则第 22 号——金融工具确认和计量》的规定以公允价值计量且其变动计入当期损益的金融资产，投资性主体对不纳入合并财务报表的子公司的权益性投资，以及本准则未予规范的其他权益性投资，适用《企业会计准则第 22 号——金融工具确认和计量》。

第四条 长期股权投资的披露，适用《企业会计准则第 41 号——在其他主体中权益的披露》。

第二章 初始计量

第五条 企业合并形成的长期股权投资，应当按照下列规定确定其初始投资成本：

（一）同一控制下的企业合并，合并方以支付现金、转让非现金资产或承担债务方式作为合并对价的，应当在合并日按照被合并方所有者权益在最终控制方合并财务报表中的账面价值的份额作为长期股权投资的初始投资成本。长期股权投资初始投资成本与支付的现金、转让的非现金资产以及所承担债务账面价值之间的差额，应当调整资本公积；资本公积不足冲减的，调整留存收益。

合并方以发行权益性证券作为合并对价的，应当在合并日按照被合并方所有者权益在最终控制方合并财务报表中的账面价值的份额作为长期股权投资的初始投资成本。按照发行股份的面值总额作为股本，长期股权投资初始投资成本与所发行股份面值总额之间的差额，应当调整资本公积；资本公积不足冲减的，调整留存收益。

（二）非同一控制下的企业合并，购买方在购买日应当按照《企业会计准则第 20 号——企业合并》的有关规定确定的合并成本作为长期股权投资的初始投资成本。

合并方或购买方为企业合并发生的审计、法律服务、评估咨询等中介费用以及其他相关管理费用，应当于发生时计入当期损益。

第六条 除企业合并形成的长期股权投资以外，其他方式取得的长期股权投资，应当按照下列规定确定其初始投资成本：

（一）以支付现金取得的长期股权投资，应当按照实际支付的购买价款作为初始投资成本。初始投资成本包括与取得长期股权投资直接相关的费用、税金及其他必要支出。

（二）以发行权益性证券取得的长期股权投资，应当按照发行权益性证券的公允价值作为初始投资成本。与发行权益行证券直接相关的费用，应当按照《企业会计准则第 37 号——金融工具列报》的有关规定确定。

（三）通过非货币性资产交换取得的长期股权投资，其初始投资成本应当按照《企业会计准则第 7 号——非货币性资产交换》的有关规定确定。

（四）通过债务重组取得的长期股权投资，其初始投资成本应当按照《企业会计准则第 12 号——债务重组》的有关规定确定。

第三章 后续计量

第七条 投资方能够对被投资单位实施控制的长期股权投资应当采用成本法核算。

第八条 采用成本法核算的长期股权投资应当按照初始投资成本计价。追加或收回投资应当调整长期股权投资的成本。被投资单位宣告分派的现金股利或利润，应当确认为当期投资收益。

第九条 投资方对联营企业和合营企业的长期股权投资，应当按照本准则第十条至第十三条规定，采用权益法核算。

投资方对联营企业的权益性投资，其中一部分通过风险投资机构、共同基金、信托公司或包括投连险基金在内的类似主体间接持有的，无论以上主体是否对这部分投资具有重大影响，投资方都可以按照《企业会计准则第 22 号——金融工具确认和计量》的有关规定，对间接持有的该部分投资选择以公允价值计量且其变动计入损益，并对其余部分采用权益法核算。

第十条 长期股权投资的初始投资成本大于投资时应享有被投资单位可辨认净资产公允价值份额的，不调整长期股权投资的初始投资成本；长期股权投资的初始投资成本小于投资时应享有被投资单位可辨认净资产公允价值份额的，其差额应当计入当期损益，同时调整长期股权投资的成本。

被投资单位可辨认净资产的公允价值，应当比照《企业会计准则第 20 号——企业合并》的有关规定确定。

第十一条 投资方取得长期股权投资后，应当按照应享有或应分担的被投资单位实现的净损益和其他综合收益的份额，分别确认投资收益和其他综合收益，同时调整长期股权投资的账面价值；投资方按照被投资单位宣告分派的利润或现金股利计算应享有的部分，相应减少长期股权投资的账面价值；投资方对于被投资单位除净损益、其他综合收益和利润分配以外所有者权益的其他变动，应当调整长期股权投资的账面价值并计入所有者权益。

投资方在确认应享有被投资单位净损益的份额时，应当以取得投资时被投资单位可辨认净资产的公允价值为基础，对被投资单位的净利润进行调整后确认。

被投资单位采用的会计政策及会计期间与投资方不一致的，应当按照投资方的会计政策及会计期间对被投资单位的财务报表进行调整，并据以确认投资收益和其他综合收益等。

第十二条 投资方确认被投资单位发生的净亏损，应当以长期股权投资的账面价值以及其他实质上构成对被投资单位净投资的长期权益减记至零为限，投资方负有承担额外损失义务的除外。

被投资单位以后实现净利润的，投资方在其收益分享额弥补未确认的亏损分担额后，恢复确认收益分享额。

第十三条 投资方计算确认应享有或应分担被投资单位的净损益时，与联营企业、合营企业之间发生的未实现内部交易损益按照应享有的比例计算归属于投资方的部分，应当予以抵销，在此基础上确认投资收益。

投资方与被投资单位发生的未实现内部交易损失，按照《企业会计准则第 8 号——资产减值》等的有关规定属于资产减值损失的，应当全额确认。

第十四条 投资方因追加投资等原因能够对被投资单位施加重大影响或实施共同控制但不构成控制的，应当按照《企业会计准则第 22 号——金融工具确认和计量》确定的原持有的股权投资的公允价值加上新增投资成本之和，作为改按权益法核算的初始投资成本。原持有的股权投资分类为可供出售金融资产的，其公允价值与账面价值之间的差额，以及原计入其他综合收益的累计公允价值变动应当转入改按权益法核算的当期损益。

投资方因追加投资等原因能够对非同一控制下的被投资单位实施控制的，在编制个别财务报表时，应当按照原持有的股权投资账面价值加上新增投资成本之和，作为改按成本法核算的初始投资成本。购买日之前持有的股权投资因采用权益法核算而确认的其他综合收益，应当在处置该项投资时采用与被投资单位直接处置相关资产或负债相同的基础进行会计处理。购买日之前持有的股权投资按照《企业会计准则第 22 号——金融工具确认和计量》的有关规定进行会计处理的，原计入其他综合收益的累计公允价值变动应当在改按成本法核算时转入当期损益。在编制合并财务报表时，应当按照《企业会计准则第 33 号——合并财务报表》的有关规定进行会计处理。

第十五条 投资方因处置部分股权投资等原因丧失了对被投资单位的共同控制或重大影响的，处置后的剩余股权应当改按《企业会计准则第 22 号——金融工具确认和计量》核算，其在丧失共同控制或重大影响之日的公允价值与账面价值之间的差额计入当期损益。原股权投资因采用权益法核算而确认的其他综合收益，应当在终止采用权益法核算时采用与被投资单位直接处置相关资产或负债相同的基础进行会计处理。

投资方因处置部分权益性投资等原因丧失了对被投资单位的控制的，在编制个别财务报表时，处置后的剩余股权能够对被投资单位实施共同控制或施加重大影响的，应当改按权益法核算，并对该剩余股权视同自取得时即采用权益法核算进行调整；处置后的剩余股权不能对被投资单位实施共同控制或施加重大影响的，应当改按《企业会计准则第22号——金融工具确认和计量》的有关规定进行会计处理，其在丧失控制之日的公允价值与账面价值间的差额计入当期损益。在编制合并财务报表时，应当按照《企业会计准则第33号——合并财务报表》的有关规定进行会计处理。

第十六条 对联营企业或合营企业的权益性投资全部或部分分类为持有待售资产的，投资方应当按照《企业会计准则第4号——固定资产》的有关规定处理，对于未划分为持有待售资产的剩余权益性投资，应当采用权益法进行会计处理。

已划分为持有待售的对联营企业或合营企业的权益性投资，不再符合持有待售资产分类条件的，应当从被分类为持有待售资产之日起采用权益法进行追溯调整。分类为持有待售期间的财务报表应当作相应调整。

第十七条 处置长期股权投资，其账面价值与实际取得价款之间的差额，应当计入当期损益。采用权益法核算的长期股权投资，在处置该项投资时，采用与被投资单位直接处置相关资产或负债相同的基础，按相应比例对原计入其他综合收益的部分进行会计处理。

第十八条 投资方应当关注长期股权投资的账面价值是否大于享有被投资单位所有者权益账面价值的份额等类似情况。出现类似情况时，投资方应当按照《企业会计准则第8号——资产减值》对长期股权投资进行减值测试，可收回金额低于长期股权投资账面价值的，应当计提减值准备。

第四章 衔接规定

第十九条 在本准则施行日之前已经执行企业会计准则的企业，应当按照本准则进行追溯调整，追溯调整不切实可行的除外。

第五章 附 则

第二十条 本准则自2014年7月1日起施行。

财政部关于印发《企业会计准则第40号——合营安排》的通知

2014年2月17日 财会〔2014〕11号

国务院有关部委、有关直属机构，各省、自治区、直辖市、计划单列市财政厅（局），新疆生产建设兵团财务局，财政部驻各省、自治区、直辖市、计划单列市财政监察专员办事处，有关中央管理企业：

为适应社会主义市场经济发展需要，进一步完善企业会计准则体系，根据《企业会计准则——基本准则》，我部制定了《企业会计准则第40号——合营安排》，现予印发，自2014年7月1日起在所有执行企业会计准则的企业范围内施行，鼓励在境外上市的企业提前执行。

执行中有何问题，请及时反馈我部。

附件：企业会计准则第40号——合营安排

附件：

企业会计准则第40号——合营安排

第一章 总 则

第一条 为了规范合营安排的认定、分类以及各参与方在合营安排中权益等的会计处理，根据《企业会计准则——基本准则》，制定本准则。

第二条 合营安排，是指一项由两个或两个以上的参与方共同控制的安排。合营安排具有下列特征：

（一）各参与方均受到该安排的约束；

（二）两个或两个以上的参与方对该安排实施共同控制。任何一个参与方都不能够单独控制该安排，对该安排具有共同控制的任何一个参与方均能够阻止其他参与方或参与方组合单独控制该安排。

第三条 合营安排不要求所有参与方都对该安排实施共同控制。合营安排参与方既包括对合营安排享有共同控制的参与方（即合营方），也包括对合营安排不享有共同控制的参与方。

第四条 合营方在合营安排中权益的披露，适用《企业会计准则第41号——在其他主体中权益的披露》。

第二章 合营安排的认定和分类

第五条 共同控制，是指按照相关约定对某项安排所共有的控制，并且该安排的相关活动必须经过分享控制权的参与方一致同意后才能决策。

本准则所称相关活动，是指对某项安排的回报产生重大影响的活动。某项安排的相关活动应当根据具体情况进行判断，通常包括商品或劳务的销售和购买、金融资产的管理、资产的购买和处置、研究与开发活动以及融资活动等。

第六条 如果所有参与方或一组参与方必须一致行动才能决定某项安排的相关活动，则称所有参与方或一组参与方集体控制该安排。

在判断是否存在共同控制时，应当首先判断所有参与方或参与方组合是否集体控制该安排，其次再判断该安排相关活动的决策是否必须经过这些集体控制该安排的参与方一致同意。

第七条 如果存在两个或两个以上的参与方组合能够集体控制某项安排的，不构成共同控制。

第八条 仅享有保护性权利的参与方不享有共同控制。

第九条 合营安排分为共同经营和合营企业。

共同经营，是指合营方享有该安排相关资产且承担该安排相关负债的合营安排。

合营企业，是指合营方仅对该安排的净资产享有权利的合营安排。

第十条 合营方应当根据其在合营安排中享有的权利和承担的义务确定合营安排的分类。对权利和义务进行评价时应当考虑该安排的结构、法律形式以及合同条款等因素。

第十一条 未通过单独主体达成的合营安排，应当划分为共同经营。

单独主体，是指具有单独可辨认的财务架构的主体，包括单独的法人主体和不具备法人主体资格但法律认可的主体。

第十二条 通过单独主体达成的合营安排，通常应当划分为合营企业。但有确凿证据表明满足下列任一条件并且符合相关法律法规规定的合营安排应当划分为共同经营：

（一）合营安排的法律形式表明，合营方对该安排中的相关资产和负债分别享有权利和承担义务。

（二）合营安排的合同条款约定，合营方对该安排中的相关资产和负债分别享有权利和承担义务。

（三）其他相关事实和情况表明，合营方对该安排中的相关资产和负债分别享有权利和承担义务，如合营方享有与合营安排相关的几乎所有产出，并且该安排中负债的清偿持续依赖于合营方的支持。

不能仅凭合营方对合营安排提供债务担保即将其视为合营方承担该安排相关负债。合营方承担向合营安排支付认缴出资义务的，不视为合营方承担该安排相关负债。

第十三条 相关事实和情况变化导致合营方在合营安排中享有的权利和承担的义务发生变化的，合营方应当对合营安排的分类进行重新评估。

第十四条 对于为完成不同活动而设立多项合营安排的一个框架性协议，企业应当分别确定各项合营安排的分类。

第三章 共同经营参与方的会计处理

第十五条 合营方应当确认其与共同经营中利益份额相关的下列项目，并按照相关企业会计准则的规定进行会计处理：

（一）确认单独所持有的资产，以及按其份额确认共同持有的资产；

（二）确认单独所承担的负债，以及按其份额确认共同承担的负债；

（三）确认出售其享有的共同经营产出份额所产生的收入；

（四）按其份额确认共同经营因出售产出所产生的收入；

（五）确认单独所发生的费用，以及按其份额确认共同经营发生的费用。

第十六条 合营方向共同经营投出或出售资产等（该资产构成业务的除外），在该资产等由共同经营出售给第三方之前，应当仅确认因该交易产生的损益中归属于共同经营其他参与方的部分。投出或出售的资产发生符合《企业会计准则第 8 号——资产减值》等规定的资产减值损失的，合营方应当全额确认该损失。

第十七条 合营方自共同经营购买资产等（该资产构成业务的除外），在将该资产等出售给第三方之前，应当仅确认因该交易产生的损益中归属于共同经营其他参与方的部分。购入的资产发生符合《企业会计准则第 8 号——资产减值》等规定的资产减值损失的，合营方应当按其承担的份额确认该部分损失。

第十八条 对共同经营不享有共同控制的参与方，如果享有该共同经营相关资产且承担该共同经营相关负债的，应当按照本准则第十五条至第十七条的规定进行会计处理；否则，应当按照相关企业会计准则的规定进行会计处理。

第四章 合营企业参与方的会计处理

第十九条 合营方应当按照《企业会计准则第 2 号——长期股权投资》的规定对合营企业的投资进行会计处理。

第二十条 对合营企业不享有共同控制的参与方应当根据其对该合营企业的影响程度进行会计处理：

（一）对该合营企业具有重大影响的，应当按照《企业会计准则第 2 号——长期股权投资》的规定进行会计处理。

（二）对该合营企业不具有重大影响的，应当按照《企业会计准则第 22 号——金融工具确认和计量》的规定进行会计处理。

第五章 衔接规定

第二十一条 首次采用本准则的企业应当根据本准则的规定对其合营安排进行重新评估，确定其分类。

第二十二条 合营企业重新分类为共同经营的，合营方应当在比较财务报表最早期间期初终止确认以前采用权益法核算的长期股权投资，以及其他实质上构成对合营企业净投资的长期权益；同时根据比较财务报表最早期间期初采用权益法核算时使用的相关信息，确认本企业在共同经营中的利益份额所产生的各项资产（包括商誉）和负债，所确认资产和负债的账面价值与其计税基础之间存在暂时性差异的，应当按照《企业会计准则第 18 号——所得税》的规定进行会计处理。

确认的各项资产和负债的净额与终止确认的长期股权投资以及其他实质上构成对合营企业净投资的长期权益的账面金额存在差额的，应当按照下列规定处理：

（一）前者大于后者的，其差额应当首先抵减与该投资相关的商誉，仍有余额的，再调增比较财务报表最早期间的期初留存收益；

（二）前者小于后者的，其差额应当冲减比较财务报表最早期间的期初留存收益。

第六章　附　　则

第二十三条　本准则自 2014 年 7 月 1 日起施行。

财政部关于印发修订《企业会计准则第 33 号——合并财务报表》的通知

2014 年 2 月 17 日　财会〔2014〕10 号

国务院有关部委、有关直属机构，各省、自治区、直辖市、计划单列市财政厅（局），新疆生产建设兵团财务局，财政部驻各省、自治区、直辖市、计划单列市财政监察专员办事处，有关中央管理企业：

为了适应社会主义市场经济发展需要，进一步完善企业会计准则体系，提高企业合并财务报表质量，根据《企业会计准则——基本准则》，我部对《企业会计准则第 33 号——合并财务报表》进行了修订，现予印发，自 2014 年 7 月 1 日起在所有执行企业会计准则的企业范围内施行，鼓励在境外上市的企业提前执行。我部于 2006 年 2 月 15 日发布的《财政部关于印发〈企业会计准则第 1 号——存货〉等 38 项具体准则的通知》（财会〔2006〕3 号）中的《企业会计准则第 33 号——合并财务报表》同时废止。

执行中有何问题，请及时反馈我部。

附件：企业会计准则第 33 号——合并财务报表

附件：

企业会计准则第 33 号——合并财务报表

第一章　总　　则

第一条　为了规范合并财务报表的编制和列报，根据《企业会计准则——基本准则》，制定本准则。

第二条　合并财务报表，是指反映母公司和其全部子公司形成的企业集团整体财务状况、经营成果和现金流量的财务报表。

母公司，是指控制一个或一个以上主体（含企业、被投资单位中可分割的部分，以及企业所控制的结构化主体等，下同）的主体。

子公司，是指被母公司控制的主体。

第三条 合并财务报表至少应当包括下列组成部分：

（一）合并资产负债表；

（二）合并利润表；

（三）合并现金流量表；

（四）合并所有者权益（或股东权益，下同）变动表；

（五）附注。

企业集团中期期末编制合并财务报表的，至少应当包括合并资产负债表、合并利润表、合并现金流量表和附注。

第四条 母公司应当编制合并财务报表。

如果母公司是投资性主体，且不存在为其投资活动提供相关服务的子公司，则不应当编制合并财务报表，该母公司按照本准则第二十一条规定以公允价值计量其对所有子公司的投资，且公允价值变动计入当期损益。

第五条 外币财务报表折算，适用《企业会计准则第 19 号——外币折算》和《企业会计准则第 31 号——现金流量表》。

第六条 关于在子公司权益的披露，适用《企业会计准则第 41 号——在其他主体中权益的披露》。

第二章 合并范围

第七条 合并财务报表的合并范围应当以控制为基础予以确定。

控制，是指投资方拥有对被投资方的权力，通过参与被投资方的相关活动而享有可变回报，并且有能力运用对被投资方的权力影响其回报金额。

本准则所称相关活动，是指对被投资方的回报产生重大影响的活动。被投资方的相关活动应当根据具体情况进行判断，通常包括商品或劳务的销售和购买、金融资产的管理、资产的购买和处置、研究与开发活动以及融资活动等。

第八条 投资方应当在综合考虑所有相关事实和情况的基础上对是否控制被投资方进行判断。一旦相关事实和情况的变化导致对控制定义所涉及的相关要素发生变化的，投资方应当进行重新评估。相关事实和情况主要包括：

（一）被投资方的设立目的。

（二）被投资方的相关活动以及如何对相关活动作出决策。

（三）投资方享有的权利是否使其目前有能力主导被投资方的相关活动。

（四）投资方是否通过参与被投资方的相关活动而享有可变回报。

（五）投资方是否有能力运用对被投资方的权力影响其回报金额。

（六）投资方与其他方的关系。

第九条 投资方享有现时权利使其目前有能力主导被投资方的相关活动，而不论其是否实际行使该权利，视为投资方拥有对被投资方的权力。

第十条 两个或两个以上投资方分别享有能够单方面主导被投资方不同相关活动的现时权利的，能够主导对被投资方回报产生最重大影响的活动的一方拥有对被投资方的权力。

第十一条 投资方在判断是否拥有对被投资方的权力时，应当仅考虑与被投资方相关的实质性权利，包括自身所享有的实质性权利以及其他方所享有的实质性权利。

实质性权利，是指持有人在对相关活动进行决策时有实际能力行使的可执行权利。判断一项权利是否为实质性权利，应当综合考虑所有相关因素，包括权利持有人行使该项权利是否存在财务、价格、条款、机制、信息、运营、法律法规等方面的障碍；当权利由多方持有或者行权需要多方同意时，是否存在实际可行的机制使得这些权利持有人在其愿意的情况下能够一致行权；权利持有人能否从行权中获利等。

某些情况下，其他方享有的实质性权利有可能会阻止投资方对被投资方的控制。这种实质性权利既包括提出议案以供决策的主动性权利，也包括对已提出议案作出决策的被动性权利。

第十二条 仅享有保护性权利的投资方不拥有对被投资方的权力。

保护性权利，是指仅为了保护权利持有人利益却没有赋予持有人对相关活动决策权的一项权利。保护性权利通常只能在被投资方发生根本性改变或某些例外情况发生时才能够行使，它既没有赋予其持有人对被投资方拥有权力，也不能阻止其他方对被投资方拥有权力。

第十三条 除非有确凿证据表明其不能主导被投资方相关活动，下列情况，表明投资方对被投资方拥有权力：

（一）投资方持有被投资方半数以上的表决权的。

（二）投资方持有被投资方半数或以下的表决权，但通过与其他表决权持有人之间的协议能够控制半数以上表决权的。

第十四条 投资方持有被投资方半数或以下的表决权，但综合考虑下列事实和情况后，判断投资方持有的表决权足以使其目前有能力主导被投资方相关活动的，视为投资方对被投资方拥有权力：

（一）投资方持有的表决权相对于其他投资方持有的表决权份额的大小，以及其他投资方持有表决权的分散程度。

（二）投资方和其他投资方持有的被投资方的潜在表决权，如可转换公司债券、可执行认股权证等。

（三）其他合同安排产生的权利。

（四）被投资方以往的表决权行使情况等其他相关事实和情况。

第十五条 当表决权不能对被投资方的回报产生重大影响时，如仅与被投资方的日常行政管理活动有关，并且被投资方的相关活动由合同安排所决定，投资方需要评估这些合同安排，以评价其享有的权利是否足够使其拥有对被投资方的权力。

第十六条 某些情况下，投资方可能难以判断其享有的权利是否足以使其拥有对被投资方的权力。在这种情况下，投资方应当考虑其具有实际能力以单方面主导被投资方相关活动的证据，从而判断其是否拥有对被投资方的权力。投资方应考虑的因素包括但不限于下列事项：

（一）投资方能否任命或批准被投资方的关键管理人员。

（二）投资方能否出于其自身利益决定或否决被投资方的重大交易。

（三）投资方能否掌控被投资方董事会等类似权力机构成员的任命程序，或者从其他表决权持有人手中获得代理权。

（四）投资方与被投资方的关键管理人员或董事会等类似权力机构中的多数成员是否存在关联方关系。

投资方与被投资方之间存在某种特殊关系的，在评价投资方是否拥有对被投资方的权力时，应当适当考虑这种特殊关系的影响。特殊关系通常包括：被投资方的关键管理人员是投资方的现任或前任职工、被投资方的经营依赖于投资方、被投资方活动的重大部分有投资方参与其中或者是以投资方的名义进行、投资方自被投资方承担可变回报的风险或享有可变回报的收益远超过其持有的表决权或其他类似权利的比例等。

第十七条 投资方自被投资方取得的回报可能会随着被投资方业绩而变动的，视为享有可变回报。投资方应当基于合同安排的实质而非回报的法律形式对回报的可变性进行评价。

第十八条 投资方在判断是否控制被投资方时，应当确定其自身是以主要责任人还是代理人的身份行使决策权，在其他方拥有决策权的情况下，还需要确定其他方是否以其代理人的身份代为行使决策权。

代理人仅代表主要责任人行使决策权，不控制被投资方。投资方将被投资方相关活动的决策权委托给代理人的，应当将该决策权视为自身直接持有。

第十九条 在确定决策者是否为代理人时，应当综合考虑该决策者与被投资方以及其他投资方之间的关系。

（一）存在单独一方拥有实质性权利可以无条件罢免决策者的，该决策者为代理人。

（二）除（一）以外的情况下，应当综合考虑决策者对被投资方的决策权范围、其他方享有的实质性权利、决策者的薪酬水平、决策者因持有被投资方中的其他权益所承担可变回报的风险等相关因素进行判断。

第二十条 投资方通常应当对是否控制被投资方整体进行判断。但极个别情况下，有确凿证据表明同时满足下列条件并且符合相关法律法规规定的，投资方应当将被投资方的一部分（以下简称“该部分”）视为被投资方可分割的部分（单独主体），进而判断是否控制该部分（单独主体）。

（一）该部分的资产是偿付该部分负债或该部分其他权益的唯一来源，不能用于偿还该部分以外的被投资方的其他负债；

（二）除与该部分相关的各方外，其他方不享有与该部分资产相关的权利，也不享有与该部分资产剩余现金流量相关的权利。

第二十一条 母公司应当将其全部子公司（包括母公司所控制的单独主体）纳入合并财务报表的合并范围。

如果母公司是投资性主体，则母公司应当仅将为其投资活动提供相关服务的子公司（如有）纳入合并范围并编制合并财务报表；其他子公司不应当予以合并，母公司对其他子公司的投资应当按照公允价值计量且其变动计入当期损益。

第二十二条 当母公司同时满足下列条件时，该母公司属于投资性主体：

（一）该公司是以向投资者提供投资管理服务为目的，从一个或多个投资者处获取资金；

（二）该公司的唯一经营目的，是通过资本增值、投资收益或两者兼有而让投资者获得回报；

（三）该公司按照公允价值对几乎所有投资的业绩进行考量和评价。

第二十三条 母公司属于投资性主体的，通常情况下应当符合下列所有特征：

（一）拥有一个以上投资；

（二）拥有一个以上投资者；

（三）投资者不是该主体的关联方；

（四）其所有者权益以股权或类似权益方式存在。

第二十四条 投资性主体的母公司本身不是投资性主体，则应当将其控制的全部主体，包括那些通过投资性主体所间接控制的主体，纳入合并财务报表范围。

第二十五条 当母公司由非投资性主体转变为投资性主体时，除仅将为其投资活动提供相关服务的子公司纳入合并财务报表范围编制合并财务报表外，企业自转变日起对其他子公司不再予以合并，并参照本准则第四十九条的规定，按照视同在转变日处置子公司但保留剩余股权的原则进行会计处理。

当母公司由投资性主体转变为非投资性主体时，应将原未纳入合并财务报表范围的子公司于转变日纳入合并财务报表范围，原未纳入合并财务报表范围的子公司在转变日的公允价值视同为购买的交易对价。

第三章 合并程序

第二十六条 母公司应当以自身和其子公司的财务报表为基础，根据其他有关资料，编制合并财务报表。

母公司编制合并财务报表，应当将整个企业集团视为一个会计主体，依据相关企业会计准则的确认、计量和列报要求，按照统一的会计政策，反映企业集团整体财务状况、经营成果和现金流量。

（一）合并母公司与子公司的资产、负债、所有者权益、收入、费用和现金流等项目。

（二）抵销母公司对子公司的长期股权投资与母公司在子公司所有者权益中所享有的份额。

（三）抵销母公司与子公司、子公司相互之间发生的内部交易的影响。内部交易表明相关资产发生减值损失的，应当全额确认该部分损失。

（四）站在企业集团角度对特殊交易事项予以调整。

第二十七条 母公司应当统一子公司所采用的会计政策，使子公司采用的会计政策与母公司保持一致。

子公司所采用的会计政策与母公司不一致的，应当按照母公司的会计政策对子公司财务报表进行必要的调整；或者要求子公司按照母公司的会计政策另行编报财务报表。

第二十八条 母公司应当统一子公司的会计期间，使子公司的会计期间与母公司保持一致。

子公司的会计期间与母公司不一致的，应当按照母公司的会计期间对子公司财务报表进行调整；或者要求子公司按照母公司的会计期间另行编报财务报表。

第二十九条 在编制合并财务报表时，子公司除了应当向母公司提供财务报表外，还应当向母公司提供下列有关资料：

（一）采用的与母公司不一致的会计政策及其影响金额；

（二）与母公司不一致的会计期间的说明；

（三）与母公司、其他子公司之间发生的所有内部交易的相关资料；

（四）所有者权益变动的有关资料；

（五）编制合并财务报表所需要的其他资料。

第一节 合并资产负债表

第三十条 合并资产负债表应当以母公司和子公司的资产负债表为基础，在抵销母公司与子公司、子公司相互之间发生的内部交易对合并资产负债表的影响后，由母公司合并编制。

（一）母公司对子公司的长期股权投资与母公司在子公司所有者权益中所享有的份额应当相互抵销，同时抵销相应的长期股权投资减值准备。

子公司持有母公司的长期股权投资，应当视为企业集团的库存股，作为所有者权益的减项，在合并资产负债表中所有者权益项目下以“减：库存股”项目列示。

子公司相互之间持有的长期股权投资，应当比照母公司对子公司的股权投资的抵销方法，将长期股权投资与其对应的子公司所有者权益中所享有的份额相互抵销。

（二）母公司与子公司、子公司相互之间的债权与债务项目应当相互抵销，同时抵销相应的减值准备。

（三）母公司与子公司、子公司相互之间销售商品（或提供劳务，下同）或其他方式形成的存货、固定资产、工程物资、在建工程、无形资产等所包含的未实现内部销售损益应当抵销。

对存货、固定资产、工程物资、在建工程和无形资产等计提的跌价准备或减值准备与未实现内部销售损益相关的部分应当抵销。

（四）母公司与子公司、子公司相互之间发生的其他内部交易对合并资产负债表的影响应当抵销。

（五）因抵销未实现内部销售损益导致合并资产负债表中资产、负债的账面价值与其在所属纳税主体的计税基础之间产生暂时性差异的，在合并资产负债表中应当确认递延所得税资产或递延所得税负债，同时调整合并利润表中的所得税费用，但与直接计入所有者权益的交易或事项及企业合并相关的递延所得税除外。

第三十一条 子公司所有者权益中不属于母公司的份额，应当作为少数股东权益，在合并资产负债表中所有者权益项目下以“少数股东权益”项目列示。

第三十二条 母公司在报告期内因同一控制下企业合并增加的子公司以及业务，编制合并资产负债表时，应当调整合并资产负债表的期初数，同时应当对比较报表的相关项目进行调整，视同合并后的报告主体自最终控制方开始控制时点起一直存在。

因非同一控制下企业合并或其他方式增加的子公司以及业务，编制合并资产负债表时，不应当调整合并资产负债表的期初数。

第三十三条 母公司在报告期内处置子公司以及业务，编制合并资产负债表时，不应当调整合并资产负债表的期初数。

第二节 合并利润表

第三十四条 合并利润表应当以母公司和子公司的利润表为基础，在抵销母公司与子公司、子公司相互之间发生的内部交易对合并利润表的影响后，由母公司合并编制。

（一）母公司与子公司、子公司相互之间销售商品所产生的营业收入和营业成本应当抵销。

母公司与子公司、子公司相互之间销售商品，期末全部实现对外销售的，应当将购买方的营业成本与销售方的营业收入相互抵销。

母公司与子公司、子公司相互之间销售商品，期末未实现对外销售而形成存货、固定资产、工程物资、在建工程、无形资产等资产的，在抵销销售商品的营业成本和营业收入的同时，应当将各项资产所包含的未实现内部销售损益予以抵销。

（二）在对母公司与子公司、子公司相互之间销售商品形成的固定资产或无形资产所包含的未实现内部销售损益进行抵销的同时，也应当对固定资产的折旧额或无形资产的摊销额与未实现内部销售损益相关的部分进行抵销。

（三）母公司与子公司、子公司相互之间持有对方债券所产生的投资收益、利息收入及其他综合收益等，应当与其相对应的发行方利息费用相互抵销。

（四）母公司对子公司、子公司相互之间持有对方长期股权投资的投资收益应当抵销。

（五）母公司与子公司、子公司相互之间发生的其他内部交易对合并利润表的影响应当抵销。

第三十五条 子公司当期净损益中属于少数股东权益的份额，应当在合并利润表中净利润项目下以“少数股东损益”项目列示。

子公司当期综合收益中属于少数股东权益的份额，应当在合并利润表中综合收益总额项目下以“归属于少数股东的综合收益总额”项目列示。

第三十六条 母公司向子公司出售资产所发生的未实现内部交易损益，应当全额抵销“归属于母公司所有者的净利润”。

子公司向母公司出售资产所发生的未实现内部交易损益，应当按照母公司对该子公司的分配比例在“归属于母公司所有者的净利润”和“少数股东损益”之间分配抵销。

子公司之间出售资产所发生的未实现内部交易损益，应当按照母公司对出售方子公司的分配比例在“归属于母公司所有者的净利润”和“少数股东损益”之间分配抵销。

第三十七条 子公司少数股东分担的当期亏损超过了少数股东在该子公司期初所有者权益中所享有的份额的，其余额仍应当冲减少数股东权益。

第三十八条 母公司在报告期内因同一控制下企业合并增加的子公司以及业务，应当将该子公司以及业务合并当期期初至报告期末的收入、费用、利润纳入合并利润表，同时应当对比较报表的相关项目进行调整，视同合并后的报告主体自最终控制方开始控制时点起一直存在。

因非同一控制下企业合并或其他方式增加的子公司以及业务，应当将该子公司以及业务购买日至报告期末的收入、费用、利润纳入合并利润表。

第三十九条 母公司在报告期内处置子公司以及业务，应当将该子公司以及业务期初至处置日的收入、费用、利润纳入合并利润表。

第三节 合并现金流量表

第四十条 合并现金流量表应当以母公司和子公司的现金流量表为基础，在抵销母公司与子公司、子公司相互之间发生的内部交易对合并现金流量表的影响后，由母公司合并编制。

本准则提及现金时，除非同时提及现金等价物，均包括现金和现金等价物。

第四十一条 编制合并现金流量表应当符合下列要求：

（一）母公司与子公司、子公司相互之间当期以现金投资或收购股权增加的投资所产生的现金流量应当抵销。

（二）母公司与子公司、子公司相互之间当期取得投资收益、利息收入收到的现金，应当与分配股利、利润或偿付利息支付的现金相互抵销。

（三）母公司与子公司、子公司相互之间以现金结算债权与债务所产生的现金流量应当抵销。

（四）母公司与子公司、子公司相互之间当期销售商品所产生的现金流量应当抵销。

（五）母公司与子公司、子公司相互之间处置固定资产、无形资产和其他长期资产收回的现金净额，应当与购建固定资产、无形资产和其他长期资产支付的现金相互抵销。

（六）母公司与子公司、子公司相互之间当期发生的其他内部交易所产生的现金流量应当抵销。

第四十二条 合并现金流量表及其补充资料也可以根据合并资产负债表和合并利润表进行编制。

第四十三条 母公司在报告期内因同一控制下企业合并增加的子公司以及业务，应当将该子公司以及业务合并当期期初至报告期末的现金流量纳入合并现金流量表，同时应当对比较报表的相关项目进行调整，视同合并后的报告主体自最终控制方开始控制时点起一直存在。

因非同一控制下企业合并增加的子公司以及业务，应当将该子公司购买日至报告期末的现金流量纳入合并现金流量表。

第四十四条 母公司在报告期内处置子公司以及业务，应当将该子公司以及业务期初至处置日的现金流量纳入合并现金流量表。

第四节 合并所有者权益变动表

第四十五条 合并所有者权益变动表应当以母公司和子公司的所有者权益变动表为基础，在抵销母公司与子公司、子公司相互之间发生的内部交易对合并所有者权益变动表的影响后，由母公司合并编制。

（一）母公司对子公司的长期股权投资应当与母公司在子公司所有者权益中所享有的份额相互抵销。

子公司持有母公司的长期股权投资以及子公司相互之间持有的长期股权投资，应当按照本准则第三十条规定处理。

（二）母公司对子公司、子公司相互之间持有对方长期股权投资的投资收益应当抵销。

（三）母公司与子公司、子公司相互之间发生的其他内部交易对所有者权益变动的影响应当抵销。

合并所有者权益变动表也可以根据合并资产负债表和合并利润表进行编制。

第四十六条 有少数股东的，应当在合并所有者权益变动表中增加“少数股东权益”栏目，反映少数股东权益变动的情况。

第四章 特殊交易的会计处理

第四十七条 母公司购买子公司少数股东拥有的子公司股权，在合并财务报表中，因购买少数股权新取得的长期股权投资与按照新增持股比例计算应享有子公司自购买日或合并日开始持续计算的净资产份额之间的差额，应当调整资本公积（资本溢价或股本溢价），资本公积不足冲减的，调整留存收益。

第四十八条 企业因追加投资等原因能够对非同一控制下的被投资方实施控制的，在合并财务报表中，对于购买日之前持有的被购买方的股权，应当按照该股权在购买日的公允价值进行重新计量，公允价值与其账面价值的差额计入当期投资收益；购买日之前持有的被购买方的股权涉及权益法核算下的其他综合收益等的，与其相关的其他综合收益等应当转为购买日所属当期收益。购买方应当在附注中披露其在购买日之前持有的被购买方的股权在购买日的公允价值、按照公允价值重新计量产生的相关利得或损失的金额。

第四十九条 母公司在不丧失控制权的情况下部分处置对子公司的长期股权投资，在合并财务报表中，处置价款与处置长期股权投资相对应享有子公司自购买日或合并日开始持续计算的净资产份额之间的差额，应当调整资本公积（资本溢价或股本溢价），资本公积不足冲减的，调整留存收益。

第五十条 企业因处置部分股权投资等原因丧失了对被投资方的控制权的，在编制合并财务报表时，对于剩余股权，应当按照其在丧失控制权日的公允价值进行重新计量。处置股权取得的对价与剩余股权公允价值之和，减去按原持股比例计算应享有原有子公司自购买日或合并日开始持续计算的净资产的份额之间的差额，计入丧失控制权当期的投资收益，同时冲减商誉。与原有子公司股权投资相关的其他综合收益等，应当在丧失控制权时转为当期投资收益。

第五十一条 企业通过多次交易分步处置对子公司股权投资直至丧失控制权的，如果处置对子公司股权投资直至丧失控制权的各项交易属于一揽子交易的，应当将各项交易作为一项处置子公司并丧失控制权的交易进行会计处理；但是，在丧失控制权之前每一次处置价款与处置投资对应的享有该子公司净资产份额的差额，在合并财务报表中应当确认为其他综合收益，在丧失控制权时一并转入丧失控制权当期的损益。

处置对子公司股权投资的各项交易的条款、条件以及经济影响符合下列一种或多种情况，通常表明应将多次交易事项作为一揽子交易进行会计处理：

（一）这些交易是同时或者在考虑了彼此影响的情况下订立的。

（二）这些交易整体才能达成一项完整的商业结果。

（三）一项交易的发生取决于其他至少一项交易的发生。

（四）一项交易单独考虑时是不经济的，但是和其他交易一并考虑时是经济的。

第五十二条 对于本章未列举的交易或者事项，如果站在企业集团合并财务报表角度的确认和计量结果与其所属的母公司或子公司的个别财务报表层面的确认和计量结果不一致的，则在编制合并财务报表时，也应当按照本准则第二十六条第二款第（四）项的规定，对其确认和计量结果予以相应调整。

第五章 衔接规定

第五十三条 首次采用本准则的企业应当根据本准则的规定对被投资方进行重新评估，确定其是否应纳入合并财务报表范围。因首次采用本准则导致合并范围发生变化的，应当进行追溯调整，追溯调整不切实可行的除外。比较期间已丧失控制权的原子公司，不再追溯调整。

第六章 附 则

第五十四条 本准则自2014年7月1日起施行。

财政部关于印发修订《企业会计准则第9号——职工薪酬》的通知

2014年1月27日 财会〔2014〕8号

国务院有关部委、有关直属机构，各省、自治区、直辖市、计划单列市财政厅（局），新疆生产建设兵团财务局，财政部驻各省、自治区、直辖市、计划单列市财政监察专员办事处，有关中央管理企业：

为了进一步规范我国企业会计准则中关于职工薪酬的相关会计处理规定，并保持我国企业会计准则与国际财务报告准则的持续趋同，根据《企业会计准则——基本准则》，我部对《企业会计准则第9号——职工薪酬》进行了修订，现予印发，自2014年7月1日起在所有执行企业会计准则的企业范围内施行，鼓励在境外上市的企业提前执行。我部于2006年2月15日发布的《财政部关于印发〈企业会计准则第1号——存货〉等38项具体准则的通知》（财会〔2006〕3号）中的《企业会计准则第9号——职工薪酬》同时废止。

执行中有何问题，请及时反馈我部。

附件：企业会计准则第9号——职工薪酬

附件：

企业会计准则第9号——职工薪酬

第一章 总 则

第一条 为了规范职工薪酬的确认、计量和相关信息的披露，根据《企业会计准则——基本准则》，制定本准则。

第二条 职工薪酬，是指企业为获得职工提供的服务或解除劳动关系而给予的各种形式的报酬或补偿。职工薪酬包括短期薪酬、离职后福利、辞退福利和其他长期职工福利。企业提供给职工配偶、子女、受赡养人、已故员工遗属及其他受益人等的福利，也属于职工薪酬。

短期薪酬，是指企业在职工提供相关服务的年度报告期间结束后十二个月内需要全部予以支付的职工薪酬，因解除与职工的劳动关系给予的补偿除外。短期薪酬具体包括：职工工资、奖金、津贴和补贴，职工福利费，医疗保险费、工伤保险费和生育保险费等社会保险费，住房公积金，工会经费和职工教育经费，短期带薪缺勤，短期利润分享计划，非货币性福利以及其他短期薪酬。

带薪缺勤，是指企业支付工资或提供补偿的职工缺勤，包括年休假、病假、短期伤残、婚假、产假、丧假、探亲假等。利润分享计划，是指因职工提供服务而与职工达成的基于利润或其他经营成果提供薪酬的协议。

离职后福利，是指企业为获得职工提供的服务而在职工退休或与企业解除劳动关系后，提供的各种形式的报酬和福利，短期薪酬和辞退福利除外。

辞退福利，是指企业在职工劳动合同到期之前解除与职工的劳动关系，或者为鼓励职工自愿接受裁减而给予职工的补偿。

其他长期职工福利，是指除短期薪酬、离职后福利、辞退福利之外所有的职工薪酬，包括长期带薪缺勤、长期残疾福利、长期利润分享计划等。

第三条 本准则所称职工，是指与企业订立劳动合同的所有人员，含全职、兼职和临时职工，也包括虽未与企业订立劳动合同但由企业正式任命的人员。

未与企业订立劳动合同或未由其正式任命，但向企业所提供服务与职工所提供服务类似的人员，也属于职工的范畴，包括通过企业与劳务中介公司签订用工合同而向企业提供服务的人员。

第四条 下列各项适用其他相关会计准则：

（一）企业年金基金，适用《企业会计准则第10号——企业年金基金》。

（二）以股份为基础的薪酬，适用《企业会计准则第11号——股份支付》。

第二章 短期薪酬

第五条 企业应当在职工为其提供服务的会计期间，将实际发生的短期薪酬确认为负债，并计入当期损益，其他会计准则要求或允许计入资产成本的除外。

第六条 企业发生的职工福利费，应当在实际发生时根据实际发生额计入当期损益或相关资产成本。职工福利费为非货币性福利的，应当按照公允价值计量。

第七条 企业为职工缴纳的医疗保险费、工伤保险费、生育保险费等社会保险费和住房公积金，以及按规定提取的工会经费和职工教育经费，应当在职工为其提供服务的会计期间，根据规定的计提基础和计提比例计算确定相应的职工薪酬金额，并确认相应负债，计入当期损益或相关资产成本。

第八条 带薪缺勤分为累积带薪缺勤和非累积带薪缺勤。企业应当在职工提供服务从而增加了其未来享有的带薪缺勤权利时，确认与累积带薪缺勤相关的职工薪酬，并以累积未行使权利而增加的预期支付金额计量。企业应当在职工实际发生缺勤的会计期间确认与非累积带薪缺勤相关的职工薪酬。

累积带薪缺勤，是指带薪缺勤权利可以结转下期的带薪缺勤，本期尚未用完的带薪缺勤权利可以在未来期间使用。

非累积带薪缺勤，是指带薪缺勤权利不能结转下期的带薪缺勤，本期尚未用完的带薪缺勤权利将予以取消，并且职工离开企业时也无权获得现金支付。

第九条 利润分享计划同时满足下列条件的，企业应当确认相关的应付职工薪酬：

（一）企业因过去事项导致现在具有支付职工薪酬的法定义务或推定义务；

（二）因利润分享计划所产生的应付职工薪酬义务金额能够可靠估计。属于下列三种情形之一的，视为义务金额能够可靠估计：

1. 在财务报告批准报出之前企业已确定应支付的薪酬金额。

2. 该短期利润分享计划的正式条款中包括确定薪酬金额的方式。

3. 过去的惯例为企业确定推定义务金额提供了明显证据。

第十条 职工只有在企业工作一段特定期间才能分享利润的，企业在计量利润分享计划产生的应付职工薪酬时，应当反映职工因离职而无法享受利润分享计划福利的可能性。

如果企业在职工为其提供相关服务的年度报告期间结束后十二个月内，不需要全部支付利润分享计划产生的应付职工薪酬，该利润分享计划应当适用本准则其他长期职工福利的有关规定。

第三章 离职后福利

第十一条 企业应当将离职后福利计划分类为设定提存计划和设定受益计划。

离职后福利计划，是指企业与职工就离职后福利达成的协议，或者企业为向职工提供离职后福利制定的规章或办法等。其中，设定提存计划，是指向独立的基金缴存固定费用后，企业不再承担进一步支付义务的离职后福利计划；设定受益计划，是指除设定提存计划以外的离职后福利计划。

第十二条 企业应当在职工为其提供服务的会计期间，将根据设定提存计划计算的应缴存金额确认为负债，并计入当期损益或相关资产成本。

根据设定提存计划，预期不会在职工提供相关服务的年度报告期结束后十二个月内支付全部应缴存金额的，企业应当参照本准则第十五条规定的折现率，将全部应缴存金额以折现后的金额计量应付职工薪酬。

第十三条 企业对设定受益计划的会计处理通常包括下列四个步骤：

（一）根据预期累计福利单位法，采用无偏且相互一致的精算假设对有关人口统计变量和财务变量等做出估计，计量设定受益计划所产生的义务，并确定相关义务的归属期间。企业应当按照本准则第十五条规定的折现率将设定受益计划所产生的义务予以折现，以确定设定受益计划义务的现值和当期服务成本。

（二）设定受益计划存在资产的，企业应当将设定受益计划义务现值减去设定受益计划资产公允价值所形成的赤字或盈余确认为一项设定受益计划净负债或净资产。

设定受益计划存在盈余的，企业应当以设定受益计划的盈余和资产上限两项的孰低者计量设定受益计划净资产。其中，资产上限，是指企业可从设定受益计划退款或减少未来对设定受益计划缴存资金而获得的经济利益的现值。

（三）根据本准则第十六条的有关规定，确定应当计入当期损益的金额。

（四）根据本准则第十六条和第十七条的有关规定，确定应当计入其他综合收益的金额。

在预期累计福利单位法下，每一服务期间会增加一个单位的福利权利，并且需对每一个单位单独计量，以形成最终义务。企业应当将福利归属于提供设定受益计划的义务发生的期间。这一期间是指从职工提供服务以获取企业在未来报告期间预计支付的设定受益计划福利开始，至职工的继续服务不会导致这一福利金额显著增加之日为止。

第十四条 企业应当根据预期累计福利单位法确定的公式将设定受益计划产生的福利义务归属于职工提供服务的期间，并计入当期损益或相关资产成本。

当职工后续年度的服务将导致其享有的设定受益计划福利水平显著高于以前年度时，企业应当按照直线法将累计设定受益计划义务分摊确认于职工提供服务而导致企业第一次产生设定受益计划福利义务至职工提供服务不再导致该福利义务显著增加的期间。在确定该归属期间时，不应考虑仅因未来工资水平提高而导致设定受益计划义务显著增加的情况。

第十五条 企业应当对所有设定受益计划义务予以折现，包括预期在职工提供服务的年度报告期间结束后的十二个月内支付的义务。折现时所采用的折现率应当根据资产负债表日与设定受益计划义务期限和币种相匹配的国债或活跃市场上的高质量公司债券的市场收益率确定。

第十六条 报告期末，企业应当将设定受益计划产生的职工薪酬成本确认为下列组成部分：

（一）服务成本，包括当期服务成本、过去服务成本和结算利得或损失。其中，当期服务成本，是指职工当期提供服务所导致的设定受益计划义务现值的增加额；过去服务成本，是指设定受益计划修改所导致的与以前期间职工服务相关的设定受益计划义务现值的增加或减少。

（二）设定受益计划净负债或净资产的利息净额，包括计划资产的利息收益、设定受益计划义务的利息费用以及资产上限影响的利息。

（三）重新计量设定受益计划净负债或净资产所产生的变动。

除非其他会计准则要求或允许职工福利成本计入资产成本，上述第（一）项和第（二）项应计入当期损益；第（三）项应计入其他综合收益，并且在后续会计期间不允许转回至损益，但企业可以在权益范围内转移这些在其他综合收益中确认的金额。

第十七条 重新计量设定受益计划净负债或净资产所产生的变动包括下列部分：

（一）精算利得或损失，即由于精算假设和经验调整导致之前所计量的设定受益计划义务现值的增加或减少。

（二）计划资产回报，扣除包括在设定受益计划净负债或净资产的利息净额中的金额。

（三）资产上限影响的变动，扣除包括在设定受益计划净负债或净资产的利息净额中的金额。

第十八条 在设定受益计划下，企业应当在下列日期孰早日将过去服务成本确认为当期费用：

（一）修改设定受益计划时。

（二）企业确认相关重组费用或辞退福利时。

第十九条 企业应当在设定受益计划结算时，确认一项结算利得或损失。

设定受益计划结算，是指企业为了消除设定受益计划所产生的部分或所有未来义务进行的交易，而不是根据计划条款和所包含的精算假设向职工支付福利。设定受益计划结算利得或损失是下列两项的差额：

（一）在结算日确定的设定受益计划义务现值。

（二）结算价格，包括转移的计划资产的公允价值和企业直接发生的与结算相关的支付。

第四章 辞退福利

第二十条 企业向职工提供辞退福利的，应当在下列两者孰早日确认辞退福利产生的职工薪酬负债，并计入当期损益：

（一）企业不能单方面撤回因解除劳动关系计划或裁减建议所提供的辞退福利时。

（二）企业确认与涉及支付辞退福利的重组相关的成本或费用时。

第二十一条 企业应当按照辞退计划条款的规定，合理预计并确认辞退福利产生的应付职工薪酬。辞退福利预期在其确认的年度报告期结束后十二个月内完全支付的，应当适用短期薪酬的相关规定；辞退福利预期在年度报告期结束后十二个月内不能完全支付的，应当适用本准则关于其他长期职工福利的有关规定。

第五章 其他长期职工福利

第二十二条 企业向职工提供的其他长期职工福利，符合设定提存计划条件的，应当适用本准则第十二条关于设定提存计划的有关规定进行处理。

第二十三条 除上述第二十二条规定的情形外，企业应当适用本准则关于设定受益计划的有关规定，确认和计量其他长期职工福利净负债或净资产。在报告期末，企业应当将其他长期职工福利产生的职工薪酬成本确认为下列组成部分：

（一）服务成本。

（二）其他长期职工福利净负债或净资产的利息净额。

（三）重新计量其他长期职工福利净负债或净资产所产生的变动。

为简化相关会计处理，上述项目的总净额应计入当期损益或相关资产成本。

第二十四条 长期残疾福利水平取决于职工提供服务期间长短的，企业应当在职工提供服务的期间确认应付长期残疾福利义务，计量时应当考虑长期残疾福利支付的可能性和预期支付的期限；长期残疾福利与职工提供服务期间长短无关的，企业应当在导致职工长期残疾的事件发生的当期确认应付长期残疾福利义务。

第六章 披　露

第二十五条 企业应当在附注中披露与短期职工薪酬有关的下列信息：

（一）应当支付给职工的工资、奖金、津贴和补贴及其期末应付未付金额。

（二）应当为职工缴纳的医疗保险费、工伤保险费和生育保险费等社会保险费及其期末应付未付金额。

（三）应当为职工缴存的住房公积金及其期末应付未付金额。

（四）为职工提供的非货币性福利及其计算依据。

（五）依据短期利润分享计划提供的职工薪酬金额及其计算依据。

（六）其他短期薪酬。

第二十六条 企业应当披露所设立或参与的设定提存计划的性质、计算缴费金额的公式或依据，当期缴费金额以及期末应付未付金额。

第二十七条 企业应当披露与设定受益计划有关的下列信息：

（一）设定受益计划的特征及与之相关的风险。

（三）设定受益计划在财务报表中确认的金额及其变动。

（三）设定受益计划对企业未来现金流量金额、时间和不确定性的影响。

（四）设定受益计划义务现值所依赖的重大精算假设及有关敏感性分析的结果。

第二十八条 企业应当披露支付的因解除劳动关系所提供辞退福利及其期末应付未付金额。

第二十九条 企业应当披露提供的其他长期职工福利的性质、金额及其计算依据。

第七章 衔接规定

第三十条 对于本准则施行日存在的离职后福利计划、辞退福利、其他长期职工福利，除本准则三十一条规定外，应当按照《企业会计准则第28号——会计政策、会计估计变更和差错更正》的规定采用追溯调整法处理。

第三十一条 企业比较财务报表中披露的本准则施行之前的信息与本准则要求不一致的，不需要按照本准则的规定进行调整。

第八章 附　则

第三十二条 本准则自2014年7月1日起施行。

财政部关于印发修订《企业会计准则第30号——财务报表列报》的通知

2014年1月26日 财会〔2014〕7号

国务院有关部委、有关直属机构，各省、自治区、直辖市、计划单列市财政厅（局），新疆生产建设兵团财务局，财政部驻各省、自治区、直辖市、计划单列市财政监察专员办事处，有关中央管理企业：

为了适应社会主义市场经济发展需要，提高企业财务报表列报质量和会计信息透明度，根据《企业会计准则——基本准则》，我部对《企业会计准则第30号——财务报表列报》进行了修订，现予印发，自2014年7月1日起在所有执行企业会计准则的企业范围内施行，鼓励在境外上市的企业提前执行。我部于2006年2月25日发布的《财政部关于印发〈企业会计准则第1号——存货〉等38项具体准则的通知》（财会〔2006〕3号）中的《企业会计准则第30号——财务报表列报》同时废止。

执行中有何问题，请及时反馈我部。

附件：企业会计准则第30号——财务报表列报

附件：

企业会计准则第30号——财务报表列报

第一章 总 则

第一条 为了规范财务报表的列报，保证同一企业不同期间和同一期间不同企业的财务报表相互可比，根据《企业会计准则——基本准则》，制定本准则。

第二条 财务报表是对企业财务状况、经营成果和现金流量的结构性表述。财务报表至少应当包括下列组成部分：

（一）资产负债表；

（二）利润表；

（三）现金流量表；

（四）所有者权益（或股东权益，下同）变动表；

（五）附注。

财务报表上述组成部分具有同等的重要程度。

第三条 本准则适用于个别财务报表和合并财务报表，以及年度财务报表和中期财务报表，《企业会计准则第32号——中期财务报告》另有规定的除外。合并财务报表的编制和列报，还应遵循《企业会计准则第33号——合并财务报表》；现金流量表的编制和列报，还应遵循《企业会计准则第31号——现金流量表》；其他会计准则的特殊列报要求，适用其他相关会计准则。

第二章 基本要求

第四条 企业应当以持续经营为基础，根据实际发生的交易和事项，按照《企业会计准则——基本准则》和其他各项会计准则的规定进行确认和计量，在此基础上编制财务报表。企业不应以附注披露代替确认和计量，不恰当的确认和计量也不能通过充分披露相关会计政策而纠正。

如果按照各项会计准则规定披露的信息不足以让报表使用者了解特定交易或事项对企业财务状况和经营成果的影响时，企业还应当披露其他的必要信息。

第五条 在编制财务报表的过程中，企业管理层应当利用所有可获得信息来评价企业自报告期末起至少12个月的持续经营能力。

评价时需要考虑宏观政策风险、市场经营风险、企业目前或长期的盈利能力、偿债能力、财务弹性以及企业管理层改变经营政策的意向等因素。

评价结果表明对持续经营能力产生重大怀疑的，企业应当在附注中披露导致对持续经营能力产生重大怀疑的因素以及企业拟采取的改善措施。

第六条 企业如有近期获利经营的历史且有财务资源支持，则通常表明以持续经营为基础编制财务报表是合理的。

企业正式决定或被迫在当期或将在下一个会计期间进行清算或停止营业的，则表明以持续经营为基础编制财务报表不再合理。在这种情况下，企业应当采用其他基础编制财务报表，并在附注中声明财务报表未以持续经营为基础编制的事实、披露未以持续经营为基础编制的原因和财务报表的编制基础。

第七条 除现金流量表按照收付实现制原则编制外，企业应当按照权责发生制原则编制财务报表。

第八条 财务报表项目的列报应当在各个会计期间保持一致，不得随意变更，但下列情况除外：

（一）会计准则要求改变财务报表项目的列报。

（二）企业经营业务的性质发生重大变化或对企业经营影响较大的交易或事项发生后，变更财务报表项目的列报能够提供更可靠、更相关的会计信息。

第九条 性质或功能不同的项目，应当在财务报表中单独列报，但不具有重要性的项目除外。

性质或功能类似的项目，其所属类别具有重要性的，应当按其类别在财务报表中单独列报。某些项目的重要性程度不足以在资产负债表、利润表、现金流量表或所有者权益变动表中单独列示，但对附注却具有重要性，则应当在附注中单独披露。

第十条 重要性，是指在合理预期下，财务报表某项目的省略或错报会影响使用者据此作出经济决策的，该项目具有重要性。

重要性应当根据企业所处的具体环境，从项目的性质和金额两方面予以判断，且对各项目重要性的判断标准一经确定，不得随意变更。判断项目性质的重要性，应当考虑该项目在性质上是否属于企业日常活动、是否显著影响企业的财务状况、经营成果和现金流量等因素；判断项目金额大小的重要性，应当考虑该项目金额占资产总额、负债总额、所有者权益总额、营业收入总额、营业成本总额、净利润、综合收益总额等直接相关项目金额的比重或所属报表单列项目金额的比重。

第十一条 财务报表中的资产项目和负债项目的金额、收入项目和费用项目的金额、直接计入当期利润的利得项目和损失项目的金额不得相互抵销，但其他会计准则另有规定的除外。

一组类似交易形成的利得和损失应当以净额列示，但具有重要性的除外。

资产或负债项目按扣除备抵项目后的净额列示，不属于抵销。非日常活动产生的利得和损失，以同一交易形成的收益扣减相关费用后的净额列示更能反映交易实质的，不属于抵销。

第十二条 当期财务报表的列报，至少应当提供所有列报项目上一个可比会计期间的比较数据，以及与理解当期财务报表相关的说明，但其他会计准则另有规定的除外。

根据本准则第八条的规定，财务报表的列报项目发生变更的，应当至少对可比期间的数据按照当期的列报要求进行调整，并在附注中披露调整的原因和性质，以及调整的各项目金额。对可比数据进行调整不切实可行的，应当在附注中披露不能调整的原因。

不切实可行，是指企业在作出所有合理努力后仍然无法采用某项会计准则规定。

第十三条 企业应当在财务报表的显著位置至少披露下列各项：

（一）编报企业的名称。

（二）资产负债表日或财务报表涵盖的会计期间。

（三）人民币金额单位。

（四）财务报表是合并财务报表的，应当予以标明。

第十四条 企业至少应当按年编制财务报表。年度财务报表涵盖的期间短于一年的，应当披露年度财务报表的涵盖期间、短于一年的原因以及报表数据不具可比性的事实。

第十五条 本准则规定在财务报表中单独列报的项目，应当单独列报。其他会计准则规定单独列报的项目，应当增加单独列报项目。

第三章　资产负债表

第十六条 资产和负债应当分别流动资产和非流动资产、流动负债和非流动负债列示。

金融企业等销售产品或提供服务不具有明显可识别营业周期的企业，其各项资产或负债按照流动性列示能够提供可靠且更相关信息的，可以按照其流动性顺序列示。从事多种经营的企业，其部分资产或负债按照流动和非流动列报、其他部分资产或负债按照流动性列示能够提供可靠且更相关信息的，可以采用混合的列报方式。

对于同时包含资产负债表日后一年内（含一年，下同）和一年之后预期将收回或清偿金额的资产和负债单列项目，企业应当披露超过一年后预期收回或清偿的金额。

第十七条 资产满足下列条件之一的，应当归类为流动资产：

（一）预计在一个正常营业周期中变现、出售或耗用。

（二）主要为交易目的而持有。

（三）预计在资产负债表日起一年内变现。

（四）自资产负债表日起一年内，交换其他资产或清偿负债的能力不受限制的现金或现金等价物。

正常营业周期，是指企业从购买用于加工的资产起至实现现金或现金等价物的期间。正常营业周期通常短于一年。因生产周期较长等导致正常营业周期长于一年的，尽管相关资产往往超过一年才变现、出售或耗用，仍应当划分为流动资产。正常营业周期不能确定的，应当以一年（12 个月）作为正常营业周期。

第十八条 流动资产以外的资产应当归类为非流动资产，并应按其性质分类列示。被划分为持有待售的非流动资产应当归类为流动资产。

第十九条 负债满足下列条件之一的，应当归类为流动负债：

（一）预计在一个正常营业周期中清偿。

（二）主要为交易目的而持有。

（三）自资产负债表日起一年内到期应予以清偿。

（四）企业无权自主地将清偿推迟至资产负债表日后一年以上。负债在其对手方选择的情况下可通过发行权益进行清偿的条款与负债的流动性划分无关。

企业对资产和负债进行流动性分类时，应当采用相同的正常营业周期。企业正常营业周期中的经营性负债项目即使在资产负债表日后超过一年才予清偿的，仍应当划分为流动负债。经营性负债项目包括应付账款、应付职工薪酬等，这些项目属于企业正常营业周期中使用的营运资金的一部分。

第二十条 流动负债以外的负债应当归类为非流动负债，并应当按其性质分类列示。被划分为持有待售的非流动负债应当归类为流动负债。

第二十一条 对于在资产负债表日起一年内到期的负债，企业有意图且有能力自主地将清偿义务展期至资产负债表日后一年以上的，应当归类为非流动负债；不能自主地将清偿义务展期的，即使在资产负债表日后、财务报告批准报出日前签订了重新安排清偿计划协议，该项负债仍应当归类为流动负债。

第二十二条 企业在资产负债表日或之前违反了长期借款协议，导致贷款人可随时要求清偿的负债，应当归类为流动负债。

贷款人在资产负债表日或之前同意提供在资产负债表日后一年以上的宽限期，在此期限内企业能够改正违约行为，且贷款人不能要求随时清偿的，该项负债应当归类为非流动负债。

其他长期负债存在类似情况的，比照上述第一款和第二款处理。

第二十三条 资产负债表中的资产类至少应当单独列示反映下列信息的项目：

（一）货币资金；

（二）以公允价值计量且其变动计入当期损益的金融资产；

（三）应收款项；

（四）预付款项；

（五）存货；

（六）被划分为持有待售的非流动资产及被划分为持有待售的处置组中的资产；

（七）可供出售金融资产；

（八）持有至到期投资；

（九）长期股权投资；

（十）投资性房地产；

（十一）固定资产；

（十二）生物资产；

（十三）无形资产；

（十四）递延所得税资产。

第二十四条 资产负债表中的资产类至少应当包括流动资产和非流动资产的合计项目，按照企业的经营性质不切实可行的除外。

第二十五条 资产负债表中的负债类至少应当单独列示反映下列信息的项目：

（一）短期借款；

（二）以公允价值计量且其变动计入当期损益的金融负债；

（三）应付款项；

（四）预收款项；

（五）应付职工薪酬；

（六）应交税费；

（七）被划分为持有待售的处置组中的负债；

（八）长期借款；

（九）应付债券；

（十）长期应付款；

（十一）预计负债；

（十二）递延所得税负债。

第二十六条 资产负债表中的负债类至少应当包括流动负债、非流动负债和负债的合计项目，按照企业的经营性质不切实可行的除外。

第二十七条 资产负债表中的所有者权益类至少应当单独列示反映下列信息的项目：

（一）实收资本（或股本，下同）；

（二）资本公积；

（三）盈余公积；

（四）未分配利润。

在合并资产负债表中，应当在所有者权益类单独列示少数股东权益。

第二十八条 资产负债表中的所有者权益类应当包括所有者权益的合计项目。

第二十九条 资产负债表应当列示资产总计项目，负债和所有者权益总计项目。

第四章 利 润 表

第三十条 企业在利润表中应当对费用按照功能分类，分为从事经营业务发生的成本、管理费用、销售费用和财务费用等。

第三十一条 利润表至少应当单独列示反映下列信息的项目，但其他会计准则另有规定的除外：

（一）营业收入；

（二）营业成本；

（三）营业税金及附加；

（四）管理费用；

（五）销售费用；

（六）财务费用；

（七）投资收益；

（八）公允价值变动损益；

（九）资产减值损失；

（十）非流动资产处置损益；

（十一）所得税费用；

（十二）净利润；

（十三）其他综合收益各项目分别扣除所得税影响后的净额；

（十四）综合收益总额。

金融企业可以根据其特殊性列示利润表项目。

第三十二条 综合收益，是指企业在某一期间除与所有者以其所有者身份进行的交易之外的其他交易或事项所引起的所有者权益变动。综合收益总额项目反映净利润和其他综合收益扣除所得税影响后的净额相加后的合计金额。

第三十三条 其他综合收益，是指企业根据其他会计准则规定未在当期损益中确认的各项利得和损失。

其他综合收益项目应当根据其他相关会计准则的规定分为下列两类列报：

（一）以后会计期间不能重分类进损益的其他综合收益项目，主要包括重新计量设定受益计划净负债或净资产导致的变动、按照权益法核算的在被投资单位以后会计期间不能重分类进损益的其他综合收益中所享有的份额等；

（二）以后会计期间在满足规定条件时将重分类进损益的其他综合收益项目，主要包括按照权益法核算的在被投资单位以后会计期间在满足规定条件时将重分类进损益的其他综合收益中所享有的份额、可供出售金融资产公允价值变动形成的利得或损失、持有至到期投资重分类为可供出售金融资产形成的利得或损失、现金流量套期工具产生的利得或损失中属于有效套期的部分、外币财务报表折算差额等。

第三十四条 在合并利润表中，企业应当在净利润项目之下单独列示归属于母公司所有者的损益和归属于少数股东的损益，在综合收益总额项目之下单独列示归属于母公司所有者的综合收益总额和归属于少数股东的综合收益总额。

第五章 所有者权益变动表

第三十五条 所有者权益变动表应当反映构成所有者权益的各组成部分当期的增减变动情况。综合收益和与所有者（或股东，下同）的资本交易导致的所有者权益的变动，应当分别列示。与所有者的资本交易，是指企业与所有者以其所有者身份进行的、导致企业所有者权益变动的交易。

第三十六条 所有者权益变动表至少应当单独列示反映下列信息的项目：

（一）综合收益总额，在合并所有者权益变动表中还应单独列示归属于母公司所有者的综合收益总额和归属于少数股东的综合收益总额；

（二）会计政策变更和前期差错更正的累积影响金额；

（三）所有者投入资本和向所有者分配利润等；

（四）按照规定提取的盈余公积；

（五）所有者权益各组成部分的期初和期末余额及其调节情况。

第六章　附　　注

第三十七条　附注是对在资产负债表、利润表、现金流量表和所有者权益变动表等报表中列示项目的文字描述或明细资料，以及对未能在这些报表中列示项目的说明等。

第三十八条　附注应当披露财务报表的编制基础，相关信息应当与资产负债表、利润表、现金流量表和所有者权益变动表等报表中列示的项目相互参照。

第三十九条　附注一般应当按照下列顺序至少披露：

（一）企业的基本情况。

1. 企业注册地、组织形式和总部地址。

2. 企业的业务性质和主要经营活动。

3. 母公司以及集团最终母公司的名称。

4. 财务报告的批准报出者和财务报告批准报出日，或者以签字人及其签字日期为准。

5. 营业期限有限的企业，还应当披露有关其营业期限的信息。

（二）财务报表的编制基础。

（三）遵循企业会计准则的声明。

企业应当声明编制的财务报表符合企业会计准则的要求，真实、完整地反映了企业的财务状况、经营成果和现金流量等有关信息。

（四）重要会计政策和会计估计。

重要会计政策的说明，包括财务报表项目的计量基础和在运用会计政策过程中所做的重要判断等。重要会计估计的说明，包括可能导致下一个会计期间内资产、负债账面价值重大调整的会计估计的确定依据等。

企业应当披露采用的重要会计政策和会计估计，并结合企业的具体实际披露其重要会计政策的确定依据和财务报表项目的计量基础，及其会计估计所采用的关键假设和不确定因素。

（五）会计政策和会计估计变更以及差错更正的说明。

企业应当按照《企业会计准则第 28 号——会计政策、会计估计变更和差错更正》的规定，披露会计政策和会计估计变更以及差错更正的情况。

（六）报表重要项目的说明。

企业应当按照资产负债表、利润表、现金流量表、所有者权益变动表及其项目列示的顺序，对报表重要项目的说明采用文字和数字描述相结合的方式进行披露。报表重要项目的明细金额合计，应当与报表项目金额相衔接。

企业应当在附注中披露费用按照性质分类的利润表补充资料，可将费用分为耗用的原材料、职工薪酬费用、折旧费用、摊销费用等。

（七）或有和承诺事项、资产负债表日后非调整事项、关联方关系及其交易等需要说明的事项。

（八）有助于财务报表使用者评价企业管理资本的目标、政策及程序的信息。

第四十条　企业应当在附注中披露下列关于其他综合收益各项目的信息：

（一）其他综合收益各项目及其所得税影响；

（二）其他综合收益各项目原计入其他综合收益、当期转出计入当期损益的金额；

（三）其他综合收益各项目的期初和期末余额及其调节情况。

第四十一条　企业应当在附注中披露终止经营的收入、费用、利润总额、所得税费用和净利润，以及归属于母公司所有者的终止经营利润。

第四十二条 终止经营，是指满足下列条件之一的已被企业处置或被企业划归为持有待售的、在经营和编制财务报表时能够单独区分的组成部分：

（一）该组成部分代表一项独立的主要业务或一个主要经营地区。

（二）该组成部分是拟对一项独立的主要业务或一个主要经营地区进行处置计划的一部分。

（三）该组成部分是仅仅为了再出售而取得的子公司。同时满足下列条件的企业组成部分（或非流动资产，下同）应当确认为持有待售：该组成部分必须在其当前状况下仅根据出售此类组成部分的惯常条款即可立即出售；企业已经就处置该组成部分作出决议，如按规定需得到股东批准的，应当已经取得股东大会或相应权力机构的批准；企业已经与受让方签订了不可撤销的转让协议；该项转让将在一年内完成。

第四十三条 企业应当在附注中披露在资产负债表日后、财务报告批准报出日前提议或宣布发放的股利总额和每股股利金额（或向投资者分配的利润总额）。

第七章 衔接规定

第四十四条 在本准则施行日之前已经执行企业会计准则的企业，应当按照本准则调整财务报表的列报项目；涉及有关报表和附注比较数据的，也应当做相应调整，调整不切实可行的除外。

第八章 附 则

第四十五条 本准则自 2014 年 7 月 1 日起施行。

财政部关于印发《企业会计准则第 39 号——公允价值计量》的通知

2014 年 1 月 26 日 财会〔2014〕6 号

国务院有关部委、有关直属机构，各省、自治区、直辖市、计划单列市财政厅（局），新疆生产建设兵团财务局，财政部驻各省、自治区、直辖市、计划单列市财政监察专员办事处，有关中央管理企业：

为了适应社会主义市场经济发展需要，规范企业公允价值计量和披露，提高会计信息质量，根据《企业会计准则——基本准则》，我部制定了《企业会计准则第 39 号——公允价值计量》，现予印发，自 2014 年 7 月 1 日起在所有执行企业会计准则的企业范围内施行，鼓励在境外上市的企业提前执行。

执行中有何问题，请及时反馈我部。

附件：企业会计准则第 39 号——公允价值计量

附件：

企业会计准则第39号——公允价值计量

第一章　总　　则

第一条　为了规范公允价值的计量和披露，根据《企业会计准则——基本准则》，制定本准则。

第二条　公允价值，是指市场参与者在计量日发生的有序交易中，出售一项资产所能收到或者转移一项负债所需支付的价格。

第三条　本准则适用于其他相关会计准则要求或者允许采用公允价值进行计量或披露的情形，本准则第四条和第五条所列情形除外。

第四条　下列各项的计量和披露适用其他相关会计准则：

（一）与公允价值类似的其他计量属性的计量和披露，如《企业会计准则第1号——存货》规范的可变现净值、《企业会计准则第8号——资产减值》规范的预计未来现金流量现值，分别适用《企业会计准则第1号——存货》和《企业会计准则第8号——资产减值》。

（二）股份支付业务相关的计量和披露，适用《企业会计准则第11号——股份支付》。

（三）租赁业务相关的计量和披露，适用《企业会计准则第21号——租赁》。

第五条　下列各项的披露适用其他相关会计准则：

（一）以公允价值减去处置费用后的净额确定可收回金额的资产的披露，适用《企业会计准则第8号——资产减值》。

（二）以公允价值计量的职工离职后福利计划资产的披露，适用《企业会计准则第9号——职工薪酬》。

（三）以公允价值计量的企业年金基金投资的披露，适用《企业会计准则第10号——企业年金基金》。

第二章　相关资产或负债

第六条　企业以公允价值计量相关资产或负债，应当考虑该资产或负债的特征。

相关资产或负债的特征，是指市场参与者在计量日对该资产或负债进行定价时考虑的特征，包括资产状况及所在位置、对资产出售或者使用的限制等。

第七条　以公允价值计量的相关资产或负债可以是单项资产或负债（如一项金融工具、一项非金融资产等），也可以是资产组合、负债组合或者资产和负债的组合（如《企业会计准则第8号——资产减值》规范的资产组、《企业会计准则第20号——企业合并》规范的业务等）。企业是以单项还是以组合的方式对相关资产或负债进行公允价值计量，取决于该资产或负债的计量单元。

计量单元，是指相关资产或负债以单独或者组合方式进行计量的最小单位。相关资产或负债的计量单元应当由要求或者允许以公允价值计量的其他相关会计准则规定，但本准则第十章规范的市场风险或信用风险可抵销的金融资产和金融负债的公允价值计量除外。

第三章　有序交易和市场

第八条　企业以公允价值计量相关资产或负债，应当假定市场参与者在计量日出售资产或者转移负债的交易，是在当前市场条件下的有序交易。

有序交易，是指在计量日前一段时期内相关资产或负债具有惯常市场活动的交易。清算等被迫交易不属于有序交易。

第九条 企业以公允价值计量相关资产或负债，应当假定出售资产或者转移负债的有序交易在相关资产或负债的主要市场进行。不存在主要市场的，企业应当假定该交易在相关资产或负债的最有利市场进行。

主要市场，是指相关资产或负债交易量最大和交易活跃程度最高的市场。

最有利市场，是指在考虑交易费用和运输费用后，能够以最高金额出售相关资产或者以最低金额转移相关负债的市场。

交易费用，是指在相关资产或负债的主要市场（或最有利市场）中，发生的可直接归属于资产出售或者负债转移的费用。交易费用是直接由交易引起的、交易所必需的、而且不出售资产或者不转移负债就不会发生的费用。

运输费用，是指将资产从当前位置运抵主要市场（或最有利市场）发生的费用。

第十条 企业在识别主要市场（或最有利市场）时，应当考虑所有可合理取得的信息，但没有必要考察所有市场。

通常情况下，企业正常进行资产出售或者负债转移的市场可以视为主要市场（或最有利市场）。

第十一条 主要市场（或最有利市场）应当是企业在计量日能够进入的交易市场，但不要求企业于计量日在该市场上实际出售资产或者转移负债。

由于不同企业可以进入的市场不同，对于不同企业，相同资产或负债可能具有不同的主要市场（或最有利市场）。

第十二条 企业应当以主要市场的价格计量相关资产或负债的公允价值。不存在主要市场的，企业应当以最有利市场的价格计量相关资产或负债的公允价值。

企业不应当因交易费用对该价格进行调整。交易费用不属于相关资产或负债的特征，只与特定交易有关。交易费用不包括运输费用。

相关资产所在的位置是该资产的特征，发生的运输费用能够使该资产从当前位置转移到主要市场（或最有利市场）的，企业应当根据使该资产从当前位置转移到主要市场（或最有利市场）的运输费用调整主要市场（或最有利市场）的价格。

第十三条 当计量日不存在能够提供出售资产或者转移负债的相关价格信息的可观察市场时，企业应当从持有资产或者承担负债的市场参与者角度，假定计量日发生了出售资产或者转移负债的交易，并以该假定交易的价格为基础计量相关资产或负债的公允价值。

第四章 市场参与者

第十四条 企业以公允价值计量相关资产或负债，应当采用市场参与者在对该资产或负债定价时为实现其经济利益最大化所使用的假设。

市场参与者，是指在相关资产或负债的主要市场（或最有利市场）中，同时具备下列特征的买方和卖方：

（一）市场参与者应当相互独立，不存在《企业会计准则第 36 号——关联方披露》所述的关联方关系；

（二）市场参与者应当熟悉情况，能够根据可取得的信息对相关资产或负债以及交易具备合理认知；

（三）市场参与者应当有能力并自愿进行相关资产或负债的交易。

第十五条 企业在确定市场参与者时，应当考虑所计量的相关资产或负债、该资产或负债的主要市场（或最有利市场）以及在该市场上与企业进行交易的市场参与者等因素，从总体上识别市场参与者。

第五章 公允价值初始计量

第十六条 企业应当根据交易性质和相关资产或负债的特征等，判断初始确认时的公允价值是否与其交易价格相等。

在企业取得资产或者承担负债的交易中，交易价格是取得该项资产所支付或者承担该项负债所收到的价格（即进入价格）。公允价值是出售该项资产所能收到或者转移该项负债所需支付的价格（即脱手价格）。相关资产或负债在初始确认时的公允价值通常与其交易价格相等，但在下列情况中两者可能不相等：

（一）交易发生在关联方之间。但企业有证据表明该关联方交易是在市场条件下进行的除外。

（二）交易是被迫的。

（三）交易价格所代表的计量单元与按照本准则第七条确定的计量单元不同。

（四）交易市场不是相关资产或负债的主要市场（或最有利市场）。

第十七条　其他相关会计准则要求或者允许企业以公允价值对相关资产或负债进行初始计量，且其交易价格与公允价值不相等的，企业应当将相关利得或损失计入当期损益，但其他相关会计准则另有规定的除外。

第六章　估值技术

第十八条　企业以公允价值计量相关资产或负债，应当采用在当前情况下适用并且有足够可利用数据和其他信息支持的估值技术。企业使用估值技术的目的，是为了估计在计量日当前市场条件下，市场参与者在有序交易中出售一项资产或者转移一项负债的价格。

企业以公允价值计量相关资产或负债，使用的估值技术主要包括市场法、收益法和成本法。企业应当使用与其中一种或多种估值技术相一致的方法计量公允价值。企业使用多种估值技术计量公允价值的，应当考虑各估值结果的合理性，选取在当前情况下最能代表公允价值的金额作为公允价值。

市场法，是利用相同或类似的资产、负债或资产和负债组合的价格以及其他相关市场交易信息进行估值的技术。

收益法，是将未来金额转换成单一现值的估值技术。

成本法，是反映当前要求重置相关资产服务能力所需金额（通常指现行重置成本）的估值技术。

第十九条　企业在估值技术的应用中，应当优先使用相关可观察输入值，只有在相关可观察输入值无法取得或取得不切实可行的情况下，才可以使用不可观察输入值。

输入值，是指市场参与者在给相关资产或负债定价时所使用的假设，包括可观察输入值和不可观察输入值。

可观察输入值，是指能够从市场数据中取得的输入值。该输入值反映了市场参与者在对相关资产或负债定价时所使用的假设。

不可观察输入值，是指不能从市场数据中取得的输入值。该输入值应当根据可获得的市场参与者在对相关资产或负债定价时所使用假设的最佳信息确定。

第二十条　企业以交易价格作为初始确认时的公允价值，且在公允价值后续计量中使用了涉及不可观察输入值的估值技术的，应当在估值过程中校正该估值技术，以使估值技术确定的初始确认结果与交易价格相等。

企业在公允价值后续计量中使用估值技术的，尤其是涉及不可观察输入值的，应当确保该估值技术反映了计量日可观察的市场数据，如类似资产或负债的价格等。

第二十一条　公允价值计量使用的估值技术一经确定，不得随意变更，但变更估值技术或其应用能使计量结果在当前情况下同样或者更能代表公允价值的情况除外，包括但不限于下列情况：

（一）出现新的市场。

（二）可以取得新的信息。

（三）无法再取得以前使用的信息。

（四）改进了估值技术。

（五）市场状况发生变化。

企业变更估值技术或其应用的，应当按照《企业会计准则第 28 号——会计政策、会计估计变更和差错更正》的规定作为会计估计变更，并根据本准则的披露要求对估值技术及其应用的变更进行披露，而不需要按照《企业会计准则第 28 号——会计政策、会计估计变更和差错更正》的规定对相关会计估计变更进行披露。

第二十二条　企业采用估值技术计量公允价值时，应当选择与市场参与者在相关资产或负债的交易中所考虑的资产或负债特征相一致的输入值，包括流动性折溢价、控制权溢价或少数股东权益折价等，但不包括与本准则第七条规定的计量单元不一致的折溢价。

企业不应当考虑因其大量持有相关资产或负债所产生的折价或溢价。该折价或溢价反映了市场正常日交易量低于企业在当前市场出售或转让其持有的相关资产或负债数量时，市场参与者对该资产或负债报价的调整。

第二十三条 以公允价值计量的相关资产或负债存在出价和要价的，企业应当以在出价和要价之间最能代表当前情况下公允价值的价格确定该资产或负债的公允价值。企业可以使用出价计量资产头寸、使用要价计量负债头寸。

本准则不限制企业使用市场参与者在实务中使用的在出价和要价之间的中间价或其他定价惯例计量相关资产或负债。

第七章　公允价值层次

第二十四条 企业应当将公允价值计量所使用的输入值划分为三个层次，并首先使用第一层次输入值，其次使用第二层次输入值，最后使用第三层次输入值。

第一层次输入值是在计量日能够取得的相同资产或负债在活跃市场上未经调整的报价。活跃市场，是指相关资产或负债的交易量和交易频率足以持续提供定价信息的市场。

第二层次输入值是除第一层次输入值外相关资产或负债直接或间接可观察的输入值。

第三层次输入值是相关资产或负债的不可观察输入值。

公允价值计量结果所属的层次，由对公允价值计量整体而言具有重要意义的输入值所属的最低层次决定。企业应当在考虑相关资产或负债特征的基础上判断所使用的输入值是否重要。公允价值计量结果所属的层次，取决于估值技术的输入值，而不是估值技术本身。

第二十五条 第一层次输入值为公允价值提供了最可靠的证据。在所有情况下，企业只要能够获得相同资产或负债在活跃市场上的报价，就应当将该报价不加调整地应用于该资产或负债的公允价值计量，但下列情况除外：

（一）企业持有大量类似但不相同的以公允价值计量的资产或负债，这些资产或负债存在活跃市场报价，但难以获得每项资产或负债在计量日单独的定价信息。在这种情况下，企业可以采用不单纯依赖报价的其他估值模型。

（二）活跃市场报价未能代表计量日的公允价值，如因发生影响公允价值计量的重大事件等导致活跃市场的报价未能代表计量日的公允价值。

（三）本准则第三十四条（二）所述情况。

企业因上述情况对相同资产或负债在活跃市场上的报价进行调整的，公允价值计量结果应当划分为较低层次。

第二十六条 企业在使用第二层次输入值对相关资产或负债进行公允价值计量时，应当根据该资产或负债的特征，对第二层次输入值进行调整。这些特征包括资产状况或所在位置、输入值与类似资产或负债的相关程度（包括本准则第三十四条（二）规定的因素）、可观察输入值所在市场的交易量和活跃程度等。

对于具有合同期限等具体期限的相关资产或负债，第二层次输入值应当在几乎整个期限内是可观察的。

第二层次输入值包括：

（一）活跃市场中类似资产或负债的报价；

（二）非活跃市场中相同或类似资产或负债的报价；

（三）除报价以外的其他可观察输入值，包括在正常报价间隔期间可观察的利率和收益率曲线、隐含波动率和信用利差等；

（四）市场验证的输入值等。市场验证的输入值，是指通过相关性分析或其他手段获得的主要来源于可观察市场数据或者经过可观察市场数据验证的输入值。

企业使用重要的不可观察输入值对第二层次输入值进行调整，且该调整对公允价值计量整体而言是重要的，公允价值计量结果应当划分为第三层次。

第二十七条 企业只有在相关资产或负债不存在市场活动或者市场活动很少导致相关可观察输入值无法取得或取得不切实可行的情况下，才能使用第三层次输入值，即不可观察输入值。不可观察输入值应当反映市场参与者对相关资产或负债定价时所使用的假设，包括有关风险的假设，如特定估值技术的固有风险和估值技术输入值的固有风险等。

第二十八条 企业在确定不可观察输入值时，应当使用在当前情况下可合理取得的最佳信息，包括所有可合理取得的市场参与者假设。

企业可以使用内部数据作为不可观察输入值，但如果有证据表明其他市场参与者将使用不同于企业内部数据的其他数据，或者这些企业内部数据是企业特定数据、其他市场参与者不具备企业相关特征时，企业应当对其内部数据做出相应调整。

第八章　非金融资产的公允价值计量

第二十九条 企业以公允价值计量非金融资产，应当考虑市场参与者将该资产用于最佳用途产生经济利益的能力，或者将该资产出售给能够用于最佳用途的其他市场参与者产生经济利益的能力。

最佳用途，是指市场参与者实现一项非金融资产或其所属的资产和负债组合的价值最大化时该非金融资产的用途。

第三十条 企业确定非金融资产的最佳用途，应当考虑法律上是否允许、实物上是否可能以及财务上是否可行等因素。

（一）企业判断非金融资产的用途在法律上是否允许，应当考虑市场参与者在对该资产定价时考虑的资产使用在法律上的限制。

（二）企业判断非金融资产的用途在实物上是否可能，应当考虑市场参与者在对该资产定价时考虑的资产实物特征。

（三）企业判断非金融资产的用途在财务上是否可行，应当考虑在法律上允许且实物上可能的情况下，使用该资产能否产生足够的收益或现金流量，从而在补偿使资产用于该用途所发生的成本后，仍然能够满足市场参与者所要求的投资回报。

第三十一条 企业应当从市场参与者的角度确定非金融资产的最佳用途。

通常情况下，企业对非金融资产的现行用途可以视为最佳用途，除非市场因素或者其他因素表明市场参与者按照其他用途使用该资产可以实现价值最大化。

第三十二条 企业以公允价值计量非金融资产，应当基于最佳用途确定下列估值前提：

（一）市场参与者单独使用一项非金融资产产生最大价值的，该非金融资产的公允价值应当是将其出售给同样单独使用该资产的市场参与者的当前交易价格。

（二）市场参与者将一项非金融资产与其他资产（或者其他资产或负债的组合）组合使用产生最大价值的，该非金融资产的公允价值应当是将其出售给以同样组合方式使用该资产的市场参与者的当前交易价格，并且该市场参与者可以取得组合中的其他资产和负债。其中，负债包括企业为筹集营运资金产生的负债，但不包括企业为组合之外的资产筹集资金所产生的负债。最佳用途的假定应当一致地应用于组合中所有与最佳用途相关的资产。

企业应当从市场参与者的角度判断该资产的最佳用途是单独使用、与其他资产组合使用、还是与其他资产和负债组合使用，但在计量非金融资产的公允价值时，应当假定按照本准则第七条确定的计量单元出售该资产。

第九章　负债和企业自身权益工具的公允价值计量

第三十三条 企业以公允价值计量负债，应当假定在计量日将该负债转移给其他市场参与者，而且该负债在转移后继续存在，并由作为受让方的市场参与者履行义务。

企业以公允价值计量自身权益工具，应当假定在计量日将该自身权益工具转移给其他市场参与者，而且该自身权益工具在转移后继续存在，并由作为受让方的市场参与者取得与该工具相关的权利、承担相应的义务。

第三十四条 企业以公允价值计量负债或自身权益工具，应当遵循下列原则：

（一）存在相同或类似负债或企业自身权益工具可观察市场报价的，应当以该报价为基础确定该负债或企业自身权益工具的公允价值。

（二）不存在相同或类似负债或企业自身权益工具可观察市场报价，但其他方将其作为资产持有的，企业应当在计量日从持有该资产的市场参与者角度，以该资产的公允价值为基础确定该负债或自身权益工具的公允价值。当该资产的某些特征不适用于所计量的负债或企业自身权益工具时，企业应当根据该资产的公允价值进行调整，以调整后的价值确定负债或企业自身权益工具的公允价值。这些特征包括资产出售受到限制、资产与所计量负债或企业自身权益工具类似但不相同、资产的计量单元与负债或企业自身权益工具的计量单元不完全相同等。

（三）不存在相同或类似负债或企业自身权益工具可观察市场报价，并且其他方未将其作为资产持有的，企业应当从承担负债或者发行权益工具的市场参与者角度，采用估值技术确定该负债或企业自身权益工具的公允价值。

第三十五条 企业以公允价值计量负债，应当考虑不履约风险，并假定不履约风险在负债转移前后保持不变。

不履约风险，是指企业不履行义务的风险，包括但不限于企业自身信用风险。

第三十六条 企业以公允价值计量负债或自身权益工具，并且该负债或自身权益工具存在限制转移因素的，如果公允价值计量的输入值中已经考虑了该因素，企业不应当再单独设置相关输入值，也不应当对其他输入值进行相关调整。

第三十七条 企业以公允价值计量活期存款等具有可随时要求偿还特征的金融负债的，该金融负债的公允价值不应当低于债权人随时要求偿还时的应付金额，即从债权人可要求偿还的第一天起折现的现值。

第十章 市场风险或信用风险可抵销的金融资产和金融负债的公允价值计量

第三十八条 企业以市场风险和信用风险的净敞口为基础管理金融资产和金融负债的，可以以计量日市场参与者在当前市场条件下有序交易中出售净多头（即资产）或者转移净空头（即负债）的价格为基础，计量该金融资产和金融负债组合的公允价值。

市场风险或信用风险可抵销的金融资产或金融负债，应当是由《企业会计准则第22号——金融工具确认和计量》规范的金融资产和金融负债，也包括不符合金融资产或金融负债定义但按照《企业会计准则第22号——金融工具确认和计量》进行会计处理的其他合同。

与市场风险或信用风险可抵销的金融资产和金融负债相关的财务报表列报，应当适用其他相关会计准则。

第三十九条 企业按照本准则第三十八条规定计量金融资产和金融负债组合的公允价值的，应当同时满足下列条件：

（一）企业风险管理或投资策略的正式书面文件已载明，企业以特定市场风险或特定对手信用风险的净敞口为基础，管理金融资产和金融负债的组合；

（二）企业以特定市场风险或特定对手信用风险的净敞口为基础，向企业关键管理人员报告金融资产和金融负债组合的信息；

（三）企业在每个资产负债表日以公允价值计量组合中的金融资产和金融负债。

第四十条 企业按照本准则第三十八条规定计量金融资产和金融负债组合的公允价值的，该金融资产和金融负债面临的特定市场风险及其期限实质上应当相同。

企业按照本准则第三十八条规定计量金融资产和金融负债组合的公允价值的，如果市场参与者将会考虑假定出现违约情况下能够减小信用风险敞口的所有现行安排，企业应当考虑特定对手的信用风险净敞口的影响或特定对手对企业的信用风险净敞口的影响，并预计市场参与者依法强制执行这些安排的可能性。

第四十一条 企业采用本准则第三十八条规定的，应当按照《企业会计准则第28号——会计政策、会计估计变更和差错更正》的规定确定相关会计政策，并且一经确定，不得随意变更。

第十一章　公允价值披露

第四十二条　企业应当根据相关资产或负债的性质、特征、风险以及公允价值计量的层次对该资产或负债进行恰当分组，并按照组别披露公允价值计量的相关信息。

为确定资产和负债的组别，企业通常应当对资产负债表列报项目做进一步分解。企业应当披露各组别与报表列报项目之间的调节信息。

其他相关会计准则明确规定了相关资产或负债组别且其分组原则符合本条规定的，企业可以直接使用该组别提供相关信息。

第四十三条　企业应当区分持续的公允价值计量和非持续的公允价值计量。

持续的公允价值计量，是指其他相关会计准则要求或者允许企业在每个资产负债表日持续以公允价值进行的计量。

非持续的公允价值计量，是指其他相关会计准则要求或者允许企业在特定情况下的资产负债表中以公允价值进行的计量。

第四十四条　在相关资产或负债初始确认后的每个资产负债表日，企业至少应当在附注中披露持续以公允价值计量的每组资产和负债的下列信息：

（一）其他相关会计准则要求或者允许企业在资产负债表日持续以公允价值计量的项目和金额。

（二）公允价值计量的层次。

（三）在各层次之间转换的金额和原因，以及确定各层次之间转换时点的政策。每一层次的转入与转出应当分别披露。

（四）对于第二层次的公允价值计量，企业应当披露使用的估值技术和输入值的描述性信息。当变更估值技术时，企业还应当披露这一变更以及变更的原因。

（五）对于第三层次的公允价值计量，企业应当披露使用的估值技术、输入值和估值流程的描述性信息。当变更估值技术时，企业还应当披露这一变更以及变更的原因。企业应当披露公允价值计量中使用的重要的、可合理取得的不可观察输入值的量化信息。

（六）对于第三层次的公允价值计量，企业应当披露期初余额与期末余额之间的调节信息，包括计入当期损益的已实现利得或损失总额，以及确认这些利得或损失时的损益项目；计入当期损益的未实现利得或损失总额，以及确认这些未实现利得或损失时的损益项目（如相关资产或负债的公允价值变动损益等）；计入当期其他综合收益的利得或损失总额，以及确认这些利得或损失时的其他综合收益项目；分别披露相关资产或负债购买、出售、发行及结算情况。

（七）对于第三层次的公允价值计量，当改变不可观察输入值的金额可能导致公允价值显著变化时，企业应当披露有关敏感性分析的描述性信息。

这些输入值和使用的其他不可观察输入值之间具有相关关系的，企业应当描述这种相关关系及其影响，其中不可观察输入值至少包括本条（五）要求披露的不可观察输入值。

对于金融资产和金融负债，如果为反映合理、可能的其他假设而变更一个或多个不可观察输入值将导致公允价值的重大改变，企业还应当披露这一事实、变更的影响金额及其计算方法。

（八）当非金融资产的最佳用途与其当前用途不同时，企业应当披露这一事实及其原因。

第四十五条　在相关资产或负债初始确认后的资产负债表中，企业至少应当在附注中披露非持续以公允价值计量的每组资产和负债的下列信息：

（一）其他相关会计准则要求或者允许企业在特定情况下非持续以公允价值计量的项目和金额，以及以公允价值计量的原因。

（二）公允价值计量的层次。

（三）对于第二层次的公允价值计量，企业应当披露使用的估值技术和输入值的描述性信息。当变更估值技术时，企业还应当披露这一变更以及变更的原因。

（四）对于第三层次的公允价值计量，企业应当披露使用的估值技术、输入值和估值流程的描述性信息，当变更估值技术时，企业还应当披露这一变更以及变更的原因。企业应当披露公允价值计量中使用的重要不可观察输入值的量化信息。

（五）当非金融资产的最佳用途与其当前用途不同时，企业应当披露这一事实及其原因。

第四十六条 企业调整公允价值计量层次转换时点的相关会计政策应当在前后各会计期间保持一致，并按照本准则第四十四条（三）的规定进行披露。企业调整公允价值计量层次转换时点的相关会计政策应当一致地应用于转出的公允价值计量层次和转入的公允价值计量层次。

第四十七条 企业采用本准则第三十八条规定的会计政策的，应当披露该事实。

第四十八条 对于在资产负债表中不以公允价值计量但以公允价值披露的各组资产和负债，企业应当按照本准则第四十四条（二）、（四）、（五）和（八）披露信息，但不需要按照本准则第四十四条（五）披露第三层次公允价值计量的估值流程和使用的重要不可观察输入值的量化信息。

第四十九条 对于以公允价值计量且在发行时附有不可分割的第三方信用增级的负债，发行人应当披露这一事实，并说明该信用增级是否已反映在该负债的公允价值计量中。

第五十条 企业应当以表格形式披露本准则要求的量化信息，除非其他形式更适当。

第十二章 衔接规定

第五十一条 本准则施行日之前的公允价值计量与本准则要求不一致的，企业不作追溯调整。

第五十二条 比较财务报表中披露的本准则施行日之前的信息与本准则要求不一致的，企业不需要按照本准则的规定进行调整。

第十三章 附　　则

第五十三条 本准则自 2014 年 7 月 1 日起施行。

财政部关于印发《企业会计准则解释第 6 号》的通知

2014 年 1 月 17 日　财会〔2014〕1 号

国务院有关部委、有关直属机构，各省、自治区、直辖市、计划单列市财政厅（局），新疆生产建设兵团财务局，有关中央管理企业：

为了深入贯彻实施企业会计准则，解决执行中出现的问题，同时，实现企业会计准则持续趋同和等效，我部制定了《企业会计准则解释第 6 号》，现予印发，请遵照执行。

附件：企业会计准则解释第 6 号

附件：

企业会计准则解释第6号

一、企业因固定资产弃置费用确认的预计负债发生变动的，应当如何进行会计处理？

答：企业应当进一步规范关于固定资产弃置费用的会计核算，根据《企业会计准则第4号——固定资产》应用指南的规定，对固定资产的弃置费用进行会计处理。

本解释所称的弃置费用形成的预计负债在确认后，按照实际利率法计算的利息费用应当确认为财务费用；由于技术进步、法律要求或市场环境变化等原因，特定固定资产的履行弃置义务可能发生支出金额、预计弃置时点、折现率等变动而引起的预计负债变动，应按照以下原则调整该固定资产的成本：

（1）对于预计负债的减少，以该固定资产账面价值为限扣减固定资产成本。如果预计负债的减少额超过该固定资产账面价值，超出部分确认为当期损益。

（2）对于预计负债的增加，增加该固定资产的成本。

按照上述原则调整的固定资产，在资产剩余使用年限内计提折旧。一旦该固定资产的使用寿命结束，预计负债的所有后续变动应在发生时确认为损益。

二、根据《企业会计准则第20号——企业合并》，在同一控制下的企业合并中，合并方在企业合并中取得的资产和负债，应当按照合并日在被合并方的账面价值计量。在被合并方是最终控制方以前年度从第三方收购来的情况下，合并方在编制财务报表时，应如何确定被合并方资产、负债的账面价值？

答：同一控制下的企业合并，是指参与合并的企业在合并前后均受同一方或相同的多方最终控制，且该控制不是暂时性的。从最终控制方的角度看，其在合并前后实际控制的经济资源并没有发生变化，因此有关交易事项不应视为购买。合并方编制财务报表时，在被合并方是最终控制方以前年度从第三方收购来的情况下，应视同合并后形成的报告主体自最终控制方开始实施控制时起，一直是一体化存续下来的，应以被合并方的资产、负债（包括最终控制方收购被合并方而形成的商誉）在最终控制方财务报表中的账面价值为基础，进行相关会计处理。合并方的财务报表比较数据追溯调整的期间应不早于双方处于最终控制方的控制之下孰晚的时间。

本解释发布前同一控制下的企业合并未按照上述规定处理的，应当进行追溯调整，追溯调整不切实可行的除外。

三、本解释自发布之日起施行。

财政部关于印发《企业产品成本核算制度［试行］》的通知

2013 年 8 月 16 日　财会〔2013〕17 号

国务院有关部委、有关直属机构，各省、自治区、直辖市、计划单列市财政厅（局），新疆生产建设兵团财务局，有关中央管理企业：

为加强企业产品成本核算，保证产品成本信息真实、完整，促进企业和经济社会的可持续发展，根据《中华人民共和国会计法》、企业会计准则等国家有关规定，我部制定了《企业产品成本核算制度（试行）》，现予印发，自 2014 年 1 月 1 日起在除金融保险业以外的大中型企业范围内施行，鼓励其他企业执行。执行本制度的企业不再执行《国营工业企业成本核算办法》。

执行中有何问题，请及时反馈我部。

附件：企业产品成本核算制度（试行）

附件：

企业产品成本核算制度（试行）

第一章　总　　则

第一条　为了加强企业产品成本核算工作，保证产品成本信息真实、完整，促进企业和经济社会的可持续发展，根据《中华人民共和国会计法》、企业会计准则等国家有关规定制定本制度。

第二条　本制度适用于大中型企业，包括制造业、农业、批发零售业、建筑业、房地产业、采矿业、交通运输业、信息传输业、软件及信息技术服务业、文化业以及其他行业的企业。其他未明确规定的行业比照以上类似行业的规定执行。

本制度不适用于金融保险业的企业。

第三条　本制度所称的产品，是指企业日常生产经营活动中持有以备出售的产成品、商品、提供的劳务或服务。

本制度所称的产品成本，是指企业在生产产品过程中所发生的材料费用、职工薪酬等，以及不能直接计入而按一定标准分配计入的各种间接费用。

第四条　企业应当充分利用现代信息技术，编制、执行企业产品成本预算，对执行情况进行分析、考核，落实成本管理责任制，加强对产品生产事前、事中、事后的全过程控制，加强产品成本核算与管理各项基础工作。

第五条 企业应当根据所发生的有关费用能否归属于使产品达到目前场所和状态的原则，正确区分产品成本和期间费用。

第六条 企业应当根据产品生产过程的特点、生产经营组织的类型、产品种类的繁简和成本管理的要求，确定产品成本核算的对象、项目、范围，及时对有关费用进行归集、分配和结转。

企业产品成本核算采用的会计政策和估计一经确定，不得随意变更。

第七条 企业一般应当按月编制产品成本报表，全面反映企业生产成本、成本计划执行情况、产品成本及其变动情况等。

第二章 产品成本核算对象

第八条 企业应当根据生产经营特点和管理要求，确定成本核算对象，归集成本费用，计算产品的生产成本。

第九条 制造企业一般按照产品品种、批次订单或生产步骤等确定产品成本核算对象。

（一）大量大批单步骤生产产品或管理上不要求提供有关生产步骤成本信息的，一般按照产品品种确定成本核算对象。

（二）小批单件生产产品的，一般按照每批或每件产品确定成本核算对象。

（三）多步骤连续加工产品且管理上要求提供有关生产步骤成本信息的，一般按照每种（批）产品及各生产步骤确定成本核算对象。

产品规格繁多的，可以将产品结构、耗用原材料和工艺过程基本相同的产品，适当合并作为成本核算对象。

第十条 农业企业一般按照生物资产的品种、成长期、批别（群别、批次）、与农业生产相关的劳务作业等确定成本核算对象。

第十一条 批发零售企业一般按照商品的品种、批次、订单、类别等确定成本核算对象。

第十二条 建筑企业一般按照订立的单项合同确定成本核算对象。单项合同包括建造多项资产的，企业应当按照企业会计准则规定的合同分立原则，确定建造合同的成本核算对象。为建造一项或数项资产而签订一组合同的，按合同合并的原则，确定建造合同的成本核算对象。

第十三条 房地产企业一般按照开发项目、综合开发期数并兼顾产品类型等确定成本核算对象。

第十四条 采矿企业一般按照所采掘的产品确定成本核算对象。

第十五条 交通运输企业以运输工具从事货物、旅客运输的，一般按照航线、航次、单船（机）、基层站段等确定成本核算对象；从事货物等装卸业务的，可以按照货物、成本责任部门、作业场所等确定成本核算对象；从事仓储、堆存、港务管理业务的，一般按照码头、仓库、堆场、油罐、筒仓、货棚或主要货物的种类、成本责任部门等确定成本核算对象。

第十六条 信息传输企业一般按照基础电信业务、电信增值业务和其他信息传输业务等确定成本核算对象。

第十七条 软件及信息技术服务企业的科研设计与软件开发等人工成本比重较高的，一般按照科研课题、承接的单项合同项目、开发项目、技术服务客户等确定成本核算对象。合同项目规模较大、开发期较长的，可以分段确定成本核算对象。

第十八条 文化企业一般按照制作产品的种类、批次、印次、刊次等确定成本核算对象。

第十九条 除本制度已明确规定的以外，其他行业企业应当比照以上类似行业的企业确定产品成本核算对象。

第二十条 企业应当按照第八条至第十九条规定确定产品成本核算对象，进行产品成本核算。企业内部管理有相关要求的，还可以按照现代企业多维度、多层次的管理需要，确定多元化的产品成本核算对象。

多维度，是指以产品的最小生产步骤或作业为基础，按照企业有关部门的生产流程及其相应的成本管理要求，利用现代信息技术，组合出产品维度、工序维度、车间班组维度、生产设备维度、客户订单维度、变动成本维度和固定成本维度等不同的成本核算对象。

多层次，是指根据企业成本管理需要，划分为企业管理部门、工厂、车间和班组等成本管控层次。

第三章 产品成本核算项目和范围

第二十一条 企业应当根据生产经营特点和管理要求，按照成本的经济用途和生产要素内容相结合的原则或者成本性态等设置成本项目。

第二十二条 制造企业一般设置直接材料、燃料和动力、直接人工和制造费用等成本项目。

直接材料，是指构成产品实体的原材料以及有助于产品形成的主要材料和辅助材料。

燃料和动力，是指直接用于产品生产的燃料和动力。

直接人工，是指直接从事产品生产的工人的职工薪酬。

制造费用，是指企业为生产产品和提供劳务而发生的各项间接费用，包括企业生产部门（如生产车间）发生的水电费、固定资产折旧、无形资产摊销、管理人员的职工薪酬、劳动保护费、国家规定的有关环保费用、季节性和修理期间的停工损失等。

第二十三条 农业企业一般设置直接材料、直接人工、机械作业费、其他直接费用、间接费用等成本项目。

直接材料，是指种植业生产中耗用的自产或外购的种子、种苗、饲料、肥料、农药、燃料和动力、修理用材料和零件、原材料以及其他材料等；养殖业生产中直接用于养殖生产的苗种、饲料、肥料、燃料、动力、畜禽医药费等。

直接人工，是指直接从事农业生产人员的职工薪酬。

机械作业费，是指种植业生产过程中农用机械进行耕耙、播种、施肥、除草、喷药、收割、脱粒等机械作业所发生的费用。

其他直接费用，是指除直接材料、直接人工和机械作业费以外的畜力作业费等直接费用。

间接费用，是指应摊销、分配计入成本核算对象的运输费、灌溉费、固定资产折旧、租赁费、保养费等费用。

第二十四条 批发零售企业一般设置进货成本、相关税费、采购费等成本项目。

进货成本，是指商品的采购价款。

相关税费，是指购买商品发生的进口关税、资源税和不能抵扣的增值税等。

采购费，是指运杂费、装卸费、保险费、仓储费、整理费、合理损耗以及其他可归属于商品采购成本的费用。采购费金额较小的，可以在发生时直接计入当期销售费用。

第二十五条 建筑企业一般设置直接人工、直接材料、机械使用费、其他直接费用和间接费用等成本项目。建筑企业将部分工程分包的，还可以设置分包成本项目。

直接人工，是指按照国家规定支付给施工过程中直接从事建筑安装工程施工的工人以及在施工现场直接为工程制作构件和运料、配料等工人的职工薪酬。

直接材料，是指在施工过程中所耗用的、构成工程实体的材料、结构件、机械配件和有助于工程形成的其他材料以及周转材料的租赁费和摊销等。

机械使用费，是指施工过程中使用自有施工机械所发生的机械使用费，使用外单位施工机械的租赁费，以及按照规定支付的施工机械进出场费等。

其他直接费用，是指施工过程中发生的材料搬运费、材料装卸保管费、燃料动力费、临时设施摊销、生产工具用具使用费、检验试验费、工程定位复测费、工程点交费、场地清理费，以及能够单独区分和可靠计量的为订立建造承包合同而发生的差旅费、投标费等费用。

间接费用，是指企业各施工单位为组织和管理工程施工所发生的费用。

分包成本，是指按照国家规定开展分包，支付给分包单位的工程价款。

第二十六条 房地产企业一般设置土地征用及拆迁补偿费、前期工程费、建筑安装工程费、基础设施建设费、公共配套设施费、开发间接费、借款费用等成本项目。

土地征用及拆迁补偿费，是指为取得土地开发使用权（或开发权）而发生的各项费用，包括土地买价或出让金、大市政配套费、契税、耕地占用税、土地使用费、土地闲置费、农作物补偿费、危房补偿费、土地变更用途和超面积补交的地价及相关税费、拆迁补偿费用、安置及动迁费用、回迁房建造费用等。

前期工程费，是指项目开发前期发生的政府许可规费、招标代理费、临时设施费以及水文地质勘察、测绘、规划、设计、可行性研究、咨询论证费、筹建、场地通平等前期费用。

建筑安装工程费，是指开发项目开发过程中发生的各项主体建筑的建筑工程费、安装工程费及精装修费等。

基础设施建设费，是指开发项目在开发过程中发生的道路、供水、供电、供气、供暖、排污、排洪、消防、通讯、照明、有线电视、宽带网络、智能化等社区管网工程费和环境卫生、园林绿化等园林、景观环境工程费用等。

公共配套设施费，是指开发项目内发生的、独立的、非营利性的且产权属于全体业主的，或无偿赠与地方政府、政府公共事业单位的公共配套设施费用等。

开发间接费，指企业为直接组织和管理开发项目所发生的，且不能将其直接归属于成本核算对象的工程监理费、造价审核费、结算审核费、工程保险费等。为业主代扣代缴的公共维修基金等不得计入产品成本。

借款费用，是指符合资本化条件的借款费用。

房地产企业自行进行基础设施、建筑安装等工程建设的，可以比照建筑企业设置有关成本项目。

第二十七条 采矿企业一般设置直接材料、燃料和动力、直接人工、间接费用等成本项目。

直接材料，是指采掘生产过程中直接耗用的添加剂、催化剂、引发剂、助剂、触媒以及净化材料、包装物等。

燃料和动力，是指采掘生产过程中直接耗用的各种固体、液体、气体燃料，以及水、电、汽、风、氮气、氧气等动力。

直接人工，是指直接从事采矿生产人员的职工薪酬。

间接费用，是指为组织和管理厂（矿）采掘生产所发生的职工薪酬、劳动保护费、固定资产折旧、无形资产摊销、保险费、办公费、环保费用、化（检）验计量费、设计制图费、停工损失、洗车费、转输费、科研试验费、信息系统维护费等。

第二十八条 交通运输企业一般设置营运费用、运输工具固定费用与非营运期间的费用等成本项目。

营运费用，是指企业在货物或旅客运输、装卸、堆存过程中发生的营运费用，包括货物费、港口费、起降及停机费、中转费、过桥过路费、燃料和动力、航次租船费、安全救生费、护航费、装卸整理费、堆存费等。铁路运输企业的营运费用还包括线路等相关设施的维护费等。

运输工具固定费用，是指运输工具的固定费用和共同费用等，包括检验检疫费、车船使用税、劳动保护费、固定资产折旧、租赁费、备件配件、保险费、驾驶及相关操作人员薪酬及其伙食费等。

非营运期间费用，是指受不可抗力制约或行业惯例等原因暂停营运期间发生的有关费用等。

第二十九条 信息传输企业一般设置直接人工、固定资产折旧、无形资产摊销、低值易耗品摊销、业务费、电路及网元租赁费等成本项目。

直接人工，是指直接从事信息传输服务的人员的职工薪酬。

业务费，是指支付通信生产的各种业务费用，包括频率占用费，卫星测控费，安全保卫费，码号资源费，设备耗用的外购电力费，自有电源设备耗用的燃料和润料费等。

电路及网元租赁费，是指支付给其他信息传输企业的电路及网元等传输系统及设备的租赁费等。

第三十条 软件及信息技术服务企业一般设置直接人工、外购软件与服务费、场地租赁费、固定资产折旧、无形资产摊销、差旅费、培训费、转包成本、水电费、办公费等成本项目。

直接人工，是指直接从事软件及信息技术服务的人员的职工薪酬。

外购软件与服务费，是指企业为开发特定项目而必须从外部购进的辅助软件或服务所发生的费用。

场地租赁费，是指企业为开发软件或提供信息技术服务租赁场地支付的费用等。

转包成本，是指企业将有关项目部分分包给其他单位支付的费用。

第三十一条　文化企业一般设置开发成本和制作成本等成本项目。

开发成本，是指从选题策划开始到正式生产制作所经历的一系列过程，包括信息收集、策划、市场调研、选题论证、立项等阶段所发生的信息搜集费、调研交通费、通信费、组稿费、专题会议费、参与开发的职工薪酬等。

制作成本，是指产品内容制作成本和物质形态的制作成本，包括稿费、审稿费、校对费、录入费、编辑加工费、直接材料费、印刷费、固定资产折旧、参与制作的职工薪酬等。电影企业的制作成本，是指企业在影片制片、译制、洗印等生产过程所发生的各项费用，包括剧本费、演职员的薪酬、胶片及磁片磁带费、化妆费、道具费、布景费、场租费、剪接费、洗印费等。

第三十二条　除本制度已明确规定的以外，其他行业企业应当比照以上类似行业的企业确定成本项目。

第三十三条　企业应当按照第二十一条至第三十二条规定确定产品成本核算项目，进行产品成本核算。企业内部管理有相关要求的，还可以按照现代企业多维度、多层次的成本管理要求，利用现代信息技术对有关成本项目进行组合，输出有关成本信息。

第四章　产品成本归集、分配和结转

第三十四条　企业所发生的费用，能确定由某一成本核算对象负担的，应当按照所对应的产品成本项目类别，直接计入产品成本核算对象的生产成本；由几个成本核算对象共同负担的，应当选择合理的分配标准分配计入。

企业应当根据生产经营特点，以正常生产能力水平为基础，按照资源耗费方式确定合理的分配标准。

企业应当按照权责发生制的原则，根据产品的生产特点和管理要求结转成本。

第三十五条　制造企业发生的直接材料和直接人工，能够直接计入成本核算对象的，应当直接计入成本核算对象的生产成本，否则应当按照合理的分配标准分配计入。

制造企业外购燃料和动力的，应当根据实际耗用数量或者合理的分配标准对燃料和动力费用进行归集分配。生产部门直接用于生产的燃料和动力，直接计入生产成本；生产部门间接用于生产（如照明、取暖）的燃料和动力，计入制造费用。制造企业内部自行提供燃料和动力的，参照本条第三款进行处理。

制造企业辅助生产部门为生产部门提供劳务和产品而发生的费用，应当参照生产成本项目归集，并按照合理的分配标准分配计入各成本核算对象的生产成本。辅助生产部门之间互相提供的劳务、作业成本，应当采用合理的方法，进行交互分配。互相提供劳务、作业不多的，可以不进行交互分配，直接分配给辅助生产部门以外的受益单位。

第三十六条　制造企业发生的制造费用，应当按照合理的分配标准按月分配计入各成本核算对象的生产成本。企业可以采取的分配标准包括机器工时、人工工时、计划分配率等。

季节性生产企业在停工期间发生的制造费用，应当在开工期间进行合理分摊，连同开工期间发生的制造费用，一并计入产品的生产成本。

制造企业可以根据自身经营管理特点和条件，利用现代信息技术，采用作业成本法对不能直接归属于成本核算对象的成本进行归集和分配。

第三十七条　制造企业应当根据生产经营特点和联产品、副产品的工艺要求，选择系数分配法、实物量分配法、相对销售价格分配法等合理的方法分配联合生产成本。

第三十八条　制造企业发出的材料成本，可以根据实物流转方式、管理要求、实物性质等实际情况，采用先进先出法、加权平均法、个别计价法等方法计算。

第三十九条　制造企业应当根据产品的生产特点和管理要求，按成本计算期结转成本。制造企业可以选择原材料消耗量、约当产量法、定额比例法、原材料扣除法、完工百分比法等方法，恰当地确定完工产品和在产品的实际成本，并将完工入库产品的产品成本结转至库存产品科目；在产品数量、金额不重要或在产品期初期末数量变动不大的，可以不计算在产品成本。

制造企业产成品和在产品的成本核算，除季节性生产企业等以外，应当以月为成本计算期。

第四十条　农业企业应当比照制造企业对产品成本进行归集、分配和结转。

第四十一条 批发零售企业发生的进货成本、相关税金直接计入成本核算对象成本；发生的采购费，可以结合经营管理特点，按照合理的方法分配计入成本核算对象成本。采购费金额较小的，可以在发生时直接计入当期销售费用。

批发零售企业可以根据实物流转方式、管理要求、实物性质等实际情况，采用先进先出法、加权平均法、个别计价法、毛利率法等方法结转产品成本。

第四十二条 建筑企业发生的有关费用，由某一成本核算对象负担的，应当直接计入成本核算对象成本；由几个成本核算对象共同负担的，应当选择直接费用比例、定额比例和职工薪酬比例等合理的分配标准，分配计入成本核算对象成本。

建筑企业应当按照《企业会计准则第 15 号——建造合同》的规定结转产品成本。合同结果能够可靠估计的，应当采用完工百分比法确定和结转当期提供服务的成本；合同结果不能可靠估计的，应当直接结转已经发生的成本。

第四十三条 房地产企业发生的有关费用，由某一成本核算对象负担的，应当直接计入成本核算对象成本；由几个成本核算对象共同负担的，应当选择占地面积比例、预算造价比例、建筑面积比例等合理的分配标准，分配计入成本核算对象成本。

第四十四条 采矿企业应当比照制造企业对产品成本进行归集、分配和结转。

第四十五条 交通运输企业发生的营运费用，应当按照成本核算对象归集。

交通运输企业发生的运输工具固定费用，能确定由某一成本核算对象负担的，应当直接计入成本核算对象的成本；由多个成本核算对象共同负担的，应当选择营运时间等符合经营特点的、科学合理的分配标准分配计入各成本核算对象的成本。

交通运输企业发生的非营运期间费用，比照制造业季节性生产企业处理。

第四十六条 信息传输、软件及信息技术服务等企业，可以根据经营特点和条件，利用现代信息技术，采用作业成本法等对产品成本进行归集和分配。

第四十七条 文化企业发生的有关成本项目费用，由某一成本核算对象负担的，应当直接计入成本核算对象成本；由几个成本核算对象共同负担的，应当选择人员比例、工时比例、材料耗用比例等合理的分配标准分配计入成本核算对象成本。

第四十八条 企业不得以计划成本、标准成本、定额成本等代替实际成本。企业采用计划成本、标准成本、定额成本等类似成本进行直接材料日常核算的，期末应当将耗用直接材料的计划成本或定额成本等类似成本调整为实际成本。

第四十九条 除本制度已明确规定的以外，其他行业企业应当比照以上类似行业的企业对产品成本进行归集、分配和结转。

第五十条 企业应当按照第三十四条至第四十九条规定对产品成本进行归集、分配和结转。企业内部管理有相关要求的，还可以利用现代信息技术，在确定多维度、多层次成本核算对象的基础上，对有关费用进行归集、分配和结转。

第五章　附　　则

第五十一条 小企业参照执行本制度。

第五十二条 本制度自 2014 年 1 月 1 日起施行。

第五十三条 执行本制度的企业不再执行《国营工业企业成本核算办法》。

财政部关于印发《企业会计准则解释第5号》的通知

2012年11月5日　财会〔2012〕19号

国务院有关部委、有关直属机构，各省、自治区、直辖市、计划单列市财政厅（局），新疆生产建设兵团财务局，有关中央管理企业：

为了深入贯彻实施企业会计准则，解决执行中出现的问题，同时，实现会计准则持续趋同和等效，我部制定了《企业会计准则解释第5号》，现予印发，请遵照执行。

附件：企业会计准则解释第5号

附件：

企业会计准则解释第5号

一、非同一控制下的企业合并中，购买方应如何确认取得的被购买方拥有的但在其财务报表中未确认的无形资产？

答：非同一控制下的企业合并中，购买方在对企业合并中取得的被购买方资产进行初始确认时，应当对被购买方拥有的但在其财务报表中未确认的无形资产进行充分辨认和合理判断，满足以下条件之一的，应确认为无形资产：

（一）源于合同性权利或其他法定权利；

（二）能够从被购买方中分离或者划分出来，并能单独或与相关合同、资产和负债一起，用于出售、转移、授予许可、租赁或交换。

企业应当在附注中披露在非同一控制下的企业合并中取得的被购买方无形资产的公允价值及其公允价值的确定方法。

二、企业开展信用风险缓释工具相关业务，应当如何进行会计处理？

答：信用风险缓释工具，是指信用风险缓释合约、信用风险缓释凭证及其他用于管理信用风险的信用衍生产品。信用风险缓释合约，是指交易双方达成的、约定在未来一定期限内，信用保护买方按照约定的标准和方式向信用保护卖方支付信用保护费用，由信用保护卖方就约定的标的债务向信用保护买方提供信用风险保护的金融合约。信用风险缓释凭证，是指由标的实体以外的机构创设，为凭证持有人就标的债务提供信用风险保护的、可交易流通的有价凭证。

信用保护买方和卖方应当根据信用风险缓释工具的合同条款，按照实质重于形式的原则，判断信用风险缓释工具是否属于财务担保合同，并分别下列情况进行处理：

（一）属于财务担保合同的信用风险缓释工具，除融资性担保公司根据《企业会计准则解释第 4 号》第八条的规定处理外，信用保护买方和卖方应当按照《企业会计准则第 22 号——金融工具确认和计量》中有关财务担保合同的规定进行会计处理。其中，信用保护买方支付的信用保护费用和信用保护卖方取得的信用保护收入，应当在财务担保合同期间内按照合理的基础进行摊销，计入各期损益。

（二）不属于财务担保合同的其他信用风险缓释工具，信用保护买方和卖方应当按照《企业会计准则第 22 号——金融工具确认和计量》的规定，将其归类为衍生工具进行会计处理。

财务担保合同，是指当特定债务人到期不能按照最初或修改后的债务工具条款偿付时，要求签发人向蒙受损失的合同持有人赔付特定金额的合同。

开展信用风险缓释工具相关业务的信用保护买方和卖方，应当根据信用风险缓释工具的分类，分别按照《企业会计准则第 37 号——金融工具列报》、《企业会计准则第 25 号——原保险合同》或《企业会计准则第 26 号——再保险合同》以及《企业会计准则第 30 号——财务报表列报》进行列报。

三、企业采用附追索权方式出售金融资产，或将持有的金融资产背书转让，是否应当终止确认该金融资产？

答：企业对采用附追索权方式出售的金融资产，或将持有的金融资产背书转让，应当根据《企业会计准则第 23 号——金融资产转移》的规定，确定该金融资产所有权上几乎所有的风险和报酬是否已经转移。企业已将该金融资产所有权上几乎所有的风险和报酬转移给转入方的，应当终止确认该金融资产；保留了金融资产所有权上几乎所有的风险和报酬的，不应当终止确认该金融资产；既没有转移也没有保留金融资产所有权上几乎所有的风险和报酬的，应当继续判断企业是否对该资产保留了控制，并根据《企业会计准则第 23 号——金融资产转移》的规定进行会计处理。

四、银行业金融机构开展同业代付业务，应当如何进行会计处理？

答：银行业金融机构应当根据委托行（发起行、开证行）与受托行（代付行）签订的代付业务协议条款判断同业代付交易的实质，按照融资资金的提供方不同以及代付本金和利息的偿还责任不同，分别下列情况进行处理：

（一）如果委托行承担合同义务在约定还款日无条件向受托行偿还代付本金和利息，委托行应当按照《企业会计准则第 22 号——金融工具确认和计量》，将相关交易作为对申请人发放贷款处理，受托行应当将相关交易作为向委托行拆出资金处理。

（二）如果申请人承担合同义务向受托行在约定还款日偿还代付本金和利息（无论还款是否通过委托行），委托行仅在申请人到期未能偿还代付本金和利息的情况下，才向受托行无条件偿还代付本金和利息的，对于相关交易中的担保部分，委托行应当按照《企业会计准则第 22 号——金融工具确认和计量》对财务担保合同的规定处理；对于相关交易中的代理责任部分，委托行应当按照《企业会计准则第 14 号——收入》处理。受托行应当按照《企业会计准则第 22 号——金融工具确认和计量》，将相关交易作为对申请人发放贷款处理。

银行业金融机构应当严格遵循《企业会计准则第 37 号——金融工具列报》和其他相关准则的规定，对同业代付业务涉及的金融资产、金融负债、贷款承诺、担保、代理责任等相关信息进行列报。同业代付业务产生的金融资产和金融负债不得随意抵消。

本条解释既适用于信用证项下的同业代付业务，也适用于保理项下的同业代付业务。

五、企业通过多次交易分步处置对子公司股权投资直至丧失控制权，应当如何进行会计处理？

答：企业通过多次交易分步处置对子公司股权投资直至丧失控制权的，应当按照《关于执行会计准则的上市公司和非上市企业做好 2009 年年报工作的通知》（财会〔2009〕16 号）和《企业会计准则解释第 4 号》（财会〔2010〕15 号）的规定对每一项交易进行会计处理。处置对子公司股权投资直至丧失控制权的各项交易属于一揽子交易的，应当将各项交易作为一项处置子公司并丧失控制权的交易进行会计处理；但是，在丧失控制权之前每一次处置价款与处置投资对应的享有该子公司净资产份额的差额，在合并财务报表中应当确认为其他综合收益，在丧失控制权时一并转入丧失控制权当期的损益。

处置对子公司股权投资的各项交易的条款、条件以及经济影响符合以下一种或多种情况，通常表明应将多次交易事项作为一揽子交易进行会计处理：

（1）这些交易是同时或者在考虑了彼此影响的情况下订立的；

（2）这些交易整体才能达成一项完整的商业结果；

（3）一项交易的发生取决于其他至少一项交易的发生；

（4）一项交易单独看是不经济的，但是和其他交易一并考虑时是经济的。

六、企业接受非控股股东（或非控股股东的子公司）直接或间接代为偿债、债务豁免或捐赠的，应如何进行会计处理？

答：企业接受代为偿债、债务豁免或捐赠，按照企业会计准则规定符合确认条件的，通常应当确认为当期收益；但是，企业接受非控股股东（或非控股股东的子公司）直接或间接代为偿债、债务豁免或捐赠，经济实质表明属于非控股股东对企业的资本性投入，应当将相关利得计入所有者权益（资本公积）。

企业发生破产重整，其非控股股东因执行人民法院批准的破产重整计划，通过让渡所持有的该企业部分股份向企业债权人偿债的，企业应将非控股股东所让渡股份按照其在让渡之日的公允价值计入所有者权益（资本公积），减少所豁免债务的账面价值，并将让渡股份公允价值与被豁免的债务账面价值之间的差额计入当期损益。控股股东按照破产重整计划让渡了所持有的部分该企业股权向企业债权人偿债的，该企业也按此原则处理。

七、本解释自2013年1月1日施行，不要求追溯调整。

财政部关于印发《企业会计准则解释第4号》的通知

2010年7月14日　财会〔2010〕15号

国务院有关部委、有关直属机构，各省、自治区、直辖市、计划单列市财政厅（局），新疆生产建设兵团财务局，有关中央管理企业：

为了深入贯彻实施企业会计准则，解决执行中出现的问题，同时，实现会计准则持续趋同和等效，我部制定了《企业会计准则解释第4号》，现予印发，请遵照执行。

附件：企业会计准则解释第4号

附件：

企业会计准则解释第4号

一、同一控制下的企业合并中，合并方发生的审计、法律服务、评估咨询等中介费用以及其他相关管理费用，应当于发生时计入当期损益。非同一控制下的企业合并中，购买方发生的上述费用，应当如何进行会计处理?

答：非同一控制下的企业合并中，购买方为企业合并发生的审计、法律服务、评估咨询等中介费用以及其他相关管理费用，应当于发生时计入当期损益；购买方作为合并对价发行的权益性证券或债务性证券的交易费用，应当计入权益性证券或债务性证券的初始确认金额。

二、非同一控制下的企业合并中，购买方在购买日取得被购买方可辨认资产和负债，应当如何进行分类或指定?

答：非同一控制下的企业合并中，购买方在购买日取得被购买方可辨认资产和负债，应当根据企业会计准则的规定，结合购买日存在的合同条款、经营政策、并购政策等相关因素进行分类或指定，主要包括被购买方的金融资产和金融负债的分类、套期关系的指定、嵌入衍生工具的分拆等。但是，合并中如涉及租赁合同和保险合同且在购买日对合同条款作出修订的，购买方应当根据企业会计准则的规定，结合修订的条款和其他因素对合同进行分类。

三、企业通过多次交易分步实现非同一控制下企业合并的，对于购买日之前持有的被购买方的股权，应当如何进行会计处理?

答：企业通过多次交易分步实现非同一控制下企业合并的，应当区分个别财务报表和合并财务报表进行相关会计处理：

（一）在个别财务报表中，应当以购买日之前所持被购买方的股权投资的账面价值与购买日新增投资成本之和，作为该项投资的初始投资成本；购买日之前持有的被购买方的股权涉及其他综合收益的，应当在处置该项投资时将与其相关的其他综合收益（例如，可供出售金融资产公允价值变动计入资本公积的部分，下同）转入当期投资收益。

（二）在合并财务报表中，对于购买日之前持有的被购买方的股权，应当按照该股权在购买日的公允价值进行重新计量，公允价值与其账面价值的差额计入当期投资收益；购买日之前持有的被购买方的股权涉及其他综合收益的，与其相关的其他综合收益应当转为购买日所属当期投资收益。购买方应当在附注中披露其在购买日之前持有的被购买方的股权在购买日的公允价值、按照公允价值重新计量产生的相关利得或损失的金额。

四、企业因处置部分股权投资或其他原因丧失了对原有子公司控制权的，对于处置后的剩余股权应当如何进行会计处理?

答：企业因处置部分股权投资或其他原因丧失了对原有子公司控制权的，应当区分个别财务报表和合并财务报表进行相关会计处理：

（一）在个别财务报表中，对于处置的股权，应当按照《企业会计准则第 2 号——长期股权投资》的规定进行会计处理；同时，对于剩余股权，应当按其账面价值确认为长期股权投资或其他相关金融资产。处置后的剩余股权能够对原有子公司实施共同控制或重大影响的，按有关成本法转为权益法的相关规定进行会计处理。

（二）在合并财务报表中，对于剩余股权，应当按照其在丧失控制权日的公允价值进行重新计量。处置股权取得的对价与剩余股权公允价值之和，减去按原持股比例计算应享有原有子公司自购买日开始持续计算的净资产的份额之间的差额，计入丧失控制权当期的投资收益。与原有子公司股权投资相关的其他综合收益，应当在丧失控制权时转为当期投资收益。企业应当在附注中披露处置后的剩余股权在丧失控制权日的公允价值、按照公允价值重新计量产生的相关利得或损失的金额。

五、在企业合并中，购买方对于因企业合并而产生的递延所得税资产，应当如何进行会计处理?

答：在企业合并中，购买方取得被购买方的可抵扣暂时性差异，在购买日不符合递延所得税资产确认条件的，不应予以确认。购买日后 12 个月内，如取得新的或进一步的信息表明购买日的相关情况已经存在，预期被购买方在购买日可抵扣暂时性差异带来的经济利益能够实现的，应当确认相关的递延所得税资产，同时减少商誉，商誉不足冲减的，差额部分确认为当期损益；除上述情况以外，确认与企业合并相关的递延所得税资产，应当计入当期损益。

本解释发布前递延所得税资产未按照上述规定处理的，应当进行追溯调整，追溯调整不切实可行的除外。

六、在合并财务报表中，子公司少数股东分担的当期亏损超过了少数股东在该子公司期初所有者权益中所享有的份额的，其余额应当如何进行会计处理？

答：在合并财务报表中，子公司少数股东分担的当期亏损超过了少数股东在该子公司期初所有者权益中所享有的份额的，其余额仍应当冲减少数股东权益。

本解释发布前子公司少数股东权益未按照上述规定处理的，应当进行追溯调整，追溯调整不切实可行的除外。

七、企业集团内涉及不同企业的股份支付交易应当如何进行会计处理？

答：企业集团（由母公司和其全部子公司构成）内发生的股份支付交易，应当按照以下规定进行会计处理：

（一）结算企业以其本身权益工具结算的，应当将该股份支付交易作为权益结算的股份支付处理；除此之外，应当作为现金结算的股份支付处理。

结算企业是接受服务企业的投资者的，应当按照授予日权益工具的公允价值或应承担负债的公允价值确认为对接受服务企业的长期股权投资，同时确认资本公积（其他资本公积）或负债。

（二）接受服务企业没有结算义务或授予本企业职工的是其本身权益工具的，应当将该股份支付交易作为权益结算的股份支付处理；接受服务企业具有结算义务且授予本企业职工的是企业集团内其他企业权益工具的，应当将该股份支付交易作为现金结算的股份支付处理。

本解释发布前股份支付交易未按上述规定处理的，应当进行追溯调整，追溯调整不切实可行的除外。

八、融资性担保公司应当执行何种会计标准？

答：融资性担保公司应当执行企业会计准则，并按照《企业会计准则——应用指南》有关保险公司财务报表格式规定，结合公司实际情况，编制财务报表并对外披露相关信息，不再执行《担保企业会计核算办法》（财会〔2005〕17 号）。

融资性担保公司发生的担保业务，应当按照《企业会计准则第 25 号——原保险合同》、《企业会计准则第 26 号——再保险合同》、《保险合同相关会计处理规定》（财会〔2009〕15 号）等有关保险合同的相关规定进行会计处理。

本解释发布前融资性担保公司发生的担保业务未按照上述规定处理的，应当进行追溯调整，追溯调整不切实可行的除外。

九、企业发生的融资融券业务，应当执行何种会计标准？

答：融资融券业务，是指证券公司向客户出借资金供其买入证券或者出借证券供其卖出，并由客户交存相应担保物的经营活动。企业发生的融资融券业务，分为融资业务和融券业务两类。

关于融资业务，证券公司及其客户均应当按照《企业会计准则第 22 号——金融工具确认和计量》有关规定进行会计处理。证券公司融出的资金，应当确认应收债权，并确认相应利息收入；客户融入的资金，应当确认应付债务，并确认相应利息费用。

关于融券业务，证券公司融出的证券，按照《企业会计准则第 23 号——金融资产转移》有关规定，不应终止确认该证券，但应确认相应利息收入；客户融入的证券，应当按照《企业会计准则第 22 号——金融工具确认和计量》有关规定进行会计处理，并确认相应利息费用。

证券公司对客户融资融券并代客户买卖证券时，应当作为证券经纪业务进行会计处理。

证券公司及其客户发生的融资融券业务，应当按照《企业会计准则第 37 号——金融工具列报》有关规定披露相关会计信息。

本解释发布前融资融券业务未按照上述规定进行处理的，应当进行追溯调整，追溯调整不切实可行的除外。

十、企业根据《企业会计准则解释第 2 号》（财会〔2008〕11 号）的规定，对认股权和债券分离交易的可转换公司债券中的认股权，单独确认了一项权益工具（资本公积——其他资本公积）。认股权持有人没有行权的，原计入资本公积（其他资本公积）的部分，应当如何进行会计处理？

答：企业发行的认股权和债券分离交易的可转换公司债券，认股权持有人到期没有行权的，应当在到期时将原计入资本公积（其他资本公积）的部分转入资本公积（股本溢价）。

本解释发布前认股权和债券分离交易的可转换公司债券未按照上述规定进行处理的，应当进行追溯调整，追溯调整不切实可行的除外。

十一、本解释中除特别注明应予追溯调整的以外，其他问题自2010年1月1日起施行。

财政部关于印发《企业会计准则解释第3号》的通知

2009年6月11日　财会〔2009〕8号

国务院有关部委、有关直属机构，各省、自治区、直辖市、计划单列市财政厅（局），新疆生产建设兵团财务局，有关中央管理企业：

为了深入贯彻企业会计准则，解决执行中出现的问题，同时考虑会计准则持续趋同和等效情况，我部制定了《企业会计准则解释第3号》，现予印发。本解释中除特别注明应予追溯调整的以外，其他问题自2009年1月1日起施行。

附件：企业会计准则解释第3号

附件：

企业会计准则解释第3号

一、采用成本法核算的长期股权投资，投资企业取得被投资单位宣告发放的现金股利或利润，应当如何进行会计处理？

答：采用成本法核算的长期股权投资，除取得投资时实际支付的价款或对价中包含的已宣告但尚未发放的现金股利或利润外，投资企业应当按照享有被投资单位宣告发放的现金股利或利润确认投资收益，不再划分是否属于投资前和投资后被投资单位实现的净利润。

企业按照上述规定确认自被投资单位应分得的现金股利或利润后，应当考虑长期股权投资是否发生减值。在判断该类长期股权投资是否存在减值迹象时，应当关注长期股权投资的账面价值是否大于享有被投资单位净资产（包括相关商誉）账面价值的份额等类似情况。出现类似情况时，企业应当按照《企业会计准则第8号——资产减值》对长期股权投资进行减值测试，可收回金额低于长期股权投资账面价值的，应当计提减值准备。

二、企业持有上市公司限售股权，对上市公司不具有控制、共同控制或重大影响的，应当如何进行会计处理？

答：企业持有上市公司限售股权（不包括股权分置改革中持有的限售股权），对上市公司不具有控制、共同控制或重大影响的，应当按照《企业会计准则第22号——金融工具确认和计量》的规定，将该限售股权划分为可供出售金融资产或以公允价值计量且其变动计入当期损益的金融资产。

企业在确定上市公司限售股权公允价值时，应当按照《企业会计准则第22号——金融工具确认和计量》有关公允价值确定的规定执行，不得改变企业会计准则规定的公允价值确定原则和方法。

本解释发布前未按上述规定确定所持有限售股权公允价值的，应当按照《企业会计准则第28号——会计政策、会计估计变更和差错更正》进行处理。

三、高危行业企业提取的安全生产费，应当如何进行会计处理？

答：高危行业企业按照国家规定提取的安全生产费，应当计入相关产品的成本或当期损益，同时记入“4301专项储备”科目。

企业使用提取的安全生产费时，属于费用性支出的，直接冲减专项储备。企业使用提取的安全生产费形成固定资产的，应当通过“在建工程”科目归集所发生的支出，待安全项目完工达到预定可使用状态时确认为固定资产；同时，按照形成固定资产的成本冲减专项储备，并确认相同金额的累计折旧。该固定资产在以后期间不再计提折旧。

“专项储备”科目期末余额在资产负债表所有者权益项下“减：库存股”和“盈余公积”之间增设“专项储备”项目反映。

企业提取的维简费和其他具有类似性质的费用，比照上述规定处理。

本解释发布前未按上述规定处理的，应当进行追溯调整。

四、企业收到政府给予的搬迁补偿款应当如何进行会计处理？

答：企业因城镇整体规划、库区建设、棚户区改造、沉陷区治理等公共利益进行搬迁，收到政府从财政预算直接拨付的搬迁补偿款，应作为专项应付款处理。其中，属于对企业在搬迁和重建过程中发生的固定资产和无形资产损失、有关费用性支出、停工损失及搬迁后拟新建资产进行补偿的，应自专项应付款转入递延收益，并按照《企业会计准则第16号——政府补助》进行会计处理。企业取得的搬迁补偿款扣除转入递延收益的金额后如有结余的，应当作为资本公积处理。

企业收到除上述之外的搬迁补偿款，应当按照《企业会计准则第4号——固定资产》、《企业会计准则第16号——政府补助》等会计准则进行处理。

五、在股份支付的确认和计量中，应当如何正确运用可行权条件和非可行权条件？

答：企业根据国家有关规定实行股权激励的，股份支付协议中确定的相关条件，不得随意变更。其中，可行权条件是指能够确定企业是否得到职工或其他方提供的服务、且该服务使职工或其他方具有获取股份支付协议规定的权益工具或现金等权利的条件；反之，为非可行权条件。可行权条件包括服务期限条件或业绩条件。服务期限条件是指职工或其他方完成规定服务期限才可行权的条件。业绩条件是指职工或其他方完成规定服务期限且企业已经达到特定业绩目标才可行权的条件，具体包括市场条件和非市场条件。

企业在确定权益工具授予日的公允价值时，应当考虑股份支付协议规定的可行权条件中的市场条件和非可行权条件的影响。股份支付存在非可行权条件的，只要职工或其他方满足了所有可行权条件中的非市场条件（如服务期限等），企业应当确认已得到服务相对应的成本费用。

在等待期内如果取消了授予的权益工具，企业应当对取消所授予的权益性工具作为加速行权处理，将剩余等待期内应确认的金额立即计入当期损益，同时确认资本公积。职工或其他方能够选择满足非可行权条件但在等待期内未满足的，企业应当将其作为授予权益工具的取消处理。

六、企业自行建造或通过分包商建造房地产，应当遵循哪项会计准则确认与房地产建造协议相关的收入？

答：企业自行建造或通过分包商建造房地产，应当根据房地产建造协议条款和实际情况，判断确认收入应适用的会计准则。

房地产购买方在建造工程开始前能够规定房地产设计的主要结构要素，或者能够在建造过程中决定主要结构变动的，房地产建造协议符合建造合同定义，企业应当遵循《企业会计准则第15号——建造合同》确认收入。

房地产购买方影响房地产设计的能力有限（如仅能对基本设计方案做微小变动）的，企业应当遵循《企业会计准则第14号——收入》中有关商品销售收入的原则确认收入。

七、利润表应当作哪些调整？

答：（一）企业应当在利润表“每股收益”项下增列“其他综合收益”项目和“综合收益总额”项目。“其他综合收益”项目，反映企业根据企业会计准则规定未在损益中确认的各项利得和损失扣除所得税影响后的净额。“综合收益总额”项目，反映企业净利润与其他综合收益的合计金额。“其他综合收益”和“综合收益总额”项目的序号在原有基础上顺延。

（二）企业应当在附注中详细披露其他综合收益各项目及其所得税影响，以及原计入其他综合收益、当期转入损益的金额等信息。

（三）企业合并利润表也应按照上述规定进行调整。在“综合收益总额”项目下单独列示“归属于母公司所有者的综合收益总额”项目和“归属于少数股东的综合收益总额”项目。

（四）企业提供前期比较信息时，比较利润表应当按照《企业会计准则第30号——财务报表列报》第八条的规定处理。

八、企业应当如何改进报告分部信息？

答：企业应当以内部组织结构、管理要求、内部报告制度为依据确定经营分部，以经营分部为基础确定报告分部，并按下列规定披露分部信息。原有关确定地区分部和业务分部以及按照主要报告形式、次要报告形式披露分部信息的规定不再执行。

（一）经营分部，是指企业内同时满足下列条件的组成部分：

1. 该组成部分能够在日常活动中产生收入、发生费用；

2. 企业管理层能够定期评价该组成部分的经营成果，以决定向其配置资源、评价其业绩；

3. 企业能够取得该组成部分的财务状况、经营成果和现金流量等有关会计信息。

企业存在相似经济特征的两个或多个经营分部，同时满足《企业会计准则第35号——分部报告》第五条相关规定的，可以合并为一个经营分部。

（二）企业以经营分部为基础确定报告分部时，应当满足《企业会计准则第35号——分部报告》第八条规定的三个条件之一。未满足规定条件，但企业认为披露该经营分部信息对财务报告使用者有用的，也可将其确定为报告分部。

报告分部的数量通常不应超过10个。报告分部的数量超过10个需要合并的，应当以经营分部的合并条件为基础，对相关的报告分部予以合并。

（三）企业报告分部确定后，应当披露下列信息：

1. 确定报告分部考虑的因素、报告分部的产品和劳务的类型；

2. 每一报告分部的利润（亏损）总额相关信息，包括利润（亏损）总额组成项目及计量的相关会计政策信息；

3. 每一报告分部的资产总额、负债总额相关信息，包括资产总额组成项目的信息，以及有关资产、负债计量的相关会计政策。

（四）除上述已经作为报告分部信息组成部分披露的外，企业还应当披露下列信息：

1. 每一产品和劳务或每一类似产品和劳务组合的对外交易收入；

2. 企业取得的来自于本国的对外交易收入总额以及位于本国的非流动资产（不包括金融资产、独立账户资产、递延所得税资产，下同）总额，企业从其他国家取得的对外交易收入总额以及位于其他国家的非流动资产总额；

3. 企业对主要客户的依赖程度。

财政部关于印发《企业会计准则解释第 2 号》的通知

2008 年 8 月 7 日　财会〔2008〕11 号

国务院有关部委、有关直属机构，新疆生产建设兵团财务局，有关中央管理企业，各省、自治区、直辖市、计划单列市财政厅（局）：

为了全面贯彻实施企业会计准则，落实会计准则趋同与等效，根据企业会计准则执行情况和有关问题，我部制定了《企业会计准则解释第 2 号》，现予印发，请遵照执行。

附件：企业会计准则解释第 2 号

附件：

企业会计准则解释第 2 号

一、同时发行 A 股和 H 股的上市公司，应当如何运用会计政策及会计估计？

答：内地企业会计准则和香港财务报告准则实现等效后，同时发行 A 股和 H 股的上市公司，除部分长期资产减值损失的转回以及关联方披露两项差异外，对于同一交易事项，应当在 A 股和 H 股财务报告中采用相同的会计政策、运用相同的会计估计进行确认、计量和报告，不得在 A 股和 H 股财务报告中采用不同的会计处理。

二、企业购买子公司少数股东拥有对子公司的股权应当如何处理？企业或其子公司进行公司制改制的，相关资产、负债的账面价值应当如何调整？

答：（一）母公司购买子公司少数股权所形成的长期股权投资，应当按照《企业会计准则第 2 号——长期股权投资》第四条的规定确定其投资成本。

母公司在编制合并财务报表时，因购买少数股权新取得的长期股权投资与按照新增持股比例计算应享有子公司自购买日（或合并日）开始持续计算的净资产份额之间的差额，应当调整所有者权益（资本公积），资本公积不足冲减的，调整留存收益。

上述规定仅适用于本规定发布之后发生的购买子公司少数股权交易，之前已经发生的购买子公司少数股权交易未按照上述原则处理的，不予追溯调整。

（二）企业进行公司制改制的，应以经评估确认的资产、负债价值作为认定成本，该成本与其账面价值的差额，应当调整所有者权益；企业的子公司进行公司制改制的，母公司通常应当按照《企业会计准则解释第 1 号》的相关规定确定对子公司长期股权投资的成本，该成本与长期股权投资账面价值的差额，应当调整所有者权益。

三、企业对于合营企业是否应纳入合并财务报表的合并范围？

答：按照《企业会计准则第33号——合并财务报表》的规定，投资企业对于与其他投资方一起实施共同控制的被投资单位，应当采用权益法核算，不应采用比例合并法。但是，如果根据有关章程、协议等，表明投资企业能够对被投资单位实施控制的，应当将被投资单位纳入合并财务报表的合并范围。

四、企业发行认股权和债券分离交易的可转换公司债券，其认股权应当如何进行会计处理？

答：企业发行认股权和债券分离交易的可转换公司债券（以下简称分离交易可转换公司债券），其认股权符合《企业会计准则第22号——金融工具确认和计量》和《企业会计准则第37号——金融工具列报》有关权益工具定义的，应当按照分离交易可转换公司债券发行价格，减去不附认股权且其他条件相同的公司债券公允价值后的差额，确认一项权益工具（资本公积）。

企业对于本规定发布之前已经发行的分离交易可转换公司债券，应当进行追溯调整。

五、企业采用建设经营移交方式（BOT）参与公共基础设施建设业务应当如何处理？

答：企业采用建设经营移交方式（BOT）参与公共基础设施建设业务，应当按照以下规定进行处理：

（一）本规定涉及的BOT业务应当同时满足以下条件：

1. 合同授予方为政府及其有关部门或政府授权进行招标的企业。

2. 合同投资方为按照有关程序取得该特许经营权合同的企业（以下简称合同投资方）。合同投资方按照规定设立项目公司（以下简称项目公司）进行项目建设和运营。项目公司除取得建造有关基础设施的权利以外，在基础设施建造完成以后的一定期间内负责提供后续经营服务。

3. 特许经营权合同中对所建造基础设施的质量标准、工期、开始经营后提供服务的对象、收费标准及后续调整作出约定，同时在合同期满，合同投资方负有将有关基础设施移交给合同授予方的义务，并对基础设施在移交时的性能、状态等作出明确规定。

（二）与BOT业务相关收入的确认。

1. 建造期间，项目公司对于所提供的建造服务应当按照《企业会计准则第15号——建造合同》确认相关的收入和费用。基础设施建成后，项目公司应当按照《企业会计准则第14号——收入》确认与后续经营服务相关的收入。

建造合同收入应当按照收取或应收对价的公允价值计量，并分别以下情况在确认收入的同时，确认金融资产或无形资产：

（1）合同规定基础设施建成后的一定期间内，项目公司可以无条件地自合同授予方收取确定金额的货币资金或其他金融资产的；或在项目公司提供经营服务的收费低于某一限定金额的情况下，合同授予方按照合同规定负责将有关差价补偿给项目公司的，应当在确认收入的同时确认金融资产，并按照《企业会计准则第22号——金融工具确认和计量》的规定处理。

（2）合同规定项目公司在有关基础设施建成后，从事经营的一定期间内有权利向获取服务的对象收取费用，但收费金额不确定的，该权利不构成一项无条件收取现金的权利，项目公司应当在确认收入的同时确认无形资产。

建造过程如发生借款利息，应当按照《企业会计准则第17号——借款费用》的规定处理。

2. 项目公司未提供实际建造服务，将基础设施建造发包给其他方的，不应确认建造服务收入，应当按照建造过程中支付的工程价款等考虑合同规定，分别确认为金融资产或无形资产。

（三）按照合同规定，企业为使有关基础设施保持一定的服务能力或在移交给合同授予方之前保持一定的使用状态，预计将发生的支出，应当按照《企业会计准则第13号——或有事项》的规定处理。

（四）按照特许经营权合同规定，项目公司应提供不止一项服务（如既提供基础设施建造服务又提供建成后经营服务）的，各项服务能够单独区分时，其收取或应收的对价应当按照各项服务的相对公允价值比例分配给所提供的各项服务。

（五）BOT业务所建造基础设施不应作为项目公司的固定资产。

（六）在BOT业务中，授予方可能向项目公司提供除基础设施以外其他的资产，如果该资产构成授予方应付合同价款的一部分，不应作为政府补助处理。项目公司自授予方取得资产时，应以其公允价值确认，未提供与获取该资产相关的服务前应确认为一项负债。

本规定发布前，企业已经进行的BOT项目，应当进行追溯调整；进行追溯调整不切实可行的，应以与BOT业务相关的资产、负债在所列报最早期间期初的账面价值为基础重新分类，作为无形资产或是金融资产，同时进行减值测试；在列报的最早期间期初进行减值测试不切实可行的，应在当期期初进行减值测试。

六、售后租回交易认定为经营租赁的，应当如何进行会计处理？

答：企业的售后租回交易认定为经营租赁的，应当分别以下情况处理：

（一）有确凿证据表明售后租回交易是按照公允价值达成的，售价与资产账面价值的差额应当计入当期损益。

（二）售后租回交易如果不是按照公允价值达成的，售价低于公允价值的差额，应计入当期损益；但若该损失将由低于市价的未来租赁付款额补偿时，有关损失应予以递延（递延收益），并按与确认租金费用相一致的方法在租赁期内进行分摊；如果售价大于公允价值，其大于公允价值的部分应计入递延收益，并在租赁期内分摊。

财政部关于印发《企业会计准则解释第1号》的通知

2007年11月16日　财会〔2007〕14号

国务院有关部委、有关直属机构，各省、自治区、直辖市、计划单列市财政厅（局），新疆生产建设兵团财务局，有关中央管理企业：

为了进一步贯彻实施企业会计准则，根据企业会计准则执行情况和有关问题，我部制定了《企业会计准则解释第1号》，现予印发，请遵照执行。

附件：企业会计准则解释第1号

附件：

企业会计准则解释第1号

一、企业在编制年报时，首次执行日有关资产、负债及所有者权益项目的金额是否要进一步复核？原同时按照国内及国际财务报告准则对外提供财务报告的B股、H股等上市公司，首次执行日如何调整？

答：企业在编制首份年报时，应当对首次执行日有关资产、负债及所有者权益项目的账面余额进行复核，经注册会计师审计后，在附注中以列表形式披露年初所有者权益的调节过程以及作出修正的项目、影响金额及其原因。

原同时按照国内及国际财务报告准则对外提供财务报告的B股、H股等上市公司，首次执行日根据取得的相关信息，能够对因会计政策变更所涉及的交易或事项的处理结果进行追溯调整的，以追溯调整后的结果作为首次执行日的余额。

二、中国境内企业设在境外的子公司在境外发生的有关交易或事项，境内不存在且受相关法律法规等限制或交易不常见，企业会计准则未作规范的，如何进行处理？

答：中国境内企业设在境外的子公司在境外发生的交易或事项，境内不存在且受法律法规等限制或交易不常见，企业会计准则未作出规范的，可以将境外子公司已经进行的会计处理结果，在符合《企业会计准则——基本准则》的原则下，按照国际财务报告准则进行调整后，并入境内母公司合并财务报表的相关项目。

三、经营租赁中出租人发生的初始直接费用以及融资租赁中承租人发生的融资费用应当如何处理？出租人对经营租赁提供激励措施的，如提供免租期或承担承租人的某些费用等，承租人和出租人应当如何处理？企业（建造承包商）为订立建造合同发生的相关费用如何处理？

答：（一）经营租赁中出租人发生的初始直接费用，是指在租赁谈判和签订租赁合同过程中发生的可归属于租赁项目的手续费、律师费、差旅费、印花税等，应当计入当期损益；金额较大的应当资本化，在整个经营租赁期间内按照与确认租金收入相同的基础分期计入当期损益。

承租人在融资租赁中发生的融资费用应予资本化或是费用化，应按《企业会计准则第17号——借款费用》处理，并按《企业会计准则第21号——租赁》进行计量。

（二）出租人对经营租赁提供激励措施的，出租人与承租人应当分别下列情况进行处理：

1. 出租人提供免租期的，承租人应将租金总额在不扣除免租期的整个租赁期内，按直线法或其他合理的方法进行分摊，免租期内应当确认租金费用；出租人应将租金总额在不扣除免租期的整个租赁期内，按直线法或其他合理的方法进行分配，免租期内出租人应当确认租金收入。

2. 出租人承担了承租人某些费用的，出租人应将该费用自租金收入总额中扣除，按扣除后的租金收入余额在租赁期内进行分配；承租人应将该费用从租金费用总额中扣除，按扣除后的租金费用余额在租赁期内进行分摊。

（三）企业（建造承包商）为订立合同发生的差旅费、投标费等，能够单独区分和可靠计量且合同很可能订立的，应当予以归集，待取得合同时计入合同成本；未满足上述条件的，应当计入当期损益。

四、企业发行的金融工具应当在满足何种条件时确认为权益工具？

答：企业将发行的金融工具确认为权益性工具，应当同时满足下列条件：

（一）该金融工具应当不包括交付现金或其他金融资产给其他单位，或在潜在不利条件下与其他单位交换金融资产或金融负债的合同义务。

（二）该金融工具须用或可用发行方自身权益工具进行结算的，如为非衍生工具，该金融工具应当不包括交付非固定数量的发行方自身权益工具进行结算的合同义务；如为衍生工具，该金融工具只能通过交付固定数量的发行方自身权益工具换取固定数额的现金或其他金融资产进行结算。其中，所指的发行方自身权益工具不包括本身通过收取或交付企业自身权益工具进行结算的合同。

五、嵌入保险合同或嵌入租赁合同中的衍生工具应当如何处理？

答：根据《企业会计准则第22号——金融工具确认和计量》的规定，嵌入衍生工具相关的混合工具没有指定为以公允价值计量且其变动计入当期损益的金融资产或金融负债，同时满足有关条件的，该嵌入衍生工具应当从混合工具中分拆，作为单独的衍生工具处理。该规定同样适用于嵌入在保险合同中的衍生工具，除非该嵌入衍生工具本身属于保险合同。

按照保险合同约定，如果投保人在持有保险合同期间，拥有以固定金额或是以固定金额和相应利率确定的金额退还保险合同选择权的，即使其行权价格与主保险合同负债的账面价值不同，保险人也不应将该选择权从保险合同中分拆，仍按保险合同进行处理。但是，如果退保价值随同某金融变量或者某一与合同一方不特定相关的非金融变量的变动而变化，嵌入保险合同中的卖出选择权或现金退保选择权，应适用《企业会计准则第22号——金融工具确认和计量》；如果持有人实施卖出选择权或现金退保选择权的能力取决于上述变量变动的，嵌入保险合同中的卖出选择权或现金退保选择权，也适用《企业会计准则第 22 号——金融工具确认和计量》。

嵌入租赁合同中的衍生工具，应当按照《企业会计准则第 22 号——金融工具确认和计量》进行处理。

六、企业如有持有待售的固定资产和其他非流动资产，如何进行确认和计量？

答：《企业会计准则第 4 号——固定资产》第二十二条规定，企业对于持有待售的固定资产，应当调整该项固定资产的预计净残值，使该固定资产的预计净残值反映其公允价值减去处置费用后的金额，但不得超过符合持有待售条件时该项固定资产的原账面价值，原账面价值高于调整后预计净残值的差额，应作为资产减值损失计入当期损益。

同时满足下列条件的非流动资产应当划分为持有待售：一是企业已经就处置该非流动资产作出决议；二是企业已经与受让方签订了不可撤销的转让协议；三是该项转让将在一年内完成。

符合持有待售条件的无形资产等其他非流动资产，比照上述原则处理，但不包括递延所得税资产、《企业会计准则第 22 号——金融工具确认和计量》规范的金融资产、以公允价值计量的投资性房地产和生物资产、保险合同中产生的合同权利。

持有待售的非流动资产包括单项资产和处置组，处置组是指作为整体出售或其他方式一并处置的一组资产。

七、企业在确认由联营企业及合营企业投资产生的投资收益时，对于与联营企业及合营企业发生的内部交易损益应当如何处理？首次执行日对联营企业及合营企业投资存在股权投资借方差额的，计算投资损益时如何进行调整？企业在首次执行日前持有对子公司的长期股权投资，取得子公司分派现金股利或利润如何处理？

答：（一）企业持有的对联营企业及合营企业的投资，按照《企业会计准则第 2 号——长期股权投资》的规定，应当采用权益法核算，在按持股比例等计算确认应享有或应分担被投资单位的净损益时，应当考虑以下因素：

投资企业与联营企业及合营企业之间发生的内部交易损益按照持股比例计算归属于投资企业的部分，应当予以抵销，在此基础上确认投资损益。投资企业与被投资单位发生的内部交易损失，按照《企业会计准则第 8 号——资产减值》等规定属于资产减值损失的，应当全额确认。投资企业对于纳入其合并范围的子公司与其联营企业及合营企业之间发生的内部交易损益，也应当按照上述原则进行抵销，在此基础上确认投资损益。

投资企业对于首次执行日之前已经持有的对联营企业及合营企业的长期股权投资，如存在与该投资相关的股权投资借方差额，还应扣除按原剩余期限直线摊销的股权投资借方差额，确认投资损益。

投资企业在被投资单位宣告发放现金股利或利润时，按照规定计算应分得的部分确认应收股利，同时冲减长期股权投资的账面价值。

（二）企业在首次执行日以前已经持有的对子公司长期股权投资，应在首次执行日进行追溯调整，视同该子公司自最初即采用成本法核算。执行新会计准则后，应当按照子公司宣告分派现金股利或利润中应分得的部分，确认投资收益。

八、企业在股权分置改革过程中持有的限售股权如何进行处理？

答：企业在股权分置改革过程中持有对被投资单位在重大影响以上的股权，应当作为长期股权投资，视对被投资单位的影响程度分别采用成本法或权益法核算；企业在股权分置改革过程中持有对被投资单位不具有控制、共同控制或重大影响的股权，应当划分为可供出售金融资产，其公允价值与账面价值的差额，在首次执行日应当追溯调整，计入资本公积。

九、企业在编制合并财务报表时，因抵销未实现内部销售损益在合并财务报表中产生的暂时性差异是否应当确认递延所得税？母公司对于纳入合并范围子公司的未确认投资损失，执行新会计准则后在合并财务报表中如何列报？

答：（一）企业在编制合并财务报表时，因抵销未实现内部销售损益导致合并资产负债表中资产、负债的账面价值与其在所属纳税主体的计税基础之间产生暂时性差异的，在合并资产负债表中应当确认递延所得税资产或递延所得税负债，同时调整合并利润表中的所得税费用，但与直接计入所有者权益的交易或事项及企业合并相关的递延所得税除外。

（二）执行新会计准则后，母公司对于纳入合并范围子公司的未确认投资损失，在合并资产负债表中应当冲减未分配利润，不再单独作为“未确认的投资损失”项目列报。

十、企业改制过程中的资产、负债，应当如何进行确认和计量？

答：企业引入新股东改制为股份有限公司，相关资产、负债应当按照公允价值计量，并以改制时确定的公允价值为基础持续核算的结果并入控股股东的合并财务报表。改制企业的控股股东在确认对股份有限公司的长期股权投资时，初始投资成本为投出资产的公允价值及相关费用之和。

第四部分

涉及企业的有关税收政策

财政部　国家税务总局关于落实降低企业杠杆率税收支持政策的通知

2016年11月22日　财税〔2016〕125号

各省、自治区、直辖市、计划单列市财政厅（局）、国家税务局、地方税务局，新疆生产建设兵团财务局：

按照党中央、国务院决策部署，根据《国务院关于积极稳妥降低企业杠杆率的意见》（国发〔2016〕54号，以下简称《意见》）有关精神，现就落实降低企业杠杆率税收政策工作通知如下：

一、充分认识贯彻落实降杠杆税收支持政策的重要意义

近年来，我国企业杠杆率高企，债务规模增长过快，企业债务负担不断加重。党中央、国务院从战略高度对降低企业杠杆率工作作出决策部署，把去杠杆列为供给侧结构性改革“三去一降一补”的五大任务之一。《意见》将“落实和完善降杠杆财税支持政策”作为重要任务。各级财税部门要充分认识积极稳妥降低企业杠杆率的重要性，坚决贯彻执行中央决策部署，严格按照《意见》要求认真落实好有关税收政策，充分发挥税收职能作用，切实减轻企业负担、降低企业成本，为企业降杠杆创造良好的外部环境。

二、落实好降杠杆相关税收支持政策

（一）企业符合税法规定条件的股权（资产）收购、合并、债务重组等重组行为，可按税法规定享受企业所得税递延纳税优惠政策。

（二）企业以非货币性资产投资，可按规定享受5年内分期缴纳企业所得税政策。

（三）企业破产、注销，清算企业所得税时，可按规定在税前扣除有关清算费用及职工工资、社会保险费用、法定补偿金。

（四）企业符合税法规定条件的债权损失可按规定在计算企业所得税应纳税所得额时扣除。

（五）金融企业按照规定提取的贷款损失准备金，符合税法规定的，可以在企业所得税税前扣除。

（六）在企业重组过程中，企业通过合并、分立、出售、置换等方式，将全部或者部分实物资产以及与其相关联的债权、负债和劳动力，一并转让给其他单位和个人，其中涉及的货物、不动产、土地使用权转让行为，符合规定的，不征收增值税。

（七）企业重组改制涉及的土地增值税、契税、印花税，符合规定的，可享受相关优惠政策。

（八）符合信贷资产证券化政策条件的纳税人，可享受相关优惠政策。

三、工作要求

降杠杆相关税收政策涵盖交易多个环节，涉及面广，政策内容多。各级财税部门要高度重视，进一步加强学习培训，熟悉、掌握政策内容；要加强对纳税人的宣传辅导，跟踪税收政策执行情况和实施效应，加强调研反馈，及时了解执行中遇到的问题，研究提出调整和完善税收政策的建议。

特此通知。

财政部　商务部　国家税务总局关于继续执行研发机构采购设备增值税政策的通知

2016 年 11 月 16 日　财税〔2016〕121 号

各省、自治区、直辖市、计划单列市财政厅（局）、商务主管部门、国家税务局，新疆生产建设兵团财务局：

为了鼓励科学研究和技术开发，促进科技进步，经国务院批准，继续对内资研发机构和外资研发中心采购国产设备全额退还增值税。现将有关事项明确如下：

一、适用采购国产设备全额退还增值税政策的内资研发机构和外资研发中心包括：

（一）科技部会同财政部、海关总署和国家税务总局核定的科技体制改革过程中转制为企业和进入企业的主要从事科学研究和技术开发工作的机构；

（二）国家发展改革委会同财政部、海关总署和国家税务总局核定的国家工程研究中心；

（三）国家发展改革委会同财政部、海关总署、国家税务总局和科技部核定的企业技术中心；

（四）科技部会同财政部、海关总署和国家税务总局核定的国家重点实验室和国家工程技术研究中心；

（五）国务院部委、直属机构和省、自治区、直辖市、计划单列市所属专门从事科学研究工作的各类科研院所；

（六）国家承认学历的实施专科及以上高等学历教育的高等学校；

（七）符合本通知第二条规定的外资研发中心；

（八）财政部会同国务院有关部门核定的其他科学研究机构、技术开发机构和学校。

二、外资研发中心，根据其设立时间，应分别满足下列条件：

（一）2009 年 9 月 30 日及其之前设立的外资研发中心，应同时满足下列条件：

1. 研发费用标准：（1）对外资研发中心，作为独立法人的，其投资总额不低于 500 万美元；作为公司内设部门或分公司的非独立法人的，其研发总投入不低于 500 万美元；（2）企业研发经费年支出额不低于 1000 万元。

2. 专职研究与试验发展人员不低于 90 人。

3. 设立以来累计购置的设备原值不低于 1000 万元。

（二）2009 年 10 月 1 日及其之后设立的外资研发中心，应同时满足下列条件：

1. 研发费用标准：作为独立法人的，其投资总额不低于 800 万美元；作为公司内设部门或分公司的非独立法人的，其研发总投入不低于 800 万美元。

2. 专职研究与试验发展人员不低于 150 人。

3. 设立以来累计购置的设备原值不低于 2000 万元。

外资研发中心须经商务主管部门会同有关部门按照上述条件进行资格审核认定。具体审核认定办法见附件 1。在 2015 年 12 月 31 日（含）以前，已取得退税资格未满 2 年暂不需要进行资格复审的、按规定已复审合格的外资研发中心，在 2015 年 12 月 31 日享受退税未满 2 年的，可继续享受至 2 年期满。

经认定的外资研发中心，因自身条件变化不再符合退税资格的认定条件或发生涉税违法行为的，不得享受退税政策。

三、具体退税管理办法由国家税务总局会同财政部另行制定。

四、本通知的有关定义。

（一）本通知所述“投资总额”，是指外商投资企业批准证书或设立、变更备案回执所载明的金额。

（二）本通知所述“研发总投入”，是指外商投资企业专门为设立和建设本研发中心而投入的资产，包括即将投入并签订购置合同的资产（应提交已采购资产清单和即将采购资产的合同清单）。

（三）本通知所述“研发经费年支出额”，是指近两个会计年度研发经费年均支出额；不足两个完整会计年度的，可按外资研发中心设立以来任意连续12个月的实际研发经费支出额计算；现金与实物资产投入应不低于60%。

（四）本通知所述“专职研究与试验发展人员”，是指企业科技活动人员中专职从事基础研究、应用研究和试验发展三类项目活动的人员，包括直接参加上述三类项目活动的人员以及相关专职科技管理人员和为项目提供资料文献、材料供应、设备的直接服务人员，上述人员须与外资研发中心或其所在外商投资企业签订1年以上劳动合同，以外资研发中心提交申请的前一日人数为准。

（五）本通知所述“设备”，是指为科学研究、教学和科技开发提供必要条件的实验设备、装置和器械。在计算累计购置的设备原值时，应将进口设备和采购国产设备的原值一并计入，包括已签订购置合同并于当年内交货的设备（应提交购置合同清单及交货期限），上述设备应属于本通知《科技开发、科学研究和教学设备清单》所列设备（见附件2）。对执行中国产设备范围存在异议的，由主管税务机关逐级上报国家税务总局商财政部核定。

五、本通知规定的税收政策执行期限为2016年1月1日至2018年12月31日，具体从内资研发机构和外资研发中心取得退税资格的次月1日起执行。《财政部　商务部　海关总署　国家税务总局关于继续执行研发机构采购设备税收政策的通知》（财税〔2011〕88号）同时废止。

附件：1. 外资研发中心采购国产设备退税资格审核认定办法

2. 科技开发、科学研究和教学设备清单

附件1：

外资研发中心采购国产设备退税资格审核认定办法

为落实好外资研发中心（包括独立法人和非独立法人研发中心，以下简称研发中心）采购国产设备相关税收政策，特制定以下资格审核认定办法：

一、资格条件的审核

（一）各省、自治区、直辖市、计划单列市及新疆生产建设兵团商务主管部门会同同级财政、国税部门（以下简称审核部门），根据本地情况，制定审核流程和具体办法。研发中心应按本通知有关要求向其所在地商务主管部门提交申请材料。

（二）商务主管部门牵头召开审核部门联席会议，对研发中心上报的申请材料进行审核，按照本通知正文第二条所列条件和本审核认定办法要求，确定符合退税资格条件的研发中心名单。

（三）经审核，对符合退税资格条件的研发中心，由审核部门以公告形式联合发布，并将名单抄送商务部（外资司）、财政部（税政司）、国家税务总局（货物和劳务税司）备案。对不符合有关规定的，由商务主管部门根据联席会议的决定出具书面审核意见，并说明理由。上述公告或审核意见应在审核部门受理申请之日起45个工作日之内作出。

（四）审核部门每两年对已获得退税资格的研发中心进行资格复审。对于不再符合条件的研发中心取消其享受退税优惠政策的资格。

二、需报送的材料

研发中心申请采购国产设备退税资格，应提交以下材料：

（一）研发中心采购国产设备退税资格申请书和审核表；

（二）研发中心为独立法人的，应提交外商投资企业批准证书或设立、变更备案回执及营业执照复印件；研发中心为非独立法人的，应提交其所在外商投资企业的外商投资企业批准证书或设立、变更备案回执及营业执照复印件；

（三）验资报告及上一年度审计报告复印件；

（四）研发费用支出明细、设备购置支出明细和清单以及通知规定应提交的材料；

（五）专职研究与试验发展人员名册（包括姓名、工作岗位、劳动合同期限、联系方式）。

（六）审核部门要求提交的其他材料。

三、相关工作的管理

（一）在公告发布后，列入公告名单的研发中心，可按有关规定直接向其所在地国税部门申请办理采购国产设备退税手续。

（二）审核部门在共同审核认定研发中心资格的过程中，可到研发中心查阅有关资料，了解情况，核实其报送的申请材料的真实性。同时应注意加强对研发中心的政策指导和服务，提高工作效率。

（三）省级商务主管部门应将《外资研发中心采购设备免、退税资格审核表》有关信息及时录入外商投资综合管理信息系统研发中心选项。

附：外资研发中心采购设备免、退税资格审核表

附：

外资研发中心采购设备免、退税资格审核表

编码：____________

<table>
<tr><td>研发中心名称</td><td colspan="5"></td></tr>
<tr><td>设立批准/备案机关</td><td colspan="5"></td></tr>
<tr><td>组织机构代码/统一社会信用代码</td><td></td><td colspan="2">研发中心设立日期</td><td colspan="2">年　月　日</td></tr>
<tr><td>研发中心性质</td><td colspan="5">□独立法人　　□ 分公司　　□ 内设部门</td></tr>
<tr><td>联 系 人</td><td></td><td>电话</td><td></td><td>传真</td><td></td></tr>
<tr><td>经营范围</td><td colspan="5"></td></tr>
<tr><td>研发领域
（可多选）</td><td colspan="5">□电子□生物医药□新能源□新材料□环保□汽车□化工□农业□软件开发□专用设备□轻工□其他</td></tr>
<tr><td>投资总额/研发总投入（万美元）</td><td></td><td colspan="2">专职研究与试验发展人员人数</td><td colspan="2"></td></tr>
</table>

续表

研发经费年支出额（万元）		已缴税金（元）		
累计采购设备原值（万元）	进口设备			
	采购国产设备			
	总计			
以下由审核部门填写				
审核意见				□ 通过 □ 未通过
各部门签字（盖章）	商务	财政	海关	税务
	年　月　日	年　月　日	年　月　日	年　月　日
公告日期	年　月　日			

注：1. 外资研发中心为分公司或内设机构的，企业名称和组织机构代码/统一社会信用代码均填写其所在外商投资企业。

2. 币种以表内标注为准，金额根据当年人民币汇率平均价计算。

3. 已缴税金为自2016年1月1日起，外资研发中心采购符合条件的设备所缴纳的增值税。

附件2：

科技开发、科学研究和教学设备清单

科技开发、科学研究和教学设备，是指符合《中华人民共和国增值税暂行条例实施细则》（财政部国家税务总局令第50号）第二十一条“固定资产”的相关规定，为科学研究、教学和科技开发提供必要条件的实验设备、装置和器械（不包括中试设备）。具体包括以下四类：

一、实验环境方面

（一）教学实验仪器及装置；

（二）教学示教、演示仪器及装置；

（三）超净设备（如换气、灭菌、纯水、净化设备等）；

（四）特殊实验环境设备（如超低温、超高温、高压、低压、强腐蚀设备等）；

（五）特殊电源、光源设备；

（六）清洗循环设备；

（七）恒温设备（如水浴、恒温箱、灭菌仪等）；

（八）小型粉碎、研磨制备设备。

二、样品制备设备和装置

（一）特种泵类（如分子泵、离子泵、真空泵、蠕动泵、蜗轮泵、干泵等）；
（二）培养设备（如培养箱、发酵罐等）；
（三）微量取样设备（如取样器、精密天平等）；
（四）分离、纯化、浓缩设备（如离心机、层析、色谱、萃取、结晶设备、旋转蒸发器等）；
（五）气体、液体、固体混合设备（如旋涡混合器等）；
（六）制气设备、气体压缩设备；
（七）专用制样设备（如切片机、压片机、镀膜机、减薄仪、抛光机等），实验用注射、挤出、造粒、膜压设备；实验室样品前处理设备。

三、实验室专用设备

（一）特殊照相和摄影设备（如水下、高空、高温、低温等）；
（二）科研飞机、船舶用关键设备；
（三）特种数据记录设备（如大幅面扫描仪、大幅面绘图仪、磁带机、光盘机等）；
（四）材料科学专用设备（如干胶仪、特种坩埚、陶瓷、图形转换设备、制版用干板、特种等离子体源、离子源、外延炉、扩散炉、溅射仪、离子刻蚀机，材料实验机等），可靠性试验设备，微电子加工设备，通信模拟仿真设备，通信环境试验设备；
（五）小型熔炼设备（如真空、粉末、电渣等），特殊焊接设备；
（六）小型染整、纺丝试验专用设备；
（七）电生理设备。

四、计算机工作站，中型、大型计算机

财政部　国家税务总局关于完善股权激励和技术入股有关所得税政策的通知

2016 年 9 月 20 日　财税〔2016〕101 号

各省、自治区、直辖市、计划单列市财政厅（局）、国家税务局、地方税务局，新疆生产建设兵团财务局：

为支持国家大众创业、万众创新战略的实施，促进我国经济结构转型升级，经国务院批准，现就完善股权激励和技术入股有关所得税政策通知如下：

一、对符合条件的非上市公司股票期权、股权期权、限制性股票和股权奖励实行递延纳税政策

（一）非上市公司授予本公司员工的股票期权、股权期权、限制性股票和股权奖励，符合规定条件的，经向主管税务机关备案，可实行递延纳税政策，即员工在取得股权激励时可暂不纳税，递延至转让该股权时纳税；股权转让时，按照股权转让收入减除股权取得成本以及合理税费后的差额，适用“财产转让所得”项目，按照 20% 的税率计算缴纳个人所得税。

股权转让时，股票（权）期权取得成本按行权价确定，限制性股票取得成本按实际出资额确定，股权奖励取得成本为零。

（二）享受递延纳税政策的非上市公司股权激励（包括股票期权、股权期权、限制性股票和股权奖励，下同）须同时满足以下条件：

1. 属于境内居民企业的股权激励计划。

2. 股权激励计划经公司董事会、股东（大）会审议通过。未设股东（大）会的国有单位，经上级主管部门审核批准。股权激励计划应列明激励目的、对象、标的、有效期、各类价格的确定方法、激励对象获取权益的条件、程序等。

3. 激励标的应为境内居民企业的本公司股权。股权奖励的标的可以是技术成果投资入股到其他境内居民企业所取得的股权。激励标的股票（权）包括通过增发、大股东直接让渡以及法律法规允许的其他合理方式授予激励对象的股票（权）。

4. 激励对象应为公司董事会或股东（大）会决定的技术骨干和高级管理人员，激励对象人数累计不得超过本公司最近6个月在职职工平均人数的30%。

5. 股票（权）期权自授予日起应持有满3年，且自行权日起持有满1年；限制性股票自授予日起应持有满3年，且解禁后持有满1年；股权奖励自获得奖励之日起应持有满3年。上述时间条件须在股权激励计划中列明。

6. 股票（权）期权自授予日至行权日的时间不得超过10年。

7. 实施股权奖励的公司及其奖励股权标的公司所属行业均不属于《股权奖励税收优惠政策限制性行业目录》范围（见附件）。公司所属行业按公司上一纳税年度主营业务收入占比最高的行业确定。

（三）本通知所称股票（权）期权是指公司给予激励对象在一定期限内以事先约定的价格购买本公司股票（权）的权利；所称限制性股票是指公司按照预先确定的条件授予激励对象一定数量的本公司股权，激励对象只有工作年限或业绩目标符合股权激励计划规定条件的才可以处置该股权；所称股权奖励是指企业无偿授予激励对象一定份额的股权或一定数量的股份。

（四）股权激励计划所列内容不同时满足第一条第（二）款规定的全部条件，或递延纳税期间公司情况发生变化，不再符合第一条第（二）款第4至6项条件的，不得享受递延纳税优惠，应按规定计算缴纳个人所得税。

二、对上市公司股票期权、限制性股票和股权奖励适当延长纳税期限

（一）上市公司授予个人的股票期权、限制性股票和股权奖励，经向主管税务机关备案，个人可自股票期权行权、限制性股票解禁或取得股权奖励之日起，在不超过12个月的期限内缴纳个人所得税。《财政部 国家税务总局关于上市公司高管人员股票期权所得缴纳个人所得税有关问题的通知》（财税〔2009〕40号）自本通知施行之日起废止。

（二）上市公司股票期权、限制性股票应纳税款的计算，继续按照《财政部　国家税务总局关于个人股票期权所得征收个人所得税问题的通知》（财税〔2005〕35号）、《财政部　国家税务总局关于股票增值权所得和限制性股票所得征收个人所得税有关问题的通知》（财税〔2009〕5号）、《国家税务总局关于股权激励有关个人所得税问题的通知》（国税函〔2009〕461号）等相关规定执行。股权奖励应纳税款的计算比照上述规定执行。

三、对技术成果投资入股实施选择性税收优惠政策

（一）企业或个人以技术成果投资入股到境内居民企业，被投资企业支付的对价全部为股票（权）的，企业或个人可选择继续按现行有关税收政策执行，也可选择适用递延纳税优惠政策。

选择技术成果投资入股递延纳税政策的，经向主管税务机关备案，投资入股当期可暂不纳税，允许递延至转让股权时，按股权转让收入减去技术成果原值和合理税费后的差额计算缴纳所得税。

（二）企业或个人选择适用上述任一项政策，均允许被投资企业按技术成果投资入股时的评估值入账并在企业所得税前摊销扣除。

（三）技术成果是指专利技术（含国防专利）、计算机软件著作权、集成电路布图设计专有权、植物新品种权、生物医药新品种，以及科技部、财政部、国家税务总局确定的其他技术成果。

（四）技术成果投资入股，是指纳税人将技术成果所有权让渡给被投资企业、取得该企业股票（权）的行为。

四、相关政策

（一）个人从任职受雇企业以低于公平市场价格取得股票（权）的，凡不符合递延纳税条件，应在获得股票（权）时，对实际出资额低于公平市场价格的差额，按照“工资、薪金所得”项目，参照《财政部 国家税务总局关于个人股票期权所得征收个人所得税问题的通知》（财税〔2005〕35号）有关规定计算缴纳个人所得税。

（二）个人因股权激励、技术成果投资入股取得股权后，非上市公司在境内上市的，处置递延纳税的股权时，按照现行限售股有关征税规定执行。

（三）个人转让股权时，视同享受递延纳税优惠政策的股权优先转让。递延纳税的股权成本按照加权平均法计算，不与其他方式取得的股权成本合并计算。

（四）持有递延纳税的股权期间，因该股权产生的转增股本收入，以及以该递延纳税的股权再进行非货币性资产投资的，应在当期缴纳税款。

（五）全国中小企业股份转让系统挂牌公司按照本通知第一条规定执行。

适用本通知第二条规定的上市公司是指其股票在上海证券交易所、深圳证券交易所上市交易的股份有限公司。

五、配套管理措施

（一）对股权激励或技术成果投资入股选择适用递延纳税政策的，企业应在规定期限内到主管税务机关办理备案手续。未办理备案手续的，不得享受本通知规定的递延纳税优惠政策。

（二）企业实施股权激励或个人以技术成果投资入股，以实施股权激励或取得技术成果的企业为个人所得税扣缴义务人。递延纳税期间，扣缴义务人应在每个纳税年度终了后向主管税务机关报告递延纳税有关情况。

（三）工商部门应将企业股权变更信息及时与税务部门共享，暂不具备联网实时共享信息条件的，工商部门应在股权变更登记3个工作日内将信息与税务部门共享。

六、本通知自2016年9月1日起施行

中关村国家自主创新示范区2016年1月1日至8月31日之间发生的尚未纳税的股权奖励事项，符合本通知规定的相关条件的，可按本通知有关政策执行。

附表：股权奖励税收优惠政策限制性行业目录

附表： **股权奖励税收优惠政策限制性行业目录**

门类代码	类别名称
A（农、林、牧、渔业）	（1）03 畜牧业（科学研究、籽种繁育性质项目除外） （2）04 渔业（科学研究、籽种繁育性质项目除外）
B（采矿业）	（3）采矿业（除第11类开采辅助活动）
C（制造业）	（4）16 烟草制品业 （5）17 纺织业（除第178类非家用纺织制成品制造） （6）19 皮革、毛皮、羽毛及其制品和制鞋业 （7）20 木材加工和木、竹、藤、棕、草制品业 （8）22 造纸和纸制品业（除第223类纸制品制造） （9）31 黑色金属冶炼和压延加工业（除第314类钢压延加工）
F（批发和零售业）	（10）批发和零售业
G（交通运输、仓储和邮政业）	（11）交通运输、仓储和邮政业

续表

门类代码	类别名称
H（住宿和餐饮业）	（12）住宿和餐饮业
J（金融业）	（13）66 货币金融服务 （14）68 保险业
K（房地产业）	（15）房地产业
L（租赁和商务服务业）	（16）租赁和商务服务业
O（居民服务、修理和其他服务业）	（17）79 居民服务业
Q（卫生和社会工作）	（18）84 社会工作
R（文化、体育和娱乐业）	（19）88 体育 （20）89 娱乐业
S（公共管理、社会保障和社会组织）	（21）公共管理、社会保障和社会组织（除第 9421 类专业性团体和 9422 类行业性团体）
T（国际组织）	（22）国际组织

说明：以上目录按照《国民经济行业分类》（GB/T 4754 - 2011）编制。

财政部　国家税务总局关于科技企业孵化器税收政策的通知

2016 年 8 月 11 日　财税〔2016〕89 号

各省、自治区、直辖市、计划单列市财政厅（局）、国家税务局、地方税务局，新疆生产建设兵团财务局：

经国务院批准，现就科技企业孵化器（含众创空间，以下简称孵化器）有关税收政策通知如下：

一、自 2016 年 1 月 1 日至 2018 年 12 月 31 日，对符合条件的孵化器自用以及无偿或通过出租等方式提供给孵化企业使用的房产、土地，免征房产税和城镇土地使用税；自 2016 年 1 月 1 日至 2016 年 4 月 30 日，对其向孵化企业出租场地、房屋以及提供孵化服务的收入，免征营业税；在营业税改征增值税试点期间，对其向孵化企业出租场地、房屋以及提供孵化服务的收入，免征增值税。

二、符合非营利组织条件的孵化器的收入，按照企业所得税法及其实施条例和有关税收政策规定享受企业所得税优惠政策。

三、享受本通知规定的房产税、城镇土地使用税以及营业税、增值税优惠政策的孵化器，应同时符合以下条件：

（一）孵化器需符合国家级科技企业孵化器条件。国务院科技行政主管部门负责发布国家级科技企业孵化器名单。

（二）孵化器应将面向孵化企业出租场地、房屋以及提供孵化服务的业务收入在财务上单独核算。

（三）孵化器提供给孵化企业使用的场地面积（含公共服务场地）应占孵化器可自主支配场地面积的 75% 以上（含 75%）。孵化企业数量应占孵化器内企业总数量的 75% 以上（含 75%）。

公共服务场地是指孵化器提供给孵化企业共享的活动场所，包括公共餐厅、接待室、会议室、展示室、活动室、技术检测室和图书馆等非盈利性配套服务场地。

四、本通知所称“孵化企业”应当同时符合以下条件：

（一）企业注册地和主要研发、办公场所必须在孵化器的孵化场地内。

（二）新注册企业或申请进入孵化器前企业成立时间不超过2年。

（三）企业在孵化器内孵化的时间不超过48个月。纳入“创新人才推进计划”及“海外高层次人才引进计划”的人才或从事生物医药、集成电路设计、现代农业等特殊领域的创业企业，孵化时间不超过60个月。

（四）符合《中小企业划型标准规定》所规定的小型、微型企业划型标准。

（五）单一在孵企业入驻时使用的孵化场地面积不大于1000平方米。从事航空航天等特殊领域的在孵企业，不大于3000平方米。

（六）企业产品（服务）属于科学技术部、财政部、国家税务总局印发的《国家重点支持的高新技术领域》规定的范围。

五、本通知所称“孵化服务”是指为孵化企业提供的属于营业税“服务业”税目中“代理业”“租赁业”和“其他服务业”中的咨询和技术服务范围内的服务，改征增值税后是指为孵化企业提供的“经纪代理”“经营租赁”“研发和技术”“信息技术”和“鉴证咨询”等服务。

六、省级科技行政主管部门负责定期核实孵化器是否符合本通知规定的各项条件，并报国务院科技行政主管部门审核确认。国务院科技行政主管部门审核确认后向纳税人出具证明材料，列明用于孵化的房产和土地的地址、范围、面积等具体信息，并发送给国务院税务主管部门。

纳税人持相应证明材料向主管税务机关备案，主管税务机关按照《税收减免管理办法》等有关规定，以及国务院科技行政主管部门发布的符合本通知规定条件的孵化器名单信息，办理税收减免。

请遵照执行。

财政部　国家税务总局关于纳税人异地预缴增值税有关城市维护建设税和教育费附加政策问题的通知

2016年7月12日　财税〔2016〕74号

各省、自治区、直辖市、计划单列市财政厅（局）、国家税务局、地方税务局，新疆生产建设兵团财务局：

根据全面推开“营改增”试点后增值税政策调整情况，现就纳税人异地预缴增值税涉及的城市维护建设税和教育费附加政策执行问题通知如下：

一、纳税人跨地区提供建筑服务、销售和出租不动产的，应在建筑服务发生地、不动产所在地预缴增值税时，以预缴增值税税额为计税依据，并按预缴增值税所在地的城市维护建设税适用税率和教育费附加征收率就地计算缴纳城市维护建设税和教育费附加。

二、预缴增值税的纳税人在其机构所在地申报缴纳增值税时，以其实际缴纳的增值税税额为计税依据，并按机构所在地的城市维护建设税适用税率和教育费附加征收率就地计算缴纳城市维护建设税和教育费附加。

三、本通知自2016年5月1日起执行。

财政部　国家税务总局关于进一步明确全面推开营改增试点有关再保险、不动产租赁和非学历教育等政策的通知

2016 年 6 月 18 日　财税〔2016〕68 号

各省、自治区、直辖市、计划单列市财政厅（局）、国家税务局、地方税务局，新疆生产建设兵团财务局：

经研究，现将营改增试点期间有关再保险、不动产租赁和非学历教育等政策补充通知如下：

一、再保险服务

（一）境内保险公司向境外保险公司提供的完全在境外消费的再保险服务，免征增值税。

（二）试点纳税人提供再保险服务（境内保险公司向境外保险公司提供的再保险服务除外），实行与原保险服务一致的增值税政策。再保险合同对应多个原保险合同的，所有原保险合同均适用免征增值税政策时，该再保险合同适用免征增值税政策。否则，该再保险合同应按规定缴纳增值税。

原保险服务，是指保险分出方与投保人之间直接签订保险合同而建立保险关系的业务活动。

二、不动产经营租赁服务

1. 房地产开发企业中的一般纳税人，出租自行开发的房地产老项目，可以选择适用简易计税方法，按照 5% 的征收率计算应纳税额。纳税人出租自行开发的房地产老项目与其机构所在地不在同一县（市）的，应按照上述计税方法在不动产所在地预缴税款后，向机构所在地主管税务机关进行纳税申报。

房地产开发企业中的一般纳税人，出租其 2016 年 5 月 1 日后自行开发的与机构所在地不在同一县（市）的房地产项目，应按照 3% 预征率在不动产所在地预缴税款后，向机构所在地主管税务机关进行纳税申报。

2. 房地产开发企业中的小规模纳税人，出租自行开发的房地产项目，按照 5% 的征收率计算应纳税额。纳税人出租自行开发的房地产项目与其机构所在地不在同一县（市）的，应按照上述计税方法在不动产所在地预缴税款后，向机构所在地主管税务机关进行纳税申报。

三、一般纳税人提供非学历教育服务，可以选择适用简易计税方法按照 3% 征收率计算应纳税额。

四、纳税人提供安全保护服务，比照劳务派遣服务政策执行。

五、各党派、共青团、工会、妇联、中科协、青联、台联、侨联收取党费、团费、会费，以及政府间国际组织收取会费，属于非经营活动，不征收增值税。

六、本通知自 2016 年 5 月 1 日起执行。

财政部　国家税务总局关于资源税改革具体政策问题的通知

2016年5月9日　财税〔2016〕54号

各省、自治区、直辖市、计划单列市财政厅（局）、地方税务局，西藏、宁夏回族自治区国家税务局，新疆生产建设兵团财务局：

根据党中央、国务院决策部署，自2016年7月1日起全面推进资源税改革。为切实做好资源税改革工作，确保《财政部　国家税务总局关于全面推进资源税改革的通知》（财税〔2016〕53号，以下简称《改革通知》）有效实施，现就资源税（不包括水资源税，下同）改革具体政策问题通知如下：

一、关于资源税计税依据的确定

资源税的计税依据为应税产品的销售额或销售量，各税目的征税对象包括原矿、精矿（或原矿加工品，下同）、金锭、氯化钠初级产品，具体按照《改革通知》所附《资源税税目税率幅度表》相关规定执行。对未列举名称的其他矿产品，省级人民政府可对本地区主要矿产品按矿种设定税目，对其余矿产品按类别设定税目，并按其销售的主要形态（如原矿、精矿）确定征税对象。

（一）关于销售额的认定

销售额是指纳税人销售应税产品向购买方收取的全部价款和价外费用，不包括增值税销项税额和运杂费用。

运杂费用是指应税产品从坑口或洗选（加工）地到车站、码头或购买方指定地点的运输费用、建设基金以及随运销产生的装卸、仓储、港杂费用。运杂费用应与销售额分别核算，凡未取得相应凭据或不能与销售额分别核算的，应当一并计征资源税。

（二）关于原矿销售额与精矿销售额的换算或折算

为公平原矿与精矿之间的税负，对同一种应税产品，征税对象为精矿的，纳税人销售原矿时，应将原矿销售额换算为精矿销售额缴纳资源税；征税对象为原矿的，纳税人销售自采原矿加工的精矿，应将精矿销售额折算为原矿销售额缴纳资源税。换算比或折算率原则上应通过原矿售价、精矿售价和选矿比计算，也可通过原矿销售额、加工环节平均成本和利润计算。

金矿以标准金锭为征税对象，纳税人销售金原矿、金精矿的，应比照上述规定将其销售额换算为金锭销售额缴纳资源税。

换算比或折算率应按简便可行、公平合理的原则，由省级财税部门确定，并报财政部、国家税务总局备案。

二、关于资源税适用税率的确定

各省级人民政府应当按《改革通知》要求提出或确定本地区资源税适用税率。测算具体适用税率时，要充分考虑本地区资源禀赋、企业承受能力和清理收费基金等因素，按照改革前后税费平移原则，以近几年企业缴纳资源税、矿产资源补偿费金额（铁矿石开采企业缴纳资源税金额按40%税额标准测算）和矿产品市场价格水平为依据确定。一个矿种原则上设定一档税率，少数资源条件差异较大的矿种可按不同资源条件、不同地区设定两档税率。

三、关于资源税优惠政策及管理

（一）对依法在建筑物下、铁路下、水体下通过充填开采方式采出的矿产资源，资源税减征 50%。

充填开采是指随着回采工作面的推进，向采空区或离层带等空间充填废石、尾矿、废渣、建筑废料以及专用充填合格材料等采出矿产品的开采方法。

（二）对实际开采年限在 15 年以上的衰竭期矿山开采的矿产资源，资源税减征 30%。

衰竭期矿山是指剩余可采储量下降到原设计可采储量的 20%（含）以下或剩余服务年限不超过 5 年的矿山，以开采企业下属的单个矿山为单位确定。

（三）对鼓励利用的低品位矿、废石、尾矿、废渣、废水、废气等提取的矿产品，由省级人民政府根据实际情况确定是否给予减税或免税。

四、关于共伴生矿产的征免税的处理

为促进共伴生矿的综合利用，纳税人开采销售共伴生矿，共伴生矿与主矿产品销售额分开核算的，对共伴生矿暂不计征资源税；没有分开核算的，共伴生矿按主矿产品的税目和适用税率计征资源税。财政部、国家税务总局另有规定的，从其规定。

五、关于资源税纳税环节和纳税地点

资源税在应税产品的销售或自用环节计算缴纳。以自采原矿加工精矿产品的，在原矿移送使用时不缴纳资源税，在精矿销售或自用时缴纳资源税。

纳税人以自采原矿加工金锭的，在金锭销售或自用时缴纳资源税。纳税人销售自采原矿或者自采原矿加工的金精矿、粗金，在原矿或者金精矿、粗金销售时缴纳资源税，在移送使用时不缴纳资源税。

以应税产品投资、分配、抵债、赠与、以物易物等，视同销售，依照本通知有关规定计算缴纳资源税。

纳税人应当向矿产品的开采地或盐的生产地缴纳资源税。纳税人在本省、自治区、直辖市范围开采或者生产应税产品，其纳税地点需要调整的，由省级地方税务机关决定。

六、其他事项

（一）纳税人用已纳资源税的应税产品进一步加工应税产品销售的，不再缴纳资源税。纳税人以未税产品和已税产品混合销售或者混合加工为应税产品销售的，应当准确核算已税产品的购进金额，在计算加工后的应税产品销售额时，准予扣减已税产品的购进金额；未分别核算的，一并计算缴纳资源税。

（二）纳税人在 2016 年 7 月 1 日前开采原矿或以自采原矿加工精矿，在 2016 年 7 月 1 日后销售的，按本通知规定缴纳资源税；2016 年 7 月 1 日前签订的销售应税产品的合同，在 2016 年 7 月 1 日后收讫销售款或者取得索取销售款凭据的，按本通知规定缴纳资源税；在 2016 年 7 月 1 日后销售的精矿（或金锭），其所用原矿（或金精矿）如已按从量定额的计征方式缴纳了资源税，并与应税精矿（或金锭）分别核算的，不再缴纳资源税。

（三）对在 2016 年 7 月 1 日前已按原矿销量缴纳过资源税的尾矿、废渣、废水、废石、废气等实行再利用，从中提取的矿产品，不再缴纳资源税。

上述规定，请遵照执行。此前规定与本通知不一致的，一律以本通知为准。

财政部　国家税务总局关于全面推进资源税改革的通知

2016年5月9日　财税〔2016〕53号

各省、自治区、直辖市、计划单列市人民政府，国务院各部委、各直属机构：

根据党中央、国务院决策部署，为深化财税体制改革，促进资源节约集约利用，加快生态文明建设，现就全面推进资源税改革有关事项通知如下：

一、资源税改革的指导思想、基本原则和主要目标

（一）指导思想

全面贯彻党的十八大和十八届三中、四中、五中全会精神，按照“五位一体”总体布局和“四个全面”战略布局，牢固树立和贯彻落实创新、协调、绿色、开放、共享的发展理念，全面推进资源税改革，有效发挥税收杠杆调节作用，促进资源行业持续健康发展，推动经济结构调整和发展方式转变。

（二）基本原则

一是清费立税。着力解决当前存在的税费重叠、功能交叉问题，将矿产资源补偿费等收费基金适当并入资源税，取缔违规、越权设立的各项收费基金，进一步理顺税费关系。

二是合理负担。兼顾企业经营的实际情况和承受能力，借鉴煤炭等资源税费改革经验，合理确定资源税计税依据和税率水平，增强税收弹性，总体上不增加企业税费负担。

三是适度分权。结合我国资源分布不均衡、地域差异较大等实际情况，在不影响全国统一市场秩序前提下，赋予地方适当的税政管理权。

四是循序渐进。在煤炭、原油、天然气等已实施从价计征改革基础上，对其他矿产资源全面实施改革。积极创造条件，逐步对水、森林、草场、滩涂等自然资源开征资源税。

（三）主要目标

通过全面实施清费立税、从价计征改革，理顺资源税费关系，建立规范公平、调控合理、征管高效的资源税制度，有效发挥其组织收入、调控经济、促进资源节约集约利用和生态环境保护的作用。

二、资源税改革的主要内容

（一）扩大资源税征收范围

1. 开展水资源税改革试点工作。鉴于取用水资源涉及面广、情况复杂，为确保改革平稳有序实施，先在河北省开展水资源税试点。河北省开征水资源税试点工作，采取水资源费改税方式，将地表水和地下水纳入征税范围，实行从量定额计征，对高耗水行业、超计划用水以及在地下水超采地区取用地下水，适当提高税额标准，正常生产生活用水维持原有负担水平不变。在总结试点经验基础上，财政部、国家税务总局将选择其他地区逐步扩大试点范围，条件成熟后在全国推开。

2. 逐步将其他自然资源纳入征收范围。鉴于森林、草场、滩涂等资源在各地区的市场开发利用情况不尽相同，对其全面开征资源税条件尚不成熟，此次改革不在全国范围统一规定对森林、草场、滩涂等资源征税。各省、自治区、直辖市（以下统称省级）人民政府可以结合本地实际，根据森林、草场、滩涂等资源开发利用情况提出征收资源税的具体方案建议，报国务院批准后实施。

（二）实施矿产资源税从价计征改革

1. 对《资源税税目税率幅度表》（见附件）中列举名称的21种资源品目和未列举名称的其他金属矿实行从价计征，计税依据由原矿销售量调整为原矿、精矿（或原矿加工品）、氯化钠初级产品或金锭的销售额。列举名称的21种资源品目包括：铁矿、金矿、铜矿、铝土矿、铅锌矿、镍矿、锡矿、石墨、硅藻土、高岭土、萤石、石灰石、硫铁矿、磷矿、氯化钾、硫酸钾、井矿盐、湖盐、提取地下卤水晒制的盐、煤层（成）气、海盐。

对经营分散、多为现金交易且难以控管的粘土、砂石，按照便利征管原则，仍实行从量定额计征。

2. 对《资源税税目税率幅度表》中未列举名称的其他非金属矿产品，按照从价计征为主、从量计征为辅的原则，由省级人民政府确定计征方式。

（三）全面清理涉及矿产资源的收费基金

1. 在实施资源税从价计征改革的同时，将全部资源品目矿产资源补偿费费率降为零，停止征收价格调节基金，取缔地方针对矿产资源违规设立的各种收费基金项目。

2. 地方各级财政部门要会同有关部门对涉及矿产资源的收费基金进行全面清理。凡不符合国家规定、地方越权出台的收费基金项目要一律取消。对确需保留的依法合规收费基金项目，要严格按规定的征收范围和标准执行，切实规范征收行为。

（四）合理确定资源税税率水平

1. 对《资源税税目税率幅度表》中列举名称的资源品目，由省级人民政府在规定的税率幅度内提出具体适用税率建议，报财政部、国家税务总局确定核准。

2. 对未列举名称的其他金属和非金属矿产品，由省级人民政府根据实际情况确定具体税目和适用税率，报财政部、国家税务总局备案。

3. 省级人民政府在提出和确定适用税率时，要结合当前矿产企业实际生产经营情况，遵循改革前后税费平移原则，充分考虑企业负担能力。

（五）加强矿产资源税收优惠政策管理，提高资源综合利用效率

1. 对符合条件的采用充填开采方式采出的矿产资源，资源税减征50%；对符合条件的衰竭期矿山开采的矿产资源，资源税减征30%。具体认定条件由财政部、国家税务总局规定。

2. 对鼓励利用的低品位矿、废石、尾矿、废渣、废水、废气等提取的矿产品，由省级人民政府根据实际情况确定是否减税或免税，并制定具体办法。

（六）关于收入分配体制及经费保障

1. 按照现行财政管理体制，此次纳入改革的矿产资源税收入全部为地方财政收入。

2. 水资源税仍按水资源费中央与地方1:9的分成比例不变。河北省在缴纳南水北调工程基金期间，水资源税收入全部留给该省。

3. 资源税改革实施后，相关部门履行正常工作职责所需经费，由中央和地方财政统筹安排和保障。

（七）关于实施时间

1. 此次资源税从价计征改革及水资源税改革试点，自2016年7月1日起实施。

2. 已实施从价计征的原油、天然气、煤炭、稀土、钨、钼等6个资源品目资源税政策暂不调整，仍按原办法执行。

三、做好资源税改革工作的要求

（一）加强组织领导。各省级人民政府要加强对资源税改革工作的领导，建立由财税部门牵头、相关部门配合的工作机制，及时制定工作方案和配套政策，统筹安排做好各项工作，确保改革积极稳妥推进。对改革中出现的新情况新问题，要采取适当措施妥善加以解决，重大问题及时向财政部、国家税务总局报告。

（二）认真测算和上报资源税税率。各省级财税部门要对本地区资源税税源情况、企业经营和税费负担状况、资源价格水平等进行全面调查，在充分听取企业意见基础上，对《资源税税目税率幅度表》中列举名称的21种实行从价计征的资源品目和粘土、砂石提出资源税税率建议，报经省级人民政府同意后，于

2016 年 5 月 31 日前以正式文件报送财政部、国家税务总局，同时附送税率测算依据和相关数据（包括税费项目及收入规模，应税产品销售量、价格等）。计划单列市资源税税率由所在省份统一测算报送。

（三）确保清费工作落实到位。各地区、各有关部门要严格执行中央统一规定，对涉及矿产资源的收费基金进行全面清理，落实取消或停征收费基金的政策，不得以任何理由拖延或者拒绝执行，不得以其他名目变相继续收费。对不按规定取消或停征有关收费基金、未按要求做好收费基金清理工作的，要予以严肃查处，并追究相关责任人的行政责任。各省级人民政府要组织开展监督检查，确保清理收费基金工作与资源税改革同步实施、落实到位，并于 2016 年 9 月 30 日前将本地区清理收费措施及成效报财政部、国家税务总局。

（四）做好水资源税改革试点工作。河北省人民政府要加强对水资源税改革试点工作的领导，建立试点工作推进机制，及时制定试点实施办法，研究试点重大问题，督促任务落实。河北省财税部门要与相关部门密切配合、形成合力，深入基层加强调查研究，跟踪分析试点运行情况，及时向财政部、国家税务总局等部门报告试点工作进展情况和重大政策问题。

（五）加强宣传引导。各地区和有关部门要广泛深入宣传推进资源税改革的重要意义，加强政策解读，回应社会关切，稳定社会预期，积极营造良好的改革氛围和舆论环境。要加强对纳税人的培训，优化纳税服务，提高纳税人税法遵从度。

全面推进资源税改革涉及面广、企业关注度高、工作任务重，各地区、各有关部门要提高认识，把思想和行动统一到党中央、国务院的决策部署上来，切实增强责任感、紧迫感和大局意识，积极主动作为，扎实推进各项工作，确保改革平稳有序实施。

附件：资源税税目税率幅度表

附件：

资源税税目税率幅度表

序号	税目		征税对象	税率幅度
1	金属矿	铁矿	精矿	1%—6%
2		金矿	金锭	1%—4%
3		铜矿	精矿	2%—8%
4		铝土矿	原矿	3%—9%
5		铅锌矿	精矿	2%—6%
6		镍矿	精矿	2%—6%
7		锡矿	精矿	2%—6%
8		未列举名称的其他金属矿产品	原矿或精矿	税率不超过 20%

续表

序号	税目		征税对象	税率幅度
9	非金属矿	石墨	精矿	3%—10%
10		硅藻土	精矿	1%—6%
11		高岭土	原矿	1%—6%
12		萤石	精矿	1%—6%
13		石灰石	原矿	1%—6%
14		硫铁矿	精矿	1%—6%
15		磷矿	原矿	3%—8%
16		氯化钾	精矿	3%—8%
17		硫酸钾	精矿	6%—12%
18		井矿盐	氯化钠初级产品	1%—6%
19		湖盐	氯化钠初级产品	1%—6%
20		提取地下卤水晒制的盐	氯化钠初级产品	3%—15%
21		煤层（成）气	原矿	1%—2%
22		粘土、砂石	原矿	每吨或立方米0.1元—5元
23		未列举名称的其他非金属矿产品	原矿或精矿	从量税率每吨或立方米不超过30元；从价税率不超过20%
24	海盐		氯化钠初级产品	1%—5%

备注：

1. 铝土矿包括耐火级矾土、研磨级矾土等高铝粘土。
2. 氯化钠初级产品是指井矿盐、湖盐原盐、提取地下卤水晒制的盐和海盐原盐，包括固体和液体形态的初级产品。
3. 海盐是指海水晒制的盐，不包括提取地下卤水晒制的盐。

财政部　国家税务总局关于营改增后契税　房产税　土地增值税　个人所得税计税依据问题的通知

2016年4月25日　财税〔2016〕43号

各省、自治区、直辖市、计划单列市财政厅（局）、地方税务局，西藏、宁夏、青海省（自治区）国家税务局，新疆生产建设兵团财务局：

经研究，现将营业税改征增值税后契税、房产税、土地增值税、个人所得税计税依据有关问题明确如下：

一、计征契税的成交价格不含增值税。

二、房产出租的，计征房产税的租金收入不含增值税。

三、土地增值税纳税人转让房地产取得的收入为不含增值税收入。

《中华人民共和国土地增值税暂行条例》等规定的土地增值税扣除项目涉及的增值税进项税额，允许在销项税额中计算抵扣的，不计入扣除项目，不允许在销项税额中计算抵扣的，可以计入扣除项目。

四、个人转让房屋的个人所得税应税收入不含增值税，其取得房屋时所支付价款中包含的增值税计入财产原值，计算转让所得时可扣除的税费不包括本次转让缴纳的增值税。

个人出租房屋的个人所得税应税收入不含增值税，计算房屋出租所得可扣除的税费不包括本次出租缴纳的增值税。个人转租房屋的，其向房屋出租方支付的租金及增值税额，在计算转租所得时予以扣除。

五、免征增值税的，确定计税依据时，成交价格、租金收入、转让房地产取得的收入不扣减增值税额。

六、在计征上述税种时，税务机关核定的计税价格或收入不含增值税。

本通知自 2016 年 5 月 1 日起执行。

财政部　国家税务总局关于公益股权捐赠企业所得税政策问题的通知

2016 年 4 月 20 日　财税〔2016〕45 号

各省、自治区、直辖市、计划单列市财政厅（局）、国家税务局、地方税务局，新疆生产建设兵团财务局：

为支持和鼓励公益事业发展，根据《中华人民共和国企业所得税法》及其实施条例有关规定，经国务院批准，现将股权捐赠企业所得税政策问题通知如下：

一、企业向公益性社会团体实施的股权捐赠，应按规定视同转让股权，股权转让收入额以企业所捐赠股权取得时的历史成本确定。

前款所称的股权，是指企业持有的其他企业的股权、上市公司股票等。

二、企业实施股权捐赠后，以其股权历史成本为依据确定捐赠额，并依此按照企业所得税法有关规定在所得税前予以扣除。公益性社会团体接受股权捐赠后，应按照捐赠企业提供的股权历史成本开具捐赠票据。

三、本通知所称公益性社会团体，是指注册在中华人民共和国境内，以发展公益事业为宗旨、且不以营利为目的，并经确定为具有接受捐赠税前扣除资格的基金会、慈善组织等公益性社会团体。

四、本通知所称股权捐赠行为，是指企业向中华人民共和国境内公益性社会团体实施的股权捐赠行为。企业向中华人民共和国境外的社会组织或团体实施的股权捐赠行为不适用本通知规定。

五、本通知自 2016 年 1 月 1 日起执行。

本通知发布前企业尚未进行税收处理的股权捐赠行为，符合本通知规定条件的可比照本通知执行，已经进行相关税收处理的不再进行税收调整。

请遵照执行。

财政部　国家税务总局关于全面推开营业税改征增值税试点的通知

2016年3月23日　财税〔2016〕36号

各省、自治区、直辖市、计划单列市财政厅（局）、国家税务局、地方税务局，新疆生产建设兵团财务局：

经国务院批准，自2016年5月1日起，在全国范围内全面推开营业税改征增值税（以下称营改增）试点，建筑业、房地产业、金融业、生活服务业等全部营业税纳税人，纳入试点范围，由缴纳营业税改为缴纳增值税。现将《营业税改征增值税试点实施办法》、《营业税改征增值税试点有关事项的规定》、《营业税改征增值税试点过渡政策的规定》和《跨境应税行为适用增值税零税率和免税政策的规定》印发你们，请遵照执行。

本通知附件规定的内容，除另有规定执行时间外，自2016年5月1日起执行。《财政部　国家税务总局关于将铁路运输和邮政业纳入营业税改征增值税试点的通知》（财税〔2013〕106号）、《财政部　国家税务总局关于铁路运输和邮政业营业税改征增值税试点有关政策的补充通知》（财税〔2013〕121号）、《财政部　国家税务总局关于将电信业纳入营业税改征增值税试点的通知》（财税〔2014〕43号）、《财政部　国家税务总局关于国际水路运输增值税零税率政策的补充通知》（财税〔2014〕50号）和《财政部　国家税务总局关于影视等出口服务适用增值税零税率政策的通知》（财税〔2015〕118号），除另有规定的条款外，相应废止。

各地要高度重视营改增试点工作，切实加强试点工作的组织领导，周密安排，明确责任，采取各种有效措施，做好试点前的各项准备以及试点过程中的监测分析和宣传解释等工作，确保改革的平稳、有序、顺利进行。遇到问题请及时向财政部和国家税务总局反映。

附件1. 营业税改征增值税试点实施办法

2. 营业税改征增值税试点有关事项的规定

3. 营业税改征增值税试点过渡政策的规定

4. 跨境应税行为适用增值税零税率和免税政策的规定

附件1：

营业税改征增值税试点实施办法

第一章　纳税人和扣缴义务人

第一条　在中华人民共和国境内（以下称境内）销售服务、无形资产或者不动产（以下称应税行为）的单位和个人，为增值税纳税人，应当按照本办法缴纳增值税，不缴纳营业税。

单位，是指企业、行政单位、事业单位、军事单位、社会团体及其他单位。

个人，是指个体工商户和其他个人。

第二条 单位以承包、承租、挂靠方式经营的，承包人、承租人、挂靠人（以下统称承包人）以发包人、出租人、被挂靠人（以下统称发包人）名义对外经营并由发包人承担相关法律责任的，以该发包人为纳税人。否则，以承包人为纳税人。

第三条 纳税人分为一般纳税人和小规模纳税人。

应税行为的年应征增值税销售额（以下称应税销售额）超过财政部和国家税务总局规定标准的纳税人为一般纳税人，未超过规定标准的纳税人为小规模纳税人。

年应税销售额超过规定标准的其他个人不属于一般纳税人。年应税销售额超过规定标准但不经常发生应税行为的单位和个体工商户可选择按照小规模纳税人纳税。

第四条 年应税销售额未超过规定标准的纳税人，会计核算健全，能够提供准确税务资料的，可以向主管税务机关办理一般纳税人资格登记，成为一般纳税人。

会计核算健全，是指能够按照国家统一的会计制度规定设置账簿，根据合法、有效凭证核算。

第五条 符合一般纳税人条件的纳税人应当向主管税务机关办理一般纳税人资格登记。具体登记办法由国家税务总局制定。

除国家税务总局另有规定外，一经登记为一般纳税人后，不得转为小规模纳税人。

第六条 中华人民共和国境外（以下称境外）单位或者个人在境内发生应税行为，在境内未设有经营机构的，以购买方为增值税扣缴义务人。财政部和国家税务总局另有规定的除外。

第七条 两个或者两个以上的纳税人，经财政部和国家税务总局批准可以视为一个纳税人合并纳税。具体办法由财政部和国家税务总局另行制定。

第八条 纳税人应当按照国家统一的会计制度进行增值税会计核算。

第二章 征税范围

第九条 应税行为的具体范围，按照本办法所附的《销售服务、无形资产、不动产注释》执行。

第十条 销售服务、无形资产或者不动产，是指有偿提供服务、有偿转让无形资产或者不动产，但属于下列非经营活动的情形除外：

（一）行政单位收取的同时满足以下条件的政府性基金或者行政事业性收费。

1. 由国务院或者财政部批准设立的政府性基金，由国务院或者省级人民政府及其财政、价格主管部门批准设立的行政事业性收费；

2. 收取时开具省级以上（含省级）财政部门监（印）制的财政票据；

3. 所收款项全额上缴财政。

（二）单位或者个体工商户聘用的员工为本单位或者雇主提供取得工资的服务。

（三）单位或者个体工商户为聘用的员工提供服务。

（四）财政部和国家税务总局规定的其他情形。

第十一条 有偿，是指取得货币、货物或者其他经济利益。

第十二条 在境内销售服务、无形资产或者不动产，是指：

（一）服务（租赁不动产除外）或者无形资产（自然资源使用权除外）的销售方或者购买方在境内；

（二）所销售或者租赁的不动产在境内；

（三）所销售自然资源使用权的自然资源在境内；

（四）财政部和国家税务总局规定的其他情形。

第十三条 下列情形不属于在境内销售服务或者无形资产：

（一）境外单位或者个人向境内单位或者个人销售完全在境外发生的服务。

（二）境外单位或者个人向境内单位或者个人销售完全在境外使用的无形资产。

（三）境外单位或者个人向境内单位或者个人出租完全在境外使用的有形动产。

（四）财政部和国家税务总局规定的其他情形。

第十四条 下列情形视同销售服务、无形资产或者不动产：

（一）单位或者个体工商户向其他单位或者个人无偿提供服务，但用于公益事业或者以社会公众为对象的除外。

（二）单位或者个人向其他单位或者个人无偿转让无形资产或者不动产，但用于公益事业或者以社会公众为对象的除外。

（三）财政部和国家税务总局规定的其他情形。

第三章 税率和征收率

第十五条 增值税税率：

（一）纳税人发生应税行为，除本条第（二）项、第（三）项、第（四）项规定外，税率为6%。

（二）提供交通运输、邮政、基础电信、建筑、不动产租赁服务，销售不动产，转让土地使用权，税率为11%。

（三）提供有形动产租赁服务，税率为17%。

（四）境内单位和个人发生的跨境应税行为，税率为零。具体范围由财政部和国家税务总局另行规定。

第十六条 增值税征收率为3%，财政部和国家税务总局另有规定的除外。

第四章 应纳税额的计算

第一节 一般性规定

第十七条 增值税的计税方法，包括一般计税方法和简易计税方法。

第十八条 一般纳税人发生应税行为适用一般计税方法计税。

一般纳税人发生财政部和国家税务总局规定的特定应税行为，可以选择适用简易计税方法计税，但一经选择，36个月内不得变更。

第十九条 小规模纳税人发生应税行为适用简易计税方法计税。

第二十条 境外单位或者个人在境内发生应税行为，在境内未设有经营机构的，扣缴义务人按照下列公式计算应扣缴税额：

应扣缴税额 = 购买方支付的价款 ÷（1 + 税率）× 税率

第二节 一般计税方法

第二十一条 一般计税方法的应纳税额，是指当期销项税额抵扣当期进项税额后的余额。应纳税额计算公式：

应纳税额 = 当期销项税额 – 当期进项税额

当期销项税额小于当期进项税额不足抵扣时，其不足部分可以结转下期继续抵扣。

第二十二条 销项税额，是指纳税人发生应税行为按照销售额和增值税税率计算并收取的增值税额。销项税额计算公式：

销项税额 = 销售额 × 税率

第二十三条 一般计税方法的销售额不包括销项税额，纳税人采用销售额和销项税额合并定价方法的，按照下列公式计算销售额：

销售额 = 含税销售额 ÷（1 + 税率）

第二十四条 进项税额，是指纳税人购进货物、加工修理修配劳务、服务、无形资产或者不动产，支付或者负担的增值税额。

第二十五条 下列进项税额准予从销项税额中抵扣：

（一）从销售方取得的增值税专用发票（含税控机动车销售统一发票，下同）上注明的增值税额。

（二）从海关取得的海关进口增值税专用缴款书上注明的增值税额。

（三）购进农产品，除取得增值税专用发票或者海关进口增值税专用缴款书外，按照农产品收购发票或者销售发票上注明的农产品买价和13%的扣除率计算的进项税额。计算公式为：

进项税额 = 买价 × 扣除率

买价，是指纳税人购进农产品在农产品收购发票或者销售发票上注明的价款和按照规定缴纳的烟叶税。

购进农产品，按照《农产品增值税进项税额核定扣除试点实施办法》抵扣进项税额的除外。

（四）从境外单位或者个人购进服务、无形资产或者不动产，自税务机关或者扣缴义务人取得的解缴税款的完税凭证上注明的增值税额。

第二十六条 纳税人取得的增值税扣税凭证不符合法律、行政法规或者国家税务总局有关规定的，其进项税额不得从销项税额中抵扣。

增值税扣税凭证，是指增值税专用发票、海关进口增值税专用缴款书、农产品收购发票、农产品销售发票和完税凭证。

纳税人凭完税凭证抵扣进项税额的，应当具备书面合同、付款证明和境外单位的对账单或者发票。资料不全的，其进项税额不得从销项税额中抵扣。

第二十七条 下列项目的进项税额不得从销项税额中抵扣：

（一）用于简易计税方法计税项目、免征增值税项目、集体福利或者个人消费的购进货物、加工修理修配劳务、服务、无形资产和不动产。其中涉及的固定资产、无形资产、不动产，仅指专用于上述项目的固定资产、无形资产（不包括其他权益性无形资产）、不动产。

纳税人的交际应酬消费属于个人消费。

（二）非正常损失的购进货物，以及相关的加工修理修配劳务和交通运输服务。

（三）非正常损失的在产品、产成品所耗用的购进货物（不包括固定资产）、加工修理修配劳务和交通运输服务。

（四）非正常损失的不动产，以及该不动产所耗用的购进货物、设计服务和建筑服务。

（五）非正常损失的不动产在建工程所耗用的购进货物、设计服务和建筑服务。

纳税人新建、改建、扩建、修缮、装饰不动产，均属于不动产在建工程。

（六）购进的旅客运输服务、贷款服务、餐饮服务、居民日常服务和娱乐服务。

（七）财政部和国家税务总局规定的其他情形。

本条第（四）项、第（五）项所称货物，是指构成不动产实体的材料和设备，包括建筑装饰材料和给排水、采暖、卫生、通风、照明、通讯、煤气、消防、中央空调、电梯、电气、智能化楼宇设备及配套设施。

第二十八条 不动产、无形资产的具体范围，按照本办法所附的《销售服务、无形资产或者不动产注释》执行。

固定资产，是指使用期限超过12个月的机器、机械、运输工具以及其他与生产经营有关的设备、工具、器具等有形动产。

非正常损失，是指因管理不善造成货物被盗、丢失、霉烂变质，以及因违反法律法规造成货物或者不动产被依法没收、销毁、拆除的情形。

第二十九条 适用一般计税方法的纳税人，兼营简易计税方法计税项目、免征增值税项目而无法划分不得抵扣的进项税额，按照下列公式计算不得抵扣的进项税额：

不得抵扣的进项税额 = 当期无法划分的全部进项税额 ×（当期简易计税方法计税项目销售额 + 免征增值税项目销售额）÷ 当期全部销售额

主管税务机关可以按照上述公式依据年度数据对不得抵扣的进项税额进行清算。

第三十条 已抵扣进项税额的购进货物（不含固定资产）、劳务、服务，发生本办法第二十七条规定情形（简易计税方法计税项目、免征增值税项目除外）的，应当将该进项税额从当期进项税额中扣减；无法确定该进项税额的，按照当期实际成本计算应扣减的进项税额。

第三十一条 已抵扣进项税额的固定资产、无形资产或者不动产，发生本办法第二十七条规定情形的，按照下列公式计算不得抵扣的进项税额：

不得抵扣的进项税额 = 固定资产、无形资产或者不动产净值 × 适用税率

固定资产、无形资产或者不动产净值，是指纳税人根据财务会计制度计提折旧或摊销后的余额。

第三十二条 纳税人适用一般计税方法计税的，因销售折让、中止或者退回而退还给购买方的增值税额，应当从当期的销项税额中扣减；因销售折让、中止或者退回而收回的增值税额，应当从当期的进项税额中扣减。

第三十三条 有下列情形之一者，应当按照销售额和增值税税率计算应纳税额，不得抵扣进项税额，也不得使用增值税专用发票：

（一）一般纳税人会计核算不健全，或者不能够提供准确税务资料的。

（二）应当办理一般纳税人资格登记而未办理的。

第三节 简易计税方法

第三十四条 简易计税方法的应纳税额，是指按照销售额和增值税征收率计算的增值税额，不得抵扣进项税额。应纳税额计算公式：

应纳税额 = 销售额 × 征收率

第三十五条 简易计税方法的销售额不包括其应纳税额，纳税人采用销售额和应纳税额合并定价方法的，按照下列公式计算销售额：

销售额 = 含税销售额 ÷（1 + 征收率）

第三十六条 纳税人适用简易计税方法计税的，因销售折让、中止或者退回而退还给购买方的销售额，应当从当期销售额中扣减。扣减当期销售额后仍有余额造成多缴的税款，可以从以后的应纳税额中扣减。

第四节 销售额的确定

第三十七条 销售额，是指纳税人发生应税行为取得的全部价款和价外费用，财政部和国家税务总局另有规定的除外。

价外费用，是指价外收取的各种性质的收费，但不包括以下项目：

（一）代为收取并符合本办法第十条规定的政府性基金或者行政事业性收费。

（二）以委托方名义开具发票代委托方收取的款项。

第三十八条 销售额以人民币计算。

纳税人按照人民币以外的货币结算销售额的，应当折合成人民币计算，折合率可以选择销售额发生的当天或者当月 1 日的人民币汇率中间价。纳税人应当在事先确定采用何种折合率，确定后 12 个月内不得变更。

第三十九条 纳税人兼营销售货物、劳务、服务、无形资产或者不动产，适用不同税率或者征收率的，应当分别核算适用不同税率或者征收率的销售额；未分别核算的，从高适用税率。

第四十条 一项销售行为如果既涉及服务又涉及货物，为混合销售。从事货物的生产、批发或者零售的单位和个体工商户的混合销售行为，按照销售货物缴纳增值税；其他单位和个体工商户的混合销售行为，按照销售服务缴纳增值税。

本条所称从事货物的生产、批发或者零售的单位和个体工商户，包括以从事货物的生产、批发或者零售为主，并兼营销售服务的单位和个体工商户在内。

第四十一条 纳税人兼营免税、减税项目的，应当分别核算免税、减税项目的销售额；未分别核算的，不得免税、减税。

第四十二条 纳税人发生应税行为，开具增值税专用发票后，发生开票有误或者销售折让、中止、退回等情形的，应当按照国家税务总局的规定开具红字增值税专用发票；未按照规定开具红字增值税专用发票的，不得按照本办法第三十二条和第三十六条的规定扣减销项税额或者销售额。

第四十三条 纳税人发生应税行为，将价款和折扣额在同一张发票上分别注明的，以折扣后的价款为销售额；未在同一张发票上分别注明的，以价款为销售额，不得扣减折扣额。

第四十四条 纳税人发生应税行为价格明显偏低或者偏高且不具有合理商业目的的，或者发生本办法第十四条所列行为而无销售额的，主管税务机关有权按照下列顺序确定销售额：

（一）按照纳税人最近时期销售同类服务、无形资产或者不动产的平均价格确定。

（二）按照其他纳税人最近时期销售同类服务、无形资产或者不动产的平均价格确定。

（三）按照组成计税价格确定。组成计税价格的公式为：

组成计税价格 = 成本 ×（1 + 成本利润率）

成本利润率由国家税务总局确定。

不具有合理商业目的，是指以谋取税收利益为主要目的，通过人为安排，减少、免除、推迟缴纳增值税税款，或者增加退还增值税税款。

第五章　纳税义务、扣缴义务发生时间和纳税地点

第四十五条　增值税纳税义务、扣缴义务发生时间为：

（一）纳税人发生应税行为并收讫销售款项或者取得索取销售款项凭据的当天；先开具发票的，为开具发票的当天。

收讫销售款项，是指纳税人销售服务、无形资产、不动产过程中或者完成后收到款项。

取得索取销售款项凭据的当天，是指书面合同确定的付款日期；未签订书面合同或者书面合同未确定付款日期的，为服务、无形资产转让完成的当天或者不动产权属变更的当天。

（二）纳税人提供建筑服务、租赁服务采取预收款方式的，其纳税义务发生时间为收到预收款的当天。

（三）纳税人从事金融商品转让的，为金融商品所有权转移的当天。

（四）纳税人发生本办法第十四条规定情形的，其纳税义务发生时间为服务、无形资产转让完成的当天或者不动产权属变更的当天。

（五）增值税扣缴义务发生时间为纳税人增值税纳税义务发生的当天。

第四十六条　增值税纳税地点为：

（一）固定业户应当向其机构所在地或者居住地主管税务机关申报纳税。总机构和分支机构不在同一县（市）的，应当分别向各自所在地的主管税务机关申报纳税；经财政部和国家税务总局或者其授权的财政和税务机关批准，可以由总机构汇总向总机构所在地的主管税务机关申报纳税。

（二）非固定业户应当向应税行为发生地主管税务机关申报纳税；未申报纳税的，由其机构所在地或者居住地主管税务机关补征税款。

（三）其他个人提供建筑服务，销售或者租赁不动产，转让自然资源使用权，应向建筑服务发生地、不动产所在地、自然资源所在地主管税务机关申报纳税。

（四）扣缴义务人应当向其机构所在地或者居住地主管税务机关申报缴纳扣缴的税款。

第四十七条　增值税的纳税期限分别为 1 日、3 日、5 日、10 日、15 日、1 个月或者 1 个季度。纳税人的具体纳税期限，由主管税务机关根据纳税人应纳税额的大小分别核定。以 1 个季度为纳税期限的规定适用于小规模纳税人、银行、财务公司、信托投资公司、信用社，以及财政部和国家税务总局规定的其他纳税人。不能按照固定期限纳税的，可以按次纳税。

纳税人以 1 个月或者 1 个季度为 1 个纳税期的，自期满之日起 15 日内申报纳税；以 1 日、3 日、5 日、10 日或者 15 日为 1 个纳税期的，自期满之日起 5 日内预缴税款，于次月 1 日起 15 日内申报纳税并结清上月应纳税款。

扣缴义务人解缴税款的期限，按照前两款规定执行。

第六章　税收减免的处理

第四十八条　纳税人发生应税行为适用免税、减税规定的，可以放弃免税、减税，依照本办法的规定缴纳增值税。放弃免税、减税后，36 个月内不得再申请免税、减税。

纳税人发生应税行为同时适用免税和零税率规定的，纳税人可以选择适用免税或者零税率。

第四十九条　个人发生应税行为的销售额未达到增值税起征点的，免征增值税；达到起征点的，全额计算缴纳增值税。

增值税起征点不适用于登记为一般纳税人的个体工商户。

第五十条　增值税起征点幅度如下：

（一）按期纳税的，为月销售额5000—20000元（含本数）。

（二）按次纳税的，为每次（日）销售额300—500元（含本数）。

起征点的调整由财政部和国家税务总局规定。省、自治区、直辖市财政厅（局）和国家税务局应当在规定的幅度内，根据实际情况确定本地区适用的起征点，并报财政部和国家税务总局备案。

对增值税小规模纳税人中月销售额未达到2万元的企业或非企业性单位，免征增值税。2017年12月31日前，对月销售额2万元（含本数）至3万元的增值税小规模纳税人，免征增值税。

第七章　征收管理

第五十一条　营业税改征的增值税，由国家税务局负责征收。纳税人销售取得的不动产和其他个人出租不动产的增值税，国家税务局暂委托地方税务局代为征收。

第五十二条　纳税人发生适用零税率的应税行为，应当按期向主管税务机关申报办理退（免）税，具体办法由财政部和国家税务总局制定。

第五十三条　纳税人发生应税行为，应当向索取增值税专用发票的购买方开具增值税专用发票，并在增值税专用发票上分别注明销售额和销项税额。

属于下列情形之一的，不得开具增值税专用发票：

（一）向消费者个人销售服务、无形资产或者不动产。

（二）适用免征增值税规定的应税行为。

第五十四条　小规模纳税人发生应税行为，购买方索取增值税专用发票的，可以向主管税务机关申请代开。

第五十五条　纳税人增值税的征收管理，按照本办法和《中华人民共和国税收征收管理法》及现行增值税征收管理有关规定执行。

附：销售服务、无形资产、不动产注释

附：

销售服务、无形资产、不动产注释

一、销售服务

销售服务，是指提供交通运输服务、邮政服务、电信服务、建筑服务、金融服务、现代服务、生活服务。

（一）交通运输服务。交通运输服务，是指利用运输工具将货物或者旅客送达目的地，使其空间位置得到转移的业务活动。包括陆路运输服务、水路运输服务、航空运输服务和管道运输服务。

1. 陆路运输服务。陆路运输服务，是指通过陆路（地上或者地下）运送货物或者旅客的运输业务活动，包括铁路运输服务和其他陆路运输服务。

（1）铁路运输服务，是指通过铁路运送货物或者旅客的运输业务活动。

（2）其他陆路运输服务，是指铁路运输以外的陆路运输业务活动。包括公路运输、缆车运输、索道运输、地铁运输、城市轻轨运输等。

出租车公司向使用本公司自有出租车的出租车司机收取的管理费用，按照陆路运输服务缴纳增值税。

2. 水路运输服务。水路运输服务，是指通过江、河、湖、川等天然、人工水道或者海洋航道运送货物或者旅客的运输业务活动。

水路运输的程租、期租业务，属于水路运输服务。

程租业务，是指运输企业为租船人完成某一特定航次的运输任务并收取租赁费的业务。

期租业务，是指运输企业将配备有操作人员的船舶承租给他人使用一定期限，承租期内听候承租方调遣，不论是否经营，均按天向承租方收取租赁费，发生的固定费用均由船东负担的业务。

3. 航空运输服务。航空运输服务，是指通过空中航线运送货物或者旅客的运输业务活动。

航空运输的湿租业务，属于航空运输服务。

湿租业务，是指航空运输企业将配备有机组人员的飞机承租给他人使用一定期限，承租期内听候承租方调遣，不论是否经营，均按一定标准向承租方收取租赁费，发生的固定费用均由承租方承担的业务。

航天运输服务，按照航空运输服务缴纳增值税。

航天运输服务，是指利用火箭等载体将卫星、空间探测器等空间飞行器发射到空间轨道的业务活动。

4. 管道运输服务。管道运输服务，是指通过管道设施输送气体、液体、固体物质的运输业务活动。

无运输工具承运业务，按照交通运输服务缴纳增值税。

无运输工具承运业务，是指经营者以承运人身份与托运人签订运输服务合同，收取运费并承担承运人责任，然后委托实际承运人完成运输服务的经营活动。

（二）邮政服务。邮政服务，是指中国邮政集团公司及其所属邮政企业提供邮件寄递、邮政汇兑和机要通信等邮政基本服务的业务活动。包括邮政普遍服务、邮政特殊服务和其他邮政服务。

1. 邮政普遍服务。邮政普遍服务，是指函件、包裹等邮件寄递，以及邮票发行、报刊发行和邮政汇兑等业务活动。

函件，是指信函、印刷品、邮资封片卡、无名址函件和邮政小包等。

包裹，是指按照封装上的名址递送给特定个人或者单位的独立封装的物品，其重量不超过五十千克，任何一边的尺寸不超过一百五十厘米，长、宽、高合计不超过三百厘米。

2. 邮政特殊服务。邮政特殊服务，是指义务兵平常信函、机要通信、盲人读物和革命烈士遗物的寄递等业务活动。

3. 其他邮政服务。其他邮政服务，是指邮册等邮品销售、邮政代理等业务活动。

（三）电信服务。电信服务，是指利用有线、无线的电磁系统或者光电系统等各种通信网络资源，提供语音通话服务，传送、发射、接收或者应用图像、短信等电子数据和信息的业务活动。包括基础电信服务和增值电信服务。

1. 基础电信服务。基础电信服务，是指利用固网、移动网、卫星、互联网，提供语音通话服务的业务活动，以及出租或者出售带宽、波长等网络元素的业务活动。

2. 增值电信服务。增值电信服务，是指利用固网、移动网、卫星、互联网、有线电视网络，提供短信和彩信服务、电子数据和信息的传输及应用服务、互联网接入服务等业务活动。

卫星电视信号落地转接服务，按照增值电信服务缴纳增值税。

（四）建筑服务。建筑服务，是指各类建筑物、构筑物及其附属设施的建造、修缮、装饰，线路、管道、设备、设施等的安装以及其他工程作业的业务活动。包括工程服务、安装服务、修缮服务、装饰服务和其他建筑服务。

1. 工程服务。工程服务，是指新建、改建各种建筑物、构筑物的工程作业，包括与建筑物相连的各种设备或者支柱、操作平台的安装或者装设工程作业，以及各种窑炉和金属结构工程作业。

2. 安装服务。安装服务，是指生产设备、动力设备、起重设备、运输设备、传动设备、医疗实验设备以及其他各种设备、设施的装配、安置工程作业，包括与被安装设备相连的工作台、梯子、栏杆的装设工程作业，以及被安装设备的绝缘、防腐、保温、油漆等工程作业。

固定电话、有线电视、宽带、水、电、燃气、暖气等经营者向用户收取的安装费、初装费、开户费、扩容费以及类似收费，按照安装服务缴纳增值税。

3. 修缮服务。修缮服务，是指对建筑物、构筑物进行修补、加固、养护、改善，使之恢复原来的使用价值或者延长其使用期限的工程作业。

4. 装饰服务。装饰服务，是指对建筑物、构筑物进行修饰装修，使之美观或者具有特定用途的工程作业。

5. 其他建筑服务。其他建筑服务，是指上列工程作业之外的各种工程作业服务，如钻井（打井）、拆除建筑物或者构筑物、平整土地、园林绿化、疏浚（不包括航道疏浚）、建筑物平移、搭脚手架、爆破、矿山穿孔、表面附着物（包括岩层、土层、沙层等）剥离和清理等工程作业。

（五）金融服务。金融服务，是指经营金融保险的业务活动。包括贷款服务、直接收费金融服务、保险服务和金融商品转让。

1. 贷款服务。贷款服务，是指将资金贷与他人使用而取得利息收入的业务活动。

各种占用、拆借资金取得的收入，包括金融商品持有期间（含到期）利息（保本收益、报酬、资金占用费、补偿金等）收入、信用卡透支利息收入、买入返售金融商品利息收入、融资融券收取的利息收入，以及融资性售后回租、押汇、罚息、票据贴现、转贷等业务取得的利息及利息性质的收入，按照贷款服务缴纳增值税。

融资性售后回租，是指承租方以融资为目的，将资产出售给从事融资性售后回租业务的企业后，从事融资性售后回租业务的企业将该资产出租给承租方的业务活动。

以货币资金投资收取的固定利润或者保底利润，按照贷款服务缴纳增值税。

2. 直接收费金融服务。直接收费金融服务，是指为货币资金融通及其他金融业务提供相关服务并且收取费用的业务活动。包括提供货币兑换、账户管理、电子银行、信用卡、信用证、财务担保、资产管理、信托管理、基金管理、金融交易场所（平台）管理、资金结算、资金清算、金融支付等服务。

3. 保险服务。保险服务，是指投保人根据合同约定，向保险人支付保险费，保险人对于合同约定的可能发生的事故因其发生所造成的财产损失承担赔偿保险金责任，或者当被保险人死亡、伤残、疾病或者达到合同约定的年龄、期限等条件时承担给付保险金责任的商业保险行为。包括人身保险服务和财产保险服务。

人身保险服务，是指以人的寿命和身体为保险标的的保险业务活动。

财产保险服务，是指以财产及其有关利益为保险标的的保险业务活动。

4. 金融商品转让。金融商品转让，是指转让外汇、有价证券、非货物期货和其他金融商品所有权的业务活动。

其他金融商品转让包括基金、信托、理财产品等各类资产管理产品和各种金融衍生品的转让。

（六）现代服务。现代服务，是指围绕制造业、文化产业、现代物流产业等提供技术性、知识性服务的业务活动。包括研发和技术服务、信息技术服务、文化创意服务、物流辅助服务、租赁服务、鉴证咨询服务、广播影视服务、商务辅助服务和其他现代服务。

1. 研发和技术服务。研发和技术服务，包括研发服务、合同能源管理服务、工程勘察勘探服务、专业技术服务。

（1）研发服务，也称技术开发服务，是指就新技术、新产品、新工艺或者新材料及其系统进行研究与试验开发的业务活动。

（2）合同能源管理服务，是指节能服务公司与用能单位以契约形式约定节能目标，节能服务公司提供必要的服务，用能单位以节能效果支付节能服务公司投入及其合理报酬的业务活动。

（3）工程勘察勘探服务，是指在采矿、工程施工前后，对地形、地质构造、地下资源蕴藏情况进行实地调查的业务活动。

（4）专业技术服务，是指气象服务、地震服务、海洋服务、测绘服务、城市规划、环境与生态监测服务等专项技术服务。

2. 信息技术服务。信息技术服务，是指利用计算机、通信网络等技术对信息进行生产、收集、处理、加工、存储、运输、检索和利用，并提供信息服务的业务活动。包括软件服务、电路设计及测试服务、信息系统服务、业务流程管理服务和信息系统增值服务。

（1）软件服务，是指提供软件开发服务、软件维护服务、软件测试服务的业务活动。

（2）电路设计及测试服务，是指提供集成电路和电子电路产品设计、测试及相关技术支持服务的业务活动。

（3）信息系统服务，是指提供信息系统集成、网络管理、网站内容维护、桌面管理与维护、信息系统应用、基础信息技术管理平台整合、信息技术基础设施管理、数据中心、托管中心、信息安全服务、在线杀毒、虚拟主机等业务活动。包括网站对非自有的网络游戏提供的网络运营服务。

（4）业务流程管理服务，是指依托信息技术提供的人力资源管理、财务经济管理、审计管理、税务管理、物流信息管理、经营信息管理和呼叫中心等服务的活动。

（5）信息系统增值服务，是指利用信息系统资源为用户附加提供的信息技术服务。包括数据处理、分析和整合、数据库管理、数据备份、数据存储、容灾服务、电子商务平台等。

3. 文化创意服务。文化创意服务，包括设计服务、知识产权服务、广告服务和会议展览服务。

（1）设计服务，是指把计划、规划、设想通过文字、语言、图画、声音、视觉等形式传递出来的业务活动。包括工业设计、内部管理设计、业务运作设计、供应链设计、造型设计、服装设计、环境设计、平面设计、包装设计、动漫设计、网游设计、展示设计、网站设计、机械设计、工程设计、广告设计、创意策划、文印晒图等。

（2）知识产权服务，是指处理知识产权事务的业务活动。包括对专利、商标、著作权、软件、集成电路布图设计的登记、鉴定、评估、认证、检索服务。

（3）广告服务，是指利用图书、报纸、杂志、广播、电视、电影、幻灯、路牌、招贴、橱窗、霓虹灯、灯箱、互联网等各种形式为客户的商品、经营服务项目、文体节目或者通告、声明等委托事项进行宣传和提供相关服务的业务活动。包括广告代理和广告的发布、播映、宣传、展示等。

（4）会议展览服务，是指为商品流通、促销、展示、经贸洽谈、民间交流、企业沟通、国际往来等举办或者组织安排的各类展览和会议的业务活动。

4. 物流辅助服务。物流辅助服务，包括航空服务、港口码头服务、货运客运场站服务、打捞救助服务、装卸搬运服务、仓储服务和收派服务。

（1）航空服务，包括航空地面服务和通用航空服务。

航空地面服务，是指航空公司、飞机场、民航管理局、航站等向在境内航行或者在境内机场停留的境内外飞机或者其他飞行器提供的导航等劳务性地面服务的业务活动。包括旅客安全检查服务、停机坪管理服务、机场候机厅管理服务、飞机清洗消毒服务、空中飞行管理服务、飞机起降服务、飞行通讯服务、地面信号服务、飞机安全服务、飞机跑道管理服务、空中交通管理服务等。

通用航空服务，是指为专业工作提供飞行服务的业务活动，包括航空摄影、航空培训、航空测量、航空勘探、航空护林、航空吊挂播洒、航空降雨、航空气象探测、航空海洋监测、航空科学实验等。

（2）港口码头服务，是指港务船舶调度服务、船舶通讯服务、航道管理服务、航道疏浚服务、灯塔管理服务、航标管理服务、船舶引航服务、理货服务、系解缆服务、停泊和移泊服务、海上船舶溢油清除服务、水上交通管理服务、船只专业清洗消毒检测服务和防止船只漏油服务等为船只提供服务的业务活动。

港口设施经营人收取的港口设施保安费按照港口码头服务缴纳增值税。

（3）货运客运场站服务，是指货运客运场站提供货物配载服务、运输组织服务、中转换乘服务、车辆调度服务、票务服务、货物打包整理、铁路线路使用服务、加挂铁路客车服务、铁路行包专列发送服务、铁路到达和中转服务、铁路车辆编解服务、车辆挂运服务、铁路接触网服务、铁路机车牵引服务等业务活动。

（4）打捞救助服务，是指提供船舶人员救助、船舶财产救助、水上救助和沉船沉物打捞服务的业务活动。

（5）装卸搬运服务，是指使用装卸搬运工具或者人力、畜力将货物在运输工具之间、装卸现场之间或者运输工具与装卸现场之间进行装卸和搬运的业务活动。

（6）仓储服务，是指利用仓库、货场或者其他场所代客贮放、保管货物的业务活动。

（7）收派服务，是指接受寄件人委托，在承诺的时限内完成函件和包裹的收件、分拣、派送服务的业务活动。

收件服务，是指从寄件人收取函件和包裹，并运送到服务提供方同城的集散中心的业务活动。

分拣服务，是指服务提供方在其集散中心对函件和包裹进行归类、分发的业务活动。

派送服务，是指服务提供方从其集散中心将函件和包裹送达同城的收件人的业务活动。

5. 租赁服务。租赁服务，包括融资租赁服务和经营租赁服务。

（1）融资租赁服务，是指具有融资性质和所有权转移特点的租赁活动。即出租人根据承租人所要求的规格、型号、性能等条件购入有形动产或者不动产租赁给承租人，合同期内租赁物所有权属于出租人，承租人只拥有使用权，合同期满付清租金后，承租人有权按照残值购入租赁物，以拥有其所有权。不论出租人是否将租赁物销售给承租人，均属于融资租赁。

按照标的物的不同，融资租赁服务可分为有形动产融资租赁服务和不动产融资租赁服务。

融资性售后回租不按照本税目缴纳增值税。

（2）经营租赁服务，是指在约定时间内将有形动产或者不动产转让他人使用且租赁物所有权不变更的业务活动。

按照标的物的不同，经营租赁服务可分为有形动产经营租赁服务和不动产经营租赁服务。

将建筑物、构筑物等不动产或者飞机、车辆等有形动产的广告位出租给其他单位或者个人用于发布广告，按照经营租赁服务缴纳增值税。

车辆停放服务、道路通行服务（包括过路费、过桥费、过闸费等）等按照不动产经营租赁服务缴纳增值税。

水路运输的光租业务、航空运输的干租业务，属于经营租赁。

光租业务，是指运输企业将船舶在约定的时间内出租给他人使用，不配备操作人员，不承担运输过程中发生的各项费用，只收取固定租赁费的业务活动。

干租业务，是指航空运输企业将飞机在约定的时间内出租给他人使用，不配备机组人员，不承担运输过程中发生的各项费用，只收取固定租赁费的业务活动。

6. 鉴证咨询服务。鉴证咨询服务，包括认证服务、鉴证服务和咨询服务。

（1）认证服务，是指具有专业资质的单位利用检测、检验、计量等技术，证明产品、服务、管理体系符合相关技术规范、相关技术规范的强制性要求或者标准的业务活动。

（2）鉴证服务，是指具有专业资质的单位受托对相关事项进行鉴证，发表具有证明力的意见的业务活动。包括会计鉴证、税务鉴证、法律鉴证、职业技能鉴定、工程造价鉴证、工程监理、资产评估、环境评估、房地产土地评估、建筑图纸审核、医疗事故鉴定等。

（3）咨询服务，是指提供信息、建议、策划、顾问等服务的活动。包括金融、软件、技术、财务、税收、法律、内部管理、业务运作、流程管理、健康等方面的咨询。

翻译服务和市场调查服务按照咨询服务缴纳增值税。

7. 广播影视服务。广播影视服务，包括广播影视节目（作品）的制作服务、发行服务和播映（含放映，下同）服务。

（1）广播影视节目（作品）制作服务，是指进行专题（特别节目）、专栏、综艺、体育、动画片、广播剧、电视剧、电影等广播影视节目和作品制作的服务。具体包括与广播影视节目和作品相关的策划、采编、拍摄、录音、音视频文字图片素材制作、场景布置、后期的剪辑、翻译（编译）、字幕制作、片头、片尾、片花制作、特效制作、影片修复、编目和确权等业务活动。

（2）广播影视节目（作品）发行服务，是指以分账、买断、委托等方式，向影院、电台、电视台、网站等单位和个人发行广播影视节目（作品）以及转让体育赛事等活动的报道及播映权的业务活动。

（3）广播影视节目（作品）播映服务，是指在影院、剧院、录像厅及其他场所播映广播影视节目（作品），以及通过电台、电视台、卫星通信、互联网、有线电视等无线或者有线装置播映广播影视节目（作品）的业务活动。

8. 商务辅助服务。商务辅助服务，包括企业管理服务、经纪代理服务、人力资源服务、安全保护服务。

（1）企业管理服务，是指提供总部管理、投资与资产管理、市场管理、物业管理、日常综合管理等服务的业务活动。

（2）经纪代理服务，是指各类经纪、中介、代理服务。包括金融代理、知识产权代理、货物运输代理、代理报关、法律代理、房地产中介、职业中介、婚姻中介、代理记账、拍卖等。

货物运输代理服务，是指接受货物收货人、发货人、船舶所有人、船舶承租人或者船舶经营人的委托，以委托人的名义，为委托人办理货物运输、装卸、仓储和船舶进出港口、引航、靠泊等相关手续的业务活动。

代理报关服务，是指接受进出口货物的收、发货人委托，代为办理报关手续的业务活动。

（3）人力资源服务，是指提供公共就业、劳务派遣、人才委托招聘、劳动力外包等服务的业务活动。

（4）安全保护服务，是指提供保护人身安全和财产安全，维护社会治安等的业务活动。包括场所住宅保安、特种保安、安全系统监控以及其他安保服务。

9. 其他现代服务。其他现代服务，是指除研发和技术服务、信息技术服务、文化创意服务、物流辅助服务、租赁服务、鉴证咨询服务、广播影视服务和商务辅助服务以外的现代服务。

（七）生活服务。生活服务，是指为满足城乡居民日常生活需求提供的各类服务活动。包括文化体育服务、教育医疗服务、旅游娱乐服务、餐饮住宿服务、居民日常服务和其他生活服务。

1. 文化体育服务。文化体育服务，包括文化服务和体育服务。

（1）文化服务，是指为满足社会公众文化生活需求提供的各种服务。包括：文艺创作、文艺表演、文化比赛，图书馆的图书和资料借阅，档案馆的档案管理，文物及非物质遗产保护，组织举办宗教活动、科技活动、文化活动，提供游览场所。

（2）体育服务，是指组织举办体育比赛、体育表演、体育活动，以及提供体育训练、体育指导、体育管理的业务活动。

2. 教育医疗服务。教育医疗服务，包括教育服务和医疗服务。

（1）教育服务，是指提供学历教育服务、非学历教育服务、教育辅助服务的业务活动。

学历教育服务，是指根据教育行政管理部门确定或者认可的招生和教学计划组织教学，并颁发相应学历证书的业务活动。包括初等教育、初级中等教育、高级中等教育、高等教育等。

非学历教育服务，包括学前教育、各类培训、演讲、讲座、报告会等。

教育辅助服务，包括教育测评、考试、招生等服务。

（2）医疗服务，是指提供医学检查、诊断、治疗、康复、预防、保健、接生、计划生育、防疫服务等方面的服务，以及与这些服务有关的提供药品、医用材料器具、救护车、病房住宿和伙食的业务。

3. 旅游娱乐服务。旅游娱乐服务，包括旅游服务和娱乐服务。

（1）旅游服务，是指根据旅游者的要求，组织安排交通、游览、住宿、餐饮、购物、文娱、商务等服务的业务活动。

（2）娱乐服务，是指为娱乐活动同时提供场所和服务的业务。

具体包括：歌厅、舞厅、夜总会、酒吧、台球、高尔夫球、保龄球、游艺（包括射击、狩猎、跑马、游戏机、蹦极、卡丁车、热气球、动力伞、射箭、飞镖）。

4. 餐饮住宿服务。餐饮住宿服务，包括餐饮服务和住宿服务。

（1）餐饮服务，是指通过同时提供饮食和饮食场所的方式为消费者提供饮食消费服务的业务活动。

（2）住宿服务，是指提供住宿场所及配套服务等的活动。包括宾馆、旅馆、旅社、度假村和其他经营性住宿场所提供的住宿服务。

5. 居民日常服务。居民日常服务，是指主要为满足居民个人及其家庭日常生活需求提供的服务，包括市容市政管理、家政、婚庆、养老、殡葬、照料和护理、救助救济、美容美发、按摩、桑拿、氧吧、足疗、沐浴、洗染、摄影扩印等服务。

6. 其他生活服务。其他生活服务，是指除文化体育服务、教育医疗服务、旅游娱乐服务、餐饮住宿服务和居民日常服务之外的生活服务。

二、销售无形资产

销售无形资产，是指转让无形资产所有权或者使用权的业务活动。无形资产，是指不具实物形态，但能带来经济利益的资产，包括技术、商标、著作权、商誉、自然资源使用权和其他权益性无形资产。

技术，包括专利技术和非专利技术。

自然资源使用权，包括土地使用权、海域使用权、探矿权、采矿权、取水权和其他自然资源使用权。

其他权益性无形资产，包括基础设施资产经营权、公共事业特许权、配额、经营权（包括特许经营权、连锁经营权、其他经营权）、经销权、分销权、代理权、会员权、席位权、网络游戏虚拟道具、域名、名称权、肖像权、冠名权、转会费等。

三、销售不动产

销售不动产，是指转让不动产所有权的业务活动。不动产，是指不能移动或者移动后会引起性质、形状改变的财产，包括建筑物、构筑物等。

建筑物，包括住宅、商业营业用房、办公楼等可供居住、工作或者进行其他活动的建造物。

构筑物，包括道路、桥梁、隧道、水坝等建造物。

转让建筑物有限产权或者永久使用权的，转让在建的建筑物或者构筑物所有权的，以及在转让建筑物或者构筑物时一并转让其所占土地的使用权的，按照销售不动产缴纳增值税。

附件2：

营业税改征增值税试点有关事项的规定

一、营改增试点期间，试点纳税人［指按照《营业税改征增值税试点实施办法》（以下称《试点实施办法》）缴纳增值税的纳税人］有关政策

（一）兼营

试点纳税人销售货物、加工修理修配劳务、服务、无形资产或者不动产适用不同税率或者征收率的，应当分别核算适用不同税率或者征收率的销售额，未分别核算销售额的，按照以下方法适用税率或者征收率：

1. 兼有不同税率的销售货物、加工修理修配劳务、服务、无形资产或者不动产，从高适用税率。

2. 兼有不同征收率的销售货物、加工修理修配劳务、服务、无形资产或者不动产，从高适用征收率。

3. 兼有不同税率和征收率的销售货物、加工修理修配劳务、服务、无形资产或者不动产，从高适用税率。

（二）不征收增值税项目

1. 根据国家指令无偿提供的铁路运输服务、航空运输服务，属于《试点实施办法》第十四条规定的用于公益事业的服务。

2. 存款利息。

3. 被保险人获得的保险赔付。

4. 房地产主管部门或者其指定机构、公积金管理中心、开发企业以及物业管理单位代收的住宅专项维修资金。

5. 在资产重组过程中，通过合并、分立、出售、置换等方式，将全部或者部分实物资产以及与其相关联的债权、负债和劳动力一并转让给其他单位和个人，其中涉及的不动产、土地使用权转让行为。

（三）销售额

1. 贷款服务，以提供贷款服务取得的全部利息及利息性质的收入为销售额。

2. 直接收费金融服务，以提供直接收费金融服务收取的手续费、佣金、酬金、管理费、服务费、经手费、开户费、过户费、结算费、转托管费等各类费用为销售额。

3. 金融商品转让，按照卖出价扣除买入价后的余额为销售额。

转让金融商品出现的正负差，按盈亏相抵后的余额为销售额。若相抵后出现负差，可结转下一纳税期与下期转让金融商品销售额相抵，但年末时仍出现负差的，不得转入下一个会计年度。

金融商品的买入价，可以选择按照加权平均法或者移动加权平均法进行核算，选择后 36 个月内不得变更。

金融商品转让，不得开具增值税专用发票。

4. 经纪代理服务，以取得的全部价款和价外费用，扣除向委托方收取并代为支付的政府性基金或者行政事业性收费后的余额为销售额。向委托方收取的政府性基金或者行政事业性收费，不得开具增值税专用发票。

5. 融资租赁和融资性售后回租业务。

（1）经人民银行、银监会或者商务部批准从事融资租赁业务的试点纳税人，提供融资租赁服务，以取得的全部价款和价外费用，扣除支付的借款利息（包括外汇借款和人民币借款利息）、发行债券利息和车辆购置税后的余额为销售额。

（2）经人民银行、银监会或者商务部批准从事融资租赁业务的试点纳税人，提供融资性售后回租服务，以取得的全部价款和价外费用（不含本金），扣除对外支付的借款利息（包括外汇借款和人民币借款利息）、发行债券利息后的余额作为销售额。

（3）试点纳税人根据 2016 年 4 月 30 日前签订的有形动产融资性售后回租合同，在合同到期前提供的有形动产融资性售后回租服务，可继续按照有形动产融资租赁服务缴纳增值税。

继续按照有形动产融资租赁服务缴纳增值税的试点纳税人，经人民银行、银监会或者商务部批准从事融资租赁业务的，根据 2016 年 4 月 30 日前签订的有形动产融资性售后回租合同，在合同到期前提供的有形动产融资性售后回租服务，可以选择以下方法之一计算销售额：

①以向承租方收取的全部价款和价外费用，扣除向承租方收取的价款本金，以及对外支付的借款利息（包括外汇借款和人民币借款利息）、发行债券利息后的余额为销售额。

纳税人提供有形动产融资性售后回租服务，计算当期销售额时可以扣除的价款本金，为书面合同约定的当期应当收取的本金。无书面合同或者书面合同没有约定的，为当期实际收取的本金。

试点纳税人提供有形动产融资性售后回租服务，向承租方收取的有形动产价款本金，不得开具增值税专用发票，可以开具普通发票。

②以向承租方收取的全部价款和价外费用，扣除支付的借款利息（包括外汇借款和人民币借款利息）、发行债券利息后的余额为销售额。

（4）经商务部授权的省级商务主管部门和国家经济技术开发区批准的从事融资租赁业务的试点纳税人，2016 年 5 月 1 日后实收资本达到 1.7 亿元的，从达到标准的当月起按照上述第（1）、（2）、（3）点规定执行；2016 年 5 月 1 日后实收资本未达到 1.7 亿元但注册资本达到 1.7 亿元的，在 2016 年 7 月 31 日前仍可按照上述第（1）、（2）、（3）点规定执行，2016 年 8 月 1 日后开展的融资租赁业务和融资性售后回租业务不得按照上述第（1）、（2）、（3）点规定执行。

6. 航空运输企业的销售额，不包括代收的机场建设费和代售其他航空运输企业客票而代收转付的价款。

7. 试点纳税人中的一般纳税人（以下称一般纳税人）提供客运场站服务，以其取得的全部价款和价外费用，扣除支付给承运方运费后的余额为销售额。

8. 试点纳税人提供旅游服务，可以选择以取得的全部价款和价外费用，扣除向旅游服务购买方收取并支付给其他单位或者个人的住宿费、餐饮费、交通费、签证费、门票费和支付给其他接团旅游企业的旅游费用后的余额为销售额。

选择上述办法计算销售额的试点纳税人，向旅游服务购买方收取并支付的上述费用，不得开具增值税专用发票，可以开具普通发票。

9. 试点纳税人提供建筑服务适用简易计税方法的，以取得的全部价款和价外费用扣除支付的分包款后的余额为销售额。

10. 房地产开发企业中的一般纳税人销售其开发的房地产项目（选择简易计税方法的房地产老项目除外），以取得的全部价款和价外费用，扣除受让土地时向政府部门支付的土地价款后的余额为销售额。

房地产老项目，是指《建筑工程施工许可证》注明的合同开工日期在 2016 年 4 月 30 日前的房地产项目。

11. 试点纳税人按照上述 4—10 款的规定从全部价款和价外费用中扣除的价款，应当取得符合法律、行政法规和国家税务总局规定的有效凭证。否则，不得扣除。

上述凭证是指：

（1）支付给境内单位或者个人的款项，以发票为合法有效凭证。

（2）支付给境外单位或者个人的款项，以该单位或者个人的签收单据为合法有效凭证，税务机关对签收单据有疑议的，可以要求其提供境外公证机构的确认证明。

（3）缴纳的税款，以完税凭证为合法有效凭证。

（4）扣除的政府性基金、行政事业性收费或者向政府支付的土地价款，以省级以上（含省级）财政部门监（印）制的财政票据为合法有效凭证。

（5）国家税务总局规定的其他凭证。

纳税人取得的上述凭证属于增值税扣税凭证的，其进项税额不得从销项税额中抵扣。

（四）进项税额

1. 适用一般计税方法的试点纳税人，2016 年 5 月 1 日后取得并在会计制度上按固定资产核算的不动产或者 2016 年 5 月 1 日后取得的不动产在建工程，其进项税额应自取得之日起分 2 年从销项税额中抵扣，第一年抵扣比例为 60%，第二年抵扣比例为 40%。

取得不动产，包括以直接购买、接受捐赠、接受投资入股、自建以及抵债等各种形式取得不动产，不包括房地产开发企业自行开发的房地产项目。

融资租入的不动产以及在施工现场修建的临时建筑物、构筑物，其进项税额不适用上述分 2 年抵扣的规定。

2. 按照《试点实施办法》第二十七条第（一）项规定不得抵扣且未抵扣进项税额的固定资产、无形资产、不动产，发生用途改变，用于允许抵扣进项税额的应税项目，可在用途改变的次月按照下列公式计算可以抵扣的进项税额：

可以抵扣的进项税额 = 固定资产、无形资产、不动产净值/（1 + 适用税率）× 适用税率

上述可以抵扣的进项税额应取得合法有效的增值税扣税凭证。

3. 纳税人接受贷款服务向贷款方支付的与该笔贷款直接相关的投融资顾问费、手续费、咨询费等费用，其进项税额不得从销项税额中抵扣。

（五）一般纳税人资格登记

《试点实施办法》第三条规定的年应税销售额标准为 500 万元（含本数）。财政部和国家税务总局可以对年应税销售额标准进行调整。

（六）计税方法

一般纳税人发生下列应税行为可以选择适用简易计税方法计税：

1. 公共交通运输服务。公共交通运输服务，包括轮客渡、公交客运、地铁、城市轻轨、出租车、长途客运、班车。

班车，是指按固定路线、固定时间运营并在固定站点停靠的运送旅客的陆路运输服务。

2. 经认定的动漫企业为开发动漫产品提供的动漫脚本编撰、形象设计、背景设计、动画设计、分镜、动画制作、摄制、描线、上色、画面合成、配音、配乐、音效合成、剪辑、字幕制作、压缩转码（面向网络动漫、手机动漫格式适配）服务，以及在境内转让动漫版权（包括动漫品牌、形象或者内容的授权及再授权）。

动漫企业和自主开发、生产动漫产品的认定标准和认定程序，按照《文化部 财政部 国家税务总局关于印发〈动漫企业认定管理办法（试行）〉的通知》（文市发〔2008〕51号）的规定执行。

3. 电影放映服务、仓储服务、装卸搬运服务、收派服务和文化体育服务。

4. 以纳入营改增试点之日前取得的有形动产为标的物提供的经营租赁服务。

5. 在纳入营改增试点之日前签订的尚未执行完毕的有形动产租赁合同。

（七）建筑服务

1. 一般纳税人以清包工方式提供的建筑服务，可以选择适用简易计税方法计税。

以清包工方式提供建筑服务，是指施工方不采购建筑工程所需的材料或只采购辅助材料，并收取人工费、管理费或者其他费用的建筑服务。

2. 一般纳税人为甲供工程提供的建筑服务，可以选择适用简易计税方法计税。

甲供工程，是指全部或部分设备、材料、动力由工程发包方自行采购的建筑工程。

3. 一般纳税人为建筑工程老项目提供的建筑服务，可以选择适用简易计税方法计税。

建筑工程老项目，是指：

（1）《建筑工程施工许可证》注明的合同开工日期在2016年4月30日前的建筑工程项目；

（2）未取得《建筑工程施工许可证》的，建筑工程承包合同注明的开工日期在2016年4月30日前的建筑工程项目。

4. 一般纳税人跨县（市）提供建筑服务，适用一般计税方法计税的，应以取得的全部价款和价外费用为销售额计算应纳税额。纳税人应以取得的全部价款和价外费用扣除支付的分包款后的余额，按照2%的预征率在建筑服务发生地预缴税款后，向机构所在地主管税务机关进行纳税申报。

5. 一般纳税人跨县（市）提供建筑服务，选择适用简易计税方法计税的，应以取得的全部价款和价外费用扣除支付的分包款后的余额为销售额，按照3%的征收率计算应纳税额。纳税人应按照上述计税方法在建筑服务发生地预缴税款后，向机构所在地主管税务机关进行纳税申报。

6. 试点纳税人中的小规模纳税人（以下称小规模纳税人）跨县（市）提供建筑服务，应以取得的全部价款和价外费用扣除支付的分包款后的余额为销售额，按照3%的征收率计算应纳税额。纳税人应按照上述计税方法在建筑服务发生地预缴税款后，向机构所在地主管税务机关进行纳税申报。

（八）销售不动产

1. 一般纳税人销售其2016年4月30日前取得（不含自建）的不动产，可以选择适用简易计税方法，以取得的全部价款和价外费用减去该项不动产购置原价或者取得不动产时的作价后的余额为销售额，按照5%的征收率计算应纳税额。纳税人应按照上述计税方法在不动产所在地预缴税款后，向机构所在地主管税务机关进行纳税申报。

2. 一般纳税人销售其2016年4月30日前自建的不动产，可以选择适用简易计税方法，以取得的全部价款和价外费用为销售额，按照5%的征收率计算应纳税额。纳税人应按照上述计税方法在不动产所在地预缴税款后，向机构所在地主管税务机关进行纳税申报。

3. 一般纳税人销售其2016年5月1日后取得（不含自建）的不动产，应适用一般计税方法，以取得的全部价款和价外费用为销售额计算应纳税额。纳税人应以取得的全部价款和价外费用减去该项不动产购置原价或者取得不动产时的作价后的余额，按照5%的预征率在不动产所在地预缴税款后，向机构所在地主管税务机关进行纳税申报。

4. 一般纳税人销售其2016年5月1日后自建的不动产，应适用一般计税方法，以取得的全部价款和价外费用为销售额计算应纳税额。纳税人应以取得的全部价款和价外费用，按照5%的预征率在不动产所在地预缴税款后，向机构所在地主管税务机关进行纳税申报。

5. 小规模纳税人销售其取得（不含自建）的不动产（不含个体工商户销售购买的住房和其他个人销售不动产），应以取得的全部价款和价外费用减去该项不动产购置原价或者取得不动产时的作价后的余额为销售额，按照5%的征收率计算应纳税额。纳税人应按照上述计税方法在不动产所在地预缴税款后，向机构所在地主管税务机关进行纳税申报。

6. 小规模纳税人销售其自建的不动产，应以取得的全部价款和价外费用为销售额，按照5%的征收率计算应纳税额。纳税人应按照上述计税方法在不动产所在地预缴税款后，向机构所在地主管税务机关进行纳税申报。

7. 房地产开发企业中的一般纳税人，销售自行开发的房地产老项目，可以选择适用简易计税方法按照5%的征收率计税。

8. 房地产开发企业中的小规模纳税人，销售自行开发的房地产项目，按照5%的征收率计税。

9. 房地产开发企业采取预收款方式销售所开发的房地产项目，在收到预收款时按照3%的预征率预缴增值税。

10. 个体工商户销售购买的住房，应按照附件3《营业税改征增值税试点过渡政策的规定》第五条的规定征免增值税。纳税人应按照上述计税方法在不动产所在地预缴税款后，向机构所在地主管税务机关进行纳税申报。

11. 其他个人销售其取得（不含自建）的不动产（不含其购买的住房），应以取得的全部价款和价外费用减去该项不动产购置原价或者取得不动产时的作价后的余额为销售额，按照5%的征收率计算应纳税额。

（九）不动产经营租赁服务

1. 一般纳税人出租其2016年4月30日前取得的不动产，可以选择适用简易计税方法，按照5%的征收率计算应纳税额。纳税人出租其2016年4月30日前取得的与机构所在地不在同一县（市）的不动产，应按照上述计税方法在不动产所在地预缴税款后，向机构所在地主管税务机关进行纳税申报。

2. 公路经营企业中的一般纳税人收取试点前开工的高速公路的车辆通行费，可以选择适用简易计税方法，减按3%的征收率计算应纳税额。

试点前开工的高速公路，是指相关施工许可证明上注明的合同开工日期在2016年4月30日前的高速公路。

3. 一般纳税人出租其2016年5月1日后取得的、与机构所在地不在同一县（市）的不动产，应按照3%的预征率在不动产所在地预缴税款后，向机构所在地主管税务机关进行纳税申报。

4. 小规模纳税人出租其取得的不动产（不含个人出租住房），应按照5%的征收率计算应纳税额。纳税人出租与机构所在地不在同一县（市）的不动产，应按照上述计税方法在不动产所在地预缴税款后，向机构所在地主管税务机关进行纳税申报。

5. 其他个人出租其取得的不动产（不含住房），应按照5%的征收率计算应纳税额。

6. 个人出租住房，应按照5%的征收率减按1.5%计算应纳税额。

（十）一般纳税人销售其2016年4月30日前取得的不动产（不含自建），适用一般计税方法计税的，以取得的全部价款和价外费用为销售额计算应纳税额。上述纳税人应以取得的全部价款和价外费用减去该项不动产购置原价或者取得不动产时的作价后的余额，按照5%的预征率在不动产所在地预缴税款后，向机构所在地主管税务机关进行纳税申报。

房地产开发企业中的一般纳税人销售房地产老项目，以及一般纳税人出租其2016年4月30日前取得的不动产，适用一般计税方法计税的，应以取得的全部价款和价外费用，按照3%的预征率在不动产所在地预缴税款后，向机构所在地主管税务机关进行纳税申报。

一般纳税人销售其2016年4月30日前自建的不动产，适用一般计税方法计税的，应以取得的全部价款和价外费用为销售额计算应纳税额。纳税人应以取得的全部价款和价外费用，按照5%的预征率在不动产所在地预缴税款后，向机构所在地主管税务机关进行纳税申报。

（十一）一般纳税人跨省（自治区、直辖市或者计划单列市）提供建筑服务或者销售、出租取得的与机构所在地不在同一省（自治区、直辖市或者计划单列市）的不动产，在机构所在地申报纳税时，计算的应纳税额小于已预缴税额，且差额较大的，由国家税务总局通知建筑服务发生地或者不动产所在地省级税务机关，在一定时期内暂停预缴增值税。

（十二）纳税地点

属于固定业户的试点纳税人，总分支机构不在同一县（市），但在同一省（自治区、直辖市、计划单列市）范围内的，经省（自治区、直辖市、计划单列市）财政厅（局）和国家税务局批准，可以由总机构汇总向总机构所在地的主管税务机关申报缴纳增值税。

（十三）试点前发生的业务

1. 试点纳税人发生应税行为，按照国家有关营业税政策规定差额征收营业税的，因取得的全部价款和价外费用不足以抵减允许扣除项目金额，截至纳入营改增试点之日前尚未扣除的部分，不得在计算试点纳税人增值税应税销售额时抵减，应当向原主管地税机关申请退还营业税。

2. 试点纳税人发生应税行为，在纳入营改增试点之日前已缴纳营业税，营改增试点后因发生退款减除营业额的，应当向原主管地税机关申请退还已缴纳的营业税。

3. 试点纳税人纳入营改增试点之日前发生的应税行为，因税收检查等原因需要补缴税款的，应按照营业税政策规定补缴营业税。

（十四）销售使用过的固定资产

一般纳税人销售自己使用过的、纳入营改增试点之日前取得的固定资产，按照现行旧货相关增值税政策执行。

使用过的固定资产，是指纳税人符合《试点实施办法》第二十八条规定并根据财务会计制度已经计提折旧的固定资产。

（十五）扣缴增值税适用税率

境内的购买方为境外单位和个人扣缴增值税的，按照适用税率扣缴增值税。

（十六）其他规定

1. 试点纳税人销售电信服务时，附带赠送用户识别卡、电信终端等货物或者电信服务的，应将其取得的全部价款和价外费用进行分别核算，按各自适用的税率计算缴纳增值税。

2. 油气田企业发生应税行为，适用《试点实施办法》规定的增值税税率，不再适用《财政部 国家税务总局关于印发〈油气田企业增值税管理办法〉的通知》（财税〔2009〕8号）规定的增值税税率。

二、原增值税纳税人［指按照《中华人民共和国增值税暂行条例》（国务院令第538号）（以下称《增值税暂行条例》）缴纳增值税的纳税人］有关政策

（一）进项税额

1. 原增值税一般纳税人购进服务、无形资产或者不动产，取得的增值税专用发票上注明的增值税额为进项税额，准予从销项税额中抵扣。

2016年5月1日后取得并在会计制度上按固定资产核算的不动产或者2016年5月1日后取得的不动产在建工程，其进项税额应自取得之日起分2年从销项税额中抵扣，第一年抵扣比例为60%，第二年抵扣比例为40%。

融资租入的不动产以及在施工现场修建的临时建筑物、构筑物，其进项税额不适用上述分2年抵扣的规定。

2. 原增值税一般纳税人自用的应征消费税的摩托车、汽车、游艇，其进项税额准予从销项税额中抵扣。

3. 原增值税一般纳税人从境外单位或者个人购进服务、无形资产或者不动产，按照规定应当扣缴增值税的，准予从销项税额中抵扣的进项税额为自税务机关或者扣缴义务人取得的解缴税款的完税凭证上注明的增值税额。

纳税人凭完税凭证抵扣进项税额的，应当具备书面合同、付款证明和境外单位的对账单或者发票。资料不全的，其进项税额不得从销项税额中抵扣。

4. 原增值税一般纳税人购进货物或者接受加工修理修配劳务，用于《销售服务、无形资产或者不动产注释》所列项目的，不属于《增值税暂行条例》第十条所称的用于非增值税应税项目，其进项税额准予从

销项税额中抵扣。

5. 原增值税一般纳税人购进服务、无形资产或者不动产，下列项目的进项税额不得从销项税额中抵扣：

（1）用于简易计税方法计税项目、免征增值税项目、集体福利或者个人消费。其中涉及的无形资产、不动产，仅指专用于上述项目的无形资产（不包括其他权益性无形资产）、不动产。

纳税人的交际应酬消费属于个人消费。

（2）非正常损失的购进货物，以及相关的加工修理修配劳务和交通运输服务。

（3）非正常损失的在产品、产成品所耗用的购进货物（不包括固定资产）、加工修理修配劳务和交通运输服务。

（4）非正常损失的不动产，以及该不动产所耗用的购进货物、设计服务和建筑服务。

（5）非正常损失的不动产在建工程所耗用的购进货物、设计服务和建筑服务。

纳税人新建、改建、扩建、修缮、装饰不动产，均属于不动产在建工程。

（6）购进的旅客运输服务、贷款服务、餐饮服务、居民日常服务和娱乐服务。

（7）财政部和国家税务总局规定的其他情形。

上述第（4）点、第（5）点所称货物，是指构成不动产实体的材料和设备，包括建筑装饰材料和给排水、采暖、卫生、通风、照明、通讯、煤气、消防、中央空调、电梯、电气、智能化楼宇设备及配套设施。

纳税人接受贷款服务向贷款方支付的与该笔贷款直接相关的投融资顾问费、手续费、咨询费等费用，其进项税额不得从销项税额中抵扣。

6. 已抵扣进项税额的购进服务，发生上述第5点规定情形（简易计税方法计税项目、免征增值税项目除外）的，应当将该进项税额从当期进项税额中扣减；无法确定该进项税额的，按照当期实际成本计算应扣减的进项税额。

7. 已抵扣进项税额的无形资产或者不动产，发生上述第5点规定情形的，按照下列公式计算不得抵扣的进项税额：

不得抵扣的进项税额 = 无形资产或者不动产净值 × 适用税率

8. 按照《增值税暂行条例》第十条和上述第5点不得抵扣且未抵扣进项税额的固定资产、无形资产、不动产，发生用途改变，用于允许抵扣进项税额的应税项目，可在用途改变的次月按照下列公式，依据合法有效的增值税扣税凭证，计算可以抵扣的进项税额：

可以抵扣的进项税额 = 固定资产、无形资产、不动产净值/（1 + 适用税率）× 适用税率

上述可以抵扣的进项税额应取得合法有效的增值税扣税凭证。

（二）增值税期末留抵税额

原增值税一般纳税人兼有销售服务、无形资产或者不动产的，截止到纳入营改增试点之日前的增值税期末留抵税额，不得从销售服务、无形资产或者不动产的销项税额中抵扣。

（三）混合销售

一项销售行为如果既涉及货物又涉及服务，为混合销售。从事货物的生产、批发或者零售的单位和个体工商户的混合销售行为，按照销售货物缴纳增值税；其他单位和个体工商户的混合销售行为，按照销售服务缴纳增值税。

上述从事货物的生产、批发或者零售的单位和个体工商户，包括以从事货物的生产、批发或者零售为主，并兼营销售服务的单位和个体工商户在内。

附件3：

营业税改征增值税试点过渡政策的规定

一、下列项目免征增值税

（一）托儿所、幼儿园提供的保育和教育服务。

托儿所、幼儿园，是指经县级以上教育部门审批成立、取得办园许可证的实施0—6岁学前教育的机构，包括公办和民办的托儿所、幼儿园、学前班、幼儿班、保育院、幼儿院。

公办托儿所、幼儿园免征增值税的收入是指，在省级财政部门和价格主管部门审核报省级人民政府批准的收费标准以内收取的教育费、保育费。

民办托儿所、幼儿园免征增值税的收入是指，在报经当地有关部门备案并公示的收费标准范围内收取的教育费、保育费。

超过规定收费标准的收费，以开办实验班、特色班和兴趣班等为由另外收取的费用以及与幼儿入园挂钩的赞助费、支教费等超过规定范围的收入，不属于免征增值税的收入。

（二）养老机构提供的养老服务。

养老机构，是指依照民政部《养老机构设立许可办法》（民政部令第48号）设立并依法办理登记的为老年人提供集中居住和照料服务的各类养老机构；养老服务，是指上述养老机构按照民政部《养老机构管理办法》（民政部令第49号）的规定，为收住的老年人提供的生活照料、康复护理、精神慰藉、文化娱乐等服务。

（三）残疾人福利机构提供的育养服务。

（四）婚姻介绍服务。

（五）殡葬服务。

殡葬服务，是指收费标准由各地价格主管部门会同有关部门核定，或者实行政府指导价管理的遗体接运（含抬尸、消毒）、遗体整容、遗体防腐、存放（含冷藏）、火化、骨灰寄存、吊唁设施设备租赁、墓穴租赁及管理等服务。

（六）残疾人员本人为社会提供的服务。

（七）医疗机构提供的医疗服务。

医疗机构，是指依据国务院《医疗机构管理条例》（国务院令第149号）及卫生部《医疗机构管理条例实施细则》（卫生部令第35号）的规定，经登记取得《医疗机构执业许可证》的机构，以及军队、武警部队各级各类医疗机构。具体包括：各级各类医院、门诊部（所）、社区卫生服务中心（站）、急救中心（站）、城乡卫生院、护理院（所）、疗养院、临床检验中心，各级政府及有关部门举办的卫生防疫站（疾病控制中心）、各种专科疾病防治站（所），各级政府举办的妇幼保健所（站）、母婴保健机构、儿童保健机构，各级政府举办的血站（血液中心）等医疗机构。

本项所称的医疗服务，是指医疗机构按照不高于地（市）级以上价格主管部门会同同级卫生主管部门及其他相关部门制定的医疗服务指导价格（包括政府指导价和按照规定由供需双方协商确定的价格等）为就医者提供《全国医疗服务价格项目规范》所列的各项服务，以及医疗机构向社会提供卫生防疫、卫生检疫的服务。

（八）从事学历教育的学校提供的教育服务。

1. 学历教育，是指受教育者经过国家教育考试或者国家规定的其他入学方式，进入国家有关部门批准的学校或者其他教育机构学习，获得国家承认的学历证书的教育形式。具体包括：

（1）初等教育：普通小学、成人小学。

（2）初级中等教育：普通初中、职业初中、成人初中。

（3）高级中等教育：普通高中、成人高中和中等职业学校（包括普通中专、成人中专、职业高中、技工学校）。

（4）高等教育：普通本专科、成人本专科、网络本专科、研究生（博士、硕士）、高等教育自学考试、高等教育学历文凭考试。

2. 从事学历教育的学校，是指：

（1）普通学校。

（2）经地（市）级以上人民政府或者同级政府的教育行政部门批准成立、国家承认其学员学历的各类学校。

（3）经省级及以上人力资源社会保障行政部门批准成立的技工学校、高级技工学校。

（4）经省级人民政府批准成立的技师学院。

上述学校均包括符合规定的从事学历教育的民办学校，但不包括职业培训机构等国家不承认学历的教育机构。

3. 提供教育服务免征增值税的收入，是指对列入规定招生计划的在籍学生提供学历教育服务取得的收入，具体包括：经有关部门审核批准并按规定标准收取的学费、住宿费、课本费、作业本费、考试报名费收入，以及学校食堂提供餐饮服务取得的伙食费收入。除此之外的收入，包括学校以各种名义收取的赞助费、择校费等，不属于免征增值税的范围。

学校食堂是指依照《学校食堂与学生集体用餐卫生管理规定》（教育部令第 14 号）管理的学校食堂。

（九）学生勤工俭学提供的服务。

（十）农业机耕、排灌、病虫害防治、植物保护、农牧保险以及相关技术培训业务，家禽、牲畜、水生动物的配种和疾病防治。

农业机耕，是指在农业、林业、牧业中使用农业机械进行耕作（包括耕耘、种植、收割、脱粒、植物保护等）的业务；排灌，是指对农田进行灌溉或者排涝的业务；病虫害防治，是指从事农业、林业、牧业、渔业的病虫害测报和防治的业务；农牧保险，是指为种植业、养殖业、牧业种植和饲养的动植物提供保险的业务；相关技术培训，是指与农业机耕、排灌、病虫害防治、植物保护业务相关以及为使农民获得农牧保险知识的技术培训业务；家禽、牲畜、水生动物的配种和疾病防治业务的免税范围，包括与该项服务有关的提供药品和医疗用具的业务。

（十一）纪念馆、博物馆、文化馆、文物保护单位管理机构、美术馆、展览馆、书画院、图书馆在自己的场所提供文化体育服务取得的第一道门票收入。

（十二）寺院、宫观、清真寺和教堂举办文化、宗教活动的门票收入。

（十三）行政单位之外的其他单位收取的符合《试点实施办法》第十条规定条件的政府性基金和行政事业性收费。

（十四）个人转让著作权。

（十五）个人销售自建自用住房。

（十六）2018 年 12 月 31 日前，公共租赁住房经营管理单位出租公共租赁住房。

公共租赁住房，是指纳入省、自治区、直辖市、计划单列市人民政府及新疆生产建设兵团批准的公共租赁住房发展规划和年度计划，并按照《关于加快发展公共租赁住房的指导意见》（建保〔2010〕87 号）和市、县人民政府制定的具体管理办法进行管理的公共租赁住房。

（十七）台湾航运公司、航空公司从事海峡两岸海上直航、空中直航业务在大陆取得的运输收入。

台湾航运公司，是指取得交通运输部颁发的“台湾海峡两岸间水路运输许可证”且该许可证上注明的公司登记地址在台湾的航运公司。

台湾航空公司，是指取得中国民用航空局颁发的“经营许可”或者依据《海峡两岸空运协议》和《海峡两岸空运补充协议》规定，批准经营两岸旅客、货物和邮件不定期（包机）运输业务，且公司登记地址在台湾的航空公司。

（十八）纳税人提供的直接或者间接国际货物运输代理服务。

1. 纳税人提供直接或者间接国际货物运输代理服务，向委托方收取的全部国际货物运输代理服务收入，以及向国际运输承运人支付的国际运输费用，必须通过金融机构进行结算。

2. 纳税人为大陆与香港、澳门、台湾地区之间的货物运输提供的货物运输代理服务参照国际货物运输代理服务有关规定执行。

3. 委托方索取发票的，纳税人应当就国际货物运输代理服务收入向委托方全额开具增值税普通发票。

（十九）以下利息收入。

1. 2016 年 12 月 31 日前，金融机构农户小额贷款。

小额贷款，是指单笔且该农户贷款余额总额在 10 万元（含本数）以下的贷款。

所称农户，是指长期（一年以上）居住在乡镇（不包括城关镇）行政管理区域内的住户，还包括长期居住在城关镇所辖行政村范围内的住户和户口不在本地而在本地居住一年以上的住户，国有农场的职工和农村个体工商户。位于乡镇（不包括城关镇）行政管理区域内和在城关镇所辖行政村范围内的国有经济的机关、团体、学校、企事业单位的集体户；有本地户口，但举家外出谋生一年以上的住户，无论是否保留承包耕地均不属于农户。农户以户为统计单位，既可以从事农业生产经营，也可以从事非农业生产经营。农户贷款的判定应以贷款发放时的承贷主体是否属于农户为准。

2. 国家助学贷款。

3. 国债、地方政府债。

4. 人民银行对金融机构的贷款。

5. 住房公积金管理中心用住房公积金在指定的委托银行发放的个人住房贷款。

6. 外汇管理部门在从事国家外汇储备经营过程中，委托金融机构发放的外汇贷款。

7. 统借统还业务中，企业集团或企业集团中的核心企业以及集团所属财务公司按不高于支付给金融机构的借款利率水平或者支付的债券票面利率水平，向企业集团或者集团内下属单位收取的利息。

统借方向资金使用单位收取的利息，高于支付给金融机构借款利率水平或者支付的债券票面利率水平的，应全额缴纳增值税。

统借统还业务，是指：

（1）企业集团或者企业集团中的核心企业向金融机构借款或对外发行债券取得资金后，将所借资金分拨给下属单位（包括独立核算单位和非独立核算单位，下同)，并向下属单位收取用于归还金融机构或债券购买方本息的业务。

（2）企业集团向金融机构借款或对外发行债券取得资金后，由集团所属财务公司与企业集团或者集团内下属单位签订统借统还贷款合同并分拨资金，并向企业集团或者集团内下属单位收取本息，再转付企业集团，由企业集团统一归还金融机构或债券购买方的业务。

（二十）被撤销金融机构以货物、不动产、无形资产、有价证券、票据等财产清偿债务。

被撤销金融机构，是指经人民银行、银监会依法决定撤销的金融机构及其分设于各地的分支机构，包括被依法撤销的商业银行、信托投资公司、财务公司、金融租赁公司、城市信用社和农村信用社。除另有规定外，被撤销金融机构所属、附属企业，不享受被撤销金融机构增值税免税政策。

（二十一）保险公司开办的一年期以上人身保险产品取得的保费收入。

一年期以上人身保险，是指保险期间为一年期及以上返还本利的人寿保险、养老年金保险，以及保险期间为一年期及以上的健康保险。

人寿保险，是指以人的寿命为保险标的的人身保险。

养老年金保险，是指以养老保障为目的，以被保险人生存为给付保险金条件，并按约定的时间间隔分期给付生存保险金的人身保险。养老年金保险应当同时符合下列条件：

1. 保险合同约定给付被保险人生存保险金的年龄不得小于国家规定的退休年龄。

2. 相邻两次给付的时间间隔不得超过一年。

健康保险，是指以因健康原因导致损失为给付保险金条件的人身保险。

上述免税政策实行备案管理，具体备案管理办法按照《国家税务总局关于一年期以上返还性人身保险产品免征营业税审批事项取消后有关管理问题的公告》（国家税务总局公告2015年第65号）规定执行。

（二十二）下列金融商品转让收入。

1. 合格境外投资者（QFII）委托境内公司在我国从事证券买卖业务。

2. 香港市场投资者（包括单位和个人）通过沪港通买卖上海证券交易所上市A股。

3. 对香港市场投资者（包括单位和个人）通过基金互认买卖内地基金份额。

4. 证券投资基金（封闭式证券投资基金，开放式证券投资基金）管理人运用基金买卖股票、债券。

5. 个人从事金融商品转让业务。

（二十三）金融同业往来利息收入。

1. 金融机构与人民银行所发生的资金往来业务。包括人民银行对一般金融机构贷款，以及人民银行对商业银行的再贴现等。

2. 银行联行往来业务。同一银行系统内部不同行、处之间所发生的资金账务往来业务。

3. 金融机构间的资金往来业务。是指经人民银行批准，进入全国银行间同业拆借市场的金融机构之间通过全国统一的同业拆借网络进行的短期（一年以下含一年）无担保资金融通行为。

4. 金融机构之间开展的转贴现业务。

金融机构是指：

（1）银行：包括人民银行、商业银行、政策性银行。

（2）信用合作社。

（3）证券公司。

（4）金融租赁公司、证券基金管理公司、财务公司、信托投资公司、证券投资基金。

（5）保险公司。

（6）其他经人民银行、银监会、证监会、保监会批准成立且经营金融保险业务的机构等。

（二十四）同时符合下列条件的担保机构从事中小企业信用担保或者再担保业务取得的收入（不含信用评级、咨询、培训等收入）3年内免征增值税：

1. 已取得监管部门颁发的融资性担保机构经营许可证，依法登记注册为企（事）业法人，实收资本超过2000万元。

2. 平均年担保费率不超过银行同期贷款基准利率的50%。平均年担保费率＝本期担保费收入/（期初担保余额＋本期增加担保金额）×100%。

3. 连续合规经营2年以上，资金主要用于担保业务，具备健全的内部管理制度和为中小企业提供担保的能力，经营业绩突出，对受保项目具有完善的事前评估、事中监控、事后追偿与处置机制。

4. 为中小企业提供的累计担保贷款额占其两年累计担保业务总额的80%以上，单笔800万元以下的累计担保贷款额占其累计担保业务总额的50%以上。

5. 对单个受保企业提供的担保余额不超过担保机构实收资本总额的10%，且平均单笔担保责任金额最多不超过3000万元人民币。

6. 担保责任余额不低于其净资产的3倍，且代偿率不超过2%。

担保机构免征增值税政策采取备案管理方式。符合条件的担保机构应到所在地县（市）主管税务机关和同级中小企业管理部门履行规定的备案手续，自完成备案手续之日起，享受3年免征增值税政策。3年免税期满后，符合条件的担保机构可按规定程序办理备案手续后继续享受该项政策。

具体备案管理办法按照《国家税务总局关于中小企业信用担保机构免征营业税审批事项取消后有关管理问题的公告》（国家税务总局公告2015年第69号）规定执行，其中税务机关的备案管理部门统一调整为县（市）级国家税务局。

（二十五）国家商品储备管理单位及其直属企业承担商品储备任务，从中央或者地方财政取得的利息补贴收入和价差补贴收入。

国家商品储备管理单位及其直属企业，是指接受中央、省、市、县四级政府有关部门（或者政府指定管理单位）委托，承担粮（含大豆）、食用油、棉、糖、肉、盐（限于中央储备）等6种商品储备任务，并按有关政策收储、销售上述6种储备商品，取得财政储备经费或者补贴的商品储备企业。利息补贴收入，是指国家商品储备管理单位及其直属企业因承担上述商品储备任务从金融机构贷款，并从中央或者地方财政取得的用于偿还贷款利息的贴息收入。价差补贴收入包括销售价差补贴收入和轮换价差补贴收入。销售价差补贴收入，是指按照中央或者地方政府指令销售上述储备商品时，由于销售收入小于库存成本而从中央或者地方财政获得的全额价差补贴收入。轮换价差补贴收入，是指根据要求定期组织政策性储备商品轮换而从中央或者地方财政取得的商品新陈品质价差补贴收入。

（二十六）纳税人提供技术转让、技术开发和与之相关的技术咨询、技术服务。

1. 技术转让、技术开发，是指《销售服务、无形资产、不动产注释》中“转让技术”、“研发服务”范围内的业务活动。技术咨询，是指就特定技术项目提供可行性论证、技术预测、专题技术调查、分析评价报告等业务活动。

与技术转让、技术开发相关的技术咨询、技术服务，是指转让方（或者受托方）根据技术转让或者开发合同的规定，为帮助受让方（或者委托方）掌握所转让（或者委托开发）的技术，而提供的技术咨询、技术服务业务，且这部分技术咨询、技术服务的价款与技术转让或者技术开发的价款应当在同一张发票上开具。

2. 备案程序。试点纳税人申请免征增值税时，须持技术转让、开发的书面合同，到纳税人所在地省级科技主管部门进行认定，并持有关的书面合同和科技主管部门审核意见证明文件报主管税务机关备查。

（二十七）同时符合下列条件的合同能源管理服务：

1. 节能服务公司实施合同能源管理项目相关技术，应当符合国家质量监督检验检疫总局和国家标准化管理委员会发布的《合同能源管理技术通则》（GB/T24915－2010）规定的技术要求。

2. 节能服务公司与用能企业签订节能效益分享型合同，其合同格式和内容，符合《中华人民共和国合同法》和《合同能源管理技术通则》（GB/T24915－2010）等规定。

（二十八）2017年12月31日前，科普单位的门票收入，以及县级及以上党政部门和科协开展科普活动的门票收入。

科普单位，是指科技馆、自然博物馆，对公众开放的天文馆（站、台）、气象台（站）、地震台（站），以及高等院校、科研机构对公众开放的科普基地。

科普活动，是指利用各种传媒以浅显的、让公众易于理解、接受和参与的方式，向普通大众介绍自然科学和社会科学知识，推广科学技术的应用，倡导科学方法，传播科学思想，弘扬科学精神的活动。

（二十九）政府举办的从事学历教育的高等、中等和初等学校（不含下属单位），举办进修班、培训班取得的全部归该学校所有的收入。

全部归该学校所有，是指举办进修班、培训班取得的全部收入进入该学校统一账户，并纳入预算全额上缴财政专户管理，同时由该学校对有关票据进行统一管理和开具。

举办进修班、培训班取得的收入进入该学校下属部门自行开设账户的，不予免征增值税。

（三十）政府举办的职业学校设立的主要为在校学生提供实习场所、并由学校出资自办、由学校负责经营管理、经营收入归学校所有的企业，从事《销售服务、无形资产或者不动产注释》中“现代服务”（不含融资租赁服务、广告服务和其他现代服务）、“生活服务”（不含文化体育服务、其他生活服务和桑拿、氧吧）业务活动取得的收入。

（三十一）家政服务企业由员工制家政服务员提供家政服务取得的收入。

家政服务企业，是指在企业营业执照的规定经营范围中包括家政服务内容的企业。

员工制家政服务员，是指同时符合下列3个条件的家政服务员：

1. 依法与家政服务企业签订半年及半年以上的劳动合同或者服务协议，且在该企业实际上岗工作。

2. 家政服务企业为其按月足额缴纳了企业所在地人民政府根据国家政策规定的基本养老保险、基本医疗保险、工伤保险、失业保险等社会保险。对已享受新型农村养老保险和新型农村合作医疗等社会保险或者下岗职工原单位继续为其缴纳社会保险的家政服务员，如果本人书面提出不再缴纳企业所在地人民政府根据国家政策规定的相应的社会保险，并出具其所在乡镇或者原单位开具的已缴纳相关保险的证明，可视同家政服务企业已为其按月足额缴纳了相应的社会保险。

3. 家政服务企业通过金融机构向其实际支付不低于企业所在地适用的经省级人民政府批准的最低工资标准的工资。

（三十二）福利彩票、体育彩票的发行收入。

（三十三）军队空余房产租赁收入。

（三十四）为了配合国家住房制度改革，企业、行政事业单位按房改成本价、标准价出售住房取得的收入。

（三十五）将土地使用权转让给农业生产者用于农业生产。

（三十六）涉及家庭财产分割的个人无偿转让不动产、土地使用权。

家庭财产分割，包括下列情形：离婚财产分割；无偿赠与配偶、父母、子女、祖父母、外祖父母、孙子女、外孙子女、兄弟姐妹；无偿赠与对其承担直接抚养或者赡养义务的抚养人或者赡养人；房屋产权所有人死亡，法定继承人、遗嘱继承人或者受遗赠人依法取得房屋产权。

（三十七）土地所有者出让土地使用权和土地使用者将土地使用权归还给土地所有者。

（三十八）县级以上地方人民政府或自然资源行政主管部门出让、转让或收回自然资源使用权（不含土地使用权）。

（三十九）随军家属就业。

1. 为安置随军家属就业而新开办的企业，自领取税务登记证之日起，其提供的应税服务 3 年内免征增值税。

享受税收优惠政策的企业，随军家属必须占企业总人数的 60%（含）以上，并有军（含）以上政治和后勤机关出具的证明。

2. 从事个体经营的随军家属，自办理税务登记事项之日起，其提供的应税服务 3 年内免征增值税。

随军家属必须有师以上政治机关出具的可以表明其身份的证明。

按照上述规定，每一名随军家属可以享受一次免税政策。

（四十）军队转业干部就业。

1. 从事个体经营的军队转业干部，自领取税务登记证之日起，其提供的应税服务 3 年内免征增值税。

2. 为安置自主择业的军队转业干部就业而新开办的企业，凡安置自主择业的军队转业干部占企业总人数 60%（含）以上的，自领取税务登记证之日起，其提供的应税服务 3 年内免征增值税。

享受上述优惠政策的自主择业的军队转业干部必须持有师以上部队颁发的转业证件。

二、增值税即征即退

（一）一般纳税人提供管道运输服务，对其增值税实际税负超过 3% 的部分实行增值税即征即退政策。

（二）经人民银行、银监会或者商务部批准从事融资租赁业务的试点纳税人中的一般纳税人，提供有形动产融资租赁服务和有形动产融资性售后回租服务，对其增值税实际税负超过 3% 的部分实行增值税即征即退政策。商务部授权的省级商务主管部门和国家经济技术开发区批准的从事融资租赁业务和融资性售后回租业务的试点纳税人中的一般纳税人，2016 年 5 月 1 日后实收资本达到 1.7 亿元的，从达到标准的当月起按照上述规定执行；2016 年 5 月 1 日后实收资本未达到 1.7 亿元但注册资本达到 1.7 亿元的，在 2016 年 7 月 31 日前仍可按照上述规定执行，2016 年 8 月 1 日后开展的有形动产融资租赁业务和有形动产融资性售后回租业务不得按照上述规定执行。

（三）本规定所称增值税实际税负，是指纳税人当期提供应税服务实际缴纳的增值税额占纳税人当期提供应税服务取得的全部价款和价外费用的比例。

三、扣减增值税规定

（一）退役士兵创业就业

1. 对自主就业退役士兵从事个体经营的，在3年内按每户每年8000元为限额依次扣减其当年实际应缴纳的增值税、城市维护建设税、教育费附加、地方教育附加和个人所得税。限额标准最高可上浮20%，各省、自治区、直辖市人民政府可根据本地区实际情况在此幅度内确定具体限额标准，并报财政部和国家税务总局备案。

纳税人年度应缴纳税款小于上述扣减限额的，以其实际缴纳的税款为限；大于上述扣减限额的，应以上述扣减限额为限。纳税人的实际经营期不足一年的，应当以实际月份换算其减免税限额。换算公式为：减免税限额 = 年度减免税限额 ÷ 12 × 实际经营月数。

纳税人在享受税收优惠政策的当月，持《中国人民解放军义务兵退出现役证》或《中国人民解放军士官退出现役证》以及税务机关要求的相关材料向主管税务机关备案。

2. 对商贸企业、服务型企业、劳动就业服务企业中的加工型企业和街道社区具有加工性质的小型企业实体，在新增加的岗位中，当年新招用自主就业退役士兵，与其签订1年以上期限劳动合同并依法缴纳社会保险费的，在3年内按实际招用人数予以定额依次扣减增值税、城市维护建设税、教育费附加、地方教育附加和企业所得税优惠。定额标准为每人每年4000元，最高可上浮50%，各省、自治区、直辖市人民政府可根据本地区实际情况在此幅度内确定具体定额标准，并报财政部和国家税务总局备案。

本条所称服务型企业是指从事《销售服务、无形资产、不动产注释》中"不动产租赁服务"、"商务辅助服务"（不含货物运输代理和代理报关服务）、"生活服务"（不含文化体育服务）范围内业务活动的企业以及按照《民办非企业单位登记管理暂行条例》（国务院令第251号）登记成立的民办非企业单位。

纳税人按企业招用人数和签订的劳动合同时间核定企业减免税总额，在核定减免税总额内每月依次扣减增值税、城市维护建设税、教育费附加和地方教育附加。纳税人实际应缴纳的增值税、城市维护建设税、教育费附加和地方教育附加小于核定减免税总额的，以实际应缴纳的增值税、城市维护建设税、教育费附加和地方教育附加为限；实际应缴纳的增值税、城市维护建设税、教育费附加和地方教育附加大于核定减免税总额的，以核定减免税总额为限。

纳税年度终了，如果企业实际减免的增值税、城市维护建设税、教育费附加和地方教育附加小于核定的减免税总额，企业在企业所得税汇算清缴时扣减企业所得税。当年扣减不足的，不再结转以后年度扣减。

计算公式为：企业减免税总额 = ∑每名自主就业退役士兵本年度在本企业工作月份 ÷ 12 × 定额标准。

企业自招用自主就业退役士兵的次月起享受税收优惠政策，并于享受税收优惠政策的当月，持下列材料向主管税务机关备案：

（1）新招用自主就业退役士兵的《中国人民解放军义务兵退出现役证》或《中国人民解放军士官退出现役证》。

（2）企业与新招用自主就业退役士兵签订的劳动合同（副本），企业为职工缴纳的社会保险费记录。

（3）自主就业退役士兵本年度在企业工作时间表。

（4）主管税务机关要求的其他相关材料。

3. 上述所称自主就业退役士兵是指依照《退役士兵安置条例》（国务院、中央军委令第608号）的规定退出现役并按自主就业方式安置的退役士兵。

4. 上述税收优惠政策的执行期限为2016年5月1日至2016年12月31日，纳税人在2016年12月31日未享受满3年的，可继续享受至3年期满为止。

按照《财政部 国家税务总局 民政部关于调整完善扶持自主就业退役士兵创业就业有关税收政策的通知》（财税〔2014〕42号）规定享受营业税优惠政策的纳税人，自2016年5月1日起按照上述规定享受增值税优惠政策，在2016年12月31日未享受满3年的，可继续享受至3年期满为止。

《财政部 国家税务总局关于将铁路运输和邮政业纳入营业税改征增值税试点的通知》（财税〔2013〕106号）附件3第一条第（十二）项城镇退役士兵就业免征增值税政策，自2014年7月1日起停止执行。在2014年6月30日未享受满3年的，可继续享受至3年期满为止。

（二）重点群体创业就业

1. 对持《就业创业证》（注明“自主创业税收政策”或“毕业年度内自主创业税收政策”）或2015年1月27日前取得的《就业失业登记证》（注明“自主创业税收政策”或附着《高校毕业生自主创业证》）的人员从事个体经营的，在3年内按每户每年8000元为限额依次扣减其当年实际应缴纳的增值税、城市维护建设税、教育费附加、地方教育附加和个人所得税。限额标准最高可上浮20%，各省、自治区、直辖市人民政府可根据本地区实际情况在此幅度内确定具体限额标准，并报财政部和国家税务总局备案。

纳税人年度应缴纳税款小于上述扣减限额的，以其实际缴纳的税款为限；大于上述扣减限额的，应以上述扣减限额为限。

上述人员是指：

（1）在人力资源社会保障部门公共就业服务机构登记失业半年以上的人员。

（2）零就业家庭、享受城市居民最低生活保障家庭劳动年龄内的登记失业人员。

（3）毕业年度内高校毕业生。高校毕业生是指实施高等学历教育的普通高等学校、成人高等学校毕业的学生；毕业年度是指毕业所在自然年，即1月1日至12月31日。

2. 对商贸企业、服务型企业、劳动就业服务企业中的加工型企业和街道社区具有加工性质的小型企业实体，在新增加的岗位中，当年新招用在人力资源社会保障部门公共就业服务机构登记失业半年以上且持《就业创业证》或2015年1月27日前取得的《就业失业登记证》（注明“企业吸纳税收政策”）人员，与其签订1年以上期限劳动合同并依法缴纳社会保险费的，在3年内按实际招用人数予以定额依次扣减增值税、城市维护建设税、教育费附加、地方教育附加和企业所得税优惠。定额标准为每人每年4000元，最高可上浮30%，各省、自治区、直辖市人民政府可根据本地区实际情况在此幅度内确定具体定额标准，并报财政部和国家税务总局备案。

按上述标准计算的税收扣减额应在企业当年实际应缴纳的增值税、城市维护建设税、教育费附加、地方教育附加和企业所得税税额中扣减，当年扣减不足的，不得结转下年使用。

本条所称服务型企业是指从事《销售服务、无形资产、不动产注释》中“不动产租赁服务”、“商务辅助服务”（不含货物运输代理和代理报关服务）、“生活服务”（不含文化体育服务）范围内业务活动的企业以及按照《民办非企业单位登记管理暂行条例》（国务院令第251号）登记成立的民办非企业单位。

3. 享受上述优惠政策的人员按以下规定申领《就业创业证》：

（1）按照《就业服务与就业管理规定》（劳动和社会保障部令第28号）第六十三条的规定，在法定劳动年龄内，有劳动能力，有就业要求，处于无业状态的城镇常住人员，在公共就业服务机构进行失业登记，申领《就业创业证》。其中，农村进城务工人员和其他非本地户籍人员在常住地稳定就业满6个月的，失业后可以在常住地登记。

（2）零就业家庭凭社区出具的证明，城镇低保家庭凭低保证明，在公共就业服务机构登记失业，申领《就业创业证》。

（3）毕业年度内高校毕业生在校期间凭学生证向公共就业服务机构按规定申领《就业创业证》，或委托所在高校就业指导中心向公共就业服务机构按规定代为其申领《就业创业证》；毕业年度内高校毕业生离校后直接向公共就业服务机构按规定申领《就业创业证》。

（4）上述人员申领相关凭证后，由就业和创业地人力资源社会保障部门对人员范围、就业失业状态、已享受政策情况进行核实，在《就业创业证》上注明“自主创业税收政策”、“毕业年度内自主创业税收政策”或“企业吸纳税收政策”字样，同时符合自主创业和企业吸纳税收政策条件的，可同时加注；主管税务机关在《就业创业证》上加盖戳记，注明减免税所属时间。

4. 上述税收优惠政策的执行期限为2016年5月1日至2016年12月31日，纳税人在2016年12月31日未享受满3年的，可继续享受至3年期满为止。

按照《财政部 国家税务总局 人力资源社会保障部关于继续实施支持和促进重点群体创业就业有关税收政策的通知》（财税〔2014〕39号）规定享受营业税优惠政策的纳税人，自2016年5月1日起按照上述规定享受增值税优惠政策，在2016年12月31日未享受满3年的，可继续享受至3年期满为止。

《财政部 国家税务总局关于将铁路运输和邮政业纳入营业税改征增值税试点的通知》（财税〔2013〕

106号）附件3第一条第（十三）项失业人员就业增值税优惠政策，自2014年1月1日起停止执行。在2013年12月31日未享受满3年的，可继续享受至3年期满为止。

四、金融企业发放贷款后，自结息日起90天内发生的应收未收利息按现行规定缴纳增值税，自结息日起90天后发生的应收未收利息暂不缴纳增值税，待实际收到利息时按规定缴纳增值税。

上述所称金融企业，是指银行（包括国有、集体、股份制、合资、外资银行以及其他所有制形式的银行）、城市信用社、农村信用社、信托投资公司、财务公司。

五、个人将购买不足2年的住房对外销售的，按照5%的征收率全额缴纳增值税；个人将购买2年以上（含2年）的住房对外销售的，免征增值税。上述政策适用于北京市、上海市、广州市和深圳市之外的地区。

个人将购买不足2年的住房对外销售的，按照5%的征收率全额缴纳增值税；个人将购买2年以上（含2年）的非普通住房对外销售的，以销售收入减去购买住房价款后的差额按照5%的征收率缴纳增值税；个人将购买2年以上（含2年）的普通住房对外销售的，免征增值税。上述政策仅适用于北京市、上海市、广州市和深圳市。

办理免税的具体程序、购买房屋的时间、开具发票、非购买形式取得住房行为及其他相关税收管理规定，按照《国务院办公厅转发建设部等部门关于做好稳定住房价格工作意见的通知》（国办发〔2005〕26号）、《国家税务总局 财政部 建设部关于加强房地产税收管理的通知》（国税发〔2005〕89号）和《国家税务总局关于房地产税收政策执行中几个具体问题的通知》（国税发〔2005〕172号）的有关规定执行。

六、上述增值税优惠政策除已规定期限的项目和第五条政策外，其他均在营改增试点期间执行。如果试点纳税人在纳入营改增试点之日前已经按照有关政策规定享受了营业税税收优惠，在剩余税收优惠政策期限内，按照本规定享受有关增值税优惠。

附件4：

跨境应税行为适用增值税零税率和免税政策的规定

一、中华人民共和国境内（以下称境内）的单位和个人销售的下列服务和无形资产，适用增值税零税率：

（一）国际运输服务。

国际运输服务，是指：

1. 在境内载运旅客或者货物出境。

2. 在境外载运旅客或者货物入境。

3. 在境外载运旅客或者货物。

（二）航天运输服务。

（三）向境外单位提供的完全在境外消费的下列服务：

1. 研发服务。

2. 合同能源管理服务。

3. 设计服务。

4. 广播影视节目（作品）的制作和发行服务。

5. 软件服务。

6. 电路设计及测试服务。

7. 信息系统服务。

8. 业务流程管理服务。

9. 离岸服务外包业务。

离岸服务外包业务，包括信息技术外包服务（ITO）、技术性业务流程外包服务（BPO）、技术性知识流程外包服务（KPO），其所涉及的具体业务活动，按照《销售服务、无形资产、不动产注释》相对应的业务活动执行。

10. 转让技术。

（四）财政部和国家税务总局规定的其他服务。

二、境内的单位和个人销售的下列服务和无形资产免征增值税，但财政部和国家税务总局规定适用增值税零税率的除外：

（一）下列服务：

1. 工程项目在境外的建筑服务。

2. 工程项目在境外的工程监理服务。

3. 工程、矿产资源在境外的工程勘察勘探服务。

4. 会议展览地点在境外的会议展览服务。

5. 存储地点在境外的仓储服务。

6. 标的物在境外使用的有形动产租赁服务。

7. 在境外提供的广播影视节目（作品）的播映服务。

8. 在境外提供的文化体育服务、教育医疗服务、旅游服务。

（二）为出口货物提供的邮政服务、收派服务、保险服务。

为出口货物提供的保险服务，包括出口货物保险和出口信用保险。

（三）向境外单位提供的完全在境外消费的下列服务和无形资产：

1. 电信服务。

2. 知识产权服务。

3. 物流辅助服务（仓储服务、收派服务除外）。

4. 鉴证咨询服务。

5. 专业技术服务。

6. 商务辅助服务。

7. 广告投放地在境外的广告服务。

8. 无形资产。

（四）以无运输工具承运方式提供的国际运输服务。

（五）为境外单位之间的货币资金融通及其他金融业务提供的直接收费金融服务，且该服务与境内的货物、无形资产和不动产无关。

（六）财政部和国家税务总局规定的其他服务。

三、按照国家有关规定应取得相关资质的国际运输服务项目，纳税人取得相关资质的，适用增值税零税率政策，未取得的，适用增值税免税政策。

境内的单位或个人提供程租服务，如果租赁的交通工具用于国际运输服务和港澳台运输服务，由出租方按规定申请适用增值税零税率。

境内的单位和个人向境内单位或个人提供期租、湿租服务，如果承租方利用租赁的交通工具向其他单位或个人提供国际运输服务和港澳台运输服务，由承租方适用增值税零税率。境内的单位或个人向境外单位或个人提供期租、湿租服务，由出租方适用增值税零税率。

境内单位和个人以无运输工具承运方式提供的国际运输服务，由境内实际承运人适用增值税零税率；无运输工具承运业务的经营者适用增值税免税政策。

四、境内的单位和个人提供适用增值税零税率的服务或者无形资产，如果属于适用简易计税方法的，实行免征增值税办法。如果属于适用增值税一般计税方法的，生产企业实行免抵退税办法，外贸企业外购服务或者无形资产出口实行免退税办法，外贸企业直接将服务或自行研发的无形资产出口，视同生产企业连同其出口货物统一实行免抵退税办法。

服务和无形资产的退税率为其按照《试点实施办法》第十五条第（一）至（三）项规定适用的增值税税率。实行退（免）税办法的服务和无形资产，如果主管税务机关认定出口价格偏高的，有权按照核定的出口价格计算退（免）税，核定的出口价格低于外贸企业购进价格的，低于部分对应的进项税额不予退税，转入成本。

五、境内的单位和个人销售适用增值税零税率的服务或无形资产的，可以放弃适用增值税零税率，选择免税或按规定缴纳增值税。放弃适用增值税零税率后，36 个月内不得再申请适用增值税零税率。

六、境内的单位和个人销售适用增值税零税率的服务或无形资产，按月向主管退税的税务机关申报办理增值税退（免）税手续。具体管理办法由国家税务总局商财政部另行制定。

七、本规定所称完全在境外消费，是指：

（一）服务的实际接受方在境外，且与境内的货物和不动产无关。

（二）无形资产完全在境外使用，且与境内的货物和不动产无关。

（三）财政部和国家税务总局规定的其他情形。

八、境内单位和个人发生的与香港、澳门、台湾有关的应税行为，除本文另有规定外，参照上述规定执行。

九、2016 年 4 月 30 日前签订的合同，符合《财政部 国家税务总局关于将铁路运输和邮政业纳入营业税改征增值税试点的通知》（财税〔2013〕106 号）附件 4 和《财政部 国家税务总局关于影视等出口服务适用增值税零税率政策的通知》（财税〔2015〕118 号）规定的零税率或者免税政策条件的，在合同到期前可以继续享受零税率或者免税政策。

财政部　国家税务总局　科技部关于完善研究开发费用税前加计扣除政策的通知

2015 年 11 月 2 日　财税〔2015〕119 号

各省、自治区、直辖市、计划单列市财政厅（局）、国家税务局、地方税务局、科技厅（局），新疆生产建设兵团财务局、科技局：

根据《中华人民共和国企业所得税法》及其实施条例有关规定，为进一步贯彻落实《中共中央　国务院关于深化体制机制改革加快实施创新驱动发展战略的若干意见》精神，更好地鼓励企业开展研究开发活动（以下简称研发活动）和规范企业研究开发费用（以下简称研发费用）加计扣除优惠政策执行，现就企业研发费用税前加计扣除有关问题通知如下：

一、研发活动及研发费用归集范围

本通知所称研发活动，是指企业为获得科学与技术新知识，创造性运用科学技术新知识，或实质性改进技术、产品（服务）、工艺而持续进行的具有明确目标的系统性活动。

（一）允许加计扣除的研发费用

企业开展研发活动中实际发生的研发费用，未形成无形资产计入当期损益的，在按规定据实扣除的基础上，按照本年度实际发生额的50%，从本年度应纳税所得额中扣除；形成无形资产的，按照无形资产成本的150%在税前摊销。研发费用的具体范围包括：

1. 人员人工费用。

直接从事研发活动人员的工资薪金、基本养老保险费、基本医疗保险费、失业保险费、工伤保险费、生育保险费和住房公积金，以及外聘研发人员的劳务费用。

2. 直接投入费用。

（1）研发活动直接消耗的材料、燃料和动力费用。

（2）用于中间试验和产品试制的模具、工艺装备开发及制造费，不构成固定资产的样品、样机及一般测试手段购置费，试制产品的检验费。

（3）用于研发活动的仪器、设备的运行维护、调整、检验、维修等费用，以及通过经营租赁方式租入的用于研发活动的仪器、设备租赁费。

3. 折旧费用。

用于研发活动的仪器、设备的折旧费。

4. 无形资产摊销。

用于研发活动的软件、专利权、非专利技术（包括许可证、专有技术、设计和计算方法等）的摊销费用。

5. 新产品设计费、新工艺规程制定费、新药研制的临床试验费、勘探开发技术的现场试验费。

6. 其他相关费用。

与研发活动直接相关的其他费用，如技术图书资料费、资料翻译费、专家咨询费、高新科技研发保险费，研发成果的检索、分析、评议、论证、鉴定、评审、评估、验收费用，知识产权的申请费、注册费、代理费，差旅费、会议费等。此项费用总额不得超过可加计扣除研发费用总额的10%。

7. 财政部和国家税务总局规定的其他费用。

（二）下列活动不适用税前加计扣除政策

1. 企业产品（服务）的常规性升级。

2. 对某项科研成果的直接应用，如直接采用公开的新工艺、材料、装置、产品、服务或知识等。

3. 企业在商品化后为顾客提供的技术支持活动。

4. 对现存产品、服务、技术、材料或工艺流程进行的重复或简单改变。

5. 市场调查研究、效率调查或管理研究。

6. 作为工业（服务）流程环节或常规的质量控制、测试分析、维修维护。

7. 社会科学、艺术或人文学方面的研究。

二、特别事项的处理

1. 企业委托外部机构或个人进行研发活动所发生的费用，按照费用实际发生额的80%计入委托方研发费用并计算加计扣除，受托方不得再进行加计扣除。委托外部研究开发费用实际发生额应按照独立交易原则确定。

委托方与受托方存在关联关系的，受托方应向委托方提供研发项目费用支出明细情况。

企业委托境外机构或个人进行研发活动所发生的费用，不得加计扣除。

2. 企业共同合作开发的项目，由合作各方就自身实际承担的研发费用分别计算加计扣除。

3. 企业集团根据生产经营和科技开发的实际情况，对技术要求高、投资数额大，需要集中研发的项目，其实际发生的研发费用，可以按照权利和义务相一致、费用支出和收益分享相配比的原则，合理确定研发费用的分摊方法，在受益成员企业间进行分摊，由相关成员企业分别计算加计扣除。

4. 企业为获得创新性、创意性、突破性的产品进行创意设计活动而发生的相关费用，可按照本通知规定进行税前加计扣除。

创意设计活动是指多媒体软件、动漫游戏软件开发，数字动漫、游戏设计制作；房屋建筑工程设计（绿色建筑评价标准为三星）、风景园林工程专项设计；工业设计、多媒体设计、动漫及衍生产品设计、模型设计等。

三、会计核算与管理

1. 企业应按照国家财务会计制度要求，对研发支出进行会计处理；同时，对享受加计扣除的研发费用按研发项目设置辅助账，准确归集核算当年可加计扣除的各项研发费用实际发生额。企业在一个纳税年度内进行多项研发活动的，应按照不同研发项目分别归集可加计扣除的研发费用。

2. 企业应对研发费用和生产经营费用分别核算，准确、合理归集各项费用支出，对划分不清的，不得实行加计扣除。

四、不适用税前加计扣除政策的行业

1. 烟草制造业。
2. 住宿和餐饮业。
3. 批发和零售业。
4. 房地产业。
5. 租赁和商务服务业。
6. 娱乐业。
7. 财政部和国家税务总局规定的其他行业。

上述行业以《国民经济行业分类与代码（GB/4754—2011）》为准，并随之更新。

五、管理事项及征管要求

1. 本通知适用于会计核算健全、实行查账征收并能够准确归集研发费用的居民企业。

2. 企业研发费用各项目的实际发生额归集不准确、汇总额计算不准确的，税务机关有权对其税前扣除额或加计扣除额进行合理调整。

3. 税务机关对企业享受加计扣除优惠的研发项目有异议的，可以转请地市级（含）以上科技行政主管部门出具鉴定意见，科技部门应及时回复意见。企业承担省部级（含）以上科研项目的，以及以前年度已鉴定的跨年度研发项目，不再需要鉴定。

4. 企业符合本通知规定的研发费用加计扣除条件而在2016年1月1日以后未及时享受该项税收优惠的，可以追溯享受并履行备案手续，追溯期限最长为3年。

5. 税务部门应加强研发费用加计扣除优惠政策的后续管理，定期开展核查，年度核查面不得低于20%。

六、执行时间

本通知自2016年1月1日起执行。《国家税务总局关于印发〈企业研究开发费用税前扣除管理办法（试行）〉的通知》（国税发〔2008〕116号）和《财政部　国家税务总局关于研究开发费用税前加计扣除有关政策问题的通知》（财税〔2013〕70号）同时废止。

财政部　国家税务总局关于将国家自主创新示范区有关税收试点政策推广到全国范围实施的通知

2015年10月23日　财税〔2015〕116号

各省、自治区、直辖市、计划单列市财政厅（局）、国家税务局、地方税务局，新疆生产建设兵团财务局：

根据国务院常务会议决定精神，将国家自主创新示范区试点的四项所得税政策推广至全国范围实施。现就有关税收政策问题明确如下：

一、关于有限合伙制创业投资企业法人合伙人企业所得税政策

1. 自2015年10月1日起，全国范围内的有限合伙制创业投资企业采取股权投资方式投资于未上市的中小高新技术企业满2年（24个月）的，该有限合伙制创业投资企业的法人合伙人可按照其对未上市中小高新技术企业投资额的70%抵扣该法人合伙人从该有限合伙制创业投资企业分得的应纳税所得额，当年不足抵扣的，可以在以后纳税年度结转抵扣。

2. 有限合伙制创业投资企业的法人合伙人对未上市中小高新技术企业的投资额，按照有限合伙制创业投资企业对中小高新技术企业的投资额和合伙协议约定的法人合伙人占有限合伙制创业投资企业的出资比例计算确定。

二、关于技术转让所得企业所得税政策

1. 自2015年10月1日起，全国范围内的居民企业转让5年以上非独占许可使用权取得的技术转让所得，纳入享受企业所得税优惠的技术转让所得范围。居民企业的年度技术转让所得不超过500万元的部分，免征企业所得税；超过500万元的部分，减半征收企业所得税。

2. 本通知所称技术，包括专利（含国防专利）、计算机软件著作权、集成电路布图设计专有权、植物新品种权、生物医药新品种，以及财政部和国家税务总局确定的其他技术。其中，专利是指法律授予独占权的发明、实用新型以及非简单改变产品图案和形状的外观设计。

三、关于企业转增股本个人所得税政策

1. 自2016年1月1日起，全国范围内的中小高新技术企业以未分配利润、盈余公积、资本公积向个人股东转增股本时，个人股东一次缴纳个人所得税确有困难的，可根据实际情况自行制定分期缴税计划，在不超过5个公历年度内（含）分期缴纳，并将有关资料报主管税务机关备案。

2. 个人股东获得转增的股本，应按照“利息、股息、红利所得”项目，适用20%税率征收个人所得税。

3. 股东转让股权并取得现金收入的，该现金收入应优先用于缴纳尚未缴清的税款。

4. 在股东转让该部分股权之前，企业依法宣告破产，股东进行相关权益处置后没有取得收益或收益小于初始投资额的，主管税务机关对其尚未缴纳的个人所得税可不予追征。

5. 本通知所称中小高新技术企业，是指注册在中国境内实行查账征收的、经认定取得高新技术企业资格，且年销售额和资产总额均不超过2亿元、从业人数不超过500人的企业。

6. 上市中小高新技术企业或在全国中小企业股份转让系统挂牌的中小高新技术企业向个人股东转增股本，股东应纳的个人所得税，继续按照现行有关股息红利差别化个人所得税政策执行，不适用本通知规定的分期纳税政策。

四、关于股权奖励个人所得税政策

1. 自2016年1月1日起，全国范围内的高新技术企业转化科技成果，给予本企业相关技术人员的股权奖励，个人一次缴纳税款有困难的，可根据实际情况自行制定分期缴税计划，在不超过5个公历年度内（含）分期缴纳，并将有关资料报主管税务机关备案。

2. 个人获得股权奖励时，按照“工资薪金所得”项目，参照《财政部　国家税务总局关于个人股票期权所得征收个人所得税问题的通知》（财税〔2005〕35号）有关规定计算确定应纳税额。股权奖励的计税价格参照获得股权时的公平市场价格确定。

3. 技术人员转让奖励的股权（含奖励股权孳生的送、转股）并取得现金收入的，该现金收入应优先用于缴纳尚未缴清的税款。

4. 技术人员在转让奖励的股权之前企业依法宣告破产，技术人员进行相关权益处置后没有取得收益或资产，或取得的收益和资产不足以缴纳其取得股权尚未缴纳的应纳税款的部分，税务机关可不予追征。

5. 本通知所称相关技术人员，是指经公司董事会和股东大会决议批准获得股权奖励的以下两类人员：

（1）对企业科技成果研发和产业化作出突出贡献的技术人员，包括企业内关键职务科技成果的主要完成人、重大开发项目的负责人、对主导产品或者核心技术、工艺流程作出重大创新或者改进的主要技术人员。

（2）对企业发展作出突出贡献的经营管理人员，包括主持企业全面生产经营工作的高级管理人员，负责企业主要产品（服务）生产经营合计占主营业务收入（或者主营业务利润）50%以上的中、高级经营管理人员。

企业面向全体员工实施的股权奖励，不得按本通知规定的税收政策执行。

6. 本通知所称股权奖励，是指企业无偿授予相关技术人员一定份额的股权或一定数量的股份。

7. 本通知所称高新技术企业，是指实行查账征收、经省级高新技术企业认定管理机构认定的高新技术企业。

财政部　国家税务总局关于进一步完善固定资产加速折旧企业所得税政策的通知

2015年9月17日　财税〔2015〕106号

各省、自治区、直辖市、计划单列市财政厅（局）、国家税务局、地方税务局，新疆生产建设兵团财务局：

根据国务院常务会议的有关决定精神，现就有关固定资产加速折旧企业所得税政策问题通知如下：

一、对轻工、纺织、机械、汽车等四个领域重点行业（具体范围见附件）的企业2015年1月1日后新购进的固定资产，可由企业选择缩短折旧年限或采取加速折旧的方法。

二、对上述行业的小型微利企业2015年1月1日后新购进的研发和生产经营共用的仪器、设备，单位价值不超过 100 万元的，允许一次性计入当期成本费用在计算应纳税所得额时扣除，不再分年度计算折旧；单位价值超过 100 万元的，可由企业选择缩短折旧年限或采取加速折旧的方法。

三、企业按本通知第一条、第二条规定缩短折旧年限的，最低折旧年限不得低于企业所得税法实施条例第六十条规定折旧年限的 60%；采取加速折旧方法的，可采取双倍余额递减法或者年数总和法。

按照企业所得税法及其实施条例有关规定，企业根据自身生产经营需要，也可选择不实行加速折旧政策。

四、本通知自 2015 年 1 月 1 日起执行。2015 年前 3 季度按本通知规定未能计算办理的，统一在 2015 年第 4 季度预缴申报时享受优惠或 2015 年度汇算清缴时办理。

附件：轻工、纺织、机械、汽车四个领域重点行业范围

附件：

轻工、纺织、机械、汽车四个领域重点行业范围

代码			类别名称	备注
大类	中类	小类		
26	**268**		**日用化学产品制造**	**轻工**
		2681	肥皂及合成洗涤剂制造	
		2682	化妆品制造	
		2683	口腔清洁用品制造	
		2684	香料、香精制造	
		2689	其他日用化学产品制造	
27			**医药制造业**	**轻工**
	271		化学药品原料药制造	
	272		化学药品制剂制造	
	273		中药饮片加工	
	274		中成药生产	
	275		兽用药品制造	
	277		卫生材料及医药用品制造	
13			**农副食品加工业**	**轻工**
	131		谷物磨制	
	132		饲料加工	
	133		植物油加工	
	134		制糖业	
	135		屠宰及肉类加工	

续表

代码			类别名称	备注
大类	中类	小类		
	136		水产品加工	
	137		蔬菜、水果和坚果加工	
	139		其他农副食品加工	
14			**食品制造业**	**轻工**
	141		焙烤食品制造	
	142		糖果、巧克力及蜜饯制造	
	143		方便食品制造	
	144		乳制品制造	
	145		罐头食品制造	
	146		调味品、发酵制品制造	
	149		其他食品制造	
17			**纺织业**	**纺织**
	171		棉纺织及印染精加工	
	172		毛纺织及染整精加工	
	173		麻纺织及染整精加工	
	174		丝绢纺织及印染精加工	
	175		化纤织造及印染精加工	
	176		针织或钩针编织物及其制品制造	
	177		家用纺织制成品制造	
	178		非家用纺织制成品制造	
18			**纺织服装、服饰业**	**纺织**
	181		机织服装制造	
	182		针织或钩针编织服装制造	
	183		服饰制造	
19			**皮革、毛皮、羽毛及其制品和制鞋业**	**轻工**
	191		皮革鞣制加工	
	192		皮革制品制造	
	193		毛皮鞣制及制品加工	
	194		羽毛（绒）加工及制品制造	
	195		制鞋业	
20			**木材加工和木、竹、藤、棕、草制品业**	**轻工**
	201		木材加工	
	202		人造板制造	
	203		木制品制造	
	204		竹、藤、棕、草等制品制造	

续表

代码			类别名称	备注
大类	中类	小类		
21			**家具制造业**	**轻工**
	211		木质家具制造	
	212		竹、藤家具制造	
	213		金属家具制造	
	214		塑料家具制造	
	219		其他家具制造	
22			**造纸和纸制品业**	**轻工**
	221		纸浆制造	
	222		造纸	
	223		纸制品制造	
23			**印刷和记录媒介复制业**	**轻工**
	231		印刷	
	232		装订及印刷相关服务	
	233		记录媒介复制	
24			**文教、工美、体育和娱乐用品制造业**	**轻工**
	241		文教办公用品制造	
	242		乐器制造	
	243		工艺美术品制造	
	244		体育用品制造	
	245		玩具制造	
28			**化学纤维制造业**	**纺织**
	281		纤维素纤维原料及纤维制造	
	282		合成纤维制造	
28	**292**		**塑料制品业**	**轻工**
		2921	塑料薄膜制造	
		2922	塑料板、管、型材制造	
		2923	塑料丝、绳及编织品制造	
		2924	泡沫塑料制造	
		2925	塑料人造革、合成革制造	
		2926	塑料包装箱及容器制造	
		2927	日用塑料制品制造	
		2928	塑料零件制造	
		2929	其他塑料制品制造	
33			**金属制品业**	**机械**
	331		结构性金属制品制造	

续表

代码			类别名称	备注
大类	中类	小类		
	332		金属工具制造	
	333		集装箱及金属包装容器制造	
	334		金属丝绳及其制品制造	
	335		建筑、安全用金属制品制造	
	336		金属表面处理及热处理加工	
	337		搪瓷制品制造	
	338		金属制日用品制造	
	339		其他金属制品制造	
34			**通用设备制造业**	**机械**
	341		锅炉及原动设备制造	
	342		金属加工机械制造	
	343		物料搬运设备制造	
	344		泵、阀门、压缩机及类似机械制造	
	345		轴承、齿轮和传动部件制造	
	346		烘炉、风机、衡器、包装等设备制造	
	347		文化、办公用机械制造	
	348		通用零部件制造	
	349		其他通用设备制造业	
36			**汽车制造业**	**汽车**
	361		汽车整车制造	
	362		改装汽车制造	
	363		低速载货汽车制造	
	364		电车制造	
	365		汽车车身、挂车制造	
	366		汽车零部件及配件制造	
38			**电气机械和器材制造业**	**机械**
	381		电机制造	
	382		输配电及控制设备制造	
	383		电线、电缆、光缆及电工器材制造	
	384		电池制造	
	385		家用电力器具制造	
	386		非电力家用器具制造	
	387		照明器具制造	
	389		其他电气机械及器材制造	

注：以上代码和类别名称来自《国民经济行业分类（GB/T 4754—2011》。

财政部　国家税务总局
关于进一步扩大小型微利企业
所得税优惠政策范围的通知

2015 年 9 月 2 日　财税〔2015〕99 号

各省、自治区、直辖市、计划单列市财政厅（局）、国家税务局、地方税务局，新疆生产建设兵团财务局：

为进一步发挥小型微利企业在推动经济发展、促进社会就业等方面的积极作用，经国务院批准，现就小型微利企业所得税政策通知如下：

一、自 2015 年 10 月 1 日起至 2017 年 12 月 31 日，对年应纳税所得额在 20 万元到 30 万元（含 30 万元）之间的小型微利企业，其所得减按 50% 计入应纳税所得额，按 20% 的税率缴纳企业所得税。

前款所称小型微利企业，是指符合《中华人民共和国企业所得税法》及其实施条例规定的小型微利企业。

二、为做好小型微利企业税收优惠政策的衔接，进一步便利核算，对本通知规定的小型微利企业，其 2015 年 10 月 1 日至 2015 年 12 月 31 日间的所得，按照 2015 年 10 月 1 日后的经营月份数占其 2015 年度经营月份数的比例计算。

三、《财政部　国家税务总局关于小型微利企业所得税优惠政策的通知》（财税〔2015〕34 号）继续执行。

四、各级财政、税务部门要严格按照本通知的规定，做好小型微利企业所得税优惠政策的宣传辅导工作，确保优惠政策落实到位。

财政部　国家税务总局关于继续执行
小微企业增值税和营业税政策的通知

2015 年 8 月 27 日　财税〔2015〕96 号

各省、自治区、直辖市、计划单列市财政厅（局）、国家税务局、地方税务局，新疆生产建设兵团财务局：

为继续支持小微企业发展、推动创业就业，经国务院批准，《财政部　国家税务总局关于进一步支持小微企业增值税和营业税政策的通知》（财税〔2014〕71 号）规定的增值税和营业税政策继续执行至 2017 年 12 月 31 日。

财政部　国家发展改革委　工业和信息化部关于开展涉企收费专项清理规范工作的通知

2015年4月24日　财税〔2015〕45号

各省、自治区、直辖市人民政府，党中央有关部门，国务院各部委、各直属机构，高法院，高检院：

为进一步加强涉企收费管理，推进普遍性降费，激发市场活力，支持实体经济发展，经国务院批准，现就在全国范围开展涉企收费专项清理规范工作有关事项通知如下：

一、清理规范的目标

取消、降低一批涉企收费，切实减轻企业负担；加快建立完善监管机制，坚决遏制各种乱收费；对确需保留的涉企收费基金项目，建立依法有据、科学规范、公开透明的管理制度。

二、清理规范的范围

行政机关、事业单位、代行政府职能的社会团体收取的涉企行政事业性收费和政府性基金，行政审批前置、涉及市场监管和准入以及其他具有强制垄断性的涉企经营服务性收费，行业协会商会涉企收费等，均纳入清理规范的范围。

三、清理规范的措施

（一）坚决取缔违规设立的收费基金项目。凡没有法律、行政法规依据且未经国务院批准，越权设立的政府性基金项目一律取消。凡未经国务院和省级人民政府及其财政、价格部门批准，越权设立的行政事业性收费项目一律取消。《国务院办公厅关于进一步加强涉企收费管理减轻企业负担的通知》（国办发〔2014〕30号）印发后，省级人民政府及其财政、价格部门未报经国务院批准，新设立的涉企行政事业性收费项目要予以取消。违反规定擅自提高行政事业性收费和政府性基金征收标准、扩大征收范围的，一律停止执行。行政事业单位利用行政权力或资源，强制企业参加培训、学术研讨、考核评比并收费的，按乱收费行为查处。

（二）严格落实国家明令取消、停征和减免收费基金的政策。对国家明令取消、停征、免征的行政事业性收费和政府性基金项目，以及降低的收费标准，要逐项落实到位，各地区和有关部门不得以任何理由拖延或者拒绝执行，不得变换名目或者转为经营服务性收费继续收取。要落实好对小微企业、养老医疗服务业、保障性住房建设、高校毕业生就业等减免收费基金的政策，加大对小微企业、服务业和就业创业的支持。

（三）对按规定权限设立的收费基金进行分类清理规范。对按规定权限设立的涉企行政事业性收费和政府性基金，要按照“清费立税”原则，进一步清理、整合和规范，逐步减少项目数量。取消属于政府提供普遍公共服务或体现一般性管理职能，以及主要目的是养人、违背市场经济基本原则的行政事业性收费。结合投融资体制改革和政府职能转变，取消政策效应不明显、不适应市场经济发展的政府性基金。归并征收对象相同、计征方式和资金用途相似，重复设置的收费基金。对超过服务成本的行政事业性收费，以及存在较大收支结余的政府性基金，要降低征收标准。结合税制改革，依法将具有税收性质的收费基金改为税收。

（四）清理规范强制垄断性的经营服务性收费。结合国务院审改办会同有关部门开展的清理规范行政审批中介服务工作，对相关中介服务收费进行全面清理规范。凡没有法定依据的行政审批中介服务项目及收费一律取消，能够通过加强事中事后监管解决的事项，一律不得设定中介服务并收费。严禁借助行政权力垄断经营、强制服务、强行收费。中介服务机构要与审批部门彻底脱钩，打破垄断、引入竞争机制，通过市场竞争形成价格。对短期不能形成充分竞争、确需实行政府定价管理的，纳入政府定价目录，严格核定服务成本，制定服务价格。事业单位提供中介服务的收费，纳入行政事业性收费管理。审批部门在审批过程中委托开展的技术性服务活动，必须通过竞争方式选择服务机构，服务费用一律由审批部门支付并纳入部门预算。坚决取消不合理的经营服务性收费。不得将政府职责范围内的事项交由事业单位或中介组织承担并收取费用。各部门一律不得设定不合理的市场监管或准入条件，增加企业缴费负担。

（五）整顿规范行业协会商会收费。坚决制止行业协会商会强制企业入会并收取会费，以及强制企业付费参加各类会议、培训、展览、考核评比、表彰、出国考察和强制赞助捐赠、订购刊物等行为。严禁行业协会商会依靠代行政府职能或利用行政资源擅自设立收费项目、提高收费标准。加快推进行业协会商会与行政机关脱钩，使其真正成为代表企业利益、提供服务的主体，建立公开透明的行业协会商会财务收支管理制度，约束行业协会商会不合理收费行为。

（六）实行涉企收费目录清单管理。清理规范后保留的涉企行政事业性收费、政府性基金和实行政府定价的经营服务性收费，由中央和省两级编制目录清单，明确项目名称、设立依据、收费标准等。清单编制完成后向社会公布，接受社会监督。今后确需新设立涉企行政事业性收费和政府性基金项目，必须依据法律、行政法规的规定或报国务院批准，并纳入清单管理。各部门要将清单内涉及本部门的收费信息，包括项目名称、设立依据、征收标准、征收程序、法律责任等，通过门户网站、公共媒体以及在收费场所对外公开。各地区、各部门必须严格执行目录清单，清单之外的涉企收费一律不得执行。

（七）加强涉企收费监管。发挥各级减轻企业负担工作机制的作用，抓好涉企收费监管工作。国务院减轻企业负担部际联席会议组织开展乱收费、乱摊派的专项整治。各级财政、价格、工信、审计等部门按照职责分工，加强涉企收费监督检查和审计监督，并深入企业调查了解情况，及时纠正并查处乱收费。涉企收费部门要强化内部约束机制，监督本部门、本系统各单位严格执行涉企收费管理规定，杜绝乱收费行为。强化企业举报和查处、问责机制。通过设立举报投诉电话、网络平台、电子邮箱等途径受理企业举报，建立督办制度，定期公布查处结果，曝光典型案例。对查实的乱收费问题，除依法依规予以处罚外，还要追究相关部门和单位负责人的责任。

四、组织实施

（一）加强组织领导。财政部、国家发展改革委、工业和信息化部对清理规范工作进行统一部署，并加强政策指导、统筹协调和督促检查。地方各级人民政府要建立由财政、价格、工信部门牵头，相关部门配合的工作机制，制定清理规范的具体工作方案，统筹安排、认真实施。

（二）明确任务分工。中央各有关部门按要求对本部门、本系统、所属事业单位、主管的行业协会商会及举办企业的涉企收费进行全面清理，提出取消、保留、调整和规范管理的意见，于 2015 年 7 月底前以正式文件报财政部、国家发展改革委，同时抄送工业和信息化部（国务院减轻企业负担部际联席会议办公室）。财政部、国家发展改革委会同有关部门进行审核后，公布取消、调整和规范涉企收费的政策措施，并将保留的全国性及中央部门和单位涉企收费编制目录清单向社会公布。其中，行政审批中介服务收费目录清单，在国务院审改办会同有关部门公布的中介服务事项清单基础上编制。

各省级人民政府负责本省（区、市）涉企收费清理规范工作，于 2015 年 8 月 20 日前公布取消、调整和规范涉企收费的政策措施，并将保留的省级涉企收费编制目录清单向社会公布。除涉企经营服务性收费目录清单在修订政府定价目录基础上公布外，各省级人民政府要于 2015 年 8 月底前以正式文件将清理规范结果报财政部、国家发展改革委，同时抄送工业和信息化部（国务院减轻企业负担部际联席会议办公室）。清理规范工作结束后，财政部、国家发展改革委、工业和信息化部将清理规范涉企收费情况报告国务院。

（三）严格监督落实。国务院减轻企业负担部际联席会议各成员单位要各负其责，及时跟踪清理规范工作进展情况，加强督促检查，确保取得实效。对不按要求落实清理规范工作，不如实清理及隐瞒不报涉企收费情况的，要严肃追究责任。

（四）加强舆论引导。各地区、各有关部门要通过政府网站和公共媒体等渠道，加强涉企收费政策宣传解读，及时发布信息，做好舆论引导工作，统一思想、凝聚共识，营造良好的舆论氛围。

清理规范涉企收费事关全局，涉及面广、政策性强。各地区、各有关部门要高度重视，牢固树立大局意识、责任意识，把专项清理规范工作列入重要议事日程，加强领导、周密部署，严格落实责任制，强化监督考核，确保各项措施落到实处，务求实现专项清理规范工作目标。

财政部　国家税务总局关于进一步支持企业事业单位改制重组有关契税政策的通知

2015 年 3 月 31 日　财税〔2015〕37 号

各省、自治区、直辖市、计划单列市财政厅（局）、地方税务局，西藏、宁夏、青海省（自治区）国家税务局，新疆生产建设兵团财务局：

为贯彻落实《国务院关于进一步优化企业兼并重组市场环境的意见》（国发〔2014〕14 号），继续支持企业、事业单位改制重组，现就企业、事业单位改制重组涉及的契税政策通知如下：

一、企业改制

企业按照《中华人民共和国公司法》有关规定整体改制，包括非公司制企业改制为有限责任公司或股份有限公司，有限责任公司变更为股份有限公司，股份有限公司变更为有限责任公司，原企业投资主体存续并在改制（变更）后的公司中所持股权（股份）比例超过 75%，且改制（变更）后公司承继原企业权利、义务的，对改制（变更）后公司承受原企业土地、房屋权属，免征契税。

二、事业单位改制

事业单位按照国家有关规定改制为企业，原投资主体存续并在改制后企业中出资（股权、股份）比例超过 50% 的，对改制后企业承受原事业单位土地、房屋权属，免征契税。

三、公司合并

两个或两个以上的公司，依照法律规定、合同约定，合并为一个公司，且原投资主体存续的，对合并后公司承受原合并各方土地、房屋权属，免征契税。

四、公司分立

公司依照法律规定、合同约定分立为两个或两个以上与原公司投资主体相同的公司，对分立后公司承受原公司土地、房屋权属，免征契税。

五、企业破产

企业依照有关法律法规规定实施破产，债权人（包括破产企业职工）承受破产企业抵偿债务的土地、房屋权属，免征契税；对非债权人承受破产企业土地、房屋权属，凡按照《中华人民共和国劳动法》等国家有关法律法规政策妥善安置原企业全部职工，与原企业全部职工签订服务年限不少于三年的劳动用工合同的，对其承受所购企业土地、房屋权属，免征契税；与原企业超过30%的职工签订服务年限不少于三年的劳动用工合同的，减半征收契税。

六、资产划转

对承受县级以上人民政府或国有资产管理部门按规定进行行政性调整、划转国有土地、房屋权属的单位，免征契税。

同一投资主体内部所属企业之间土地、房屋权属的划转，包括母公司与其全资子公司之间，同一公司所属全资子公司之间，同一自然人与其设立的个人独资企业、一人有限公司之间土地、房屋权属的划转，免征契税。

七、债权转股权

经国务院批准实施债权转股权的企业，对债权转股权后新设立的公司承受原企业的土地、房屋权属，免征契税。

八、划拨用地出让或作价出资

以出让方式或国家作价出资（入股）方式承受原改制重组企业、事业单位划拨用地的，不属上述规定的免税范围，对承受方应按规定征收契税。

九、公司股权（股份）转让

在股权（股份）转让中，单位、个人承受公司股权（股份），公司土地、房屋权属不发生转移，不征收契税。

十、有关用语含义

本通知所称企业、公司，是指依照我国有关法律法规设立并在中国境内注册的企业、公司。

本通知所称投资主体存续，是指原企业、事业单位的出资人必须存在于改制重组后的企业，出资人的出资比例可以发生变动；投资主体相同，是指公司分立前后出资人不发生变动，出资人的出资比例可以发生变动。

本通知自2015年1月1日起至2017年12月31日执行。本通知发布前，企业、事业单位改制重组过程中涉及的契税尚未处理的，符合本通知规定的可按本通知执行。

财政部　国家税务总局关于小型微利企业所得税优惠政策的通知

2015年3月13日　财税〔2015〕34号

各省、自治区、直辖市、计划单列市财政厅（局）、国家税务局、地方税务局，新疆生产建设兵团财务局：

为了进一步支持小型微利企业发展，经国务院批准，现就小型微利企业所得税政策通知如下：

一、自2015年1月1日至2017年12月31日，对年应纳税所得额低于20万元（含20万元）的小型微利企业，其所得减按50%计入应纳税所得额，按20%的税率缴纳企业所得税。

前款所称小型微利企业，是指符合《中华人民共和国企业所得税法》（以下简称企业所得税法）及其实施条例规定的小型微利企业。

二、企业所得税法实施条例第九十二条第（一）项和第（二）项所称从业人数，包括与企业建立劳动关系的职工人数和企业接受的劳务派遣用工人数。

从业人数和资产总额指标，应按企业全年的季度平均值确定。具体计算公式如下：

季度平均值 =（季初值 + 季末值）÷2

全年季度平均值 = 全年各季度平均值之和 ÷4

年度中间开业或者终止经营活动的，以其实际经营期作为一个纳税年度确定上述相关指标。

上述计算方法自2015年1月1日起执行，《财政部　国家税务总局关于执行企业所得税优惠政策若干问题的通知》（财税〔2009〕69号）第七条同时停止执行。

三、各级财政、税务部门要密切配合，严格按照本通知的规定，抓紧做好小型微利企业所得税优惠政策落实工作。同时，要及时跟踪、了解优惠政策的执行情况，对发现的新问题及时反映，确保优惠政策落实到位。

财政部　国家税务总局关于企业改制重组有关土地增值税政策的通知

2015年2月2日　财税〔2015〕5号

各省、自治区、直辖市、计划单列市财政厅（局）、地方税务局，西藏、宁夏、青海省（自治区）国家税务局，新疆生产建设兵团财务局：

为贯彻落实《国务院关于进一步优化企业兼并重组市场环境的意见》（国发〔2014〕14号），现将企业在改制重组过程中涉及的土地增值税政策通知如下：

一、按照《中华人民共和国公司法》的规定，非公司制企业整体改建为有限责任公司或者股份有限公司，有限责任公司（股份有限公司）整体改建为股份有限公司（有限责任公司）。对改建前的企业将国有土地、房屋权属转移、变更到改建后的企业，暂不征土地增值税。

本通知所称整体改建是指不改变原企业的投资主体，并承继原企业权利、义务的行为。

二、按照法律规定或者合同约定，两个或两个以上企业合并为一个企业，且原企业投资主体存续的，对原企业将国有土地、房屋权属转移、变更到合并后的企业，暂不征土地增值税。

三、按照法律规定或者合同约定，企业分设为两个或两个以上与原企业投资主体相同的企业，对原企业将国有土地、房屋权属转移、变更到分立后的企业，暂不征土地增值税。

四、单位、个人在改制重组时以国有土地、房屋进行投资，对其将国有土地、房屋权属转移、变更到被投资的企业，暂不征土地增值税。

五、上述改制重组有关土地增值税政策不适用于房地产开发企业。

六、企业改制重组后再转让国有土地使用权并申报缴纳土地增值税时，应以改制前取得该宗国有土地使用权所支付的地价款和按国家统一规定缴纳的有关费用，作为该企业“取得土地使用权所支付的金额”扣除。企业在重组改制过程中经省级以上（含省级）国土管理部门批准，国家以国有土地使用权作价出资入股的，再转让该宗国有土地使用权并申报缴纳土地增值税时，应以该宗土地作价入股时省级以上（含省级）国土管理部门批准的评估价格，作为该企业“取得土地使用权所支付的金额”扣除。办理纳税申报时，企业应提供该宗土地作价入股时省级以上（含省级）国土管理部门的批准文件和批准的评估价格，不能提供批准文件和批准的评估价格的，不得扣除。

七、企业按本通知有关规定享受相关土地增值税优惠政策的，应及时向主管税务机关提交相关房产、国有土地权证、价值证明等书面材料。

八、本通知执行期限为2015年1月1日至2017年12月31日。《财政部　国家税务总局关于土地增值税一些具体问题规定的通知》（财税字〔1995〕48号）第一条、第三条，《财政部　国家税务总局关于土地增值税若干问题的通知》（财税〔2006〕21号）第五条同时废止。

财政部　国家税务总局关于非货币性资产投资企业所得税政策问题的通知

2014年12月31日　财税〔2014〕116号

各省、自治区、直辖市、计划单列市财政厅（局）、国家税务局、地方税务局，新疆生产建设兵团财务局：

为贯彻落实《国务院关于进一步优化企业兼并重组市场环境的意见》（国发〔2014〕14号），根据《中华人民共和国企业所得税法》及其实施条例有关规定，现就非货币性资产投资涉及的企业所得税政策问题明确如下：

一、居民企业（以下简称企业）以非货币性资产对外投资确认的非货币性资产转让所得，可在不超过5年期限内，分期均匀计入相应年度的应纳税所得额，按规定计算缴纳企业所得税。

二、企业以非货币性资产对外投资，应对非货币性资产进行评估并按评估后的公允价值扣除计税基础后的余额，计算确认非货币性资产转让所得。

企业以非货币性资产对外投资，应于投资协议生效并办理股权登记手续时，确认非货币性资产转让收入的实现。

三、企业以非货币性资产对外投资而取得被投资企业的股权，应以非货币性资产的原计税成本为计税基础，加上每年确认的非货币性资产转让所得，逐年进行调整。

被投资企业取得非货币性资产的计税基础，应按非货币性资产的公允价值确定。

四、企业在对外投资5年内转让上述股权或投资收回的，应停止执行递延纳税政策，并就递延期内尚未确认的非货币性资产转让所得，在转让股权或投资收回当年的企业所得税年度汇算清缴时，一次性计算缴纳企业所得税；企业在计算股权转让所得时，可按本通知第三条第一款规定将股权的计税基础一次调整到位。

企业在对外投资5年内注销的，应停止执行递延纳税政策，并就递延期内尚未确认的非货币性资产转让所得，在注销当年的企业所得税年度汇算清缴时，一次性计算缴纳企业所得税。

五、本通知所称非货币性资产，是指现金、银行存款、应收账款、应收票据以及准备持有至到期的债券投资等货币性资产以外的资产。

本通知所称非货币性资产投资，限于以非货币性资产出资设立新的居民企业，或将非货币性资产注入现存的居民企业。

六、企业发生非货币性资产投资，符合《财政部　国家税务总局关于企业重组业务企业所得税处理若干问题的通知》（财税〔2009〕59 号）等文件规定的特殊性税务处理条件的，也可选择按特殊性税务处理规定执行。

七、本通知自 2014 年 1 月 1 日起执行。本通知发布前尚未处理的非货币性资产投资，符合本通知规定的可按本通知执行。

财政部　国家税务总局关于促进企业重组有关企业所得税处理问题的通知

2014 年 12 月 25 日　财税〔2014〕109 号

各省、自治区、直辖市、计划单列市财政厅（局）、国家税务局、地方税务局，新疆生产建设兵团财务局：

为贯彻落实《国务院关于进一步优化企业兼并重组市场环境的意见》（国发〔2014〕14 号），根据《中华人民共和国企业所得税法》及其实施条例有关规定，现就企业重组有关企业所得税处理问题明确如下：

一、关于股权收购

将《财政部　国家税务总局关于企业重组业务企业所得税处理若干问题的通知》（财税〔2009〕59 号）第六条第（二）项中有关“股权收购，收购企业购买的股权不低于被收购企业全部股权的 75%”规定调整为“股权收购，收购企业购买的股权不低于被收购企业全部股权的 50%”。

二、关于资产收购

将财税〔2009〕59 号文件第六条第（三）项中有关“资产收购，受让企业收购的资产不低于转让企业全部资产的 75%”规定调整为“资产收购，受让企业收购的资产不低于转让企业全部资产的 50%”。

三、关于股权、资产划转

对 100% 直接控制的居民企业之间，以及受同一或相同多家居民企业 100% 直接控制的居民企业之间按账面净值划转股权或资产，凡具有合理商业目的、不以减少、免除或者推迟缴纳税款为主要目的，股权或资产划转后连续 12 个月内不改变被划转股权或资产原来实质性经营活动，且划出方企业和划入方企业均未在会计上确认损益的，可以选择按以下规定进行特殊性税务处理：

1. 划出方企业和划入方企业均不确认所得。
2. 划入方企业取得被划转股权或资产的计税基础，以被划转股权或资产的原账面净值确定。
3. 划入方企业取得的被划转资产，应按其原账面净值计算折旧扣除。

四、本通知自 2014 年 1 月 1 日起执行。本通知发布前尚未处理的企业重组，符合本通知规定的可按本通知执行。

财政部　国家税务总局
关于完善固定资产加速折旧企业所得税政策的通知

2014 年 10 月 20 日　财税〔2014〕75 号

各省、自治区、直辖市、计划单列市财政厅（局）、国家税务局、地方税务局，新疆生产建设兵团财务局：

为贯彻落实国务院完善固定资产加速折旧政策精神，现就有关固定资产加速折旧企业所得税政策问题通知如下：

一、对生物药品制造业，专用设备制造业，铁路、船舶、航空航天和其他运输设备制造业，计算机、通信和其他电子设备制造业，仪器仪表制造业，信息传输、软件和信息技术服务业等 6 个行业的企业 2014 年 1 月 1 日后新购进的固定资产，可缩短折旧年限或采取加速折旧的方法。

对上述 6 个行业的小型微利企业 2014 年 1 月 1 日后新购进的研发和生产经营共用的仪器、设备，单位价值不超过 100 万元的，允许一次性计入当期成本费用在计算应纳税所得额时扣除，不再分年度计算折旧；单位价值超过 100 万元的，可缩短折旧年限或采取加速折旧的方法。

二、对所有行业企业 2014 年 1 月 1 日后新购进的专门用于研发的仪器、设备，单位价值不超过 100 万元的，允许一次性计入当期成本费用在计算应纳税所得额时扣除，不再分年度计算折旧；单位价值超过 100 万元的，可缩短折旧年限或采取加速折旧的方法。

三、对所有行业企业持有的单位价值不超过 5000 元的固定资产，允许一次性计入当期成本费用在计算应纳税所得额时扣除，不再分年度计算折旧。

四、企业按本通知第一条、第二条规定缩短折旧年限的，最低折旧年限不得低于企业所得税法实施条例第六十条规定折旧年限的 60%；采取加速折旧方法的，可采取双倍余额递减法或者年数总和法。本通知第一至三条规定之外的企业固定资产加速折旧所得税处理问题，继续按照企业所得税法及其实施条例和现行税收政策规定执行。

五、本通知自 2014 年 1 月 1 日起执行。

第五部分

有关国家标准

国家标准：《全国组织机构代码编制规则》GB 11714—1997

前　言

本标准根据国家技术监督局 1997 年国家标准制修订项目补充计划，对 GB/T 11714—1995《全国组织机构代码编制规则》进行修订。

本标准在标准性质和标准内容上作了以下改动。

1）本标准作为强制性标准代替 GB/T 11714—1995。

2）根据 GB/T 1.1—1993 的规定本标准增加了前言部分。

本标准的附录 A 是标准的附录；

本标准的附录 B 是提示的附录。

本标准于 1989 年 11 月 7 日首次发布，1995 年 6 月 21 日第一次修订。

本标准从实施之日起代替 GB/T 11714—1995。

本标准由中央机构编制委员会办公室、民政部、国家统计局提出。

本标准由全国组织机构代码管理中心归口。

本标准由全国组织机构代码管理中心负责解释。

本标准主要起草单位：全国组织机构代码管理中心、国家统计局统计设计与管理司、中央机构编制委员会办公室事业局、民政部社团管理司、中国人民银行会计司、国家税务总局征管司及信息中心、国家国有资产管理局统计评价司、国家信息中心综合部、国家工商行政管理局企业注册局

中华人民共和国国家标准

GB 11714—1997

代替 GB 11714—1995

全国组织机构代码编制规则

Rules of coding for the representation of organization

1　范围

本标准规定了全国组织机构代码的编码方法，使全国各机关、团体、企事业单位等组织机构均获得一个唯一的、始终不变的法定代码，以适应政府部门的统一管理和业务单位实现计算机自动化管理的需要。

本标准适用于全国组织机构代码的编制、信息处理和信息交换。

2　代码的结构和表示形式

2.1　代码的结构

全国组织机构代码由八位数字（或大写拉丁字母）本体代码和一位数字（或大写拉丁字母）校验码

组成。

2.1.1　本体代码采用系列（即分区段）顺序编码方法。

2.1.2　校验码按下列公式计算：

$$C_9 = 11 - MOD(\sum_{i=1}^{8} C_i \times W_i, 11)$$

式中：MOD——表示求余函数；

i——表示代码字符从左至右位置序号；

C_i——表示第 i 位置上的代码字符的值；

C_9——表示校验码；

W_i——表示第 i 位置上的加权因子，其数值如下表：

I	1	2	3	4	5	6	7	8
W_i	3	7	9	10	5	8	4	2

当 MOD 函数值为 1（$C_9 = 10$）时，校验码应用大写拉丁字母 X 表示；当 MOD 函数值为 0 即（$C_9 = 11$）时，校验码仍用 0 表示。

2.2　代码的表示形式

为便于人工识别，应使用一个连字符"—"分隔本体代码与校验码。机读时，连字符省略。表示形式为：

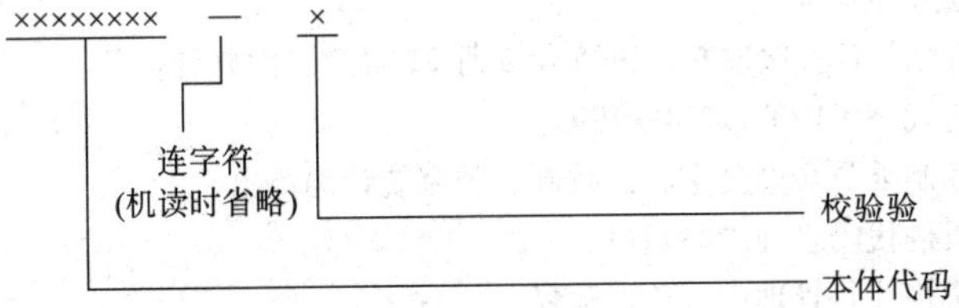

3　自定义区

为满足各系统管理上的特殊需要，本标准规定本体代码 PDY00001 至 PDY99999 为自定义区，供各系统编制内部组织机构代码使用。自定义区内编制的组织机构代码不作为各系统之间信息交换的依据。

国家标准：《中央党政机关、人民团体及其他机构代码》GB /T 4657—2009

前　言

本标准是对 GB/T 4657—2002《中央党政机关、人民团体及其他机构代码》的修订。

本次修订主要依据了 2003 年至 2008 年国家关于机构改革、设置等有关文件。

本标准与 GB/T 4657—2002 相比主要差异如下：

——对编制原则做了补充；

——根据国务院机构设置方案，本次修订共删除代码及机构名称 13 个，代码不变仅改变机构名称 16 个，新增代码及机构名称 49 个，恢复启用的机构名称代码 2 个（参见附录 B）；

——增加了依据人大、国务院的机构排名次序排序的机构名称代码表（参见附录 A）；

——为方便用户查询，增加了历次修订版本中的代码变更情况汇总表（参见附录 B）；

本标准由中国标准化研究院提出并归口。

本标准由中国标准化研究院负责起草。

本标准主要起草人：刘植婷、陈琳、史立武、孙广芝。

本标准于 1984 年 8 月首次发布。第一次修订于 1990 年，第二次修订于 1995 年，第三次修订于 2002 年，本次为第四次修订。

中央党政机关、人民团体及其他机构代码

1 范围

本标准规定了中央一级的党政机关、人民团体及其他机构的代码。

本标准适用于信息处理和信息交换。

2 编制原则

2.1 根据国家关于机构改革、设置等有关文件，对 GB/T 4657—2002 中未变动的机构和仅改变名称的机构保留原代码，新增设的机构赋予新的代码。

2.2 当几个机构合并为一个新设机构时，在不破坏分类结构的前提下，新设机构可使用合并前的一个机构的原代码。当一个机构曾分设，现又合并的，启用分设前的代码。

2.3 对于一个机构多块牌子的情况，仅按机构所属序列赋码，并列名称用括号括起，排在后面。

2.4 原取消的机构恢复对外挂牌的，启用原代码。

2.5 本标准中全国人民代表大会常务委员会简称全国人大常委会，中国人民政治协商会议全国委员会简称全国政协，最高人民检察院简称最高检，最高人民法院简称最高法，中国共产党中央委员会简称中共中央。

2.6 本标准中凡机构名称中带有中华人民共和国前缀的均省略前缀，如中华人民共和国外交部简称外交部，依此类推。

2.7 本标准中各机构代码的先后顺序不作为各机构在其他领域、场合中排列顺序的依据。

3 编码方法

3.1 本标准采用序列顺序编码法。

3.2 代码用三位数字表示，第一位数字表示类别，第二、三位数字表示各类中的机构顺序。

3.3 代码结构如图 1 所示。

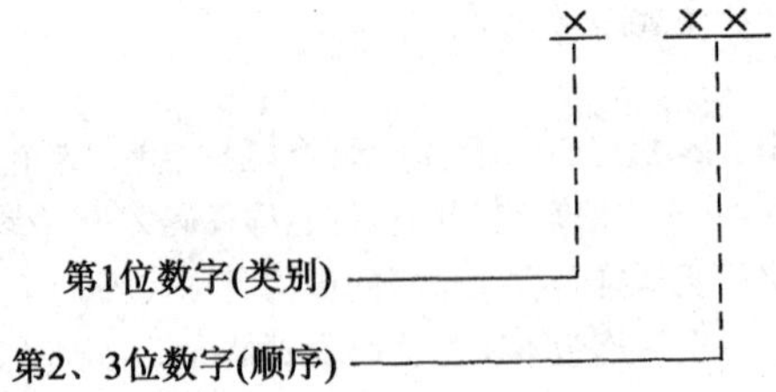

图1　代码结构图

类别标识如下：

1——全国人大、全国政协、最高检、最高法；

2——中共中央直属机关及事业单位；

3——国务院组成部门；

4、6——国务院办公厅、直属机构、直属特设机构、办事机构、部委管理的国家局及事业单位和综合性行业协会；

5——国家级金融机构、经济实体；

7——民主党派机关、全国性人民团体。

4　代码表

4.1　中央党政机关、人民团体及其他机构代码见表1、表2、表3、表4、表5和表6。

表1　　全国人大、全国政协、最高检、最高法机构代码

代码	机构名称	代码	机构名称
101	全国人大常委会办公厅	122	全国人大常委会澳门特别行政区基本法委员会
102	全国人大环境与资源保护委员会	131	全国政协办公厅
103	全国人大民族委员会	132	全国政协提案委员会
104	全国人大农业与农村委员会	133	全国政协经济委员会
105	全国人大常委会法制工作委员会	134	全国政协人口资源环境委员会
106	全国人大常委会预算工作委员会	135	全国政协教科文卫体委员会
107	全国人大法律委员会	136	全国政协社会和法制委员会
109	全国人大内务司法委员会	137	全国政协民族和宗教委员会
111	全国人大财政经济委员会	138	全国政协港澳台侨委员会
113	全国人大教育科学文化卫生委员会	139	全国政协外事委员会
115	全国人大外事委员会	140	全国政协文史和学习委员会
117	全国人大华侨委员会	151	最高人民检察院
121	全国人大常委会香港特别行政区基本法委员会	161	最高人民法院

表 2　　中共中央直属机关及事业单位代码

代码	机构名称	代码	机构名称
201	中央办公厅	240	中央精神文明办公室
203	中央组织部	241	中央档案馆（国家档案局）
211	中央宣传部	243	中央保密委员会办公室（国家保密局）
213	中央统战部	244	中央密码工作领导小组办公室（国家密码管理局）
215	中央对外联络部	247	中央防范和处理邪教问题领导小组办公室（国务院防范和处理邪教问题办公室）
216	中央政法委员会		
218	中央政策研究室	281	中央党校
222	中央纪律检查委员会	282	人民日报社
223	中央对外宣传办公室（国务院新闻办公室）	283	中央党史研究室
224	中央财经领导小组办公室	284	中央文献研究室
225	中央机构编制委员会办公室	285	中央编译局
226	中央外事工作领导小组办公室	286	《求是》杂志社
231	中央台湾工作办公室（国务院台湾事务办公室）	287	光明日报社
233	中央直属机关工作委员会	288	中国日报社
234	中央直属机关事务管理局	289	经济日报社
235	中央国家机关工作委员会	290	中国外文出版发行事业局
236	中央金融工作委员会	291	中央社会主义学院
237	中央企业工作委员会	292	中国浦东干部学院
238	中央香港工作委员会	293	中国井冈山干部学院
239	中央澳门工作委员会	294	中国延安干部学院

表 3　　国务院组成部门代码

代码	机构名称	代码	机构名称
301	外交部	332	水利部
302	国防部	333	住房和城乡建设部
303	国家发展和改革委员会	334	国土资源部
306	科学技术部	339	工业和信息化部（国家航天局、国家原子能机构）
308	国家民族事务委员会	347	铁道部
311	监察部	348	交通运输部
312	公安部	356	人力资源和社会保障部
313	国家安全部	357	文化部
314	民政部	360	教育部（国家语言文字工作委员会）
315	司法部	361	卫生部
318	财政部	363	国家人口和计划生育委员会
319	审计署	365	环境保护部（国家核安全局）
320	中国人民银行	366	商务部
326	农业部		

表 4　国务院办公厅、直属机构、直属特设机构、办事机构、部委管理的国家局及事业单位和综合性行业协会代码

代码	机构名称	代码	机构名称
410	国家统计局	469	中国国家标准化管理委员会（国家标准化管理局）
414	国家工商行政管理总局		
415	海关总署	470	中国国家认证认可监督管理委员会（国家认证认可监督管理局）
416	中国气象局		
417	中国民用航空局	480	国家自然科学基金委员会
418	国家海洋局	481	国家信息中心
419	中国地震局	482	中国工程院
420	国家旅游局	483	国家行政学院
421	国家新闻出版总署（国家版权局）	484	全国社会保障基金理事会
424	国家质量监督检验检疫总局	486	国务院扶贫开发领导小组办公室
425	国家广播电影电视总局	487	国务院南水北调工程建设委员会办公室
426	国家语言文字工作委员会	488	中国工程物理研究院
427	国家宗教事务局	489	科技日报社
429	国务院参事室	490	新华通讯社
430	国务院机关事务管理局	491	中国科学院
431	国务院研究室	492	中国社会科学院
432	国家林业局	493	国务院发展研究中心
433	国务院法制办公室	497	中国证券监督管理委员会
434	国务院办公厅	498	中国保险监督管理委员会
435	国务院侨务办公室	499	国务院三峡工程建设委员会办公室
436	国务院港澳事务办公室	601	中国商业联合会
440	国家外国专家局	602	中国物流与采购联合会
442	中华全国供销合作总社	603	中国煤炭工业协会
443	国家邮政局	604	中国机械工业联合会
444	国家税务总局	605	中国钢铁工业协会
445	国家外汇管理局	606	中国石油和化学工业协会
448	国务院国有资产监督管理委员会	607	中国轻工业联合会（中华全国手工业合作总社）
449	国家粮食局	608	中国纺织工业协会
450	国家安全生产监督管理总局	609	中国建筑材料工业联合会
451	国家体育总局	610	中国有色金属工业协会
453	国家文物局	611	中国老龄协会（全国老龄工作委员会办公室）
455	国家信访局	621	国家预防腐败局
456	国家烟草专卖局	622	中国银行业监督管理委员会
457	中国地质调查局	623	国家电力监管委员会
463	国家知识产权局	624	国家能源局
464	国家食品药品监督管理局	625	国家国防科技工业局
466	国家测绘局	626	国家公务员局
468	国家中医药管理局	627	国家煤矿安全监察局

表 5

国家级金融机构、经济实体代码

代码	机构名称	代码	机构名称
501	中国工商银行	540	中国通用技术（集团）控股有限责任公司
502	中国农业银行	544	中国建筑工程总公司
503	中国银行	546	中国海洋石油总公司
504	中国建设银行	547	国家开发投资公司
505	中国人民保险公司	548	中国长江三峡工程开发总公司
506	交通银行	549	中国第一汽车集团公司
507	中国电子科技集团公司	550	东风汽车公司
508	中国航空集团公司	551	中国第一重型机械集团公司
509	中国东方航空集团公司	552	中国第二重型机械集团公司
510	中国南方航空集团公司	553	鞍山钢铁集团公司
511	中国船舶重工集团公司	554	武汉钢铁（集团）公司
512	中国国际信托投资公司	555	中国海运（集团）总公司
513	中国石油化工集团公司	556	哈尔滨电站设备集团公司
515	中国石油天然气集团公司	557	中国东方电气集团公司
517	中国核工业集团公司	558	宝钢集团有限公司
518	中国兵器工业集团公司	559	招商局集团有限公司
520	中国航天科技集团公司	560	国家开发银行
521	中国航天科工集团公司	561	中国进出口银行
522	中国船舶工业集团公司	562	中国农业发展银行
523	中国光大（集团）总公司	564	国家电网公司
525	中国网络通信集团公司	565	中国南方电网有限责任公司
527	中国兵器装备集团公司	566	中国华能集团公司
528	中国核工业建设集团公司	567	中国大唐集团公司
529	中国电信集团公司	568	中国华电集团公司
530	中国铝业公司	569	中国国电集团公司
531	中国远洋运输（集团）总公司	570	中国电力投资集团公司
532	中国中化集团公司	571	中国人寿保险总公司
533	中国五矿集团公司	572	中国再保险公司
534	中国储备粮管理总公司	581	华润（集团）有限公司
535	中国移动通信集团公司	582	中国港中旅集团公司［香港中旅（集团）有限公司］
536	中国联合通信有限公司		
537	神华集团有限责任公司	583	国家核电技术有限公司
538	中粮集团有限公司	584	中国商用飞机有限责任公司
539	中国电子信息产业集团公司	585	中国航空工业集团公司

表 6　　民主党派机关、全国性人民团体代码表

代码	机构名称	代码	机构名称
711	中华全国总工会	762	中国残疾人联合会
712	中国共产主义青年团中央委员会	771	中国全国归国华侨联合会
713	中华全国妇女联合会	772	中华全国台湾同胞联谊会
714	中华全国工商业联合会	773	欧美同学会
715	中华职业教育社	774	黄埔军校同学会
716	中国职工思想政治工作研究会	777	中国藏学研究中心
717	中国关心下一代工作委员会	778	中国和平统一促进会
721	中国文学艺术界联合会	781	宋庆龄基金会
722	中华全国新闻工作者协会	791	中国民主同盟中央委员会
723	中国作家协会	792	中国国民党革命委员会中央委员会
724	中国计划生育协会	793	中国民主建国会中央委员会
726	中国法学会	794	中国民主促进会中央委员会
731	中国科学技术协会	795	中国农工民主党中央委员会
741	中国国际贸易促进委员会	796	中国致工党中央委员会
751	中国人民对外友好协会	797	九三学社中央委员会
752	中国人民外交学会	798	台湾民主自治同盟中央委员会
761	中国红十字会总会		

4.2　依据人大、国务院公布的机构排名次序排序的国务院机构名称代码和历次标准版本修订中代码变更情况的汇总参见附录 A、附录 B。

附　录　A
（资料性附录）
依据人大、国务院公布的机构排名次序排序的国务院机构名称代码表

A.1　全国人大机构代码排序表

A.1.1　全国人大常委会办公厅（见表 A.1）

表 A.1

序　号	机构名称	代　码
1	全国人大常委会办公厅	101

A.1.2　全国人大各专门委员会（见表 A.2）

表 A.2

序　号	机构名称	代　码
1	全国人大民族委员会	103
2	全国人大法律委员会	107
3	全国人大内务司法委员会	109
4	全国人大财政经济委员会	111
5	全国人大教育科学文化卫生委员会	113
6	全国人大外事委员会	115
7	全国人大华侨委员会	117
8	全国人大环境与资源保护委员会	102
9	全国人大农业与农村委员会	104

A. 1. 3　全国人大常委会各工作委员会（见表 A. 3）

表 A. 3

序　号	机构名称	代　码
1	全国人大常委会法制工作委员会	105
2	全国人大常委会预算工作委员会	106
3	全国人大常委会香港特别行政区基本法委员会	121
4	全国人大常委会澳门特别行政区基本法委员会	122

A. 2　国务院机构代码排序表

A. 2. 1　国务院办公厅（见表 A. 4）

表 A. 4

序　号	机构名称	代　码	备　注
1	国务院办公厅	434	

A. 2. 2　国务院组成部门（见表 A. 5）

表 A. 5

序　号	机构名称	代　码	备　注
1	外交部	301	
2	国防部	302	
3	国家发展和改革委员会	303	
4	教育部	360	
5	科学技术部	306	
6	工业和信息化部	339	
7	国家民族事务委员会	308	
8	公安部	312	
9	国家安全部	313	
10	监察部	311	
11	民政部	314	
12	司法部	315	
13	财政部	318	
14	人力资源和社会保障部	356	
15	国土资源部	334	
16	环境保护部	365	
17	住房和城乡建设部	333	
18	交通运输部	348	
19	铁道部	347	
20	水利部	332	
21	农业部	326	
22	商务部	366	
23	文化部	357	
24	卫生部	361	
25	人口计生委	363	
26	人民银行	320	
27	审计署	319	

A. 2. 3　国务院直属特设机构（见表 A. 6）

表 A. 6

序　号	机构名称	代　码	备　注
1	国务院国有资产监督管理委员会	448	

A. 2. 4　国务院直属机构（见表 A. 7）

表 A. 7

序　号	机构名称	代　码	备　注
1	中华人民共和国海关总署	415	
2	国家税务总局	444	
3	国家工商行政管理总局	414	
4	国家质量监督检验检疫总局	424	
5	国家广播电影电视总局	425	
6	国家新闻出版总署	421	国家版权局
7	国家体育总局	451	
8	国家安全生产监督管理总局	450	
9	国家统计局	410	
10	国家林业局	432	
11	国家知识产权局	463	
12	国家旅游局	420	
13	国家宗教事务局	427	
14	国务院参事室	429	
15	国务院机关事务管理局	430	
16	国家预防腐败局	621	在监察部挂牌

A. 2. 5　国务院办事机构（见表 A. 8）

表 A. 8

序　号	机构名称	代　码	备　注
1	国务院侨务办公室	435	
2	国务院港澳事务办公室	436	
3	国务院法制办公室	433	
4	国务院研究室	431	

A. 2. 6　国务院直属事业单位（见表 A. 9）

表 A. 9

序　号	机构名称	代　码	备　注
1	新华通讯社	490	
2	中国科学院	491	
3	中国社会科学院	492	

续表

序　号	机构名称	代　码	备　注
4	中国工程院	482	
5	国务院发展研究中心	493	
6	国家行政学院	483	
7	中国地震局	419	
8	中国气象局	416	
9	中国银行业监督管理委员会	622	
10	中国证券监督管理委员会	497	
11	中国保险监督管理委员会	498	
12	国家电力监管委员会	623	
13	全国社会保障基金理事会	484	
14	国家自然科学基金委员会	480	

A. 2. 7　国务院部委管理的国家局（见表 A. 10）

表 A. 10

序　号	机构名称	代　码	备　注
1	国家信访局	455	
2	国家粮食局	449	
3	国家能源局	624	
4	国家国防科技工业局	625	
5	国家烟草专卖局	456	事业编制
6	国家外国专家局	440	
7	国家公务员局	626	
8	国家海洋局	418	
9	国家测绘局	466	
10	中国民用航空局	417	
11	国家邮政局	443	
12	国家文物局	453	
13	国家食品药品监督管理局	464	
14	国家中医药管理局	468	
15	国家外汇管理局	445	
16	国家煤矿安全监察局	627	

A. 2. 8　国务院议事协调机构（见表 A. 11）

表 A. 11

序　号	机构名称	代　码	备　注
1	国务院扶贫开发领导小组办公室	486	
2	国务院三峡工程建设委员会办公室	499	
3	国务院南水北调工程建设委员会办公室	487	

附　录　B
（资料性附录）
历次标准版本修订中代码变更情况汇总

B.1　删除代码及其机构名称

下面列出了本标准在4次修订版本中删除的代码和机构名称。

B.1.1　在GB/T 4657—2009版本中删除的代码和机构名称（见表B.1）

表B.1

序　号	代　码	机构名称
1	304	国家经济贸易委员会
2	307	国防科学技术工业委员会
3	316	人事部
4	317	劳动和社会保障部
5	322	对外贸易经济合作部
6	438	国务院外事办公室
7	441	国务院经济体制改革办公室
8	467	国家环境保护局
9	519	中国航空工业第一集团公司
10	524	国家电力公司
11	526	中国航空工业第二集团公司
12	542	中国包装总公司
13	545	中国汽车工业总公司

B.1.2　在GB/T 4657—2002版本中删除的代码和机构名称（见表B.2）

表B.2

序　号	代　码	机构名称
1	305	国家经济体制改革委员会
2	321	国内贸易部
3	327	林业部
4	330	电力工业部
5	335	冶金工业部
6	336	机械工业部
7	342	煤炭工业部
8	344	化学工业部
9	349	邮电部
10	359	广播电影电视部
11	362	国家体育运动委员会

续表

序　号	代　码	机构名称
12	413	国家建筑材料工业局
13	422	国家技术监督局（国家质量技术监督局）
14	423	国家土地管理局
15	426	国家语言文字工作委员会
16	437	国务院特区办公室
17	448	国家国有资产管理局
18	458	国家核安全局
19	465	国家进出口商品检验局（国家出入境检验检疫局）
20	495	中国轻工总会
21	496	中国纺织总会
22	514	中国有色金属工业总公司

B. 1. 3　在 GB/T 4657—1995 版本中删除的代码和机构名称（见表 B. 3）

表 B. 3

序　号	代　码	机构名称
1	217	中央政治体制改革研究室
2	219	中央农村政策研究室
3	221	中央顾问委员会机关
4	324	物资部
5	328	机械电子工业部
6	329	航空航天工业部
7	331	能源部
8	345	纺织工业部
9	346	轻工业部
10	411	国家物价局
11	428	国家档案局
12	439	国务院台湾事务办公室
13	446	国家黄金管理局
14	447	国家矿产储量管理局
15	452	国家保密局
16	454	国家版权局
17	494	国务院农村发展研究中心
18	516	中国统配煤矿总公司
19	543	中国烟草总公司

B. 1. 4 在 GB/T 4657—1990 版本中删除的代码和机构名称（见表 B. 4）

表 B. 4

序 号	代 码	机构名称
1	304	国家经济委员会
2	336	机械工业部
3	337	核工业部
4	338	航空工业部
5	339	电子工业部
6	340	兵器工业部
7	341	航天工业部
8	342	煤炭工业部
9	343	石油工业部
10	356	劳动人事部
11	358	新华通讯社
12	412	国家物资局
13	461	国家标准局
14	462	国家计量局
15	471	国务院经济研究中心
16	472	国务院技术经济研究中心
17	473	国务院经济法规研究中心
18	474	国务院价格研究中心
19	475	中国农村发展研究中心
20	476	国际问题研究中心
21	541	中国丝绸公司

B. 2 机构名称变更沿用原代码

下面列出了本标准在 4 次修订版本中的机构名称变更情况。

B. 2. 1 在 GB/T 4657—2009 版本中的机构名称变更情况（见表 B. 5）

表 B. 5

序 号	现机构名称	原机构名称	代 码
1	国家发展和改革委员会	国家发展计划委员会	303
2	住房和城乡建设部	建设部	333
3	工业和信息化部	信息产业部	339
4	交通运输部	交通部	348
5	国家人口和计划生育委员会	国家计划生育委员会	363
6	中国民用航空局	中国民用航空总局	417
7	国家安全生产监督管理总局	国家安全生产监督管理局（国家煤矿安全检察局）	450

续表

序　号	现机构名称	原机构名称	代　码
8	国家食品药品监督管理局	国家药品监督管理局	464
9	国务院三峡工程建设委员会办公室	国务院三峡工程建设委员会	499
10	中国航天科工集团公司	中国航天机电集团公司	521
11	中国中化集团公司	中国化工进出口总公司	532
12	中国五矿集团公司	中国五金矿产进出口总公司	533
13	中粮集团有限公司	中国粮油食品进出口（集团）有限公司	538
14	宝钢集团有限公司	上海宝钢集团公司	558
15	中国港中旅集团公司［香港中旅（集团）有限公司］	香港中旅（集团）有限公司	582
16	中国建筑材料工业联合会	中国建筑材料工业协会	609

B.2.2　在 GB/T 4657—2002 版本中的机构名称变更情况（见表 B.6）

表 B.6

序　号	现机构名称	原机构名称	代　码
1	全国政协办公厅	政协全国委员会机关	131
2	中央对台工作领导小组办公室	中央台湾工作办公室	231
3	国家发展计划委员会	国家计划委员会	303
4	科学技术部	国家科学技术委员会	306
5	劳动和社会保障部	劳动部	317
6	国土资源部	地质矿产部	334
7	信息产业部	电子工业部	339
8	教育部	国家教育委员会	360
9	国家工商行政管理总局	国家工商行政管理局	414
10	中国地震局	国家地震局	419
11	国家新闻出版署（国家版权局）	新闻出版署（国家版权局）	421
12	国家宗教事务局	国务院宗教事务局	427
13	国务院法制办公室	国务院法制局	433
14	国家粮食局	国家粮食储备局	449
15	国家知识产权局	国家专利局	463
16	国家药品监督管理局	国家医药管理局	464
17	国家环境保护总局	国家环境保护局	467
18	中国建设银行	中国人民建设银行	504
19	中国船舶重工集团公司	中国船舶工业总公司	511
20	中国石油化工集团公司	中国石油化工总公司	513
21	中国石油天然气集团公司	中国石油天然气总公司	515
22	中国核工业集团公司	中国核工业总公司（国家原子能机构）	517
23	中国兵器工业集团公司	中国兵器工业总公司	518
24	中国航空工业第一集团公司	中国航空工业总公司	519
25	中国航天科技集团公司	中国航天工业总公司（国家航天局）	520
26	中华职业教育社	中华职教社	715
27	黄埔军校同学会	黄埔同学会	774
28	宋庆龄基金会	纪念宋庆龄国家名誉主席基金会	781

B. 2. 3　在 GB/T 4657—1995 版本中的机构名称变更情况（见表 B. 7）

表 B. 7

序　号	现机构名称	原机构名称	代　码
1	中央台湾工作办公室（国务院台湾事务办公室）	中央对台工作领导小组办公室	231
2	国内贸易部	商业部	321
3	对外贸易经济合作部	对外经济贸易部	322
4	中国气象局	国家气象局	416
5	中国民用航空总局	中国民用航空局	417
6	国务院港澳事务办公室	国务院港澳办公室	436
7	国家税务总局	国家税务局	444
8	国务院发展研究中心	国务院经济技术社会发展研究中心	493
9	中国汽车工业总公司	中国汽车工业联合会	545
10	中国残疾人联合会	残疾人联合会	762

B. 2. 4　在 GB/T 4657—1990 版本中的机构名称变更情况（见表 B. 8）

表 B. 8

序　号	现机构名称	原机构名称	代　码
1	水利部	水利电力部	332
2	建设部	城乡建设环境保护部	333
3	广播电影电视部	广播电视部	359
4	国家教育委员会	教育部	360
5	国家语言文字工作委员会	中国文字改革委员会	426

B. 3　新增代码及其机构名称

下面列出了本标准在 4 次修订版本中新增加的机构名称和代码。

B. 3. 1　在 GB/T 4657—2009 版本中新增加的机构名称和代码（见表 B. 9）

表 B. 9

序　号	代　码	机构名称
1	132	全国政协提案委员会
2	133	全国政协经济委员会
3	134	全国政协人口资源环境委员会
4	135	全国政协教科文卫体委员会
5	136	全国政协社会和法制委员会
6	137	全国政协民族和宗教委员会
7	138	全国政协港澳台侨委员会
8	139	全国政协外事委员会

续表

序　号	代　码	机构名称
9	140	全国政协文史和学习委员会
10	244	中央密码工作领导小组办公室（国家密码管理局）
11	247	中央防范和处理邪教问题领导小组办公室（国务院防范和处理邪教问题办公室）
12	291	中央社会主义学院
13	292	中国浦东干部学院
14	293	中国井冈山干部学院
15	294	中国延安干部学院
16	365	环境保护部
17	366	商务部
18	457	中国地质调查局
19	486	国务院扶贫开发领导小组办公室
20	487	国务院南水北调工程建设委员会办公室
21	488	中国工程物理研究院
22	489	科技日报社
23	507	中国电子科技集团公司
24	508	中国航空集团公司
25	509	中国东方航空集团公司
26	510	中国南方航空集团公司
27	525	中国网络通信集团公司
28	564	国家电网公司
29	565	中国南方电网有限责任公司
30	566	中国华能集团公司
31	567	中国大唐集团公司
32	568	中国华电集团公司
33	569	中国国电集团公司
34	570	中国电力投资集团公司
35	583	国家核电技术有限公司
36	584	中国商用飞机有限责任公司
37	585	中国航空工业集团公司
38	622	中国银行业监督管理委员会
39	623	国家电力监管委员会
40	624	国家能源局
41	625	国家国防科技工业局
42	626	国家公务员局
43	627	国家煤矿安全监察局
44	724	中国计划生育协会
45	777	中国藏学研究中心
46	778	中国和平统一促进会

B. 3. 2 在 GB/T 4657—2002 版本中新增加的机构名称和代码（见表 B. 10）

表 B. 10

序 号	代 码	机构名称
1	102	全国人大环境与资源保护委员会
2	104	全国人大农业与农村委员会
3	105	全国人大常委会法制工作委员会
4	106	全国人大常委会预算工作委员会
5	121	香港特别行政区基本法委员会
6	122	澳门特别行政区基本法委员会
7	226	中央外事工作领导小组办公室
8	234	中央直属机关事务管理局
9	236	中央金融工作委员会
10	237	中央企业工作委员会
11	238	中央香港工作委员会
12	239	中央澳门工作委员会
13	240	中央精神文明办公室
14	286	《求是》杂志社
15	287	光明日报社
16	288	中国日报社
17	289	经济日报社
18	290	中国外文出版发行事业局
19	424	国家质量监督检验检疫总局
20	425	国家广播电影电视总局
21	455	国家信访局
22	432	国家林业局
23	441	国务院经济体制改革办公室
24	442	中华全国供销合作总社
25	443	国家邮政局
26	450	国家安全生产监督管理局（国家煤矿安全检察局）
27	451	国家体育总局（中华全国体育总会）
28	469	中国国家标准化管理委员会（国家标准化管理局）
29	470	中国国家认证认可监督管理委员会（国家认证认可监督管理局）
30	498	中国保险监督管理委员会
31	499	国务院三峡工程建设委员会
32	601	中国商业联合会
33	602	中国物流与采购联合会
34	603	中国煤炭工业协会
35	604	中国机械工业联合会

续表

序　号	代　码	机构名称
36	605	中国钢铁工业协会
37	606	中国石油和化学工业协会
38	607	中国轻工业联合会（中华全国手工业合作总社）
39	608	中国纺织工业协会
40	609	中国建筑材料工业协会
41	610	中国有色金属工业协会
42	521	中国航天机电集团公司
43	522	中国船舶工业集团公司
44	523	中国光大（集团）总公司
45	524	国家电力公司
46	525	中色建设集团有限公司
47	526	中国航空工业第二集团公司
48	527	中国兵器装备集团公司
49	528	中国核工业建设集团公司
50	529	中国电信集团公司
51	530	中国铝业公司
52	531	中国远洋运输（集团）总公司
53	532	中国化工进出口总公司
54	533	中国五金矿产进出口总公司
55	534	中国储备粮管理总公司
56	535	中国移动通信集团公司
57	536	中国联合通信有限公司
58	537	神华集团有限责任公司
59	538	中国粮油食品进出口总公司
60	539	中国电子信息产业集团公司
61	540	中国通用技术（集团）控股有限责任公司
62	547	国家开发投资公司
63	548	中国长江三峡开发总公司
64	549	中国第一汽车集团公司
65	550	东风汽车公司
66	551	中国第一重型机械集团公司
67	552	中国第二重型机械集团公司
68	553	鞍山钢铁集团公司
69	554	武汉钢铁（集团）公司
70	555	中国海运（集团）总公司
71	556	哈尔滨电站设备集团公司

续表

序　号	代　码	机构名称
72	557	中国东方电气集团公司
73	558	上海宝钢（集团）公司
74	559	招商局集团有限公司
75	571	中国人寿保险总公司
76	572	中国再保险公司
77	581	华润（集团）有限公司
78	582	香港中旅（集团）有限公司
79	716	中国职工思想政治工作研究会
80	717	中国关心下一代工作委员会
81	791	中国民主同盟中央委员会
82	792	中国国民党革命委员会中央委员会
83	793	中国民主建国会中央委员会
84	794	中国民主促进会中央委员会
85	795	中国农工民主党中央委员会
86	796	中国致工党中央委员会
87	797	九三学社中央委员会
88	798	台湾民主自治同盟中央委员会

B. 3. 3　在 GB/T 4657—1995 版本中新增加的机构名称和代码（见表 B. 11）

表 B. 11

序　号	代　码	机构名称
1	216	中央政法委员会
2	218	中央政策研究室
3	223	中央对外宣传办公室（国务院新闻办公室）
4	224	中央财经领导小组办公室
5	225	中央机构编制委员会办公室
6	241	中央档案馆（国家档案局）
7	243	中央保密委员会办公室（国家保密局）
8	304	国家经济贸易委员会
9	330	电力工业部
10	336	机械工业部
11	339	电子工业部
12	342	煤炭工业部
13	449	国家粮食储备局
14	482	中国工程院
15	483	国家行政学院

续表

序　号	代　码	机构名称
16	495	中国轻工总会
17	496	中国纺织总会
18	497	中国证券监督管理委员会
19	506	交通银行
20	519	中国航空工业总公司
21	520	中国航天工业总公司（国家航天局）
22	560	国家开发银行
23	561	中国进出口银行
24	562	中国农业发展银行

B. 3. 4　在 GB/T 4657—1990 版本中新增加的机构名称和代码（见表 B. 12）

表 B. 12

序　号	代　码	机构名称
1	101	全国人大常委会办公厅
2	103	全国人大民族委员会
3	107	全国人大法律委员会
4	109	全国人大内务司法委员会
5	111	全国人大财政经济委员会
6	113	全国人大教育科学文化卫生委员会
7	115	全国人大外事委员会
8	117	全国人大华侨委员会
9	131	全国政协办公厅
10	151	最高人民检察院
11	161	最高人民法院
12	201	中央办公厅
13	203	中央组织部
14	211	中央宣传部
15	213	中央统战部
16	215	中央对外联络部
17	217	中央政治体制改革研究室
18	219	中央农村政策研究室
19	221	中央顾问委员会机关
20	222	中央纪律检查委员会
21	231	中央对台工作领导小组办公室
22	233	中央直属机关工作委员会
23	235	中央国家机关工作委员会
24	281	中央党校

续表

序　号	代　码	机构名称
25	282	人民日报社
26	283	中央党史研究室
27	284	中央文献研究室
28	285	中央编译局
29	311	监察部
30	316	人事部
31	317	劳动部
32	324	物资部
33	328	机械电子工业部
34	329	航空航天工业部
35	331	能源部
36	421	新闻出版署
37	422	国家技术监督局
38	423	国家土地管理局
39	431	国务院研究室
40	433	国务院法制局
41	437	国务院特区办公室
42	438	国务院外事办公室
43	439	国务院台湾事务办公室
44	440	国家外国专家局
45	444	国家税务总局
46	445	国家外汇管理局
47	446	国家黄金管理局
48	447	国家矿产储量管理局
49	448	国家国有资产管理局
50	452	国家保密局
51	453	国家文物局
52	454	国家版权局
53	456	国家烟草专卖局
54	458	国家核安全局
55	467	国家环境保护局
56	468	国家中医药管理局
57	480	国家自然科学基金委员会
58	481	国家信息中心
59	490	新华通讯社
60	493	国务院经济技术社会发展研究中心
61	494	国务院农村发展研究中心
62	515	中国石油天然气总公司
63	516	中国统配煤矿总公司
64	517	中国核工业总公司
65	518	中国兵器工业总公司
66	711	中华全国总工会

续表

序　号	代　码	机构名称
67	712	中国共产主义青年团中央委员会
68	713	中华全国妇女联合会
69	714	中华全国工商业联合会
70	715	中华教职社
71	721	中国文学艺术界联合会
72	722	中华全国新闻工作者协会
73	723	中国作家协会
74	726	中国法学会
75	752	中国人民外交学会
76	762	残疾人联合会
77	772	中华全国台湾同胞联谊会
78	773	欧美同学会
79	774	黄埔同学会
80	781	纪念宋庆龄国家名誉主席基金会

B.4　启用原代码及其机构名称

下面列出了本标准在4次修订版本中恢复启用的原代码及其机构名称。

B.4.1　在GB/T 4657—2009版本中恢复启用的原代码及其机构名称（见表B.13）。

表B.13

序　号	代　码	原机构名称	现机构名称
1	356	劳动人事部	人力资源和社会保障部
2	448	国家国有资产管理局	国务院国有资产监督管理委员会

B.4.2　在GB/T 4657—2002、GB/T 4657—1995和GB/T 4657—1990的3次修订版本中无恢复启用的原代码及其机构名称。

国家标准：《中华人民共和国行政区划代码》GB/T 2260—2007

前　　言

GB/T 2260《中华人民共和国行政区划代码》自1980年制定发布以来，已广泛应用于我国计划、统计、人口普查、工业普查、社会保障、信息化、教育、人事管理、组织机构管理等诸多领域。实践证明，此项标准是我国现代化管理中一项重要的基础标准。

关于行政区划代码，除GB/T 2260外，另有一项可与GB/T 2260配套使用的国家标准GB/T 10114—1988《县以下行政区划代码编制规则》。

GB/T 2260的本次修订以国家批准的1999年1月1日至2001年12月31日我国县级及县级以上行政区划变更为修订依据。

本次标准的修订版本代替 GB/T 2260—1999 版本。

本次标准的修订版本与 GB/T 2260—1999 版本相比主要变化如下：

——遵从 GB/T 1.1—2000《标准化工作导则　第 1 部分：标准的结构和编写规则》的要求，“引用标准”一章改为“规范性引用文件”，且其引导语有所改变；附录中说明附录性质的“提示的附录”改为“资料性附录”。

——增加了一项规范性引用文件：GB/T 3304—1991《中国各民族名称的罗马字母拼写法和代码》，并在标准的第 4.5 条中给出了相应的引用表述。

——代码表中“数字码”一词被替换为“代码”，标准第 3 章标题中的“数字代码”改为“行政区划代码”，标准第 4 章标题中的“字母代码”改为“行政区划名称的字母缩写代码”。

——根据 GB/T 20001.3—2001《标准编写规则　第 3 部分：信息分类编码》有关代码表中同层的编码对象名称要上下对齐的格式要求，将代码表中县名称与市辖区名称的排列格式统一改为左起空一个字的排列格式。

——根据行政区划变更情况对代码表所作的修改合计为：撤销代码 432 个，新赋代码 473 个；撤销字母码 94 个，新赋字母码 94 个；区划名称变化 152 处；参见附录 B。

——在附录 B“中华人民共和国行政区划代码变更对照表”中，增加了“字母码变更对照表”。

本标准的附录 A、附录 B 均为资料性附录。

本标准由中国标准研究中心提出并归口。

本标准由中国标准研究中心负责起草，中国测绘研究院参加起草。

本标准主要起草人：李小林、张铭、张爱、赵艳华、冯卫、张义。

本标准于 1980 年 12 月首次发布，1982 年第一次修订，1984 年第二次修订，1986 年第三次修订，1988 年第四次修订，1991 年第五次修订，1995 年第六次修订，1999 年第七次修订，本次为第八次修订。

国家标准：《中华人民共和国行政区划代码》GB/T 2260—2007

1　范围

本标准规定了中华人民共和国县级及县级以上行政区划代码，还规定了行政区划名称的字母缩写代码。

本标准适用于对县级及县级以上行政区划进行标识、信息处理和数据交换等过程。

对于县级以下的行政区划，GB/T 10114《县以下行政区划代码编制规则》可作为本标准的补充和延拓，与本标准配合使用。

2　规范性引用文件

下列文件中的条款通过本标准的引用而成为本标准的条款。凡是注日期的引用文件，其随后所有的修改单（不包括勘误的内容）或修订版均不适用于本标准，然而，鼓励根据本标准达成协议的各方研究是否可使用这些文件的最新版本。凡是不注日期的引用文件，其最新版本适用于本标准。

GB/T 3304—1991　中国各民族名称的罗马字母拼写法和代码

GB/T 7407—1997　中国及世界主要海运贸易港口代码

GB/T 15514—1998　中华人民共和国口岸及其有关地点代码

3　行政区划代码的编制原则和结构

3.1　本标准采用三层六位数字代码，按层次分别表示我国各省（自治区、直辖市、特别行政区）、市（地区、自治州、盟）、县（自治县、县级市、旗、自治旗、市辖区、林区、特区）。

3.2 行政区划代码从左至右的含义是：

第一层即前两位代码表示省、自治区、直辖市、特别行政区。

第二层即中间两位代码表示市、地区、自治州、盟、直辖市所属市辖区（县、县级市）汇总码、省（自治区）直辖县级行政单位汇总码，其中：

a）01—20、51—70 表示市，01、02、03 还用于表示直辖市所属市辖区（县、县级市）汇总码；

b）21—50 表示地区、自治州、盟；

c）90 表示省（自治区）直辖县级行政单位汇总码。

第三层即后两位表示县、自治县、县级市、旗、自治旗、市辖区、林区、特区，其中：

a）01—20 表示市辖区、地区（自治州、盟）辖县级市、市辖特区；

b）21—80 表示县、自治县、旗、自治旗、林区、地区辖特区；

c）81—99 表示省辖县级市。

3.3 为保证代码的惟一性，行政区划若有变更，原区划代码不再赋予其他行政区划。

4 行政区划名称的字母缩写代码编制原则和结构

4.1 行政区划名称字母缩写代码（简称字母码），遵循科学性、统一性、实用性编码原则，参照县及县以上行政区划名称汉语拼音的罗马字母拼写，取三位字母表示。

4.2 省、自治区、直辖市、特别行政区一级的行政区划名称字母码用两位字母表示。

4.3 行政区划名称字母码采用国家标准 GB/T 15514 或 GB/T 7407 的字母码，在代码表用 * 号标出。

4.4 以蒙古语、维吾尔语、藏语命名的行政区划名称，参照其各自语言音译转写的罗马字母拼写，取三位字母表示，并在代码表中用 * * 号标出。

4.5 除 4.4 条所述情况外，行政区划名称的罗马字母拼写一般采用汉语拼音形式，但当行政区划名称中含有民族名称时，该民族名称的罗马字母拼写采用 GB/T 3304—1991 规定的拼写形式。

注：①本标准根据实际工作需要，按照国家统计局 2004 年 9 月 30 日发布的标准进行了补充。

②代码表中删减了字母码。

省、自治区、直辖市、特别行政区代码表

代　码	名　称	字母码	代　码	名　称	字母码
110000	北京市	BJ	430000	湖南省	HN
120000	天津市	TJ	440000	广东省	GD
130000	河北省	HE	450000	广西壮族自治区	GX
140000	山西省	SX	460000	海南省	HI
150000	内蒙古自治区	NM	500000	重庆市	CQ
210000	辽宁省	LN	510000	四川省	SC
220000	吉林省	JL	520000	贵州省	GZ
230000	黑龙江省	HL	530000	云南省	YN
310000	上海市	SH	540000	西藏自治区	XZ
320000	江苏省	JS	610000	陕西省	SN
330000	浙江省	ZJ	620000	甘肃省	GS
340000	安徽省	AH	630000	青海省	QH
350000	福建省	FJ	640000	宁夏回族自治区	NX
360000	江西省	JX	650000	新疆维吾尔自治区	XJ
370000	山东省	SD	710000	台湾省	TW
410000	河南省	HA	810000	香港特别行政区	HK
420000	湖北省	HB	820000	澳门特别行政区	MO

续表

数字码	名称	数字码	名称	数字码	名称
110000	北京市	120223	静海县	130223	滦县
110100	市辖区	120225	蓟县	130224	滦南县
110101	东城区	130000	河北省	130225	乐亭县
110102	西城区	130100	石家庄市	130227	迁西县
110105	朝阳区	130101	市辖区	130229	玉田县
110106	丰台区	130102	长安区	130230	唐海县
110107	石景山区	130103	桥东区	130281	遵化市
110108	海淀区	130104	桥西区	130283	迁安市
110109	门头沟区	130105	新华区	130300	秦皇岛市
110111	房山区	130107	井陉矿区	130301	市辖区
110112	通州区	130108	裕华区	130302	海港区
110113	顺义区	130121	井陉县	130303	山海关区
110114	昌平区	130123	正定县	130304	北戴河区
110115	大兴区	130124	栾城县	130321	青龙满族自治县
110116	怀柔区	130125	行唐县	130322	昌黎县
110117	平谷区	130126	灵寿县	130323	抚宁县
110200	县	130127	高邑县	130324	卢龙县
110228	密云县	130128	深泽县	130400	邯郸市
110229	延庆县	130129	赞皇县	130401	市辖区
120000	天津市	130130	无极县	130402	邯山区
120100	市辖区	130131	平山县	130403	丛台区
120101	和平区	130132	元氏县	130404	复兴区
120102	河东区	130133	赵县	130406	峰峰矿区
120103	河西区	130181	辛集市	130421	邯郸县
120104	南开区	130182	藁城市	130423	临漳县
120105	河北区	130183	晋州市	130424	成安县
120106	红桥区	130184	新乐市	130425	大名县
120110	东丽区	130185	鹿泉市	130426	涉县
120111	西青区	130200	唐山市	130427	磁县
120112	津南区	130201	市辖区	130428	肥乡县
120113	北辰区	130202	路南区	130429	永年县
120114	武清区	130203	路北区	130430	邱县
120115	宝坻区	130204	古冶区	130431	鸡泽县
120116	滨海新区	130205	开平区	130432	广平县
120200	县	130207	丰南区	130433	馆陶县
120221	宁河县	130208	丰润区	130434	魏县

续表

数字码	名　　称	数字码	名　　称	数字码	名　　称
130435	曲周县	130629	容城县	130803	双滦区
130481	武安市	130630	涞源县	130804	鹰手营子矿区
130500	邢台市	130631	望都县	130821	承德县
130501	市辖区	130632	安新县	130822	兴隆县
130502	桥东区	130633	易县	130823	平泉县
130503	桥西区	130634	曲阳县	130824	滦平县
130521	邢台县	130635	蠡县	130825	隆化县
130522	临城县	130636	顺平县	130826	丰宁满族自治县
130523	内丘县	130637	博野县	130827	宽城满族自治县
130524	柏乡县	130638	雄县	130828	围场满族蒙古族自治县
130525	隆尧县	130681	涿州市	130900	沧州市
130526	任县	130682	定州市	130901	市辖区
130527	南和县	130683	安国市	130902	新华区
130528	宁晋县	130684	高碑店市	130903	运河区
130529	巨鹿县	130700	张家口市	130921	沧县
130530	新河县	130701	市辖区	130922	青县
130531	广宗县	130702	桥东区	130923	东光县
130532	平乡县	130703	桥西区	130924	海兴县
130533	威县	130705	宣化区	130925	盐山县
130534	清河县	130706	下花园区	130926	肃宁县
130535	临西县	130721	宣化县	130927	南皮县
130581	南宫市	130722	张北县	130928	吴桥县
130582	沙河市	130723	康保县	130929	献县
130600	保定市	130724	沽源县	130930	孟村回族自治县
130601	市辖区	130725	尚义县	130981	泊头市
130602	新市区	130726	蔚县	130982	任丘市
130603	北市区	130727	阳原县	130983	黄骅市
130604	南市区	130728	怀安县	130984	河间市
130621	满城县	130729	万全县	131000	廊坊市
130622	清苑县	130730	怀来县	131001	市辖区
130623	涞水县	130731	涿鹿县	131002	安次区
130624	阜平县	130732	赤城县	131003	广阳区
130625	徐水县	130733	崇礼县	131022	固安县
130626	定兴县	130800	承德市	131023	永清县
130627	唐县	130801	市辖区	131024	香河县
130628	高阳县	130802	双桥区	131025	大城县

续表

数字码	名　　称	数字码	名　　称	数字码	名　　称
131026	文安县	140221	阳高县	140581	高平市
131028	大厂回族自治县	140222	天镇县	140600	朔州市
131081	霸州市	140223	广灵县	140601	市辖区
131082	三河市	140224	灵丘县	140602	朔城区
131100	衡水市	140225	浑源县	140603	平鲁区
131101	市辖区	140226	左云县	140621	山阴县
131102	桃城区	140227	大同县	140622	应县
131121	枣强县	140300	阳泉市	140623	右玉县
131122	武邑县	140301	市辖区	140624	怀仁县
131123	武强县	140302	城区	140700	晋中市
131124	饶阳县	140303	矿区	140701	市辖区
131125	安平县	140311	郊区	140702	榆次区
131126	故城县	140321	平定县	140721	榆社县
131127	景县	140322	盂县	140722	左权县
131128	阜城县	140400	长治市	140723	和顺县
131181	冀州市	140401	市辖区	140724	昔阳县
131182	深州市	140402	城区	140725	寿阳县
140000	山西省	140411	郊区	140726	太谷县
140100	太原市	140421	长治县	140727	祁县
140101	市辖区	140423	襄垣县	140728	平遥县
140105	小店区	140424	屯留县	140729	灵石县
140106	迎泽区	140425	平顺县	140781	介休市
140107	杏花岭区	140426	黎城县	140800	运城市
140108	尖草坪区	140427	壶关县	140801	市辖区
140109	万柏林区	140428	长子县	140802	盐湖区
140110	晋源区	140429	武乡县	140821	临猗县
140121	清徐县	140430	沁县	140822	万荣县
140122	阳曲县	140431	沁源县	140823	闻喜县
140123	娄烦县	140481	潞城市	140824	稷山县
140181	古交市	140500	晋城市	140825	新绛县
140200	大同市	140501	市辖区	140826	绛县
140201	市辖区	140502	城区	140827	垣曲县
140202	城区	140521	沁水县	140828	夏县
140203	矿区	140522	阳城县	140829	平陆县
140211	南郊区	140524	陵川县	140830	芮城县
140212	新荣区	140525	泽州县	140881	永济市

续表

数字码	名　　称	数字码	名　　称	数字码	名　　称
140882	河津市	141100	吕梁市	150222	固阳县
140900	忻州市	141101	市辖区	150223	达尔罕茂明安联合旗
140901	市辖区	141102	离石区	150300	乌海市
140902	忻府区	141121	文水县	150301	市辖区
140921	定襄县	141122	交城县	150302	海勃湾区
140922	五台县	141123	兴县	150303	海南区
140923	代县	141124	临县	150304	乌达区
140924	繁峙县	141125	柳林县	150400	赤峰市
140925	宁武县	141126	石楼县	150401	市辖区
140926	静乐县	141127	岚县	150402	红山区
140927	神池县	141128	方山县	150403	元宝山区
140928	五寨县	141129	中阳县	150404	松山区
140929	岢岚县	141130	交口县	150421	阿鲁科尔沁旗
140930	河曲县	141181	孝义市	150422	巴林左旗
140931	保德县	141182	汾阳市	150423	巴林右旗
140932	偏关县	150000	内蒙古自治区	150424	林西县
140981	原平市	150100	呼和浩特市	150425	克什克腾旗
141000	临汾市	150101	市辖区	150426	翁牛特旗
141001	市辖区	150102	新城区	150428	喀喇沁旗
141002	尧都区	150103	回民区	150429	宁城县
141021	曲沃县	150104	玉泉区	150430	敖汉旗
141022	翼城县	150105	赛罕区	150500	通辽市
141023	襄汾县	150121	土默特左旗	150501	市辖区
141024	洪洞县	150122	托克托县	150502	科尔沁区
141025	古县	150123	和林格尔县	150521	科尔沁左翼中旗
141026	安泽县	150124	清水河县	150522	科尔沁左翼后旗
141027	浮山县	150125	武川县	150523	开鲁县
141028	吉县	150200	包头市	150524	库伦旗
141029	乡宁县	150201	市辖区	150525	奈曼旗
141030	大宁县	150202	东河区	150526	扎鲁特旗
141031	隰县	150203	昆都仑区	150581	霍林郭勒市
141032	永和县	150204	青山区	150600	鄂尔多斯市
141033	蒲县	150205	石拐区	150601	市辖区
141034	汾西县	150206	白云鄂博矿区	150602	东胜区
141081	侯马市	150207	九原区	150621	达拉特旗
141082	霍州市	150221	土默特右旗	150622	准格尔旗

续表

数字码	名　　称	数字码	名　　称	数字码	名　　称
150623	鄂托克前旗	150925	凉城县	210105	皇姑区
150624	鄂托克旗	150926	察哈尔右翼前旗	210106	铁西区
150625	杭锦旗	150927	察哈尔右翼中旗	210111	苏家屯区
150626	乌审旗	150928	察哈尔右翼后旗	210112	东陵区
150627	伊金霍洛旗	150929	四子王旗	210113	沈北新区
150700	呼伦贝尔市	150981	丰镇市	210114	于洪区
150701	市辖区	152200	兴安盟	210122	辽中县
150702	海拉尔区	152201	乌兰浩特市	210123	康平县
150721	阿荣旗	152202	阿尔山市	210124	法库县
150722	莫力达瓦达斡尔族自治旗	152221	科尔沁右翼前旗	210181	新民市
150723	鄂伦春自治旗	152222	科尔沁右翼中旗	210200	大连市
150724	鄂温克族自治旗	152223	扎赉特旗	210201	市辖区
150725	陈巴尔虎旗	152224	突泉县	210202	中山区
150726	新巴尔虎左旗	152500	锡林郭勒盟	210203	西岗区
150727	新巴尔虎右旗	152501	二连浩特市	210204	沙河口区
150781	满洲里市	152502	锡林浩特市	210211	甘井子区
150782	牙克石市	152522	阿巴嘎旗	210212	旅顺口区
150783	扎兰屯市	152523	苏尼特左旗	210213	金州区
150784	额尔古纳市	152524	苏尼特右旗	210224	长海县
150785	根河市	152525	东乌珠穆沁旗	210281	瓦房店市
150800	巴彦淖尔市	152526	西乌珠穆沁旗	210282	普兰店市
150801	市辖区	152527	太仆寺旗	210283	庄河市
150802	临河区	152528	镶黄旗	210300	鞍山市
150821	五原县	152529	正镶白旗	210301	市辖区
150822	磴口县	152530	正蓝旗	210302	铁东区
150823	乌拉特前旗	152531	多伦县	210303	铁西区
150824	乌拉特中旗	152900	阿拉善盟	210304	立山区
150825	乌拉特后旗	152921	阿拉善左旗	210311	千山区
150826	杭锦后旗	152922	阿拉善右旗	210321	台安县
150900	乌兰察布市	152923	额济纳旗	210323	岫岩满族自治县
150901	市辖区	210000	辽宁省	210381	海城市
150902	集宁区	210100	沈阳市	210400	抚顺市
150921	卓资县	210101	市辖区	210401	市辖区
150922	化德县	210102	和平区	210402	新抚区
150923	商都县	210103	沈河区	210403	东洲区
150924	兴和县	210104	大东区	210404	望花区

续表

数字码	名　称	数字码	名　称	数字码	名　称
210411	顺城区	210882	大石桥市	211302	双塔区
210421	抚顺县	210900	阜新市	211303	龙城区
210422	新宾满族自治县	210901	市辖区	211321	朝阳县
210423	清原满族自治县	210902	海州区	211322	建平县
210500	本溪市	210903	新邱区	211324	喀喇沁左翼蒙古族自治县
210501	市辖区	210904	太平区	211381	北票市
210502	平山区	210905	清河门区	211382	凌源市
210503	溪湖区	210911	细河区	211400	葫芦岛市
210504	明山区	210921	阜新蒙古族自治县	211401	市辖区
210505	南芬区	210922	彰武县	211402	连山区
210521	本溪满族自治县	211000	辽阳市	211403	龙港区
210522	桓仁满族自治县	211001	市辖区	211404	南票区
210600	丹东市	211002	白塔区	211421	绥中县
210601	市辖区	211003	文圣区	211422	建昌县
210602	元宝区	211004	宏伟区	211481	兴城市
210603	振兴区	211005	弓长岭区	220000	吉林省
210604	振安区	211011	太子河区	220100	长春市
210624	宽甸满族自治县	211021	辽阳县	220101	市辖区
210681	东港市	211081	灯塔市	220102	南关区
210682	凤城市	211100	盘锦市	220103	宽城区
210700	锦州市	211101	市辖区	220104	朝阳区
210701	市辖区	211102	双台子区	220105	二道区
210702	古塔区	211103	兴隆台区	220106	绿园区
210703	凌河区	211121	大洼县	220112	双阳区
210711	太和区	211122	盘山县	220122	农安县
210726	黑山县	211200	铁岭市	220181	九台市
210727	义县	211201	市辖区	220182	榆树市
210781	凌海市	211202	银州区	220183	德惠市
210782	北镇市	211204	清河区	220200	吉林市
210800	营口市	211221	铁岭县	220201	市辖区
210801	市辖区	211223	西丰县	220202	昌邑区
210802	站前区	211224	昌图县	220203	龙潭区
210803	西市区	211281	调兵山市	220204	船营区
210804	鲅鱼圈区	211282	开原市	220211	丰满区
210811	老边区	211300	朝阳市	220221	永吉县
210881	盖州市	211301	市辖区	220281	蛟河市

续表

数字码	名　称	数字码	名　称	数字码	名　称
220282	桦甸市	220702	宁江区	230127	木兰县
220283	舒兰市	220721	前郭尔罗斯蒙古族自治县	230128	通河县
220284	磐石市	220722	长岭县	230129	延寿县
220300	四平市	220723	乾安县	230182	双城市
220301	市辖区	220724	扶余县	230183	尚志市
220302	铁西区	220800	白城市	230184	五常市
220303	铁东区	220801	市辖区	230200	齐齐哈尔市
220322	梨树县	220802	洮北区	230201	市辖区
220323	伊通满族自治县	220821	镇赉县	230202	龙沙区
220381	公主岭市	220822	通榆县	230203	建华区
220382	双辽市	220881	洮南市	230204	铁锋区
220400	辽源市	220882	大安市	230205	昂昂溪区
220401	市辖区	222400	延边朝鲜族自治州	230206	富拉尔基区
220402	龙山区	222401	延吉市	230207	碾子山区
220403	西安区	222402	图们市	230208	梅里斯达斡尔族区
220421	东丰县	222403	敦化市	230221	龙江县
220422	东辽县	222404	珲春市	230223	依安县
220500	通化市	222405	龙井市	230224	泰来县
220501	市辖区	222406	和龙市	230225	甘南县
220502	东昌区	222424	汪清县	230227	富裕县
220503	二道江区	222426	安图县	230229	克山县
220521	通化县	230000	黑龙江省	230230	克东县
220523	辉南县	230100	哈尔滨市	230231	拜泉县
220524	柳河县	230101	市辖区	230281	讷河市
220581	梅河口市	230102	道里区	230300	鸡西市
220582	集安市	230103	南岗区	230301	市辖区
220600	白山市	230104	道外区	230302	鸡冠区
220601	市辖区	230108	平房区	230303	恒山区
220602	八道江区	230109	松北区	230304	滴道区
220605	江源区	230110	香坊区	230305	梨树区
220621	抚松县	230111	呼兰区	230306	城子河区
220622	靖宇县	230112	阿城区	230307	麻山区
220623	长白朝鲜族自治县	230123	依兰县	230321	鸡东县
220681	临江市	230124	方正县	230381	虎林市
220700	松原市	230125	宾县	230382	密山市
220701	市辖区	230126	巴彦县	230400	鹤岗市

续表

数字码	名称	数字码	名称	数字码	名称
230401	市辖区	230706	翠峦区	231005	西安区
230402	向阳区	230707	新青区	231024	东宁县
230403	工农区	230708	美溪区	231025	林口县
230404	南山区	230709	金山屯区	231081	绥芬河市
230405	兴安区	230710	五营区	231083	海林市
230406	东山区	230711	乌马河区	231084	宁安市
230407	兴山区	230712	汤旺河区	231085	穆棱市
230421	萝北县	230713	带岭区	231100	黑河市
230422	绥滨县	230714	乌伊岭区	231101	市辖区
230500	双鸭山市	230715	红星区	231102	爱辉区
230501	市辖区	230716	上甘岭区	231121	嫩江县
230502	尖山区	230722	嘉荫县	231123	逊克县
230503	岭东区	230781	铁力市	231124	孙吴县
230505	四方台区	230800	佳木斯市	231181	北安市
230506	宝山区	230801	市辖区	231182	五大连池市
230521	集贤县	230803	向阳区	231200	绥化市
230522	友谊县	230804	前进区	231201	市辖区
230523	宝清县	230805	东风区	231202	北林区
230524	饶河县	230811	郊区	231221	望奎县
230600	大庆市	230822	桦南县	231222	兰西县
230601	市辖区	230826	桦川县	231223	青冈县
230602	萨尔图区	230828	汤原县	231224	庆安县
230603	龙凤区	230833	抚远县	231225	明水县
230604	让胡路区	230881	同江市	231226	绥棱县
230605	红岗区	230882	富锦市	231281	安达市
230606	大同区	230900	七台河市	231282	肇东市
230621	肇州县	230901	市辖区	231283	海伦市
230622	肇源县	230902	新兴区	232700	大兴安岭地区
230623	林甸县	230903	桃山区	232721	呼玛县
230624	杜尔伯特蒙古族自治县	230904	茄子河区	232722	塔河县
230700	伊春市	230921	勃利县	232723	漠河县
230701	市辖区	231000	牡丹江市	310000	上海市
230702	伊春区	231001	市辖区	310100	市辖区
230703	南岔区	231002	东安区	310101	黄浦区
230704	友好区	231003	阳明区	310104	徐汇区
230705	西林区	231004	爱民区	310105	长宁区

续表

数字码	名　　称	数字码	名　　称	数字码	名　　称
310106	静安区	320205	锡山区	320583	昆山市
310107	普陀区	320206	惠山区	320584	吴江市
310108	闸北区	320211	滨湖区	320585	太仓市
310109	虹口区	320281	江阴市	320600	南通市
310110	杨浦区	320282	宜兴市	320601	市辖区
310112	闵行区	320300	徐州市	320602	崇川区
310113	宝山区	320301	市辖区	320611	港闸区
310114	嘉定区	320302	鼓楼区	320612	通州区
310115	浦东新区	320303	云龙区	320621	海安县
310116	金山区	320305	贾汪区	320623	如东县
310117	松江区	320311	泉山区	320681	启东市
310118	青浦区	320312	铜山区	320682	如皋市
310120	奉贤区	320321	丰县	320684	海门市
310200	县	320322	沛县	320700	连云港市
310230	崇明县	320324	睢宁县	320701	市辖区
320000	江苏省	320381	新沂市	320703	连云区
320100	南京市	320382	邳州市	320705	新浦区
320101	市辖区	320400	常州市	320706	海州区
320102	玄武区	320401	市辖区	320721	赣榆县
320103	白下区	320402	天宁区	320722	东海县
320104	秦淮区	320404	钟楼区	320723	灌云县
320105	建邺区	320405	戚墅堰区	320724	灌南县
320106	鼓楼区	320411	新北区	320800	淮安市
320107	下关区	320412	武进区	320801	市辖区
320111	浦口区	320481	溧阳市	320802	清河区
320113	栖霞区	320482	金坛市	320803	楚州区
320114	雨花台区	320500	苏州市	320804	淮阴区
320115	江宁区	320501	市辖区	320811	清浦区
320116	六合区	320502	沧浪区	320826	涟水县
320124	溧水县	320503	平江区	320829	洪泽县
320125	高淳县	320504	金阊区	320830	盱眙县
320200	无锡市	320505	虎丘区	320831	金湖县
320201	市辖区	320506	吴中区	320900	盐城市
320202	崇安区	320507	相城区	320901	市辖区
320203	南长区	320581	常熟市	320902	亭湖区
320204	北塘区	320582	张家港市	320903	盐都区

续表

数字码	名　称	数字码	名　称	数字码	名　称
320921	响水县	321323	泗阳县	330322	洞头县
320922	滨海县	321324	泗洪县	330324	永嘉县
320923	阜宁县	330000	浙江省	330326	平阳县
320924	射阳县	330100	杭州市	330327	苍南县
320925	建湖县	330101	市辖区	330328	文成县
320981	东台市	330102	上城区	330329	泰顺县
320982	大丰市	330103	下城区	330381	瑞安市
321000	扬州市	330104	江干区	330382	乐清市
321001	市辖区	330105	拱墅区	330400	嘉兴市
321002	广陵区	330106	西湖区	330401	市辖区
321003	邗江区	330108	滨江区	330402	南湖区
321012	江都区	330109	萧山区	330411	秀洲区
321023	宝应县	330110	余杭区	330421	嘉善县
321081	仪征市	330122	桐庐县	330424	海盐县
321084	高邮市	330127	淳安县	330481	海宁市
321100	镇江市	330182	建德市	330482	平湖市
321101	市辖区	330183	富阳市	330483	桐乡市
321102	京口区	330185	临安市	330500	湖州市
321111	润州区	330200	宁波市	330501	市辖区
321112	丹徒区	330201	市辖区	330502	吴兴区
321181	丹阳市	330203	海曙区	330503	南浔区
321182	扬中市	330204	江东区	330521	德清县
321183	句容市	330205	江北区	330522	长兴县
321200	泰州市	330206	北仑区	330523	安吉县
321201	市辖区	330211	镇海区	330600	绍兴市
321202	海陵区	330212	鄞州区	330601	市辖区
321203	高港区	330225	象山县	330602	越城区
321281	兴化市	330226	宁海县	330621	绍兴县
321282	靖江市	330281	余姚市	330624	新昌县
321283	泰兴市	330282	慈溪市	330681	诸暨市
321284	姜堰市	330283	奉化市	330682	上虞市
321300	宿迁市	330300	温州市	330683	嵊州市
321301	市辖区	330301	市辖区	330700	金华市
321302	宿城区	330302	鹿城区	330701	市辖区
321311	宿豫区	330303	龙湾区	330702	婺城区
321322	沭阳县	330304	瓯海区	330703	金东区

续表

数字码	名　　称	数字码	名　　称	数字码	名　　称
330723	武义县	331122	缙云县	340322	五河县
330726	浦江县	331123	遂昌县	340323	固镇县
330727	磐安县	331124	松阳县	340400	淮南市
330781	兰溪市	331125	云和县	340401	市辖区
330782	义乌市	331126	庆元县	340402	大通区
330783	东阳市	331127	景宁畲族自治县	340403	田家庵区
330784	永康市	331181	龙泉市	340404	谢家集区
330800	衢州市	340000	安徽省	340405	八公山区
330801	市辖区	340100	合肥市	340406	潘集区
330802	柯城区	340101	市辖区	340421	凤台县
330803	衢江区	340102	瑶海区	340500	马鞍山市
330822	常山县	340103	庐阳区	340501	市辖区
330824	开化县	340104	蜀山区	340502	金家庄区
330825	龙游县	340111	包河区	340503	花山区
330881	江山市	340121	长丰县	340504	雨山区
330900	舟山市	340122	肥东县	340521	当涂县
330901	市辖区	340123	肥西县	340522	含山县
330902	定海区	340124	庐江县	340523	和县
330903	普陀区	340181	巢湖市	340600	淮北市
330921	岱山县	340200	芜湖市	340601	市辖区
330922	嵊泗县	340201	市辖区	340602	杜集区
331000	台州市	340202	镜湖区	340603	相山区
331001	市辖区	340203	弋江区	340604	烈山区
331002	椒江区	340207	鸠江区	340621	濉溪县
331003	黄岩区	340208	三山区	340700	铜陵市
331004	路桥区	340221	芜湖县	340701	市辖区
331021	玉环县	340222	繁昌县	340702	铜官山区
331022	三门县	340223	南陵县	340703	狮子山区
331023	天台县	340225	无为县	340711	郊区
331024	仙居县	340300	蚌埠市	340721	铜陵县
331081	温岭市	340301	市辖区	340800	安庆市
331082	临海市	340302	龙子湖区	340801	市辖区
331100	丽水市	340303	蚌山区	340802	迎江区
331101	市辖区	340304	禹会区	340803	大观区
331102	莲都区	340311	淮上区	340811	宜秀区
331121	青田县	340321	怀远县	340822	怀宁县

续表

数字码	名　称	数字码	名　称	数字码	名　称
340823	枞阳县	341300	宿州市	341881	宁国市
340824	潜山县	341301	市辖区	350000	福建省
340825	太湖县	341302	埇桥区	350100	福州市
340826	宿松县	341321	砀山县	350101	市辖区
340827	望江县	341322	萧县	350102	鼓楼区
340828	岳西县	341323	灵璧县	350103	台江区
340881	桐城市	341324	泗县	350104	仓山区
341000	黄山市	341500	六安市	350105	马尾区
341001	市辖区	341501	市辖区	350111	晋安区
341002	屯溪区	341502	金安区	350121	闽侯县
341003	黄山区	341503	裕安区	350122	连江县
341004	徽州区	341521	寿县	350123	罗源县
341021	歙县	341522	霍邱县	350124	闽清县
341022	休宁县	341523	舒城县	350125	永泰县
341023	黟县	341524	金寨县	350128	平潭县
341024	祁门县	341525	霍山县	350181	福清市
341100	滁州市	341600	亳州市	350182	长乐市
341101	市辖区	341601	市辖区	350200	厦门市
341102	琅琊区	341602	谯城区	350201	市辖区
341103	南谯区	341621	涡阳县	350203	思明区
341122	来安县	341622	蒙城县	350205	海沧区
341124	全椒县	341623	利辛县	350206	湖里区
341125	定远县	341700	池州市	350211	集美区
341126	凤阳县	341701	市辖区	350212	同安区
341181	天长市	341702	贵池区	350213	翔安区
341182	明光市	341721	东至县	350300	莆田市
341200	阜阳市	341722	石台县	350301	市辖区
341201	市辖区	341723	青阳县	350302	城厢区
341202	颍州区	341800	宣城市	350303	涵江区
341203	颍东区	341801	市辖区	350304	荔城区
341204	颍泉区	341802	宣州区	350305	秀屿区
341221	临泉县	341821	郎溪县	350322	仙游县
341222	太和县	341822	广德县	350400	三明市
341225	阜南县	341823	泾县	350401	市辖区
341226	颍上县	341824	绩溪县	350402	梅列区
341282	界首市	341825	旌德县	350403	三元区

续表

数字码	名称	数字码	名称	数字码	名称
350421	明溪县	350681	龙海市	360102	东湖区
350423	清流县	350700	南平市	360103	西湖区
350424	宁化县	350701	市辖区	360104	青云谱区
350425	大田县	350702	延平区	360105	湾里区
350426	尤溪县	350721	顺昌县	360111	青山湖区
350427	沙县	350722	浦城县	360121	南昌县
350428	将乐县	350723	光泽县	360122	新建县
350429	泰宁县	350724	松溪县	360123	安义县
350430	建宁县	350725	政和县	360124	进贤县
350481	永安市	350781	邵武市	360200	景德镇市
350500	泉州市	350782	武夷山市	360201	市辖区
350501	市辖区	350783	建瓯市	360202	昌江区
350502	鲤城区	350784	建阳市	360203	珠山区
350503	丰泽区	350800	龙岩市	360222	浮梁县
350504	洛江区	350801	市辖区	360281	乐平市
350505	泉港区	350802	新罗区	360300	萍乡市
350521	惠安县	350821	长汀县	360301	市辖区
350524	安溪县	350822	永定县	360302	安源区
350525	永春县	350823	上杭县	360313	湘东区
350526	德化县	350824	武平县	360321	莲花县
350527	金门县	350825	连城县	360322	上栗县
350581	石狮市	350881	漳平市	360323	芦溪县
350582	晋江市	350900	宁德市	360400	九江市
350583	南安市	350901	市辖区	360401	市辖区
350600	漳州市	350902	蕉城区	360402	庐山区
350601	市辖区	350921	霞浦县	360403	浔阳区
350602	芗城区	350922	古田县	360421	九江县
350603	龙文区	350923	屏南县	360423	武宁县
350622	云霄县	350924	寿宁县	360424	修水县
350623	漳浦县	350925	周宁县	360425	永修县
350624	诏安县	350926	柘荣县	360426	德安县
350625	长泰县	350981	福安市	360427	星子县
350626	东山县	350982	福鼎市	360428	都昌县
350627	南靖县	360000	江西省	360429	湖口县
350628	平和县	360100	南昌市	360430	彭泽县
350629	华安县	360101	市辖区	360481	瑞昌市

续表

数字码	名称	数字码	名称	数字码	名称
360482	共青城市	360823	峡江县	361102	信州区
360500	新余市	360824	新干县	361121	上饶县
360501	市辖区	360825	永丰县	361122	广丰县
360502	渝水区	360826	泰和县	361123	玉山县
360521	分宜县	360827	遂川县	361124	铅山县
360600	鹰潭市	360828	万安县	361125	横峰县
360601	市辖区	360829	安福县	361126	弋阳县
360602	月湖区	360830	永新县	361127	余干县
360622	余江县	360881	井冈山市	361128	鄱阳县
360681	贵溪市	360900	宜春市	361129	万年县
360700	赣州市	360901	市辖区	361130	婺源县
360701	市辖区	360902	袁州区	361181	德兴市
360702	章贡区	360921	奉新县	370000	山东省
360721	赣县	360922	万载县	370100	济南市
360722	信丰县	360923	上高县	370101	市辖区
360723	大余县	360924	宜丰县	370102	历下区
360724	上犹县	360925	靖安县	370103	市中区
360725	崇义县	360926	铜鼓县	370104	槐荫区
360726	安远县	360981	丰城市	370105	天桥区
360727	龙南县	360982	樟树市	370112	历城区
360728	定南县	360983	高安市	370113	长清区
360729	全南县	361000	抚州市	370124	平阴县
360730	宁都县	361001	市辖区	370125	济阳县
360731	于都县	361002	临川区	370126	商河县
360732	兴国县	361021	南城县	370181	章丘市
360733	会昌县	361022	黎川县	370200	青岛市
360734	寻乌县	361023	南丰县	370201	市辖区
360735	石城县	361024	崇仁县	370202	市南区
360781	瑞金市	361025	乐安县	370203	市北区
360782	南康市	361026	宜黄县	370205	四方区
360800	吉安市	361027	金溪县	370211	黄岛区
360801	市辖区	361028	资溪县	370212	崂山区
360802	吉州区	361029	东乡县	370213	李沧区
360803	青原区	361030	广昌县	370214	城阳区
360821	吉安县	361100	上饶市	370281	胶州市
360822	吉水县	361101	市辖区	370282	即墨市

续表

数字码	名　称	数字码	名　称	数字码	名　称
370283	平度市	370682	莱阳市	370902	泰山区
370284	胶南市	370683	莱州市	370911	岱岳区
370285	莱西市	370684	蓬莱市	370921	宁阳县
370300	淄博市	370685	招远市	370923	东平县
370301	市辖区	370686	栖霞市	370982	新泰市
370302	淄川区	370687	海阳市	370983	肥城市
370303	张店区	370700	潍坊市	371000	威海市
370304	博山区	370701	市辖区	371001	市辖区
370305	临淄区	370702	潍城区	371002	环翠区
370306	周村区	370703	寒亭区	371081	文登市
370321	桓台县	370704	坊子区	371082	荣成市
370322	高青县	370705	奎文区	371083	乳山市
370323	沂源县	370724	临朐县	371100	日照市
370400	枣庄市	370725	昌乐县	371101	市辖区
370401	市辖区	370781	青州市	371102	东港区
370402	市中区	370782	诸城市	371103	岚山区
370403	薛城区	370783	寿光市	371121	五莲县
370404	峄城区	370784	安丘市	371122	莒县
370405	台儿庄区	370785	高密市	371200	莱芜市
370406	山亭区	370786	昌邑市	371201	市辖区
370481	滕州市	370800	济宁市	371202	莱城区
370500	东营市	370801	市辖区	371203	钢城区
370501	市辖区	370802	市中区	371300	临沂市
370502	东营区	370811	任城区	371301	市辖区
370503	河口区	370826	微山县	371302	兰山区
370521	垦利县	370827	鱼台县	371311	罗庄区
370522	利津县	370828	金乡县	371312	河东区
370523	广饶县	370829	嘉祥县	371321	沂南县
370600	烟台市	370830	汶上县	371322	郯城县
370601	市辖区	370831	泗水县	371323	沂水县
370602	芝罘区	370832	梁山县	371324	苍山县
370611	福山区	370881	曲阜市	371325	费县
370612	牟平区	370882	兖州市	371326	平邑县
370613	莱山区	370883	邹城市	371327	莒南县
370634	长岛县	370900	泰安市	371328	蒙阴县
370681	龙口市	370901	市辖区	371329	临沭县

续表

数字码	名称
371400	德州市
371401	市辖区
371402	德城区
371421	陵县
371422	宁津县
371423	庆云县
371424	临邑县
371425	齐河县
371426	平原县
371427	夏津县
371428	武城县
371481	乐陵市
371482	禹城市
371500	聊城市
371501	市辖区
371502	东昌府区
371521	阳谷县
371522	莘县
371523	茌平县
371524	东阿县
371525	冠县
371526	高唐县
371581	临清市
371600	滨州市
371601	市辖区
371602	滨城区
371621	惠民县
371622	阳信县
371623	无棣县
371624	沾化县
371625	博兴县
371626	邹平县
371700	菏泽市
371701	市辖区
371702	牡丹区
371721	曹县
371722	单县
371723	成武县
371724	巨野县
371725	郓城县
371726	鄄城县
371727	定陶县
371728	东明县
410000	河南省
410100	郑州市
410101	市辖区
410102	中原区
410103	二七区
410104	管城回族区
410105	金水区
410106	上街区
410108	惠济区
410122	中牟县
410181	巩义市
410182	荥阳市
410183	新密市
410184	新郑市
410185	登封市
410200	开封市
410201	市辖区
410202	龙亭区
410203	顺河回族区
410204	鼓楼区
410205	禹王台区
410211	金明区
410221	杞县
410222	通许县
410223	尉氏县
410224	开封县
410225	兰考县
410300	洛阳市
410301	市辖区
410302	老城区
410303	西工区
410304	瀍河回族区
410305	涧西区
410306	吉利区
410311	洛龙区
410322	孟津县
410323	新安县
410324	栾川县
410325	嵩县
410326	汝阳县
410327	宜阳县
410328	洛宁县
410329	伊川县
410381	偃师市
410400	平顶山市
410401	市辖区
410402	新华区
410403	卫东区
410404	石龙区
410411	湛河区
410421	宝丰县
410422	叶县
410423	鲁山县
410425	郏县
410481	舞钢市
410482	汝州市
410500	安阳市
410501	市辖区
410502	文峰区
410503	北关区
410505	殷都区
410506	龙安区
410522	安阳县
410523	汤阴县
410526	滑县

续表

数字码	名　称	数字码	名　称	数字码	名　称
410527	内黄县	410901	市辖区	411323	西峡县
410581	林州市	410902	华龙区	411324	镇平县
410600	鹤壁市	410922	清丰县	411325	内乡县
410601	市辖区	410923	南乐县	411326	淅川县
410602	鹤山区	410926	范县	411327	社旗县
410603	山城区	410927	台前县	411328	唐河县
410611	淇滨区	410928	濮阳县	411329	新野县
410621	浚县	411000	许昌市	411330	桐柏县
410622	淇县	411001	市辖区	411381	邓州市
410700	新乡市	411002	魏都区	411400	商丘市
410701	市辖区	411023	许昌县	411401	市辖区
410702	红旗区	411024	鄢陵县	411402	梁园区
410703	卫滨区	411025	襄城县	411403	睢阳区
410704	凤泉区	411081	禹州市	411421	民权县
410711	牧野区	411082	长葛市	411422	睢县
410721	新乡县	411100	漯河市	411423	宁陵县
410724	获嘉县	411101	市辖区	411424	柘城县
410725	原阳县	411102	源汇区	411425	虞城县
410726	延津县	411103	郾城区	411426	夏邑县
410727	封丘县	411104	召陵区	411481	永城市
410728	长垣县	411121	舞阳县	411500	信阳市
410781	卫辉市	411122	临颍县	411501	市辖区
410782	辉县市	411200	三门峡市	411502	浉河区
410800	焦作市	411201	市辖区	411503	平桥区
410801	市辖区	411202	湖滨区	411521	罗山县
410802	解放区	411221	渑池县	411522	光山县
410803	中站区	411222	陕县	411523	新县
410804	马村区	411224	卢氏县	411524	商城县
410811	山阳区	411281	义马市	411525	固始县
410821	修武县	411282	灵宝市	411526	潢川县
410822	博爱县	411300	南阳市	411527	淮滨县
410823	武陟县	411301	市辖区	411528	息县
410825	温县	411302	宛城区	411600	周口市
410882	沁阳市	411303	卧龙区	411601	市辖区
410883	孟州市	411321	南召县	411602	川汇区
410900	濮阳市	411322	方城县	411621	扶沟县

续表

数字码	名　　称	数字码	名　　称	数字码	名　　称
411622	西华县	420116	黄陂区	420601	市辖区
411623	商水县	420117	新洲区	420602	襄城区
411624	沈丘县	420200	黄石市	420606	樊城区
411625	郸城县	420201	市辖区	420607	襄州区
411626	淮阳县	420202	黄石港区	420624	南漳县
411627	太康县	420203	西塞山区	420625	谷城县
411628	鹿邑县	420204	下陆区	420626	保康县
411681	项城市	420205	铁山区	420682	老河口市
411700	驻马店市	420222	阳新县	420683	枣阳市
411701	市辖区	420281	大冶市	420684	宜城市
411702	驿城区	420300	十堰市	420700	鄂州市
411721	西平县	420301	市辖区	420701	市辖区
411722	上蔡县	420302	茅箭区	420702	梁子湖区
411723	平舆县	420303	张湾区	420703	华容区
411724	正阳县	420321	郧县	420704	鄂城区
411725	确山县	420322	郧西县	420800	荆门市
411726	泌阳县	420323	竹山县	420801	市辖区
411727	汝南县	420324	竹溪县	420802	东宝区
411728	遂平县	420325	房县	420804	掇刀区
411729	新蔡县	420381	丹江口市	420821	京山县
419000	省直辖县级行政区划	420500	宜昌市	420822	沙洋县
419001	济源市	420501	市辖区	420881	钟祥市
420000	湖北省	420502	西陵区	420900	孝感市
420100	武汉市	420503	伍家岗区	420901	市辖区
420101	市辖区	420504	点军区	420902	孝南区
420102	江岸区	420505	猇亭区	420921	孝昌县
420103	江汉区	420506	夷陵区	420922	大悟县
420104	硚口区	420525	远安县	420923	云梦县
420105	汉阳区	420526	兴山县	420981	应城市
420106	武昌区	420527	秭归县	420982	安陆市
420107	青山区	420528	长阳土家族自治县	420984	汉川市
420111	洪山区	420529	五峰土家族自治县	421000	荆州市
420112	东西湖区	420581	宜都市	421001	市辖区
420113	汉南区	420582	当阳市	421002	沙市区
420114	蔡甸区	420583	枝江市	421003	荆州区
420115	江夏区	420600	襄阳市	421022	公安县

续表

数字码	名　称	数字码	名　称	数字码	名　称
421023	监利县	422826	咸丰县	430381	湘乡市
421024	江陵县	422827	来凤县	430382	韶山市
421081	石首市	422828	鹤峰县	430400	衡阳市
421083	洪湖市	429000	省直辖县级行政区划	430401	市辖区
421087	松滋市	429004	仙桃市	430405	珠晖区
421100	黄冈市	429005	潜江市	430406	雁峰区
421101	市辖区	429006	天门市	430407	石鼓区
421102	黄州区	429021	神农架林区	430408	蒸湘区
421121	团风县	430000	湖南省	430412	南岳区
421122	红安县	430100	长沙市	430421	衡阳县
421123	罗田县	430101	市辖区	430422	衡南县
421124	英山县	430102	芙蓉区	430423	衡山县
421125	浠水县	430103	天心区	430424	衡东县
421126	蕲春县	430104	岳麓区	430426	祁东县
421127	黄梅县	430105	开福区	430481	耒阳市
421181	麻城市	430111	雨花区	430482	常宁市
421182	武穴市	430112	望城区	430500	邵阳市
421200	咸宁市	430121	长沙县	430501	市辖区
421201	市辖区	430124	宁乡县	430502	双清区
421202	咸安区	430181	浏阳市	430503	大祥区
421221	嘉鱼县	430200	株洲市	430511	北塔区
421222	通城县	430201	市辖区	430521	邵东县
421223	崇阳县	430202	荷塘区	430522	新邵县
421224	通山县	430203	芦淞区	430523	邵阳县
421281	赤壁市	430204	石峰区	430524	隆回县
421300	随州市	430211	天元区	430525	洞口县
421301	市辖区	430221	株洲县	430527	绥宁县
421303	曾都区	430223	攸县	430528	新宁县
421321	随县	430224	茶陵县	430529	城步苗族自治县
421381	广水市	430225	炎陵县	430581	武冈市
422800	恩施土家族苗族自治州	430281	醴陵市	430600	岳阳市
422801	恩施市	430300	湘潭市	430601	市辖区
422802	利川市	430301	市辖区	430602	岳阳楼区
422822	建始县	430302	雨湖区	430603	云溪区
422823	巴东县	430304	岳塘区	430611	君山区
422825	宣恩县	430321	湘潭县	430621	岳阳县

续表

数字码	名　　称	数字码	名　　称	数字码	名　　称
430623	华容县	431023	永兴县	431302	娄星区
430624	湘阴县	431024	嘉禾县	431321	双峰县
430626	平江县	431025	临武县	431322	新化县
430681	汨罗市	431026	汝城县	431381	冷水江市
430682	临湘市	431027	桂东县	431382	涟源市
430700	常德市	431028	安仁县	433100	湘西土家族苗族自治州
430701	市辖区	431081	资兴市	433101	吉首市
430702	武陵区	431100	永州市	433122	泸溪县
430703	鼎城区	431101	市辖区	433123	凤凰县
430721	安乡县	431102	零陵区	433124	花垣县
430722	汉寿县	431103	冷水滩区	433125	保靖县
430723	澧县	431121	祁阳县	433126	古丈县
430724	临澧县	431122	东安县	433127	永顺县
430725	桃源县	431123	双牌县	433130	龙山县
430726	石门县	431124	道县	440000	广东省
430781	津市市	431125	江永县	440100	广州市
430800	张家界市	431126	宁远县	440101	市辖区
430801	市辖区	431127	蓝山县	440103	荔湾区
430802	永定区	431128	新田县	440104	越秀区
430811	武陵源区	431129	江华瑶族自治县	440105	海珠区
430821	慈利县	431200	怀化市	440106	天河区
430822	桑植县	431201	市辖区	440111	白云区
430900	益阳市	431202	鹤城区	440112	黄埔区
430901	市辖区	431221	中方县	440113	番禺区
430902	资阳区	431222	沅陵县	440114	花都区
430903	赫山区	431223	辰溪县	440115	南沙区
430921	南县	431224	溆浦县	440116	萝岗区
430922	桃江县	431225	会同县	440183	增城市
430923	安化县	431226	麻阳苗族自治县	440184	从化市
430981	沅江市	431227	新晃侗族自治县	440200	韶关市
431000	郴州市	431228	芷江侗族自治县	440201	市辖区
431001	市辖区	431229	靖州苗族侗族自治县	440203	武江区
431002	北湖区	431230	通道侗族自治县	440204	浈江区
431003	苏仙区	431281	洪江市	440205	曲江区
431021	桂阳县	431300	娄底市	440222	始兴县
431022	宜章县	431301	市辖区	440224	仁化县

续表

数字码	名　　称	数字码	名　　称	数字码	名　　称
440229	翁源县	440703	蓬江区	441300	惠州市
440232	乳源瑶族自治县	440704	江海区	441301	市辖区
440233	新丰县	440705	新会区	441302	惠城区
440281	乐昌市	440781	台山市	441303	惠阳区
440282	南雄市	440783	开平市	441322	博罗县
440300	深圳市	440784	鹤山市	441323	惠东县
440301	市辖区	440785	恩平市	441324	龙门县
440303	罗湖区	440800	湛江市	441400	梅州市
440304	福田区	440801	市辖区	441401	市辖区
440305	南山区	440802	赤坎区	441402	梅江区
440306	宝安区	440803	霞山区	441421	梅县
440307	龙岗区	440804	坡头区	441422	大埔县
440308	盐田区	440811	麻章区	441423	丰顺县
440400	珠海市	440823	遂溪县	441424	五华县
440401	市辖区	440825	徐闻县	441426	平远县
440402	香洲区	440881	廉江市	441427	蕉岭县
440403	斗门区	440882	雷州市	441481	兴宁市
440404	金湾区	440883	吴川市	441500	汕尾市
440500	汕头市	440900	茂名市	441501	市辖区
440501	市辖区	440901	市辖区	441502	城区
440507	龙湖区	440902	茂南区	441521	海丰县
440511	金平区	440903	茂港区	441523	陆河县
440512	濠江区	440923	电白县	441581	陆丰市
440513	潮阳区	440981	高州市	441600	河源市
440514	潮南区	440982	化州市	441601	市辖区
440515	澄海区	440983	信宜市	441602	源城区
440523	南澳县	441200	肇庆市	441621	紫金县
440600	佛山市	441201	市辖区	441622	龙川县
440601	市辖区	441202	端州区	441623	连平县
440604	禅城区	441203	鼎湖区	441624	和平县
440605	南海区	441223	广宁县	441625	东源县
440606	顺德区	441224	怀集县	441700	阳江市
440607	三水区	441225	封开县	441701	市辖区
440608	高明区	441226	德庆县	441702	江城区
440700	江门市	441283	高要市	441721	阳西县
440701	市辖区	441284	四会市	441723	阳东县

续表

数字码	名　称	数字码	名　称	数字码	名　称
441781	阳春市	450103	青秀区	450327	灌阳县
441800	清远市	450105	江南区	450328	龙胜各族自治县
441801	市辖区	450107	西乡塘区	450329	资源县
441802	清城区	450108	良庆区	450330	平乐县
441821	佛冈县	450109	邕宁区	450331	荔蒲县
441823	阳山县	450122	武鸣县	450332	恭城瑶族自治县
441825	连山壮族瑶族自治县	450123	隆安县	450400	梧州市
441826	连南瑶族自治县	450124	马山县	450401	市辖区
441827	清新县	450125	上林县	450403	万秀区
441881	英德市	450126	宾阳县	450404	蝶山区
441882	连州市	450127	横县	450405	长洲区
441900	东莞市	450200	柳州市	450421	苍梧县
442000	中山市	450201	市辖区	450422	藤县
445100	潮州市	450202	城中区	450423	蒙山县
445101	市辖区	450203	鱼峰区	450481	岑溪市
445102	湘桥区	450204	柳南区	450500	北海市
445121	潮安县	450205	柳北区	450501	市辖区
445122	饶平县	450221	柳江县	450502	海城区
445200	揭阳市	450222	柳城县	450503	银海区
445201	市辖区	450223	鹿寨县	450512	铁山港区
445202	榕城区	450224	融安县	450521	合浦县
445221	揭东县	450225	融水苗族自治县	450600	防城港市
445222	揭西县	450226	三江侗族自治县	450601	市辖区
445224	惠来县	450300	桂林市	450602	港口区
445281	普宁市	450301	市辖区	450603	防城区
445300	云浮市	450302	秀峰区	450621	上思县
445301	市辖区	450303	叠彩区	450681	东兴市
445302	云城区	450304	象山区	450700	钦州市
445321	新兴县	450305	七星区	450701	市辖区
445322	郁南县	450311	雁山区	450702	钦南区
445323	云安县	450321	阳朔县	450703	钦北区
445381	罗定市	450322	临桂县	450721	灵山县
450000	广西壮族自治区	450323	灵川县	450722	浦北县
450100	南宁市	450324	全州县	450800	贵港市
450101	市辖区	450325	兴安县	450801	市辖区
450102	兴宁区	450326	永福县	450802	港北区

续表

数字码	名　称	数字码	名　称	数字码	名　称
450803	港南区	451222	天峨县	469001	五指山市
450804	覃塘区	451223	凤山县	469002	琼海市
450821	平南县	451224	东兰县	469003	儋州市
450881	桂平市	451225	罗城仫佬族自治县	469005	文昌市
450900	玉林市	451226	环江毛南族自治县	469006	万宁市
450901	市辖区	451227	巴马瑶族自治县	469007	东方市
450902	玉州区	451228	都安瑶族自治县	469021	定安县
450921	容县	451229	大化瑶族自治县	469022	屯昌县
450922	陆川县	451281	宜州市	469023	澄迈县
450923	博白县	451300	来宾市	469024	临高县
450924	兴业县	451301	市辖区	469025	白沙黎族自治县
450981	北流市	451302	兴宾区	469026	昌江黎族自治县
451000	百色市	451321	忻城县	469027	乐东黎族自治县
451001	市辖区	451322	象州县	469028	陵水黎族自治县
451002	右江区	451323	武宣县	469029	保亭黎族苗族自治县
451021	田阳县	451324	金秀瑶族自治县	469030	琼中黎族苗族自治县
451022	田东县	451381	合山市	469031	西沙群岛
451023	平果县	451400	崇左市	469032	南沙群岛
451024	德保县	451401	市辖区	469033	中沙群岛的岛礁及其海域
451025	靖西县	451402	江洲区	500000	重庆市
451026	那坡县	451421	扶绥县	500100	市辖区
451027	凌云县	451422	宁明县	500101	万州区
451028	乐业县	451423	龙州县	500102	涪陵区
451029	田林县	451424	大新县	500103	渝中区
451030	西林县	451425	天等县	500104	大渡口区
451031	隆林各族自治县	451481	凭祥市	500105	江北区
451100	贺州市	460000	海南省	500106	沙坪坝区
451101	市辖区	460100	海口市	500107	九龙坡区
451102	八步区	460101	市辖区	500108	南岸区
451121	昭平县	460105	秀英区	500109	北碚区
451122	钟山县	460106	龙华区	500110	綦江区
451123	富川瑶族自治县	460107	琼山区	500111	大足区
451200	河池市	460108	美兰区	500112	渝北区
451201	市辖区	460200	三亚市	500113	巴南区
451202	金城江区	460201	市辖区	500114	黔江区
451221	南丹县	469000	省直辖县级行政区划	500115	长寿区

续表

数字码	名称	数字码	名称	数字码	名称
500116	江津区	510121	金堂县	510603	旌阳区
500117	合川区	510122	双流县	510623	中江县
500118	永川区	510124	郫县	510626	罗江县
500119	南川区	510129	大邑县	510681	广汉市
500200	县	510131	蒲江县	510682	什邡市
500223	潼南县	510132	新津县	510683	绵竹市
500224	铜梁县	510181	都江堰市	510700	绵阳市
500226	荣昌县	510182	彭州市	510701	市辖区
500227	璧山县	510183	邛崃市	510703	涪城区
500228	梁平县	510184	崇州市	510704	游仙区
500229	城口县	510300	自贡市	510722	三台县
500230	丰都县	510301	市辖区	510723	盐亭县
500231	垫江县	510302	自流井区	510724	安县
500232	武隆县	510303	贡井区	510725	梓潼县
500233	忠县	510304	大安区	510726	北川羌族自治县
500234	开县	510311	沿滩区	510727	平武县
500235	云阳县	510321	荣县	510781	江油市
500236	奉节县	510322	富顺县	510800	广元市
500237	巫山县	510400	攀枝花市	510801	市辖区
500238	巫溪县	510401	市辖区	510802	利州区
500240	石柱土家族自治县	510402	东区	510811	元坝区
500241	秀山土家族苗族自治县	510403	西区	510812	朝天区
500242	酉阳土家族苗族自治县	510411	仁和区	510821	旺苍县
500243	彭水苗族土家族自治县	510421	米易县	510822	青川县
510000	四川省	510422	盐边县	510823	剑阁县
510100	成都市	510500	泸州市	510824	苍溪县
510101	市辖区	510501	市辖区	510900	遂宁市
510104	锦江区	510502	江阳区	510901	市辖区
510105	青羊区	510503	纳溪区	510903	船山区
510106	金牛区	510504	龙马潭区	510904	安居区
510107	武侯区	510521	泸县	510921	蓬溪县
510108	成华区	510522	合江县	510922	射洪县
510112	龙泉驿区	510524	叙永县	510923	大英县
510113	青白江区	510525	古蔺县	511000	内江市
510114	新都区	510600	德阳市	511001	市辖区
510115	温江区	510601	市辖区	511002	市中区

续表

数字码	名　称	数字码	名　称	数字码	名　称
511011	东兴区	511500	宜宾市	511826	芦山县
511024	威远县	511501	市辖区	511827	宝兴县
511025	资中县	511502	翠屏区	511900	巴中市
511028	隆昌县	511503	南溪区	511901	市辖区
511100	乐山市	511521	宜宾县	511902	巴州区
511101	市辖区	511523	江安县	511921	通江县
511102	市中区	511524	长宁县	511922	南江县
511111	沙湾区	511525	高县	511923	平昌县
511112	五通桥区	511526	珙县	512000	资阳市
511113	金口河区	511527	筠连县	512001	市辖区
511123	犍为县	511528	兴文县	512002	雁江区
511124	井研县	511529	屏山县	512021	安岳县
511126	夹江县	511600	广安市	512022	乐至县
511129	沐川县	511601	市辖区	512081	简阳市
511132	峨边彝族自治县	511602	广安区	513200	阿坝藏族羌族自治州
511133	马边彝族自治县	511621	岳池县	513221	汶川县
511181	峨眉山市	511622	武胜县	513222	理县
511300	南充市	511623	邻水县	513223	茂县
511301	市辖区	511681	华蓥市	513224	松潘县
511302	顺庆区	511700	达州市	513225	九寨沟县
511303	高坪区	511701	市辖区	513226	金川县
511304	嘉陵区	511702	通川区	513227	小金县
511321	南部县	511721	达县	513228	黑水县
511322	营山县	511722	宣汉县	513229	马尔康县
511323	蓬安县	511723	开江县	513230	壤塘县
511324	仪陇县	511724	大竹县	513231	阿坝县
511325	西充县	511725	渠县	513232	若尔盖县
511381	阆中市	511781	万源市	513233	红原县
511400	眉山市	511800	雅安市	513300	甘孜藏族自治州
511401	市辖区	511801	市辖区	513321	康定县
511402	东坡区	511802	雨城区	513322	泸定县
511421	仁寿县	511821	名山县	513323	丹巴县
511422	彭山县	511822	荥经县	513324	九龙县
511423	洪雅县	511823	汉源县	513325	雅江县
511424	丹棱县	511824	石棉县	513326	道孚县
511425	青神县	511825	天全县	513327	炉霍县

续表

数字码	名　　称	数字码	名　　称	数字码	名　　称
513328	甘孜县	520113	白云区	520501	市辖区
513329	新龙县	520114	小河区	520502	七星关区
513330	德格县	520121	开阳县	520521	大方县
513331	白玉县	520122	息烽县	520522	黔西县
513332	石渠县	520123	修文县	520523	金沙县
513333	色达县	520181	清镇市	520524	织金县
513334	理塘县	520200	六盘水市	520525	纳雍县
513335	巴塘县	520201	钟山区	520526	威宁彝族回族苗族自治县
513336	乡城县	520203	六枝特区	520527	赫章县
513337	稻城县	520221	水城县	520600	铜仁市
513338	得荣县	520222	盘县	520601	市辖区
513400	凉山彝族自治州	520300	遵义市	520602	碧江区
513401	西昌市	520301	市辖区	520603	万山区
513422	木里藏族自治县	520302	红花岗区	520621	江口县
513423	盐源县	520303	汇川区	520622	玉屏侗族自治县
513424	德昌县	520321	遵义县	520623	石阡县
513425	会理县	520322	桐梓县	520624	思南县
513426	会东县	520323	绥阳县	520625	印江土家族苗族自治县
513427	宁南县	520324	正安县	520626	德江县
513428	普格县	520325	道真仡佬族苗族自治县	520627	沿河土家族自治县
513429	布拖县	520326	务川仡佬族苗族自治县	520628	松桃苗族自治县
513430	金阳县	520327	凤冈县	522300	黔西南布依族苗族自治州
513431	昭觉县	520328	湄潭县	522301	兴义市
513432	喜德县	520329	余庆县	522322	兴仁县
513433	冕宁县	520330	习水县	522323	普安县
513434	越西县	520381	赤水市	522324	晴隆县
513435	甘洛县	520382	仁怀市	522325	贞丰县
513436	美姑县	520400	安顺市	522326	望谟县
513437	雷波县	520401	市辖区	522327	册亨县
520000	贵州省	520402	西秀区	522328	安龙县
520100	贵阳市	520421	平坝县	522600	黔东南苗族侗族自治州
520101	市辖区	520422	普定县	522601	凯里市
520102	南明区	520423	镇宁布依族苗族自治县	522622	黄平县
520103	云岩区	520424	关岭布依族苗族自治县	522623	施秉县
520111	花溪区	520425	紫云苗族布依族自治县	522624	三穗县
520112	乌当区	520500	毕节市	522625	镇远县

续表

数字码	名　称	数字码	名　称	数字码	名　称
522626	岑巩县	530126	石林彝族自治县	530602	昭阳区
522627	天柱县	530127	嵩明县	530621	鲁甸县
522628	锦屏县	530128	禄劝彝族苗族自治县	530622	巧家县
522629	剑河县	530129	寻甸回族彝族自治县	530623	盐津县
522630	台江县	530181	安宁市	530624	大关县
522631	黎平县	530300	曲靖市	530625	永善县
522632	榕江县	530301	市辖区	530626	绥江县
522633	从江县	530302	麒麟区	530627	镇雄县
522634	雷山县	530321	马龙县	530628	彝良县
522635	麻江县	530322	陆良县	530629	威信县
522636	丹寨县	530323	师宗县	530630	水富县
522700	黔南布依族苗族自治州	530324	罗平县	530700	丽江市
522701	都匀市	530325	富源县	530701	市辖区
522702	福泉市	530326	会泽县	530702	古城区
522722	荔波县	530328	沾益县	530721	玉龙纳西族自治县
522723	贵定县	530381	宣威市	530722	永胜县
522725	瓮安县	530400	玉溪市	530723	华坪县
522726	独山县	530401	市辖区	530724	宁蒗彝族自治县
522727	平塘县	530402	红塔区	530800	普洱市
522728	罗甸县	530421	江川县	530801	市辖区
522729	长顺县	530422	澄江县	530802	思茅区
522730	龙里县	530423	通海县	530821	宁洱哈尼族彝族自治县
522731	惠水县	530424	华宁县	530822	墨江哈尼族自治县
522732	三都水族自治县	530425	易门县	530823	景东彝族自治县
530000	云南省	530426	峨山彝族自治县	530824	景谷傣族彝族自治县
530100	昆明市	530427	新平彝族傣族自治县	530825	镇沅彝族哈尼族拉祜族自治县
530101	市辖区	530428	元江哈尼族彝族傣族自治县	530826	江城哈尼族彝族自治县
530102	五华区	530500	保山市	530827	孟连傣族拉祜族佤族自治县
530103	盘龙区	530501	市辖区	530828	澜沧拉祜族自治县
530111	官渡区	530502	隆阳区	530829	西盟佤族自治县
530112	西山区	530521	施甸县	530900	临沧市
530113	东川区	530522	腾冲县	530901	市辖区
530114	呈贡区	530523	龙陵县	530902	临翔区
530122	晋宁县	530524	昌宁县	530921	凤庆县
530124	富民县	530600	昭通市	530922	云县
530125	宜良县	530601	市辖区	530923	永德县

续表

数字码	名　称	数字码	名　称	数字码	名　称
530924	镇康县	532627	广南县	540101	市辖区
530925	双江拉祜族佤族布朗族傣族自治县	532628	富宁县	540102	城关区
530926	耿马傣族佤族自治县	532800	西双版纳傣族自治州	540121	林周县
530927	沧源佤族自治县	532801	景洪市	540122	当雄县
532300	楚雄彝族自治州	532822	勐海县	540123	尼木县
532301	楚雄市	532823	勐腊县	540124	曲水县
532322	双柏县	532900	大理白族自治州	540125	堆龙德庆县
532323	牟定县	532901	大理市	540126	达孜县
532324	南华县	532922	漾濞彝族自治县	540127	墨竹工卡县
532325	姚安县	532923	祥云县	542100	昌都地区
532326	大姚县	532924	宾川县	542121	昌都县
532327	永仁县	532925	弥渡县	542122	江达县
532328	元谋县	532926	南涧彝族自治县	542123	贡觉县
532329	武定县	532927	巍山彝族回族自治县	542124	类乌齐县
532331	禄丰县	532928	永平县	542125	丁青县
532500	红河哈尼族彝族自治州	532929	云龙县	542126	察雅县
532501	个旧市	532930	洱源县	542127	八宿县
532502	开远市	532931	剑川县	542128	左贡县
532503	蒙自市	532932	鹤庆县	542129	芒康县
532523	屏边苗族自治县	533100	德宏傣族景颇族自治州	542132	洛隆县
532524	建水县	533102	瑞丽市	542133	边坝县
532525	石屏县	533103	芒市	542200	山南地区
532526	弥勒县	533122	梁河县	542221	乃东县
532527	泸西县	533123	盈江县	542222	扎囊县
532528	元阳县	533124	陇川县	542223	贡嘎县
532529	红河县	533300	怒江傈僳族自治州	542224	桑日县
532530	金平苗族瑶族傣族自治县	533321	泸水县	542225	琼结县
532531	绿春县	533323	福贡县	542226	曲松县
532532	河口瑶族自治县	533324	贡山独龙族怒族自治县	542227	措美县
532600	文山壮族苗族自治州	533325	兰坪白族普米族自治县	542228	洛扎县
532601	文山市	533400	迪庆藏族自治州	542229	加查县
532622	砚山县	533421	香格里拉县	542231	隆子县
532623	西畴县	533422	德钦县	542232	错那县
532624	麻栗坡县	533423	维西傈僳族自治县	542233	浪卡子县
532625	马关县	540000	西藏自治区	542300	日喀则地区
532626	丘北县	540100	拉萨市	542301	日喀则市

续表

数字码	名称	数字码	名称	数字码	名称
542322	南木林县	542624	墨脱县	610400	咸阳市
542323	江孜县	542625	波密县	610401	市辖区
542324	定日县	542626	察隅县	610402	秦都区
542325	萨迦县	542627	朗县	610403	杨陵区
542326	拉孜县	610000	陕西省	610404	渭城区
542327	昂仁县	610100	西安市	610422	三原县
542328	谢通门县	610101	市辖区	610423	泾阳县
542329	白朗县	610102	新城区	610424	乾县
542330	仁布县	610103	碑林区	610425	礼泉县
542331	康马县	610104	莲湖区	610426	永寿县
542332	定结县	610111	灞桥区	610427	彬县
542333	仲巴县	610112	未央区	610428	长武县
542334	亚东县	610113	雁塔区	610429	旬邑县
542335	吉隆县	610114	阎良区	610430	淳化县
542336	聂拉木县	610115	临潼区	610431	武功县
542337	萨嘎县	610116	长安区	610481	兴平市
542338	岗巴县	610122	蓝田县	610500	渭南市
542400	那曲地区	610124	周至县	610501	市辖区
542421	那曲县	610125	户县	610502	临渭区
542422	嘉黎县	610126	高陵县	610521	华县
542423	比如县	610200	铜川市	610522	潼关县
542424	聂荣县	610201	市辖区	610523	大荔县
542425	安多县	610202	王益区	610524	合阳县
542426	申扎县	610203	印台区	610525	澄城县
542427	索县	610204	耀州区	610526	蒲城县
542428	班戈县	610222	宜君县	610527	白水县
542429	巴青县	610300	宝鸡市	610528	富平县
542430	尼玛县	610301	市辖区	610581	韩城市
542500	阿里地区	610302	渭滨区	610582	华阴市
542521	普兰县	610303	金台区	610600	延安市
542522	札达县	610304	陈仓区	610601	市辖区
542523	噶尔县	610322	凤翔县	610602	宝塔区
542524	日土县	610323	岐山县	610621	延长县
542525	革吉县	610324	扶风县	610622	延川县
542526	改则县	610326	眉县	610623	子长县
542527	措勤县	610327	陇县	610624	安塞县
542600	林芝地区	610328	千阳县	610625	志丹县
542621	林芝县	610329	麟游县	610626	吴起县
542622	工布江达县	610330	凤县	610627	甘泉县
542623	米林县	610331	太白县	610628	富县

续表

数字码	名　称	数字码	名　称	数字码	名　称
610629	洛川县	610927	镇坪县	620521	清水县
610630	宜川县	610928	旬阳县	620522	秦安县
610631	黄龙县	610929	白河县	620523	甘谷县
610632	黄陵县	611000	商洛市	620524	武山县
610700	汉中市	611001	市辖区	620525	张家川回族自治县
610701	市辖区	611002	商州区	620600	武威市
610702	汉台区	611021	洛南县	620601	市辖区
610721	南郑县	611022	丹凤县	620602	凉州区
610722	城固县	611023	商南县	620621	民勤县
610723	洋县	611024	山阳县	620622	古浪县
610724	西乡县	611025	镇安县	620623	天祝藏族自治县
610725	勉县	611026	柞水县	620700	张掖市
610726	宁强县	620000	甘肃省	620701	市辖区
610727	略阳县	620100	兰州市	620702	甘州区
610728	镇巴县	620101	市辖区	620721	肃南裕固族自治县
610729	留坝县	620102	城关区	620722	民乐县
610730	佛坪县	620103	七里河区	620723	临泽县
610800	榆林市	620104	西固区	620724	高台县
610801	市辖区	620105	安宁区	620725	山丹县
610802	榆阳区	620111	红古区	620800	平凉市
610821	神木县	620121	永登县	620801	市辖区
610822	府谷县	620122	皋兰县	620802	崆峒区
610823	横山县	620123	榆中县	620821	泾川县
610824	靖边县	620200	嘉峪关市	620822	灵台县
610825	定边县	620201	市辖区	620823	崇信县
610826	绥德县	620300	金昌市	620824	华亭县
610827	米脂县	620301	市辖区	620825	庄浪县
610828	佳县	620302	金川区	620826	静宁县
610829	吴堡县	620321	永昌县	620900	酒泉市
610830	清涧县	620400	白银市	620901	市辖区
610831	子洲县	620401	市辖区	620902	肃州区
610900	安康市	620402	白银区	620921	金塔县
610901	市辖区	620403	平川区	620922	瓜州县
610902	汉滨区	620421	靖远县	620923	肃北蒙古族自治县
610921	汉阴县	620422	会宁县	620924	阿克塞哈萨克族自治县
610922	石泉县	620423	景泰县	620981	玉门市
610923	宁陕县	620500	天水市	620982	敦煌市
610924	紫阳县	620501	市辖区	621000	庆阳市
610925	岚皋县	620502	秦州区	621001	市辖区
610926	平利县	620503	麦积区	621002	西峰区

续表

数字码	名　　称	数字码	名　　称	数字码	名　　称
621021	庆城县	623023	舟曲县	632622	班玛县
621022	环县	623024	迭部县	632623	甘德县
621023	华池县	623025	玛曲县	632624	达日县
621024	合水县	623026	碌曲县	632625	久治县
621025	正宁县	623027	夏河县	632626	玛多县
621026	宁县	630000	青海省	632700	玉树藏族自治州
621027	镇原县	630100	西宁市	632721	玉树县
621100	定西市	630101	市辖区	632722	杂多县
621101	市辖区	630102	城东区	632723	称多县
621102	安定区	630103	城中区	632724	治多县
621121	通渭县	630104	城西区	632725	囊谦县
621122	陇西县	630105	城北区	632726	曲麻莱县
621123	渭源县	630121	大通回族土族自治县	632800	海西蒙古族藏族自治州
621124	临洮县	630122	湟中县	632801	格尔木市
621125	漳县	630123	湟源县	632802	德令哈市
621126	岷县	632100	海东地区	632821	乌兰县
621200	陇南市	632121	平安县	632822	都兰县
621201	市辖区	632122	民和回族土族自治县	632823	天峻县
621202	武都区	632123	乐都县	640000	宁夏回族自治区
621221	成县	632126	互助土族自治县	640100	银川市
621222	文县	632127	化隆回族自治县	640101	市辖区
621223	宕昌县	632128	循化撒拉族自治县	640104	兴庆区
621224	康县	632200	海北藏族自治州	640105	西夏区
621225	西和县	632221	门源回族自治县	640106	金凤区
621226	礼县	632222	祁连县	640121	永宁县
621227	徽县	632223	海晏县	640122	贺兰县
621228	两当县	632224	刚察县	640181	灵武市
622900	临夏回族自治州	632300	黄南藏族自治州	640200	石嘴山市
622901	临夏市	632321	同仁县	640201	市辖区
622921	临夏县	632322	尖扎县	640202	大武口区
622922	康乐县	632323	泽库县	640205	惠农区
622923	永靖县	632324	河南蒙古族自治县	640221	平罗县
622924	广河县	632500	海南藏族自治州	640300	吴忠市
622925	和政县	632521	共和县	640301	市辖区
622926	东乡族自治县	632522	同德县	640302	利通区
622927	积石山保安族东乡族撒拉族自治县	632523	贵德县	640303	红寺堡区
623000	甘南藏族自治州	632524	兴海县	640323	盐池县
623001	合作市	632525	贵南县	640324	同心县
623021	临潭县	632600	果洛藏族自治州	640381	青铜峡市
623022	卓尼县	632621	玛沁县	640400	固原市

续表

数字码	名　　称
640401	市辖区
640402	原州区
640422	西吉县
640423	隆德县
640424	泾源县
640425	彭阳县
640500	中卫市
640501	市辖区
640502	沙坡头区
640521	中宁县
640522	海原县
650000	新疆维吾尔自治区
650100	乌鲁木齐市
650101	市辖区
650102	天山区
650103	沙依巴克区
650104	新市区
650105	水磨沟区
650106	头屯河区
650107	达坂城区
650109	米东区
650121	乌鲁木齐县
650200	克拉玛依市
650201	市辖区
650202	独山子区
650203	克拉玛依区
650204	白碱滩区
650205	乌尔禾区
652100	吐鲁番地区
652101	吐鲁番市
652122	鄯善县
652123	托克逊县
652200	哈密地区
652201	哈密市
652222	巴里坤哈萨克自治县
652223	伊吾县
652300	昌吉回族自治州
652301	昌吉市
652302	阜康市
652323	呼图壁县
652324	玛纳斯县
652325	奇台县
652327	吉木萨尔县
652328	木垒哈萨克自治县

数字码	名　　称
652700	博尔塔拉蒙古自治州
652701	博乐市
652722	精河县
652723	温泉县
652800	巴音郭楞蒙古自治州
652801	库尔勒市
652822	轮台县
652823	尉犁县
652824	若羌县
652825	且末县
652826	焉耆回族自治县
652827	和静县
652828	和硕县
652829	博湖县
652900	阿克苏地区
652901	阿克苏市
652922	温宿县
652923	库车县
652924	沙雅县
652925	新和县
652926	拜城县
652927	乌什县
652928	阿瓦提县
652929	柯坪县
653000	克孜勒苏柯尔克孜自治州
653001	阿图什市
653022	阿克陶县
653023	阿合奇县
653024	乌恰县
653100	喀什地区
653101	喀什市
653121	疏附县
653122	疏勒县
653123	英吉沙县
653124	泽普县
653125	莎车县
653126	叶城县
653127	麦盖提县
653128	岳普湖县
653129	伽师县
653130	巴楚县
653131	塔什库尔干塔吉克自治县

数字码	名　　称
653200	和田地区
653201	和田市
653221	和田县
653222	墨玉县
653223	皮山县
653224	洛浦县
653225	策勒县
653226	于田县
653227	民丰县
654000	伊犁哈萨克自治州
654002	伊宁市
654003	奎屯市
654021	伊宁县
654022	察布查尔锡伯自治县
654023	霍城县
654024	巩留县
654025	新源县
654026	昭苏县
654027	特克斯县
654028	尼勒克县
654200	塔城地区
654201	塔城市
654202	乌苏市
654221	额敏县
654223	沙湾县
654224	托里县
654225	裕民县
654226	和布克赛尔蒙古自治县
654300	阿勒泰地区
654301	阿勒泰市
654321	布尔津县
654322	富蕴县
654323	福海县
654324	哈巴河县
654325	青河县
654326	吉木乃县
659000	自治区直辖县级行政区划
659001	石河子市
659002	阿拉尔市
659003	图木舒克市
659004	五家渠市
659005	北屯市

国家标准：《国民经济行业分类与代码》GB /T 4754—2011

中华人民共和国国家标准公告（2011 年第 5 号）

国家质量监督检验检疫总局、国家标准化管理委员会批准《国民经济行业分类》

国家标准，现予以公布（见附件）。

1. 范围

本标准规定了全社会经济活动的分类与代码。

本标准适用于在统计、计划、财政、税收、工商等国家宏观管理中，对经济活动的分类，并用于信息处理和信息交换。

2. 术语和定义

下列术语和定义适用于本文件。

2.1 行业（industry）

行业（或产业）是指从事相同性质的经济活动的所有单位的集合。

2.2 主要活动（principal activity）

当一个单位对外从事两种以上的经济活动时，占其单位增加值份额最大的一种活动称为主要活动。如果无法用增加值确定单位的主要活动，可依据销售收入、营业收入或从业人员确定主要活动。

与主要活动相对应的是次要活动和辅助活动。次要活动是指一个单位对外从事的所有经济活动中，除主要活动以外的经济活动。辅助活动是指一个单位的全部活动中，不对外提供产品和劳务的活动。辅助活动是为保证本单位主要活动和次要活动正常运转而进行的一种内部活动。

2.3 单位（unit）

本标准中的单位是指有效地开展各种经济活动的实体，是划分国民经济行业的载体。

2.4 产业活动单位（establishment）

产业活动单位是法人单位的附属单位。产业活动单位应具备下列条件：

——在一个场所从事一种或主要从事一种经济活动；

——相对独立地组织生产、经营或业务活动；

——能够掌握收入和支出等资料。

2.5 法人单位（corporate unit）

具备下列条件的单位为法人单位：

——依法成立，有自己的名称、组织机构和场所，能够独立承担民事责任；

——独立拥有和使用（或授权使用）资产，承担负债，有权与其他单位签定合同；

——会计上独立核算，能够编制资产负债表。

3. 分类的原则和规定

3.1 划分行业的原则

本标准采用经济活动的同质性原则划分国民经济行业。即每一个行业类别按照同一种经济活动的性质划分，而不是依据编制、会计制度或部门管理等划分。

3.2 行业分类的基本单位

根据联合国《所有经济活动的国际标准产业分类》（ISIC Rev. 4），本标准主要以产业活动单位和法人单位作为划分行业的单位。采用产业活动单位划分行业，适合生产统计和其他不以资产负债、财务状况为对象的统计调查；采用法人单位划分行业，适合以资产负债、财务状况为对象的统计调查。

在以法人单位划分行业时，应将由多法人组成的企业集团、集团公司等联合性企业中的每个法人单位区分开，按单个法人单位划分行业。

3.3 确定单位行业归属的原则

本标准按照单位的主要经济活动确定其行业性质。当单位从事一种经济活动时，则按照该经济活动确定单位的行业；当单位从事两种以上的经济活动时，则按照主要活动确定单位的行业。

4. 编码方法和代码结构

4.1 本标准采用线分类法和分层次编码方法，将国民经济行业划分为门类、大类、中类和小类四级。代码由一位拉丁字母和四位阿拉伯数字组成。

门类代码用一位拉丁字母表示，即用字母 A、B、C……依次代表不同门类；大类代码用两位阿拉伯数字表示，打破门类界限，从01开始按顺序编码；中类代码用三位阿拉伯数字表示，前两位为大类代码，第三位为中类顺序代码；小类代码用四位阿拉伯数字表示，前三位为中类代码，第四位为小类顺序代码。

4.2 本标准的中类和小类，根据需要设立带有“其他”字样的收容项。为了便于识别，原则上规定收容项的代码尾数为“9”。

4.3 当本标准大类、中类不再细分时，代码补“0”直至第四位。

目　　录

门类	大类	中类	小类	类别名称	说明
A				**农、林、牧、渔业**	本门类包括01—05大类。
	01			**农业**	指对各种农作物的种植
		011		谷物种植	指以收获籽实为主，供人类食用的农作物的种植，如稻谷、小麦、玉米等农作物的种植
			0111	稻谷种植	
			0112	小麦种植	
			0113	玉米种植	
			0119	其他谷物种植	
		012		豆类、油料和薯类种植	
			0121	豆类种植	
			0122	油料种植	
			0123	薯类种植	
		013		棉、麻、糖、烟草种植	
			0131	棉花种植	
			0132	麻类种植	
			0133	糖料种植	指用于制糖的甘蔗和甜菜的种植
			0134	烟草种植	
		014		蔬菜、食用菌及园艺作物种植	
			0141	蔬菜种植	
			0142	食用菌种植	
			0143	花卉种植	
			0149	其他园艺作物种植	
		015		水果种植	
			0151	仁果类和核果类水果种植	指苹果、梨、桃、杏、李子等水果种植
			0152	葡萄种植	
			0153	柑橘类种植	
			0154	香蕉等亚热带水果种植	指香蕉、菠萝、芒果等亚热带水果种植
			0159	其他水果种植	
		016		坚果、含油果、香料和饮料作物种植	
			0161	坚果种植	
			0162	含油果种植	指椰子、橄榄、油棕榈等的种植
			0163	香料作物种植	
			0169	茶及其他饮料作物种植	
		017	0170	中药材种植	指主要用于中药配制以及中成药加工的药材作物的种植
		019	0190	其他农业	指上述未列明的农作物种植
	02			**林业**	
		021		林木育种和育苗	
			0211	林木育种	指应用遗传学原理选育和繁殖林木新品种核心的栽植材料的林木遗传改良活动

续表

代码				类别名称	说明
门类	大类	中类	小类		
			0212	林木育苗	指通过人为活动将种子、穗条或植物其他组织培育成苗木的活动
		022	0220	造林和更新	指在宜林荒山荒地荒沙、采伐迹地、火烧迹地、疏林地、灌木林地等一切可造林的土地上通过人工造林、人工更新、封山育林、飞播造林等方式培育和恢复森林的活动
		023	0230	森林经营和管护	指为促进林木生长发育，在林木生长的不同时期进行的促进林木生长发育的活动
		024		木材和竹材采运	指对林木和竹木的采伐，并将其运出山场至贮木场的生产活动
			0241	木材采运	
			0242	竹材采运	
		025		林产品采集	指在天然林地和人工林地进行的各种林木产品和其他野生植物的采集等活动
			0251	木竹材林产品采集	
			0252	非木竹材林产品采集	指在天然林地和人工林地进行的除木材、竹材产品外的其他各种林产品的采集活动
	03			**畜牧业**	指为了获得各种畜禽产品而从事的动物饲养、捕捉活动
		031		牲畜饲养	
			0311	牛的饲养	
			0312	马的饲养	
			0313	猪的饲养	
			0314	羊的饲养	
			0315	骆驼饲养	
			0319	其他牲畜饲养	
		032		家禽饲养	
			0321	鸡的饲养	
			0322	鸭的饲养	
			0323	鹅的饲养	
			0329	其他家禽饲养	
		033	0330	狩猎和捕捉动物	指对各种野生动物的捕捉以及与此相关的活动
		039	0390	其他畜牧业	
	04			**渔业**	
		041		水产养殖	
			0411	海水养殖	指利用海水对各种水生动植物的养殖
			0412	内陆养殖	指在内陆水域进行的各种水生动植物的养殖
		042		水产捕捞	
			0421	海水捕捞	指在海洋中对各种天然水生动植物的捕捞
			0422	内陆捕捞	指在内陆水域对各种天然水生动植物的捕捞
	05			**农、林、牧、渔服务业**	
		051		农业服务业	指对农业生产活动进行的各种支持性服务，但不包括各种科学技术和专业技术服务
			0511	农业机械服务	指为农业生产提供农业机械并配备操作人员的活动

续表

代码				类别名称	说明
门类	大类	中类	小类		
			0512	灌溉服务	指对农业生产灌溉系统的经营与管理
			0513	农产品初加工服务	指对各种农产品（包括天然橡胶、纺织纤维原料）进行脱水、凝固、去籽、净化、分类、晒干、剥皮、初烤、沤软或大批包装以提供初级市场的服务，以及其他农产品的初加工；其中棉花等纺织纤维原料加工指对棉纤维、短绒剥离后的棉籽以及棉花秸秆、铃壳等副产品的综合加工和利用活动
			0519	其他农业服务	指防止病虫害的活动，以及其他未列明的农业服务
		052		林业服务业	指为林业生产服务的病虫害的防治、林地防火等各种辅助性活动
			0521	林业有害生物防治服务	
			0522	森林防火服务	
			0523	林产品初级加工服务	指对各种林产品进行去皮、打枝或去料、净化、初包装提供至贮木场或初级市场的服务
			0529	其他林业服务	
		053	0530	畜牧服务业	指提供牲畜繁殖、圈舍清理、畜产品生产和初级加工等服务
		054	0540	渔业服务业	指对渔业生产活动进行的各种支持性服务，包括鱼苗及鱼种场、水产良种场和水产增殖场等进行的活动
B				**采矿业**	本类包括06—12大类，采矿业指对固体（如煤和矿物）、液体（如原油）或气体（如天然气）等自然产生的矿物的采掘；包括地下或地上采掘、矿井的运行，以及一般在矿址或矿址附近从事的旨在加工原材料的所有辅助性工作，例如碾磨、选矿和处理，均属本类活动；还包括使原料得以销售所需的准备工作；不包括水的蓄集、净化和分配，以及地质勘查、建筑工程活动
	06			**煤炭开采和洗选业**	指对各种煤炭的开采、洗选、分级等生产活动；不包括煤制品的生产和煤炭勘探活动
		061	0610	烟煤和无烟煤开采洗选	指对地下或露天烟煤、无烟煤的开采，以及对采出的烟煤、无烟煤及其他硬煤进行洗选、分级等提高质量的活动
		062	0620	褐煤开采洗选	指对褐煤——煤化程度较低的一种燃料的地下或露天开采，以及对采出的褐煤进行洗选、分级等提高质量的活动
		069	0690	其他煤炭采选	指对生长在古生代地层中的含碳量低、灰分高的煤炭资源（如石煤、泥炭）的开采
	07			**石油和天然气开采业**	指在陆地或海洋，对天然原油、液态或气态天然气的开采，对煤矿瓦斯气（煤层气）的开采；为运输目的所进行的天然气液化和从天然气田气体中生产液化烃的活动，还包括对含沥青的页岩或油母页岩矿的开采，以及对焦油沙矿进行的同类作业
		071	0710	石油开采	
		072	0720	天然气开采	
	08			**黑色金属矿采选业**	

续表

代码				类别名称	说明
门类	大类	中类	小类		
		081	0810	铁矿采选	指对铁矿石的采矿、选矿活动
		082	0820	锰矿、铬矿采选	
		089	0890	其他黑色金属矿采选	指对钒矿等钢铁工业黑色金属辅助原料矿的采矿、选矿活动
	09			**有色金属矿采选业**	指对常用有色金属矿、贵金属矿，以及稀有稀土金属矿的开采、选矿活动
		091		常用有色金属矿采选	指对铜、铅锌、镍钴、锡、锑、铝、镁、汞、镉、铋等常用有色金属矿的采选
			0911	铜矿采选	
			0912	铅锌矿采选	
			0913	镍钴矿采选	
			0914	锡矿采选	
			0915	锑矿采选	
			0916	铝矿采选	
			0917	镁矿采选	
			0919	其他常用有色金属矿采选	
		092		贵金属矿采选	指对在地壳中含量极少的金、银和铂族元素（铂、铱、锇、钌、钯、铑）矿的采选
			0921	金矿采选	
			0922	银矿采选	
			0929	其他贵金属矿采选	
		093		稀有稀土金属矿采选	指对在自然界中含量较小，分布稀散或难以从原料中提取，以及研究和使用较晚的金属矿开采、精选
			0931	钨钼矿采选	
			0932	稀土金属矿采选	指镧系金属及与镧系金属性质相近的金属矿的采选
			0933	放射性金属矿采选	指对主要含钍和铀的矿石开采，以及对这类矿石的精选
			0939	其他稀有金属矿采选	指对稀有轻金属矿、稀有高熔点金属矿、稀散金属矿采选活动，以及其他稀有金属矿的采选
	10			**非金属矿采选业**	
		101		土砂石开采	
			1011	石灰石、石膏开采	指对石灰、石膏，以及石灰石助熔剂的开采
			1012	建筑装饰用石开采	指通常在采石场切制加工各种纪念碑及建筑用石料的活动
			1013	耐火土石开采	
			1019	粘土及其他土砂石开采	指用于建筑、陶瓷等方面的粘土开采，以及用于铺路和建筑材料的石料、石渣、砂的开采
		102	1020	化学矿开采	指对化学矿和肥料矿物的开采
		103	1030	采盐	指通过以海水（含沿海浅层地下卤水）为原料晒制，或以钻井汲取地下卤水，或注水溶解地下岩盐为原料，经真空蒸发干燥，以及从盐湖中采掘制成的以氯化钠为主要成分的盐产品的开采、粉碎和筛选
		109		石棉及其他非金属矿采选	指对石棉、石墨、贵重宝石、金刚石、天然磨料及其他矿石的开采
			1091	石棉、云母矿采选	

续表

代码				类别名称	说明
门类	大类	中类	小类		
			1092	石墨、滑石采选	指对天然石墨、滑石的开采
			1093	宝石、玉石采选	指对贵重宝石、玉石、彩石的开采
			1099	其他未列明非金属矿采选	
	11			**开采辅助活动**	指为煤炭、石油和天然气等矿物开采提供的服务
		111	1110	煤炭开采和洗选辅助活动	
		112	1120	石油和天然气开采辅助活动	
		119	1190	其他开采辅助活动	
	12			**其他采矿业**	
		120	1200	其他采矿业	指对地热资源、矿泉水资源以及其他未列明的自然资源的开采，但不包括利用这些资源建立的热电厂和矿泉水厂的活动
C				**制造业**	本门类包括13—43大类，指经物理变化或化学变化后成为新的产品，不论是动力机械制造，还是手工制作；也不论产品是批发销售，还是零售，均视为制造 建筑物中的各种制成品、零部件的生产应视为制造，但在建筑预制品工地，把主要部件组装成桥梁、仓库设备、铁路与高架公路、升降机与电梯、管道设备、喷水设备、暖气设备、通风设备与空调设备，照明与安装电线等组装活动，以及建筑物的装置，均列为建筑活动 本门类包括机电产品的再制造，指将废旧汽车零部件、工程机械、机床等进行专业化修复的批量化生产过程，再制造的产品达到与原有新产品相同的质量和性能
	13			**农副食品加工业**	指直接以农、林、牧、渔业产品为原料进行的谷物磨制、饲料加工、植物油和制糖加工、屠宰及肉类加工、水产品加工，以及蔬菜、水果和坚果等食品的加工
		131	1310	谷物磨制	也称粮食加工，指将稻子、谷子、小麦、高粱等谷物去壳、碾磨及精加工的生产活动
		132	1320	饲料加工	指适用于农场、农户饲养牲畜、家禽的饲料生产加工，包括宠物食品的生产活动，也包括用屠宰下脚料加工生产的动物饲料，即动物源性饲料的生产活动
		133		植物油加工	
			1331	食用植物油加工	指用各种食用植物油料生产油脂，以及精制食用油的加工
			1332	非食用植物油加工	指用各种非食用植物油料生产油脂的活动
		134	1340	制糖业	指以甘蔗、甜菜等为原料制作成品糖，以及以原糖或砂糖为原料精炼加工各种精制糖的生产活动
		135		屠宰及肉类加工	
			1351	牲畜屠宰	指对各种牲畜进行宰杀，以及鲜肉冷冻等保鲜活动，但不包括商业冷藏活动
			1352	禽类屠宰	指对各种禽类进行宰杀，以及鲜肉冷冻等保鲜活动，但不包括商业冷藏活动

续表

代码				类别名称	说明
门类	大类	中类	小类		
			1353	肉制品及副产品加工	指主要以各种畜、禽肉为原料加工成熟肉制品，以及畜、禽副产品的加工
		136		水产品加工	
			1361	水产品冷冻加工	指为了保鲜，将海水、淡水养殖或捕捞的鱼类、虾类、甲壳类、贝类、藻类等水生动物或植物进行的冷冻加工，但不包括商业冷藏活动
			1362	鱼糜制品及水产品干腌制加工	指鱼糜制品制造，以及水产品的干制、腌制等加工
			1363	水产饲料制造	指用低值水产品及水产品加工废弃物（如鱼骨、内脏、虾壳）等为主要原料的饲料加工
			1364	鱼油提取及制品制造	指从鱼或鱼肝中提取油脂，并生产制品的活动
			1369	其他水产品加工	指对水生动植物进行的其他加工
		137		蔬菜、水果和坚果加工	指用脱水、干制、冷藏、冷冻、腌制等方法，对蔬菜、水果、坚果的加工
			1371	蔬菜加工	
			1372	水果和坚果加工	
		139		其他农副食品加工	
			1391	淀粉及淀粉制品制造	指用玉米、薯类、豆类及其他植物原料制作淀粉和淀粉制品的生产；还包括以淀粉为原料，经酶法或酸法转换得到的糖品生产活动
			1392	豆制品制造	指以大豆、小豆、绿豆、豌豆、蚕豆等豆类为主要原料，经加工制成食品的活动
			1393	蛋品加工	
			1399	其他未列明农副食品加工	
	14			**食品制造业**	
		141		焙烤食品制造	
			1411	糕点、面包制造	指用米粉、面粉、豆粉为主要原料，配以辅料，经成型、油炸、烤制而成的各种食品生产活动
			1419	饼干及其他焙烤食品制造	指以面粉（或糯米粉）、糖和油脂为主要原料，配以奶制品、蛋制品等辅料，经成型、焙烤制成的各种饼干，以及用薯类、谷类、豆类等制作的各种易于保存、食用方便的焙烤食品生产活动
		142		糖果、巧克力及蜜饯制造	
			1421	糖果、巧克力制造	糖果制造指以砂糖、葡萄糖浆或饴糖为主要原料，加入油脂、乳品、胶体、果仁、香料、食用色素等辅料制成甜味块状食品的生产活动；巧克力制造指以浆状、粉状或块状可可、可可脂、可可酱、砂糖、乳品等为主要原料加工制成巧克力及巧克力制品的生产活动
			1422	蜜饯制作	指以水果、坚果、果皮及植物的其他部分制作糖果蜜饯的活动
		143		方便食品制造	指以米、面、杂粮等为主要原料加工制成，只需简单烹制即可作为主食，具有食用简便、携带方便，易于储藏等特点的食品制造
			1431	米、面制品制造	指以米、面、杂粮等为原料，经粗加工制成，未经烹制的各类米面制品的生产活动

续表

代码				类别名称	说明
门类	大类	中类	小类		
			1432	速冻食品制造	指以米、面、杂粮等为主要原料，以肉类、蔬菜等为辅料，经加工制成各类烹制或未烹制的主食食品后，立即采用速冻工艺制成的，并可以在冻结条件下运输储存及销售的各类主食食品的生产活动
			1439	方便面及其他方便食品制造	指用米、面、杂粮等为主要原料加工制成的，可以直接食用或只需简单蒸煮即可作为主食的各种方便主食食品的生产活动，以及其他未列明的方便食品制造
		144	1440	乳制品制造	指以生鲜牛（羊）乳及其制品为主要原料，经加工制成的液体乳及固体乳（乳粉、炼乳、乳脂肪、干酪等）制品的生产活动；不包括含乳饮料和植物蛋白饮料生产活动
		145		罐头食品制造	指将符合要求的原料经处理、分选、修整、烹调（或不经烹调）、装罐、密封、杀菌、冷却（或无菌包装）等罐头生产工艺制成的，达到商业无菌要求，并可以在常温下储存的罐头食品的制造
			1451	肉、禽类罐头制造	
			1452	水产品罐头制造	
			1453	蔬菜、水果罐头制造	
			1459	其他罐头食品制造	指婴幼儿辅助食品类罐头、米面食品类罐头（如八宝粥罐头等）及上述未列明的罐头食品制造
		146		调味品、发酵制品制造	
			1461	味精制造	指以淀粉或糖蜜为原料，经微生物发酵、提取、精制等工序制成的，谷氨酸钠含量在80%及以上的鲜味剂的生产活动
			1462	酱油、食醋及类似制品制造	指以大豆和（或）脱脂大豆，小麦和（或）麸皮为原料，经微生物发酵制成的各种酱油和酱类制品，以及以单独或混合使用各种含有淀粉、糖的物料或酒精，经微生物发酵酿制的酸性调味品的生产活动
			1469	其他调味品、发酵制品制造	
		149		其他食品制造	
			1491	营养食品制造	指主要适宜伤残者、老年人，含肉、鱼、水果、蔬菜、奶、麦精、钙等均质配料的营养食品的生产活动
			1492	保健食品制造	指标明具有特定保健功能的食品，适用于特定人群食用，具有调节机体功能，不以治疗为目的，对人体不产生急性、亚急性或慢性危害，以补充维生素、矿物质为目的的营养素补充等保健食品制造
			1493	冷冻饮品及食用冰制造	指以砂糖、乳制品、豆制品、蛋制品、油脂、果料和食用添加剂等经混合配制、加热杀菌、均质、老化、冻结（凝冻）而成的冷食饮品的制造，以及食用冰的制造
			1494	盐加工	指以原盐为原料，经过化卤、蒸发、洗涤、粉碎、干燥、脱水、筛分等工序，或在其中添加碘酸钾及调味品等加工制成盐产品的生产活动
			1495	食品及饲料添加剂制造	指增加或改善食品特色的化学品，以及补充动物饲料的营养成分和促进生长、防治疫病的制剂的生产活动

续表

代码				类别名称	说明
门类	大类	中类	小类		
			1499	其他未列明食品制造	
	15			**酒、饮料和精制茶制造业**	
		151		酒的制造	指酒精、白酒、啤酒及其专用麦芽、黄酒、葡萄酒、果酒、配制酒以及其他酒的生产
			1511	酒精制造	指用玉米、小麦、薯类等淀粉质原料或用糖蜜等含糖质原料，经蒸煮、糖化、发酵及蒸馏等工艺制成的酒精产品的生产活动
			1512	白酒制造	指以高粱等粮谷为主要原料，以大曲、小曲或麸曲及酒母等为糖化发酵剂，经蒸煮、糖化、发酵、蒸馏、陈酿、勾兑而制成的蒸馏酒产品的生产活动
			1513	啤酒制造	指以麦芽（包括特种麦芽）、水为主要原料，加啤酒花，经酵母发酵酿制而成，含二氧化碳、起泡、低酒精度的发酵酒产品（包括无醇啤酒，也称脱醇啤酒）的生产活动，以及啤酒专用原料麦芽的生产活动
			1514	黄酒制造	指以稻米、黍米、黑米、小麦、玉米等为主要原料，加曲、酵母等糖化发酵剂发酵酿制而成的发酵酒产品的生产活动
			1515	葡萄酒制造	指以新鲜葡萄或葡萄汁为原料，经全部或部分发酵酿制而成，含有一定酒精度的发酵酒产品的生产活动
			1519	其他酒制造	指除葡萄酒以外的果酒、配制酒以及上述未列明的其他酒产品的生产活动
		152		饮料制造	
			1521	碳酸饮料制造	指在一定条件下充入二氧化碳气的饮用品制造，其成品中二氧化碳气的含量（20℃时的体积倍数）不低于2.0倍
			1522	瓶（罐）装饮用水制造	指以地下矿泉水和符合生活饮用水卫生标准的水为水源加工制成的，密封于塑料瓶（罐）、玻璃瓶或其他容器中，不含任何添加剂，可直接饮用的水的生产活动
			1523	果菜汁及果菜汁饮料制造	指以新鲜或冷藏水果和蔬菜为原料，经加工制得的果菜汁液制品生产活动，以及在果汁或浓缩果汁、蔬菜汁中加入水、糖液、酸味剂等，经调制而成的可直接饮用的饮品（果汁含量不低于10%）的生产活动
			1524	含乳饮料和植物蛋白饮料制造	指以鲜乳或乳制品为原料（经发酵或未经发酵），加入水、糖液等调制而成的可直接饮用的含乳饮品的生产活动，以及以蛋白质含量较高的植物的果实、种子或核果类、坚果类的果仁等为原料，在其加工制得的浆液中加入水、糖液等调制而成的可直接饮用的植物蛋白饮品的生产活动
			1525	固体饮料制造	指以糖、食品添加剂、果汁或植物抽提物等为原料，加工制成粉末状、颗粒状或块状制品［其成品水分（质量分数）不高于5%］的生产活动
			1529	茶饮料及其他饮料制造	指茶饮料、特殊用途饮料以及其他未列明的饮料制造

续表

代码				类别名称	说明
门类	大类	中类	小类		
		153	1530	精制茶加工	指对毛茶或半成品原料茶进行筛分、轧切、风选、干燥、匀堆、拼配等精制加工茶叶的生产活动
	16			**烟草制品业**	
		161	1610	烟叶复烤	指在原烟（初烤）基础上进行第二次烟叶水分调整的活动
		162	1620	卷烟制造	指各种卷烟生产，但不包括生产烟用滤嘴棒的纤维丝束原料的制造
		169	1690	其他烟草制品制造	
	17			**纺织业**	
		171		棉纺织及印染精加工	指棉、棉型化纤（化纤短丝）纺织及印染精加工
			1711	棉纺纱加工	指以棉及棉型化学纤维为主要原料进行的纺纱加工
			1712	棉织造加工	指以棉纱、混纺纱、化学纤维纱为主要原料进行的机织物织造加工
			1713	棉印染精加工	指对非自产的棉和化学纤维织物进行漂白、染色、印花、轧光、起绒、缩水等工序的加工
		172		毛纺织及染整精加工	
			1721	毛条和毛纱线加工	指以毛及毛型化学纤维为原料进行梳条的加工，按毛纺工艺（精梳、粗梳、半精梳）进行纺纱的加工
			1722	毛织造加工	指以毛及毛型化学纤维纱线为原料进行的机织物织造加工
			1723	毛染整精加工	指对非自产的毛织物进行漂白、染色、印花等工序的染整精加工
		173		麻纺织及染整精加工	
			1731	麻纤维纺前加工和纺纱	指以苎麻、亚麻、大麻、黄麻、剑麻、罗布麻等为原料的纺前纤维加工和纺纱加工
			1732	麻织造加工	指以苎麻、亚麻、大麻、黄麻、剑麻、罗布麻纤维纱线等为主要原料的机织物织造加工
			1733	麻染整精加工	指对非自产的麻织物进行漂白、染色、印花等工序的染整精加工
		174		丝绢纺织及印染精加工	
			1741	缫丝加工	指由蚕茧经过加工缫制成丝的活动
			1742	绢纺和丝织加工	指以丝为主要原料进行的丝织物织造加工
			1743	丝印染精加工	指对非自产的丝织物进行漂白、染色、印花、轧光、起绒、缩水等工序的加工
		175		化纤织造及印染精加工	指经纬双向或经向以化纤长丝（不包括化纤短纤）为主要原料生产的机织物
			1751	化纤织造加工	指以化纤长丝（含有色长丝）为主要原料生产的机织坯布、色织布
			1752	化纤织物染整精加工	指对化纤长丝坯布进行漂白、染色、印花、轧光、起绒、缩水等染整工序的加工
		176		针织或钩针编织物及其制品制造	
			1761	针织或钩针编织物织造	指采用经编、纬编、横编及钩针编工艺进行的针织物织造加工
			1762	针织或钩针编织物印染精加工	指对非自产的针织品进行漂白、染色、印花、轧光、起绒、缩水等工序的加工

续表

代码				类别名称	说明
门类	大类	中类	小类		
			1763	针织或钩针编织品制造	指除针织或钩针编织服装以外的其他针织品或钩针编织品的加工
		177		家用纺织制成品制造	
			1771	床上用品制造	指以棉、麻、丝、毛、化学纤维等纤维及纺织品为主要原料，加工制造床上用品（包括含有填充物的被子、睡袋、枕头等类产品）的生产活动
			1772	毛巾类制品制造	指以棉、麻、丝及化学纤维等为主要原料，加工制造毛巾类产品的生产活动
			1773	窗帘、布艺类产品制造	指以棉、麻、丝、毛及化学纤维等为主要原料，加工制造窗帘、各种装饰罩（套）、靠垫、坐垫、贮物袋等生活用布艺产品的生产活动
			1779	其他家用纺织制成品制造	指以棉、麻、丝、毛及化学纤维等为主要原料，加工制造毛毯、桌布、台布、餐巾、擦布、洗碗巾等餐厨生活制品的其他家用纺织制成品生产活动
		178		非家用纺织制成品制造	也称产业用纺织制成品制造
			1781	非织造布制造	指定向或随机排列的纤维，通过摩擦、抱合或粘合，或者这些方法的组合而相互结合制成的片状物、纤网或絮垫的生产活动；所用纤维可以是天然纤维、化学纤维和无机纤维，也可以是短纤维、长丝或直接形成的纤维状物
			1782	绳、索、缆制造	指用天然纤维和化学纤维制造绳、索具、缆绳、合股线的生产活动
			1783	纺织带和帘子布制造	指帘子布、复合材料用基布、输送带基布、传送带和胶管等增强材料的生产活动
			1784	篷、帆布制造	指车用篷布、帐篷布、鞋用纺织材料、灯箱布等纺织材料的生产活动
			1789	其他非家用纺织制成品制造	指革基布，过滤、防护用纺织品，工业用毡、呢，建筑用纺织品，交通运输用纺织品，包装用纺织品，文体用纺织品，绝缘隔热纺织品，农业用纺织品，渔业用纺织品，造纸用纺织品等其他产业用纺织制成品的生产活动
	18			**纺织服装、服饰业**	
		181	1810	机织服装制造	指以机织面料为主要原料，缝制各种男、女服装，以及儿童成衣的活动；包括非自产原料制作的服装，以及固定生产地点的服装制作活动
		182	1820	针织或钩针编织服装制造	指以针织、钩针编织面料为主要原料，经裁剪后缝制各种男、女服装，以及儿童成衣的活动
		183	1830	服饰制造	指帽子、手套、围巾、领带、领结、手绢，以及袜子等服装饰品的加工
	19			**皮革、毛皮、羽毛及其制品和制鞋业**	
		191	1910	皮革鞣制加工	指动物生皮经脱毛、鞣制等物理和化学方法加工，再经涂饰和整理，制成具有不易腐烂、柔韧、透气等性能的皮革生产活动
		192		皮革制品制造	

续表

代码				类别名称	说明
门类	大类	中类	小类		
			1921	皮革服装制造	指全部或大部分用皮革、人造革、合成革为面料，制作各式服装的活动
			1922	皮箱、包（袋）制造	指全部或大部分用皮革、人造革、合成革为材料，或者以塑料、纺织物为材料，制作各种用途的皮箱、皮包（袋），或其他材料的箱、包（袋）等的制作活动
			1923	皮手套及皮装饰制品制造	指全部或大部分用皮革、人造革、合成革为材料制成的皮手套、皮带，以及皮领带等皮装饰制品的生产活动
			1929	其他皮革制品制造	指全部或大部分用皮革、人造革、合成革为材料制成上述未列明的其他各种皮革制品的生产活动
		193		毛皮鞣制及制品加工	
			1931	毛皮鞣制加工	指带毛动物生皮经鞣制等化学和物理方法处理后，保持其绒毛形态及特点的毛皮（又称裘皮）的生产活动
			1932	毛皮服装加工	指用各种动物毛皮和人造毛皮为面料或里料，加工制作毛皮服装的生产活动
			1939	其他毛皮制品加工	指用各种动物毛皮和人造毛皮为材料，加工制作上述类别未列明的其他各种用途毛皮制品的生产活动
		194		羽毛（绒）加工及制品制造	
			1941	羽毛（绒）加工	指对鹅、鸭等禽类羽毛进行加工成标准毛的生产活动
			1942	羽毛（绒）制品加工	指用加工过的羽毛（绒）作为填充物制作各种用途的羽绒制品（如羽绒服装、羽绒寝具、羽绒睡袋等）的生产活动
		195		制鞋业	指纺织面料鞋、皮鞋、塑料鞋、橡胶鞋及其他各种鞋的生产活动
			1951	纺织面料鞋制造	指用各种纺织面料、木材、棕草等原料缝制、模压或编制各种鞋的生产活动
			1952	皮鞋制造	指全部或大部分用皮革、人造革、合成革为面料，以橡胶、塑料或合成材料等为外底，按缝绱、胶粘、模压、注塑等工艺方法制作各种皮鞋的生产活动
			1953	塑料鞋制造	指以聚氯乙烯、聚乙烯、聚氨酯和乙烯醋酸乙烯等树脂为原料生产发泡或不发泡的塑料鞋类制品的活动
			1954	橡胶鞋制造	指以橡胶作为鞋底、鞋帮的橡胶鞋及其橡胶鞋部件的生产活动
			1959	其他制鞋业	
	20			**木材加工和木、竹、藤、棕、草制品业**	
		201		木材加工	
			2011	锯材加工	指以原木为原料，利用锯木机械或手工工具将原木纵向锯成具有一定断面尺寸（宽、厚度）的木材加工生产活动，用防腐剂和其他物质浸渍木料或对木料进行化学处理的加工，以及地板毛料的制造

续表

代码				类别名称	说明
门类	大类	中类	小类		
			2012	木片加工	指利用森林采伐、造材、加工等剩余物和定向培育的木材，经削（刨）片机加工成一定规格的产品生产活动
			2013	单板加工	指用于单板层积材（LVL）、纺织用木质层压板、电工层压木板和木质层积塑料等单位的生产；随着科技进步，装饰单板（厚度0.55mm以下的单板）发展很快，主要用于装饰贴面二次加工，如生产装饰贴面胶合板、实木复合地板、木质复合门窗、家具、楼梯、汽车内饰、木墙纸和踢脚线等
			2019	其他木材加工	指对木材进行干燥、防腐、改性、染色加工等活动
		202		人造板制造	指用木材及其剩余物、棉秆、甘蔗渣和芦苇等植物纤维为原料，加工成符合国家标准的胶合板、纤维板、刨花板、细木工板和木丝板等产品的生产活动，以及人造板二次加工装饰板的制造
			2021	胶合板制造	指具有一定规格的原木经旋（刨）切成单板，再经干燥、涂胶、组坯、热压而成的符合国家标准及供需双方协定标准的产品生产活动
			2022	纤维板制造	指用木材碎料（包括木片）、棉秆、甘蔗渣、芦苇等植物纤维作原料，经削片纤维分离，铺装成型，热压而成的产品生产活动
			2023	刨花板制造	指用木材碎料（包括木片）和其他植物纤维作原料，制成刨花，经干燥、施胶，铺装成型，热压而成的产品生产活动
			2029	其他人造板制造	包括非木质纤维、胶合木等其他各类人造板的制造
		203		木制品制造	指以木材为原料加工成建筑用木料和木材组件、木容器、软木制品及其他木制品的生产活动，但不包括木质家具的制造
			2031	建筑用木料及木材组件加工	指主要用于建筑施工工程的木质制品，如建筑施工用的大木工或其他支撑物，以及建筑木工的生产活动
			2032	木门窗、楼梯制造	
			2033	地板制造	
			2034	木制容器制造	
			2039	软木制品及其他木制品制造	指天然软木除去表皮，经初加工后获得的结块软木及其制品的生产活动，以及其他未列明的木质产品的生产活动
		204		竹、藤、棕、草等制品制造	指除木材以外，以竹、藤、棕、草等天然植物为原料生产制品的活动，但不包括家具的制造
			2041	竹制品制造	指竹胶合板、竹地板、竹丝板等竹制品的制造
			2042	藤制品制造	
			2043	棕制品制造	
			2049	草及其他制品制造	
	21			**家具制造业**	指用木材、金属、塑料、竹、藤等材料制作的，具有坐卧、凭倚、储藏、间隔等功能，可用于住宅、旅馆、办公室、学校、餐馆、医院、剧场、公园、船舰、飞机、机动车等任何场所的各种家具的制造

续表

代码				类别名称	说明
门类	大类	中类	小类		
		211	2110	木质家具制造	指以天然木材和木质人造板为主要材料，配以其他辅料（如油漆、贴面材料、玻璃、五金配件等）制作各种家具的生产活动
		212	2120	竹、藤家具制造	指以竹材和藤材为主要材料，配以其他辅料制作各种家具的生产活动
		213	2130	金属家具制造	指支（框）架及主要部件以铸铁、钢材、钢板、钢管、合金等金属为主要材料，结合使用木、竹、塑等材料，配以人造革、尼龙布、泡沫塑料等其他辅料制作各种家具的生产活动
		214	2140	塑料家具制造	指用塑料管、板、异型材加工或用塑料、玻璃钢（即增强塑料）直接在模具中成型的家具的生产活动
		219	2190	其他家具制造	指主要由弹性材料（如弹簧、蛇簧、拉簧等）和软质材料（如棕丝、棉花、乳胶海绵、泡沫塑料等），辅以绷结材料（如绷绳、绷带、麻布等）和装饰面料及饰物（如棉、毛、化纤织物及牛皮、羊皮、人造革等）制成的各种软家具；以玻璃为主要材料，辅以木材或金属材料制成的各种玻璃家具，以及其他未列明的原材料制作各种家具的生产活动
	22			**造纸和纸制品业**	
		221		纸浆制造	指经机械或化学方法加工纸浆的生产活动
			2211	木竹浆制造	
			2212	非木竹浆制造	
		222		造纸	指用纸浆或其他原料（如矿渣棉、云母、石棉等）悬浮在流体中的纤维，经过造纸机或其他设备成型，或手工操作而成的纸及纸板的制造
			2221	机制纸及纸板制造	
			2222	手工纸制造	指采用手工操作成型，制成纸的生产活动
			2223	加工纸制造	指对原纸及纸板进一步加工的生产活动
		223		纸制品制造	指用纸及纸板为原料，进一步加工制成纸制品的生产活动
			2231	纸和纸板容器制造	
			2239	其他纸制品制造	指符合出售规格或包装要求的纸制品，以及其他未列明的纸制品的制造
	23			**印刷和记录媒介复制业**	
		231		印刷	
			2311	书、报刊印刷	
			2312	本册印制	指由各种纸及纸板制作的，用于书写和其他用途的本册生产活动
			2319	包装装潢及其他印刷	指根据一定的商品属性、形态，采用一定的包装材料，经过对商品包装的造型结构艺术和图案文字的设计与安排来装饰美化商品的印刷，以及其他印刷活动
		232	2320	装订及印刷相关服务	指专门企业从事的装订、压印媒介制造等与印刷有关的服务
		233	2330	记录媒介复制	指将母带、母盘上的信息进行批量翻录的生产活动
	24			**文教、工美、体育和娱乐用品制造业**	

续表

代码				类别名称	说明
门类	大类	中类	小类		
		241		文教办公用品制造	
			2411	文具制造	指办公、学习等使用的各种文具的制造
			2412	笔的制造	指用于学习、办公或绘画等用途的各种笔制品的制造
			2413	教学用模型及教具制造	指主要用于教学的各种专用模型、标本及教具的制造
			2414	墨水、墨汁制造	
			2419	其他文教办公用品制造	指上述未列明的文教办公类用品的制造
		242		乐器制造	指中国民族乐器、西乐器等各种乐器及乐器零部件和配套产品的制造，但不包括玩具乐器的制造
			2421	中乐器制造	
			2422	西乐器制造	
			2423	电子乐器制造	
			2429	其他乐器及零件制造	指其他未列明的乐器、乐器零件及配套产品的制造
		243		工艺美术品制造	
			2431	雕塑工艺品制造	指以玉石、宝石、象牙、角、骨、贝壳等硬质材料，木、竹、椰壳、树根、软木等天然植物，以及石膏、泥、面、塑料等为原料，经雕刻、琢、磨、捏或塑等艺术加工而制成的各种供欣赏和实用的工艺品的制作活动
			2432	金属工艺品制造	指以金、银、铜、铁、锡等各种金属为原料，经过制胎、浇铸、锻打、錾刻、搓丝、焊接、纺织、镶嵌、点兰、烧制、打磨、电镀等各种工艺加工制成的造型美观、花纹图案精致的工艺美术品的制作活动
			2433	漆器工艺品制造	指将半生漆、腰果漆加工调配成各种鲜艳的漆料，以木、纸、塑料、铜、布等作胎，采用推光、雕填、彩画、镶嵌、刻灰等传统工艺和现代漆器工艺进行的工艺制品的制作活动
			2434	花画工艺品制造	指以绢、丝、绒、纸、涤纶、塑料、羽毛、通草以及鲜花草等为原料，经造型设计、模压、剪贴、干燥等工艺精制而成的花、果、叶等人造花类工艺品，以画面出现、可以挂或摆的具有欣赏性、装饰性的画类工艺品的制作活动
			2435	天然植物纤维编织工艺品制造	指以竹、藤、棕、草、柳、葵、麻等天然植物纤维为材料，经编织或镶嵌而成具有造型艺术或图案花纹，以欣赏为主的工艺陈列品以及工艺实用品的制作活动
			2436	抽纱刺绣工艺品制造	指以棉、麻、丝、毛及人造纤维纺织品等为主要原料，经设计、刺绣、抽、拉、钩等工艺加工各种生活装饰用品，以及以纺织品为主要原料，经特殊手工工艺或民间工艺方法加工成各种具有较强装饰效果的生活用纺织品的制作活动

续表

代码				类别名称	说明
门类	大类	中类	小类		
			2437	地毯、挂毯制造	指以羊毛、丝、棉、麻及人造纤维等为原料，经手工编织、机织、栽绒等方式加工而成的各种具有装饰性的地面覆盖物或可用于悬挂、垫坐等用途的生活装饰用品的制作活动
			2438	珠宝首饰及有关物品制造	指以金、银、铂等贵金属及其合金以及钻石、宝石、玉石、翡翠、珍珠等为原料，经金属加工和连结组合、镶嵌等工艺加工制作各种图案的装饰品的制作活动
			2439	其他工艺美术品制造	
		244		体育用品制造	
			2441	球类制造	指各种皮制、胶制、革制的可充气的运动用球，以及其他材料制成的各种运动用硬球、软球等球类产品的生产活动
			2442	体育器材及配件制造	指各项竞技比赛和训练用器材及用品，体育场馆设施及器件的生产活动
			2443	训练健身器材制造	指供健身房、家庭或体育训练用的健身器材及运动物品的制造
			2444	运动防护用具制造	指用各种材质，为各项运动特制手套、鞋、帽和护具的生产活动
			2449	其他体育用品制造	指钓鱼专用的各种用具及用品，以及上述未列明的体育用品制造
		245	2450	玩具制造	指以儿童为主要使用者，用于玩耍、智力开发等娱乐器具的制造
		246		游艺器材及娱乐用品制造	
			2461	露天游乐场所游乐设备制造	指主要安装在公园、游乐园、水上乐园、儿童乐园等露天游乐场所的电动及非电动游乐设备和游艺器材的制造
			2462	游艺用品及室内游艺器材制造	指主要供室内、桌上等游艺及娱乐场所使用的游乐设备、游艺器材和游艺娱乐用品，以及主要安装在室内游乐场所的电子游乐设备的制造
			2469	其他娱乐用品制造	
	25			**石油加工、炼焦和核燃料加工业**	
		251		精炼石油产品制造	
			2511	原油加工及石油制品制造	指从天然原油、人造原油中提炼液态或气态燃料以及石油制品的生产活动
			2512	人造原油制造	指从油母页岩中提炼原油的生产活动
		252	2520	炼焦	指主要从硬煤和褐煤中生产焦炭、干馏炭及煤焦油或沥青等副产品的炼焦炉的操作活动
		253	2530	核燃料加工	指从沥青铀矿或其他含铀矿石中提取铀、浓缩铀的生产，对铀金属的冶炼、加工，以及其他放射性元素、同位素标记、核反应堆燃料元件的制造，还包括与核燃料加工有关的核废物处置活动
	26			**化学原料和化学制品制造业**	

续表

代码				类别名称	说明
门类	大类	中类	小类		
		261		基础化学原料制造	
			2611	无机酸制造	
			2612	无机碱制造	指烧碱、纯碱等的生产活动
			2613	无机盐制造	
			2614	有机化学原料制造	
			2619	其他基础化学原料制造	
		262		肥料制造	指化学肥料、有机肥料及微生物肥料的制造
			2621	氮肥制造	指矿物氮肥及用化学方法制成含有作物营养元素氮的化肥的生产活动
			2622	磷肥制造	指以磷矿石为主要原料，用化学或物理方法制成含有作物营养元素磷的化肥的生产活动
			2623	钾肥制造	指用天然钾盐矿经富集精制加工制成含有作物营养元素钾的化肥的生产活动
			2624	复混肥料制造	指经过化学或物理方法加工制成的，含有两种以上作物所需主要营养元素（氮、磷、钾）的化肥的生产活动；包括通用型复混肥料和专用型复混肥料
			2625	有机肥料及微生物肥料制造	指来源于动植物，经发酵或腐熟等化学处理后，适用于土壤并提供植物养分供给的，其主要成分为含氮物质的肥料制造
			2629	其他肥料制造	指上述未列明的微量元素肥料及其他肥料的生产
		263		农药制造	指用于防治农业、林业作物的病、虫、草、鼠和其他有害生物，调节植物生长的各种化学农药、微生物农药、生物化学农药，以及仓储、农林产品的防蚀、河流堤坝、铁路、机场、建筑物及其他场所用药的原药和制剂的生产活动
			2631	化学农药制造	指化学农药原药，以及经过机械粉碎、混合或稀释制成粉状、乳状和水状的化学农药制剂的生产活动
			2632	生物化学农药及微生物农药制造	指由细菌、真菌、病毒和原生动物或基因修饰的微生物等自然产生，以及由植物提取的防治病、虫、草、鼠和其他有害生物的农药制剂生产活动
		264		涂料、油墨、颜料及类似产品制造	
			2641	涂料制造	指在天然树脂或合成树脂中加入颜料、溶剂和辅助材料，经加工后制成的覆盖材料的生产活动
			2642	油墨及类似产品制造	指由颜料、联接料（植物油、矿物油、树脂、溶剂）和填充料经过混合、研磨调制而成，用于印刷的有色胶浆状物质，以及用于计算机打印、复印机用墨等的生产活动
			2643	颜料制造	指用于陶瓷、搪瓷、玻璃等工业的无机颜料及类似材料的生产活动，以及油画、水粉画、广告等艺术用颜料的制造
			2644	染料制造	指有机合成、植物性或动物性色料，以及有机颜料的生产活动
			2645	密封用填料及类似品制造	指用于建筑涂料、密封和漆工用的填充料，以及其他类似化学材料的制造
		265		合成材料制造	

续表

代码				类别名称	说明
门类	大类	中类	小类		
			2651	初级形态塑料及合成树脂制造	也称初级塑料或原状塑料的生产活动，包括通用塑料、工程塑料、功能高分子塑料的制造
			2652	合成橡胶制造	指人造橡胶或合成橡胶及高分子弹性体的生产活动
			2653	合成纤维单（聚合）体制造	指以石油、天然气、煤等为主要原料，用有机合成的方法制成合成纤维单体或聚合体的生产活动
			2659	其他合成材料制造	指陶瓷纤维等特种纤维及其增强的复合材料的生产活动；其他专用合成材料的制造
		266		专用化学产品制造	
			2661	化学试剂和助剂制造	指各种化学试剂、催化剂及专用助剂的生产活动
			2662	专项化学用品制造	指水处理化学品、造纸化学品、皮革化学品、油脂化学品、油田化学品、生物工程化学品、日化产品专用化学品等产品的生产活动
			2663	林产化学产品制造	指以林产品为原料，经过化学和物理加工方法生产产品的活动
			2664	信息化学品制造	指电影、照相、医用、幻灯及投影用感光材料、冲洗套药，磁、光记录材料，光纤维通讯用辅助材料，及其专用化学制剂的制造
			2665	环境污染处理专用药剂材料制造	指对水污染、空气污染、固体废物等污染物处理所专用的化学药剂及材料的制造
			2666	动物胶制造	指以动物骨、皮为原料，经一系列工艺处理制成有一定透明度、粘度、纯度的胶产品的生产活动
			2669	其他专用化学产品制造	指其他各种用途的专用化学用品的制造
		267		炸药、火工及焰火产品制造	
			2671	炸药及火工产品制造	指各种军用和生产用炸药、雷管及类似的火工产品的制造
			2672	焰火、鞭炮产品制造	指节日、庆典用焰火及民用烟花、鞭炮等产品的制造
		268		日用化学产品制造	
			2681	肥皂及合成洗涤剂制造	指以喷洒、涂抹、浸泡等方式施用于肌肤、器皿、织物、硬表面，即冲即洗，起到清洁、去污、渗透、乳化、分散、护理、消毒除菌等功能，广泛用于家居、个人清洁卫生、织物清洁护理、工业清洗、公共设施及环境卫生清洗等领域的产品（固、液、粉、膏、片状等），以及中间体表面活性剂产品的制造
			2682	化妆品制造	指以涂抹、喷洒或者其他类似方法，撒布于人体表面任何部位（皮肤、毛发、指甲、口唇等），以达到清洁、消除不良气味、护肤、美容和修饰目的的日用化学工业产品的制造
			2683	口腔清洁用品制造	指用于口腔或牙齿清洁卫生制品的生产活动
			2684	香料、香精制造	指具有香气和香味，用于调配香精的物质——香料的生产，以及以多种天然香料和合成香料为主要原料，并与其他辅料一起按合理的配方和工艺调配制得的具有一定香型的复杂混合物，主要用于各类加香产品中的香精的生产活动

续表

代码				类别名称	说明
门类	大类	中类	小类		
			2689	其他日用化学产品制造	指室内散香或除臭制品，光洁用品，擦洗膏及类似制品，动物用化妆盥洗品，火柴，蜡烛及类似制品等日用化学产品的生产活动
	27			**医药制造业**	
		271	2710	化学药品原料药制造	指供进一步加工化学药品制剂所需的原料药生产活动
		272	2720	化学药品制剂制造	指直接用于人体疾病防治、诊断的化学药品制剂的制造
		273	2730	中药饮片加工	指对采集的天然或人工种植、养殖的动物和植物的药材部位进行加工、炮制，使其符合中药处方调剂或中成药生产使用的活动
		274	2740	中成药生产	指直接用于人体疾病防治的传统药的加工生产活动
		275	2750	兽用药品制造	指用于动物疾病防治医药的制造
		276	2760	生物药品制造	指利用生物技术生产生物化学药品、基因工程药物的生产活动
		277	2770	卫生材料及医药用品制造	指卫生材料、外科敷料、药品包装材料、辅料以及其他内、外科用医药制品的制造
	28			**化学纤维制造业**	
		281		纤维素纤维原料及纤维制造	
			2811	化纤浆粕制造	指纺织生产用粘胶纤维的基本原料生产活动
			2812	人造纤维（纤维素纤维）制造	指用化纤浆粕经化学加工生产纤维的活动
		282		合成纤维制造	指以石油、天然气、煤等为主要原料，用有机合成的方法制成单体，聚合后经纺丝加工生产纤维的活动
			2821	锦纶纤维制造	也称聚酰胺纤维制造，指由尼龙66盐和聚乙内酰胺为主要原料生产合成纤维的活动
			2822	涤纶纤维制造	也称聚酯纤维制造，指以聚对苯二甲酸乙二醇酯（简称聚酯）为原料生产合成纤维的活动
			2823	腈纶纤维制造	也称聚丙烯腈纤维制造，指以丙烯腈为主要原料（含丙烯腈85%以上）生产合成纤维的活动
			2824	维纶纤维制造	也称聚乙烯醇纤维制造，指以聚乙烯醇为主要原料生产合成纤维的活动
			2825	丙纶纤维制造	也称聚丙烯纤维制造，指以聚丙烯为主要原料生产合成纤维的活动
			2826	氨纶纤维制造	也称聚氨酯纤维制造，指以聚氨基甲酸酯为主要原料生产合成纤维的活动
			2829	其他合成纤维制造	
	29			**橡胶和塑料制品业**	
		291		橡胶制品业	指以天然及合成橡胶为原料生产各种橡胶制品的活动，还包括利用废橡胶再生产橡胶制品的活动；不包括橡胶鞋制造
			2911	轮胎制造	

续表

代码				类别名称	说明
门类	大类	中类	小类		
			2912	橡胶板、管、带制造	指用未硫化的、硫化的或硬质橡胶生产橡胶板状、片状、管状、带状、棒状和异型橡胶制品的活动，以及以橡胶为主要成分，用橡胶灌注、涂层、覆盖或层叠的纺织物、纱绳、钢丝（钢缆）等制作的传动带或输送带的生产活动
			2913	橡胶零件制造	指各种用途的橡胶异形制品、橡胶零配件制品的生产活动
			2914	再生橡胶制造	指用废橡胶生产再生橡胶的活动
			2915	日用及医用橡胶制品制造	
			2919	其他橡胶制品制造	
		292		塑料制品业	指以合成树脂（高分子化合物）为主要原料，经采用挤塑、注塑、吹塑、压延、层压等工艺加工成型的各种制品的生产，以及利用回收的废旧塑料加工再生产塑料制品的活动；不包括塑料鞋制造
			2921	塑料薄膜制造	指用于农业覆盖，工业、商业及日用包装薄膜的制造
			2922	塑料板、管、型材制造	指各种塑料板、管及管件、棒材、薄片等的生产活动，以及以聚氯乙烯为主要原料，经连续挤出成型的塑料异型材的生产活动
			2923	塑料丝、绳及编织品制造	指塑料制丝、绳、扁条，塑料袋及编织袋、编织布等的生产活动
			2924	泡沫塑料制造	指以合成树脂为主要原料，经发泡成型工艺加工制成内部具有微孔的塑料制品的生产活动
			2925	塑料人造革、合成革制造	指外观和手感似皮革，其透气、透湿性虽然略逊色于天然革，但具有优异的物理、机械性能，如强度和耐磨性等，并可代替天然革使用的塑料人造革的生产活动；模拟天然人造革的组成和结构，正反面都与皮革十分相似，比普通人造革更近似天然革，并可代替天然革的塑料合成革的生产活动
			2926	塑料包装箱及容器制造	指用吹塑或注塑工艺等制成的，可盛装各种物品或液体物质，以便于储存、运输等用途的塑料包装箱及塑料容器制品的生产活动
			2927	日用塑料制品制造	指塑料制餐、厨用具，卫生设备、洁具及其配件，塑料服装，日用塑料装饰品，以及其他日用塑料制品的生产活动
			2928	塑料零件制造	指塑料制绝缘零件、密封制品、紧固件，以及汽车、家具等专用零配件的生产活动
			2929	其他塑料制品制造	指上述未列明的其他各类非日用塑料制品的生产活动
	30			**非金属矿物制品业**	
		301		水泥、石灰和石膏制造	
			3011	水泥制造	指以水泥熟料加入适量石膏或一定混合材，经研磨设备（水泥磨）磨制到规定的细度，制成水凝水泥的生产活动，还包括水泥熟料的生产活动
			3012	石灰和石膏制造	
		302		石膏、水泥制品及类似制品制造	
			3021	水泥制品制造	指水泥制管、杆、桩、砖、瓦等制品制造

续表

代码				类别名称	说明
门类	大类	中类	小类		
			3022	砼结构构件制造	指用于建筑施工工程的水泥混凝土预制构件的生产活动
			3023	石棉水泥制品制造	
			3024	轻质建筑材料制造	指石膏板、石膏制品及类似轻质建筑材料的制造
			3029	其他水泥类似制品制造	指玻璃纤维增强水泥制品，以及其他未列明的水泥制品的制造
		303		砖瓦、石材等建筑材料制造	指粘土、陶瓷砖瓦的生产，建筑用石的加工，用废料或废渣生产的建筑材料，以及其他建筑材料的制造
			3031	粘土砖瓦及建筑砌块制造	指用粘土和其他材料生产的砖、瓦及建筑砌块的活动
			3032	建筑陶瓷制品制造	指用于建筑物的内、外墙及地面装饰或耐酸腐蚀的陶瓷材料（不论是否涂釉）的生产活动，以及水道、排水沟的陶瓷管道及配件的制造
			3033	建筑用石加工	指用于建筑、筑路、墓地及其他用途的大理石板、花岗岩等石材的切割、成形和修饰活动
			3034	防水建筑材料制造	指以沥青或类似材料为主要原料制造防水材料的活动
			3035	隔热和隔音材料制造	指用于隔热、隔音、保温的岩石棉、矿渣棉、膨胀珍珠岩、膨胀蛭石等矿物绝缘材料及其制品的制造，但不包括石棉隔热、隔音材料的制造
			3039	其他建筑材料制造	
		304		玻璃制造	指任何形态玻璃的生产，以及利用废玻璃再生产玻璃活动，包括特制玻璃的生产
			3041	平板玻璃制造	指用浮法、垂直引上法、压延法等生产平板玻璃原片的活动
			3049	其他玻璃制造	指未列明的玻璃制造
		305		玻璃制品制造	指任何形态玻璃制品的生产，以及利用废玻璃再生产玻璃制品的活动
			3051	技术玻璃制品制造	指用于建筑、工业生产的技术玻璃制品的制造
			3052	光学玻璃制造	指用于放大镜、显微镜、光学仪器等方面的光学玻璃，日用光学玻璃，钟表用玻璃或类似玻璃，光学玻璃眼镜毛坯的制造，以及未进行光学加工的光学玻璃元件的制造
			3053	玻璃仪器制造	指实验室、医疗卫生用各种玻璃仪器和玻璃器皿以及玻璃管的制造
			3054	日用玻璃制品制造	指餐厅、厨房、卫生间、室内装饰及其他生活用玻璃制品的制造
			3055	玻璃包装容器制造	指主要用于产品包装的各种玻璃容器的制造
			3056	玻璃保温容器制造	指玻璃保温瓶和其他个人或家庭用玻璃保温容器的制造
			3057	制镜及类似品加工	指以平板玻璃为材料，经对其进行镀银、镀铝，或冷、热加工后成型的镜子及类似制品的制造
			3059	其他玻璃制品制造	
		306		玻璃纤维和玻璃纤维增强塑料制品制造	

续表

代码				类别名称	说明
门类	大类	中类	小类		
			3061	玻璃纤维及制品制造	
			3062	玻璃纤维增强塑料制品制造	也称玻璃钢，指用玻璃纤维增强热固性树脂生产塑料制品的活动
		307		陶瓷制品制造	
			3071	卫生陶瓷制品制造	指卫生和清洁盥洗用的陶瓷用具的生产活动
			3072	特种陶瓷制品制造	指专为工业、农业、实验室等领域的各种特定用途和要求，采用特殊生产工艺制造陶瓷制品的生产活动
			3073	日用陶瓷制品制造	指以粘土、瓷石、长石、石英等为原料，经破碎、制泥、成型、烧炼等工艺制成，主要供日常生活用的各种瓷器、炻器、陶器等陶瓷制品的制造
			3079	园林、陈设艺术及其他陶瓷制品制造	指以石英、长石、瓷土等为原料，经制胎、施釉、装饰、烧成等工艺制成的，具有艺术造型或花纹、图案等，主要供陈设、观赏或装饰用的纯艺术欣赏陶瓷制品和以欣赏为主的陶瓷陈列品、实用品的制造，以及其他未列明的陶瓷制品的制造
		308		耐火材料制品制造	
			3081	石棉制品制造	指以石棉或其他矿物纤维素为基础，制造摩擦制品、石棉纺织制品、石棉橡胶制品、石棉保温隔热材料制品的生产活动
			3082	云母制品制造	
			3089	耐火陶瓷制品及其他耐火材料制造	指用硅质、粘土质、高铝质等石粉成形的陶瓷隔热制品的制造
		309		石墨及其他非金属矿物制品制造	
			3091	石墨及碳素制品制造	指以炭、石墨材料加工的特种石墨制品、碳素制品、异形制品，以及用树脂和各种有机物浸渍加工而成的碳素异形产品的制造
			3099	其他非金属矿物制品制造	
	31			**黑色金属冶炼和压延加工业**	
		311	3110	炼铁	指用高炉法、直接还原法、熔融还原法等，将铁从矿石等含铁化合物中还原出来的生产活动
		312	3120	炼钢	指利用不同来源的氧（如空气、氧气）来氧化炉料（主要是生铁）所含杂质的金属提纯活动
		313	3130	黑色金属铸造	指铸铁件、铸钢件等各种成品、半成品的制造
		314	3140	钢压延加工	指通过热轧、冷加工、锻压和挤压等塑性加工使连铸坯、钢锭产生塑性变形，制成具有一定形状尺寸的钢材产品的生产活动
		315	3150	铁合金冶炼	指铁与其他一种或一种以上的金属或非金属元素组成的合金生产活动
	32			**有色金属冶炼和压延加工业**	
		321		常用有色金属冶炼	指通过熔炼、精炼、电解或其他方法从有色金属矿、废杂金属料等有色金属原料中提炼常用有色金属的生产活动
			3211	铜冶炼	指对铜精矿等矿山原料、废杂铜料进行熔炼、精炼、电解等提炼铜的生产活动

续表

代码				类别名称	说明
门类	大类	中类	小类		
			3212	铅锌冶炼	
			3213	镍钴冶炼	
			3214	锡冶炼	
			3215	锑冶炼	
			3216	铝冶炼	指对铝矿山原料通过冶炼、电解、铸型，以及对废杂铝料进行熔炼等提炼铝的生产活动
			3217	镁冶炼	
			3219	其他常用有色金属冶炼	
		322		贵金属冶炼	指对金、银及铂族金属的提炼活动
			3221	金冶炼	指用金精（块）矿、阳极泥（冶炼其他有色金属时回收的阳极泥含金）、废杂金提炼黄金的生产活动
			3222	银冶炼	指用银精（块）矿、阳极泥（冶炼其他有色金属时回收的阳极泥含银）、废杂银提炼白银的生产活动
			3229	其他贵金属冶炼	
		323		稀有稀土金属冶炼	指钨钼、稀有轻金属、稀有高熔点金属、稀散金属、稀土金属及其他稀有稀土金属冶炼活动，但不包括钍和铀等放射性金属的冶炼加工
			3231	钨钼冶炼	
			3232	稀土金属冶炼	
			3239	其他稀有金属冶炼	
		324	3240	有色金属合金制造	指以有色金属为基体，加入一种或几种其他元素所构成的合金生产活动
		325	3250	有色金属铸造	指有色金属及其合金铸造的各种成品、半成品的制造
		326		有色金属压延加工	
			3261	铜压延加工	指铜及铜合金的压延加工生产活动
			3262	铝压延加工	指铝及铝合金的压延加工生产活动
			3263	贵金属压延加工	指对金、银及铂族等贵金属，进行轧制、拉制或挤压加工的生产活动
			3264	稀有稀土金属压延加工	指对钨、钼、钽等稀有金属材的加工
			3269	其他有色金属压延加工	
	33			**金属制品业**	
		331		结构性金属制品制造	
			3311	金属结构制造	指以铁、钢或铝等金属为主要材料，制造金属构件、金属构件零件、建筑用钢制品及类似品的生产活动，这些制品可以运输，并便于装配、安装或竖立
			3312	金属门窗制造	指用金属材料（铝合金或其他金属）制作建筑物用门窗及类似品的生产活动
		332		金属工具制造	
			3321	切削工具制造	指手工或机床用可互换的切削工具的制造
			3322	手工具制造	指在生产和日常生活中，进行装配、安装、维修时使用的手工工具的制造

续表

代码				类别名称	说明
门类	大类	中类	小类		
			3323	农用及园林用金属工具制造	指主要用于农牧业生产的小农具，园艺或林业作业用金属工具的制造
			3324	刀剪及类似日用金属工具制造	指日常生活用刀剪、刀具、指甲钳等类似金属工具的制造
			3329	其他金属工具制造	指上述类别未包括的用于各种用途的金属工具的制造
		333		集装箱及金属包装容器制造	
			3331	集装箱制造	指专门设计，可长期反复使用，不用换箱内货物，便可从一种运输方式转移到另一种运输方式的放置货物的钢质箱体（其容积大于1m^3）的生产活动
			3332	金属压力容器制造	指用于存装压缩气体、液化气体及其他具有一定压力的液体物质的金属容器（不论其是否配有顶盖、塞子，或衬有除铁、钢、铝以外的材料）的制造
			3333	金属包装容器制造	指主要为商品运输或包装而制作的金属包装容器及附件的制造
		334	3340	金属丝绳及其制品制造	
		335		建筑、安全用金属制品制造	
			3351	建筑、家具用金属配件制造	指用于建筑物、家具、交通工具或其他场所和用具的金属装置、锁及其金属配件的制造
			3352	建筑装饰及水暖管道零件制造	指用于建筑方面的金属装饰材料，以及建筑工程对中性介质（如水、油、蒸汽、空气、煤气等没有腐蚀性的气体和液体物质）在低压下进行工作的设备和管道上所使用的金属附件的制造
			3353	安全、消防用金属制品制造	指安全、消防用金属保险柜、保险箱、消防梯等金属制品的制造
			3359	其他建筑、安全用金属制品制造	
		336	3360	金属表面处理及热处理加工	指对外来的金属物件表面进行的电镀、镀层、抛光、喷涂、着色等专业性作业加工
		337		搪瓷制品制造	指在金属坯体表面涂搪瓷釉制成的，具有金属机械强度和瓷釉物化特征，及可装饰性的制品制造
			3371	生产专用搪瓷制品制造	指专为工业生产设备、工业产品及家电配套的各种搪瓷制品的制造
			3372	建筑装饰搪瓷制品制造	指用于建筑及其装饰方面的搪瓷制品和搪瓷制建筑材料的制造
			3373	搪瓷卫生洁具制造	指卫生用和清洁盥洗用搪瓷用具的生产活动
			3379	搪瓷日用品及其他搪瓷制品制造	指金属薄板经过成型、搪烧制成的日用品及其他搪瓷制品的制造
		338		金属制日用品制造	指以不锈钢、铝等金属为主要原材料，加工制作各种日常生活用金属制品的生产活动
			3381	金属制厨房用器具制造	指厨房烹制、调理用各种金属器具、用具的生产活动
			3382	金属制餐具和器皿制造	

续表

代码				类别名称	说明
门类	大类	中类	小类		
			3383	金属制卫生器具制造	指卫生用和清洁盥洗用的各种金属器具、用具的生产活动
			3389	其他金属制日用品制造	
		339		其他金属制品制造	
			3391	锻件及粉末冶金制品制造	指通过对金属坯料进行锻造变形而得到的工件或毛坯，或者将金属粉末和与非金属粉末的混合物通过压制变形、烘焙制作制品和材料的活动，包括自由锻件、模锻件、特殊成形锻件、冷锻件、温锻件、粉末冶金件等的制造
			3392	交通及公共管理用金属标牌制造	
			3399	其他未列明金属制品制造	指其他上述未包括的金属制品的制造；本类别还包括武器弹药的制造
	34			**通用设备制造业**	
		341		锅炉及原动设备制造	
			3411	锅炉及辅助设备制造	指各种蒸汽锅炉、汽化锅炉，以及除同位素分离器以外的各种核反应堆的制造
			3412	内燃机及配件制造	指用于移动或固定用途的往复式、旋转式、火花点火式或压燃式内燃机及配件的制造，但不包括飞机、汽车和摩托车发动机的制造
			3413	汽轮机及辅机制造	指汽轮机和燃气轮机（蒸汽涡轮机）的制造
			3414	水轮机及辅机制造	
			3415	风能原动设备制造	指风能发电设备及其他风能原动设备制造
			3419	其他原动设备制造	
		342		金属加工机械制造	
			3421	金属切削机床制造	指用于加工金属的各种切削加工机床的制造
			3422	金属成形机床制造	指以锻压、锤击和模压方式加工金属的机床，或以弯曲、折叠、矫直、剪切、冲压、开槽、拉丝等方式加工金属的机床的制造
			3423	铸造机械制造	指金属铸件（机械零件毛坯件）铸造用专用设备及其专门配套件的制造，普通铸造设备、制芯设备、砂处理设备、清理设备和特种铸造设备等制造
			3424	金属切割及焊接设备制造	指将电能及其他形式的能量转换为切割、焊接能量对金属进行切割、焊接设备的制造
			3425	机床附件制造	指扩大机床加工性能和使用范围的附属装置的制造
			3429	其他金属加工机械制造	
		343		物料搬运设备制造	指在工厂、仓库、码头、站台及其他场地，进行起重、输送、装卸、搬运、堆码、存储等作业的机械设备以及车辆及其专门配套件的制造
			3431	轻小型起重设备制造	指结构轻巧、动作简单、可在狭小场地升降或移动重物的简易起重设备及器具的制造；包括起重滑车、手动葫芦、电动葫芦、普通卷扬机、千斤顶、汽车举升机、单轨小车等制造
			3432	起重机制造	指具有起升、变幅或回转、行走等主要工作机构的各种起重机及其专门配套件的制造

续表

代码				类别名称	说明
门类	大类	中类	小类		
			3433	生产专用车辆制造	指用于生产企业内部，进行装卸、堆跺或短距离搬运、牵引、顶推等作业的无轨车辆及其专门配套件的制造；包括电动叉车、内燃叉车、集装箱正面吊运机、短距离牵引车及固定平台搬运车、跨运车，以及手动搬运、堆跺车等的制造
			3434	连续搬运设备制造	指在同一方向上，按照规定的线路连续或间歇地运送或装卸散状物料和成件物品的搬运设备及其专门配套件的制造；包括输送机械、装卸机械、给料机械等三类产品及其专门配套件的制造
			3435	电梯、自动扶梯及升降机制造	指各种电梯、自动扶梯及自动人行道、升降机及其专门配套件的制造
			3439	其他物料搬运设备制造	指除上述以外的其他物料搬运设备及其专门配套件的制造
		344		泵、阀门、压缩机及类似机械制造	指泵、真空设备、压缩机，液压和气压动力机械及类似机械和阀门的制造
			3441	泵及真空设备制造	指用以输送各种液体、液固混合体、液气混合体及其增压、循环、真空等用途的设备制造
			3442	气体压缩机械制造	指对气体进行压缩，使其压力提高到340kPa以上的压缩机械的制造
			3443	阀门和旋塞制造	指通过改变其流道面积的大小，用以控制流体流量、压力和流向的装置制造
			3444	液压和气压动力机械及元件制造	指以液体（或气体）为工作介质，靠液体静压力（或气压动力）来传送能量的装置制造
		345		轴承、齿轮和传动部件制造	
			3451	轴承制造	指各种轴承及轴承零件的制造
			3452	齿轮及齿轮减、变速箱制造	指用于传递动力和转速的齿轮和齿轮减（增）速箱（机、器）、齿轮变速箱的制造；不包括汽车变速箱等的制造
			3459	其他传动部件制造	指除齿轮及齿轮减、变速箱以外的其他相关传动装置制造；包括链传动、带传动、离合器、联轴节、制动器、平衡系统及其配套件制造
		346		烘炉、风机、衡器、包装等设备制造	
			3461	烘炉、熔炉及电炉制造	指使用液体燃料、粉状固体燃料（焚化炉）或气体燃料，进行煅烧、熔化或其他热处理用的非电力熔炉、窑炉和烘炉等燃烧器的制造，以及工业或实验室用电炉及零件的制造
			3462	风机、风扇制造	指用来输送各种气体，以及气体增压、循环、通风换气、排尘等设备的制造
			3463	气体、液体分离及纯净设备制造	指气体和液体的提纯、分离、液化、过滤、净化等设备的制造
			3464	制冷、空调设备制造	指用于专业生产、商业经营等方面的制冷设备和空调设备的制造，但不包括家用空调设备的制造
			3465	风动和电动工具制造	指带有电动机、非电力发动机或风动装置的手工操作加工工具的制造
			3466	喷枪及类似器具制造	

续表

代码				类别名称	说明
门类	大类	中类	小类		
			3467	衡器制造	指用来测定物质重量的各种机械、电子或机电结合的装置或设备的生产活动
			3468	包装专用设备制造	指对瓶、桶、箱、袋或其他容器的洗涤、干燥、装填、密封和贴标签等专用包装机械的制造
		347		文化、办公用机械制造	
			3471	电影机械制造	指各种类型或用途的电影摄影机、电影录音摄影机、影像放映机及电影辅助器材和配件的制造
			3472	幻灯及投影设备制造	指通过媒体将在电子成像器件上的文字图像、胶片上的文字图像、纸张上的文字图像及实物投射到银幕上的各种设备、器材及零配件的制造
			3473	照相机及器材制造	指各种类型或用途的照相机的制造；包括用以制备印刷板，用于水下或空中照相的照相机制造，以及照相机用闪光装置、摄影暗室装置和零件的制造
			3474	复印和胶印设备制造	指各种用途的复印设备和集复印、打印、扫描、传真为一体的多功能一体机的制造；以及主要用于办公室的胶印设备、文字处理设备及零件的制造
			3475	计算器及货币专用设备制造	指金融、商业、交通及办公等使用的电子计算器、具有计算功能的数据记录、重现和显示机器的制造；以及货币专用设备及类似机械的制造
			3479	其他文化、办公用机械制造	
		348		通用零部件制造	
			3481	金属密封件制造	指以金属为原料制作密封件的生产活动
			3482	紧固件制造	
			3483	弹簧制造	
			3484	机械零部件加工	指对专用和通用机械零部件的加工
			3489	其他通用零部件制造	
		349	3490	其他通用设备制造业	
	35			**专用设备制造业**	
		351		采矿、冶金、建筑专用设备制造	
			3511	矿山机械制造	指用于各种固体矿物及石料的开采和洗选的机械设备及其专门配套设备的制造；包括建井设备，采掘、凿岩设备，矿山提升设备，矿物破碎、粉磨设备，矿物筛分、洗选设备，矿用牵引车及矿车等产品及其专用配套件的制造
			3512	石油钻采专用设备制造	指对陆地和海洋的石油、天然气等专用开采设备的制造；不包括海上石油、天然气勘探开采平台及相关漂浮设备的制造
			3513	建筑工程用机械制造	指建筑施工及市政公共工程用机械的制造
			3514	海洋工程专用设备制造	指海上工程、海底工程、近海工程的专用设备制造，不含港口工程设备以及船舶、潜水、救捞等设备制造
			3515	建筑材料生产专用机械制造	指生产水泥、水泥制品、玻璃及玻璃纤维、建筑陶瓷、砖瓦等建筑材料所使用的各种生产、搅拌成型机械的制造

续表

代码				类别名称	说明
门类	大类	中类	小类		
			3516	冶金专用设备制造	指金属冶炼、锭坯铸造、轧制及其专用配套设备等生产专用设备的制造
		352		化工、木材、非金属加工专用设备制造	
			3521	炼油、化工生产专用设备制造	指炼油、化学工业生产专用设备的制造，但不包括包装机械等通用设备的制造
			3522	橡胶加工专用设备制造	指加工橡胶，或以橡胶为材料生产橡胶制品的专用机械制造
			3523	塑料加工专用设备制造	指塑料加工工业中所使用的各类专用机械和装置的制造
			3524	木材加工机械制造	指加工木材、木质板材及木制品的生产专用机械的制造，包括人造板成套设备及非木质人造板成套设备制造、人造板二次加工成套设备制造
			3525	模具制造	指金属铸造用模具、矿物材料用模具、橡胶或塑料用模具及其他用途的模具的制造
			3529	其他非金属加工专用设备制造	
		353		食品、饮料、烟草及饲料生产专用设备制造	
			3531	食品、酒、饮料及茶生产专用设备制造	指主要用于食品、酒、饮料生产及茶制品加工等专用设备的制造
			3532	农副食品加工专用设备制造	指对谷物、干豆类等农作物的筛选、碾磨、储存等专用机械，糖料和油料作物加工机械，畜禽屠宰、水产品加工及盐加工机械的制造
			3533	烟草生产专用设备制造	
			3534	饲料生产专用设备制造	
		354		印刷、制药、日化及日用品生产专用设备制造	
			3541	制浆和造纸专用设备制造	指在制浆、造纸、纸加工及纸制品的生产过程中所用的各类机械和设备的制造
			3542	印刷专用设备制造	指使用印刷或其他方式将图文信息转移到承印物上的专用生产设备的制造
			3543	日用化工专用设备制造	指日用化学工业产品，如洗涤用品、口腔清洁用品、化妆品、香精、香料、动物胶、感光材料及其他日用化学制品专用生产设备的制造
			3544	制药专用设备制造	指化学原料药和药剂、中药饮片及中成药专用生产设备的制造
			3545	照明器具生产专用设备制造	指用于生产各种电灯泡、荧光灯管等电光源和各种照明器具产品专用生产设备的制造
			3546	玻璃、陶瓷和搪瓷制品生产专用设备制造	指用于生产加工玻璃制品、玻璃器皿的专用机械，陶瓷器等类似产品的加工机床和生产专用机械，以及搪瓷制品生产设备的制造
			3549	其他日用品生产专用设备制造	指上述未列明的日用品、工艺美术品的生产专用机械设备的制造
		355		纺织、服装和皮革加工专用设备制造	
			3551	纺织专用设备制造	指纺织纤维预处理、纺纱、织造和针织机械的制造

续表

门类	大类	中类	小类	类别名称	说明
			3552	皮革、毛皮及其制品加工专用设备制造	指在制革、毛皮鞣制及其制品的加工生产过程中所使用的各种专用设备的制造
			3553	缝制机械制造	指用于服装、鞋帽、箱包等制作的专用缝纫机械制造，以及生产加工各种面料服装、鞋帽所包括的铺布、裁剪、整烫、输送管理等机械和羽绒加工设备的制造
			3554	洗涤机械制造	指洗衣店等专业洗衣机械的制造；不包括家用洗衣机的制造
		356		电子和电工机械专用设备制造	
			3561	电工机械专用设备制造	指电机、电线、电缆等电站、电工专用机械及器材的生产设备的制造
			3562	电子工业专用设备制造	指生产半导体器件、集成电路、电子元件、电真空器件专用设备的制造，以及电子设备整机装配专用设备的制造
		357		农、林、牧、渔专用机械制造	
			3571	拖拉机制造	
			3572	机械化农业及园艺机具制造	指用于土壤处理，作物种植或施肥，种植物收割的农业、园艺或其他机械的制造
			3573	营林及木竹采伐机械制造	
			3574	畜牧机械制造	指草原建设、管理，畜禽养殖及畜禽产品采集等专用机械的制造
			3575	渔业机械制造	指渔业养殖、渔业捕捞等专用设备的制造
			3576	农林牧渔机械配件制造	指拖拉机配件和其他农林牧渔机械配件的制造
			3577	棉花加工机械制造	指棉花加工专用机械制造，棉花加工成套设备的制造和安装
			3579	其他农、林、牧、渔业机械制造	指用于农产品初加工机械，以及其他未列明的农、林、牧、渔业机械的制造
		358		医疗仪器设备及器械制造	
			3581	医疗诊断、监护及治疗设备制造	指用于内科、外科、眼科、妇产科、中医等医疗专用诊断、监护、治疗等方面的设备制造
			3582	口腔科用设备及器具制造	指用于口腔治疗、修补设备及器械的制造
			3583	医疗实验室及医用消毒设备和器具制造	指医疗实验室或医疗用消毒、灭菌设备及器具的制造
			3584	医疗、外科及兽医用器械制造	指各种手术室、急救室、诊疗室等医疗专用及兽医用手术器械、医疗诊断用品和医疗用具的制造
			3585	机械治疗及病房护理设备制造	指各种治疗设备、病房护理及康复专用设备的制造
			3586	假肢、人工器官及植（介）入器械制造	指外科、牙科等医疗专用及兽医用假肢、人工器官、植入器械的制造，还包括矫形器具的制造
			3589	其他医疗设备及器械制造	指外科、牙科等医疗专用及兽医用家具器械的制造，以及其他未列明的医疗设备及器械的制造
		359		环保、社会公共服务及其他专用设备制造	
			3591	环境保护专用设备制造	指环境污染防治、废旧物品加工，以及工业材料回收专用设备的制造
			3592	地质勘查专用设备制造	指地质勘查（勘探）专用设备的制造；不包括通用钻采、挖掘机械的制造

续表

代码				类别名称	说明
门类	大类	中类	小类		
			3593	邮政专用机械及器材制造	
			3594	商业、饮食、服务专用设备制造	
			3595	社会公共安全设备及器材制造	指公安、消防、安全等社会公共安全设备及器材的制造和加工
			3596	交通安全、管制及类似专用设备制造	指除铁路运输以外的道路运输、水上运输及航空运输等有关的管理、安全、控制专用设备的制造；不包括电气照明设备、信号设备的制造
			3597	水资源专用机械制造	指水利工程管理、节水工程及水的生产、供应专用设备的制造
			3599	其他专用设备制造	指上述类别中未列明的其他专用设备的制造，包括同位素设备的制造
	36			**汽车制造业**	
		361	3610	汽车整车制造	指由动力装置驱动，具有四个以上车轮的非轨道、无架线的车辆，并主要用于载送人员和（或）货物，牵引输送人员和（或）货物的车辆制造，还包括汽车发动机的制造
		362	3620	改装汽车制造	指利用外购汽车底盘改装各类汽车的制造
		363	3630	低速载货汽车制造	指最高时速限制在规定范围内的农用三轮或四轮等载货汽车的制造
		364	3640	电车制造	指以电作为动力，以屏板或可控硅方式控制的城市内交通工具和专用交通工具的制造
		365	3650	汽车车身、挂车制造	指其设计和技术特性需由汽车牵引，才能正常行驶的一种无动力的道路车辆的制造
		366	3660	汽车零部件及配件制造	指机动车辆及其车身的各种零配件的制造
	37			**铁路、船舶、航空航天和其他运输设备制造业**	
		371		铁路运输设备制造	
			3711	铁路机车车辆及动车组制造	指以外来电源或以蓄电池驱动的，或以压燃式发动机及其他方式驱动的，能够牵引铁路车辆的动力机车、铁路动车组的制造，以及用于运送旅客和用以装运货物的客车、货车及其他铁路专用车辆的制造
			3712	窄轨机车车辆制造	指可用于交通运输的窄轨内燃机车、电力机车和窄轨非机动车的制造
			3713	铁路机车车辆配件制造	指铁道或有轨机车及其拖拽车辆的专用零配件的制造
			3714	铁路专用设备及器材、配件制造	指铁路安全或交通控制设备的制造，以及其他铁路专用设备及器材、配件的制造
			3719	其他铁路运输设备制造	
		372	3720	城市轨道交通设备制造	
		373		船舶及相关装置制造	
			3731	金属船舶制造	指以钢质、铝质等各种金属为主要材料，为民用或军事部门建造远洋、近海或内陆河湖的金属船舶的制造
			3732	非金属船舶制造	指以各种木材、水泥、玻璃钢等非金属材料，为民用或军事部门建造船舶的活动

续表

代码				类别名称	说明
门类	大类	中类	小类		
			3733	娱乐船和运动船制造	指游艇和用于娱乐或运动的其他船只的制造
			3734	船用配套设备制造	指船用主机、辅机设备的制造
			3735	船舶改装与拆除	
			3739	航标器材及其他相关装置制造	指用于航标的各种器材，以及不以航行为主的船只的制造，不含海上浮动装置的制造
		374		航空、航天器及设备制造	
			3741	飞机制造	指在大气同温层以内飞行的用于运货或载客，用于国防，以及用于体育运动或其他用途的各种飞机及其零件的制造，包括飞机发动机的制造
			3742	航天器制造	
			3743	航空、航天相关设备制造	
			3749	其他航空航天器制造	
		375		摩托车制造	
			3751	摩托车整车制造	指不论是否装有边斗的摩托车制造，包括摩托车发动机的制造
			3752	摩托车零部件及配件制造	
		376		自行车制造	
			3761	脚踏自行车及残疾人座车制造	指未装马达，主要以脚蹬驱动，装有一个或多个轮子的脚踏车辆、残疾人座车及其零件的制造
			3762	助动自行车制造	指主要以蓄电池作为辅助能源，具有两个车轮，能实现人力骑行、电动或电动助力功能的特种自行车及其零件的制造
		377	3770	非公路休闲车及零配件制造	指运动休闲车（不含跑车、山地车和越野车）、四轮休闲车、草地车、观光车等的制造
		379		潜水救捞及其他未列明运输设备制造	
			3791	潜水及水下救捞装备制造	指潜水装置及水下作业、救捞装备的制造
			3799	其他未列明运输设备制造	指手推车辆、牲畜牵引车辆的制造，以及上述未列明的交通运输设备的制造
	38			**电气机械和器材制造业**	
		381		电机制造	
			3811	发电机及发电机组制造	指发电机及其辅助装置、发电成套设备的制造
			3812	电动机制造	指交流或直流电动机及零件的制造
			3819	微电机及其他电机制造	指自动化系统中一种主要用于传递和交换信号等方面的元件，即控制微电机的制造，以及其他未列明的电机制造
		382		输配电及控制设备制造	
			3821	变压器、整流器和电感器制造	指变压器、静止式变流器等电力电子设备和互感器的制造
			3822	电容器及其配套设备制造	指电力电容器及其配套装置和电容器零件的制造
			3823	配电开关控制设备制造	指用于电压超过1000V的，诸如一般在配电系统中使用的接通及断开或保护电路的电器，以及用于电压不超过1000V的，如在住房、工业设备或家用电器中使用的配电开关控制设备及其零件的制造

续表

代码				类别名称	说明
门类	大类	中类	小类		
			3824	电力电子元器件制造	指用于电能变换和控制（从而实现运动控制）的电子元器件的制造
			3825	光伏设备及元器件制造	指太阳能组件（太阳能电池）、控制设备及其他太阳能设备和元器件制造；不包括太阳能用蓄电池制造
			3829	其他输配电及控制设备制造	指开关设备和控制设备内部的元器件之间，以及与外部电路之间的电连接所需用的器件和配件的制造
		383		电线、电缆、光缆及电工器材制造	
			3831	电线、电缆制造	指在电力输配、电能传送，声音、文字、图像等信息传播，以及照明等各方面所使用的电线电缆的制造
			3832	光纤、光缆制造	指将电的信号变成光的信号，进行声音、文字、图像等信息传输的光缆、光纤的制造
			3833	绝缘制品制造	指电气绝缘子、电机或电气设备用的绝缘零件，以及带有绝缘材料的金属制电导管及接头的制造，但不包括玻璃、陶瓷绝缘体和绝缘漆制品的制造
			3839	其他电工器材制造	
		384		电池制造	指以正极活性材料、负极活性材料，配合电介质，以密封式结构制成的，并具有一定公称电压和额定容量的化学电源的制造；包括一次性、不可充电和二次可充电，重复使用的干电池、蓄电池（含太阳能用蓄电池）的制造，以及利用氢与氧的合成转换成电能的装置，即燃料电池制造；不包括利用太阳光转换成电能的太阳能电池制造
			3841	锂离子电池制造	指以锂离子嵌入化合物为正极材料电池的制造
			3842	镍氢电池制造	以储氢合金为负极材料，氢氧化镍为正极材料，电解液是含氢氧化锂（LiOH）的氢氧化钾（KOH）水溶液的电池的制造
			3849	其他电池制造	
		385		家用电力器具制造	指使用交流电源或电池的各种家用电器的制造
			3851	家用制冷电器具制造	
			3852	家用空气调节器制造	指使用交流电源（制冷量14000W及以下），调节室内温度、湿度、气流速度和空气洁净度的房间空气调节器的制造
			3853	家用通风电器具制造	指由单相交流电动机驱动扇叶旋转，产生强制气流，以改善人体与周围空气间的热交换条件的电器制造
			3854	家用厨房电器具制造	指家庭厨房用的电热蒸煮器具、电热烘烤器具、电热水和饮料加热器具、电热煎炒器具、家用电灶、家用食品加工电器具、家用厨房电清洁器具等电器具的制造
			3855	家用清洁卫生电器具制造	指家用洗衣机、吸尘器等电力器具的制造
			3856	家用美容、保健电器具制造	
			3857	家用电力器具专用配件制造	指家用电力器具专用配件的制造，不包括通用零部件制造

续表

代码				类别名称	说明
门类	大类	中类	小类		
			3859	其他家用电力器具制造	
		386		非电力家用器具制造	
			3861	燃气、太阳能及类似能源家用器具制造	指以液化气、天然气、人工煤气、沼气或太阳能作燃料，以马口铁、搪瓷、不锈钢等为材料加工制成的家用器具的生产活动
			3869	其他非电力家用器具制造	
		387		照明器具制造	
			3871	电光源制造	电光源也称灯泡或电灯，本类是指将电能转变为光的器件的制造；目前按发光原理可分为白炽灯（指因电流通过使钨丝白炽而发光的灯）和气体放电灯（指电流通过灯两端的电极形成气体放电而产生光的灯）
			3872	照明灯具制造	指由起支撑、固定反射和保护作用的部件及联结光源所必须的电路辅助装置组合而成，将一个或多个光源发出的光进行控制分配或反射装置的制造；包括建筑物照明、道路照明、运输设备照明、生产照明、舞台照明等各种灯具的制造
			3879	灯用电器附件及其他照明器具制造	指灯用电器附件，以及为各种灯泡配套用的灯座及其他照明器具的制造
		389		其他电气机械及器材制造	
			3891	电气信号设备装置制造	指交通运输工具（如机动车、船舶、铁道车辆等）专用信号装置及各种电气音响或视觉报警、警告、指示装置的制造，以及其他电气声像信号装置的制造
			3899	其他未列明电气机械及器材制造	指上述未列明的电气机械及器材的制造
	39			**计算机、通信和其他电子设备制造业**	
		391		计算机制造	
			3911	计算机整机制造	指将可进行算术或逻辑运算的中央处理器和外围设备集成计算整机的制造，也包括硬件与软件集成计算机系统的制造，还包括来件组装计算机的加工
			3912	计算机零部件制造	指组成电子计算机的内存、板卡、硬盘、电源、机箱、显示器等部件的制造
			3913	计算机外围设备制造	指计算机外围设备及附属设备的制造；包括输入设备、输出设备和外存储设备等的制造
			3919	其他计算机制造	指计算机应用电子设备（以中央处理器为核心，配以专业功能模块、外围设备等构成各行业应用领域专用的电子产品及设备，如金融电子、汽车电子、医疗电子、工业控制计算机及装置、信息采集及识别设备、数字化3C产品等）、信息安全设备（用于保护网络和计算机中信息和数据安全的专用设备，包括边界安全、通信安全、身份鉴别与访问控制、数据安全、基础平台、内容安全、评估审计与监控、安全应用设备等），以及其他未列明计算机设备的制造
		392		通信设备制造	

续表

代码				类别名称	说明
门类	大类	中类	小类		
			3921	通信系统设备制造	指固定或移动通信接入、传输、交换设备等通信系统建设所需设备的制造
			3922	通信终端设备制造	指固定或移动通信终端设备的制造
		393		广播电视设备制造	
			3931	广播电视节目制作及发射设备制造	指广播电视节目制作、发射设备及器材的制造
			3932	广播电视接收设备及器材制造	指专业广播电视接收设备、专业用录音录像重放、音响设备及其他配套的广播电视设备的制造，但不包括家用广播电视接收设备及装置的制造
			3939	应用电视设备及其他广播电视设备制造	指应用电视设备、其他广播电视设备和器材的制造
		394	3940	雷达及配套设备制造	指雷达整机及雷达配套产品的制造
		395		视听设备制造	
			3951	电视机制造	指非专业用电视机制造
			3952	音响设备制造	指非专业用无线电收音机、收录音机、唱机等音响设备的制造
			3953	影视录放设备制造	指非专业用录像机、摄像机、激光视盘机等影视设备整机及零部件的制造，包括教学用影视设备的制造，但不包括广播电视等专业影视设备的制造
		396		电子器件制造	
			3961	电子真空器件制造	指电子热离子管、冷阴极管或光电阴极管及其他真空电子器件，以及电子管零件的制造
			3962	半导体分立器件制造	
			3963	集成电路制造	指单片集成电路、混合式集成电路的制造
			3969	光电子器件及其他电子器件制造	指光电子器件、显示器件和组件，以及其他未列明的电子器件的制造
		397		电子元件制造	
			3971	电子元件及组件制造	指组装好的电子模压组件、微型组件或类似组件的制造
			3972	印制电路板制造	指在绝缘板上通过常规或非常规的印刷工艺，使导电元件、触点或电感器件、电阻器和电容器等其他印刷元件组成的电路及专用元件的制造
		399	3990	其他电子设备制造	指电子（气）物理设备及其他未列明的电子设备的制造
	40			**仪器仪表制造业**	
		401		通用仪器仪表制造	
			4011	工业自动控制系统装置制造	指用于连续或断续生产制造过程中，测量和控制生产制造过程的温度、压力、流量、物位等变量或者物体位置、倾斜、旋转等参数的工业用计算机控制系统、检测仪表、执行机构和装置的制造
			4012	电工仪器仪表制造	指用于电压、电流、电阻、功率等电磁量的测量、计量、采集、监测、分析、处理、检验与控制用仪器仪表及系统装置的制造
			4013	绘图、计算及测量仪器制造	指供设计、制图、绘图、计算、测量，以及学习或办公、教学等使用的测量和绘图用具、器具、精密天平及量仪的制造

续表

代码				类别名称	说明
门类	大类	中类	小类		
			4014	实验分析仪器制造	指利用物质的物理、化学、电学等性能对物质进行定性、定量分析和结构分析，以及湿度、粘度、质量、比重等性能测定所使用的仪器的制造；用于对各种物体在温度、湿度、光照、辐射等环境变化后适应能力的实验装置的制造；各种物体物化特性参数测量的仪器、实验装置及相关器具的制造
			4015	试验机制造	指测试、评定和研究材料、零部件及其制成品的物理性能、机械（力学）性能、工艺性能、安全性能、舒适性能的实验仪器和设备的制造
			4019	供应用仪表及其他通用仪器制造	指电、气、水、油和热等类似气体或液体的供应过程中使用的计量仪表、自动调节或控制仪器及装置，以及其他未列明的通用仪器仪表和仪表元器件的制造
		402		专用仪器仪表制造	
			4021	环境监测专用仪器仪表制造	指对环境中的污染物、噪声、放射性物质、电磁波等进行监测和监控的专用仪器仪表及系统装置的制造
			4022	运输设备及生产用计数仪表制造	指汽车、船舶及工业生产用转数计、生产计数器、里程记录器及类似仪表的制造
			4023	导航、气象及海洋专用仪器制造	指用于气象、海洋、水文、天文、航海、航空等方面的导航、制导、测量仪器和仪表及类似装置的制造
			4024	农林牧渔专用仪器仪表制造	指农、林、牧、渔生产专用仪器、仪表及类似装置的制造
			4025	地质勘探和地震专用仪器制造	指地质勘探、钻采、地震等地球物理专用仪器、仪表及类似装置的制造
			4026	教学专用仪器制造	指专供教学示范或展览，而无其他用途的专用仪器的制造
			4027	核子及核辐射测量仪器制造	指专门用于核离子射线的测量或检验的仪器、装置，核辐射探测器等核专业用仪器仪表的制造
			4028	电子测量仪器制造	指用电子技术实现对被测对象（电子产品）的电参数定量检测装置的制造
			4029	其他专用仪器制造	指用于纺织、电站热工仪表等其他未列明的专用仪器的制造
		403	4030	钟表与计时仪器制造	指各种钟、表、钟表机芯、时间记录装置、计时器的制造，还包括装有钟表机芯或同步马达，用以测量、记录或指示时间间隔的装置、定时开关，以及钟表零配件的制造
		404		光学仪器及眼镜制造	
			4041	光学仪器制造	指用玻璃或其他材料（如石英、萤石、塑料或金属）制作的光学配件、装配好的光学元件、组合式光学显微镜，以及军用望远镜等光学仪器的制造
			4042	眼镜制造	指眼镜成镜、眼镜框架和零配件、眼镜镜片、角膜接触镜（隐形眼镜）及护理产品的制造
		409	4090	其他仪器仪表制造业	指上述未列明的仪器、仪表的制造
	41			**其他制造业**	
		411		日用杂品制造	

续表

门类	大类	中类	小类	类别名称	说明
			4111	鬃毛加工、制刷及清扫工具制造	指用原毛加工成生产刷子类产品的成品毛的生产，或以成品毛和棕、金属丝、塑料丝等为原料加工制刷的生产，以及其他清扫工具的制造
			4119	其他日用杂品制造	指制伞及其他未列明的各种日常生活用杂品的生产活动
		412	4120	煤制品制造	指用烟煤、无烟煤、褐煤及其他各种煤炭制成的煤砖、煤球等固体燃料制品的活动
		413	4130	核辐射加工	指核技术与同位素技术的应用，由核辐照站利用核技术对原有产品改良、改变性质并使其增值的加工活动
		419	4190	其他未列明制造业	
	42			**废弃资源综合利用业**	**指废弃资源和废旧材料回收加工**
		421	4210	金属废料和碎屑加工处理	指从各种废料［包括固体废料、废水（液）、废气等］中回收，并使之便于转化为新的原材料，或适于进一步加工为金属原料的金属废料和碎屑的再加工处理活动，包括废旧电器、电子产品拆解回收
		422	4220	非金属废料和碎屑加工处理	指从各种废料［包括固体废料、废水（液）、废气等］中回收，或经过分类，使其适于进一步加工为新原料的非金属废料和碎屑的再加工处理活动
	43			**金属制品、机械和设备修理业**	
		431	4310	金属制品修理	
		432	4320	通用设备修理	
		433	4330	专用设备修理	
		434		铁路、船舶、航空航天等运输设备修理	
			4341	铁路运输设备修理	不包括火车机车回厂修理和发动机修理活动
			4342	船舶修理	不包括船舶回厂修复、发动机修理以及船舶拆除活动
			4343	航空航天器修理	不包括航空航天器回厂修理和发动机修理活动
			4349	其他运输设备修理	
		435	4350	电气设备修理	
		436	4360	仪器仪表修理	
		439	4390	其他机械和设备修理业	
D				**电力、热力、燃气及水生产和供应业**	本门类包括44—46大类
	44			**电力、热力生产和供应业**	
		441		电力生产	
			4411	火力发电	指利用煤炭、石油、天然气等燃料燃烧产生的热能，通过火电动力装置转换成电能的生产活动
			4412	水力发电	指通过建设水电站将水能转换成电能的生产活动
			4413	核力发电	指利用核反应堆中重核裂变所释放出的热能转换成电能的生产活动
			4414	风力发电	
			4415	太阳能发电	
			4419	其他电力生产	指利用地热、潮汐能、温差能、波浪能、生物能及其他未列明的能源的发电活动

续表

代码				类别名称	说明
门类	大类	中类	小类		
		442	4420	电力供应	指利用电网出售给用户电能的输送与分配活动，以及供电局的供电活动
		443	4430	热力生产和供应	指利用煤炭、油、燃气等能源，通过锅炉等装置生产蒸汽和热水，或外购蒸汽、热水进行供应销售、供热设施的维护和管理的活动
	45			**燃气生产和供应业**	
		450	4500	燃气生产和供应业	指利用煤炭、油、燃气等能源生产燃气，或利用畜禽类便和秸秆等农业、农村废弃物生产沼气，或外购液化石油气、天然气等燃气，并进行输配，向用户销售燃气的活动，以及对煤气、液化石油气、天然气输配及使用过程中的维修和管理活动
	46			**水的生产和供应业**	
		461	4610	自来水生产和供应	指将天然水（地下水、地表水）经过蓄集、净化达到生活饮用水或其他用水标准，并向居民家庭、企业和其他用户供应的活动
		462	4620	污水处理及其再生利用	指对污水污泥的处理和处置，及净化后的再利用活动
		469	4690	其他水的处理、利用与分配	指将海水淡化处理，达到可以使用标准的生产活动，以及对雨水、微咸水等类似水进行收集、处理和利用活动
E				**建筑业**	本门类包括47—50大类
	47			**房屋建筑业**	
		470	4700	房屋建筑业	指房屋主体工程的施工活动；不包括主体工程施工前的工程准备活动
	48			**土木工程建筑业**	指土木工程主体的施工活动；不包括施工前的工程准备活动
		481		铁路、道路、隧道和桥梁工程建筑	
			4811	铁路工程建筑	
			4812	公路工程建筑	
			4813	市政道路工程建筑	
			4819	其他道路、隧道和桥梁工程建筑	
		482		水利和内河港口工程建筑	
			4821	水源及供水设施工程建筑	
			4822	河湖治理及防洪设施工程建筑	
			4823	港口及航运设施工程建筑	
		483	4830	海洋工程建筑	指海上工程、海底工程、近海工程建筑活动，不含港口工程建筑活动
		484	4840	工矿工程建筑	指除厂房外的矿山和工厂生产设施、设备的施工和安装
		485		架线和管道工程建筑	指建筑物外的架线、管道和设备的施工活动
			4851	架线及设备工程建筑	
			4852	管道工程建筑	
		489	4890	其他土木工程建筑	

续表

门类	大类	中类	小类	类别名称	说明
	49			**建筑安装业**	指建筑物主体工程竣工后，建筑物内各种设备的安装活动，以及施工中的线路敷设和管道安装活动；不包括工程收尾的装饰，如对墙面、地板、天花板、门窗等处理活动
		491	4910	电气安装	指建筑物及土木工程构筑物内电气系统（含电力线路）的安装活动
		492	4920	管道和设备安装	指管道、取暖及空调系统等的安装活动
		499	4990	其他建筑安装业	
	50			**建筑装饰和其他建筑业**	
		501	5010	建筑装饰业	指对建筑工程后期的装饰、装修和清理活动，以及对居室的装修活动
		502		工程准备活动	指房屋、土木工程建筑施工前的准备活动
			5021	建筑物拆除活动	
			5029	其他工程准备活动	
		503	5030	提供施工设备服务	指为建筑工程提供配有操作人员的施工设备的服务
		509	5090	其他未列明建筑业	指上述未列明的其他工程建筑活动
F				**批发和零售业**	本门类包括51和52大类，指商品在流通环节中的批发活动和零售活动
	51			**批发业**	指向其他批发或零售单位（含个体经营者）及其他企事业单位、机关团体等批量销售生活用品、生产资料的活动，以及从事进出口贸易和贸易经纪与代理的活动，包括拥有货物所有权，并以本单位（公司）的名义进行交易活动，也包括不拥有货物的所有权，收取佣金的商品代理、商品代售活动；本类还包括各类商品批发市场中固定摊位的批发活动，以及以销售为目的的收购活动
		511		农、林、牧产品批发	指未经过加工的农作物、林产品及牲畜、畜产品、鱼苗的批发和进出口活动，但不包括蔬菜、水果、肉、禽、蛋、奶及水产品的批发和进出口活动，包括以批发为目的的农副产品收购活动
			5111	谷物、豆及薯类批发	
			5112	种子批发	
			5113	饲料批发	
			5114	棉、麻批发	
			5115	林业产品批发	指林木种苗、采伐产品及采集产品等的批发和进出口活动
			5116	牲畜批发	
			5119	其他农牧产品批发	
		512		食品、饮料及烟草制品批发	指经过加工和制造的食品、饮料及烟草制品的批发和进出口活动，以及蔬菜、水果、肉、禽、蛋、奶及水产品的批发和进出口活动
			5121	米、面制品及食用油批发	
			5122	糕点、糖果及糖批发	
			5123	果品、蔬菜批发	
			5124	肉、禽、蛋、奶及水产品批发	

续表

代码				类别名称	说明
门类	大类	中类	小类		
			5125	盐及调味品批发	
			5126	营养和保健品批发	
			5127	酒、饮料及茶叶批发	指可直接饮用或稀释、冲泡后饮用的饮料、酒及茶叶的批发和进出口活动
			5128	烟草制品批发	指经过加工、生产的烟草制品的批发和进出口活动
			5129	其他食品批发	
		513		纺织、服装及家庭用品批发	指纺织面料、纺织品、服装、鞋、帽及日杂品、家用电器、家具等生活日用品的批发和进出口活动
			5131	纺织品、针织品及原料批发	
			5132	服装批发	
			5133	鞋帽批发	
			5134	化妆品及卫生用品批发	
			5135	厨房、卫生间用具及日用杂货批发	指灶具、炊具、厨具、餐具及各种容器、器皿等的批发和进出口活动；卫生间的用品用具和生活用清洁、清扫用品、用具等的批发和进出口活动
			5136	灯具、装饰物品批发	
			5137	家用电器批发	
			5139	其他家庭用品批发	指上述未列明的其他生活日用品的批发和进出口活动
		514		文化、体育用品及器材批发	指各类文具用品、体育用品、图书、报刊、音像、电子出版物、首饰、工艺美术品、收藏品及其他文化用品、器材的批发和进出口活动
			5141	文具用品批发	
			5142	体育用品及器材批发	
			5143	图书批发	
			5144	报刊批发	
			5145	音像制品及电子出版物批发	
			5146	首饰、工艺品及收藏品批发	
			5149	其他文化用品批发	
		515		医药及医疗器材批发	指各种化学药品、生物药品、中药及医疗器材的批发和进出口活动；包括兽用药的批发和进出口活动
			5151	西药批发	
			5152	中药批发	指中成药、中药材的批发和进出口活动
			5153	医疗用品及器材批发	
		516		矿产品、建材及化工产品批发	指煤及煤制品、石油制品、矿产品及矿物制品、金属材料、建筑和装饰装修材料以及化工产品的批发和进出口活动
			5161	煤炭及制品批发	
			5162	石油及制品批发	
			5163	非金属矿及制品批发	
			5164	金属及金属矿批发	
			5165	建材批发	指建筑用材料和装饰装修材料的批发和进出口活动
			5166	化肥批发	

续表

代码				类别名称	说明
门类	大类	中类	小类		
			5167	农药批发	
			5168	农用薄膜批发	
			5169	其他化工产品批发	
		517		机械设备、五金产品及电子产品批发	提供通用机械、专用设备、交通运输设备、电气机械、五金、交通器材、电料、计算机设备、通讯设备、电子产品、仪器仪表及办公用机械的批发和进出口活动
			5171	农业机械批发	
			5172	汽车批发	
			5173	汽车零配件批发	
			5174	摩托车及零配件批发	
			5175	五金产品批发	指小五金、工具、水暖部件及材料的批发和进出口活动
			5176	电气设备批发	
			5177	计算机、软件及辅助设备批发	
			5178	通讯及广播电视设备批发	指电信设备、广播电视设备的批发和进出口活动
			5179	其他机械设备及电子产品批发	
		518		贸易经纪与代理	指代办商、商品经纪人、拍卖商的活动；专门为某一生产企业做销售代理的活动；为买卖双方提供贸易机会或代表委托人进行商品交易代理活动
			5181	贸易代理	指不拥有货物的所有权，为实现供求双方达成交易，按协议收取佣金的贸易代理
			5182	拍卖	
			5189	其他贸易经纪与代理	
		519		其他批发业	指上述未包括的批发和进出口活动
			5191	再生物资回收与批发	指将可再生的废旧物资回收，并批发给制造企业作初级原料的活动
			5199	其他未列明批发业	
	52			**零售业**	指百货商店、超级市场、专门零售商店、品牌专卖店、售货摊等主要面向最终消费者（如居民等）的销售活动，以互联网、邮政、电话、售货机等方式的销售活动，还包括在同一地点，后面加工生产，前面销售的店铺（如面包房）；谷物、种子、饲料、牲畜、矿产品、生产用原料、化工原料、农用化工产品、机械设备（乘用车、计算机及通信设备除外）等生产资料的销售不作为零售活动；多数零售商对其销售的货物拥有所有权，但有些则是充当委托人的代理人，进行委托销售或以收取佣金的方式进行销售
		521		综合零售	
			5211	百货零售	指经营的商品品种较齐全，经营规模较大的综合零售活动
			5212	超级市场零售	指经营食品、日用品等的超级市场的综合零售活动
			5219	其他综合零售	指日用杂品综合零售活动；在街道、社区、乡镇、农村、工矿区、校区、交通要道口、车站、码头、机场等人口稠密地区开办的小型综合零售店的活动；以小超市形式开办的便利店活动；农村供销社的零售活动

续表

代码				类别名称	说明
门类	大类	中类	小类		
		522		食品、饮料及烟草制品专门零售	指专门经营粮油、食品、饮料及烟草制品的店铺零售活动
			5221	粮油零售	
			5222	糕点、面包零售	
			5223	果品、蔬菜零售	
			5224	肉、禽、蛋、奶及水产品零售	
			5225	营养和保健品零售	
			5226	酒、饮料及茶叶零售	指专门经营酒、茶叶及各种饮料的店铺零售活动
			5227	烟草制品零售	
			5229	其他食品零售	指上述未列明的店铺食品零售活动
		523		纺织、服装及日用品专门零售	指专门经营纺织面料、纺织品、服装、鞋、帽及各种生活日用品的店铺零售活动
			5231	纺织品及针织品零售	
			5232	服装零售	
			5233	鞋帽零售	
			5234	化妆品及卫生用品零售	
			5235	钟表、眼镜零售	
			5236	箱、包零售	
			5237	厨房用具及日用杂品零售	指专门经营炊具、厨具、餐具、日用陶瓷、日用玻璃器皿、塑料器皿、清洁用具和用品的店铺零售活动，以及各种材质其他日用杂品的零售活动
			5238	自行车零售	
			5239	其他日用品零售	指专门经营小饰物、礼品花卉及其他未列明日用品的店铺零售活动
		524		文化、体育用品及器材专门零售	指专门经营文具、体育用品、图书、报刊、音像制品、首饰、工艺美术品、收藏品、照相器材及其他文化用品的店铺零售活动
			5241	文具用品零售	
			5242	体育用品及器材零售	
			5243	图书、报刊零售	
			5244	音像制品及电子出版物零售	
			5245	珠宝首饰零售	
			5246	工艺美术品及收藏品零售	指专门经营具有收藏价值和艺术价值的工艺品、艺术品、古玩、字画、邮品等的店铺零售活动
			5247	乐器零售	
			5248	照相器材零售	
			5249	其他文化用品零售	指专门经营游艺用品及其他未列明文化用品的店铺零售活动
		525		医药及医疗器材专门零售	指专门经营各种化学药品、生物药品、中药、医疗用品及器材的店铺零售活动
			5251	药品零售	
			5252	医疗用品及器材零售	
		526		汽车、摩托车、燃料及零配件专门零售	指专门经营汽车、摩托车、汽车部件、汽车零配件及燃料的店铺零售活动

续表

代码				类别名称	说明
门类	大类	中类	小类		
			5261	汽车零售	指乘用车的零售
			5262	汽车零配件零售	
			5263	摩托车及零配件零售	
			5264	机动车燃料零售	指专门经营机动车燃料及相关产品（润滑油）的店铺零售活动
		527		家用电器及电子产品专门零售	指专门经营家用电器和计算机、软件及辅助设备、电子通信设备、电子元器件及办公设备的店铺零售活动
			5271	家用视听设备零售	指专门经营电视、音响设备、摄录像设备等的店铺零售活动
			5272	日用家电设备零售	指专门经营冰箱、洗衣机、空调、吸尘器及其他家用电器设备的店铺零售活动
			5273	计算机、软件及辅助设备零售	
			5274	通信设备零售	不包括专业通信设备的销售
			5279	其他电子产品零售	
		528		五金、家具及室内装饰材料专门零售	指专门经营五金用品、家具和装修材料的店铺零售活动，以及在家具、家居装饰、建材城（中心）及展销会上设摊位的销售活动
			5281	五金零售	
			5282	灯具零售	
			5283	家具零售	
			5284	涂料零售	
			5285	卫生洁具零售	
			5286	木质装饰材料零售	指专门经营木质地板、门、窗等店铺零售活动，不包括板材销售活动
			5287	陶瓷、石材装饰材料零售	指专门经营陶瓷、石材制地板砖、壁砖等店铺零售活动
			5289	其他室内装饰材料零售	
		529		货摊、无店铺及其他零售业	
			5291	货摊食品零售	指流动货摊的食品零售活动
			5292	货摊纺织、服装及鞋零售	指流动货摊的纺织、服装及鞋的零售活动
			5293	货摊日用品零售	指流动货摊的日用品零售活动
			5294	互联网零售	不包括在网络销售中，仅提供网络支付的活动，以及仅建立或提供网络交易平台和接入的活动
			5295	邮购及电视、电话零售	指通过邮政及电视、电话等通讯工具进行销售，并送货上门的零售活动
			5296	旧货零售	
			5297	生活用燃料零售	指从事生活用煤、煤油、酒精、薪柴、木炭以及罐装液化石油气等专门零售活动
			5299	其他未列明零售业	
G				**交通运输、仓储和邮政业**	本门类包括 53—60 大类
	53			**铁路运输业**	指铁路客运、货运及相关的调度、信号、机车、车辆、检修、工务等活动；不包括铁路系统所属的机车、车辆及信号通信设备的制造厂（公司）、建筑工程公司、商店、学校、科研所、医院等活动

续表

代码				类别名称	说明
门类	大类	中类	小类		
		531	5310	铁路旅客运输	
		532	5320	铁路货物运输	
		533		铁路运输辅助活动	
			5331	客运火车站	
			5332	货运火车站	
			5339	其他铁路运输辅助活动	指除铁路旅客、货物运输及为其服务的客、货运火车站以外的运输网、信号、调度及铁路设施的管理和养护等活动
	54			**道路运输业**	
		541		城市公共交通运输	指城市旅客运输活动
			5411	公共电汽车客运	
			5412	城市轨道交通	指城市地铁、轻轨、有轨电车等活动
			5413	出租车客运	
			5419	其他城市公共交通运输	指其他未列明的城市旅客运输活动
		542	5420	公路旅客运输	指城市以外道路的旅客运输活动
		543	5430	道路货物运输	指所有道路的货物运输活动
		544		道路运输辅助活动	指与道路运输相关的运输辅助活动
			5441	客运汽车站	指长途旅客运输汽车站的服务
			5442	公路管理与养护	
			5449	其他道路运输辅助活动	
	55			**水上运输业**	
		551		水上旅客运输	
			5511	海洋旅客运输	
			5512	内河旅客运输	指江、河、湖泊、水库的水上旅客运输活动
			5513	客运轮渡运输	指城市及其他水域旅客轮渡运输活动
		552		水上货物运输	
			5521	远洋货物运输	
			5522	沿海货物运输	
			5523	内河货物运输	指江、河、湖泊、水库的水上货物运输活动
		553		水上运输辅助活动	
			5531	客运港口	
			5532	货运港口	
			5539	其他水上运输辅助活动	指其他未列明的水上运输辅助活动
	56			**航空运输业**	
		561		航空客货运输	
			5611	航空旅客运输	指以旅客运输为主的航空运输活动
			5612	航空货物运输	指以货物或邮件为主的航空运输活动
		562	5620	通用航空服务	指使用民用航空器从事除公共航空运输以外的民用航空活动
		563		航空运输辅助活动	
			5631	机场	
			5632	空中交通管理	
			5639	其他航空运输辅助活动	指其他未列明的航空运输辅助活动

续表

门类	大类	中类	小类	类别名称	说明
	57			**管道运输业**	
		570	5700	管道运输业	指通过管道对气体、液体等的运输活动
	58			**装卸搬运和运输代理业**	
		581	5810	装卸搬运	
		582		运输代理业	指与运输有关的代理及服务活动
			5821	货物运输代理	
			5822	旅客票务代理	
			5829	其他运输代理业	
	59			**仓储业**	指专门从事货物仓储、货物运输中转仓储，以及以仓储为主的货物送配活动，还包括以仓储为目的的收购活动
		591		谷物、棉花等农产品仓储	
			5911	谷物仓储	指国家储备及其他谷物仓储活动
			5912	棉花仓储	指棉花加工厂仓储、中转仓储、棉花专业仓储、棉花物流配送活动，还包括在棉花仓储、物流配送过程中的棉花信息化管理活动
			5919	其他农产品仓储	指未列明的其他农产品仓储活动
		599	5990	其他仓储业	
	60			**邮政业**	
		601	6010	邮政基本服务	指邮政企业提供的信件、印刷品、包裹、汇兑等邮政服务，以及国家规定的其他邮政服务；不包括邮政快递服务
		602	6020	快递服务	指在承诺的时限内快速完成的寄递服务
H				**住宿和餐饮业**	本门类包括 61 和 62 大类
	61			**住宿业**	指为旅行者提供短期留宿场所的活动，有些单位只提供住宿，也有些单位提供住宿、饮食、商务、娱乐一体的服务，本类不包括主要按月或按年长期出租房屋住所的活动
		611	6110	旅游饭店	指按照国家有关规定评定的旅游饭店和具有同等质量、水平的饭店活动
		612	6120	一般旅馆	指不具备评定旅游饭店和同等水平饭店的一般旅馆的活动
		619	6190	其他住宿业	指上述未列明的住宿服务
	62			**餐饮业**	指通过即时制作加工、商业销售和服务性劳动等，向消费者提供食品和消费场所及设施的服务
		621	6210	正餐服务	指在一定场所内提供以中餐、晚餐为主的各种中西式炒菜和主食，并由服务员送餐上桌的餐饮活动
		622	6220	快餐服务	指在一定场所内提供快捷、便利的就餐服务
		623		饮料及冷饮服务	指在一定场所内以提供饮料和冷饮为主的服务
			6231	茶馆服务	
			6232	咖啡馆服务	
			6233	酒吧服务	
			6239	其他饮料及冷饮服务	

续表

代码				类别名称	说明
门类	大类	中类	小类		
		629		其他餐饮业	
			6291	小吃服务	指提供全天就餐的简便餐饮服务，包括路边小饭馆、农家饭馆、流动餐饮和单一小吃等餐饮服务
			6292	餐饮配送服务	
			6299	其他未列明餐饮业	
I				**信息传输、软件和信息技术服务业**	本门类包括63—65大类
	63			**电信、广播电视和卫星传输服务**	
		631		电信	指利用有线、无线的电磁系统或者光电系统，传送、发射或者接收语音、文字、数据、图像以及其他任何形式信息的活动
			6311	固定电信服务	指从事固定通信业务活动
			6312	移动电信服务	指从事移动通信业务活动
			6319	其他电信服务	指除固定电信服务、移动电信服务外，利用固定、移动通信网从事的信息服务
		632		广播电视传输服务	
			6321	有线广播电视传输服务	指有线广播电视网和信号的传输服务
			6322	无线广播电视传输服务	指无线广播电视信号的传输服务
		633	6330	卫星传输服务	指人造卫星的电信传输和广播电视传输服务
	64			**互联网和相关服务**	
		641	6410	互联网接入及相关服务	指除基础电信运营商外，基于基础传输网络为存储数据、数据处理及相关活动，提供接入互联网的有关应用设施的服务
		642	6420	互联网信息服务	指除基础电信运营商外，通过互联网提供在线信息、电子邮箱、数据检索、网络游戏等信息服务
		649	6490	其他互联网服务	指除基础电信运营商服务、互联网接入及相关服务、互联网信息服务以外的其他未列明互联网服务
	65			**软件和信息技术服务业**	指对信息传输、信息制作、信息提供和信息接收过程中产生的技术问题或技术需求所提供的服务
		651	6510	软件开发	指为用户提供计算机软件、信息系统或者设备中嵌入的软件，或者在系统集成、应用服务等技术服务时提供软件的开发和经营活动；包括基础软件、支撑软件、应用软件、嵌入式软件、信息安全软件、计算机（应用）系统、工业软件以及其他软件的开发和经营活动
		652	6520	信息系统集成服务	指基于需方业务需求进行的信息系统需求分析和系统设计，并通过结构化的综合布缆系统、计算机网络技术和软件技术，将各个分离的设备、功能和信息等集成到相互关联的、统一和协调的系统之中，以及为信息系统的正常运行提供支持的服务；包括信息系统设计、集成实施、运行维护等服务
		653	6530	信息技术咨询服务	指在信息资源开发利用、工程建设、人员培训、管理体系建设、技术支撑等方面向需方提供的管理或技术咨询评估服务；包括信息化规划、信息技术管理咨询、信息系统工程监理、测试评估、信息技术培训等

续表

门类	大类	中类	小类	类别名称	说明
		654	6540	数据处理和存储服务	指供方向需方提供的信息和数据的分析、整理、计算、编辑、存储等加工处理服务，以及应用软件、业务运营平台、信息系统基础设施等的租用服务；包括各种数据库活动、网站内容更新、数据备份服务、数据存储服务、在线企业资源规划（ERP）、在线杀毒、电子商务平台、物流信息服务平台、服务器托管、虚拟主机等
		655	6550	集成电路设计	指 IC 设计服务，即企业开展的集成电路功能研发、设计等服务
		659		其他信息技术服务业	
			6591	数字内容服务	指数字内容的加工处理，即将图片、文字、视频、音频等信息内容运用数字化技术进行加工处理并整合应用的服务
			6592	呼叫中心	指受企事业单位委托，利用与公用电话网或因特网连接的呼叫中心系统和数据库技术，经过信息采集、加工、存储等建立信息库，通过固定网、移动网或因特网等公众通信网络向用户提供有关该企事业单位的业务咨询、信息咨询和数据查询等服务
			6599	其他未列明信息技术服务业	
J				**金融业**	本门类包括 66—69 大类
	66			**货币金融服务**	
		661	6610	中央银行服务	指代表政府管理金融活动，并制定和执行货币政策，维护金融稳定，管理金融市场的特殊金融机构的活动
		662	6620	货币银行服务	指除中央银行以外的各类银行所从事存款、贷款和信用卡等货币媒介活动，还包括在中国开展货币业务的外资银行及分支机构的活动
		663		非货币银行服务	指主要与非货币媒介机构以各种方式发放贷款有关的金融服务
			6631	金融租赁服务	指经中国人民银行批准以经营融资租赁业务为主的非银行金融机构的活动
			6632	财务公司	指经中国人民银行批准，为企业融资提供的金融活动
			6633	典当	指以实物、财产权利质押或抵押的放款活动
			6639	其他非货币银行服务	指上述未包括的从事融资、抵押等非货币银行的服务，包括小额贷款公司、农村合作基金会等融资活动，以及各种消费信贷、国际贸易融资、公积金房屋信贷、抵押顾问和经纪人的活动
		664	6640	银行监管服务	指代表政府管理银行业活动，制定并发布对银行业金融机构及其业务活动监督管理的规章、规则
	67			**资本市场服务**	
		671		证券市场服务	
			6711	证券市场管理服务	指非政府机关进行的证券市场经营和监管，包括证券交易所、登记结算机构的活动

续表

代码				类别名称	说明
门类	大类	中类	小类		
			6712	证券经纪交易服务	指在金融市场上代他人进行交易、代理发行证券和其他有关活动，包括证券经纪、证券承销与保荐、融资融券业务、客户资产管理业务等活动
			6713	基金管理服务	指在收费或合同基础上为个人、企业及其他客户进行的资产组合和基金管理活动，包括证券投资基金、企业年金、社保基金、专户理财、国内资本境外投资管理（QDII）等活动
		672		期货市场服务	
			6721	期货市场管理服务	指非政府机关进行的期货市场经营和监管，包括商品期货交易所、金融期货交易所、期货保证金监控中心的活动
			6729	其他期货市场服务	指商品合约经纪及其他未列明的期货市场的服务
		673	6730	证券期货监管服务	指由政府或行业自律组织进行的对证券期货市场的监管活动
		674	6740	资本投资服务	指经批准的证券投资机构的自营投资、直接投资活动，以及风险投资和其他投资活动
		679	6790	其他资本市场服务	指投资咨询服务、财务咨询服务、资信评级服务，以及其他未列明的资本市场的服务
	68			**保险业**	
		681		人身保险	指以人的寿命和身体为保险标的的保险活动，包括人寿保险、健康保险和意外伤害保险
			6811	人寿保险	指普通寿险、分红寿险、万能寿险、投资连结保险等活动（不论是否带有实质性的储蓄成分）
			6812	健康和意外保险	指疾病保险、医疗保险、失能收入损失保险、护理保险以及意外伤害保险的活动
		682	6820	财产保险	指除人身保险外的保险活动，包括财产损失保险、责任保险、信用保险、保证保险等
		683	6830	再保险	指承担与其他保险公司承保的现有保单相关的所有或部分风险的活动
		684	6840	养老金	指专为单位雇员或成员提供退休金补贴而设立的法定实体的活动（如基金、计划和/或项目等），包括养老金定额补贴计划以及完全根据成员贡献确定补贴数额的个人养老金计划等
		685	6850	保险经纪与代理服务	指保险代理人和经纪人进行的年金、保单和分保单的销售、谈判或促合活动
		686	6860	保险监管服务	指根据国务院授权及相关法律、法规规定所履行的对保险市场的监督、管理活动
		689		其他保险活动	
			6891	风险和损失评估	指保险标的或保险事故的评估、鉴定、勘验、估损或理算等活动，包括索赔处理、风险评估、风险和损失核定、海损理算和损失理算，以及保险理赔等活动
			6899	其他未列明保险活动	指与保险和养老金相关或密切相关的活动（理赔和保险代理人、经纪人的活动除外），包括救助管理、保险精算等活动
	69			**其他金融业**	

续表

代码				类别名称	说明
门类	大类	中类	小类		
		691	6910	金融信托与管理服务	指根据委托书、遗嘱或代理协议代表受益人管理的信托基金、房地产账户或代理账户等活动，还包括单位投资信托管理
		692	6920	控股公司服务	指通过一定比例股份，控制某个公司或多个公司的集团，控股公司仅控制股权，不直接参与经营管理，以及其他类似的活动
		693	6930	非金融机构支付服务	指非金融机构在收付款人之间作为中介机构提供下列部分或全部货币资金转移服务，包括网络支付、预付卡的发行与受理、银行卡收单及中国人民银行确定的其他支付等服务
		694	6940	金融信息服务	指向从事金融分析、金融交易、金融决策或者其他金融活动的用户提供可能影响金融市场的信息（或者金融数据）的服务
		699	6990	其他未列明金融业	指主要与除提供贷款以外的资金分配有关的其他金融媒介活动，包括保理活动、掉期、期权和其他套期保值安排、保单贴现公司的活动、金融资产的管理、金融交易处理与结算等活动，还包括信用卡交易的处理与结算、外币兑换等活动
K				**房地产业**	本门类包括 70 大类
	70			**房地产业**	
		701	7010	房地产开发经营	指房地产开发企业进行的房屋、基础设施建设等开发，以及转让房地产开发项目或者销售、出租房屋等活动
		702	7020	物业管理	指物业服务企业按照合同约定，对房屋及配套的设施设备和相关场地进行维修、养护、管理，维护环境卫生和相关秩序的活动
		703	7030	房地产中介服务	指房地产咨询、房地产价格评估、房地产经纪等活动
		704	7040	自有房地产经营活动	指除房地产开发商、房地产中介、物业公司以外的单位和居民住户对自有房地产（土地、住房、生产经营用房和办公用房）的买卖和以营利为目的的租赁活动，以及房地产管理部门和企事业、机关提供的非营利租赁服务，还包括居民居住自有住房所形成的住房服务
		709	7090	其他房地产业	
L				**租赁和商务服务业**	本门类包括 71 和 72 大类
	71			**租赁业**	
		711		机械设备租赁	指不配备操作人员的机械设备的租赁服务
			7111	汽车租赁	
			7112	农业机械租赁	
			7113	建筑工程机械与设备租赁	
			7114	计算机及通讯设备租赁	
			7119	其他机械与设备租赁	
		712		文化及日用品出租	

续表

门类	大类	中类	小类	类别名称	说明
			7121	娱乐及体育设备出租	
			7122	图书出租	
			7123	音像制品出租	
			7129	其他文化及日用品出租	
	72			**商务服务业**	
		721		企业管理服务	
			7211	企业总部管理	指不具体从事对外经营业务，只负责企业的重大决策、资产管理，协调管理下属各机构和内部日常工作的企业总部的活动，其对外经营业务由下属的独立核算单位或单独核算单位承担，还包括派出机构的活动（如办事处等）
			7212	投资与资产管理	指政府主管部门转变职能后，成立的国有资产管理机构和行业管理机构的活动；不包括资本活动的投资
			7213	单位后勤管理服务	指为企事业、机关提供综合后勤服务的活动
			7219	其他企业管理服务	指其他各类企业、行业管理机构的活动
		722		法律服务	指律师、公证、仲裁、调解等活动
			7221	律师及相关法律服务	指在民事案件、刑事案件和其他案件中，为原被告双方提供法律代理服务，以及为一般民事行为提供的法律咨询服务
			7222	公证服务	
			7229	其他法律服务	
		723		咨询与调查	
			7231	会计、审计及税务服务	
			7232	市场调查	
			7233	社会经济咨询	
			7239	其他专业咨询	指社会经济咨询以外的其他专业咨询活动
		724	7240	广告业	指在报纸、期刊、路牌、灯箱、橱窗、互联网、通讯设备及广播电影电视等媒介上为客户策划、制作的有偿宣传活动
		725	7250	知识产权服务	指对专利、商标、版权、著作权、软件、集成电路布图设计等的代理、转让、登记、鉴定、评估、认证、咨询、检索等活动
		726		人力资源服务	指提供公共就业、职业中介、劳务派遣、职业技能鉴定、劳动力外包等服务
			7261	公共就业服务	指向劳动者提供公益性的就业服务
			7262	职业中介服务	指为求职者寻找、选择、介绍工作，为用人单位提供劳动力的服务
			7263	劳务派遣服务	指劳务派遣单位招用劳动力后，将其派到用工单位从事劳动的行为
			7269	其他人力资源服务	指职业技能鉴定、人力资源外包及其他未列明的人力资源服务
		727		旅行社及相关服务	指为社会各界提供商务、组团和散客旅游的服务，包括向顾客提供咨询、旅游计划和建议、日程安排、导游、食宿和交通等服务

续表

代码				类别名称	说明
门类	大类	中类	小类		
			7271	旅行社服务	
			7272	旅游管理服务	
			7279	其他旅行社相关服务	
		728		安全保护服务	指为社会提供的专业化、有偿安全防范服务
			7281	安全服务	指保安公司及类似单位提供的安全保护活动
			7282	安全系统监控服务	
			7289	其他安全保护服务	
		729		其他商务服务业	
			7291	市场管理	指各种交易市场的管理活动
			7292	会议及展览服务	指为商品流通、促销、展示、经贸洽谈、民间交流、企业沟通、国际往来而举办的展览和会议等活动
			7293	包装服务	指有偿或按协议为客户提供包装服务
			7294	办公服务	指为商务、公务及个人提供的各种办公服务
			7295	信用服务	指专门从事信用信息采集、整理和加工，并提供相关信用产品和信用服务的活动，包括信用评级、商账管理等活动
			7296	担保服务	指保证人和债权人约定，当债务人不履行债务时，保证人按照约定履行债务或者承担责任的行为活动；本类别特指专业担保机构的活动
			7299	其他未列明商务服务业	指上述未列明的商务、代理等活动
M				**科学研究和技术服务业**	本门类包括73—75大类
	73			**研究和试验发展**	指为了增加知识（包括有关自然、工程、人类、文化和社会的知识），以及运用这些知识创造新的应用，所进行的系统的、创造性的活动；该活动仅限于对新发现、新理论的研究，新技术、新产品、新工艺的研制研究与试验发展，包括基础研究、应用研究和试验发展
		731	7310	自然科学研究和试验发展	
		732	7320	工程和技术研究和试验发展	
		733	7330	农业科学研究和试验发展	
		734	7340	医学研究和试验发展	
		735	7350	社会人文科学研究	
	74			**专业技术服务业**	
		741	7410	气象服务	指从事气象探测、预报、服务和气象灾害防御、气候资源利用等活动
		742	7420	地震服务	指地震监测预报、震灾预防和紧急救援等防震减灾活动
		743	7430	海洋服务	
		744	7440	测绘服务	
		745	7450	质检技术服务	指通过专业技术手段对动植物、工业产品、商品、专项技术、成果及其他需要鉴定的物品所进行的检测、检验、测试、鉴定等活动，还包括产品质量、计量、认证和标准的管理活动

续表

代码				类别名称	说明
门类	大类	中类	小类		
		746		环境与生态监测	
			7461	环境保护监测	指对环境各要素，对生产与生活等各类污染源排放的液体、气体、固体、辐射等污染物或污染因子指标进行的测试和监测活动
			7462	生态监测	指对森林资源、湿地资源、荒漠化、珍稀濒危野生动植物资源的调查与监测活动；野生动物疫源疫病与防控以及对生态工程的监测活动
		747		地质勘查	指对矿产资源、工程地质、科学研究进行的地质勘查、测试、监测、评估等活动
			7471	能源矿产地质勘查	
			7472	固体矿产地质勘查	
			7473	水、二氧化碳等矿产地质勘查	
			7474	基础地质勘查	指区域、海洋、环境和水文地质勘查活动
			7475	地质勘查技术服务	指除矿产地质勘查、基础地质勘查以外的其他勘查和相关的技术服务
		748		工程技术	
			7481	工程管理服务	指工程项目建设中的项目策划、投资与造价咨询、招标代理、工程监理、项目管理等服务
			7482	工程勘察设计	指建筑工程施工前的工程测量、工程地质勘察和工程设计等活动
			7483	规划管理	指对区域和城镇、乡村的规划，以及其他规划
		749		其他专业技术服务业	
			7491	专业化设计服务	指除工程规划设计、软件设计、集成电路设计以外的独立的专业化设计活动
			7492	摄影扩印服务	
			7493	兽医服务	
			7499	其他未列明专业技术服务业	
	75			**科技推广和应用服务业**	
		751		技术推广服务	指将新技术、新产品、新工艺直接推向市场而进行的相关技术活动，以及技术推广和转让活动
			7511	农业技术推广服务	
			7512	生物技术推广服务	
			7513	新材料技术推广服务	
			7514	节能技术推广服务	
			7519	其他技术推广服务	
		752	7520	科技中介服务	指为科技活动提供社会化服务与管理，在政府、各类科技活动主体与市场之间提供居间服务的组织，主要开展信息交流、技术咨询、技术孵化、科技评估和科技鉴证等活动
		759	7590	其他科技推广和应用服务业	指除技术推广、科技中介以外的其他科技服务，但不包括短期的日常业务活动
N				**水利、环境和公共设施管理业**	本门类包括76—78大类
	76			**水利管理业**	

续表

代码				类别名称	说明
门类	大类	中类	小类		
		761	7610	防洪除涝设施管理	指对江河湖泊开展的河道、堤防、岸线整治等活动及对河流、湖泊、行蓄洪区和沿海的防洪设施的管理活动，包括防洪工程设施的管理及运行维护等
		762	7620	水资源管理	指对水资源的开发、利用、配置、节约等活动
		763	7630	天然水收集与分配	指通过各种方式收集、分配天然水资源的活动，包括通过蓄水（水库、塘堰等）、提水、引水和井等水源工程，收集和分配各类地表和地下淡水资源的活动
		764	7640	水文服务	指通过布设水文站网，对水的时空分布规律进行监测、收集和分析处理的活动
		769	7690	其他水利管理业	
	77			**生态保护和环境治理业**	
		771		生态保护	
			7711	自然保护区管理	指对有代表性的自然生态系统、珍稀濒危野生动植物物种和有特殊意义的自然遗迹等予以特殊保护和管理的活动
			7712	野生动物保护	指对野生及濒危动物的饲养、繁殖等保护活动，以及对栖息地的管理活动
			7713	野生植物保护	指对野生及濒危植物的培育等保护活动
			7719	其他自然保护	指除自然保护区管理、野生动植物保护以外的其他自然保护活动
		772		环境治理业	
			7721	水污染治理	指对江、河、湖泊、水库及地下水、地表水的污染综合治理活动，不包括排放污水的搜集和治理活动
			7722	大气污染治理	指对大气污染的综合治理以及对工业废气的治理活动
			7723	固体废物治理	指除城乡居民生活垃圾以外的固体废物治理及其他非危险废物的治理
			7724	危险废物治理	指对制造、维修、医疗等活动产生的危险废物进行收集、贮存、利用、处理和处置等活动
			7725	放射性废物治理	指对生产及其他活动过程产生的放射性废物进行收集、贮存、利用、处理和处置等活动
			7729	其他污染治理	指除水污染、大气污染、固体废物、危险废物、放射性废物治理以外的其他环境治理活动
	78			**公共设施管理业**	
		781	7810	市政设施管理	指污水排放、雨水排放、路灯、道路、桥梁、隧道、广场、涵洞、防空等城乡公共设施的抢险、紧急处理、管理等活动
		782	7820	环境卫生管理	指城乡生活垃圾的清扫、收集、运输、处理和处置、管理等活动，以及对公共厕所、化粪池的清扫、收集、运输、处理和处置、管理等活动
		783	7830	城乡市容管理	指城市户外标志、外景照明、公共建筑物、施工围档、材料堆放、渣土清运、竣工清理等管理活动；乡、村户外标志、村容镇貌、柴草堆放、树木花草养护等管理活动

续表

代码				类别名称	说明
门类	大类	中类	小类		
		784	7840	绿化管理	指城市绿地和生产绿地、防护绿地、附属绿地等的管理活动
		785		公园和游览景区管理	
			7851	公园管理	指主要为人们提供休闲、观赏、游览以及开展科普活动的城市各类公园管理活动
			7852	游览景区管理	指对具有一定规模的自然景观、人文景物的管理和保护活动，以及对环境优美，具有观赏、文化或科学价值的风景名胜区的保护和管理活动；包括风景名胜和其他类似的自然景区管理
O				**居民服务、修理和其他服务业**	本门类包括 79—81 大类
	79			**居民服务业**	
		791	7910	家庭服务	指雇佣家庭雇工的家庭住户和家庭户的自营活动，以及在雇主家庭从事有报酬的家庭雇工的活动，包括钟点工和居住在雇主家里的家政劳动者的活动
		792	7920	托儿所服务	指社会、街道、个人办的面向不足三岁幼儿的看护活动，可分为全托、日托、半托，或计时的服务
		793	7930	洗染服务	指专营的洗染店以及在宾馆、饭店内常设的独立（或相对独立）洗染服务
		794	7940	理发及美容服务	指专业理发、美容保健服务，以及在宾馆、饭店或娱乐场所常设的独立（或相对独立）理发、美容保健服务
		795	7950	洗浴服务	指专业洗浴室以及在宾馆、饭店或娱乐场所常设的独立（或相对独立）洗浴、温泉、SPA 等服务
		796	7960	保健服务	指专业保健场所以及在宾馆、饭店或娱乐场所开设的独立（或相对独立）保健按摩、足疗等服务
		797	7970	婚姻服务	指婚姻介绍、婚庆典礼等服务
		798	7980	殡葬服务	指与殡葬有关的各类服务
		799	7990	其他居民服务业	指上述未包括的居民服务
	80			**机动车、电子产品和日用产品修理业**	
		801		汽车、摩托车修理与维护	
			8011	汽车修理与维护	指汽车修理厂及路边门店的专业修理服务，包括为汽车提供上油、充气、打蜡、抛光、喷漆、清洗、换零配件、出售零部件等服务，不包括汽车回厂拆卸、改装、大修的活动
			8012	摩托车修理与维护	
		802		计算机和办公设备维修	指对计算机硬件及系统环境的维护和修理活动
			8021	计算机和辅助设备修理	
			8022	通讯设备修理	
			8029	其他办公设备维修	指其他未列明的各种办公设备的修理公司（中心）、修理门市部和修理网点的修理活动
		803		家用电器修理	
			8031	家用电子产品修理	指电视、音响等家用视频、音频产品的修理活动
			8032	日用电器修理	指洗衣机、电冰箱、空调等日用电器维修门市部，以及生产企业驻各地的维修网点和维修公司（中心）的修理活动

续表

门类	大类	中类	小类	类别名称	说明
		809		其他日用产品修理业	
			8091	自行车修理	
			8092	鞋和皮革修理	
			8093	家具和相关物品修理	
			8099	其他未列明日用产品修理业	指其他日用产品维修门市部、修理摊点的活动，以及生产企业驻各地的维修网点和维修中心的修理活动
	81			**其他服务业**	
		811		清洁服务	指对建筑物、办公用品、家庭用品的清洗和消毒服务；包括专业公司和个人提供的清洗服务
			8111	建筑物清洁服务	指对建筑物内外墙、玻璃幕墙、地面、天花板及烟囱的清洗活动
			8119	其他清洁服务	指专业清洗人员为企业的机器、办公设备的清洗活动，以及为居民的日用品、器具及设备的清洗活动，包括清扫、消毒等服务
		819	8190	其他未列明服务业	
P				**教育**	本门类包括82大类
	82			**教育**	
		821	8210	学前教育	指经教育行政部门批准举办的对学龄前幼儿进行保育和教育的活动
		822		初等教育	指《义务教育法》规定的小学教育以及成人小学教育（含扫盲）的活动
			8221	普通小学教育	
			8222	成人小学教育	
		823		中等教育	
			8231	普通初中教育	指《义务教育法》规定的对小学毕业生进行初级中等教育的活动
			8232	职业初中教育	
			8233	成人初中教育	
			8234	普通高中教育	指非义务教育阶段，通过考试招收初中毕业生进行普通高中教育的活动
			8235	成人高中教育	
			8236	中等职业学校教育	指经教育行政部门或劳动就业行政部门批准举办的中等技术学校、中等师范学校、成人中等专业学校、职业高中学校、技工学校等教育活动
		824		高等教育	
			8241	普通高等教育	指经教育行政部门批准，由国家、地方、社会办的在完成高级中等教育基础上实施的获取学历的高等教育活动
			8242	成人高等教育	指经教育主管部门批准办的成人高等教育活动
		825	8250	特殊教育	指为残障儿童提供的特殊教育活动
		829		技能培训、教育辅助及其他教育	指我国学校教育制度以外，经教育主管部门、劳动部门或有关主管部门批准，由政府部门、企业、社会办的职业培训、就业培训和各种知识、技能的培训活动，以及教育辅助和其他教育活动

续表

代码				类别名称	说明
门类	大类	中类	小类		
			8291	职业技能培训	指由教育部门、劳动部门或其他政府部门批准举办，或由社会机构举办的为提高就业人员就业技能的就业前的培训和其他技能培训活动，不包括社会上办的各类培训班、速成班、讲座等
			8292	体校及体育培训	指各类、各级体校培训，以及其他各类体育运动培训活动，不包括学校教育制度范围内的体育大学、学院、学校的体育专业教育
			8293	文化艺术培训	指国家学校教育制度以外，由正规学校或社会各界办的文化艺术培训活动，不包括少年儿童的课外艺术辅导班
			8294	教育辅助服务	指专门从事教育检测、评价、考试、招生等辅助活动
			8299	其他未列明教育	指经批准的宗教院校教育及上述未列明的教育活动
Q				**卫生和社会工作**	本门类包括 83 和 84 大类
	83			**卫生**	
		831		医院	
			8311	综合医院	
			8312	中医医院	
			8313	中西医结合医院	
			8314	民族医院	
			8315	专科医院	
			8316	疗养院	指以疗养、康复为主，治疗为辅的医疗服务活动
		832		社区医疗与卫生院	
			8321	社区卫生服务中心（站）	
			8322	街道卫生院	
			8323	乡镇卫生院	
		833	8330	门诊部（所）	指门诊部、诊所、医务室、卫生站、护理院等卫生机构的活动
		834	8340	计划生育技术服务活动	指各地区计划生育技术服务机构的活动
		835	8350	妇幼保健院（所、站）	指非医院的妇女及婴幼儿保健活动
		836	8360	专科疾病防治院（所、站）	指对各种专科疾病进行预防及群众预防的活动
		837	8370	疾病预防控制中心	指卫生防疫站、卫生防病中心、预防保健中心等活动
		839	8390	其他卫生活动	指急救中心及其他未列明的卫生机构的活动
	84			**社会工作**	指提供慈善、救助、福利、护理、帮助等社会工作的活动
		841		提供住宿社会工作	指提供临时、长期住宿的福利和救济活动
			8411	干部休养所	
			8412	护理机构服务	指各级政府、企业和社会力量兴办的主要面向老年人、残疾人提供的专业化护理的服务机构的活动
			8413	精神康复服务	指智障、精神疾病、吸毒、酗酒等人员的住宿康复治疗活动

续表

代码				类别名称	说明
门类	大类	中类	小类		
			8414	老年人、残疾人养护服务	指各级政府、企业和社会力量兴办的主要面向老年人和残疾人提供的长期照料、养护、关爱等服务机构的活动
			8415	孤残儿童收养和庇护服务	指对孤残儿童、生活无着流浪儿童等人员的收养救助活动
			8419	其他提供住宿社会救助	指对生活无着流浪等其他人员的收养救助等活动
		842		不提供住宿社会工作	指为孤儿、老人、残疾人、智障、军烈属、五保户、低保户、受灾群众及其他弱势群体提供不住宿的看护、帮助活动，以及慈善、募捐等其他社会工作的活动
			8421	社会看护与帮助服务	指为老人、残疾人、五保户及其他弱势群体提供不住宿的看护、帮助活动
			8429	其他不提供住宿社会工作	指慈善、募捐等其他社会工作的活动
R				**文化、体育和娱乐业**	本门类包括85—89大类
	85			**新闻和出版业**	
		851	8510	新闻业	
		852		出版业	
			8521	图书出版	
			8522	报纸出版	
			8523	期刊出版	
			8524	音像制品出版	
			8525	电子出版物出版	
			8529	其他出版业	
	86			**广播、电视、电影和影视录音制作业**	指对广播、电视、电影、影视录音内容的制作、编导、主持、播出、放映等活动；不包括广播电视信号的传输和接收活动
		861	8610	广播	指广播节目的现场制作、播放及其他相关活动，还包括互联网广播
		862	8620	电视	指有线和无线电视节目的现场制作、播放及其他相关活动，还包括互联网电视
		863	8630	电影和影视节目制作	指电影、电视和录像（含以磁带、光盘为载体）节目的制作活动，该节目可以作为电视、电影播出、放映，也可以作为出版、销售的原版录像带（或光盘），还可以在其他场合宣传播放，还包括影视节目的后期制作，但不包括电视台制作节目的活动
		864	8640	电影和影视节目发行	不含录像制品（以磁带、光盘为载体）的发行
		865	8650	电影放映	指专业电影院以及设在娱乐场所独立（或相对独立）的电影放映等活动
		866	8660	录音制作	指从事录音节目、音乐作品的制作活动，其节目或作品可以在广播电台播放，也可以制作成出版、销售的原版录音带（磁带或光盘），还可以在其他宣传场合播放，但不包括广播电台制作节目的活动

续表

代码				类别名称	说明
门类	大类	中类	小类		
	87			**文化艺术业**	
		871	8710	文艺创作与表演	指文学、美术创造和表演艺术（如戏曲、歌舞、话剧、音乐、杂技、马戏、木偶等表演艺术）等活动
		872	8720	艺术表演场馆	指有观众席、舞台、灯光设备，专供文艺团体演出的场所管理活动
		873		图书馆与档案馆	
			8731	图书馆	
			8732	档案馆	
		874	8740	文物及非物质文化遗产保护	指对具有历史、文化、艺术、科学价值，并经有关部门鉴定，列入文物保护范围的不可移动文物的保护和管理活动；对我国口头传统和表现形式，传统表演艺术，社会实践、意识、节庆活动，有关的自然界和宇宙的知识和实践，传统手工艺等非物质文化遗产的保护和管理活动
		875	8750	博物馆	指收藏、研究、展示文物和标本的博物馆的活动，以及展示人类文化、艺术、科技、文明的美术馆、艺术馆、展览馆、科技馆、天文馆等管理活动
		876	8760	烈士陵园、纪念馆	
		877	8770	群众文化活动	指对各种主要由城乡群众参与的文艺类演出、比赛、展览等公益性文化活动的管理活动
		879	8790	其他文化艺术业	
	88			**体育**	
		881	8810	体育组织	指专业从事体育比赛、训练、辅导和管理的组织的活动
		882	8820	体育场馆	指可供观赏比赛的场馆和专供运动员训练用的场地管理活动
		883	8830	休闲健身活动	指主要面向社会开放的休闲健身场所和其他体育娱乐场所的管理活动
		889	8890	其他体育	指上述未包括的体育活动
	89			**娱乐业**	
		891		室内娱乐活动	指室内各种娱乐活动和以娱乐为主的活动
			8911	歌舞厅娱乐活动	
			8912	电子游艺厅娱乐活动	
			8913	网吧活动	指通过计算机等装置向公众提供互联网上网服务的网吧、电脑休闲室等营业性场所的服务
			8919	其他室内娱乐活动	
		892	8920	游乐园	指配有大型娱乐设施的室外娱乐活动及以娱乐为主的活动
		893	8930	彩票活动	指各种形式的彩票活动
		894		文化、娱乐、体育经纪代理	
			8941	文化娱乐经纪人	
			8942	体育经纪人	
			8949	其他文化艺术经纪代理	
		899	8990	其他娱乐业	指公园、海滩和旅游景点内小型设施的娱乐活动及其他娱乐活动

续表

代码				类别名称	说明
门类	大类	中类	小类		
S				**公共管理、社会保障和社会组织**	本类包括90—95大类
	90			**中国共产党机关**	
		900	9000	中国共产党机关	
	91			**国家机构**	
		911	9110	国家权力机构	指宪法规定的全国和地方各级人民代表大会及常委会机关的活动
		912		国家行政机构	指国务院及所属行政主管部门的活动；县以上地方各级人民政府及所属各工作部门的活动；乡（镇）级地方人民政府的活动；行政管理部门下属的监督、检查机构的活动
			9121	综合事务管理机构	指中央和地方人民政府的活动，以及依法管理全国或地方综合事务的政府主管部门的活动，还包括政府事务管理
			9122	对外事务管理机构	
			9123	公共安全管理机构	
			9124	社会事务管理机构	
			9125	经济事务管理机构	
			9126	行政监督检查机构	指依法对社会经济活动进行监督、稽查、检查、查处等活动，包括独立（或相对独立）于各级行政管理机构的执法检查大队的活动
		913		人民法院和人民检察院	指宪法规定的人民法院和人民检察院的活动
			9131	人民法院	指各级人民法院的活动
			9132	人民检察院	指各级人民检察院的活动
		919	9190	其他国家机构	指其他未另列明的国家机构的活动
	92			**人民政协、民主党派**	
		921	9210	人民政协	指全国人民政治协商会议及各级人民政协的活动
		922	9220	民主党派	
	93			**社会保障**	
		930	9300	社会保障	指依据国家有关规定开展的各种社会保障活动
	94			**群众团体、社会团体和其他成员组织**	
		941		群众团体	指不在社会团体登记管理机关登记的群众团体的活动
			9411	工会	
			9412	妇联	
			9413	共青团	
			9419	其他群众团体	
		942		社会团体	指依法在社会团体登记管理机关登记的单位的活动
			9421	专业性团体	指由同一领域的成员、专家组成的社会团体（如学科、学术、文化、艺术、教育、卫生等）的活动
			9422	行业性团体	指由一个行业，或某一类企业，或不同企业的雇主（经理、厂长）组成的社会团体的活动
			9429	其他社会团体	指未列明的其他社会团体的活动
		943	9430	基金会	指利用自然人、法人或者其他组织捐赠的财产，以从事公益事业为目的，按照国务院颁布的《基金会管理条例》的规定成立的非营利性法人的活动

续表

代码				类别名称	说明
门类	大类	中类	小类		
		944	9440	宗教组织	指在民政部门登记的宗教团体的活动和在政府宗教事务部门登记的宗教活动场所的活动
	95			**基层群众自治组织**	指通过选举产生的社区性组织，该组织为本地区提供一般性管理、调解、治安、优抚、计划生育等服务
		951	9510	社区自治组织	指城市、镇的居民通过选举产生的群众性自治组织的管理活动
		952	9520	村民自治组织	指农村村民通过选举产生的群众性自治组织的管理活动
T				**国际组织**	本门类包括96大类
	96			**国际组织**	
		960	9600	国际组织	指联合国和其他国际组织驻我国境内机构等的活动

国家标准：《世界各国和地区名称代码》GB/T 2659—2000

前　　言

本标准等效采用 ISO 3166—1：1997（E/F）《国家及下属地区名称代码——第 1 部分：国家代码》，并参照 ISO 3166 维护机构（ISO 3166/MA）和联合国统计署（UNSD）截至 1999 年 9 月 30 日发布的公告，对 GB/T 2659—1994 进行修订。

本标准所列国家和地区的名称及代码不代表我国对其主权、政治地位及边界划分的态度。

本标准所列国家和地区的英文简称及全称与 ISO 3166—1：1997（E/F）基本一致，中文简称及全称与 GB/T 2659—1994 基本一致。

本标准与 ISO 3166—1：1997（E/F）和 GB/T 2659—1994 的主要异同点：

1. 本标准等效采用 ISO 3166—1：1997（E/F）中的第 3、5、6、8、9 章；

2. 本标准未采用 ISO 3166—1：1997（E/F）中的第 1、2、4、7 章；

3. 本标准的表 1 采用 GB/T 2659—1997 的栏目设置形式。为使用方便，增加了序号一栏，序号由全国信息与文献标准化技术委员会维护；

4. 本标准与 GB/T 2659—1994 和 ISO 3166—1：1997（E/F）一样，列出了国家和地区名称两字符拉丁字母代码索引、国家和地区名称三字符拉丁字母代码索引和国家和地区名称阿拉伯数字代码索引，并增加了国家和地区名称汉语拼音索引。四种索引均为本标准提示的附录。

本标准 1981 年首次发布，1986 年第一次修订，1994 年第二次修订，此次为第三次修订。

本标准从实施之日起代替 GB/T 2659—1994。

本标准由国家邮政局提出。

本标准由全国信息与文献标准化技术委员会归口。

本标准起草单位：国家邮政局科学研究规划院、中国科学技术信息研究所、北京文献服务处。

本标准主要起草人：张志云、于彤、李秀锦、真溱、沈玉兰、赵晓晨。

中华人民共和国国家标准

世界各国和地区名称代码

GB/T 2659—2000
eqv ISO 3166—1：1997
代替 GB/T 2659—1994

Codes for the representation of names of countries and regions

---

1. 范围

本标准规定了世界各国和地区名称的代码。

本标准适用于国内外信息处理与交换。

2. 定义

本标准采用下列定义。

2.1 代码 code

按预定规则，对数据进行转换所得到的符号表述。

2.2 代码元素 code element

对待编码的一组元素中某个元素赋予代码的结果。

注：本标准中，一个代码元素代表一个国家或地区的名称。

2.3 国家和地区名称 country and region name

国家或其他具有特别地理政治意义地区的名称。

2.4 国家和地区名称代码 country and region code

包含国家和地区名称及对应代码元素的列表。

3. 代码结构

国家和地区名称用三种代码方式表示：两字符拉丁字母代码、三字符拉丁字母代码和阿拉伯数字代码。其中，拉丁字母代码以国家和地区简称为基础进行编码。

3.1 两字符拉丁字母代码结构

由两位大写拉丁字母（省略发音符号）构成，从 AA 到 ZZ。

3.2 三字符拉丁字母代码结构

由三位大写拉丁字母（省略发音符号）构成，从 AAA 到 ZZZ。

3.3 阿拉伯数字代码结构

由三位阿拉伯数字构成，从 000 到 999。

3.4 使用说明

应用本标准时，应明确表示使用三种代码中的哪一种。如果因特殊用途，本标准中的代码元素需要与其他字符组合使用时，应明确说明这些字符的选定办法和功能。

4. 国家和地区名称代码及索引

4.1　国家和地区名称代码见表1。

4.2　国家和地区名称汉语拼音索引见附录A（提示的附录）；国家和地区名称两字符拉丁字母代码索引见附录B（提示的附录）；国家和地区名称三字符拉丁字母代码索引见附录C（提示的附录）；国家和地区名称阿拉伯数字代码索引见附录D（提示的附录）。

5. 用户使用指南

因特殊目的需要扩展或变更国家和地区名称代码元素时，应按5.1—5.4的规定执行，并通知全国信息与文献标准化技术委员会。

5.1　子集

如果用户不使用表1中全部的国家和地区名称代码，可以按其所需创建子集，同时标明使用的版本和创建子集的目的。

5.2　重组

如果用户将表1中的某些国家和地区名称分组，且需要对每一组用一个代码元素表示时，应按5.3的规定执行。

国家质量技术监督局2000—07—31批准　　2001—03—01实施

5.3　用户分配代码元素

表1中未包括的代码元素，可用的两字符拉丁字母代码区为：AA、QM ~ QZ、XA ~ XZ、ZZ，三字符拉丁字母代码区为：AAA ~ AAZ、QMA ~ QZZ、XAA ~ XZZ、ZZA ~ ZZZ，阿拉伯数字代码区为：900 ~ 999。

5.4　用户分配代码元素的扩展方法

如果5.3中的用户分配代码元素不能满足需要，除了表1中定义过的代码外，也可使用字母代码元素OO、OOO或数字代码元素000。

5.5　重定义

如果用户发现表1中的某个代码元素需要重新定义，应咨询全国信息与文献标准化技术委员会。

表1　　国家和地区名称代码

序号	中文和英文简称	两字符拉丁字母代码	三字符拉丁字母代码	阿拉伯数字代码	中文和英文全称
1	阿富汗 AFGHANISTAN	AF	AFG	004	阿富汗 Afghanistan
2	阿尔巴尼亚 ALBANIA	AL	ALB	008	阿尔巴尼亚共和国 Republic of Albania
3	阿尔及利亚 ALGERIA	DZ	DZA	012	阿尔及利亚民主人民共和国 Democratic People's Republic of Algeria
4	美属萨摩亚 AMERICAN SAMOA	AS	ASM	016	美属萨摩亚 American Samoa
5	安道尔 ANDORRA	AD	AND	020	安道尔公国 Principality of Andorra
6	安哥拉 ANGOLA	AO	AGO	024	安哥拉共和国 Republic of Angola

续表

序号	中文和英文简称	两字符拉丁字母代码	三字符拉丁字母代码	阿拉伯数字代码	中文和英文全称
7	安圭拉 ANGUILLA	AI	AIA	660	安圭拉 Anguilla
8	南极洲 ANTARCTICA	AQ	ATA	010	南极洲 Antarctica
9	安提瓜和巴布达 ANTIGUA AND BARBUDA	AG	ATG	028	安提瓜和巴布达 Antigua and Barbuda
10	阿根廷 ARGENTINA	AR	ARG	032	阿根廷共和国 Argentine Republic
11	亚美尼亚 ARMENIA	AM	ARM	051	亚美尼亚共和国 Republic of Armenia
12	阿鲁巴 ARUBA	AW	ABW	533	阿鲁巴 Aruba
13	澳大利亚 AUSTRALIA	AU	AUS	036	澳大利亚联邦 Commonwealth of Australia
14	奥地利 AUSTRIA	AT	AUT	040	奥地利共和国 Republic of Austria
15	阿塞拜疆 AZERBAIJAN	AZ	AZE	031	阿塞拜疆共和国 Republic of Azerbaijan
16	巴哈马 BAHAMAS	BS	BHS	044	巴哈马联邦 Commonwealth of the Bahamas
17	巴林 BAHRAIN	BH	BHR	048	巴林国 State of Bahrain
18	孟加拉国 BANGLADESH	BD	BGD	050	孟加拉人民共和国 People' s Republic of Bangladesh
19	巴巴多斯 BARBADOS	BB	BRB	052	巴巴多斯 Barbados
20	白俄罗斯 BELARUS	BY	BLR	112	白俄罗斯共和国 Republic of Belarus
21	比利时 BELGIUM	BE	BEL	056	比利时王国 Kingdom of Belgium
22	伯利兹 BELIZE	BZ	BLZ	084	伯利兹 Belize
23	贝宁 BENIN	BJ	BEN	204	贝宁共和国 Republic of Benin
24	百慕大 BERMUDA	BM	BMU	060	百慕大 Bermuda
25	不丹 BHUTAN	BT	BTN	064	不丹王国 Kingdom of Bhutan
26	玻利维亚 BOLIVIA	BO	BOL	068	玻利维亚共和国 Republic of Bolivia
27	波黑 BOSNIA AND HERZEGOVINA	BA	BIH	070	波斯尼亚和黑塞哥维那 Bosnia and Herzegovina
28	博茨瓦纳 BOTSWANA	BW	BWA	072	博茨瓦纳共和国 Republic of Botswana

续表

序号	中文和英文简称	两字符拉丁字母代码	三字符拉丁字母代码	阿拉伯数字代码	中文和英文全称
29	布维岛 BOUVET ISLAND	BV	BVT	074	布维岛 Bouvet Island
30	巴西 BRAZIL	BR	BRA	076	巴西联邦共和国 Federative Republic of Brazil
31	英属印度洋领地 BRITISH INDIAN OCEAN TERRITORY	IO	IOT	086	英属印度洋领地 British Indian Ocean Territory
32	文莱 BRUNEI	BN	BRN	096	文莱达鲁萨兰国 Brunei Darussalam
33	保加利亚 BULGARIA	BG	BGR	100	保加利亚共和国 Republic of Bulgaria
34	布基纳法索 BURKINA FASO	BF	BFA	854	布基纳法索 Burkina Faso
35	布隆迪 BURUNDI	BI	BDI	108	布隆迪共和国 Republic of Burundi
36	柬埔寨 CAMBODIA	KH	KHM	116	柬埔寨王国 Kingdom of Cambodia
37	喀麦隆 CAMEROON	CM	CMR	120	喀麦隆共和国 Republic of Cameroon
38	加拿大 CANADA	CA	CAN	124	加拿大 Canada
39	佛得角 CAPE VERDE	CV	CPV	132	佛得角共和国 Republic of Cape Verde
40	开曼群岛 CAYMAN ISLANDS	KY	CYM	136	开曼群岛 Cayman Islands
41	中非 CENTRAL AFRICAN REPUBLIC	CF	CAF	140	中非共和国 Central African Republic
42	乍得 CHAD	TD	TCD	148	乍得共和国 Republic of Chad
43	智利 CHILE	CL	CHL	152	智利共和国 Republic of Chile
44	中国 CHINA	CN	CHN	156	中华人民共和国 People's Republic of China

续表

序号	中文和英文简称	两字符拉丁字母代码	三字符拉丁字母代码	阿拉伯数字代码	中文和英文全称
45	香港 HONG KONG	HK	HKG	344	中国香港特别行政区 Hong Kong Special Administrative Region of China
46	澳门 MACAU	MO	MAC	446	中国澳门特别行政区 Macau Special Administrative Region of China
47	台湾 TAIWAN，PROVINCE OF CHINA	TW	TWN	158	中国台湾 Taiwan，Province of China
48	圣诞岛 CHRISTMAS ISLAND	CX	CXR	162	圣诞岛 Christmas Island
49	科科斯（基林）群岛 COCOS（KEELING）ISLANDS	CC	CCK	166	科科斯（基林）群岛 Cocos（Keeling）Islands
50	哥伦比亚 COLOMBIA	CO	COL	170	哥伦比亚共和国 Republic of Colombia
51	科摩罗 COMOROS	KM	COM	174	科摩罗伊斯兰联邦共和国 Islamic Federal Republic of the Comoros
52	刚果（布） CONGO	CG	COG	178	刚果共和国 Republic of Congo
53	刚果（金） CONGO，THE DEMOCRATIC REPUBLIC OF THE	CD	COD	180	刚果民主共和国 Democratic Republic of Congo
54	库克群岛 COOK ISLANDS	CK	COK	184	库克群岛 Cook Islands
55	哥斯达黎加 COSTA RICA	CR	CRI	188	哥斯达黎加共和国 Republic of Costa Rica
56	科特迪瓦 COTE D'IVOIRE	CI	CIV	384	科特迪瓦共和国 Republic of Côte d'Ivoire
57	克罗地亚 CROATIA	HR	HRV	191	克罗地亚共和国 Republic of Croatia
58	古巴 CUBA	CU	CUB	192	古巴共和国 Republic of Cuba
59	塞浦路斯 CYPRUS	CY	CYP	196	塞浦路斯共和国 Republic of Cyprus

续表

序号	中文和英文简称	两字符拉丁字母代码	三字符拉丁字母代码	阿拉伯数字代码	中文和英文全称
60	捷克 CZECH REPUBLIC	CZ	CZE	203	捷克共和国 Czech Republic
61	丹麦 DENMARK	DK	DNK	208	丹麦王国 Kingdom of Denmark
62	吉布提 DJIBOUTI	DJ	DJI	262	吉布提共和国 Republic of Djibouti
63	多米尼克 DOMINICA	DM	DMA	212	多米尼克国 Commonwealth of Dominica
64	多米尼加 DOMINICAN REPUBLIC	DO	DOM	214	多米尼加共和国 Dominican Republic
65	东帝汶 EAST TIMOR	TP	TMP	626	东帝汶 East Timor
66	厄瓜多尔 ECUADOR	EC	ECU	218	厄瓜多尔共和国 Republic of Ecuador
67	埃及 EGYPT	EG	EGY	818	阿拉伯埃及共和国 Arab Republic of Egypt
68	萨尔瓦多 EL SALVADOR	SV	SLV	222	萨尔瓦多共和国 Republic of El Salvador
69	赤道几内亚 EQUATORIAL GUINEA	GQ	GNQ	226	赤道几内亚共和国 Republic of Equatorial Guinea
70	厄立特里亚 ERITREA	ER	ERI	232	厄立特里亚国 State of Eritrea
71	爱沙尼亚 ESTONIA	EE	EST	233	爱沙尼亚共和国 Republic of Estonia
72	埃塞俄比亚 ETHIOPIA	ET	ETH	231	埃塞俄比亚联邦民主共和国 Federal Democratic Republic of Ethiopia
73	福克兰群岛（马尔维纳斯） FALKLAND ISLANDS (MALVINAS)	FK	FLK	238	福克兰群岛（马尔维纳斯） Falkland Islands (Malvinas)
74	法罗群岛 FAROE ISLANDS	FO	FRO	234	法罗群岛 Faroe Islands
75	斐济 FIJI	FJ	FJI	242	斐济群岛共和国 Republic of the Fiji Islands
76	芬兰 FINLAND	FI	FIN	246	芬兰共和国 Republic of Finland
77	法国 FRANCE	FR	FRA	250	法兰西共和国 French Republic

续表

序号	中文和英文简称	两字符拉丁字母代码	三字符拉丁字母代码	阿拉伯数字代码	中文和英文全称
78	法属圭亚那 FRENCH GUIANA	GF	GUF	254	法属圭亚那 French Guiana
79	法属波利尼西亚 FRENCH POLYNESIA	PF	PYF	258	法属波利尼西亚 French Polynesia
80	法属南部领地 FRENCH SOUTHERN TERRI-TORIES	TF	ATF	260	法属南部领地 French Southern Territories
81	加蓬 CABON	GA	GAB	266	加蓬共和国 Gabonese Republic
82	冈比亚 GAMBIA	GM	GMB	270	冈比亚共和国 Republic of the Gambia
83	格鲁吉亚 GEORGIA	GE	GEO	268	格鲁吉亚 Georgia
84	德国 GERMANY	DE	DEU	276	德意志联邦共和国 Federal Republic of Germany
85	加纳 GHANA	GH	GHA	288	加纳共和国 Republic of Ghana
86	直布罗陀 GIBRALTAR	GI	GIB	292	直布罗陀 Gibraltar
87	希腊 GREECE	GR	GRC	300	希腊共和国 Hellenic Republic
88	格陵兰 GREENLAND	GL	GRL	304	格陵兰 Greenland
89	格林纳达 GRENADA	GD	GRD	308	格林纳达 Grenada
90	瓜德罗普 GUADELOUPE	GP	GLP	312	瓜德罗普 Guadeloupe
91	关岛 GUAM	GU	GUM	316	关岛 Guam
92	危地马拉 GUATEMALA	GT	GTM	320	危地马拉共和国 Republic of Guatemala
93	几内亚 GUINEA	GN	GIN	324	几内亚共和国 Republic of Guinea
94	几内亚比绍 GUINEA – BISSAU	GW	GNB	624	几内亚比绍共和国 Republic of Guinea – Bissau
95	圭亚那 GUYANA	GY	GUY	328	圭亚那合作共和国 Cooperative Republic of Guyana

续表

序号	中文和英文简称	两字符拉丁字母代码	三字符拉丁字母代码	阿拉伯数字代码	中文和英文全称
96	海地 HAITI	HT	HTI	332	海地共和国 Republic of Haiti
97	赫德岛和麦克唐纳岛 HEARD ISLAND AND MCDONALD ISLANDS	HM	HMD	334	赫德岛和麦克唐纳岛 Heard Island and Mcdonald Islands
98	洪都拉斯 HONDURAS	HN	HND	340	洪都拉斯共和国 Republic of Honduras
99	匈牙利 HUNGARY	HU	HUN	348	匈牙利共和国 Republic of Hungary
100	冰岛 ICELAND	IS	ISL	352	冰岛共和国 Republic of Iceland
101	印度 INDIA	IN	IND	356	印度共和国 Republic of India
102	印度尼西亚 INDONESIA	ID	IDN	360	印度尼西亚共和国 Republic of Indonesia
103	伊朗 IRAN	IR	IRN	364	伊朗伊斯兰共和国 Islamic Republic of Iran
104	伊拉克 IRAQ	IQ	IRQ	368	伊拉克共和国 Republic of Iraq
105	爱尔兰 IRELAND	IE	IRL	372	爱尔兰 Ireland
106	以色列 ISRAEL	IL	ISR	376	以色列国 State of Israel
107	意大利 ITALY	IT	ITA	380	意大利共和国 Italian Republic
108	牙买加 JAMAICA	JM	JAM	388	牙买加 Jamaica
109	日本 JAPAN	JP	JPN	392	日本国 Japan
110	约旦 JORDAN	JO	JOR	400	约旦哈希姆王国 Hashemite Kingdom of Jordan
111	哈萨克斯坦 KAZAKHSTAN	KZ	KAZ	398	哈萨克斯坦共和国 Republic of Kazakhstan
112	肯尼亚 KENYA	KE	KEN	404	肯尼亚共和国 Republic of Kenya
113	基里巴斯 KIRIBATI	KI	KIR	296	基里巴斯共和国 Republic of Kiribati

续表

序号	中文和英文简称	两字符拉丁字母代码	三字符拉丁字母代码	阿拉伯数字代码	中文和英文全称
114	朝鲜 KOREA, DEMOCRATIC PEOPLE'S REPUBLIC OF	KP	PRK	408	朝鲜民主主义人民共和国 Democratic People's Republic of Korea
115	韩国 KOREA, REPUBLIC OF	KR	KOR	410	大韩民国 Republic of Korea
116	科威特 KUWAIT	KW	KWT	414	科威特国 State of Kuwait
117	吉尔吉斯斯坦 KYRGYZSTAN	KG	KGZ	417	吉尔吉斯共和国 Kyrgyz Republic
118	老挝 LAOS	LA	LAO	418	老挝人民民主共和国 Lao People's Democratic Republic
119	拉脱维亚 LATVIA	LV	LVA	428	拉脱维亚共和国 Republic of Latvia
120	黎巴嫩 LEBANON	LB	LBN	422	黎巴嫩共和国 Lebanese Republic
121	莱索托 LESOTHO	LS	LSO	426	莱索托王国 Kingdom of Lesotho
122	利比里亚 LIBERIA	LR	LBR	430	利比里亚共和国 Republic of Liberia
123	利比亚 LIBYA	LY	LBY	434	大阿拉伯利比亚人民社会主义民众国 Great Socialist People's Libyan Arab Jamahiriya
124	列支敦士登 LIECHTENSTEIN	LI	LIE	438	列支敦士登公国 Principality of Liechtenstein
125	立陶宛 LITHUANIA	LT	LTU	440	立陶宛共和国 Republic of Lithuania
126	卢森堡 LUXEMBOURG	LU	LUX	442	卢森堡大公国 Grand Duchy of Luxembourg
127	前南马其顿 MACEDONIA, THE FORMER YUGOSLAV REPUBLIC OF	MK	MKD	807	前南斯拉夫马其顿共和国 The former Yugoslav Republic of Macedonia
128	马达加斯加 MADAGASCAR	MG	MDG	450	马达加斯加共和国 Republic of Madagascar
129	马拉维 MALAWI	MW	MWI	454	马拉维共和国 Republic of Malawi
130	马来西亚 MALAYSIA	MY	MYS	458	马来西亚 Malaysia
131	马尔代夫 MALDIVES	MV	MDV	462	马尔代夫共和国 Republic of Maldives

续表

序号	中文和英文简称	两字符拉丁字母代码	三字符拉丁字母代码	阿拉伯数字代码	中文和英文全称
132	马里 MALI	ML	MLI	466	马里共和国 Republic of Mali
133	马耳他 MALTA	MT	MLT	470	马耳他共和国 Republic of Malta
134	马绍尔群岛 MARSHALL ISLANDS	MH	MHL	584	马绍尔群岛共和国 Republic of the Marshall Islands
135	马提尼克 MARTINIQUE	MQ	MTQ	474	马提尼克 Martinique
136	毛里塔尼亚 MAURITANIA	MR	MRT	478	毛里塔尼亚伊斯兰共和国 Islamic Republic of Mauritania
137	毛里求斯 MAURITIUS	MU	MUS	480	毛里求斯共和国 Republic of Mauritius
138	马约特 MAYOTTE	YT	MYT	175	马约特 Mayotte
139	墨西哥 MEXICO	MX	MEX	484	墨西哥合众国 United States of Mexico
140	密克罗尼西亚联邦 MICRONESIA，FEDERATED STATES OF	FM	FSM	583	密克罗尼西亚联邦 Federated States of Micronesia
141	摩尔多瓦 MOLDOVA	MD	MDA	498	摩尔多瓦共和国 Republic of Moldova
142	摩纳哥 MONACO	MC	MCO	492	摩纳哥公国 Principality of Monaco
143	蒙古 MONGOLIA	MN	MNG	496	蒙古国 Mongolia
144	蒙特塞拉特 MONTSERRAT	MS	MSR	500	蒙特塞拉特 Montserrat
145	摩洛哥 MOROCCO	MA	MAR	504	摩洛哥王国 Kingdom of Morocco
146	莫桑比克 MOZAMBIQUE	MZ	MOZ	508	莫桑比克共和国 Republic of Mozambique
147	缅甸 MYANMAR	MM	MMR	104	缅甸联邦 Union of Myanmar
148	纳米比亚 NAMIBIA	NA	NAM	516	纳米比亚共和国 Republic of Namibia
149	瑙鲁 NAURU	NR	NRU	520	瑙鲁共和国 Republic of Nauru

续表

序号	中文和英文简称	两字符拉丁字母代码	三字符拉丁字母代码	阿拉伯数字代码	中文和英文全称
150	尼泊尔 NEPAL	NP	NPL	524	尼泊尔王国 Kingdom of Nepal
151	荷兰 NETHERLANDS	NL	NLD	528	荷兰王国 Kingdom of the Netherlands
152	荷属安的列斯 NETHERLANDS ANTILLES	AN	NAT	530	荷属安的列斯 Netherlands Antilles
153	新喀里多尼亚 NEW CALEDONIA	NC	NCL	540	新喀里多尼亚 New Caledonia
154	新西兰 NEW ZEALAND	NZ	NZL	554	新西兰 New Zealand
155	尼加拉瓜 NICARAGUA	NI	NIC	558	尼加拉瓜共和国 Republic of Nicaragua
156	尼日尔 NIGER	NE	NER	562	尼日尔共和国 Republic of Niger
157	尼日利亚 NIGERIA	NG	NGA	566	尼日利亚联邦共和国 Federal Republic of Nigeria
158	纽埃 NIUE	NU	NIU	570	纽埃 Niue
159	诺福克岛 NORFOLK ISLAND	NF	NFK	574	诺福克岛 Norfolk Island
160	北马里亚纳 NORTHERN MARIANA ISLANDS	MP	MNP	580	北马里亚纳自由联邦 Commonwealth of the Northern Mariana Islands
161	挪威 NORWAY	NO	NOR	578	挪威王国 Kingdom of Norway
162	阿曼 OMAN	OM	OMN	512	阿曼苏丹国 Sultanate of Oman
163	巴基斯坦 PAKISTAN	PK	PAK	586	巴基斯坦伊斯兰共和国 Islamic Republic of Pakistan
164	帕劳 PALAU	PW	PLW	585	帕劳共和国 Republic of Palau
165	巴勒斯坦 PALESTINE	PS	PSE	275	巴勒斯坦国 State of Palestine
166	巴拿马 PANAMA	PA	PAN	591	巴拿马共和国 Republic of Panama
167	巴布亚新几内亚 PAPUA NEW GUINEA	PG	PNG	598	巴布亚新几内亚独立国 Independent State of Papua New Guinea

续表

序号	中文和英文简称	两字符拉丁字母代码	三字符拉丁字母代码	阿拉伯数字代码	中文和英文全称
168	巴拉圭 PARAGUAY	PY	PRY	600	巴拉圭共和国 Republic of Paraguay
169	秘鲁 PERU	PE	PER	604	秘鲁共和国 Republic of Peru
170	菲律宾 PHILIPPINES	PH	PHL	608	菲律宾共和国 Republic of the Philippines
171	皮特凯恩 PITCAIRN	PN	PCN	612	皮特凯恩 Pitcairn
172	波兰 POLAND	PL	POL	616	波兰共和国 Republic of Poland
173	葡萄牙 PORTUGAL	PT	PRT	620	葡萄牙共和国 Portuguese Republic
174	波多黎各 PUERTO RICO	PR	PRI	630	波多黎各 Puerto Rico
175	卡塔尔 QATAR	QA	QAT	634	卡塔尔国 State of Qatar
176	留尼汪 REUNION	RE	REU	638	留尼汪 Reunion
177	罗马尼亚 ROMANIA	RO	ROM	642	罗马尼亚 Romania
178	俄罗斯联邦 RUSSIAN FEDERATION	RU	RUS	643	俄罗斯联邦 Russian Federation
179	卢旺达 RWANDA	RW	RWA	646	卢旺达共和国 Republic of Rwanda
180	圣赫勒拿 SAINT HELENA	SH	SHN	654	圣赫勒拿 Saint Helena
181	圣基茨和尼维斯 SAINT KITTS AND NEVIS	KN	KNA	659	圣基茨和尼维斯联邦 Federation of Saint Kitts and Nevis
182	圣卢西亚 SAINT LUCIA	LC	LCA	662	圣卢西亚 Saint Lucia
183	圣皮埃尔和密克隆 SAINT PIERRE AND MIQUELON	PM	SPM	666	圣皮埃尔和密克隆 Saint Pierre and Miquelon
184	圣文森特和格林纳丁斯 SAINT VINCENT AND THE GRENADINES	VC	VCT	670	圣文森特和格林纳丁斯 Saint Vincent and the Grenadines
185	萨摩亚 SAMOA	WS	WSM	882	萨摩亚独立国 Independent State of Samoa

续表

序号	中文和英文简称	两字符拉丁字母代码	三字符拉丁字母代码	阿拉伯数字代码	中文和英文全称
186	圣马力诺 SAN MARINO	SM	SMR	674	圣马力诺共和国 Republic of San Marino
187	圣多美和普林西比 SAO TOME AND PRINCIPE	ST	STP	678	圣多美和普林西比民主共和国 Democratic Republic of Sao Tome and Principe
188	沙特阿拉伯 SAUDI ARABIA	SA	SAU	682	沙特阿拉伯王国 Kingdom of Saudi Arabia
189	塞内加尔 SENEGAL	SN	SEN	686	塞内加尔共和国 Republic of Senegal
190	塞舌尔 SEYCHELLES	SC	SYC	690	塞舌尔共和国 Republic of Seychelles
191	塞拉利昂 SIERRA LEONE	SL	SLE	694	塞拉利昂共和国 Republic of Sierra Leone
192	新加坡 SINGAPORE	SG	SGP	702	新加坡共和国 Republic of Singapore
193	斯洛伐克 SLOVAKIA	SK	SVK	703	斯洛伐克共和国 Slovak Republic
194	斯洛文尼亚 SLOVENIA	SI	SVN	705	斯洛文尼亚共和国 Republic of Slovenia
195	所罗门群岛 SOLOMON ISLANDS	SB	SLB	090	所罗门群岛 Solomon Islands
196	索马里 SOMALIA	SO	SOM	706	索马里共和国 Somali Republic
197	南非 SOUTH AFRICA	ZA	ZAF	710	南非共和国 Republic of South Africa
198	南乔治亚岛和南桑德韦奇岛 SOUTH GEORGIA AND THE SOUTH SANDWICH ISLANDS	GS	SGS	239	南乔治亚岛和南桑德韦奇岛 South Georgia and the South Sandwich Islands
199	西班牙 SPAIN	ES	ESP	724	西班牙王国 Kingdom of Spain
200	斯里兰卡 SRI LANKA	LK	LKA	144	斯里兰卡民主社会主义共和国 Democratic Socialist Republic of Sri Lanka
201	苏丹 SUDAN	SD	SDN	736	苏丹共和国 Republic of the Sudan
202	苏里南 SURINAME	SR	SUR	740	苏里南共和国 Republic of Suriname
203	斯瓦尔巴岛和扬马延岛 SVALBARD AND JAN MAYEN	SJ	SJM	744	斯瓦尔巴岛和扬马延岛 Svalbard and Jan Mayen

续表

序号	中文和英文简称	两字符拉丁字母代码	三字符拉丁字母代码	阿拉伯数字代码	中文和英文全称
204	斯威士兰 SWAZILAND	SZ	SWZ	748	斯威士兰王国 Kingdom of Swaziland
205	瑞典 SWEDEN	SE	SWE	752	瑞典王国 Kingdom of Sweden
206	瑞士 SWITZERLAND	CH	CHE	756	瑞士联邦 Swiss Confederation
207	叙利亚 SYRIAN ARAB REPUBLIC	SY	SYR	760	阿拉伯叙利亚共和国 Syrian Arab Republic
208	塔吉克斯坦 TAJIKISTAN	TJ	TJK	762	塔吉克斯坦共和国 Republic of Tajikistan
209	坦桑尼亚 TANZANIA	TZ	TZA	834	坦桑尼亚联合共和国 United Republic of Tanzania
210	泰国 THAILAND	TH	THA	764	泰王国 Kingdom of Thailand
211	多哥 TOGO	TG	TGO	768	多哥共和国 Republic of Togo
212	托克劳 TOKELAU	TK	TKL	772	托克劳 Tokelau
213	汤加 TONGA	TO	TON	776	汤加王国 Kingdom of Tonga
214	特立尼达和多巴哥 TRINIDAD AND TOBAGO	TT	TTO	780	特立尼达和多巴哥共和国 Republic of Trinidad and Tobago
215	突尼斯 TUNISIA	TN	TUN	788	突尼斯共和国 Republic of Tunisia
216	土耳其 TURKEY	TR	TUR	792	土耳其共和国 Republic of Turkey
217	土库曼斯坦 TURKMENISTAN	TM	TKM	795	土库曼斯坦 Turkmenistan
218	特克斯和凯科斯群岛 TURKS AND CAICOS ISLANDS	TC	TCA	796	特克斯和凯科斯群岛 Turks and Caicos Islands
219	图瓦卢 TUVALU	TV	TUV	798	图瓦卢 Tuvalu
220	乌干达 UGANDA	UG	UGA	800	乌干达共和国 Republic of Uganda
221	乌克兰 UKRAINE	UA	UKR	804	乌克兰 Ukraine

续表

序号	中文和英文简称	两字符拉丁字母代码	三字符拉丁字母代码	阿拉伯数字代码	中文和英文全称
222	阿联酋 UNITED ARAB EMIRATES	AE	ARE	784	阿拉伯联合酋长国 United Arab Emirates
223	英国 UNITED KINGDOM	GB	GBR	826	大不列颠及北爱尔兰联合王国 United Kingdom of Great Britain and Northern Ireland
224	美国 UNITED STATES	US	USA	840	美利坚合众国 United States of America
225	美国本土外小岛屿 UNITED STATES MINOR OUTLYING ISLANDS	UM	UMI	581	美国本土外小岛屿 United States Minor Outlying Islands
226	乌拉圭 URUGUAY	UY	URY	858	乌拉圭东岸共和国 Oriental Republic of Uruguay
227	乌兹别克斯坦 UZBEKISTAN	UZ	UZB	860	乌兹别克斯坦共和国 Republic of Uzbekistan
228	瓦努阿图 VANUATU	VU	VUT	548	瓦努阿图共和国 Republic of Vanuatu
229	梵蒂冈 VATICAN	VA	VAT	336	梵蒂冈城国 Vatican City State
230	委内瑞拉 VENEZUELA	VE	VEN	862	委内瑞拉共和国 Republic of Venezuela
231	越南 VIET NAM	VN	VNM	704	越南社会主义共和国 Socialist Republic of Viet Nam
232	英属维尔京群岛 VIRGIN ISLANDS，BRITISH	VG	VGB	092	英属维尔京群岛 British Virgin Islands
233	美属维尔京群岛 VIRGIN ISLANDS，U. S.	VI	VIR	850	美属维尔京群岛 Virgin Islands of the United States
234	瓦利斯和富图纳 WALLIS AND FUTUNA	WF	WLF	876	瓦利斯和富图纳 Wallis and Futuna
235	西撒哈拉 WESTERN SAHARA	EH	ESH	732	西撒哈拉 Western Sahara
236	也门 YEMEN	YE	YEM	887	也门共和国 Republic of Yemen
237	南斯拉夫 YUGOSLAVIA	YU	YUG	891	南斯拉夫联盟共和国 Federal Republic of Yugoslavia
238	赞比亚 ZAMBIA	ZM	ZMB	894	赞比亚共和国 Republic of Zambia
239	津巴布韦 ZIMBABWE	ZW	ZWE	716	津巴布韦共和国 Republic of Zimbabwe

附 录 A

（提示的附录）

表 A1　国家和地区名称汉语拼音索引

中文和英文简称	序号	中文和英文简称	序号
A		澳大利亚 AUSTRALIA	13
阿尔巴尼亚 ALBANIA	2	澳门 MACAU	46
阿尔及利亚 ALGERIA	3	B	
阿富汗 AFGHANISTAN	1	巴巴多斯 BARBADOS	19
阿根廷 ARGENTINA	10	巴布亚新几内亚 PAPUA NEW GUINEA	167
阿联酋 UNITED ARAB EMIRATES	222	巴哈马 BAHAMAS	16
阿鲁巴 ARUBA	12	巴基斯坦 PAKISTAN	163
阿曼 OMAN	162	巴拉圭 PARAGUAY	168
阿塞拜疆 AZERBAIJAN	15	巴勒斯坦 PALESTINE	165
埃及 EGYPT	67	巴林 BAHRAIN	17
埃塞俄比亚 ETHIOPIA	72	巴拿马 PANAMA	166
爱尔兰 IRELAND	105	巴西 BRAZIL	30
爱沙尼亚 ESTONIA	71	白俄罗斯 BELARUS	20
安道尔 ANDORRA	5	百慕大 BERMUDA	24
安哥拉 ANGOLA	6	保加利亚 BULGARIA	33
安圭拉 ANGUILLA	7	北马里亚纳 NORTHERN MARIANA ISLANDS	160
安提瓜和巴布达 ANTIGUA AND BARBUDA	9	贝宁 BENIN	23
奥地利 AUSTRIA	14	比利时 BELGIUM	21

续表

中文和英文简称	序号
秘鲁 PERU	169
冰岛 ICELAND	100
波多黎各 PUERTO RICO	174
波黑 BOSNIA AND HERZEGOVINA	27
波兰 POLAND	172
玻利维亚 BOLIVIA	26
伯利兹 BELIZE	22
博茨瓦纳 BOTSWANA	28
不丹 BHUTAN	25
布基纳法索 BURKINA FASO	34
布隆迪 BURUNDI	35
布维岛 BOUVET ISLAND	29
C	
朝鲜 KOREA，DEMOCRATIC PEOPLE'S REPUBLIC OF	114
赤道几内亚 EQUATORIAL GUINEA	69
D	
丹麦 DENMARK	61
德国 GERMANY	84
东帝汶 EAST TIMOR	65
多哥 TOGO	211
多米尼加 DOMINICAN REPUBLIC	64
多米尼克 DOMINICA	63
E	
俄罗斯联邦 RUSSIAN FEDERATION	178
厄瓜多尔 ECUADOR	66
厄立特里亚 ERITREA	70
F	
法国 FRANCE	77
法罗群岛 FAROE ISLANDS	74
法属波利尼西亚 FRENCH POLYNESIA	79
法属圭亚那 FRENCH GUIANA	78
法属南部领地 FRENCH SOUTHERN TERRITORIES	80
梵蒂冈 VATICAN	229
菲律宾 PHILIPPINES	170
斐济 FIJI	75
芬兰 FINLAND	76
佛得角 CAPE VERDE	39
福克兰群岛（马尔维纳斯） FALKLAND ISLANDS（MALVINAS）	73
G	
冈比亚 GAMBIA	82

续表

中文和英文简称	序号
刚果（布） CONGO	52
刚果（金） CONGO，THE DEMOCRATIC REPUBLIC OF THE	53
哥伦比亚 COLOMBIA	50
哥斯达黎加 COSTA RICA	55
格林纳达 GRENADA	89
格陵兰 GREENLAND	88
格鲁吉亚 GEORGIA	83
古巴 CUBA	58
瓜德罗普 GUADELOUPE	90
关岛 GUAM	91
圭亚那 GUYANA	95
H	
哈萨克斯坦 KAZAKHSTAN	111
海地 HAITI	96
韩国 KOREA，REPUBLIC OF	115
荷兰 NETHERLANDS	151
荷属安的列斯 NETHERLANDS ANTILLES	152
赫德岛和麦克唐纳岛 HEARD ISLAND AND MCDONALD ISLANDS	97
洪都拉斯 HONDURAS	98

中文和英文简称	序号
J	
基里巴斯 KIRIBATI	113
吉布提 DJIBOUTI	62
吉尔吉斯斯坦 KYRGYZSTAN	117
几内亚 GUINEA	93
几内亚比绍 GUINEA - BISSAU	94
加拿大 CANADA	38
加纳 GHANA	85
加蓬 GABON	81
柬埔寨 CAMBODIA	36
捷克 CZECH REPUBLIC	60
津巴布韦 ZIMBABWE	239
K	
喀麦隆 CAMEROON	37
卡塔尔 QATAR	175
开曼群岛 CAYMAN ISLANDS	40
科科斯（基林）群岛 COCOS（KEELING）ISLANDS	49
科摩罗 COMOROS	51
科特迪瓦 COTE D'IVOIRE	56
科威特 KUWAIT	116
克罗地亚 CROATIA	57

续表

中文和英文简称	序号	中文和英文简称	序号
肯尼亚 KENYA	112	马来西亚 MALAYSIA	130
库克群岛 COOK ISLANDS	54	马里 MALI	132
L		马绍尔群岛 MARSHALL ISLANDS	134
拉脱维亚 LATVIA	119	马提尼克 MARTINIQUE	135
莱索托 LESOTHO	121	马约特 MAYOTTE	138
老挝 LAOS	118	毛里求斯 MAURITIUS	137
黎巴嫩 LEBANON	120	毛里塔尼亚 MAURITANIA	136
立陶宛 LITHUANIA	125	美国 UNITED STATES	224
利比里亚 LIBERIA	122	美国本土外小岛屿 UNITED STATES MINOR OUTLYING ISLANDS	225
利比亚 LIBYA	123	美属萨摩亚 AMERICAN SAMOA	4
列支敦士登 LIECHTENSTEIN	124	美属维尔京群岛 VIRGIN ISLANDS，U. S.	233
留尼汪 REUNION	176	蒙古 MONGOLIA	143
卢森堡 LUXEMBOURG	126	蒙特塞拉特 MONTSERRAT	144
卢旺达 RWANDA	179	孟加拉国 BANGLADESH	18
罗马尼亚 ROMANIA	177	密克罗尼西亚联邦 MICRONESIA，FEDERATED STATES OF	140
M			
马达加斯加 MADAGASCAR	128	缅甸 MYANMAR	147
马尔代夫 MALDIVES	131	摩尔多瓦 MOLDOVA	141
马耳他 MALTA	133	摩洛哥 MOROCCO	145
马拉维 MALAWI	129	摩纳哥 MONACO	142

续表

中文和英文简称	序号
莫桑比克 MOZAMBIQUE	146
墨西哥 MEXICO	139
N	
纳米比亚 NAMIBIA	148
南非 SOUTH AFRICA	197
南极洲 ANTARCTICA	8
南乔治亚岛和南桑德韦奇岛 SOUTH GEORGIA AND THE SOUTH SANDWICH ISLANDS	198
南斯拉夫 YUGOSLAVIA	237
瑙鲁 NAURU	149
尼泊尔 NEPAL	150
尼加拉瓜 NICARAGUA	155
尼日尔 NIGER	156
尼日利亚 NIGERIA	157
纽埃 NIUE	158
挪威 NORWAY	161
诺福克岛 NOREOLK ISLAND	159
P	
帕劳 PALAU	164
皮特凯恩 PITCAIRN	171
葡萄牙 PORTUGAL	173

中文和英文简称	序号
Q	
前南马其顿 MACEDONIA, THE FORMER YUGOSLAV REPUBLIC OF	127
R	
日本 JAPAN	109
瑞典 SWEDEN	205
瑞士 SWITZERLAND	206
S	
萨尔瓦多 EL SALVADOR	68
萨摩亚 SAMOA	185
塞拉利昂 SIERRA LEONE	191
塞内加尔 SENEGAL	189
塞浦路斯 CYPRUS	59
塞舌尔 SEYCHELLES	190
沙特阿拉伯 SAUDI ARABIA	188
圣诞岛 CHRISTMAS ISLAND	48
圣多美和普林西比 SAO TOME AND PRINCIPE	187
圣赫勒拿 SAINT HELENA	180
圣基茨和尼维斯 SAINT KITTS AND NEVIS	181
圣卢西亚 SAINT LUCIA	182
圣马力诺 SAN MARINO	186

续表

中文和英文简称	序号
圣皮埃尔和密克隆 SAINT PIERRE AND MIQUELON	183
圣文森特和格林纳丁斯 SAINT VINCENT AND THE GRENADINES	184
斯里兰卡 SRILANKA	200
斯洛伐克 SLOVAKIA	193
斯洛文尼亚 SLOVENIA	194
斯瓦尔巴岛和扬马延岛 SVALBARD AND JAN MAYEN	203
斯威士兰 SWAZILAND	204
苏丹 SUDAN	201
苏里南 SURINAME	202
所罗门群岛 SOLOMON ISLANDS	195
索马里 SOMALIA	196
T	
塔吉克斯坦 TAJIKISTAN	208
台湾 TAIWAN，PROVINCE OF CHINA	47
泰国 THAILAND	210
坦桑尼亚 TANZANIA	209
汤加 TONGA	213
特克斯和凯科斯群岛 TURKS AND CAICOS ISLANDS	218
特立尼达和多巴哥 TRINIDAD AND TOBAGO	214
突尼斯 TUNISIA	215
图瓦卢 TUVALU	219
土耳其 TURKEY	216
土库曼斯坦 TURKMENISTAN	217
托克劳 TOKELAU	212
W	
瓦利斯和富图纳 WALLIS AND FUTUNA	234
瓦努阿图 VANUATU	228
危地马拉 GUATEMALA	92
委内瑞拉 VENEZUELA	230
文莱 BRUNEI	32
乌干达 UGANDA	220
乌克兰 UKRAINE	221
乌拉圭 URUGUAY	226
乌兹别克斯坦 UZBEKISTAN	227
X	
西班牙 SPAIN	199
西撒哈拉 WESTERN SAHARA	235
希腊 GREECE	87
香港 HONG KONG	45

续表

中文和英文简称	序号	中文和英文简称	序号
新加坡 SINGAPORE	192	印度尼西亚 INDONESIA	102
新喀里多尼亚 NEW CALEDONIA	153	英国 UNITED KINGDOM	223
新西兰 NEW ZEALAND	154	英属维尔京群岛 VIRGIN ISLANDS, BRITISH	232
匈牙利 HUNGARY	99	英属印度洋领地 BRITISH INDIAN OCEAN TERRITORY	31
叙利亚 SYRIAN ARAB REPUBLIC	207	约旦 JORDAN	110
Y		越南 VIET NAM	231
牙买加 JAMAICA	108	Z	
亚美尼亚 ARMENIA	11	赞比亚 ZAMBIA	238
也门 YEMEN	236	乍得 CHAD	42
伊拉克 IRAQ	104	直布罗陀 GIBRALTAR	86
伊朗 IRAN	103	智利 CHILE	43
以色列 ISRAEL	106	中非 CENTRAL AFRICAN REPUBLIC	41
意大利 ITALY	107	中国 CHINA	44
印度 INDIA	101		

附　录　B

（提示的附录）

表 B1　　国家和地区名称两字符拉丁字母代码索引

代码	中文和英文简称	序号	代码	中文和英文简称	序号
	A		AF	阿富汗 AFGHANISTAN	1
AD	安道尔 ANDORRA	5	AG	安提瓜和巴布达 ANTIGUA AND BARBUDA	9
AE	阿联酋 UNITED ARAB EMIRATES	222			

续表

代码	中文和英文简称	序号	代码	中文和英文简称	序号
AI	安圭拉 ANGUILLA	7	BH	巴林 BAHRAIN	17
AL	阿尔巴尼亚 ALBANIA	2	BI	布隆迪 BURUNDI	35
AM	亚美尼亚 ARMENIA	11	BJ	贝宁 BENIN	23
AN	荷属安的列斯 NETHERLANDS ANTILLES	152	BM	百慕大 BERMUDA	24
AQ	安哥拉 ANGOLA	6	BN	文莱 BRUNEI	32
AQ	南极洲 ANTARCTICA	8	BO	玻利维亚 BOLIVIA	26
AR	阿根廷 ARGENTINA	10	BR	巴西 BRAZIL	30
AS	美属萨摩亚 AMERICAN SAMOA	4	BS	巴哈马 BAHAMAS	16
AT	奥地利 AUSTRIA	14	BT	不丹 BHUTAN	25
AU	澳大利亚 AUSTRALIA	13	BV	布维岛 BOUVET ISLAND	29
AW	阿鲁巴 ARUBA	12	BW	博茨瓦纳 BOTSWANA	28
AZ	阿塞拜疆 AZERBAIJAN	15	BY	白俄罗斯 BELARUS	20
B			BZ	伯利兹 BELIZE	22
BA	波黑 BOSNIA AND HERZEGOVINA	27	C		
BB	巴巴多斯 BARBADOS	19	CA	加拿大 CANADA	38
BD	孟加拉国 BANGLADESH	18	CC	科科斯（基林）群岛 COCOS（KEELING）ISLANDS	49
BE	比利时 BELGIUM	21	CD	刚果（金） CONGO，THE DEMOCRATIC REPUBLIC OF THE	53
BF	布基纳法索 BURKINA FASO	34	CF	中非 CENTRAL AFRICAN REPUBLIC	41
BG	保加利亚 BULGARIA	33	CG	刚果（布） CONGO	52

续表

代码	中文和英文简称	序号
CH	瑞士 SWITZERLAND	206
CI	科特迪瓦 COTE D'IVOIRE	56
CK	库克群岛 COOK ISLANDS	54
CL	智利 CHILE	43
CM	喀麦隆 CAMEROON	37
CN	中国 CHINA	44
CO	哥伦比亚 COLOMBIA	50
CR	哥斯达黎加 COSTA RICA	55
CU	古巴 CUBA	58
CV	佛得角 CAPE VERDE	39
CX	圣诞岛 CHRISTMAS ISLAND	48
CY	塞浦路斯 CYPRUS	59
CZ	捷克 CZECH REPUBLIC	60
	D	
DE	德国 GERMANY	84
DJ	吉布提 DJIBOUTI	62
DK	丹麦 DENMARK	61
DM	多米尼克 DOMINICA	63
DO	多米尼加 DOMINICAN REPUBLIC	64
DZ	阿尔及利亚 ALGERIA	3
	E	
EC	厄瓜多尔 ECUADOR	66
EE	爱沙尼亚 ESTONIA	71
EG	埃及 EGYPT	67
EH	西撒哈拉 WESTERN SAHARA	235
ER	厄立特里亚 ERITREA	70
ES	西班牙 SPAIN	199
ET	埃塞俄比亚 ETHIOPIA	72
	F	
FI	芬兰 FINLAND	76
FJ	斐济 FIJI	75
FK	福克兰群岛（马尔维纳斯） FALKLAND ISLANDS（MALVINAS）	73
FM	密克罗尼西亚联邦 MICRONESIA，FEDERATED STATES OF	140
FO	法罗群岛 FAROE ISLANDS	74
FR	法国 FRANCE	77
	G	
GA	加蓬 GABON	81
GB	英国 UNITED KINGDOM	223
GD	格林纳达 GRENADA	89

续表

代码	中文和英文简称	序号	代码	中文和英文简称	序号
GE	格鲁吉亚 GEORGIA	83	HR	克罗地亚 CROATIA	57
GF	法属圭亚那 FRENCH GUIANA	78	HT	海地 HAITI	96
GH	加纳 GHANA	85	HU	匈牙利 HUNGARY	99
GI	直布罗陀 GIBRALTAR	86		I	
GL	格陵兰 GREENLAND	88	ID	印度尼西亚 INDONESIA	102
GM	冈比亚 GAMBIA	82	IE	爱尔兰 IRELAND	105
GN	几内亚 GUINEA	93	IL	以色列 ISRAEL	106
GP	瓜德罗普 GUADELOUPE	90	IN	印度 INDIA	101
GQ	赤道几内亚 EQUATORIAL GUINEA	69	IO	英属印度洋领地 BRITISH INDIAN OCEAN TERRITORY	31
GR	希腊 GREECE	87	IQ	伊拉克 IRAQ	104
GS	南乔治亚岛和南桑德韦奇岛 SOUTH GEORGIA AND THE SOUTH SAND-WICH ISLANDS	198	IR	伊朗 IRAN	103
GT	危地马拉 GUATEMALA	92	IS	冰岛 ICELAND	100
GU	关岛 GUAM	91	IT	意大利 ITALY	107
GW	几内亚比绍 GUINEA – BISSAU	94		J	
GY	圭亚那 GUYANA	95	JM	牙买加 JAMAICA	108
	H		JO	约旦 JORDAN	110
HK	香港 HONG KONG	45	JP	日本 JAPAN	109
HM	赫德岛和麦克唐纳岛 HEARD ISLAND AND MCDONALD ISLANDS	97		K	
HN	洪都拉斯 HONDURAS	98	KE	肯尼亚 KENYA	112
			KG	吉尔吉斯斯坦 KYRGYZSTAN	117

续表

代码	中文和英文简称	序号
KH	柬埔寨 CAMBODIA	36
KI	基里巴斯 KIRIBATI	113
KM	科摩罗 COMOROS	51
KN	圣基茨和尼维斯 SAINT KITTS AND NEVIS	181
KP	朝鲜 KOREA, DEMOCRATIC PEOPLE'S REPUBLIC OF	114
KR	韩国 KOREA, REPUBLIC OF	115
KW	科威特 KUWAIT	116
KY	开曼群岛 CAYMAN ISLANDS	40
KZ	哈萨克斯坦 KAZAKHSTAN	111
	L	
LA	老挝 LAOS	118
LB	黎巴嫩 LEBANON	120
LC	圣卢西亚 SAINT LUCIA	182
LI	列支敦士登 LIECHTENSTEIN	124
LK	斯里兰卡 SRILANKA	200
LR	利比里亚 LIBERIA	122
LS	莱索托 LESOTHO	121
LT	立陶宛 LITHUANIA	125
LU	卢森堡 LUXEMBOURG	126

代码	中文和英文简称	序号
LV	拉脱维亚 LATVIA	119
LY	利比亚 LIBYA	123
	M	
MA	摩洛哥 MOROCCO	145
MC	摩纳哥 MONACO	142
MD	摩尔多瓦 MOLDOVA	141
MG	马达加斯加 MADAGASCAR	128
MH	马绍尔群岛 MARSHALL ISLANDS	134
MK	前南马其顿 MACEDONIA, THE FORMER YUGOSLAV REPUBLIC OF	127
ML	马里 MALI	132
MM	缅甸 MYANMAR	147
MN	蒙古 MONGOLIA	143
MO	澳门 MACAU	46
MP	北马里亚纳 NORTHERN MARIANA ISLANDS	160
MQ	马提尼克 MARTINIQUE	135
MR	毛里塔尼亚 MAURITANIA	136
MS	蒙特塞拉特 MONTSERRAT	144
MT	马耳他 MALTA	133
MU	毛里求斯 MAURITIUS	137

续表

代码	中文和英文简称	序号
MV	马尔代夫 MALDIVES	131
MW	马拉维 MALAWI	129
MX	墨西哥 MEXICO	139
MY	马来西亚 MALAYSIA	130
MZ	莫桑比克 MOZAMBIQUE	146
	N	
NA	纳米比亚 NAMIBIA	148
NC	新喀里多尼亚 NEW CALEDONIA	153
NE	尼日尔 NIGER	156
NF	诺福克岛 NORFOLK ISLAND	159
NG	尼日利亚 NIGERIA	157
NI	尼加拉瓜 NICARAGUA	155
NL	荷兰 NETHERLANDS	151
NO	挪威 NORWAY	161
NP	尼泊尔 NEPAL	150
NR	瑙鲁 NAURU	149
NU	纽埃 NIUE	158
NZ	新西兰 NEW ZEALAND	154
	O	
OM	阿曼 OMAN	162

代码	中文和英文简称	序号
	P	
PA	巴拿马 PANAMA	166
PE	秘鲁 PERU	169
PF	法属波利尼西亚 FRENCH POLYNESIA	79
PG	巴布亚新几内亚 PAPUA NEW GUINEA	167
PH	菲律宾 PHILIPPINES	170
PK	巴基斯坦 PAKISTAN	163
PL	波兰 POLAND	172
PM	圣皮埃尔和密克隆 SAINT PIERRE AND MIQUELON	183
PN	皮特凯恩 PITCAIRN	171
PR	波多黎各 PUERTO RICO	174
PS	巴勒斯坦 PALESTINE	165
PT	葡萄牙 PORTUGAL	173
PW	帕劳 PALAU	164
PY	巴拉圭 PARAGUAY	168
	Q	
QA	卡塔尔 QATAR	175
	R	
RE	留尼汪 RÉUNION	176
RO	罗马尼亚 ROMANIA	177

续表

代码	中文和英文简称	序号	代码	中文和英文简称	序号
RU	俄罗斯联邦 RUSSIAN FEDERATION	178	SV	萨尔瓦多 EL SALVADOR	68
RW	卢旺达 RWANDA	179	SY	叙利亚 SYRIAN ARAB REPUBLIC	207
	S		SZ	斯威士兰 SWAZILAND	204
SA	沙特阿拉伯 SAUDI ARABIA	188		T	
SB	所罗门群岛 SOLOMON ISLANDS	195	TC	特克斯和凯科斯群岛 TURKS AND CAICOS ISLANDS	218
SC	塞舌尔 SEYCHELLES	190	TD	乍得 CHAD	42
SD	苏丹 SUDAN	201	TF	法属南部领地 FRENCH SOUTHERN TERRITORIES	80
SE	瑞典 SWEDEN	205	TG	多哥 TOGO	211
SG	新加坡 SINGAPORE	192	TH	泰国 THAILAND	210
SH	圣赫勒拿 SAINT HELENA	180	TJ	塔吉克斯坦 TAJIKISTAN	208
SI	斯洛文尼亚 SLOVENIA	194	TK	托克劳 TOKELAU	212
SJ	斯瓦尔巴岛和扬马延岛 SVALBARD AND JAN MAYEN	203	TM	土库曼斯坦 TURKMENISTAN	217
SK	斯洛伐克 SLOVAKIA	193	TN	突尼斯 TUNISIA	215
SL	塞拉利昂 SIERRA LEONE	191	TO	汤加 TONGA	213
SM	圣马力诺 SAN MARINO	186	TP	东帝汶 EAST TIMOR	65
SN	塞内加尔 SENEGAL	189	TR	土耳其 TURKEY	216
SO	索马里 SOMALIA	196	TT	特立尼达和多巴哥 TRINIDAD AND TOBAGO	214
SR	苏里南 SURINAME	202	TV	图瓦卢 TUVALU	219
ST	圣多美和普林西比 SAO TOME AND PRINCIPE	187	TW	中国台湾 TAIWAN，PROVINCE OF CHINA	47

续表

代码	中文和英文简称	序号	代码	中文和英文简称	序号
TZ	坦桑尼亚 TANZANIA	209	VI	美属维尔京群岛 VIRGIN ISLANDS，U. S.	233
	U		VN	越南 VIET NAM	231
UA	乌克兰 UKRAINE	221	VU	瓦努阿图 VANUATU	228
UG	乌干达 UGANDA	220		W	
UM	美国本土外小岛屿 UNITED STATES MINOR OUTLYING ISLANDS	225	WF	瓦利斯和富图纳 WALLIS AND FUTUNA	234
US	美国 UNITED STATES	224	WS	萨摩亚 SAMOA	185
UY	乌拉圭 URUGUAY	226		Y	
UZ	乌兹别克斯坦 UZBEKISTAN	227	YE	也门 YEMEN	236
	V		YT	马约特 MAYOTTE	138
VA	梵蒂冈 VATICAN	229	YU	南斯拉夫 YUGOSLAVIA	237
VC	圣文森特和格林纳丁斯 SAINT VINCENT AND THE GRENADINES	184		Z	
VE	委内瑞拉 VENEZUELA	230	ZA	南非 SOUTH AFRICA	197
VG	英属维尔京群岛 VIRGIN ISLANDS，BRITISH	232	ZM	赞比亚 ZAMBIA	238
			ZW	津巴布韦 ZIMBABWE	239

附　录　C

（提示的附录）

表 C1　国家和地区名称三字符拉丁字母代码索引

代码	中文和英文简称	序号	代码	中文和英文简称	序号
	A		ALB	阿尔巴尼亚 ALBANIA	2
ABW	阿鲁巴 ARUBA	12	AND	安道尔 ANDORRA	5
AFG	阿富汗 AFGHANISTAN	1	ANT	荷属安的列斯 NETHERLANDS ANTILLES	152
AGO	安哥拉 ANGOLA	6	ARE	阿联酋 UNITED ARAB EMIRATES	222
AIA	安圭拉 ANGUILLA	7			

续表

代码	中文和英文简称	序号	代码	中文和英文简称	序号
ARG	阿根廷 ARGENTINA	10	BLR	白俄罗斯 BELARUS	20
ARM	亚美尼亚 ARMENIA	11	BLZ	伯利兹 BELIZE	22
ASM	美属萨摩亚 AMERICAN SAMOA	4	BMU	百慕大 BERMUDA	24
ATA	南极洲 ANTARCTICA	8	BOL	玻利维亚 BOLIVIA	26
ATF	法属南部领地 FRENCH SOUTHERN TERRITORIES	80	BRA	巴西 BRAZIL	30
ATG	安提瓜和巴布达 ANTIGUA AND BARBUDA	9	BRB	巴巴多斯 BARBADOS	19
AUS	澳大利亚 AUSTRALIA	13	BRN	文莱 BRUNEI	32
AUT	奥地利 AUSTRIA	14	BTN	不丹 BHUTAN	25
AZE	阿塞拜疆 AZERBAIJAN	15	BVT	布维岛 BOUVET ISLAND	29
	B		BWA	博茨瓦纳 BOTSWANA	28
BDI	布隆迪 BURUNDI	35		C	
BEL	比利时 BELGIUM	21	CAF	中非 CENTRAL AFRICAN REPUBLIC	41
BEN	贝宁 BENIN	23	CAN	加拿大 CANADA	38
BFA	布基纳法索 BURKINA FASO	34	CCK	科科斯（基林）群岛 COCOS（KEELING）ISLANDS	49
BGD	孟加拉国 BANGLADESH	18	CHE	瑞士 SWITZERLAND	206
BGR	保加利亚 BULGARIA	33	CHL	智利 CHILE	43
BHR	巴林 BAHRAIN	17	CHN	中国 CHINA	44
BHS	巴哈马 BAHAMAS	16	CIV	科特迪瓦 CÔTE D’IVOIRE	56
BIH	波黑 BOSNIA AND HERZEGOVINA	27	CMR	喀麦隆 CAMEROON	37

续表

代码	中文和英文简称	序号
COD	刚果（金） CONGO，THE DEMOCRATIC REPUBLIC OF THE	53
COG	刚果（布） CONGO	52
COK	库克群岛 COOK ISLANDS	54
COL	哥伦比亚 COLOMBIA	50
COM	科摩罗 COMOROS	51
CPV	佛得角 CAPE VERDE	39
CRI	哥斯达黎加 COSTA RICA	55
CUB	古巴 CUBA	58
CXR	圣诞岛 CHRISTMAS ISLAND	48
CYM	开曼群岛 CAYMAN ISLANDS	40
CYP	塞浦路斯 CYPRUS	59
CZE	捷克 CZECH REPUBLIC	60
	D	
DEU	德国 GERMANY	84
DJI	吉布提 DJIBOUTI	62
DMA	多米尼克 DOMINICA	63
DNK	丹麦 DENMARK	61
DOM	多米尼加 DOMINICAN REPUBLIC	64
DZA	阿尔及利亚 ALGERIA	3
	E	
ECU	厄瓜多尔 ECUADOR	66
EGY	埃及 EGYPT	67
ERI	厄立特里亚 ERITREA	70
ESH	西撒哈拉 WESTERN SAHARA	235
ESP	西班牙 SPAIN	199
EST	爱沙尼亚 ESTONIA	71
ETH	埃塞俄比亚 ETHIOPIA	72
	F	
FIN	芬兰 FINLAND	76
FJI	斐济 FIJI	75
FLK	福克兰群岛（马尔维纳斯） FALKLAND ISLANDS（MALVINAS）	73
FRA	法国 FRANCE	77
FRO	法罗群岛 FAROE ISLANDS	74
FSM	密克罗尼西亚联邦 MICRONESIA，FEDERATED STATES OF	140
	G	
GAB	加蓬 GABON	81
GBR	英国 UNITED KINGDOM	223
GEO	格鲁吉亚 GEORGIA	83
GHA	加纳 GHANA	85

续表

代码	中文和英文简称	序号	代码	中文和英文简称	序号
GIB	直布罗陀 GIBRALTAR	86	HUN	匈牙利 HUNGARY	99
GIN	几内亚 GUINEA	93		I	
GLP	瓜德罗普 GUADELOUPE	90	IDN	印度尼西亚 INDONESIA	102
GMB	冈比亚 GAMBIA	82	IND	印度 INDIA	101
GNB	几内亚比绍 GUINEA - BISSAU	94	IOT	英属印度洋领地 BRITISH INDIAN OCEAN TERRITORY	31
GNQ	赤道几内亚 EQUATORIAL GUINEA	69	IRL	爱尔兰 IRELAND	105
GRC	希腊 GREECE	87	IRN	伊朗 IRAN	103
GRD	格林纳达 GRENADA	89	IRQ	伊拉克 IRAQ	104
GRL	格陵兰 GREENLAND	88	ISL	冰岛 ICELAND	100
GTM	危地马拉 GUATEMALA	92	ISR	以色列 ISRAEL	106
GUF	法属圭亚那 FRENCH GUIANA	78	ITA	意大利 ITALY	107
GUM	关岛 GUAM	91		J	
GUY	圭亚那 GUYANA	95	JAM	牙买加 JAMAICA	108
	H		JOR	约旦 JORDAN	110
HKG	中国香港 HONG KONG	45	JPN	日本 JAPAN	109
HMD	赫德岛和麦克唐纳岛 HEARD ISLAND AND MCDONALD ISLANDS	97		K	
HND	洪都拉斯 HONDURAS	98	KAZ	哈萨克斯坦 KAZAKHSTAN	111
HRV	克罗地亚 CROATIA	57	KEN	肯尼亚 KENYA	112
HTI	海地 HAITI	96	KGZ	吉尔吉斯斯坦 KYRGYZSTAN	117
			KHM	柬埔寨 CAMBODIA	36

续表

代码	中文和英文简称	序号	代码	中文和英文简称	序号
KIR	基里巴斯 KIRIBATI	113	MDA	摩尔多瓦 MOLDOVA	141
KNA	圣基茨和尼维斯 SAINT KITTS AND NEVIS	181	MDG	马达加斯加 MADAGASCAR	128
KOR	韩国 KOREA，REPUBLIC OF	115	MDV	马尔代夫 MALDIVES	131
KWT	科威特 KUWAIT	116	MEX	墨西哥 MEXICO	139
	L		MHL	马绍尔群岛 MARSHALL ISLANDS	134
LAO	老挝 LAOS	118	MKD	前南马其顿 MACEDONIA，THE FORMER YUGOSLAV REPUBLIC OF	127
LBN	黎巴嫩 LEBANON	120	MLI	马里 MALI	132
LBR	利比里亚 LIBERIA	122	MLT	马耳他 MALTA	133
LBY	利比亚 LIBYA	123	MMR	缅甸 MYANMAR	147
LCA	圣卢西亚 SAINT LUCIA	182	MNG	蒙古 MONGOLIA	143
LIE	列支敦士登 LIECHTENSTEIN	124	MNP	北马里亚纳 NORTHERN MARIANA ISLANDS	160
LKA	斯里兰卡 SRI LANKA	200	MOZ	莫桑比克 MOZAMBIQUE	146
LSO	莱索托 LESOTHO	121	MRT	毛里塔尼亚 MAURITANIA	136
LTU	立陶宛 LITHUANIA	125	MSR	蒙特塞拉特 MONTSERRAT	144
LUX	卢森堡 LUXEMBOURG	126	MTQ	马提尼克 MARTINIQUE	135
LVA	拉脱维亚 LATVIA	119	MUS	毛里求斯 MAURITIUS	137
	M		MWI	马拉维 MALAWI	129
MAC	澳门 MACAU	46	MYS	马来西亚 MALAYSIA	130
MAR	摩洛哥 MOROCCO	145			
MCO	摩纳哥 MONACO	142			

续表

代码	中文和英文简称	序号
MYT	马约特 MAYOTTE	138
	N	
NAM	纳米比亚 NAMIBIA	148
NCL	新喀里多尼亚 NEW CALEDONIA	153
NER	尼日尔 NIGER	156
NFK	诺福克岛 NORFOLK ISLAND	159
NGA	尼日利亚 NIGERIA	157
NIC	尼加拉瓜 NICARAGUA	155
NIU	纽埃 NIUE	158
NLD	荷兰 NETHERLANDS	151
NOR	挪威 NORWAY	161
NPL	尼泊尔 NEPAL	150
NRU	瑙鲁 NAURU	149
NZL	新西兰 NEW ZEALAND	154
	O	
OMN	阿曼 OMAN	162
	P	
PAK	巴基斯坦 PAKISTAN	163
PAN	巴拿马 PANAMA	166
PCN	皮特凯恩 PITCAIRN	171

代码	中文和英文简称	序号
PER	秘鲁 PERU	169
PHL	菲律宾 PHILIPPINES	170
PLW	帕劳 PALAU	164
PNG	巴布亚新几内亚 PAPUA NEW GUINEA	167
POL	波兰 POLAND	172
PRI	波多黎各 PUERTO RICO	174
PRK	朝鲜 KOREA，DEMOCRATIC PEOPLE'S REPUBLIC OF	114
PRT	葡萄牙 PORTUGAL	173
PRY	巴拉圭 PARAGUAY	168
PSE	巴勒斯坦 PALESTINE	165
PYF	法属波利尼西亚 FRENCH POLYNESIA	79
	Q	
QAT	卡塔尔 QATAR	175
	R	
REU	留尼汪 RÉUNION	176
ROM	罗马尼亚 ROMANIA	177
RUS	俄罗斯联邦 RUSSIAN FEDERATION	178
RWA	卢旺达 RWANDA	179
	S	
SAU	沙特阿拉伯 SAUDI ARABIA	188

续表

代码	中文和英文简称	序号	代码	中文和英文简称	序号
SDN	苏丹 SUDAN	201	SYC	塞舌尔 SEYCHELLES	190
SEN	塞内加尔 SENEGAL	189	SYR	叙利亚 SYRIAN ARAB REPUBLIC	207
SGP	新加坡 SINGAPORE	192		T	
SGS	南乔治亚岛和南桑德韦奇岛 SOUTH GEORGIA AND THE SOUTH SANDWICH ISLANDS	198	TCA	特克斯和凯科斯群岛 TURKS AND CAICOS ISLANDS	218
SHN	圣赫勒拿 SAINT HELENA	180	TCD	乍得 CHAD	42
SJM	斯瓦尔巴岛和扬马延岛 SVALBARD AND JAN MAYEN	203	TGO	多哥 TOGO	211
SLB	所罗门群岛 SOLOMON ISLANDS	195	THA	泰国 THAILAND	210
SLE	塞拉利昂 SIERRA LEONE	191	TJK	塔吉克斯坦 TAJIKISTAN	208
SLV	萨尔瓦多 EL SALVADOR	68	TKL	托克劳 TOKELAU	212
SMR	圣马力诺 SAN MARINO	186	TKM	土库曼斯坦 TURKMENISTAN	217
SOM	索马里 SOMALIA	196	TMP	东帝汶 EAST TIMOR	65
SPM	圣皮埃尔和密克隆 SAINT PIERRE AND MIQUELON	183	TON	汤加 TONGA	213
STP	圣多美和普林西比 SAO TOME AND PRINCIPE	187	TTO	特立尼达和多巴哥 TRINIDAD AND TOBAGO	214
SUR	苏里南 SURINAME	202	TUN	突尼斯 TUNISIA	215
SVK	斯洛伐克 SLOVAKIA	193	TUR	土耳其 TURKEY	216
SVN	斯洛文尼亚 SLOVENIA	194	TUV	图瓦卢 TUVALU	219
SWE	瑞典 SWEDEN	205	TWN	中国台湾 TAIWAN，PROVINCE OF CHINA	47
SWZ	斯威士兰 SWAZILAND	204	TZA	坦桑尼亚 TANZANIA	209

续表

代码	中文和英文简称	序号	代码	中文和英文简称	序号
	U		VIR	美属维尔京群岛 VIRGIN ISLANDS, U. S.	233
UGA	乌干达 UGANDA	220	VNM	越南 VIET NAM	231
UKR	乌克兰 UKRAINE	221	VUT	瓦努阿图 VANUATU	228
UMI	美国本土外小岛屿 UNITED STATES MINOR OUTLYING ISLANDS	225		W	
URY	乌拉圭 URUGUAY	226	WLF	瓦利斯和富图纳 WALLIS AND FUTUNA	234
USA	美国 UNITED STATES	224	WSM	萨摩亚 SAMOA	185
UZB	乌兹别克斯坦 UZBEKISTAN	227		Y	
	V		YEM	也门 YEMEN	236
VAT	梵蒂冈 VATICAN	229	YUG	南斯拉夫 YUGOSLAVIA	237
VCT	圣文森特和格林纳丁斯 SAINT VINCENT AND THE GRENADINES	184		Z	
VEN	委内瑞拉 VENEZUELA	230	ZAF	南非 SOUTH AFRICA	197
			ZMB	赞比亚 ZAMBIA	238
VGB	英属维尔京群岛 VIRGIN ISLANDS, BRITISH	232	ZWE	津巴布韦 ZIMBABWE	239

附 录 D

（提示的附录）

表 D1　国家和地区名称阿拉伯数字代码索引

代码	中文和英文简称	序号	代码	中文和英文简称	序号
004	阿富汗 AFGHANISTAN	1	024	安哥拉 ANGOLA	6
008	阿尔巴尼亚 ALBANIA	2	028	安提瓜和巴布达 ANTIGUA AND BARBUDA	9
010	南极洲 ANTARCTICA	8			
012	阿尔及利亚 ALGERIA	3	031	阿塞拜疆 AZERBAIJAN	15
016	美属萨摩亚 AMERICAN SAMOA	4	032	阿根廷 ARGENTINA	10
020	安道尔 ANDORRA	5	036	澳大利亚 AUSTRALIA	13

续表

代码	中文和英文简称	序号	代码	中文和英文简称	序号
040	奥地利 AUSTRIA	14	100	保加利亚 BULGARIA	33
044	巴哈马 BAHAMAS	16	104	缅甸 MYANMAR	147
048	巴林 BAHRAIN	17	108	布隆迪 BURUNDI	35
050	孟加拉国 BANGLADESH	18	112	白俄罗斯 BELARUS	20
051	亚美尼亚 ARMENIA	11	116	柬埔寨 CAMBODIA	36
052	巴巴多斯 BARBADOS	19	120	喀麦隆 CAMEROON	37
056	比利时 BELGIUM	21	124	加拿大 CANADA	38
060	百慕大 BERMUDA	24	132	佛得角 CAPE VERDE	39
064	不丹 BHUTAN	25	136	开曼群岛 CAYMAN ISLANDS	40
068	玻利维亚 BOLIVIA	26	140	中非 CENTRAL AFRICAN REPUBLIC	41
070	波黑 BOSNIA AND HERZEGOVINA	27	144	斯里兰卡 SRILANKA	200
072	博茨瓦纳 BOTSWANA	28	148	乍得 CHAD	42
074	布维岛 BOUVET ISLAND	29	152	智利 CHILE	43
076	巴西 BRAZIL	30	156	中国 CHINA	44
084	伯利兹 BELIZE	22	158	中国台湾 TAIWAN，PROVINCE OF CHINA	47
086	英属印度洋领地 BRITISH INDIAN OCEAN TERRITORY	31	162	圣诞岛 CHRISTMAS ISLAND	48
090	所罗门群岛 SOLOMON ISLANDS	195	166	科科斯（基林）群岛 COCOS（KEELING）ISLANDS	49
092	英属维尔京群岛 VIRGIN ISLANDS，BRITISH	232	170	哥伦比亚 COLOMBIA	50
096	文莱 BRUNEI	32	174	科摩罗 COMOROS	51

续表

代码	中文和英文简称	序号	代码	中文和英文简称	序号
175	马约特 MAYOTTE	138	234	法罗群岛 FAROE ISLANDS	74
178	刚果（布） CONGO	52	238	福克兰群岛（马尔维纳斯） FALKLAND ISLANDS（MALVINAS）	73
180	刚果（金） CONGO，THE DEMOCRATIC REPUBLIC OF THE	53	239	南乔治亚岛和南桑德韦奇岛 SOUTH GEORGIA AND THE SOUTH SANDWICH ISLANDS	198
184	库克群岛 COOK ISLANDS	54	242	斐济 FIJI	75
188	哥斯达黎加 COSTA RICA	55	246	芬兰 FINLAND	76
191	克罗地亚 CROATIA	57	250	法国 FRANCE	77
192	古巴 CUBA	58	254	法属圭亚那 FRENCH GUIANA	78
196	塞浦路斯 CYPRUS	59	258	法属波利尼西亚 FRENCH POLYNESIA	79
203	捷克 CZECH REPUBLIC	60	260	法属南部领地 FRENCH SOUTHERN TERRITORIES	80
204	贝宁 BENIN	23	262	吉布提 DJIBOUTI	62
208	丹麦 DENMARK	61	266	加蓬 GABON	81
212	多米尼克 DOMINICA	63	268	格鲁吉亚 GEORGIA	83
214	多米尼加 DOMINICAN REPUBLIC	64	270	冈比亚 GAMBIA	82
218	厄瓜多尔 ECUADOR	66	275	巴勒斯坦 PALESTINE	165
222	萨尔瓦多 EL SALVADOR	68	276	德国 GERMANY	84
226	赤道几内亚 EQUATORIAL GUINEA	69	288	加纳 GHANA	85
231	埃塞俄比亚 ETHIOPIA	72	292	直布罗陀 GIBRALTAR	86
232	厄立特里亚 ERITREA	70	296	基里巴斯 KIRIBATI	113
233	爱沙尼亚 ESTONIA	71			

续表

代码	中文和英文简称	序号
300	希腊 GREECE	87
304	格陵兰 GREENLAND	88
308	格林纳达 GRENADA	89
312	瓜德罗普 GUADELOUPE	90
316	关岛 GUAM	91
320	危地马拉 GUATEMALA	92
324	几内亚 GUINEA	93
328	圭亚那 GUYANA	95
332	海地 HAITI	96
334	赫德岛和麦克唐纳岛 HEARD ISLAND AND MCDONALD ISLANDS	97
336	梵蒂冈 VATICAN	229
340	洪都拉斯 HONDURAS	98
344	中国香港 HONG KONG	45
348	匈牙利 HUNGARY	99
352	冰岛 ICELAND	100
356	印度 INDIA	101
360	印度尼西亚 INDONESIA	102
364	伊朗 IRAN	103
368	伊拉克 IRAQ	104
372	爱尔兰 IRELAND	105
376	以色列 ISRAEL	106
380	意大利 ITALY	107
384	科特迪瓦 CÔTE D' IVOIRE	56
388	牙买加 JAMAICA	108
392	日本 JAPAN	109
398	哈萨克斯坦 KAZAKHSTAN	111
400	约旦 JORDAN	110
404	肯尼亚 KENYA	112
408	朝鲜 KOREA，DEMOCRATIC PEOPLE' S REPUBLIC OF	114
410	韩国 KOREA，REPUBLIC OF	115
414	科威特 KUWAIT	116
417	吉尔吉斯斯坦 KYRGYZSTAN	117
418	老挝 LAOS	118
422	黎巴嫩 LEBANON	120
426	莱索托 LESOTHO	121
428	拉脱维亚 LATVIA	119
430	利比里亚 LIBERIA	122

续表

代码	中文和英文简称	序号	代码	中文和英文简称	序号
434	利比亚 LIBYA	123	504	摩洛哥 MOROCCO	145
438	列支敦士登 LIECHTENSTEIN	124	508	莫桑比克 MOZAMBIQUE	146
440	立陶宛 LITHUANIA	125	512	阿曼 OMAN	162
442	卢森堡 LUXEMBOURG	126	516	纳米比亚 NAMIBIA	148
446	澳门 MACAU	46	520	瑙鲁 NAURU	149
450	马达加斯加 MADAGASCAR	128	524	尼泊尔 NEPAL	150
454	马拉维 MALAWI	129	528	荷兰 NETHERLANDS	151
458	马来西亚 MALAYSIA	130	530	荷属安的列斯 NETHERLANDS ANTILLES	152
462	马尔代夫 MALDIVES	131	533	阿鲁巴 ARUBA	12
466	马里 MALI	132	540	新喀里多尼亚 NEW CALEDONIA	153
470	马耳他 MALTA	133	548	瓦努阿图 VANUATU	228
474	马提尼克 MARTINIQUE	135	554	新西兰 NEW ZEALAND	154
478	毛里塔尼亚 MAURITANIA	136	558	尼加拉瓜 NICARAGUA	155
480	毛里求斯 MAURITIUS	137	562	尼日尔 NIGER	156
484	墨西哥 MEXICO	139	566	尼日利亚 NIGERIA	157
492	摩纳哥 MONACO	142	570	纽埃 NIUE	158
496	蒙古 MONGOLIA	143	574	诺福克岛 NORFOLK ISLAND	159
498	摩尔多瓦 MOLDOVA	141	578	挪威 NORWAY	161
500	蒙特塞拉特 MONTSERRAT	144	580	北马里亚纳 NORTHERN MARIANA ISLANDS	160

续表

代码	中文和英文简称	序号	代码	中文和英文简称	序号
581	美国本土外小岛屿 UNITED STATES MINOR OUTLYING ISLANDS	225	643	俄罗斯联邦 RUSSIAN FEDERATION	178
583	密克罗尼西亚联邦 MICRONESIA, FEDERATED STATES OF	140	646	卢旺达 RWANDA	179
584	马绍尔群岛 MARSHALL ISLANDS	134	654	圣赫勒拿 SAINT HELENA	180
585	帕劳 PALAU	164	659	圣基茨和尼维斯 SAINT KITTS AND NEVIS	181
586	巴基斯坦 PAKISTAN	163	660	安圭拉 ANGUILLA	7
591	巴拿马 PANAMA	166	662	圣卢西亚 SAINT LUCIA	182
598	巴布亚新几内亚 PAPUA NEW GUINEA	167	666	圣皮埃尔和密克隆 SAINT PIERRE AND MIQUELON	183
600	巴拉圭 PARAGUAY	168	670	圣文森特和格林纳丁斯 SAINT VINCENT AND THE GRENADINES	184
604	秘鲁 PERU	169	674	圣马力诺 SAN MARINO	186
608	菲律宾 PHILIPPINES	170	678	圣多美和普林西比 SAO TOME AND PRINCIPE	187
612	皮特凯恩 PITCAIRN	171	682	沙特阿拉伯 SAUDI ARABIA	188
616	波兰 POLAND	172	686	塞内加尔 SENEGAL	189
620	葡萄牙 PORTUGAL	173	690	塞舌尔 SEYCHELLES	190
624	几内亚比绍 GUINEA - BISSAU	94	694	塞拉利昂 SIERRA LEONE	191
626	东帝汶 EAST TIMOR	65	702	新加坡 SINGAPORE	192
630	波多黎各 PUERTO RICO	174	703	斯洛伐克 SLOVAKIA	193
634	卡塔尔 QATAR	175	704	越南 VIET NAM	231
638	留尼汪 REUNION	176	705	斯洛文尼亚 SLOVENIA	194
642	罗马尼亚 ROMANIA	177	706	索马里 SOMALIA	196

续表

代码	中文和英文简称	序号	代码	中文和英文简称	序号
710	南非 SOUTH AFRICA	197	795	土库曼斯坦 TURKMENISTAN	217
716	津巴布韦 ZIMBABWE	239	796	特克斯和凯科斯群岛 TURKS AND CAICOS ISLANDS	218
724	西班牙 SPAIN	199	798	图瓦卢 TUVALU	219
732	西撒哈拉 WESTERN SAHARA	235	800	乌干达 UGANDA	220
736	苏丹 SUDAN	201	804	乌克兰 UKRAINE	221
740	苏里南 SURINAME	202	807	前南马其顿 MACEDONIA, THE FORMER YUGOSLAV REPUBLIC OF	127
744	斯瓦尔巴岛和扬马延岛 SVALBARD AND JAN MAYEN	203	818	埃及 EGYPT	67
748	斯威士兰 SWAZILAND	204	826	英国 UNITED KINGDOM	223
752	瑞典 SWEDEN	205	834	坦桑尼亚 TANZANIA	209
756	瑞士 SWITZERLAND	206	840	美国 UNITED STATES	224
760	叙利亚 SYRIAN ARAB REPUBLIC	207	850	美属维尔京群岛 VIRGIN ISLANDS, U. S.	233
762	塔吉克斯坦 TAJIKISTAN	208	854	布基纳法索 BURKINA FASO	34
764	泰国 THAILAND	210	858	乌拉圭 URUGUAY	226
768	多哥 TOGO	211	860	乌兹别克斯坦 UZBEKISTAN	227
772	托克劳 TOKELAU	212	862	委内瑞拉 VENEZUELA	230
776	汤加 TONGA	213	876	瓦利斯和富图纳 WALLIS AND FUTUNA	234
780	特立尼达和多巴哥 TRINIDAD AND TOBAGO	214	882	萨摩亚 SAMOA	185
784	阿联酋 UNITED ARAB EMIRATES	222	887	也门 YEMEN	236
788	突尼斯 TUNISIA	215	891	南斯拉夫 YUGOSLAVIA	237
792	土耳其 TURKEY	216	894	赞比亚 ZAMBIA	238

国家标准：《固定资产分类与代码》
GB/T 14885—2010

前　言

本标准按照 GB/T 1.1—2009 给出的规则进行起草。

本标准代替 GB/T 14885—1994。本标准与 GB/T 14885—1994 相比主要变化如下：

——门类由 10 个调整为 6 个；

——增加门类代码到固定资产代码中；

——原代码中中类和小类的代码长度由 1 位改为 2 位；

——对固定资产类目根据实际情况进行增删改。

本标准由中华人民共和国财政部提出。

本标准由全国信息分类与编码标准化技术委员会（SAC/TC 353）归口。

本标准起草单位：中国标准化研究院、中华人民共和国财政部行政政法司、中华人民共和国财政部教科文司。

本标准的主要起草人：邢立强、张更华、孙光奇、杨瑞金、孙广芝、董为民、吕建平、聂常虹、刘晓沙。

本标准于 1994 年 1 月首次发布。

固定资产分类与代码

1　范围

本标准规定了固定资产的分类、代码及计量单位。

本标准适用于固定资产管理、清查、登记、统计等工作。

2　术语和定义

下列术语和定义适用于本文件。

2.1　固定资产　fixed assets

使用期限在一年以上，单位价值在规定标准以上，并且在使用过程中基本保持原有物质形态的资产。

注：单位价值虽未达到规定标准，但是耐用时间在一年以上的大批同类物资，作为固定资产管理。

3　分类原则

本标准按固定资产的基本属性分类，适当兼顾行业管理的需要。

4 编码方法

本标准采用4层7位数字代码表示，第1位表示门类，第2、3位表示大类；第4、5位表示中类；第6、7位表示小类。其分类结构如图1所示。

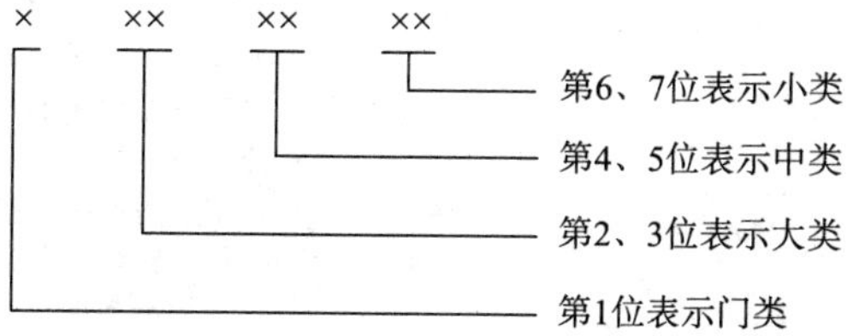

图1　固定资产分类代码的构成

固定资产分类代码的第1位所表示的6个门类如下：

a）土地、房屋及构筑物；

b）通用设备；

c）专用设备；

d）文物和陈列品；

e）图书、档案；

f）家具、用具、装具及动植物。

固定资产分类代码的大类、中类和小类中的代码“99”为收容项，主要用于该项尚未列出的固定资产。

5 代码表

5.1　土地、房屋及构筑物

表1　　1010000 土地、海域及无居民海岛

代码	名　　称	计量单位	说　　明
1010000	土地、海域及无居民海岛		
1010100	耕地	平方米	
1010101	水田	平方米	
1010102	水浇地	平方米	
1010103	旱地	平方米	
1010199	其他耕地	平方米	
1010200	园地	平方米	
1010201	果园	平方米	
1010202	茶园	平方米	
1010299	其他园地	平方米	
1010300	林地	平方米	
1010301	有林地	平方米	
1010302	灌木林地	平方米	
1010399	其他林地	平方米	
1010400	草地	平方米	
1010401	天然牧草地	平方米	
1010402	人工牧草地	平方米	
1010499	其他草地	平方米	
1010500	商业服务业用地	平方米	
1010501	批发零售用地	平方米	
1010502	住宿餐饮用地	平方米	
1010503	商务金融用地	平方米	
1010599	其他商业服务业用地	平方米	
1010600	工矿仓储用地	平方米	
1010601	工业用地	平方米	
1010602	采矿用地	平方米	
1010603	仓储用地	平方米	
1010700	住宅用地	平方米	
1010701	城镇住宅用地	平方米	
1010702	农村宅基地	平方米	

续表

代码	名　　称	计量单位	说　　明
1010799	其他住宅用地	平方米	
1010800	行政单位用地	平方米	承担行政职能的事业单位用地入此
1010900	事业单位用地	平方米	
1010901	教育用地	平方米	用于各类教育、培训的用地
1010902	科研用地	平方米	用于各类科研、勘察、观测、监测、设计、技术推广、科普等的用地
1010903	新闻出版用地	平方米	用于广播电台、电视台、电影厂、报社、杂志社、通讯社、出版社等的用地
1010904	图书档案用地	平方米	用于图书馆、档案馆、博物馆、展览馆等的用地
1010905	医卫慈善用地	平方米	用于医疗保健、卫生防疫、急救康复、医检药检、福利救助等的用地
1010906	文体、艺术团体用地	平方米	广播电视电影办公用地入此，不包括影剧院等娱乐及体育场馆用地
1010999	其他事业单位用地		
1011000	社会团体用地	平方米	
1011100	公共服务用地		
1011101	公共设施用地	平方米	用于城乡基础设施的用地，包括给排水、供电、供热、供气、邮政、电信、消防、环卫、公用设施维修等的用地
1011102	公园与绿地	平方米	公园、动物园、植物园、街心花园和用于休憩及美化环境的绿化用地
1011103	风景名胜设施用地	平方米	风景名胜（名胜古迹、旅游景点、革命遗址等）景点及管理机构的建筑用地。景区内的其他用地按用途归入相应的类
1011199	其他公共服务用地		
1011400	体育、娱乐用地		
1011401	体育场馆用地	平方米	
1011402	游乐场所用地	平方米	
1011403	俱乐部、影剧院用地	平方米	
1011404	舞厅、音乐厅用地	平方米	
1011405	文化宫、少年宫用地	平方米	
1011406	老年活动中心用地	平方米	
1011499	其他体育、娱乐用地	平方米	
1011500	特殊用地	平方米	
1011501	军事设施用地	平方米	
1011502	外事用地	平方米	
1011503	监教场所用地	平方米	用于监狱、看守所、劳教所、戒毒所、拘留所等的建筑用地
1011504	宗教用地	平方米	
1011505	殡葬用地	平方米	
1011599	其他特殊用地	平方米	
1011600	交通运输用地	平方米	
1011601	铁路用地	平方米	
1011602	公路用地	平方米	
1011603	街巷用地	平方米	
1011604	农村道路用地	平方米	
1011605	机场用地	平方米	
1011606	港口码头用地	平方米	
1011607	管道运输用地	平方米	
1011699	其他交通运输用地	平方米	
1011700	水域及水利设施用地	平方米	
1011701	水面用地	平方米	
1011702	滩涂用地	平方米	
1011703	沟渠用地	平方米	
1011704	水利设施用地	平方米	
1011799	其他水域及水利设施用地	平方米	
1012000	海域	公顷	
1012001	渔业用海	公顷	
1012002	交通运输用海	公顷	

续表

代码	名　　称	计量单位	说　　明
1012003	工业用海	公顷	
1012004	旅游娱乐用海	公顷	
1012005	海底工程用海	公顷	
1012006	排污倾倒用海	公顷	
1012007	造地工程用海	公顷	
1012008	特殊用海	公顷	
1012099	其他海域	公顷	
1012100	无居民海岛	平方米	居住海岛按用途分别入相应的用地类别
1012101	领海基点所有海岛	平方米	
1012102	国防用途海岛	平方米	
1012103	海洋自然保护区内海岛	平方米	
1012111	旅游娱乐用海岛	平方米	
1012112	交通运输用海岛	平方米	
1012113	工业用海岛	平方米	
1012114	仓储用海岛	平方米	
1012115	渔业用海岛	平方米	
1012116	农林牧业用海岛	平方米	
1012117	可再生资源用海岛	平方米	
1012118	城乡建设用海岛	平方米	
1012119	公共服务用海岛	平方米	
1012120	科学研究用海岛	平方米	
1012199	其他无居民海岛	平方米	
1019900	其他土地	平方米	包括空闲地、设施农用地、田坎、盐碱地、沼泽地、沙地、裸地等其他类型的土地

表 2　　1020000 房屋

代码	名　　称	计量单位	说　　明
1020000	房屋	平方米	
1020100	生产用房	平方米	
1020101	工业生产用房	平方米	
1020102	农林牧渔业用房	平方米	
1020103	建筑业用房	平方米	
1020199	其他生产用房	平方米	
1020200	交通、邮电用房	平方米	
1020201	铁路交通用房	平方米	
1020202	公路交通用房	平方米	
1020203	水运交通用房	平方米	
1020204	民航交通用房	平方米	
1020205	地铁用房	平方米	
1020206	邮政用房	平方米	
1020207	电信用房	平方米	
1020299	其他交通、邮电用房	平方米	
1020300	商业及服务业用房	平方米	
1020301	金融服务业用房	平方米	银行、信用社、证券交易所、保险公司等用房入此
1020302	批发零售用房	平方米	
1020303	住宿餐饮用房	平方米	
1020399	其他商业及服务用房	平方米	
1020400	行政单位用房	平方米	
1020401	办公用房	平方米	承担行政职能的事业单位办公用房入此
1020402	业务用房	平方米	如：审判庭、羁押室、律师室、调解室；各政府机构的业务大厅等
1020500	公共安全用房	平方米	
1020501	监狱	平方米	
1020502	看守所	平方米	
1020503	劳教所	平方米	
1020504	拘留所	平方米	
1020505	戒毒所	平方米	
1020599	其他公共安全用房	平方米	
1020600	事业单位用房	平方米	
1020601	教育用房	平方米	教育、培训用房
1020602	科研用房	平方米	科学研究和设计、科学试验基地、实验室、观测和监测等用房
1020603	新闻出版用房	平方米	
1020604	图书档案用房	平方米	文博、展览入此

续表

代码	名　称	计量单位	说　明
1020605	医卫慈善用房	平方米	医疗业务、卫生防疫、疗养（休养）、社会福利院（所）等用房
1020606	文体、艺术团体用房	平方米	广播电视电影办公用房入此，不包括影剧院等娱乐及体育场馆用房
1020699	其他事业单位用房	平方米	
1020700	社会团体用房	平方米	
1020900	军事用房	平方米	
1021000	外事用房	平方米	
1021001	外国驻华领、使馆用房	平方米	
1021002	外国驻华商贸机构用房	平方米	
1021003	外国驻华人员生活用房	平方米	
1021099	其他外事用房	平方米	
1021200	宗教用房	平方米	
1021300	居住用房	平方米	
1021400	体育、娱乐用房	平方米	
1021401	体育场馆用房	平方米	
1021402	游乐场所用房	平方米	
1021403	俱乐部、影剧院	平方米	
1021404	舞厅、音乐厅	平方米	
1021405	文化宫、少年宫	平方米	
1021406	老年活动中心	平方米	
1021499	其他体育、娱乐用房	平方米	布景类棚房入此
1021500	市政公共设施用房	平方米	
1021501	供应设施用房	平方米	
1021502	施工与维修用房	平方米	
1021599	其他市政公共设施用房	平方米	
1021800	仓储用房	平方米	
1029000	房屋附属设施		
1029001	门	个	含防盗门、伸缩门、自动门、防护门、保温门、密闭门等
1029002	门禁系统	套	
1029003	岗楼	个	
1029004	围墙	延长米	
1029005	采暖设施	套	
1029006	供水系统	套	
1029007	停车设施	套	
1029099	其他房屋附属设施		徽标、雕塑、旗杆等入此
1029900	其他用房	平方米	

表 3　　**1030000 构筑物**

代码	名　称	计量单位	说　明
1030000	构筑物	平方米	
1030100	池、罐	座，立方米	
1030101	工业生产用池、罐	座，立方米	石油和化学工业专用储油罐入“3030000 石油和化学工业专用设备”大类中的相应生产设施
1030102	灌溉用池	座，立方米	
1030103	水生动物饲养池	座，立方米	
1030104	观赏鱼池及花池	座，立方米	
1030105	沼气发生池	座，立方米	
1030106	水利用池	座，立方米	包括进水池、出水池、沉砂池
1030199	其他池	座，立方米	
1030200	槽	座，延长米	
1030201	工业生产用槽	座，延长米	化工生产线上的槽入“3030000 石油和化学工业专用设备”大类的相应生产设施
1030202	农业用槽	座，延长米	
1030203	科研用槽	座，延长米	
1030299	其他用槽	座，延长米	
1030300	塔	座，延长米	
1030301	工业用塔	座，延长米	石油和化学工业专用塔类入“3030000 石油和化学工业专用设备”大类中的相应生产设施
1030302	农业用塔	座，延长米	
1030303	广播电视用塔	座，延长米	

续表

代码	名　称	计量单位	说　明
1030304	交通航空用塔	座，延长米	江、河、湖、海导航用塔，机场、车站用塔、灯柱入此
1030305	气象、水利及环保用塔	座，延长米	气象塔、调压塔、环保监测塔、缆道铁塔入此
1030399	其他塔		
1030400	烟囱	座，延长米	
1030500	井	眼	采油、采气专用井人“3020100 油气水井设施”
1030501	水井	眼	
1030502	地热水井	眼	
1030503	矿井	条，米	
1030504	科研用井	眼	
1030599	其他井		
1030600	坑		
1030601	原料坑	立方米	
1030602	铸铁块坑	立方米	
1030603	铸锭坑	立方米	
1030604	修罐包坑	立方米	
1030605	机车灰坑	座，延长米	
1030606	机车检查坑	座，延长米	
1030607	渣坑	立方米	
1030699	其他坑		
1030700	台、站		
1030701	旅客站台	座，平方米	
1030702	货物站台	座，平方米	
1030703	平台	平方米	
1030704	转运站	平方米	
1030705	煤台	座，平方米	
1030706	上油台	平方米	
1030707	料台	平方米	
1030708	渣台	平方米	
	加油站		见“3032402 加油站”
	加气站		见“3032403 加气站”
1030709	检查收费站	座，平方米	
1030710	地铁车站	座，平方米	
1030711	候车亭	座，平方米	
1030799	其他台、站	座，平方米	
1030800	码头		
1030801	直立式码头	个，平方米	
1030802	栈桥式码头	个，平方米	
1030803	斜坡式码头	个，平方米	
1030804	浮式码头	个，平方米	
1030805	简易式码头	个，平方米	
1030806	其他码头	个，平方米	
1030900	道路		
1030901	一、二、三级公路	公里	
1030902	高速公路	公里	
1030903	城市道路	公里	
1030904	铁路正线	延长公里	
1030905	铁路站线	座，延长米	
1030899	铁路段管线	延长公里	
1030907	铁路岔线	延长公里	
1030908	铁路专用线	延长公里	企业专用线入此
1030909	特别用途线	延长公里	
1030910	铁路道岔	组	
1030911	铁路隧道	座，延长米	
1030912	地铁线路	公里	
1030913	地铁道岔	公里	
1030914	公路隧道	座，延长米	
1030915	电缆隧道	条，米	
1030916	排灌隧道	条，米	
1030917	巷道	条，延长米	
1030918	渠道	条，米	
1030919	坑道	条，米	
1030920	飞机滑行道	条，米	
1030921	飞机跑道	条，米	
1030922	飞机停机坪	块，平方米	

续表

代码	名　　称	计量单位	说　　明
1030923	生产用道路	条，米	
1030999	其他道路	公里	厂内公路入此
1031000	沟	条，延长米	
1031001	地沟	条，延长米	
1031002	水沟	条，延长米	
1031003	围厂河沟	条，延长米	
1031004	渠沟	条，延长米	
1031005	盐场引潮沟	条，延长米	
1031006	盐场排淡沟	条，延长米	
1031007	盐场落卤沟	条，延长米	
1031008	盐场运盐沟	条，延长米	
1031099	其他沟	条，延长米	
1031100	洞	座，延长米	
1031101	铁路涵洞	座，延长米	
1031102	公路涵洞	条，米	
1031103	防空洞	条，米	
1031104	隧洞	条，米	
1031105	水工涵洞	条，米	
1031106	放水洞	条，米	
1031107	科学观测、监测洞体	条，米	
1031199	其他洞	条，米	
1031200	廊	条，米	
1031201	通廊	条，米	
1031299	其他廊	条，米	
1031300	桥梁、架	座，米	
1031301	公路桥梁	座，延长米	
1031302	铁路桥梁	座，延长米	
1031303	公路、铁路两用桥梁	座，延长米	
1031304	市内立交桥	座，米	
1031305	露天栈桥	座，米	
1031306	吊车栈桥	座，米	
1031307	洗涤塔支架	座，米	
1031308	通道支架	座，米	
1031309	落罐架	座，米	
1031310	露天框架	座，米	
1031311	凉水架	座，米	
1031312	混凝土支架	座，米	
1031399	其他桥梁、架	座，米	
1031400	坝、堰及水道		
1031401	水电站大坝	座	
1031402	水库	座，平方米	
1031403	堤坝	条，米	
1031404	防洪堤	条，米	
1031405	防波堤	条，米	
1031406	尾矿坝	条，米	
1031407	护坡	条，米	
1031408	流量堰	座，平方米	
1031409	溢、泄洪道	条，米	
1031499	其他坝、堰及水道		
1031500	闸	座	
1031501	节制闸	座	
1031502	进水闸	座	
1031503	排水闸	座	
1031504	分洪闸	座	
1031505	挡潮闸	座	
1031506	船闸	座	
1031507	冲沙闸	座	
1031599	其他闸	座	
1031600	水利管道	条，米	
1031601	引水管道	条	
1031602	排水管道	条	
1031603	尾水管道	条，米	
1031604	节水管道	条，米	
1031605	倒吸虹	条，米	
1031699	其他水利管道	条，米	
1031700	市政管道	条，米	
1031800	库	平方米	

续表

代码	名　　称	计量单位	说　　明
1031801	飞机库	平方米	
1031802	汽车库	平方米	
1031803	船坞	平方米	
1031804	粮库	平方米	
1031899	其他库	平方米	
1031900	仓	平方米	
1031901	平房仓	平方米	
1031902	立筒仓	平方米	
1031903	浅圆仓	平方米	
1031904	砖圆仓	平方米	
1031905	地下仓	平方米	
1031906	楼房仓	平方米	
1031907	简易仓	平方米	
1031999	其他仓	平方米	
1032000	场	平方米	
1032001	露天原料场	平方米	
1032002	废渣场	平方米	
1032003	停车场	平方米	
1032004	晾晒场	平方米	
1032005	露天体育场、训练场	平方米	
1032006	雨量场	平方米	
1032099	其他场	平方米	
1032100	斗	平方米	
1032101	料斗	平方米	
1032102	其他斗	平方米	
1032200	罩棚	个	
1039900	其他构筑物		

5.2　通用设备

表 4　　**2010000 计算机设备及软件**

代码	名　　称	计量单位	说　　明
2010000	计算机设备及软件		
2010100	计算机设备	台	
2010101	巨/大/中型机	台	
2010102	小型机	台	
2010103	PC 服务器	台	
2010104	台式机	台	
2010105	便携式计算机	台	
2010106	掌上电脑	台	
2010199	其他计算机设备	台	
2010200	计算机网络设备	台	仅限于计算机网络设备，通信网络设备入“2310000 通信设备”有关类
2010201	路由器	台	
2010202	交换机	台	
2010203	网关	台	
2010204	集线器	台	
2010205	光端机	台	
2010206	终端接入设备	台	不属于上述类别的 xDSL 设备、上网卡、调制解调器等入此
2010299	其他网络设备	台	
2010300	安全设备	台	
2010301	防火墙	台	
2010302	入侵检测设备	台	
2010303	漏洞扫描设备	台	
2010304	计算机终端安全设备	台	加密狗、U 盾等入此
2010399	其他安全设备	台	
2010400	终端设备	台	
2010401	触摸式终端设备	台	
2010402	终端机	台	
2010499	其他终端设备	台	
2010500	存储设备	台	
2010501	磁盘机	台	
2010502	磁盘阵列	台	

续表

代码	名　称	计量单位	说　明
2010503	存储用光纤交换机	台	
2010504	光盘库	台	
2010505	磁带机	台	
2010506	磁带库	台	
2010507	网络存储设备	台	NAS 设备入此
2010508	移动存储设备	台	u 盘（优盘）、移动硬盘等入此
2010599	其他存储设备	台	
2010600	输入输出设备	台	
2010601	打印设备	台	
2010602	计算机绘图设备	台	
2010603	计算机光电设备	台	
2010604	显示器	台	
2010605	扫描仪	台	
2010606	刷卡机	台	
2010607	POS 机	台	
2010608	数据采集器	台	
2010609	KVM 设备	台	
2010699	其他输入输出设备	台	
2010700	机房辅助设备	台	机房中的电源入“2200700 电源设备”；空调入“2101908 专用制冷、空调设备”；门禁入“1029002 门禁系统”，消防设备见“3270100 消防设备”
2010701	机柜	台	
2010702	机房环境监控设备	套	
2010799	其他机房辅助设备	台	
	视频会议系统设备		见“2310800 视频会议系统设备”
2010900	计算机软件	套	
2010901	基础软件	套	
2010902	支撑软件	套	
2010903	应用软件	套	
2010999	其他计算机软件	套	
2019900	其他计算机设备及软件		

表 5　　2020000 办公设备

代码	名　称	计量单位	说　明
2020000	办公设备	台	
	电话机		见“2310701 固定电话机”
	传真机		见“2311001 传真通信设备”
2020100	复印机	台	
2020200	投影仪	台	
2020300	多功能一体机	台	具有多种办公功能的设备入此，例如带有打印功能的复印机等
	摄像机		见“2321002 摄像机”
	激光视盘机		见“2321006 激光视盘机”
2020400	照相机及器材	台	
	录音设备		入“2321100 音频设备”有关类
2020500	电子白板	台	
2020600	LED 显示屏	台	
2020700	触控一体机	台	
2020800	刻录机	台	
2020900	速印机	台	
2021000	碎纸机	台	
2021100	条码打印机	台	
2021200	条码扫描器	台	
2021300	会计机械	台	包括点钞机、捆钞机、验钞机等。保险柜入“6010502 保险柜”，包括绘图机、制图机、晒图机等
20201400	制图机械	台	
2021500	办公设备零部件	台	
	办公家具		入“6010000 家具用具”有关类
2029900	其他办公设备		

表 6 **2030000 车辆**

代码	名　称	计量单位	说　明
2030000	车辆	辆	
2030100	载货汽车（含自卸汽车）	辆	
2030200	牵引汽车	辆	
2030201	半挂牵引汽车	辆	
2030202	全挂牵引汽车	辆	
2030203	其他牵引汽车	辆	
2030300	汽车挂车	辆	
2030400	乘用车（轿车）	辆	包括驾驶员座位在内不超过（含）9 个座位
2030401	轿车	辆	
2030402	越野车	辆	
2030403	商务车	辆	
2030499	其他乘用车（轿车）	辆	
2030500	客车	辆	
2030501	小型客车	辆	除驾驶员座位外，座位数超过 9 座，但不超过（含）16 座
2030502	大中型客车	辆	除驾驶员座位外，座位数超过（含）16 座
2030599	其他客车	辆	
2030600	专用车辆	辆	
2030601	厢式专用汽车	辆	
2030602	罐式专用汽车	辆	
2030603	集装箱运输车辆	辆	
2030604	科学考察车辆	辆	
2030605	工程作业车辆	辆	
2030606	雪地专用车辆	辆	雪地车、雪地拖拉机、雪地摩托车、雪橇等入此
2030607	消防车	辆	
2030608	警车	辆	
2030609	布障车	辆	
2030610	清障车	辆	
2030611	排爆车	辆	
2030612	装甲防暴车	辆	
2030613	水炮车	辆	
2030614	攀登车	辆	
2030615	通讯指挥车	辆	
2030616	交通划线车	辆	
2030617	防弹车	辆	
2030618	救护车	辆	
2030619	通信专用车	辆	
2030620	救险车	辆	
2030621	殡仪车	辆	
2030622	清洁卫生车辆	辆	包括垃圾车、洒水车、街道清洗清扫车等
2030699	其他专用汽车	辆	
2030700	城市交通车辆	辆	
2030701	公共汽车	辆	
2030702	有轨电车	辆	
2030703	无轨电车	辆	
2030704	轨道交通车辆	辆	地铁车辆、城铁车辆入此
2030800	摩托车	辆	运动用摩托车入“3713000 摩托车运动设备”
2030801	两轮摩托车	辆	
2030802	三轮摩托车	辆	
2030899	其他摩托车	辆	
2030900	电动自行车	辆	
2031000	轮椅车	辆	
2031001	机动轮椅车（残疾人摩托车）	辆	
2031002	电动轮椅车（道路型）	辆	
2031100	非机动车辆	辆	
2031101	人力车	辆	
2031102	畜力车	辆	
2031199	其他非机动车	辆	
2031200	车辆附属设施及零部件	辆	
2039900	其他车辆	辆	

表 7

2040000 图书档案设备

代码	名　称	计量单位	说　明
2040000	图书档案设备		
2040100	图书档案装具		
2040101	固定架、密集架	件	
2040102	案卷柜	件	
2040103	底图柜	件	
2040104	磁带柜	件	
2040105	卡片柜	件	
2040199	其他图书档案装具		档案卷盒、卷夹、卷皮等入此
2040200	缩微设备		
2040201	缩微摄影机	台	
2040202	冲洗机	台	
2040203	拷贝机	台	
2040204	阅读器	台	
2040205	阅读复印机	台	
2040299	其他缩微设备		
2040300	图书档案消毒设备	台	
2040301	物理方法消毒设备	台	
2040302	化学方法消毒设备	台	
2049900	其他图书档案设备		

表 8

2100000 机械设备

代码	名　称	计量单位	说　明
2100000	机械设备		
2100100	内燃机	台	
2100101	柴油内燃机	台	
2100102	汽油内燃机	台	
2100103	气体燃料内燃机	台	
2100199	其他内燃机	台	
2100200	燃气轮机	台	
2100300	汽轮机	台	电站汽轮机入“3050000 电力工业专用设备”有关类
2100400	锅炉	台	
2100401	工业锅炉	台	电站锅炉入“3050100 电站锅炉及辅助设备”
2100402	民用锅炉	台	
2100500	水轮机	台	
2100600	风力机	台	
2100700	潮汐动力机械	台	
2100800	液压机械		
2100801	液压缸	台	
2100802	液压泵	台	
2100803	液压阀	台	
2100804	液压马达	台	
2100805	液压管件	套	
2100899	其他液压机械	台	
2100900	金属加工设备	台	
2100901	金属切削机床	台	
2100902	锻压机械设备	台	
2100903	铸造设备	台	
2100904	工业机械手	台	
2100905	工业机器人	台	
2100906	热处理设备	台	热处理炉入“2100911 通用工业窑炉”
2100907	金属切割设备	台	
2100908	金属焊接设备	台	
2100909	金属表面处理设备	台	
2100910	粉末冶金设备	台	
2100911	通用工业窑炉	座	
2100999	其他金属加工设备		
2101000	起重设备	台	
2101001	轻小型起重设备	台	包括起重用葫芦
2101002	桥式起重机	台	
2101003	门式起重机	台	
2101004	浮式起重机	台	
2101005	缆索起重机	台	架空索道、登山缆车入“2101104 架空索道输送设备”

续表

代码	名　称	计量单位	说　明
2101006	门座式起重机	台	不含港口专用门座式起重机
2101007	港口门座式起重机	台	
2101008	冶金起重机	台	
2101009	电梯	部	
2101010	自动扶梯	部	
2101011	自动人行道	部	
2101099	其他起重设备		
2101100	输送设备		
2101101	带式输送机械	台	
2101102	气动输送机	台	
2101103	升运机	台	
2101104	架空索道输送设备	台	
2101105	机场输送设备	台	包括旅客登机桥、行李输送装卸机械等
2101106	集装箱	个，吨	
2101107	集装箱输送设备	台	集装箱运输车辆入“2030603 集装箱运输车辆”
2101108	输送管道	套	输水管道、输尾矿管道及管道输送设施入此；输油管道、输气管道入“3030000 石油和化学工业专用设备”有关类
2101199	其他输送设备		
2101200	给料设备	台	
2101300	装卸设备	台	
2101301	堆取机械	台	
2101302	装船机	台	
2101303	装车机	台	
2101304	卸船机	台	
2101305	卸车机	台	
2101306	翻车机	台	
2101399	其他装卸设备	台	
2101400	立体仓库设备	套	
2101500	泵	台	真空泵入“2102001 真空获得设备”
2101501	离心泵	台	
2101502	混流泵	台	
2101503	轴流泵	台	
2101504	往复泵	台	
2101505	回转泵	台	
2101506	旋涡泵	台	
2101599	其他泵	台	
2101600	风机	台	
2101601	离心式风机	台	
2101602	轴流风机	台	
2101603	螺杆式风机	台	
2101699	其他风机	台	
2101700	气体压缩机	台	
2101701	离心式压缩机	台	
2101702	轴（混）流式压缩机	台	
2101703	往复式压缩机	台	
2101704	螺杆式压缩机	台	
2101705	刮板式压缩机	台	
2101706	液环压缩机	台	
2101799	其他气体压缩机	台	
2101800	气体分离及液化设备	台	石油化工专用的空气分离及液化装置入“3032301 空气分离及液化装置”
2101801	空气分离设备	台	
2101802	稀有气体提取设备	台	
2101803	工业气体分离设备	台	
2101804	气体液化设备	台	
2101805	车装气体分离设备	台	
2101899	其他气体分离及液化设备	台	
2101900	制冷空调设备	台	民用制冷空调设备入“2201000 生活用电器”有关类
2101901	制冷压缩机	台	
2101902	冷库制冷设备	台	
2101903	冷藏箱柜	台	
2101904	制冰设备	台	

续表

代码	名　称	计量单位	说　明
2101905	空调机组	台	
2101906	恒温机、恒温机组	台	
2101907	去湿机组	台	
2101908	专用制冷、空调设备	台	机房专用空调入此
2101999	其他制冷空调设备	台	
2102000	真空获得及其应用设备	台	
2102001	真空获得设备	台	真空泵入此
2102002	真空应用设备	台	
2102003	真空检测设备	台	
2102099	其他真空获得及应用设备	台	
2102100	分离及干燥设备	台	非矿物用；有关粮食加工设备入“3170000 粮油作物和饲料加工设备”有关类
2102101	离心机	台	
2102102	分离机	台	
2102103	过滤机	台	
2102104	萃取机	台	
2102105	搅拌机械	台	
2102106	浓缩机械	台	
2102107	干燥机械	台	
2102199	其他分离及干燥设备	台	
2102200	减速机及传动装置	台	
2102201	摆线针轮减速机	台	
2102202	行星减速机	台	
2102203	圆柱齿轮减速机	台	
2102204	蜗轮蜗杆减速器	台	
2102205	液力耦合器	台	
2102299	其他减速机及传动装置	台	
2102300	包装机械	台	
2102301	充填机械	台	装瓶、装罐、装盒、袋装、软管等充填机械
2102302	封口机械	台	
2102303	容器成型包装机械	台	制袋、制盒、制瓶等包装机械
2102304	裹包机械	台	
2102305	捆扎打包机械	台	
2102306	集合装箱机械	台	
2102307	真空包装机械	台	
2102308	容器清洗机械	台	
2102309	容器消毒机械	台	
2102310	贴标签机械	台	
2102399	其他包装机械	台	
2102400	植物等有机物粉碎选别设备	台	粮食加工设备入“3170000 粮油作物和饲料加工设备”有关类
2102401	粉碎机	台	
2102402	研磨机	台	
2102403	分选机	台	
2102404	筛分设备	台	粮食加工专用筛入“3170101 筛”，橡胶加工专用筛入“3032500 橡胶专用设备”
2102499	其他植物等有机物粉碎选别设备	台	
2109900	其他机械设备		

表 9　　2200000 电气设备

代码	名　称	计量单位	说　明
2200000	电气设备	台	
2200100	电机	台	
2200101	发电机	台	包括汽油发电机组、柴油发电机组等
2200102	直流电机	台	
2200103	无刷直流电机	台	
2200104	交流电机	台	
2200105	直线电机	台	
2200106	步进电机	台	
2200107	传感电机	台	
2200108	开关磁阻电机	台	
2200109	移相器	台	
2200199	其他电机	台	
2200200	变压器	台	

续表

代码	名　　称	计量单位	说　　明
2200300	电抗器	台	
2200400	互感器	台	
2200500	避雷器	台	
2200600	整流器	台	
2200700	电源设备	台	
2200701	稳压电源	台	
2200702	不间断电源（UPS）	台	
2200703	多用电源	台	
2200704	变频器	台	
2200705	充电机	台	
2200706	直流电源	台	
2200707	交流电源	台	
2200708	电池组	台	
2200799	其他电源设备	台	
2200800	电容器	台	
2200900	生产辅助用电器	台	
2200901	电阻器	台	
2200902	变阻器	台	
2200903	开关电器设备	台	
2200904	断路器	台	
2200905	控制器	台	
2200906	接触器	台	
2200907	起动器	台	
2200908	电继电器	台	
2200909	控制继电器	台	
2200910	保护继电器	台	
2200911	开关柜	台	
2200912	控制设备	台	包括控制屏、控制箱、控制台、控制柜、起动柜、控制板等
2200913	配电屏	台	
2200914	配电箱	台	
2200915	端子箱	台	
2200916	保护屏	台	
2200917	同期屏	台	
2200918	故障录波屏	台	
2200919	电容器柜	台	
2200920	电容器箱	台	
2200921	受电箱	台	
2200922	受电屏	台	
2200999	其他生产辅助用电器	台	
2201000	生活用电器		电声、电视设备入“2320000 广播、电视、电影设备”有关类
2201001	制冷电器	台	电冰箱、冷藏柜等。容量 500L 及以下入此，500L 以上入“2101900 制冷空调设备”有关类
2201002	空气调节电器	台	风扇、空调、空气滤洁器、空气净化设备、排烟系统、取暖器、调湿调温机等入此。其中空调类制冷 4 000 kcal/h（1cal = 4. 186 8 J）及以下入此，以上者入“2101900 制冷空调设备”有关类
2201003	清洁卫生电器	台	家用洗衣机、吸尘器、洗碗机、厨房电动废物处理器、泔水处理器等入此
2201004	熨烫电器	台	熨衣机等入此
2201005	烹调电器	台	电饭锅、微波炉等入此
2201006	饮水器	台	
2201007	热水器	台	燃气热水器、电热水器、太阳能热水器、
2201008	美容电器	台	电推剪、电吹风等入此
2201099	其他生活用电器		
2201100	灯具	套	指成套灯具
2201101	矿灯	套	
2201102	车、船用灯	套	
2201103	室内照明灯具	套	
2201104	场地用灯	套	
	舞台灯具	套	入“3700303 舞台灯具及辅助设备”

续表

代码	名　　称	计量单位	说　　明
2201105	路灯		
2201106	移动照明灯塔		
2201107	除害虫用灯	套	
2201199	其他灯具	套	
2201200	电气机械设备		
2201201	工业电热设备（电炉）	台	炼钢电炉入“3040300 炼钢设备”，铁合金电炉入“3040500 铁合金设备”
2201202	电气物理设备	台	包括电子加速器、高压加速器、中子发生器、离子束加工设备、电子束加工设备、充磁与脱磁设备
2201203	电动工具	台	包括电镐、电砂轮、磨光机、电锤、电剪刀、电螺丝刀、电扳手、电动攻丝机等
2201204	换能器	台	热离子换能器、热电子换能器、核能换能器等
2201299	其他电气机械设备		
2209900	其他电气设备		

表 10　　2300000 雷达、无线电和卫星导航设备

代码	名　　称	计量单位	说　　明
2300000	雷达、无线电和卫星导航设备		不包括军用雷达
2300100	地面雷达	部	
2300101	地面导航雷达	部	
2300102	航空管理雷达	部	
2300103	地面气象雷达	部	
2300104	地面测量雷达	部	
2300199	其他地面雷达	部	
2300200	机载雷达	部	
2300201	航行雷达	部	
2300202	多卜勒导航雷达	部	
2300203	机载着陆雷达	部	
2300204	数传导航雷达	部	
2300205	机载气象雷达	部	
2300299	其他机载雷达	部	
2300300	舰船载雷达	部	
2300301	舰船导航雷达	部	
2300302	舰船气象雷达	部	
2300399	其他舰船载雷达	部	
2300400	雷达配套设备	部	
2300401	雷达地面天线	部	
2300402	雷达训练器	部	
2300403	雷达图像传输设备	部	
2300404	雷达显示设备	部	
2300499	其他雷达配套设备	部	
2300500	星载雷达	部	
2300600	气球载雷达	部	
2300700	机载无线电导航设备	套	
2300701	信标接收机	套	
2300702	无线电罗盘	套	
2300703	机载着陆设备	套	机载着陆雷达见“2300203 机载着陆雷达”
2300704	近程导航机载设备	套	
2300705	机载无线电高度表	套	
2300799	其他机载无线电导航设备	套	
2300800	地面航空无线电导航设备	套	地面导航雷达见“2300101 地面导航雷达”
2300801	定向设备	套	机动定向设备见“2300901 机动定向设备”
2300802	导航机	套	
2300803	航标发射机	套	
2300804	近程导航系统地面设备	部	
2300805	微波仪表着陆地面设备	部	
2300899	其他地面航空无线电导航设备	部	
2300900	机动定向导航设备	部	
2300901	机动定向设备	部	非机动定向设备入“2300801 定向设备”
2300902	机动导航设备	部	
2300999	其他机动定向导航设备	部	
2301000	舰船载无线电导航设备	套	
2301001	舰船载导航接收机	套	
2301002	舰船载无线电测向机	套	

续表

代码	名　称	计量单位	说　明
2301003	舰船载无线电示位标	套	
2301099	其他舰船载无线电导航设备	套	
2301100	地面舰船无线电导航设备	套	
2301200	卫星定位导航 GPS 设备	套	
2301300	卫星遥感设备	套	包括星载摄像仪、微波辐射计等
2309900	其他雷达和无线电导航设备	套	

表 11　　2310000 通信设备

代码	名　称	计量单位	说　明
2310000	通信设备		
2310100	无线电通信设备	部	
2310101	通用无线电通信设备	部	包括短波、超短波电台及其配套设备
2310102	移动通信（网）设备	部	指以城镇企业本地通信（组网）为主的无线电通讯设备
2310103	航空无线电通信设备	部	包括机载中短波发射机、机载中短波接收机、机载超短波电台、机载宽频带电台、机载救生电台、机载机内通话器、航空无线电通信地面设备
2310104	舰船无线电通信设备	部	包括舰船超短波电台、舰船宽频带电台、舰船救生无线电设备、舰船值班接收机、舰船进出港电台
2310105	铁道无线电通信设备	部	包括列车电台、站场电台、列车接近、告警设备、铁路无线电通信中继器、铁路专用电话机
2310106	邮电无线电通信专用设备	部	
2310107	气象通信专用无线电通信设备	部	
2310199	其他无线电通信设备	部	
2310200	接力通信系统设备	部	
2310201	超短波接力通信设备	部	
2310202	模拟微波接力通信设备	部	包括模拟微波接力通信机、模拟微波接力中继器、模拟微波接力无人值守机、模拟微波接力配套设备
2310203	数字微波接力通信设备	部	包括数字微波接力通信机、数字微波接力中继器、数字微波接力无人值守机、数字微波接力配套设备
2310204	电视微波接力设备	部	
2310299	其他接力通信系统设备	部	
2310300	散射通信设备	部	
2310301	散射通信机	部	
2310302	散射通信配套设备	部	
2310399	其他散射通信设备	部	
2310400	卫星通信设备	部	
2310401	地面站天线设备	部	
2310402	上行线通信设备	部	
2310403	下行线通信设备	部	
2310404	通信卫星配套设备	部	
2310405	卫星电视转播设备	部	
2310406	气象卫星地面发布站设备	部	
2310407	气象卫星地面接收站设备	部	
2310408	气象卫星地面数据收集站设备	部	
2310409	卫星电话	部	
2310499	其他卫星通信设备	部	
2310500	光通信设备	部	
2310501	光缆通信终端设备	部	
2310502	光通信中继设备	部	
2310503	光通信复用设备	部	
2310504	光通信配套设备	部	
2310599	其他光通信设备	部	
2310600	载波通信系统设备	部	

续表

代码	名　　称	计量单位	说　　明
2310601	电缆载波通信设备	部	
2310602	电力线载波通信设备	部	
2310603	矿用及矿山采选用载波通信设备	部	
2310604	微波通信用载波通信设备	部	
2310605	载波电报机及载波业务通信设备	部	
2310700	电话通信设备	部	
2310701	固定电话机	部	
2310702	移动电话	部	
2310703	电话交换设备	部	
2310704	会议电话调度设备及市话中继设备	部	
2310799	其他电话通信设备		
2310800	视频会议系统设备		
2310801	视频会议控制台	台	
2310802	视频会议多点控制器	部	
2310803	视频会议会议室终端	部	
2310804	音视频矩阵	台	
2310899	其他视频会议系统设备		
2310900	电报通信设备	部	
2310901	收发报机	部	
2310902	电传打字机	部	
2310903	凿孔设备	部	
2310904	译码设备	部	
2310905	人工用户电报交换设备	部	
2310906	用户电报自动交换设备	部	
2310999	其他电报通信设备	部	
2311000	传真及数据数字通信设备	部	
2311001	传真通信设备	部	
2311002	数据调制、解调设备	部	
2311003	数传机	部	
2311004	数据复接交换设备	部	
2311005	脉码调制终端设备	部	
2311006	增量调制终端设备	部	
2311007	数字电话电报终端机	部	
2311099	其他传真及数据、数字通信设备	部	
2311100	通信机房专用设备	部	
2311200	天线		
2311201	发射天线	个	
2311202	接收天线	个	
2319900	其他通信设备		

表 12　　2320000 广播、电视、电影设备

代码	名　　称	计量单位	说　　明
2320000	广播、电视、电影设备	部	
2320100	广播发射设备	部	
2320101	中波广播发射机	部	
2320102	短波广播发射机	部	
2320103	调频广播发射机	部	
2320104	调频立体声广播发射机	部	
2320105	调频广播差转台	部	立体声调频广播差转机入此
2320106	机动广播发射台	部	
2320107	数字音频广播发射机	部	
2320199	其他广播发射台	部	
2320200	电视发射设备	部	
2320201	米波电视发射机	部	
2320202	分米波电视发射机	部	
2320203	双伴音电视发射机	部	
2320204	电视差转机	部	
2320205	机动电视发射台	部	
2320206	数字广播电视发射机	部	
2320299	其他电视发射机	部	
2320300	音频节目制作和播控设备	部	
2320301	广播专用录放音设备	部	
2320302	调音台	部	
2320303	监听机（机组）	部	
2320304	声处理设备	部	广播、电视通用
2320305	收音设备	部	收音机入“2321102 收音机”

续表

代码	名　称	计量单位	说　明
2320306	播控设备	部	
2320399	其他音频节目制作和播控设备	部	
2320400	视频节目制作和播控设备	部	
2320401	电视录制及电视播出中心设备	部	
2320402	机动电视转播及电视播出采访设备	部	
2320404	录像编辑设备	部	
2320405	专业摄像机和信号源设备	部	
2320406	视频信息处理设备	部	
2320407	电视信号同步设备	部	
2320499	其他视频节目制作和播控设备	部	
2320500	多工广播设备	部	
2320600	立体电视设备	部	
2320700	卫星广播电视设备	部	
2320701	集体接收设备	部	
2320702	上行站接收设备	部	
2320703	接收测试站设备	部	
2320704	普及型卫星广播电视接收附加装置	部	
2320799	其他卫星广播电视设备	部	
2320800	电缆电视分配系统设备	部	
2320801	共用天线电视系统设备	部	
2320802	单向电缆电视系统设备	部	
2320803	双向电缆电视系统设备	部	
2320804	光缆电视分配系统设备	部	
2320899	其他电缆电视分配系统设备	部	
2320900	电视设备		
2320901	普通电视设备（电视机）	部	
2320902	特殊环境应用电视监视设备	部	包括微光电视设备、高温电视设备、防爆电视设备、防腐电视设备、防潮电视设备等
2320903	特殊功能应用电视设备	部	包括侦察电视设备、测量电视设备、跟踪电视设备、显微电视设备等
2320904	特种成像应用电视设备	部	X 光电视设备、紫外电视设备、红外电视设备等
2320999	其他电视设备		
2321000	视频设备		电视机入“2320901 普通电视设备(电视机)”
2321001	录像机	部	
2321002	摄像机	部	包括摄像机附件设备
2321003	摄录一体机	部	
2321004	平板显示设备	部	
2321005	电视唱盘	部	
2321006	激光视盘机	部	VCD、DVD 等设备入此
2321007	视频监控设备	部	
2321008	视频处理器	部	
2321009	虚拟演播室设备	套	
2321010	字幕机	部	
2321099	其他视频设备		
2321100	音频设备		
2321101	录放音机	部	
2321102	收音机	部	
2321103	音频功率放大器设备（功放设备）	部	
2321104	电唱机	部	
2321105	音响电视组合机	部	
2321106	话筒设备	部	
2321107	数码音频工作站及配套设备	部	
2321108	声画编辑机	部	
2321109	录音外围设备	部	效果器、特效器、压缩器
2321110	扩音设备	部	
2321111	音箱	部	
2321199	其他音频设备		
2321200	组合音像设备		
2321201	音视频播放设备	台	
2321202	闭路播放设备	台	
2321203	同声现场翻译设备及附属设备	套	
2321299	其他组合音像设备		
2321300	播出设备		
2321301	机械手播出设备	台	

续表

代码	名称	计量单位	说明
2321302	硬盘播出设备	台	
2321303	播出周边设备	套	
2321399	其他播出设备		
2321400	电影设备		
2321401	传版设备	台	远程数据传播设备
2321402	编辑、采访设备	台	
2321403	压片加工设备	台	包括密纹压片机及配套设备、刻纹设备、制模版设备、造粒机及附属设备、薄膜压片机及附属设备等
2321404	唱机生产设备	台	
2321405	盒式音带加工设备	台	包括盒带快速复制设备、裁带机、贴片机、包装机及配套设备等
2321406	影视片制作、维护设备 影剧院设备	台	包括用于影视片的剪辑、特技、制作等设备 入“3700400 影剧院设备”
2321499	其他电影设备		
2329900	其他广播、电视、电影设备		

表 13　　2400000 仪器仪表

代码	名称	计量单位	说明
2400000	仪器仪表		包括附属装置和校验设备
2400100	自动化仪表		计量标准仪器入“2420000 计量标准器具及量具、衡器”有关类
2400101	温度仪表	只	
2400102	压力仪表	只	
2400103	流量仪表	台	
2400104	物位及机械量仪表	台	
2400105	显示及调节仪表	台	
2400106	气动、电动单元组合仪表	台	
2400107	绘图仪	台	
2400108	集中控制装置	台	
2400109	执行器	台	
2400110	自动成套控制系统	台	
2400199	其他自动化仪表	台	
2400200	电工仪器仪表	台	
2400201	电度表	台	
2400202	实验室电工仪器及指针式电表	台	
2400203	数字电网监测表	台	
2400204	电阻测量仪器	台	
2400205	记录电表、电磁示波器	台	
2400206	测磁仪器	台	
2400207	扩大量程装置	台	
2400299	其他电工仪器仪表	台	
2400300	光学仪器	台	
2400301	显微镜	台	
2400303	光学计量仪器	台	
2400304	物理光学仪器	台	
2400305	光学测试仪器	台	
2400306	电子光学及离子光学仪器	台	
2400307	航测仪器	台	
2400308	光谱遥感仪器	台	
2400309	红外仪器	台	
2400310	激光仪器	台	
2400399	其他光学仪器	台	
2400400	分析仪器	台	
2400401	电化学分析仪器	台	
2400402	物理特性分析仪器及校准仪器	台	
2400403	热学式分析仪器	台	
2400404	光学式分析仪器	台	
2400405	射线式分析仪器	台	
2400406	波谱仪	台	
2400407	质谱仪	台	
2400408	色谱仪	台	
2400409	环境监测仪器及综合分析装置	台	
2400499	其他分析仪器	台	

续表

代码	名　称	计量单位	说　明
2400500	试验机	台	
2400501	金属材料试验机	台	
2400502	非金属材料试验机	台	
2400503	工艺试验机	台	
2400504	测力仪器	台	
2400505	动平衡机	台	
2400506	振动台与冲击台	台	
2400507	无损探伤机	台	
2400599	其他试验机	台	
2400600	试验仪器及装置	台	
2400601	分析天平及专用天平	台	
2400602	动力测试仪器	台	
2400603	试验箱及气候环境试验设备	台	
2400604	生物、医学样品制备设备	台	
2400605	应变及振动测试仪器	台	
2400606	型砂铸造试验仪器及装置	台	
2400607	真空检测仪器	台	
2400608	土工测试仪器	台	
2400699	其他试验仪器及装置	台	
2400700	量仪	台	
2400701	齿轮量仪	台	
2400702	螺纹量仪	台	
2400703	形位误差检查仪	台	
2400704	角度量仪	台	
2400799	其他量仪	台	
2400800	钟表及定时仪器	台	
2400801	钟	台	
2400802	表	台	
2400803	定时器	台	
2400899	其他钟表及定时仪器	台	
2409900	其他仪器仪表		

表 14　　2410000 电子和通信测量仪器

代码	名　称	计量单位	说　明
2410000	电子和通信测量仪器		
2410100	电子和通信测量发生器	台	
2410200	数字、模拟仪表及功率计	台	
2410201	数字仪表及装置	台	
2410202	模拟式电压表	台	
2410203	功率计	台	
2410300	元件器件参数测量仪	台	
2410301	电阻器、电容器参数测量仪	台	
2410302	敏感元件、磁性材料、电感元件测量仪	台	
2410303	电子元件参数测量仪	台	
2410304	半导体器件参数测量仪	台	
2410305	集成电路参数测量仪	台	
2410399	其他元件器件参数测量仪	台	
2410400	时间及频率测量仪器	台	
2410500	网络特性测量仪	台	
2410600	衰减器	台	
2410700	滤波器	台	
2410800	放大器	台	
2410900	场强干扰测量仪器及测量接收机	台	
2411000	波形参数测量仪器	台	
2411100	电子示波器	台	
2411200	通讯、导航测试仪器	台	
2411300	有线电测量仪	台	
2411400	电视用测量仪	台	
2411500	声源、声振信号发生器	台	
2411600	声级计	台	
2411700	电声滤波器	台	
2411800	电声放大器	台	
2411900	声振测量仪	台	
2412000	声振仪器校准装置	台	
2412100	电话、电声测试仪器	台	
2412200	声振分析仪	台	

续表

代码	名　　称	计量单位	说　　明
2412300	数据仪器	台	
2412400	计算机用测量仪器	台	
2419900	其他电子和通信测量仪器		

表 15　　2420000 计量标准器具及量具、衡器

代码	名　　称	计量单位	说　　明
2420000	计量标准器具及量具、衡器		
2420100	长度计量标准器具		
2420101	端度计量标准器具	台，组，只	
2420102	线纹计量标准器具	台	
2420103	齿轮参数计量标准器具	台	
2420104	角度计量标准器具	台，只	
2420105	光学仪器检测器具	台	
2420199	其他长度计量标准器具		
2420200	热学计量标准器具		
2420201	温度计量标准器具	台，只	
2420202	热量计量标准器具	台，只	
2420203	湿度计量标准器具	台，只	
2420299	其他热学计量标准器具		
2420300	力学计量标准器具		
2420301	质量计量标准器具	台	
2420302	容量计量标准器具	台	
2420303	密度计量标准器具	台	
2420304	流量计量标准器具	台	
2420305	压力及真空计量标准器具	台	
2420306	测力计量标准器具	台	
2420307	硬度计量标准器具	台	
2420308	振动、加速度及转速计量标准器具	台	
2420399	其他力学计量标准器具		
2420400	电磁学计量标准器具		
2420401	电表类计量标准器具	台	
2420402	交流计量标准器具	台，只	
2420403	直流计量标准器具	台，只	
2420404	高电压大电流计量标准器具	台	
2420405	磁特性计量标准器具	台	
2420499	其他电磁学计量标准器具		
2420500	无线电计量标准器具		
2420501	电压及功率参数计量标准	台	
2420502	信号及脉冲参数计量标准器具	台	
2420503	噪声参数计量标准器具	台	
2420504	元器件参数计量标准器具	台	
2420505	相位参数计量标准器具	台	
2420506	微波阻抗参数计量标准器具	台	
2420507	场强参数计量标准器具	台	
2420508	衰减计量标准器具	台	
2420599	其他无线电计量标准器具		
2420600	时间频率计量标准器具	台	
2420700	电离辐射计量标准器具	台，只	
2420800	光学计量标准器具	台，只	
2420900	声学计量标准器具	台，只	
2421000	化学计量标准器具	台，只	
2422000	量具		
2423000	衡器		
2423001	地上衡	台	
2423002	地中衡	台	
2423003	轨道衡	台	
2423004	钢材秤	台	
2423005	皮带秤	台	
2423006	吊秤	台	
2423007	配料秤	台	
2423008	定量秤	台	
2423009	台案秤	台	
2423010	液体秤	台	
2423011	气体秤	台	
2423099	其他衡器	台	
2429900	其他计量标准器具		

5.3 专用设备

表 16 **3010000 探矿、采矿、选矿和造块设备**

代码	名称	计量单位	说明
3010000	探矿、采矿、选矿和造块设备		气动工具见“3101100 气功工具”，电动工具见“2201203 电动工具”，凿岩与掘进机械见“3100900 凿岩与掘进机械”
3010100	钻探机		
3010101	油压主轴钻机	台	
3010102	油压转盘钻机	台	
3010103	水文水井钻机	台	
3010104	取样钻机	台	
3010106	坑道钻机	台	
3010107	手把地质钻机	台	
3010108	汽车钻机	台	
3010109	轻便钻机	台	
3010111	竖井钻机	台	
3010112	天井钻机	台	
3010113	钻机备用部件	套	
3010199	其他钻机		
3010500	装药填充机械		
3010501	装药车	台	
3010502	装药器	台	
3010503	填充机械	台	
3010599	其他装药填充机械		
3010600	矿用装载设备		
3010601	装岩设备	台	
3010602	抓岩机和抓斗	台	
3010603	扒矿机	台	
3010604	运矿车	台	
3010699	其他矿用装载设备		
3010700	煤矿生产监测监控设备		
3010701	电力监测监控设备	套	
3010702	提升监测监控设备	套	
3010703	运输监测监控设备	套	
3010704	防排水监测监控设备	套	
3010705	露天矿用卡车防撞监测装置	套	
3010706	矿井综合自动化监控装置	套	
3010707	矿井井下设备定位监测系统	套	
3010721	调度总机	套	
3010722	井下通讯系统	套	含井下工作面通讯控制系统及移动、泄漏、载波通讯
3010723	井下防爆移动通讯系统	套	
3010724	安全应急扩音通信告警系统	套	
3010725	矿井井下人员定位监测、统计系统	套	
3010741	露天矿 GPS 卡车调度系统	套	
3010742	露天矿无线集群通讯系统	套	
3010743	露天矿轮斗集中控制系统	套	
3010799	其他煤矿生产监测监控设备		
3010800	煤矿防治水设备		
3010801	主排水泵及辅助设备	套	
3010802	主排水泵专用阀门	套	
3010803	主排水泵安全监测系统装置	套	
3010804	水仓清理设备	套	
3010805	各类矿用潜水泵	台	
3010806	各类矿用清水泵	台	
3010807	各类矿用泥浆泵	台	
3010808	各类矿用渣浆泵	台	
3010809	防爆排沙潜水泵	台	
3010810	矿井水文钻机	台	
3010811	注浆泵	台	
3010812	矿井自动化排水监控装置	套	
3010813	水位遥测仪	台	
3010899	其他煤矿防治水设备		
3010900	煤矿支护装备		
3010901	液压支架	套	含端头支架

续表

代码	名称	计量单位	说明
3010902	乳化液泵站	套	
3010903	采煤工作面矿压监测装备	套	
3010904	掘进巷道顶板离层监测装备	套	
3010905	矿井深部地压预报装备	套	
3010906	巷道掘锚一体机	台	
3010907	切顶墩柱	台	
3010908	岩石巷道钻车	台	
3010909	液压支架监控装置	套	含电液控装置
3010910	锚杆钻机	台	
3010911	液压锚杆钻机泵站	台	
3010912	锚索切割机	台	
3010913	锚索机	台	
3010914	喷浆机	台	
3010915	支护质量监测仪	台	
3010916	锚杆拉力计	台	
3010999	其他煤矿支护装备		
3011000	提升、运输设备和绞车		
3011001	提升机用电动机	台	
3011002	提升机拖动控制设备	套	调速、励磁装置等
3011003	提升机供电电源柜	套	
3011004	提升机安全监控及综合保护装置	套	
3011005	提升信号设备	套	
3011006	提升容器及连接装置	套	
3011007	提升容器防坠器	套	
3011008	提升防墩罐装置	套	
3011009	提升过卷缓冲托罐装置	套	
3011010	箕斗提升定重控制装置	套	
3011011	天轮	套	
3011012	钢丝绳自动平衡装置	套	
3011013	提升钢丝绳在线监测装置	套	
3011014	矿井提升机综合测试仪	台	
3011015	矿井各类防爆绞车	台	含调度、回柱绞车
3011016	阻燃胶带运输机	台	
3011017	胶带运输机监控及保护装置	套	
3011018	刮板运输机监控及保护装置	套	
3011019	煤矿用架线电机车	台	
3011020	防爆特殊型蓄电池电机车	台	
3011021	防爆柴油机车	台	
3011022	矿井运输信集闭控制装置	套	
3011023	采区顺槽无级绳运输绞车	台	
3011024	单轨吊运输装置	套	
3011025	卡轨车	台	
3011026	齿轨车	台	
3011027	胶套轮车	台	
3011028	平巷及斜巷人车	台	
3011029	斜井运输跑车防护和防跑车装置	套	
3011030	斜井运输信号装置	套	
3011031	偶合器	台	
3011032	矿车翻车机	台	
3011033	阻车器	台	
3011099	其他提升、运输设备和绞车		
3011100	选矿和洗矿设备		
3011101	破碎设备	台	
3011102	研磨设备	台	
3011103	筛分设备	台	
3011104	分级设备	台	
3011105	选别设备	台	
3011106	脱水设备	台	
3011107	洗矿设备	台	
3011199	其他洗矿和选矿设备		
3011200	造块设备		
3011201	烧结机	台	
3011202	球团设备	台	
3011203	布料器	台	
3011204	布料辊	台	
3011299	其他造块设备		
3019900	其他探矿、采矿、选矿和造块设备		

表 17　　3020000 石油天然气开采专用设备

代码	名　称	计量单位	说　明
3020000	石油天然气开采专用设备		
3020100	油气水井设施		
3020101	油井	台	
3020102	气井	台	
3020103	盐井	台	
3020104	碱井	台	
3020105	注水井	台	
3020106	注气井	台	
3020107	注聚合物井	台	
3020108	注二氧化碳井	台	
3020109	注微生物井	台	
3020110	注氮气井	台	
3020111	火烧驱油井	台	
3020112	观察井	台	
3020113	资料井	台	
3020114	水源井	台	
3020199	其他油气水井设施		
3020200	油气汽水集输设施		
3020201	计量站	台	
3020202	计量配水站	台	
3020203	集油气管线	台	
3020204	注水汽管线	台	
3020205	集（转）油站	台	
3020206	集气站	台	
3020207	注水站	台	
3020208	热采注汽站	台	
3020209	注聚合物站	台	
3020210	注氮站	台	
3020211	压气站	台	
3020212	海洋采油平台	台	
3020213	海底管线	台	
3020214	原油库	台	
3020215	输油气首站	台	
3020216	输油气中间加热站	台	
3020217	输油气中间加压站	台	
3020218	输油气末站	台	
3020219	输油气管线	台	
3020220	消防装置	台	
3020221	油气生产用电力线路	台	
3020299	其他油气汽水集输设施		
3020300	油气汽水处理设施		
3020301	油气处理站	台	
3020302	轻烃回收装置	台	
3020303	污水处理站	台	
3020304	天然气净化装置	台	
3020305	硫磺回收装置	台	
3020306	尾气处理装置	台	
3020307	酸性水汽提装置	台	
3020308	硫磺成型装置	台	
3020399	其他油气汽水处理设施		
3020400	油田机械		
3020401	油气勘探设备	台	
3020402	物探钻机	台	
3020403	石油钻机	台	
3020404	固井配套设备	台	
3020405	压裂酸化设备	台	
3020406	油水井清蜡设备	台	
3020407	石油专用压风机（车）	台	
3020408	钻采特车	辆	
3020409	油井测试设备	台	
3020410	录井设备	台	
3020411	试井设备	台	
3020412	井下作业设备	台	
3020413	海洋钻井设备	台	
3020414	海洋作业设备	台	
3020415	石油专用加工设备	台	
3029900	其他石油天然气开采专用设备		

表 18 **3030000 石油和化学工业专用设备**

代码	名　　称	计量单位	说　　明
3030000	石油和化学工业专用设备		
3030100	石油储备库设备		
3030101	库区外管线	条，米	
3030102	库区内管线	条，米	
3030103	储油罐	座	
3030104	输油泵	台	
3030105	流量计及标定设备	台	
3030106	循环搅拌设备	套	
3030107	工艺阀门	个	
3030108	工艺自动控制系统	套	
3030199	其他石油储备库设备		
3030200	长输管线		
3030201	原油管线	条，米	
3030202	天然气管线	条，米	
3030203	成品油管线	条，米	
3030204	化工产品管线	条，米	
3030299	其他长输管线	条，米	
3030300	界区间管线		指厂区内生产装置或分厂（部）之间输送不同介质的管线
3030301	物料管线	条，米	指输送原油、成品油、半成品油、化工原料等介质的管线
3030302	公用工程管线	条，米	指输送氮气、蒸汽、新鲜水、消防水、污水等介质的管线
3030399	其他界区间管线		
3030400	界区间罐区设施		指厂区内生产装置或分厂（部）之间独立于装置而储存原油、成品油、化工产品、液化气、天然气、瓦斯的罐类设施
3030401	原油罐区	个，立方米	
3030402	成品油及中间罐区	个，立方米	
3030403	化工罐区	个，立方米	
3030404	液化气、天然气、瓦斯罐区	个，立方米	
3030499	其他界区间罐区设施		
3030500	输油（气）站		
3030501	原油输油站	座	
3030502	天然气输气站	座	
3030503	成品油分输站	座	
3030504	压缩天然气（CNG）加气母站	座	
3030599	其他输油（气）站		
3030600	炼油生产装置		
3030601	常减压蒸馏装置	套	
3030602	催化裂化装置	套	
3030603	催化裂解装置	套	
3030604	加氢裂化装置	套	
3030605	减粘裂化装置	套	
3030606	催化重整装置	套	
3030607	连续重整装置	套	
3030608	苯抽提装置	套	
3030609	延迟焦化装置	套	
3030610	汽油加氢精制装置	套	
3030611	柴油加氢精制装置	套	
3030612	汽柴油加氢精制装置	套	
3030613	煤油加氢精制装置	套	
3030614	蜡油加氢精制装置	套	
3030615	渣油加氢精制装置	套	
3030616	电化学精制装置	套	
3030617	分子筛精制装置	套	
3030618	煤油脱臭装置		
3030619	环烷酸装置	套	
3030620	酚精制装置	套	
3030621	制氢装置	套	
3030622	气体分馏装置	套	
3030623	烷基化（硫酸法）装置	套	
3030624	烷基化（氢氟酸法）装置	套	

续表

代码	名　　称	计量单位	说　　明
3030625	甲基叔丁基醚装置	套	
3030626	液化气脱硫醇装置	套	
3030627	汽油脱硫醇装置	套	
3030628	气体脱硫装置	套	
3030629	氢提纯装置	套	
3030630	溶剂脱蜡装置	套	
3030631	微生物脱蜡装置	套	
3030632	溶剂蜡脱油装置	套	
3030633	分子筛蜡脱油装置	套	
3030634	润滑油白土精制装置	套	
3030635	润滑油糠醛精制装置	套	
3030636	润滑油加氢精制装置	套	
3030637	石蜡白土精制装置	套	
3030638	石蜡加氢精制装置	套	
3030639	石蜡成型装置	套	
3030640	氧化沥青装置	套	
3030641	溶剂脱沥青装置	套	
3030642	丙烷气体回收装置	套	
3030643	尤里卡全馏分油加氢装置	套	
3030644	煤油临氢脱硫醇装置	套	
3030645	异构化装置	套	
3030646	生物柴油中试装置	套	
3030647	蜡油加氢裂化装置	套	
3030648	特种蜡调合装置	套	
3030649	碱渣处理装置	套	
3030650	溶剂再生装置	套	
3030651	油品调合装置	套	
3030652	催化汽油吸附脱硫醇装置	套	
3030653	催化干气提浓乙烯装置	套	
3030699	其他炼油生产装置		
3030800	润滑油生产装置		
3030801	润滑油调合装置	套	
3030802	润滑脂调合装置	套	
3030803	合成油脂装置	套	
3030804	金属制桶生产线	套	
3030805	塑料制桶生产线	套	
3030806	润滑油灌装生产线	套	
3030899	其他润滑油生产装置		
3030900	基本有机化工原料生产装置		
3030901	乙烯装置	套	
3030902	异丁烯装置	套	
3030903	丁烯—1 装置	套	
3030904	异戊烯装置	套	
3030905	已烯—1 装置	套	
3030906	丁二烯抽提装置	套	
3030907	苯乙烯装置	套	
3030908	氯乙烯装置	套	
3030909	苯酚丙酮装置	套	
3030910	芳烃抽提装置	套	
3030911	裂解汽油加氢装置	套	
3030912	二甲苯装置	套	
3030913	异丙苯装置	套	
3030914	甲醇装置	套	
3030915	丁辛醇装置	套	
3030916	苯酐装置	套	
3030917	环氧氯丙烷装置	套	
3030918	C5 分离装置	套	
3030919	硫氰酸钠装置	套	
3030920	乙酸（醋酸）装置	套	
3030921	乙醛装置	套	
3030922	岐化与烷基化转移装置	套	
3030923	塑料薄膜装置	套	
3030999	其他基本有机化工原料生产装置		
3031000	合成树脂生产装置		
3031001	高压低密度聚乙烯装置	套	
3031002	低压高密度聚乙烯装置	套	
3031003	线性低密度聚乙烯装置	套	

续表

代码	名　　称	计量单位	说　　明
3031004	聚丙烯装置	套	
3031005	聚苯乙烯装置	套	
3031006	苯乙烯—丙烯腈装置	套	
3031007	聚氯乙烯装置	套	
3031008	聚醚装置	套	
3031099	其他合成树脂生产装置		
3031100	合成橡胶生产装置		
3031101	丁苯橡胶装置	套	
3031102	顺丁橡胶装置	套	
3031103	丁基橡胶装置	套	
3031104	丁苯胶乳装置	套	
3031105	SBS 热塑弹性体装置	套	
3031199	其他合成橡胶生产装置		
3031200	合成纤维原料生产装置		
3031201	乙二醇装置	套	
3031202	丙烯腈装置	套	
3031203	己内酰胺装置	套	
3031204	精对苯二甲酸装置	套	
3031205	精间苯二甲酸装置	套	
3031206	环已酮装置	套	
3031207	氰化钠装置	套	
3031208	乙腈烯装置	套	
3031209	硫酸铵装置	套	
3031210	硫酸装置	套	
3031211	双氧水装置	套	
3031212	硫氢酸钠回收装置	套	
3031213	苯甲醛装置	套	
3031299	其他合成纤维原料生产装置		
3031300	合成纤维及合纤聚合物生产装置		
3031301	聚酯装置	套	
3031302	聚酯固相聚合装置	套	
3031303	聚乙烯醇装置	套	
3031304	聚酰胺装置	套	
3031305	腈纶纤维装置	套	
3031306	腈纶毛条装置	套	
3031307	涤纶短纤维装置	套	
3031308	涤纶工业丝装置	套	
3031309	涤纶预取向丝装置	套	
3031310	涤纶全牵伸丝装置	套	
3031311	涤纶低弹丝装置	套	
3031312	涤纶中空纤维装置	套	
3031313	锦纶装置	套	
3031314	丙纶装置	套	
3031399	其他合成纤维及合纤聚合物生产装置		
3031400	化肥生产装置		
3031401	合成氨装置	套	
3031402	尿素装置	套	
3031403	复合肥装置	套	
3031499	其他化肥生产装置		
3031500	无机化工生产装置		
3031501	烧碱装置	套	
3031502	氯碱装置	套	
3031503	盐硝装置	套	
3031504	漂粉精装置	套	
3031599	其他无机化工生产装置		
3031600	炼油催化剂生产装置		
3031601	裂化催化剂装置	套	
3031602	加氢催化剂装置	套	
3031603	重整催化剂装置	套	
3031604	降凝催化剂装置	套	
3031605	器外预硫化装置	套	
3031699	其他炼油催化剂生产装置		
3031700	基本有机化工原料催化剂生产装置		
3031701	甲苯歧化催化剂装置	套	
3031702	乙苯脱氢催化剂装置	套	
3031703	乙苯烷基化催化剂装置	套	
3031704	醋酸乙烯催化剂装置	套	

续表

代码	名　　称	计量单位	说　　明
3031705	钯炭催化剂装置	套	
3031706	丙烯腈催化剂装置	套	
3031707	银催化剂装置	套	
3031708	非晶态加氢催化剂装置	套	
3031709	氧化催化剂装置	套	
3031710	C2/C3 馏分选择性加氢催化剂装	套	
3031799	其他基本有机化工原料催化剂生产装置		
3031800	合成树脂催化剂生产装置		
3031801	聚乙烯催化剂装置	套	
3031802	聚丙烯催化剂装置	套	
3031803	其他合成树脂催化剂生产装置	套	
3031900	合成橡胶催化剂生产装置		
3031901	丁基锂装置	套	
3031902	聚丁二烯油装置	套	
3031903	铝剂装置	套	
3031999	其他合成橡胶催化剂生产装置		
3032000	添加剂助剂生产装置		
3032001	PX 吸附剂装置	套	
3032002	橡塑助剂装置	套	
3032003	5A 吸附剂装置	套	
3032099	其他添加剂助剂生产装置		
3032100	催化剂原料生产装置		
3032101	分子筛装置	套	
3032102	特种分子筛装置	套	
3032103	有机胺装置	套	
3032104	铝溶胶装置	套	
3032105	干胶粉装置	套	
3032106	水玻璃装置	套	
3032107	硫酸铝装置	套	
3032108	氯化镁精加工装置	套	
3032109	给电子体装置	套	
3032110	贵金属回收装置	套	
3032111	芳烃溶剂装置	套	
3032112	氨氮污水处理装置	套	
3032199	其他催化剂原料生产装置		
3032200	催化剂检验分析评价装置		
3032201	炼油催化剂分析评价装置	套	
3032202	聚烯烃催化剂分析评价装置	套	
3032203	吸附剂分析评价装置	套	
3032299	其他催化剂检验分析评价装置		
3032300	辅助生产装置		
3032301	空气分离及液化装置	套	
3032302	供风装置	套	
3032303	动力装置	套	
3032304	发电装置	套	
3032305	供排水装置	套	
3032306	化学水装置	套	
3032307	循环水装置	套	
3032308	污水汽提装置	套	
3032309	污水处理装置	套	
3032310	废气回收装置	套	
3032311	油罐清洗装置	套	
3032312	编织袋装量	套	
3032399	其他辅助生产装置		
3032400	油品销售设施类		
3032401	油库	座	
3032402	加油站	座	
3032403	加气站	座	
3032404	非油品经营设施	套	
3032499	其他油品销售设施		
3032500	橡胶专用设备		
3032501	橡胶原料加工设备	台	
3032502	炼胶设备	台	
3032503	挤出设备	台	
3032504	压延设备	台	
3032505	成型设备	台	
3032506	硫化设备	台	

续表

代码	名　　称	计量单位	说　　明
3032507	乳胶制品和再生胶生产设备	台	
3032508	橡胶专用设备辅助设备	台	
3032599	其他橡胶专用机械		
3032600	塑料专用机械		
3032601	塑料备料设备	台	
3032602	塑料制品设备	台	
3032603	塑料压延机械	台	
3032604	注射成型机	台	
3032605	中空吹塑成型机、吸塑成型机	台	
3032606	挤出成型机	台	
3032607	发泡成型机	台	
3032608	人造革设备	套	
3032699	其他塑料专用设备		
3032700	日用化学品专用设备		
3032701	洗涤用品加工机械	套	
3032702	香料、香精及化妆品加工机械	套	
3032703	牙膏加工机械	套	
3032704	火柴加工机械	套	
3032705	合成胶、动物胶、植物胶加工机械	套	
3032799	其他日用化学品制造专用设备		
3032800	林产化工机械		
3032801	天然橡胶加工设备	台	
3032802	木材水解设备	套	
3032803	松香生产设备	套	
3032899	其他林产化工机械		
3039900	其他石油和化学工业专用设备		

表 19　　3040000 炼焦和金属冶炼轧制设备

代码	名　　称	计量单位	说　　明
3040000	炼焦和金属冶炼轧制设备		
3040100	炼焦设备		
3040101	炼焦炉	孔，座	
3040102	炼焦炉辅助设备	台	
3040199	其他炼焦设备		
3040200	炼铁设备		
3040201	炼铁高炉	立方米，座	
3040202	炼铁高炉辅助设备	套	
3040203	高炉压差发电设备	套	
3040204	铸铁设备	台	
3040299	其他炼铁设备		
3040300	炼钢设备		
3040301	混铁炉	座	
3040302	炼钢平炉	吨，座	
3040303	炼钢转炉	吨，座	
3040304	炼钢电炉	吨，座	
3040305	钢二次精炼设备	套	
3040306	连续铸钢设备	台	
3040307	炼钢炉配套设备	台	
3040399	其他炼钢设备		
3040400	有色金属冶炼设备		加热炉、热处理炉、烘干炉入“2100911 通用工业窑炉”
3040401	焙烧炉	座	
3040402	煅烧炉	座	
3040403	烧结炉子	座	
3040404	重金属冶炼炉	座	
3040405	轻金属冶炼炉	座	
3040406	稀有金属冶炼炉	座	
3040407	电解槽	台	
3040408	有色金属铸造设备	台	
3040499	其他有色金属冶炼设备		
3040500	铁合金设备		
3040501	铁合金高炉	套	
3040502	铁合金电炉	套	
3040503	铁合金浇铸设备	套	
3040599	其他铁合金设备		

续表

代码	名　　称	计量单位	说　　明
3040600	金属轧制机械及拉拔设备		
3040601	金属开坯轧机	套	
3040602	型材轧机	套	
3040603	板材、带材和箔材轧机	台	
3040604	管材轧机	台	钢管电焊机入“2100908 金属焊接设备”
3040605	线材轧机	台	
3040606	特殊轧机	台	
3040607	轧机辅助设备	台	
3040608	拉拔设备和制绳设备	台	
3040699	其他金属轧制机械及其拉拔设备		
3040700	冶金专用车辆	辆	
3040701	铁水车	辆	
3040702	铸锭车	辆	
3040703	料槽车	辆	
3040704	烧结车	辆	
3040705	渣罐车	辆	
3040706	保温车	辆	
3040707	混铁车	辆	
3040708	矿渣车	辆	
3040799	其他冶金专用车辆	辆	
3049900	其他炼焦和金属冶炼轧制设备		

表 20　　3050000 电力工业专用设备

代码	名　　称	计量单位	说　　明
3050000	电力工业专用设备		一般电气设备入“2200000 电器设备”有关类，仪器仪表入 3600000“专用仪器仪表”有关类
3050100	电站锅炉及辅助设备		
3050101	锅炉本体	个	
3050102	锅炉辅助设备	台	
3050103	化学水处理设备	台	石灰破碎设备入“3011101 破碎设备”
3050104	排污及疏水设备	台	
3050105	除尘除灰设备	台	除尘器入“3260101 除尘设备”
3050199	其他电站锅炉及辅助设备		
3050200	汽轮发电机组		
3050201	汽轮机本体	套	
3050202	发电机本体	套	
3050203	汽轮发电机组辅助设备	台	
3050299	其他汽轮发电机组		
3050300	水轮发电机组		
3050301	水轮机本体	套	
3050302	水轮发电机	套	
3050303	水轮发电机组辅助设备	台	
3050399	其他水轮发电机组		
3050400	输电线路	公里	
3050401	铁塔输电线路	公里	
3050402	铁杆输电线路	公里	
3050403	水泥杆输电线路	公里	
3050404	木杆输电线路	公里	
3050405	电缆输电线路	公里	
3050499	其他输电线路	公里	
3050500	配电线路	公里	
3050501	铁杆配电线路	公里	
3050502	水泥杆配电线路	公里	
3050503	木杆配电线路	公里	
3050504	电缆配电线路	公里	
3050599	其他配电线路	公里	
3050600	变电设备		
3050700	电力专用自动化控制设备		自动化仪表入“2400100 自动化仪表”
3050701	电站自动化控制设备	组	
3050702	电力远动装置	组	
3050799	其他电力专用自动化控制设备		
3050800	架线设备		扩孔机入“3010000 探矿、采矿、选矿和造块设备”有关类

续表

代码	名　　称	计量单位	说　　明
3050801	张力放线机	台	
3050802	液压倒装铁塔联动装置	套	
3050803	机动绞盘	台	
3050899	其他架线设备		
3050900	电站制氢设备	台	
3059900	其他电力工业专用设备		

表 21　　3060000 非金属矿物制品工业专用设备

代码	名　　称	计量单位	说　　明
3060000	非金属矿物制品工业专用设备		
3060100	水泥及水泥制品专用设备		
3060101	水泥及硅酸盐用炉窑	座	
3060102	水泥专用设备	台	包括冷却机、搅拌机、选粉机等
3060103	水泥制品专用设备	套	包括挤压设备、离心机、振动设备等
3060199	其他水泥及水泥制品专用设备		
3060200	玻璃及玻璃制品制造设备		
3060201	平板玻璃制造设备	套	
3060202	玻璃纤维生产设备	套	
3060203	玻璃棉设备	套	
3060204	玻璃钢设备	套	
3060205	工业技术玻璃专用设备	套	
3060206	玻璃制品加工专用设备	套	
3060299	其他玻璃及玻璃制品制造设备		
3060300	陶瓷制品生产设备		
3060301	陶瓷制品成型设备	台	
3060302	陶瓷制品备料设备	台	
3060303	陶瓷制品施釉设备	台	
3060399	其他陶瓷制品生产设备		
3060400	墙体、地面材料		破碎、磨碎、筛选设备入“3011100 选矿和洗矿设备”有关类
3060401	砖瓦坯、条加工设备	台	炉窑入“3060101 水泥及硅酸盐用炉窑”
3060402	水磨石制坯机械	台	
3060403	砖和砌块成型设备	台	
3060404	制瓦机	台	
3060405	石膏板生产设备	台	
3060406	加气混凝土生产设备	台	
3060499	其他墙体、地面材料生产设备		
3060500	石棉、耐火制品及其他非金属矿物制品设备		
3060501	石棉制品设备	台	
3060502	铸石制品设备	台	
3060503	陶粒生产设备	台	
3060504	沥青毡生产设备	台	
3060505	饰墙材料生产设备	台	
3060506	耐火材料生产设备	台	
3060507	炭素制品生产设备	台	
3060599	其他石棉、耐火制品和其他非金属矿物制品设备		
3060600	非金属矿物切削加工设备		
3060601	光学材料和玻璃加工机床	台	
3060602	石材加工机床	台	
3060603	水泥等非金属矿物制品加工机床	台	玻璃制品加工设备除外
3069900	其他非金属矿物制品工业专用设备		

表 22　　3070000 核工业专用设备

代码	名　　称	计量单位	说　　明
3070000	核工业专用设备		
3070100	核反应堆专用设备	套	
3070101	核反应堆系统	套	
3070102	反应堆监测控制系统	套	
3070103	反应堆保护系统	套	
3070199	其他核反应堆专用设备		
3070200	核用矿冶设备		
3070201	放射性分选机	套	
3070202	分级设备	套	
3070203	核用水冶设备	套	
3070204	放射性矿山设备	套	

续表

代码	名　　称	计量单位	说　　明
3070299	其他核用矿冶设备		
3070300	核电站设备		
3070301	核电站一回路系统	套	
3070302	核电站二回路系统	套	
3070303	核电辅助系统专用设备	套	
3070304	核燃料运输贮存与装卸系统	套	
3070305	放射性废物处理系统	套	
3070399	核电站其他专用设备	套	
3070400	核燃料循环专用设备		
3070401	铀转化设备	套	
3070402	铀浓缩设备	套	
3070403	元件设备	套	
3070404	后处理设备	套	
3070405	放射性废物处置处理设备	套	
3070499	核燃料循环其他专用设备	套	
3070500	核地勘专用设备		
3070600	核聚变试验装置		
3070700	核技术应用专用设备		
3070701	辐照装置设备	套	
3070702	加速器设备	套	
3070703	核探测设备	套	
3070799	核技术应用其他专用设备	套	
3079900	其他核工业专用设备	套	

表 23　　3080000 航空航天工业专用设备

代码	名　　称	计量单位	说　　明
3080000	航空航天工业专用设备		
3080100	飞机、火箭、导弹、卫星总装调试设备		
3080101	火箭、导弹总装调试设备	套	
3080102	卫星总装调试设备	套	
3080103	飞机总装调试专用设备	套	
3080200	弹（星）体加工专用设备	套	
3080201	弹体加工设备	套	
3080202	星体加工设备	套	
3080300	发动机专用设备	套	
3080301	固体发动机专用设备	套	
3080302	液体发动机专用设备	套	
3080399	其他发动机专用设备	套	
3080400	驾驶系统专用设备	套	
3080401	自动驾驶仪专用设备	套	
3080402	平台陀螺专用设备	套	
3080403	伺服机构专用设备	套	
3080404	舵机专用设备	套	
3080500	战斗部专用设备	套	
3080600	火工品专用设备	套	
3080700	制造地面系统设备专用设备	套	
3080800	试验专用设备	台	
3080801	环境模拟试验专用设备	台	
3080802	空气动力试验专用设备	台	
3080900	全弹发动机试车台	台	
3080901	全弹试车台	台	
3080902	液体发动机试车台	台	
3080903	冲压发动机试车台	台	
3080904	固体发动机试车台	台	
3080905	高空试车台	台	
3080906	组成件试车台	台	
3080907	氢氧发动机试车台	台	
3080999	其他全弹发动机试车台	台	
3089900	其他航空航天工业专用制造设备	台	

表 24

3100000 工程机械

代码	名　称	计量单位	说　明
3100000	工程机械		
3100100	挖掘机械	台	
3100101	大型挖掘机	台	机重 30 吨以上
3100102	中型挖掘机	台	机重 7 吨（不含）~30 吨（不含）
3100103	小型挖掘机	台	机重 7 吨以下
3100104	斗轮挖掘机	台	
3100105	挖掘装载机	台	
3100199	其他挖掘机械	台	
3100200	铲土运输机械	台	
3100201	推土机	台	
3100202	装载机	台	
3100203	铲运机	台	
3100204	平地机	台	
3100205	非公路自卸车	台	
3100299	其他铲土运输机械	台	
3100300	工程起重机械	台	
3100301	汽车起重机	台	
3100302	全地面起重机	台	
3100303	履带式起重机	台	
3100304	轮胎式起重机	台	
3100305	随车起重机	台	
3100306	塔式起重机	台	
3100307	施工升降机	台	
3100308	建筑卷扬机	台	
3100399	其他工程起重机械	台	
3100400	工业车辆	台	
3100401	内燃叉车	台	
3100402	蓄电池叉车	台	
3100403	托盘堆垛车	台	
3100404	侧面叉车	台	
3100405	越野叉车	台	
3100406	拣选车	台	
3100407	伸缩臂叉车	台	
3100408	集装箱叉车	台	
3100409	牵引车	台	
3100410	平台搬运车	台	
3100411	手动液压搬运车	台	
3100499	其他工业车辆	台	
3100500	压实机械	台	
3100501	静碾压路机	台	
3100502	震动压路机	台	
3100503	轮胎压路机	台	
3100504	夯实机	台	
3100599	其他压实机械	台	
3100600	路面及养护机械	台	
3100601	路面基础施工机械	台	包括稳定土摊铺机和设备等
3100602	沥青路面施工机械	台	包括沥青混凝土搅拌站、摊铺机等
3100603	水泥路面施工机械	台	包括水泥摊铺机等
3100604	路面养护机械	台	包括铣刨机、养护工程车等
3100699	其他路面及养护机械	台	
3100700	桩工机械	台	
3100701	旋挖钻机	台	
3100702	柴油打桩机	台	
3100703	柴油锤式打桩机	台	
3100704	振动沉拔桩锤	台	
3100705	振动沉拔桩架	台	
3100706	压桩机	台	
3100707	螺旋钻孔机	台	
3100708	成孔机	台	
3100709	振冲器	台	
3100710	落锤打桩机	台	
3100799	其他桩工机械	台	
3100800	混凝土机械	台	
3100801	混凝土输送泵	台	包括泵车、拖式泵、车载泵等
3100802	混凝土布料杆	台	
3100803	水泥搅拌站	台	
3100804	混凝土搅拌运输车	台	

续表

代码	名　称	计量单位	说　明
3100805	混凝土振动器	台	
3100806	混凝土浇注机械	台	
3100807	混凝土制品机械	台	
3100899	其他混凝土机械	台	
3100900	凿岩与掘进机械	台	
3100901	凿岩机	台	包括气动、内燃、液压、电动凿岩机
3100902	钻车	台	
3100903	钻机	台	
3100904	全断面隧道掘进机	台	
3100905	非开挖设备	台	包括水平定向钻
3100906	凿岩辅助设备	台	
3100907	破碎机	台	
3100999	其他凿岩与掘进机械	台	
3101000	钢筋及预应力机械	台	
3101001	钢筋强化机械	台	
3101002	钢筋加工机械	台	
3101003	钢筋连接机械	台	
3101004	钢筋预应力机械	台	
3101099	其他钢筋及预应力机械	台	
3101100	气动工具	件	
3101101	回转式气动工具	件	包括气钻、气砂轮等
3101102	冲击式气动工具	件	包括风镐、风铲等
3101103	气动马达	件	
3101199	其他气动工具	件	
3101200	装修与高处作业机械	台	
3101201	灰浆制备及喷吐机械	台	包括灰浆搅拌机、灰浆泵等
3101202	涂料喷刷机械	台	喷浆泵、喷涂机等
3101203	油漆制备及喷涂机械	台	
3101204	地面装修机械	台	摸光机、磨光机、打腊机等
3101205	屋面装修机械	台	
3101206	高处作业吊篮及擦窗机	台	
3101207	高处作业平台	台	
3101208	高处作业车	台	
3101209	建筑装修机具	台	型材切割机、射钉机、钻孔机等
3101299	其他装修与高处作业机械	台	
3101600	工程机械专用配套件	件	
3101601	液压件	件	
3101602	传动件	件	
3101603	行走部件	件	四轮一带、轮胎等
3101604	驾驶室设备	件	驾驶室、司机座椅等
3101605	工程机械仪表及控制设备	件	
3101699	其他工程机械专用配套件	件	回转支撑等
3109900	其他工程机械	台	

表 25　　3110000 农业和林业机械

代码	名　称	计量单位	说　明
3110000	农业和林业机械		
3110100	拖拉机	台	
3110101	轮式拖拉机	台	
3110102	履带拖拉机（含半履带式拖拉机）	台	
3110103	手扶拖拉机	台	
3110199	其他拖拉机	台	
3110200	土壤耕整机械	台	
3110201	耕地机械	台	犁、旋耕机、耕整机、微耕机、田园管理机、开沟机（器）、浅松机、深松机、浅耕深松机、机滚船、机耕船等
3110202	整地机械	台	耙、起垄机、镇压器、合墒器、灭茬机等
3110203	林地清理机械	台	灌木割除机、伐根清理机、枝桠清理机等
3110299	其他土壤耕整机械	台	
3110300	种植施肥机械	台	种树、种草播种机械入此

续表

代码	名　称	计量单位	说　明
3110301	播种机械	台	含条播、穴播、异型种子播、小粒种子播、根茎类播、水稻直播、撒播、喷播、免耕播等各种播种机械
3110302	育苗机械	台	含秧盘播种设备、秧田播种机、种子处理设备、营养钵压制机、起苗机以及其他育苗机械设备
3110303	栽植机械	台	含蔬菜、油菜、水稻插秧、水稻抛秧、甘蔗、草皮、树木以及其他栽植机械
3110304	施肥机械	台	含施肥、撒肥、追肥、中耕追肥以及其他施肥机械
3110305	地膜机械	台	
3110399	其他种植施肥机械	台	
3110400	植物管理机械	台	
3110401	中耕机械	台	含中耕、培土、除草、埋藤以及其他中耕机械
3110402	植保机械	台	含喷雾器、机动喷雾喷粉机、动力喷雾机、喷杆式喷雾机、风送式喷雾机、烟雾机、注射器、注射机、杀虫灯以及其他植保机械
3110403	修剪机械	台	含嫁接设备、茶树修剪机、果树修剪机、草坪机械以及其他修剪机械
3110499	其他植物管理机械	台	
3110500	园林机械		
3110501	乔木管护设备	台	
3110502	灌木管护设备	台	
3110503	庭院用微型设备	台	劈柴机、微型打桩机、抛雪机等
3110599	其他园林机械		
3110600	农作物及林特产品收获机械		
3110601	谷物收获机	台	
3110602	玉米收获机	台	
3110603	棉麻作物收获机	台	
3110604	果实收获机	台	
3110605	蔬菜收获机	台	
3110606	花卉（茶叶）采收机	台	
3110607	籽粒作物收获机	台	
3110608	根茎作物收获机	台	
3110609	饲料作物收获机	台	
3110610	茎秆收集处理机	台	
3110611	林特产品采摘机械	台	
3110699	其他农作物及林特产品收获机械		
3110700	收获后处理机械		
3110701	脱粒机	台	
3110702	清选机	台	
3110703	剥壳（去皮）机	台	
3110704	干燥机	台	
3110705	种子加工机	台	
3110706	仓储机械	台	
3110707	其他收获后处理机械		
3110800	农林产品初加工机械		水果、天然橡胶等机械分别入“3140206 果品加工机械”和“3032801 天然橡胶加工设备”
3110801	碾米机械	台	入“3170200 碾米机械”
	磨粉（浆）机械		
	榨油机械		入“3170400 榨油机械”
3110802	棉花加工机械	台	含轧花、皮棉清理、剥绒、打包、加工等机械
3110803	果蔬加工机械	台	含分级、打蜡、清洗等机械
3110804	茶叶加工机械	台	含杀青、揉捻、炒烘、筛选等机械

续表

代码	名　称	计量单位	说　明
3110805	林特产品初加工机械	台	
3110899	其他农林产品初加工机械		
3110900	农用搬运机械		
3110901	农用运输机械	辆	含农用挂车、手扶拖拉机变形运输机、农用运输车辆、挂浆机以及其他运输机械
3110902	农用装卸机械	台	含码垛、农用吊车、农用叉车、农用装载机以及其他
	农用航空器		入“3520304 农用飞机”
3110999	其他农用搬运机械		
3111000	排灌机械		
3111001	水泵	台	
3111002	喷灌机械设备	台	含喷灌机、微喷、滴灌、渗灌设备、水井钻机以及其他喷灌机械
3111099	其他排灌设备		
3111100	农村可再生能源利用设备		
3111101	风力设备	台	含风力发电机、风力提水机
3111102	水力设备	台	含水力提灌、微水电等设备
3111103	太阳能设备	台	含太阳能集热器、太阳灶
3111104	生物制能设备	台	含沼气发生设备、沼气灶、秸秆气化设备、秸秆燃料致密成型设备
3111199	其他生物制能设备		
	农林基本建设机械		挖掘机械、平地机械入“3100000 工程机械”有关类；挖泥船见“3510801 挖泥船”；清淤机入“3280100 清淤机械”有关类
3111200	设施农业设备		
3111201	日光温室设施设备	套	含日光温室结构、卷帘机、保温被、加温炉等
3111202	塑料大棚设施设备	套	含大棚结构、手动卷膜器等
3111203	连栋温室设施设备	套	含连栋温室结构、开窗机、拉幕机、排风机、温帘、二氧化碳发生器、加温系统、灌溉首部等
3111299	其他设施农业设备		
3111300	农用动力机械	台	拖拉机见“3110100 拖拉机”
3111400	草原建设机械		
3111401	围栏设备	套	
3111402	草皮破碎机	台	
3111403	草原除雪机	台	
3111404	毒饵撒播机	台	
3111405	埋桩机	台	
3111406	梳草机	台	
3111407	起草皮机	台	
3111499	其他草原建设机械	台	
3111500	草料加工设备	套	
3111600	畜牧饲养机械		
3111601	孵化育雏设备	套	
3111602	喂料饮水设备	台	
3111603	清理消毒设备	台	
3111604	网围栏	套	
3111699	其他畜牧饲养机械	套	
3111700	畜禽产品采集加工机械		
3111701	挤奶机	台	
3111702	剪羊毛机	台	洗毛脱水设备入“3180301 毛处理设备”
3111703	牛奶分离机	台	
3111704	储奶罐	件	
	禽畜屠宰加工设备		入“3140401 禽畜屠宰加工设备”
3111799	其他畜禽产品采集加工机械		
3111800	水产养殖机械		
3111801	增氧机	台	独立工作的增氧机入此
3111802	增氧装置或增氧系统	套	
3111803	投饵机	台	独立工作的投饵机入此
3111804	投饵装置或投饵系统	套	集中投饲组合系统入此
3111805	网箱养殖设备	套	

续表

代码	名　　称	计量单位	说　　明
3111806	水体净化处理设备	套	
3111899	其他水产养殖机械		
3111900	水产品捕捞和采集机械		渔船见“3510400 渔船”
3111901	海洋捕捞机械	台	
3111902	淡水捕捞机械	台	
3111903	水生植物采集机械	台	
3111999	其他水产品捕捞和采集机械		
3112000	水产品初加工机械		
3112001	鱼货起、卸和冻结设备	台	
3112003	贝类加工机械	台	
3112004	海参加工机械	台	
3112005	紫菜加工机械	台	
3112006	鱼类初加工机械	台	
3112099	其他水产品加工机械		
3112100	制网机械		
3112101	织网机	台	
3112102	制绳机	台	
3112103	并线机	台	
3112199	其他制网机械		
3119900	其他农业和林业机械		

表 26　　3130000 木材采集和加工设备

代码	名　　称	计量单位	说　　明
3130000	木材采集和加工设备		
3130100	木材采伐和集运机械		拖拉机入“3110100 拖拉机”
3130101	采伐机械	台	包括伐木机、油锯等
3130102	集材机	台	
3130103	割灌机	台	
3130104	专用运材设备	台	包括推河机、装排机、过坝机、出河机等
3130199	其他木材采伐和集运机械		
3130200	木工机床		
3130201	木工车床	台	
3130202	木工刨床	台	
3130203	木工铣床	台	
3130204	开榫机	台	
3130205	木工锯机	台	
3130206	木工钻床	台	
3130207	榫槽机	台	
3130208	木工磨光、抛光机	台	
3130209	木工多用机床	台	
3130210	木工冷压机	台	
3130211	木工拼接机	台	
3130300	木质纤维加工设备	台	造纸、粘胶纤维和人造板纤维备料机械均入此，造纸用磨木机、磨浆机入“3200100 造纸机械”有关类
3130301	木制纤维备料设备	台	
3130302	纤维加工分离机械	台	包括减压稀释器、氨水稀释桶、框式搅拌机、纤维分离机等
3130303	其他木质纤维加工设备		
3130400	人造板加工设备		
3130401	削片机	台	
3130402	铺装成型机	台	
3130403	干燥机	台	
3130404	压机	台	
3130405	裁边机	台	
3130406	砂光机	台	
3130407	施胶机	台	
3130408	运输机	台	
3130409	分选机	台	

续表

代码	名称	计量单位	说明
3130410	剥皮机	台	
3130411	定心机	台	
3130412	旋切机	台	
3130413	卷板机	台	
3130414	刨切机	台	
3130415	剪板机	台	
3130416	挖孔补节机	台	
3130417	拼缝机	台	
3130418	组坯机	台	
3130419	磨浆机	台	
3130420	后处理设备	台	
3130421	横截机	台	
3130422	装卸机	台	
3130423	分板机	台	
3130424	冷却翻板机	台	
3130425	垫板处理设备	台	
3130426	木片清洗机	台	
3130427	料仓	台	
3130428	分离器	台	
3130429	电磁振动器	台	
3130430	磁选装置	台	
3130431	升降台	台	
3130432	堆拆垛机	台	
3130433	计量设备	台	
3130434	浸渍干燥机	台	
3130435	磨刀机	台	
3130436	容器	台	
3130437	浓度调节器	台	
3130438	拼接板机	台	
3130499	其他人造板设备		
3130500	木材干燥设备		
3130501	常规干燥设备	台	
3130502	除湿干燥设备	台	
3130503	真空干燥设备	台	
3130504	太阳能干燥设备	台	
3130505	高频干燥设备	台	
3130506	微波干燥设备	台	
3130507	其他干燥设备	台	
3130600	木材防腐设备	台	
3130700	林业生物质工程设备	台	
3139900	其他木材采集和加工机械		

表 27　　3140000 食品加工专用设备

代码	名称	计量单位	说明
3140000	食品加工专用设备		罐头封装设备入“2102300 包装机械”有关类
3140100	制糖机械	台	
3140101	原料处理设备	台	
3140102	提汁设备	台	
3140103	制炼设备	台	
3140104	废粕综合利用设备	台	
3140199	其他制糖机械	台	
3140200	糕点糖果及果品加工机械	套	
3140201	糕点类原料加工机械	台	
3140202	饼干加工机	台	

续表

代码	名　　称	计量单位	说　　明
3140203	糕点加工机	台	
3140204	糖果加工备料机械	台	
3140205	糖果加工成型机械	台	
3140206	果品加工机械	台	
3140207	糕点、糖果、果品生产线	台	
3140299	其他糕点、糖果、果品加工机械		
3140300	菜类食品加工机械	套	
3140301	蔬菜加工机械	台	
3140302	豆制品加工机械	台	
3140303	淀粉制品加工机械	台	
3140399	其他菜类食品加工机械		
3140400	屠宰、肉食品及蛋品加工机械		
3140401	禽畜屠宰加工设备	台	
3140402	肉类加工机械	台	
3140403	乳品加工机械	台	
3140404	蛋品加工设备	台	
3140405	水产品加工机械	台	
3140499	其他屠宰、肉食及蛋品加工机械		
3140500	食品蒸煮机械	台	
3140600	食品杀菌器械	台	
3140700	食品均质机	台	
3140800	调味品加工机械	.	
3140801	味精加工机械	台	
3140802	酱制品加工机械	台	
3140803	酱油加工机械	台	
3140804	食醋加工机械	台	
3140899	其他调味品加工机械		
3140900	罐头食品生产线	.	
3140901	肉类罐头加工线	台	
3140902	蔬菜罐头加工线	台	
3140903	水产品罐头加工线	台	
3141000	饮食炊事机械	台	
3141100	食品检测、监测设备	台	
3149900	其他食品加工专用设备		

表 28　　3150000 饮料加工设备

代码	名　　称	计量单位	说　　明
3150000	饮料加工设备		
3150100	酿酒设备		
3150101	通用酿酒设备	套	
3150102	啤酒制造设备	套	
3150103	白酒制造设备	套	
3150104	黄酒制造设备	套	
3150105	果酒制造设备	套	
3150106	食用酒精制造设备	套	
3150199	其他酿酒设备		
3150200	无醇饮料加工设备		
3150201	冷饮设备	套	冰淇淋机等
3150202	咖啡、可可加工设备	套	
3150203	茶饮料加工设备	套	
3150204	果汁加工设备	套	
3150205	饮用水加工设备	套	矿泉水、纯净水等
3150299	其他无醇饮料加工设备	套	
3159900	其他饮料加工设备		

表 29

3160000 烟草加工设备

代码	名　称	计量单位	说　明
3160000	烟草加工设备		
3160100	烟用加温加湿机械		
3160101	回潮机	套	
3160102	微波回软设备	套	
3160103	洗梗机	套	
3160199	其他烟用加温加湿机械		
3160200	烟用解把机械		
3160201	解把机	套	
3160202	松散机	套	
3160203	松包机	套	
3160299	其他烟用解把机械		
3160300	烟用除杂、筛分机械		
3160301	筛分机	台	
3160302	筛砂机	台	
3160303	剔除机	台	
3160304	除杂设备	台	
3160305	除麻丝机	台	
3160306	梗签分离机	台	
3160399	其他烟用除杂、筛分机械		
3160400	烟用叶梗分离机械		
3160401	打叶机	台	
3160402	风分机	台	
3160499	其他烟用叶梗分离机械		
3160500	烟用烘烤机械		
3160501	烟梗烤机	台	
3160502	烟片烤机	台	
3160503	自助烟烘干机	台	
3160504	碎烟干燥机	台	
3160599	其他烟用烘烤机械		
3160600	烟用预压打包机械		
3160601	预压机	台	
3160602	打包机	台	
3160699	其他烟用预压打包机械		
3160700	烟用开（拆）包机械		
3160701	拆箱机	台	
3160702	开包机	台	
3160799	其他烟用开（拆）包机械		
3160800	烟用叶片分切机械		
3160801	切片机	台	
3160899	其他烟用叶片分切机械		
3160900	烟用切丝机械		
3160901	直刃滚刀式切（梗）丝机	台	
3160902	曲刃滚刀式切（梗）丝机	台	
3160999	其他烟用切丝机械		
3161000	烟用烘丝机械		
3161001	烘丝机	台	
3161002	烘（梗）丝机	台	
3161099	其他烟用烘丝机械		
3161100	烟用冷却机械		
3161101	振动式烟丝冷却机	台	
3161102	带式烟丝冷却机	台	
3161199	其他烟用冷却机械		
3161200	烟用香精香料调配及加料加香机械		
3161201	加香机	台	
3161202	加料机	台	

续表

代码	名称	计量单位	说明
3161203	糖香料厨房设备	台	
3161299	其他烟用香精香料调配及加料加香机械		
3161300	烟用压梗机械		
3161301	压梗机	台	
3161399	其他烟用压梗机械		
3161400	烟丝膨胀机械		
3161401	二氧化碳烟丝膨胀装置	台	
3161402	KC－2介质烟丝膨胀装置	台	
3161403	氮气烟丝膨胀装置	台	
3161404	气流式烟丝膨胀装置	台	
3161499	其他烟丝膨胀装置		
3161500	烟丝输送机械		
3161501	喂料机	台	
3161502	喂丝机	台	
3161503	吸丝机	台	
3161504	送丝系统	台	
3161505	储存输送系统	台	
3161506	滤棒发射、接收系统	台	
3161599	其他烟用输送机械		
3161600	再造烟叶机械		
3161601	薄片生产设备	台	
3161699	其他再造烟叶机械		
3161700	烟用卷接机械		
3161701	卷烟机	台	
3161702	接装机	台	
3161703	装盘机	台	
3161704	卸盘机	台	
3161705	卷接机组	台	
3161799	其他烟用卷接机械		
3161800	烟用包装机械		
3161801	包装机组	台	
3161802	包装机	台	
3161803	小包机	台	
3161804	条包机	台	
3161805	小包存储器	台	
3161899	其他烟用包装机械		
3161900	烟用滤棒成型机		
3161901	开松上胶机	台	
3161902	滤棒成型机组	台	
3161999	其他烟用滤棒成型机		
3162000	烟用装封箱机		
3162001	封箱机	台	
3162002	装箱机	台	
3162003	条盒提升机	台	
3162004	条盒输送机	台	
3162005	条盒方向转换机	台	
3162006	封装箱机	台	
3162099	其他烟用装封箱机		
3162100	废烟支、烟丝回收装置		
3162101	废烟支处理机	台	
3162199	其他废烟支、烟丝回收装置		
3169900	其他烟草加工机械		

表 30　　**3170000 粮油作物和饲料加工设备**

代码	名　称	计量单位	说　明
3170000	粮油作物和饲料加工设备	台	
3170100	通用清理机械	台	
3170101	筛	台	
3170102	去石机	台	
3170199	其他通用清理机械	台	
3170200	碾米机械	台	
3170201	原料清理设备	台	
3170202	脱壳分离设备	台	
3170203	碾米机	台	
3170204	涮米设备	台	
3170205	联合碾米设备	台	
3170206	玉米加工设备	台	
3170299	其他碾米机械	台	
3170300	面粉加工设备	台	
3170301	原料清理设备	台	
3170302	磨粉设备	台	
3170303	筛粉机	台	
3170304	清粉机	台	
3170305	松粉机	台	
3170306	撞击机	台	
3170307	打麸机	台	
3170308	刷麸机	台	
3170399	其他面粉加工机械	台	
3170400	榨油机械	台	
3170401	原料清理设备	台	
3170402	压胚设备	台	
3170403	软化设备	台	
3170404	压饼机	台	
3170405	榨油机	台	
3170406	蒸炒锅	台	
3170499	其他榨油机械	台	
3170500	油脂浸出机械	台	
3170501	浸出器	台	
3170502	蒸发器	台	
3170503	汽提塔	台	
3170504	脱溶机	台	
3170505	脱臭机	台	
3170506	蒸脱机	台	
3170507	烘干机和干燥机	台	
3170508	尾气吸收装置	台	
3170599	其他油脂浸出机械	台	
3170600	油脂精炼设备	台	
3170601	锅	台	
3170602	脱臭塔、脱臭炉	台	
3170603	油碱比配机	台	
3170604	混合机械	台	
3170605	罐	台	
3170606	油液捕集器	台	
3170699	其他油脂精炼设备	台	
3170800	饲料加工设备	台	
3170801	混合及配料设备	台	
3170802	颗粒压制设备	台	
3170803	饲料加工机械及机组	台	
3170899	其他饲料加工机械	台	
3170900	食品油脂加工设备	台	
3170901	油料蛋白生产设备	台	
3170902	花生蛋白生产设备	台	
3170903	起酥油设备	台	
3170904	人造奶油设备	台	
3170999	其他食品、油脂加工设备	台	
3179900	其他粮油作物和饲料加工设备	台	

表 31

3180000 纺织设备

代码	名　　称	计量单位	说　　明
3180000	纺织设备		
3180100	化纤机械		
3180101	抽丝设备	台	
3180102	维纶设备	台	
3180103	腈纶设备	台	
3180104	涤纶设备	台	
3180105	绵纶设备	台	
3180106	丙纶设备	台	
3180107	纤维素纤维设备	台	又名粘胶纤维设备
3180199	其他化纤机械		
3180200	棉纺织机械		
3180201	棉开松设备	台	
3180202	分梳机	台	
3180203	并条机	台	
3180204	纱机	台	
3180205	纺纱机	台	
3180206	捻线机	台	
3180207	棉纱处理设备	台	
3180208	织机	台	
3180299	其他棉纺织机械		
3180300	毛纺织机械		
3180301	毛处理设备	台	
3180302	毛条设备	台	
3180303	毛纺设备	台	
3180304	捻机	台	
3180305	毛纱处理设备	台	
3180306	毛织机	台	
3180307	绒线设备	台	
3180399	其他毛纺织机械		
3180400	麻纺织机械		
3180401	麻处理设备	台	
3180402	分梳机	台	
3180403	并条机	台	
3180404	麻纺机	台	
3180405	麻织机	台	
3180499	其他麻纺织机械		
3180500	丝绸机械及绢纺机械		
3180501	准备设备	台	
3180502	缫丝设备	台	
3180503	丝织设备	台	
3180504	绢纺设备	台	
3180505	抽丝纱设备	台	
3180599	其他丝绸及绢纺机械		
3180600	针织机械		
3180601	单动针纬编机	台	
3180602	联动针纬编机	台	
3180603	经编机	台	
3180699	其他针织机械		
3180700	染整机械	台	
3180701	印染后整理设备	台	
3180702	针织品染色整理设备	台	
3180799	其他染整机械		
3180800	非织造织物设备	套	
3180900	毛毯加工机械	台	
3189900	其他纺织设备		

表 32

3190000 缝纫、服饰、制革和毛皮加工设备

代码	名　称	计量单位	说　明
3190000	缝纫、服饰、制革和毛皮加工设备		
3190100	缝纫机	台	
3190101	民用缝纫机	台	
3190102	工业缝纫机	台	
3190200	服装加工机械		
3190201	剪裁机械	台	
3190202	粘合机	台	
3190203	压胶机	台	
3190204	制领机械	台	
3190205	整烫设备	台	
3190206	大白扣机	台	
3190207	服装打号码机	台	
3190208	商标机	台	
3190299	其他服装加工机械		成衣设备入“3190200 服装加工机械”
3190300	羽绒加工设备		
3190301	预分机	台	
3190302	除灰机	台	
3190303	洗毛机	台	
3190304	脱水机	台	
3190305	烘毛机	台	
3190306	分毛机	台	
3190307	冷却机	台	
3190308	拼堆机	台	
3190399	其他羽绒加工设备		
3190400	制鞋机械		
3190401	下料机械	台	
3190402	片帮机械	台	
3190403	缝外线机	台	
3190404	缝内线机	台	
3190405	胶粘机	台	
3190406	压合机	台	
3190407	绷机	台	
3190408	成型机	台	
3190409	钉鞋眼机	台	
3190410	烫平机械	台	
3190499	其他制鞋机械		
3190500	制帽机械	台	
3190600	制革机械		
3190601	制革准备机械	台	
3190602	磨革机	台	
3190603	打光机	台	
3190604	拉伸机械	台	
3190605	平展机械	台	
3190606	干燥机	台	
3190607	烫革机械	台	
3190608	皮革轧花机	台	
3190699	其他制革机械		
3190700	毛皮加工机械		
3190701	毛皮去肉机	台	
3190702	剪毛机	台	
3190703	烫毛机	台	
3190704	梳毛机	台	
3190705	干铲机	台	
3190706	毛皮挤油机	台	
3190707	刷酸机	台	
3190708	毛皮削匀机	台	
3190709	毛皮拉伸机	台	
3190799	其他毛皮加工机械		
3190800	皮革制品加工机械	台	
3190801	皮箱接头机	台	
3190899	其他皮革制品加工机械	台	
3199900	其他缝纫、服饰、制革和毛皮加工机械		

表 33　　**3200000 造纸和印刷机械**

代码	名　　称	计量单位	说　　明
3200000	造纸和印刷机械		备料设备入“3130301 木制纤维备料设备”
3200100	造纸机械		
3200101	制浆设备	台	
3200102	打浆设备	台	
3200103	洗浆机械	台	
3200104	筛选设备	台	
3200105	漂白设备	台	
3200106	造纸机	台	
3200107	造纸完成机械	台	
3200108	加工纸设备	台	
3200109	造纸辅机	台	
3200199	其他造纸机械		
3200200	印刷机械		
3200201	图像制版机械	台	
3200202	文字制版机械	台	
3200203	印刷机	台	
3200204	盲文印刷机	台	
3200205	装订机械	台	
3200206	辅助设备	台	
3200299	其他印刷机械		
3200300	造纸和印刷用切纸机械		
3200301	造纸纵切机	台	
3200302	切纸机	台	
3200303	切割机	台	
3200304	盘纸分切机	台	
3200305	切蜡光纸机	台	
3200306	裁纸机	台	
3200399	其他造纸和印刷用切纸机械		
3209900	其他造纸和印刷机械		

表 34　　**3210000 化学药品和中药专用设备**

代码	名　　称	计量单位	说　　明
3210000	化学药品和中药专用设备		
3210100	化学原料药加工机械		制药用过滤机械入“2102103 过滤机”
3210101	摇瓶机	台	
3210102	结晶设备	台	
3210103	发酵设备	台	
3210199	其他化学原料药加工机械	台	
3210200	制剂机械		
3210201	片剂机械	台	
3210202	水针机械	台	
3210203	粉、针机械	台	
3210204	大输液机械	台	
3210205	酊水、糖浆剂设备	台	
3210206	药膜机械	台	
3210207	软膏机械	台	
3210208	胶囊设备	台	
3210209	丸剂机械	台	
3210210	颗粒剂机械	台	
3210299	其他制剂机械		
3210300	中药机械		
3210301	中药饮片加工机械	台	
3210302	提取机械	台	
3210399	其他中药机械		
3210400	药瓶洗理机械		
3210401	洗瓶机	台	
3210402	理瓶机	台	
3210403	供瓶机	台	
3210404	输瓶机	台	
3210499	其他药瓶洗理机械		
3210500	药用干燥设备		
3210501	真空干燥设备	台	
3210502	喷雾干燥设备	台	
3210503	气流干燥设备	台	
3210504	沸腾干燥设备	台	

续表

代码	名称	计量单位	说明
3210505	冷冻干燥设备	台	
3210506	热风干燥设备	台	
3210507	双锥干燥设备	台	
3210508	中药干燥设备	台	
3210599	其他药用干燥设备		
3210600	制药蒸发设备和浓缩设备		
3210601	标准式蒸发器	台	
3210602	薄膜式蒸发器	台	
3210603	刮板式蒸发器	台	
3210604	浓缩设备	台	
3210605	列管式蒸发器	台	
3210606	离心薄膜蒸发器	台	
3210699	其他制药蒸发设备和浓缩设备		
3210700	药品专用包装机械		
3210701	片丸药包装机械	台	
3210702	胶囊分装机械	台	
3210799	其他药品专用包装机械		
3210800	粉碎、筛粉设备		
3210801	粉碎设备	台	
3210802	磨粉设备	台	
3210803	球磨机	台	
3210804	胶体磨设备	台	
3210805	圆盘粉筛机	台	
3210806	金钢砂磨设备	台	
3210899	其他粉碎、筛粉设备		
3219900	其他化学药品和中药专用设备	台	

表 35　　3220000 医疗设备

代码	名称	计量单位	说明
3220000	医疗设备		
3220100	手术器械		
3220101	基础外科手术器械	套	
3220102	显微外科手术器械	套	
3220103	神经外科手术器械	套	
3220104	眼科手术器械	套	
3220105	耳鼻喉科手术器械	套	
3220106	口腔科手术器械	套	
3220107	胸腔心血管外科手术器械	套	
3220108	腹部外科手术器械	套	
3220109	泌尿肛肠外科手术器械	套	
3220110	矫形外科（骨科）手术器械	套	
3220111	儿科手术器械	套	
3220112	妇产科手术器械	套	
3220113	计划生育科手术器械	套	
3220115	注射穿刺器械	套	
3220116	烧伤（整形）科手术器械	套	
3220199	其他手术器械	套	
3220200	普通诊察器械	件	包括体温表、血压计、听诊器等
3220300	医用电子生理参数检测仪器设备		
3220301	心电诊断仪器	件	
3220302	脑电诊断仪器	件	
3220303	肌电诊断仪器	件	
3220304	眼电诊断仪器	件	
3220305	监护仪器	件	
3220306	生理参数遥测仪器	件	
3220307	生理记录仪器	件	
3220309	生理研究实验仪器	件	
3220310	气体分析测定装置	件	
3220311	血流量、容量测定装量	件	
3220313	电子体温测定装置	件	
3220314	电子血压测定装置	件	
3220315	运动生理参数测定装置	件	
3220316	心音诊断仪器	件	
3220317	心磁图仪器	件	
3220320	心输出量测定仪器	件	
3220399	其他医用电子仪器		

续表

代码	名　称	计量单位	说　明
3220400	医用光学仪器		
3220401	眼科光学仪器	件	
3220402	手术显微镜及放大镜	件	
3220499	其他医用光学仪器		
3220500	医用超声波仪器及设备		
3220501	超声诊断仪器	台	
3220502	超声治疗设备	台	
3220599	其他医用超声仪器及设备		
3220600	医用激光仪器及设备		
3220601	激光仪器	台	
3220603	激光检测仪器	台	
3220699	其他医用激光仪器及设备		
3220700	医用内窥镜		
3220701	硬式内窥镜	台	
3220702	纤维内窥镜	台	
3220703	医用内窥镜附属设备	台	
3220799	其他医用内窥镜		
3220800	物理治疗、康复及体育治疗仪器设备	套	
3220801	电疗仪器	套	
3220802	微波及射频治疗设备	套	
3220803	光疗仪器	套	
3220804	水疗设备	套	
3220805	体疗仪器	套	
3220806	高、低压氧仓	套	
3220807	蜡疗设备	套	
3220808	热疗设备	套	
3220809	磁疗设备	套	
3220899	其他物理治疗、康复及体育治疗仪器设备	套	
3220900	中医器械设备	台	
3220901	中医诊断设备	台	
3220902	中医治疗设备	台	
3220903	中医预防、康复设备	台	
3220999	其他中医器械设备	台	
3221000	医用磁共振设备	套	
3221001	磁共振成像装置	套	
3221099	其他医用磁共振设备	套	
3221100	医用 X 线设备		
3221101	通用 X 线诊断设备	台	
3221102	专用 X 线诊断设备	台	
3221103	数字化 X 线诊断设备	台	
3221104	X 线断层诊断设备	台	
3221105	X 线电子计算机断层扫描装置	台	
3221199	其他医用 X 线设备		
3221200	医用 X 线附属设备及部件		
3221201	医用 X 线附属设备	套	
3221202	医用影像显示器	套	
3221299	其他医用 X 线附属设备及部件		
3221300	医用高能射线设备		
3221301	医用高能射线治疗设备	套	
3221302	X 线治疗设备	套	
3221399	其他医用高能射线设备		
3221400	核医学设备		
3221401	核医学诊断设备	套	
3221402	核医学治疗设备	套	
3221403	医用核素检测设备	套	
3221499	其他核医学设备		
3221500	医用射线防护材料和设备		
3221501	医用射线防护用具及装置	套	
3221599	其他医用射线防护材料和设备		
3221600	医用射线监检测设备及用具		
3221601	医用射线专用检测仪器	套	
3221699	其他医用射线监检测设备及用具		
3221700	临床检验设备		
3221701	免疫学设备	套	
3221702	生化分析设备	套	
3221703	微生物学设备	套	
3221704	细胞核组织培养设备	套	

续表

代码	名　称	计量单位	说　明
3221705	血液学设备	套	
3221706	输血设备	套	
3221707	尿液化验设备	套	
3221708	病理学器具、设备	套	
3221709	实验室辅助器具、设施及设备	套	
3221710	特殊实验设备	套	
3221799	其他临床检验设备		
3221800	药房设备及器具		
3221801	药品贮藏设备	套	
3221802	药房设备	套	
3221803	中药制备设备及器具	套	
3221899	其他药房设备及器具		
3221900	体外循环设备		
3221901	人工心肺机	台	
3221902	人工心肺设备	台	
3221903	血液透析装置	台	
3221904	血液净化设备辅助装置	台	
3221905	腹膜透析装置	台	
3221906	人工肝支持系统	台	
3221999	其他体外循环设备		
3222000	人工脏器及功能辅助装置		
3222001	人工心脏瓣膜	个	
3222002	人造管腔	个	
3222003	人工器官	个	
3222004	器官缺损修补材料	个	
3222099	其他人工脏器及功能辅助装置		
3222100	假肢装置及材料		
3222101	假肢	个	
3222199	其他假肢装置及材料		
3222200	手术急救设备及器具		
3222201	心脏急救治疗装置	台	
3222202	通用手术台床	台	
3222203	专科诊疗台床	台	
3222204	手术电刀设备	台	
3222205	麻醉设备	台	
3222206	呼吸设备	台	
3222207	手术照明设备	台	
3222208	吸引设备	台	
3222209	冲洗减压器具	台	
3222210	手术及急救器具	台	
3222299	其他手术急救设备及器具		
3222300	口腔科设备及技工室器具		
3222301	口腔综合治疗设备	台	
3222302	牙科椅	台	
3222303	技工室器具	台	
3222304	技工室设备及配件	台	
3222305	口腔功能检测设备及器具	台	
3222306	牙种植设备及配件	台	
3222399	其他口腔科设备及技工室器具		
3222400	病房护理及医院通用设备		
3222401	护理用设备及器具	台	
3222402	输液设备及器具	台	
3222403	医用供气、输气装置	台	
3222404	病房附加设备及器具	个	
3222405	器械台、柜等器具	个	
3222406	医用推车及器具	个	
3222407	病人生活用车	辆	
3222408	担架及器具	套	
3222409	婴儿保育设备	套	
3222410	医院通讯设备	套	
3222411	医用制气、供气、吸气装置	套	
3222499	其他病房护理及医院通用设备		
3222500	消毒灭菌设备及器具		
3222501	压力蒸汽灭菌设备	台	
3222502	医用超声波净化设备	台	
3222503	煮沸消毒设备	台	
3222504	气体灭菌设备及器具	台	

续表

代码	名　称	计量单位	说　明
3222505	光线、射线灭菌设备	台	
3222506	医院环保设施	台	
3222507	供应室设备	台	
3222599	其他消毒灭菌设备及器具		
3222600	医用低温、冷疗设备		
3222601	医用低温设备	台	
3222602	医用冷疗设备	台	
3222699	其他医用低温、冷疗设备		
3222700	防疫、防护卫生装备及器具		
3222701	医疗箱类	个	
3222702	急救盒类	个	
3222703	急救包类	个	
3222704	防毒设备及器具	套	
3222799	其他防疫、防护卫生装备及器具		
3222800	助残器具		
3222801	电子助视器	个	
3222802	助听器	个	
3222803	轮椅	个	
3222899	其他助残器具		
3222900	骨科材料		
3222901	脊柱植入材料	件	
3222902	人工关节材料	件	
3222903	创伤植入材料	件	
3222904	辅助材料	件	
3222999	其他骨科材料		
3223000	介入诊断和治疗用材料		
3223001	血管介入、植入材料	件	
3223002	心脏除颤、起搏器	件	
3223099	其他介入诊断和治疗用材料		
3223100	兽医设备		
3223101	兽医用电子诊断设备	台	
3223102	疫苗组织捣碎机	台	
3223103	疫苗冷冻干燥机	台	
3223104	动物疫病防治设备	台	
3223199	其他兽医设备		
3229900	其他医疗设备		

表 36　　3230000 电工、电子专用生产设备

代码	名　称	计量单位	说　明
3230000	电工、电子专用生产设备		
3230100	电工专用生产设备		
3230101	电机生产设备	台	
3230102	低压电器专用生产设备	台	
3230103	电线电缆电用制造设备	台	
3230104	绝缘材料生产专用设备	套	
3230199	其他电工专用生产设备	套	
3230200	电池生产专用设备		
3230201	铅酸蓄电池生产设备	台，条	
3230202	电池制作工艺设备	台，条	
3230299	其他电池生产专用设备		
3230300	电子工业专用生产设备		
3230301	半导体专用设备	台	
3230302	电真空器件生产设备	台	
3230303	电子元件制造设备	台	
3230304	环境例行试验设备	台	
3230305	激光、印刷线路计算机生产设备	台	
3230306	生产线及装配线	条	
3230307	磁盘打印机生产专用设备	台	
3230399	其他电子工业专用生产设备		
3230400	家用电器专用生产设备		
3230401	洗衣机生产专用设备	台	
3230402	电冰箱专用生产设备	台	
3230403	家用空调器专用生产设备	台	
3230404	家用电扇专用生产设备	台	
3230405	家用清洁卫生器具专用生产设备	台	
3230406	家用厨房电器具专用生产设备	台	
3230499	其他家用电器专用生产设备		
3239900	其他电工、电子专用生产设备		

表 37

3240000 安全生产设备

代码	名　　称	计量单位	说　　明
3240000	安全生产设备		
3240100	煤矿安全设备		
3240101	通风检测设备	台	
3240102	瓦斯防治设备	台	
3240103	防灭火设备	台	
3240104	防尘设备	台	
3240199	其他煤矿安全设备		
3240200	非煤矿山安全设备		
3240201	无轨设备自动灭火系统	套	
3240202	烟雾传感器	台	
3240203	斜井提升用捞车器	台	
3240204	70℃防火调节阀	台	
3240205	井下低压不接地系统绝缘检漏装置	套	
3240206	带张力自动平衡悬挂装置的多绳提升容器	个	
3240207	带 BF 型钢丝绳罐道罐笼防坠器的罐笼	个	
3240208	带木罐道罐笼防坠器的罐笼	个	
3240299	其他非煤矿山安全设备		
3240300	危险化学品安全设备		
3240301	毒性气体检测报警器	台	
3240302	地下管道探测器	台	
3240303	管道防腐检测仪	台	
3240304	氧气检测报警器	台	
3240305	便携式二氧化碳检测报警器	台	
3240306	便携式可燃气体检测报警器	台	
3240307	送风式长管呼吸器	台	
3240399	其他危险化学品安全设备		
3240400	烟花爆竹行业安全设备		
3240401	静电火花感度仪	台	
3240499	其他烟花爆竹行业安全设备		
3240500	公路行业安全设备		
3240501	路况快速检测系统（CiCS）	台	
3240599	其他公路行业安全设备		
3240600	铁路行业安全设备		
3240601	红外线轴温探测智能跟踪设备（THDS）	台	
3240602	货车运行故障动态检测成套设备（TFDS）	台	
3240603	货车运行状态地面安全监测成套设备（TPDS）	套	
3240699	其他铁路行业安全设备		
3240700	民航行业安全设备		
3240701	发动机火警探测器	台	
3240702	防冰控制系统设备	台	
3240799	其他民航行业安全设备		
3240800	应急救援设备类		
3240801	正压式空气呼吸器	台	
3240802	隔绝式正压氧气呼吸器	台	
3240803	全防型滤毒罐	台	
3240804	消防报警机	台	
3240805	核放射探测仪	台	
3240806	可燃气体检测仪	台	
3240807	压缩氧自救器	台	
3240808	矿山救护指挥车	台	
3240899	其他应急救援设备类		
3249900	其他安全生产设备		

表 38 **3250000 邮政专用设备**

代码	名　称	计量单位	说　明
3250000	邮政专用设备		
3250100	邮政内部处理设备		
3250101	悬挂运输机	台	
3250102	邮件传送	台	
3250103	邮件提升机	台	
3250104	邮件开拆机	台	
3250105	包裹分拣机	台	
3250106	信件分拣机	台	
3250199	其他邮政内部处理设备		
3250200	邮政营业投递设备		
3250201	邮资机	台	
3250202	自动取包机	台	
3250203	包裹收寄机	台	
3250204	投币自动出售机	台	
3250205	信函过戳机	台	
3250299	其他邮政营业投递设备		
3250300	邮政除尘设备		
3250301	空袋除尘系统	台	
3250302	开拆除尘系统	台	
3250399	其他除尘系统		
3250400	邮政清洗缝补设备		
3250401	清洗机	台	
3250402	烘干机	台	
3250403	甩干机	台	
3250404	晾晒机	台	
3250405	熨平机	台	
3250406	缝补机	台	
3250499	其他邮政清洗缝补设备		
3250500	邮政储汇设备		
3250501	汇兑稽核数据处理设备	台	
3250502	储汇设备	台	
3259900	其他邮政专用设备		

表 39 **3260000 环境污染防治设备**

代码	名　称	计量单位	说　明
3260000	环境污染防治设备		
3260100	大气污染防治设备		
3260101	除尘设备	台	
3260102	有害气体净化设备	台	
3260199	其他大气污染防治设备		
3260200	水质污染防治设备		
3260201	固体液体分离设备	台	
3260202	物理、化学处理设备	台	
3260203	生物化学处理设备	台	
3260204	蒸发法热处理设备	台	
3260205	油污染防治设备	台	
3260206	气净处理设备	台	
3260299	其他水质污染防治设备		
3260300	固体废弃物处理设备		
3260301	分选设备	台	
3260302	焚烧设备	台	
3260399	其他固体废弃物处理设备		
3260400	噪声控制设备		
3260401	消音设备	台	
3260402	隔音设备	台	
3260499	其他噪声控制设备	台	
3260500	环保监测设备		
3260501	大气监测装置	台	
3260502	水质监测装置	台	
3260503	噪音与振动监测装置	台	
3260504	电磁辐射监测装置	台	
3260505	电离辐射监测装置	台	
3260599	其他环保监测设备	台	
3260600	金属废料回收设备	台	
3260700	非金属废料回收设备	台	
3260800	核与辐射安全设备		
3260801	核与辐射安全监测设备	台	
3260802	核与辐射安全防护设备	台	
3260899	其他核与辐射安全设备		
3269900	其他环境污染防治设备		

表 40

3270000 公安专用设备

代码	名　称	计量单位	说　明
3270000	公安专用设备		
3270100	消防设备		
3270101	消防灭火设备	台，套	
3270102	逃生避难设备	台，套	
3270103	消防侦检设备	台，套	
3270104	抢险救援设备	台，套	
3270105	消防人员防护设备	台，套	
3270106	火灾自动报警设备	台，套	
3270107	消防产品现场检测设备	台，套	
3270108	建筑消防设施检测设备	台，套	
3270109	消防安全检测设备	台，套	
3270199	其他消防设备		
3270200	交通管理设备		
3270201	交通指挥监控系统设备	台，套	
3270202	成套信号灯及控制设备	台，套	
3270203	交通执法取证设备	台，套	
3270204	交通事故勘察和救援设备	台，套	
3270205	车辆检测设备	台，套	
3270206	驾驶员考试用设备	台，套	
3270299	其他交通管理设备		
3270300	物证检验鉴定设备		
3270301	医学检验鉴定设备	台，套	
3270302	物理化验检验鉴定设备	台，套	
3270303	痕迹检验鉴定设备	台，套	
3270304	物证图像采集处理设备	台，套	
3270305	文件检验鉴定设备	台，套	
3270306	指纹检验鉴定设备	台，套	
3270307	爆炸物检验鉴定设备	台，套	
3270308	电子物证检验鉴定设备	台，套	
3270309	声纹检验鉴定设备	台，套	
3270310	心理测试设备	台，套	
3270311	毒品检查设备	台，套	
3270399	其他物证检验鉴定设备		
3270400	安全、检查、监视、报警设备		
3270401	行李包裹检查设备	台，套	
3270402	车辆检查设备	台，套	
3270403	食品检查设备	台，套	
3270404	人员检查设备	台，套	
3270405	公安专用监视设备	台，套	
3270406	报警设备	台，套	
3270499	其他安全、检查、监视、报警设备		
3270500	爆炸物处置设备		
3270501	爆炸物探测设备	台，套	
3270502	防爆设备	台，套	
3270503	排爆设备	台，套	
3270504	储运设备	台，套	
3270599	其他爆炸物处置设备		
3270600	技术侦察取证设备		
3270601	技术侦查设备	台，套	
3270602	技术取证设备	台，套	
3270700	警械设备		
3270701	警棍	个，件	
3270702	手铐	个，件	
3270703	脚镣	个，件	
3270704	强光手电	个，件	
3270705	警用制式刀具	个，件	
3270706	约束装备	个，件	
3270707	警绳	个，件	
3270708	勤务装具	个，件	
3270709	警械专用柜	个，件	
3270710	催泪喷射器	个，件	
3270711	防暴射网器	个，件	
3270799	其他警械设备		
3270800	非杀伤性武器		
3270801	防暴枪	支	
3270802	麻醉枪	支	

续表

代码	名称	计量单位	说明
3270803	信号枪	支	
3270804	训练枪	支	
3270805	枪支附件	套	
3270899	其他非杀伤性武器		
3270900	防护防暴装备		
3270901	防护装备	个，件	
3270902	防暴装备	个，件	
3271000	出入境设备		
3271001	出入境检查台设备	台，套	
3271002	出入境自助通道设备	台，套	
3271003	出入境证件查验设备	台，套	
3271004	出入境证件制作设备	台，套	
3271005	出入境证件自助受理设备	台，套	
3271006	出入境证件自助发放设备	台，套	
3271099	其他出入境设备		
3271100	网络监察设备		
3271101	网络侦控设备	台，套	
3271102	网络临侦设备	台，套	
3271199	其他网络监察设备		
3279900	其他公安专用设备		

表 41　　3280000 水工机械

代码	名称	计量单位	说明
3280000	水工机械		
3280100	清淤机械	台	
3280101	沟渠清淤机	台	
3280102	水电站清淤机械	台	
3280103	水库、港口清淤机械	台	
3280104	管道清淤机械	台	
3280199	其他清淤机械	台	
3280200	破冰机械	台	不包括破冰船
3280300	水利闸门启闭机	台，套	
3289900	其他水工机械		

表 42　　3390000 殡葬设备及用品

代码	名称	计量单位	说明
3390000	殡葬设备及用品		
3390100	火化设备		
3390101	燃油火化机	台	
3390102	燃气火化机	台	
3390103	等离子火化机	台	
3390104	宠物火化机	台	
3390105	火化辅助设备	台	
3390199	其他火化机		
3390200	殡仪设备及用品		
3390201	遗物祭品焚烧设备	台	
3390202	火化烟气净化设备	台	
3390203	骨灰处理设备	台	
3390204	殡仪专用电子设备	台	
3390205	遗体冷冻冷藏设备	台	
3390206	遗体接运设备	台	
3390207	遗体整容设备	台	
3390208	骨灰盒	个	
3390299	其他殡仪设备及用品		
3399900	其他殡葬设备及用品		

表 43　　3500000 铁路运输设备

代码	名称	计量单位	说明
3500000	铁路运输设备		
3500100	机车		
3500101	准轨蒸汽机车	台	
3500102	宽轨蒸汽机车	台	
3500103	准轨内燃机车	台	
3500104	宽轨内燃机车	台	

续表

代码	名　　称	计量单位	说　　明
3500105	米轨内燃机车	台	
3500106	电力机车	台	
3500107	轻油机车	台	
3500199	其他机车		
3500200	客车		
3500201	准轨客车	辆	
3500202	试验车	辆	
3500203	维修车	辆	
3500204	文教车	辆	
3500205	发电车	辆	
3500206	行李发电车	辆	
3500207	特种车	辆	
3500208	双层客车	辆	
3500209	米轨客车	辆	
3500210	寸轨硬座车	辆	
3500211	动车组	辆	
3500299	其他客车		
3500300	货车		
3500301	准轨货车	辆	
3500302	米轨货车	辆	
3500303	其他货车		
3500400	大型养路机械		
3500401	整形车	辆	
3500402	捣固车	辆	
3500403	探伤车	辆	
3500404	物料输送车	辆	
3500405	道岔捣固车	辆	
3500406	道岔打磨车	辆	
3500407	大修列车	辆	
3500408	稳定车	辆	
3500409	钢轨打磨车	辆	
3500410	道岔铺设设备	辆	
3500411	清筛机	辆	
3500499	其他大型养路机械		
	轮渡		入“3510204 轮渡船”
	铁路起重设备		入“2101000 起重设备”有关类
3500500	铁路专用设备		
3500501	铁路移车架车设备	台	
3500502	机车车辆及通信信号试验设备	台	
3500503	闭塞设备	台	
3500504	联锁设备	台	
3500505	驼峰设备	台	
3500506	行车调度指挥设备	台	
3500507	列控信号设备	台	
3500508	铁路专用检测设备	台	
3500509	GSM－R 设备	台	
3500510	接触网设备	台	
3500511	高价互换配件	台	
3500599	其他铁路专用设备		
3509900	其他铁路运输设备		

表 44　　3510000 水上交通运输设备

代码	名　　称	计量单位	说　　明
3510000	水上交通运输设备		体育运动用船入“3710800 水上运动设备”，游玩用船入“3720600 游戏游览用车、船”，石油地质钻探船入“3020401 油气勘探设备”
3510100	货船		
3510101	杂货船	艘，总吨	
3510102	多用途货船	艘，总吨	
3510103	集装箱货船	艘，总吨	
3510104	滚装货船	艘，总吨	
3510105	原油船	艘，总吨	

续表

代码	名　称	计量单位	说　明
3510106	成品油船	艘，总吨	
3510107	污油船	艘，总吨	
3510108	水船	艘，总吨	
3510109	煤船	艘，总吨	
3510110	矿砂船	艘，总吨	
3510111	天然气船	艘，总吨	
3510112	液化石油气船	艘，总吨	
3510113	化学品船	艘，总吨	
3510114	运木船	艘，总吨	
3510115	冷藏船（鲜货船）	艘，总吨	
3510199	其他货船		
3510200	客船及拖船		
3510201	客船	艘，总吨	
3510202	客货船	艘，总吨	
3510203	旅游船	艘，总吨	
3510204	轮渡船	艘，总吨	
3510205	气垫船	艘，总吨	
3510206	拖船	艘，总吨	
3510299	其他客船及拖船		
3510300	驳船		
3510301	仓口驳船	艘，总吨	
3510302	甲板驳船	艘，总吨	
3510303	分节驳船	艘，总吨	
3510304	原油驳船	艘，总吨	
3510305	成品油驳船	艘，总吨	
3510306	储油驳船	艘，总吨	
3510307	水驳船	艘，总吨	
3510308	煤驳船	艘，总吨	
3510309	油渣驳船	艘，总吨	
3510310	化学品驳船	艘，总吨	
3510311	盐驳船	艘，总吨	
3510312	客驳船	艘，总吨	
3510313	港驳船	艘，总吨	
3510399	其他驳船		
3510400	渔船		
3510401	拖网渔船	艘，总吨	
3510402	围网渔船	艘，总吨	
3510403	钓船	艘，总吨	
3510404	刺网类渔船	艘，总吨	
3510405	敷网类渔船	艘，总吨	
3510406	多种作业船	艘，总吨	
3510407	渔品加工船	艘，总吨	
3510408	收鲜运输船	艘，总吨	
3510409	渔业执法船	艘，总吨	
3510410	渔业调查、实习船	艘，总吨	
3510411	休闲渔船	艘，总吨	
3510412	渔业辅助船	艘，总吨	
3510499	其他渔船		
3510500	海洋、内水调查和开发船		
3510501	科学考察船	艘，总吨	
3510502	科学研究船	艘，总吨	
3510503	测量船	艘，总吨	
3510599	其他海洋、内水调查和开发船		
3510700	电气作业和海底工程作业船		
3510701	电站船	艘，总吨	
3510702	电焊船	艘，总吨	
3510703	布缆船	艘，总吨	
3510704	带缆船	艘，总吨	
3510705	铺管船	艘，总吨	
3510706	水下作业船	艘，总吨	
3510707	潜水工作船	艘，总吨	
3510708	潜水器母船	艘，总吨	
3510799	其他电气作业和海底工程作业船		
3510800	挖泥、打桩船（驳）		
3510801	挖泥船	艘，总吨	
3510802	吹泥船	艘，总吨	
3510803	挖砂船	艘，总吨	

续表

代码	名称	计量单位	说明
3510804	抛石船	艘，总吨	
3510805	铲石船	艘，总吨	
3510806	泥驳	艘，总吨	
3510807	砂驳	艘，总吨	
3510808	石驳	艘，总吨	
3510809	打桩船	艘，总吨	
3510810	打夯船	艘，总吨	
3510811	采金船	艘，总吨	
3510812	铺排船	艘，总吨	
3510899	其他挖泥、打桩船（驳）		
3510900	起重船和囤船		
3510901	起重船	艘，总吨	
3510902	抛（起）锚船	艘，总吨	
3510903	囤船	艘，总吨	
3510904	趸船	艘，总吨	
3510999	其他起重船和囤船		
3511000	水面工作船		
3511001	航标船	艘，总吨	
3511002	航政船	艘，总吨	
3511003	引水船	艘，总吨	
3511004	供应船	艘，总吨	
3511005	护堤、护山船	艘，总吨	
3511006	检查监督船	艘，总吨	
3511007	破冰船	艘，总吨	
3511008	水上水厂船	艘，总吨	
3511009	多用途船	艘，总吨	
3511010	试航辅助船	艘，总吨	
3511011	海监船	艘，总吨	
3511012	浮标作业船	艘，总吨	
3511099	其他水面工作船		
3511100	特种作业船		
3511101	特种运水船	艘，总吨	
3511102	垃圾船	艘，总吨	
3511103	污水处理船	艘，总吨	
3511104	浮油回收船	艘，总吨	
3511105	油、水泵船	艘，总吨	
3511106	消防船	艘，总吨	
3511107	医疗船	艘，总吨	
3511108	打捞船	艘，总吨	
3511109	救生船	艘，总吨	
3511110	环保船	艘，总吨	
3511111	鱼苗船	艘，总吨	
3511199	其他特种作业船		
3511200	机动船		
3511201	交通艇	艘，总吨	
3511202	巡逻艇	艘，总吨	
3511203	缉私艇	艘，总吨	
3511204	工作艇	艘，总吨	
3511205	指挥艇	艘，总吨	
3511206	侦勘艇	艘，总吨	
3511207	装备艇	艘，总吨	
3511208	橡皮艇	艘，总吨	
3511209	冲锋舟	艘，总吨	
3511210	摩托艇	艘，总吨	
3511299	其他机动船		
3511300	浮船坞、码头和维修工作船		
3511301	浮船坞	艘，总吨	
3511302	浮码头	艘，总吨	
3511303	舾装工作船	艘，总吨	
3511304	一般修理船	艘，总吨	
3511305	水线修理船	艘，总吨	
3511399	其他浮船坞、码头和维修工作船		
3511400	船舶制造专用设备		
3511401	放样、号料设备	套	
3511402	钢材预处理流水线	套	
3511403	管子加工流水线	套	
3511404	平面分段流水线	套	

续表

代码	名　　称	计量单位	说　　明
3511405	联动生产流水线	套	
3511406	船台小车	台	
3511407	船舶试验设备	套	
3511499	其他船舶制造专用设备		
3511500	潜水设备		
3511501	重潜装具	套	
3511502	轻潜装具	套	
3511503	氧气供应系统	套	
3511504	潜水训练舱群	套	
3511505	饱和潜水系统	套	
3511506	无人遥控潜水器	套	
3511507	无人潜水器吊放回收系统	套	
3511508	深水切割设备	套	
3511509	水下切割缆	套	
3511510	深水观察箱	只	
3511511	水下腐蚀测量仪	台	
3511512	减压舱	只	
3511513	潜水罐	套	
3511514	氢氧潜水软头盔	只	
3511515	氢氧潜水硬头盔	只	
3511516	氢氧校音电话	只	
3511517	潜水供热水机	只	
3511599	其他潜水设备		
3511600	航标设施		
3511601	海上浮标	个	
3511602	内河浮标	个	
3511603	内河岸标	个	
3511604	系船浮标	个	
3511605	井位浮标	个	
3511606	浮标锚链（缆）	个	
3511607	指路牌（里程牌）	个	
3511608	雷达应答器	台	
3511609	雷达反射器	台	
3511610	航标遥测遥控终端	台	
3511699	其他航标设施		
3511700	航标灯、闪光器		
3511701	航标灯	个	
3511702	闪光器	个	
3511703	换泡机	个	
3511704	航标透镜	个	
3511799	其他航标灯、闪光器		
3519900	其他水上交通运输设备		

表 45　　3520000 航空器及其配套设备

代码	名　　称	计量单位	说　　明
3520000	航空器及其配套设备		专用飞机按照用途入“3520300 专用飞机”下的小类
3520100	固定翼飞机	架	
3520101	货物运输飞机	架	
3520102	客运飞机	架	
3520103	通用航空类飞机	架	通用航空类飞机指仅限于通用航空专业飞行的飞机
3520104	教练机	架	
3520105	初级类飞机	架	
3520199	其他固定翼飞机		
3520200	直升机	架	
3520300	专用飞机		
3520301	警用飞机	架	
3520302	抢险救援飞机	架	
3520303	地质勘测专用飞机	架	
3520304	农用飞机	架	含农用固定翼飞机、农用旋翼飞机
3520305	消防灭火飞机	架	
3520306	海监飞机	架	
3520399	其他专用飞机		

续表

代码	名　　称	计量单位	说　　明
3520400	飞行器	架	
3520401	飞艇	架	
3520402	气球	架	
3520403	滑翔伞	架	
3520500	飞机维修设备		
3520501	内场维修设备	套	
3520502	航线维修设备	套	
3520599	其他飞机维修设备		
3520600	航空港专用设备	套	
3520700	机场地面特种车辆		
3520701	机务特种车辆	辆	
3520702	机场特种车辆	辆	
3520703	商务运输车辆	辆	
3520704	飞行维修车辆	辆	
3520705	航行特种车辆	辆	
3520706	油料车辆	辆	
3520799	其他机场地面特种车辆	辆	
3520800	火箭及发射、维护设施	辆	
3520900	人造卫星	架	
3529900	其他航空器及其配套设备		

表 46　　**3600000 专用仪器仪表**

代码	名　　称	计量单位	说　　明
3600000	专用仪器仪表		
3600100	农林牧渔专用仪器		
3600101	数粒仪	台	
3600102	控温仪	台	
3600103	叶绿素测定仪	台	
3600104	活体叶绿素仪	台	
3600105	光电叶面积仪	台	
3600106	植物生长仪	台	
3600107	牧草生长仪	台	
3600108	双套气流式喷卵仪	台	
3600109	乳脂测定仪	台	
3600110	测膘仪	台	
3600111	牛胃金属异物探测仪	台	
3600112	粮油检样器	台	
3600113	验粉筛	台	
3600114	比重清油分测定仪	台	
3600115	渔业测向仪	台	
3600116	探渔仪	台	
3600117	罗兰 A 定位仪	台	
3600199	其他农林牧渔专用仪器		
3600200	地质勘探、钻采及人工地震仪器		
3600201	重力仪器	台	
3600202	磁法仪器	台	
3600203	人工地震仪器	台	
3600204	电法仪器	台	
3600205	水文地质仪器	台	
3600206	井中物探仪器	台	
3600207	核物探仪器	台	
3600208	化探仪器	台	
3600209	钻探测井仪器	台	
3600210	钻探参数仪器仪表	台	
3600211	泥浆分析仪表	台	
3600212	采油修井仪器仪表	台	
3600213	岩石矿物理性质测试仪器	台	
3600215	地形变化观测仪	台	
3600216	煤尘、矿尘、粉尘测定仪	台	
3600217	矿井风速仪	台	
3600218	推断、解释和数据处理仪器	台	
3600219	野外数据采集仪器	台	
3600220	矿物实验测试仪器	台	
3600299	其他地质勘探、钻采及人工地震仪器		
3600300	地震专用仪器		
3600301	测震观测系统设备	台	

续表

代码	名　称	计量单位	说　明
3600302	强震动观测系统设备	台	
3600303	重力观测系统设备	台	
3600304	地形变观测系统设备	台	
3600305	地磁场观测系统设备	台	
3600306	地电场观测系统	台	
3600307	地下水观测系统设备	台	
3600308	活断层探测设备	台	
3600309	活断层鉴定设备	台	
3600399	其他地震仪器		
3600400	安全用仪器		避雷器入此
3600401	矿井环境气体检测仪器	台	
3600402	瓦斯警报、断电遥测系统	台	
3600403	通风检测仪器	台	
3600404	矿压检测及监测仪器	台	
3600405	瓦斯检定器校正仪	台	
3600406	自救仪器	台	
3600407	氧气呼吸器	台	
3600408	万能检验仪	台	
3600409	氧气呼吸器核验仪	台	
3600410	氧气输送器	台	
3600411	氧气检定器	台	
3600412	多种气体测定器	台	
3600413	光学瓦斯检定器	台	
3600414	安全集中检测装置	台	
3600499	其他安全仪器		
3600500	大坝观测仪器		
3600501	应变计	台	
3600502	钢筋计	台	
3600503	测缝计	台	
3600504	渗压计	台	
3600505	水工比例电桥	台	
3600506	应力计	台	
3600507	校正仪	台	
3600599	其他大坝观测仪器		
3600600	电站热工仪表		
3600601	单向测振仪	台	
3600602	双向测振仪	台	
3600603	火光检示装置	台	
3600604	电接点水位计	套	
3600605	数字式温度巡测报警仪	套	
3600699	其他电站热工仪表		
3600700	电力数字仪表		
3600701	数字式毫秒计	台	
3600702	数字式工频相位计	台	
3600703	数字运算式工频计	台	
3600704	工频振荡器	台	
3600799	其他电力数字仪表		
3600800	气象仪器		
3600801	测气压仪器	台	
3600802	气象专用测温仪器	台	
3600803	测湿仪器	台	
3600804	地面风仪器	台	
3600805	降水蒸发仪器	台	
3600806	辐射、日照仪器	台	
3600807	测云仪	台	
3600808	能见度仪	台	
3600809	大气电场仪	台	
3600810	雷电探测仪	台	
3600811	遥测气象仪	台	
3600812	遥感气象仪	台	
3600813	高空探测仪器	台	
3600814	探空仪	台	
3600815	气象火箭	台	
3600816	防雹火箭	台	
3600817	GPS/MET	台	
3600818	GPS 掩星观测设备	台	
3600819	气象仪器计量检定仪器	台	

续表

代码	名　称	计量单位	说　明
3600899	其他气象仪器		
3600900	水文仪器		
3600901	自动记录水位仪	台	
3600902	流速仪	台	
3600903	测沙仪	台	
	测深仪		见“3601110 测深仪”
3600904	三用电导仪	台	
3600905	水动态测量仪	台	
3600999	其他水文仪器		
3601000	海洋仪器设备		
3601001	海洋水文仪器设备	台	
3601002	海洋物理仪器设备	台	
3601003	海洋化学仪器设备	台	
3601004	海洋地质地球物理仪器设备	台	
3601005	海洋生物仪器设备	台	
3601006	海洋气象仪器设备	台	
3601007	海洋综合观测系统	台	
3601008	海洋观测通用器具	台	含采样设备
3601009	海水（苦咸水）处理设备	台	
3601099	其他海洋仪器设备		
3601100	测绘专用仪器		
3601101	经纬仪	台	包括光学经纬仪、电子经纬仪
3601102	水准仪	台	包括光学水准仪、电子水准仪
3601103	平板仪	台	
3601104	测距仪	台	
3601105	全站型速测仪	台	
3601106	GPS 测量仪	台	
3601107	重力测量仪	台	
3601108	地下管道探测仪	台	
3601109	三维激光测量仪	台	
3601110	测深仪	台	
3601130	航空摄影设备	台	
3601131	航空激光雷达设备	台	
3601132	航空影像扫描设备	台	
3601133	数据采集设备	台	
3601134	全数字摄影测量系统设备	台	
3601135	精密立体测量仪	台	
3601136	解析测图仪	台	
3601137	正射投影仪	台	
3601138	数控绘图桌设备	台	
3601199	其他测绘专用仪器		
3601200	天文仪器		
3601201	天体测量仪	台	天文望远镜入此
3601202	天体物理仪器	台	
3601299	其他天体仪器		
3601300	教学专用仪器	台	
3601301	教学数学专用仪器	台	
3601302	演示计量仪器	台	
3601303	教学用力学仪器	台	
3601304	教学用光学仪器	台	
3601305	教学用原子物理及核物理仪器	台	
3601306	教学用电磁学实验仪器	台	
3601307	教学用电子学实验仪器	台	
3601308	教学用空气动力学实验仪器	台	
3601309	教学用天文气象实验仪器	台	
3601310	教学用航空、航天、航海实验仪器	台	
3601311	教学用机电实验仪器	台	
3601312	教学用声学仪器	台	
3601313	教学用热学仪器	台	
3601314	教学用心理学仪器	台	
3601315	数学用化学分析及化工仪器	台	
3601316	教学用生理仪器	台	
3601317	教学用地理仪器	台	
3601318	电教仪器	台	
3601319	教学用技术基础课仪器	台	
3601320	数学用计算机示教仪器	台	
3601399	其他教学专用仪器		

续表

代码	名　称	计量单位	说　明
3601400	核子及核辐射测量仪器		
3601401	辐射仪器	台	
3601402	射线谱仪器	台	
3601403	放射性污染探测仪器	台	
3601404	剂量仪器	台	
3601405	定标器	台	
3601406	计数装置	台	
3601407	信号处理及分析仪器	台	
3601408	探头	台	
3601409	组合仪器及插件	台	
3601410	防护装置	台	
3601499	其他核子及核辐射测量仪器		
3601500	航空仪器		
3601501	陀螺仪	台	
3601502	大气参数中心仪	台	
3601503	飞行参数记录仪	台	
3601504	平视仪	台	
3601505	地平仪	台	
3601506	罗盘	台	
3601507	综合航向指示器	台	
3601508	自动驾驶仪	台	
3601509	航行仪	台	
3601510	检测仪	台	
3601511	修正器	台	
3601512	识别器	台	
3601513	显示器	台	
3601514	稳定器	台	
3601599	其他航空仪器		
3601600	航天仪器		
3601601	光电探测器	台	
3601602	航天六分仪	台	
3601603	星图仪	台	
3601604	六象仪	台	
3601605	水母仪	台	
3601606	回陆着陆系统	台	
3601607	安全救生系统	台	
3601608	姿态指示器	台	
3601609	姿态陀螺仪	台	
3601610	宇宙空气净化调节设备	台	
3601611	宇宙压力调节设备	台	
3601612	宇宙供水、供食设备	台	
3601613	宇宙废物排除装置	台	
3601614	稳定设备	台	
3601699	其他航天仪器		
3601700	船舶专用仪器		
3601701	陀螺罗经	套	
3601702	罗经自动舵组合式仪表	套	
3601703	陀螺方位仪	套	
3601704	计程仪	套	
3601705	操舵仪	套	
3601706	航海六分仪	套	
3601707	船用舵角指示器	套	
3601708	横倾仪	套	
3601709	纵倾仪	套	
3601710	水声测深仪	台	
3601799	其他船舶专用仪器仪表		
3601800	纺织专用仪器		
3601801	纤维原料试验仪器	台	
3601802	纤维试验仪器	台	
3601803	纱线试验仪器	台	
3601804	织物试验仪器	台	
3601899	其他纺织专用仪器		
3601900	建筑工程仪器		渗透仪入“2400608 土工测试仪器”
3601901	数字超声波检测仪	台	
3601902	弹性系数、正弦综合检测仪	台	
3601903	收缩膨胀仪	台	
3601904	稠度仪	台	

续表

代码	名　称	计量单位	说　明
3601905	坍落度仪	台	
3601906	含水率测定仪	台	
3601907	蠕变仪	台	
3601908	沥青延伸、闪点、软化检测仪	台	
3601909	吨米指示断电器	台	
3601910	超声波测厚仪	台	
3601911	电梯激光导轨仪	台	
3601999	其他建筑工程仪器		
3602000	汽车拖拉机仪表	台	转向测试仪、多功能汽车检测仪、发动机综合分析仪入此
3602100	动力测量仪器		
3602101	涡流测功机	台	
3602102	直流测功机	台	
3602103	冷磨实验台	台	
3602104	水箱实验台	台	
3602105	燃油泵实验台	台	
3602106	水压实验台	台	
3602107	水利测功机	台	
3602199	其他动力测量仪器		
3602200	心理仪器	台	
3602300	生理仪器	台	
3609900	其他专用仪器仪表		

表 47

3700000 文艺设备

代码	名　称	计量单位	说　明
3700000	文艺设备		
3700100	乐器		
3700101	弓弦乐器	把	
3700102	吹管、吹奏乐器	把	
3700103	打击乐器	把	
3700104	键盘乐器	把	
3700105	乐器辅助用品及配件	把	
3700199	其他乐器		
3700200	演出服装		
3700201	戏剧服装	件	
3700202	舞蹈服装	件	
3700299	其他演出服装		
3700300	舞台设备		
3700301	舞台机械系统	套	
3700302	幕布系统	套	
3700303	舞台灯具及辅助设备	套	
3700304	舞台音响设备	套	
3700305	活动舞台	个	
3700320	皮影、木偶	件	
3700321	道具	件	
3700322	布景	件	
3700323	舞台用地胶	件	
3700399	其他舞台设备		
3700400	影剧院设备		
3700401	自动售票系统	套	
3700402	观众座椅	个	
3700403	电影放映设备	件	
3700499	其他影剧院设备		
3709900	其他文艺设备	件	

表 48

3710000 体育设备

代码	名　称	计量单位	说　明
3710000	体育设备		
3710100	田赛设备	套	
3710200	径赛设备	套	
3710300	球类设备		
3710301	足球设备	套	
3710302	篮球设备	套	
3710303	排球设备	套	
3710304	乒乓球设备	套	
3710305	羽毛球设备	套	
3710306	网球设备	套	

续表

代码	名　　称	计量单位	说　　明
3710307	垒球设备	套	
3710308	冰球设备	套	
3710309	手球设备	套	
3710310	水球设备	套	
3710311	曲棍球设备	套	
3710312	高尔夫球设备	套	
3710313	马球设备	套	
3710314	橄榄球设备	套	
3710315	藤球设备	套	
3710316	台球设备	套	
3710317	沙弧球设备	套	
3710318	壁球设备	套	
3710319	保龄球设备	套	
3710320	棒球设备	套	
3710399	其他球类设备	套	
3710400	体操设备	架	
3710500	举重设备	架	
3710600	游泳设备	套	
3710700	跳水设备	套	
3710800	水上运动设备	套	体育运动用船入此，不包括球类设备，水球设备见“3710310 水球设备”
3710900	潜水运动设备	套	
3711000	冰上运动设备	套	不包括球类设备，冰球设备见“3710308 冰球设备”
3711100	雪上运动设备	套	
3711200	射击设备	套	
3711300	击剑设备	套	
3711400	射箭设备	套	
3713000	摩托车运动设备	套	
3713100	自行车运动设备	套	
3713200	赛车运动设备	套	
3713300	赛马和马术运动设备	套	
3714000	拳击、跆拳道设备	套	
3714100	摔跤、柔道设备	套	
3714200	散打、武术设备	套	
3715000	棋牌类运动设备	套	
3715100	航模、海模及其他模型设备	套	
3715200	垂钓器具和用品	套	
3715300	登山设备	套	
3716000	健身设备	套	
3716100	运动康复设备	套	
3717000	残疾人体育及训练设备		
3717001	轮椅篮球设备	套	
3717002	轮椅橄榄球设备	套	
3717003	硬地滚球设备	套	
3717004	脑瘫足球设备	套	
3717005	盲人足球设备	套	
3717006	盲人门球设备	套	
3717007	坐式排球设备	套	
3717060	残疾人健身与康复训练设备	套	
3717099	其他残疾人体育设备		
3719000	体育运动辅助设备	套	
3719900	其他体育设备	套	

表 49　　3720000 娱乐设备

代码	名　　称	计量单位	说　　明
3720000	娱乐设备		
3720100	成套游乐场设备	套	
3720200	一般游乐场设备	套	
3720300	智能游艺设备	套	
3720400	博弈设备	套	
3720500	卡拉 OK 设备	套	
3720600	游戏游览用车、船	套	
3720700	娱乐活动辅助设备	套	
3729900	其他娱乐设备		

5.4　文物和陈列品

表 50　　**4010000 文物**

代码	名　称	计量单位	说　明
4010000	文物		
4010100	不可移动文物		
4010101	古遗址	处	
4010102	古墓葬	座	
4010103	古建筑	座	
4010104	石窟寺	座	
4010105	原址石刻	件，处	
4010106	近现代重要史迹及代表性建筑	座	
4010199	其他不可移动文物		
4010200	可移动文物		
4010201	考古发掘出土文物	件	
4010202	传世文物	件	
4010203	古生物化石	件	
4010299	其他可移动文物		

表 51　　**4020000 陈列品**

代码	名　称	计量单位	说　明
4020000	陈列品		
4020100	标本	件	
4020101	动物标本	件	
4020102	人体标本	件	
4020103	人体病理标本	件	
4020104	植物标本	件	
4020105	医药标本	件	
4020106	矿物标本	件	
4020199	其他标本		
4020200	模型		
4020201	天体模型	个	
4020202	生物模型	个	
4020203	人体模型	个	
4020204	人体病理模型	个	
4020299	其他模型		
4029900	其他陈列品		字画、古玩、雕塑等陈列品入此

5.5　图书、档案

表 52　　**5010000 图书、档案**

代码	名　称	计量单位	说　明
5010000	图书、档案		
5010100	图书	本	
5010101	普通图书	本	
5010102	盲文图书	本	
5010103	电子图书	件	
5010199	其他图书	本	
5010200	期刊	本	
5010201	普通期刊	本	
5010202	电子期刊	本	
5010299	其他期刊		
5010300	资料		
5010301	特种文献资料	本	文物中的文献入“4010200 可移动文物”
5010302	缩微资料	卷	不包括缩微胶片档案
5010303	视听资料	盘	
5010304	机读资料	盘	
5010399	其他资料		
5010400	档案		
5010401	纸质档案	个、卷	包括全宗、案卷
5010402	声像档案	盘	包括录音磁带、录像磁带、影片档案
5010403	照片档案	张	
5010404	底图	张	
5010405	电子档案	盘、张	包括电子档案磁带、电子档案磁盘、电子档案光盘
5010406	缩微胶片档案	卷	
5010407	实物档案	件	
5010499	其他档案资料		
5019900	其他图书、档案		

5.6 家具、用具、装具及动植物

表 53 **6010000 家具用具**

代码	名　　称	计量单位	说　　明
6010000	家具用具		办公家具入此
6010100	床类	件	
6010200	台、桌类	件	
6010300	椅凳类	件	
6010400	沙发类	件	
6010500	柜类	件	
6010501	文件柜	件	
6010502	保险柜	件	
6010599	其他柜	件	
6010600	架类	件	
6010700	厨卫用具		厨卫电器入“2201000 生活用电器”有关类
6010701	厨房操作台	个	
	炊事机械		入“3141000 饮食炊事机械”
6010702	煤气罐（液化气罐）	个	
6010703	水池	个	
6010799	其他厨卫用具		
6019900	其他家具用具		

表 54 **6020000 被服装具**

代码	名　　称	计量单位	说　　明
6020000	被服装具		
6020100	被服	件	
6020200	床上装具	件	
6020300	室内装具	件	
6020400	室外装具	件	
6029900	其他被服装具		

表 55 **6030000 特种用途动物**

代码	名　　称	计量单位	说　　明
6030000	特种用途动物		
6030100	实验用动物	只	
6030200	动物良种	只	
6030300	观赏动物	只	
6030400	警用动物	只	警犬入此
6030500	助残动物	只	导盲犬入此
6039900	其他动物		

表 56 **6040000 特种用途植物**

代码	名　　称	计量单位	说　　明
6040000	特种用途植物		
6040100	名贵树木	株	
6040200	名贵花卉	株	
6049900	其他植物		

国家统计局关于印发统计上大中小微型企业划分办法的通知

2011年9月2日　国统字〔2011〕75号

各省、自治区、直辖市统计局，新疆生产建设兵团统计局，国家统计局各调查总队，国务院有关部门：

为贯彻落实工业和信息化部、国家统计局、国家发展改革委、财政部《关于印发中小企业划型标准规定的通知》(工信部联企业〔2011〕300号)，结合统计工作的实际情况，我们制定了《统计上大中小微型企业划分办法》。现印发给你们，请遵照执行。

统计上大中小微型企业划分办法

一、根据工业和信息化部、国家统计局、国家发展改革委、财政部《关于印发中小企业划型标准规定的通知》(工信部联企业〔2011〕300号)，结合统计工作的实际情况，特制定本办法。

二、本办法适用对象为在中华人民共和国境内依法设立的各种组织形式的法人企业或单位。个体工商户参照本办法进行划分。

三、本办法适用范围包括：农、林、牧、渔业，采矿业，制造业，电力、热力、燃气及水生产和供应业，建筑业，批发和零售业，交通运输、仓储和邮政业，住宿和餐饮业，信息传输、软件和信息技术服务业，房地产业，租赁和商务服务业，科学研究和技术服务业，水利、环境和公共设施管理业，居民服务、修理和其他服务业，文化、体育和娱乐业等15个行业门类以及社会工作行业大类。

四、本办法按照行业门类、大类、中类和组合类别，依据从业人员、营业收入、资产总额等指标或替代指标，将我国的企业划分为大型、中型、小型、微型等四种类型。具体划分标准见附表。

五、企业划分由政府综合统计部门根据统计年报每年确定一次，定报统计原则上不进行调整。

六、本办法自印发之日起执行，国家统计局2003年印发的《统计上大中小型企业划分办法（暂行)》(国统字〔2003〕17号）同时废止。

附表：统计上大中小微型企业划分标准

附表　　**统计上大中小微型企业划分标准**

行业名称	指标名称	计量单位	大型	中型	小型	微型
农、林、牧、渔业	营业收入（Y)	万元	Y≥20000	500≤Y<20000	50≤Y<500	Y<50
工业*	从业人员（X)	人	X≥1000	300≤X<1000	20≤X<300	X<20
	营业收入（Y)	万元	Y≥40000	2000≤Y<40000	300≤Y<2000	Y<300

续表

行业名称	指标名称	计量单位	大型	中型	小型	微型
建筑业	营业收入（Y）	万元	Y≥80000	6000≤Y＜80000	300≤Y＜6000	Y＜300
	资产总额（Z）	万元	Z≥80000	5000≤Z＜80000	300≤Z＜5000	Z＜300
批发业	从业人员（X）	人	X≥200	20≤X＜200	5≤X＜20	X＜5
	营业收入（Y）	万元	Y≥40000	5000≤Y＜40000	1000≤Y＜5000	Y＜1000
零售业	从业人员（X）	人	X≥300	50≤X＜300	10≤X＜50	X＜10
	营业收入（Y）	万元	Y≥20000	500≤Y＜20000	100≤Y＜500	Y＜100
交通运输业*	从业人员（X）	人	X≥1000	300≤X＜1000	20≤X＜300	X＜20
	营业收入（Y）	万元	Y≥30000	3000≤Y＜30000	200≤Y＜3000	Y＜200
仓储业	从业人员（X）	人	X≥200	100≤X＜200	20≤X＜100	X＜20
	营业收入（Y）	万元	Y≥30000	1000≤Y＜30000	100≤Y＜1000	Y＜100
邮政业	从业人员（X）	人	X≥1000	300≤X＜1000	20≤X＜300	X＜20
	营业收入（Y）	万元	Y≥30000	2000≤Y＜30000	100≤Y＜2000	Y＜100
住宿业	从业人员（X）	人	X≥300	100≤X＜300	10≤X＜100	X＜10
	营业收入（Y）	万元	Y≥10000	2000≤Y＜10000	100≤Y＜2000	Y＜100
餐饮业	从业人员（X）	人	X≥300	100≤X＜300	10≤X＜100	X＜10
	营业收入（Y）	万元	Y≥10000	2000≤Y＜10000	100≤Y＜2000	Y＜100
信息传输业*	从业人员（X）	人	X≥2000	100≤X＜2000	10≤X＜100	X＜10
	营业收入（Y）	万元	Y≥100000	1000≤Y＜100000	100≤Y＜1000	Y＜100
软件和信息技术服务业	从业人员（X）	人	X≥300	100≤X＜300	10≤X＜100	X＜10
	营业收入（Y）	万元	Y≥10000	1000≤Y＜10000	50≤Y＜1000	Y＜50
房地产开发经营	营业收入（Y）	万元	Y≥200000	1000≤Y＜200000	100≤Y＜1000	Y＜100
	资产总额（Z）	万元	Z≥10000	5000≤Z＜10000	2000≤Z＜5000	Z＜2000
物业管理	从业人员（X）	人	X≥1000	300≤X＜1000	100≤X＜300	X＜100
	营业收入（Y）	万元	Y≥5000	1000≤Y＜5000	500≤Y＜1000	Y＜500
租赁和商务服务业	从业人员（X）	人	X≥300	100≤X＜300	10≤X＜100	X＜10
	资产总额（Z）	万元	Z≥120000	8000≤Z＜120000	100≤Z＜8000	Z＜100
其他未列明行业*	从业人员（X）	人	X≥300	100≤X＜300	10≤X＜100	X＜10

说明：

1. 大型、中型和小型企业须同时满足所列指标的下限，否则下划一档；微型企业只须满足所列指标中的一项即可。

2. 附表中各行业的范围以《国民经济行业分类》（GB/T 4754—2011）为准。带＊的项为行业组合类别，其中，工业包括采矿业，制造业，电力、热力、燃气及水生产和供应业；交通运输业包括道路运输业，水上运输业，航空运输业，管道运输业，装卸搬运和运输代理业，不包括铁路运输业；信息传输业包括电信、广播电视和卫星传输服务，互联网和相关服务；其他未列明行业包括科学研究和技术服务业，水利、环境和公共设施管理业，居民服务、修理和其他服务业，社会工作，文化、体育和娱乐业，以及房地产中介服务，其他房地产业等，不包括自有房地产经营活动。

3. 企业划分指标以现行统计制度为准。（1）从业人员，是指期末从业人员数，没有期末从业人员数的，采用全年平均人员数代替。（2）营业收入，工业、建筑业、限额以上批发和零售业、限额以上住宿和餐饮业以及其他设置主营业务收入指标的行业，采用主营业务收入；限额以下批发与零售业企业采用商品销售额代替；限额以下住宿与餐饮业企业采用营业额代替；农、林、牧、渔业企业采用营业总收入代替；其他未设置主营业务收入的行业，采用营业收入指标。（3）资产总额，采用资产总计代替。